Der Berliner Antisemitismusstreit

Eine Textsammlung von Walter Boehlich

Neu herausgegeben von Nicolas Berg

SUHRKAMP VERLAG
JÜDISCHER VERLAG

Die Textsammlung folgt – mit drei Ausnahmen – der Ausgabe: *Der Berliner Antisemitismusstreit.* Herausgegeben von Walter Boehlich (*sammlung insel* 6). Insel Verlag Frankfurt am Main 1965. Das Nachwort wurde in der von Walter Boehlich 1988 überarbeiteten und erweiterten Fassung für die Neuausgabe übernommen.
Die drei neu aufgenommenen Texte sind: Moritz Lazarus' »Was heißt ›National‹?« (als Rede im Dezember 1879, Drucklegung im Januar 1880), Briefauszüge von Berthold Auerbach an seinen Freund und Cousin Jakob Auerbach aus der Zeit zwischen 1875 und 1881 sowie der Brief von Levin Goldschmidt an Heinrich von Treitschke von Anfang Mai 1881.

Klimaneutral
Druckprodukt
ClimatePartner.com/14438-2110-1001

Erste Auflage dieser Ausgabe 2023

Umschlaggestaltung: Rothfos & Gabler, Hamburg
Satz: Dörlemann Satz, Lemförde
Druck: C. H. Beck, Nördlingen
Printed in Germany
ISBN 978-3-633-54311-3

www.suhrkamp.de

Der Berliner Antisemitismusstreit

Inhalt

I. Einführung

Nicolas Berg
Der Berliner Antisemitismusstreit – Eine Neubetrachtung

Diese Textsammlung zum modernen Antisemitismus in Deutschland, die hier – über ein halbes Jahrhundert nach ihrem Erstdruck[1] – unter ihrem eingeführten Titel neu aufgelegt wird, ist zum Standardwerk, ja, zu einem Klassiker der Historiographie geworden.[2] Ihr Titel gilt als Fachterminus in den Geschichts- und Sozialwissenschaften; mit der Bezeichnung Berliner Antisemitismusstreit wurden und werden – ohne dass die Angabe einer Jahreszahl nötig wäre – Ort und Zeit eines Schlüsselereignisses der deutschen und jüdischen Geschichte auf den Begriff gebracht: Der publizistische Angriff auf die Juden im November 1879 durch Heinrich von Treitschke, den berühmten Historiker und Nachfolger Leopold von Rankes an der Berliner Universität. Zu den Ereignissen der folgenden Monate, die seinerzeit – und auch noch im 20. Jahrhundert – »Treitschkes Federkrieg«, »Treitschkes Judenfrage«,[3] »Judenstreit«[4] oder einfach »Judenhetze«[5] genannt wurden,[6] gehören die vielen Entgegnungen jüdischer Gelehrter, Schriftsteller, Politiker und Rabbiner, die den Artikel »Unsere Aussichten« in den *Preußischen Jahrbüchern* entsetzt lasen und die judenfeindlichen Auslassungen bestürzt zurückwiesen. Darauf reagierte Treitschke seinerseits mit scharfen Repliken, und er fasste zudem seine in rascher Folge entstandenen Beiträge in einem Separatdruck mit dem Titel *Ein Wort über unser Judenthum* (1880) zusammen, der mehrere Auflagen erhielt, in andere Sprachen übersetzt wurde und wiederum neue Antworten provozierte.[7] Die jüdischen Kritiker Treitschkes waren, so die Historikerin Shulamit Volkov, »fassungslos«.[8] Sie antworteten ihm im Bewusstsein, Zeugen und Adressaten eines völlig neuen Tons der Anfeindungen geworden zu sein. Exemplarisch sei der Ausruf »Das also müssen wir noch erleben!« zitiert, den Berthold Auerbach im Herbst 1880 in einem Brief äußerte;[9] auch der Eingangssatz von Hermann Cohens *Ein Bekenntniß in der Judenfrage* (1880), mit dem der Marburger Philosoph seine Antwort auf die publizistischen Zumutungen Treitschkes einleitete, vermittelt diese Erschütterung: »Es ist also doch wieder dahin gekommen, daß wir bekennen müssen.«[10] Für die meisten der jüdischen Kommentatoren, ob im damaligen Streit selbst oder im Rückblick auf das Ereignis in den Jahrzehnten um 1900 und noch in der Weimarer Republik, wirkten die wiederkehrenden Gesten und Akte der Judenfeindschaft in der Regel wie etwas Überlebtes, wie ein Relikt aus anderen Zeiten; sie waren kränkend, aber zugleich waren sie in ihrer stereotypen Machart auch »einfach langweilig« geworden, wie dies etwa der 1871 geborene jüdische Historiker Gustav Mayer, der im Studium selbst Vorlesungen bei Treitschke gehört hatte, in seinen Memoiren pointiert formuliert hat. Er gestand, er habe sich immer »nur widerwillig« entschließen können, »Schriften pro und contra zu lesen«; lange Zeit habe er, so Mayer im Rückblick auf die Zeit seines Studiums, »die Ritualmordprozesse in Konitz und Xanten oder die Wahl des Rektors Ahlwardt in den Reichstag« und andere antisemitische Ereignisse als »letzte Zuckungen mittelalterlicher Verirrung« betrachtet; sie waren »für mich lediglich Überreste der Vergangenheit, die das Fortschreiten der Zivilisation bald auf den Schutthaufen der Geschichte kehren würde«.[11]

Mit Treitschkes Artikel änderte sich das. Seine Ausfälle wogen auch deshalb so schwer, weil er Universitätsprofessor und dazu noch Historiker war und mit seiner akademischen oder »gebildeten« Judenfeindlichkeit der studentischen Jugend und dem Bildungsbürgertum das neue Register eines »intellektuellen Antisemitismus« (Eva Reichmann[12]) anbot und seine Ausfälle nicht auf der Straße oder von der Kanzel, sondern vom Katheder aus verbreitete. Mit diesem Artikel Treitschkes wurde der »Universitätsantisemitismus«[13] begründet oder doch wesentlich gefördert und dort verankert. Auf jeden Fall traten mit Treitschkes Essay neue Kategorien der Anfeindung, eine andere Selbstbegründung dieser Feindseligkeit und auch eine andere Sprache in die Welt, die zuvor eine andere – sozusagen anstößige – Aura gehabt hatte. Der Schriftsteller Berthold Auerbach schrieb treffend, durch Treitschke habe »eine niedrige Sache eine gewisse Erhöhung gewonnen«[14], und so sahen es die meisten Zeitgenossen. Auf einmal wurde dem Hass auf die jüdische Minderheit eine neue Dimension zuteil, eine Legitimation, die wie von der höheren Warte der Wissenschaft her erfolgte. Zuvor hatten in der Regel – eine Ausnahme war der populäre Berliner Hofprediger Adolf Stoecker, der zeitgleich die antijüdische Stimmung parteipolitisch anheizte – kaum bekannte Agitatoren antijüdische Pamphlete verfasst oder Hetzreden gegen Juden gehalten, in denen sie religiöse Vorurteile schürten oder schlicht und einfach soziale Ressentiments verbreiteten. Mit dem Text Treitschkes war eine Aufwertung des zuvor anrüchigen Geschreis erfolgt: Seine Agitation übernahm die »alte Misère« (Ludwig Bamberger) und entwickelte zugleich neue Vorurteile und Ressentiments, die auch Treitschke nicht kaschierte, sondern im Gegenteil geradezu lustvoll verbreitete; doch erlangten sie bei ihm ein zusätzliches Gewicht, weil sie nun Teil einer nationalpatriotischen Haltung wurden. Auf einmal glichen sie einem Bekenntnis zur Nation und veränderten auf diese Weise ihren Status, ihren »Sinn«, wenn man einmal immanent argumentiert: Antisemitismus wurde zum integralen Teil von »Deutschtum«, jenem von Treitschke so ostentativ beschworenen Wert, der ihm zufolge seine Wurzeln nicht in höherer Bildung, sondern im Volk, im »Instinkt der Massen«[15] habe. Diesen neu begründeten Hass gegen die Juden zeichnete Treitschke also in ein kollektives Selbstbild der Deutschen ein; er wurde zusammen mit »kirchlichem Sinn« und »religiösem Ernst«[16] zum Teil »nationaler Gesittung«[17], Ausdruck »germanischen Wesens«,[18] und er gesellte sich zu den vermeintlich deutschen Tugenden wie »Arbeitsfreudigkeit« oder »Ehre«.[19] Die Anfeindungen trug Treitschke zudem in einem dringlichen Ton der Gefahr und in einer autoritativen Haltung der Deutung vor; sie erschienen nicht als Selbstzweck oder als Werturteil, sondern er formte sie zu einem säkularen Geschichtsbild der Gebildeten, dessen antiliberale Ideologie er im Ton einer Warnung und in der Haltung des Selbstschutzes oder gar der Notwehr verbreitete.[20] Damit aber war Judenfeindlichkeit zu etwas ganz anderem geworden.[21] Aus der immer schon gehässigen Doktrin eines religiösen Dogmas, einer sozialen Gruppierung oder einer politischen Parteiung hatte sie sich in die Verschwörungserzählung einer nationalen Bewegung verwandelt, die den Verdacht gegen Juden beförderte und ihnen Machenschaften unterstellte, durch die hinter den Kulissen die deutsche Wirtschaft, Kultur und Gesellschaft gesteuert würden. Mit dieser Ideologie, nach der das vermeintlich Eigene gegen das angeblich Andere, Fremde zu verteidigen war, kämpfte man nun nicht mehr nur für seinen christlichen Glauben oder etwaige materielle Interessen; mit ihr hielt man jetzt ein »nationales Identitätspostulat«[22] hoch, ein Kollektivbild von sich selbst als Volk. Treitschke machte »die deutsche Judenfrage«[23] mit einer solchen Vehemenz zum Thema, als sei gerade sie für die Deutschen das größte Problem der Zeit. So sprach aus ihm die Weltanschauung, die auch das Ziel seiner volkspädagogischen Publizistik und Geschichtspredigten war: die auf diese Weise gesetzte Behauptung einer kulturellen »Kluft zwischen abendländischem und semitischem Wesen«, ja, eines Gegensatzes von Deutschtum und »Semitenthum«.[24] In dieser dichotomen Konstruktion zweier weltanschaulicher Entitäten verbreitete Treitschke ein zur deutschen Selbstwahrnehmung exakt spiegelbildlich aufgebautes Gegenbild der Juden.[25] Er beschimpfte sie nicht nur, sondern er »erklärte« sie auch – und im Kontrast zu ihnen zugleich auch die Deutschen. Diese Antinomie zweier vermeintlich unveränderlicher Kollektive, die der Soziologe Norbert Elias später die »Dualität des nationalstaatlichen Normenkanons«[26] nannte, wurde von Treitschke auch mit Formeln und Redensarten zur Kritik der Moderne und ihrer Schattenseiten ausgeschmückt, die er ebenfalls aus der vermeintlich »colossale[n] Macht«[27] der Juden ableitete und mit der er allenthalben »den Einbruch des

Judenthums in das deutsche Leben«[28] beklagte. Mit Treitschke wurde der obsessive »Haß gegen dies fremde Wesen« zusammen mit dem angstschürenden Warnruf vor dem »Gespenst der jüdischen Dominanz« (Peter Longerich)[29] nun anders sagbar als zuvor und mit sowohl völkisch-nationalen als auch kultur- und identitätspolitischen Argumenten zum integralen Teil des Selbstbilds der Deutschen, einer Ab- und Ausgrenzungs-Weltanschauung, die für Juden keinen Platz mehr bot. Es ist diese zur gesellschaftlichen Macht gewordene Sagbarkeit antisemitischer Ungeheuerlichkeit, die vor allem mit dem Namen Treitschkes verknüpft bleibt. Sie wird auch in jener bekannten Sentenz von Theodor W. Adorno und Max Horkheimer zur Erkenntnis, die in ihrer *Dialektik der Aufklärung* – ohne den Namen Treitschkes zu nennen – die neue Haltung, die mit ihm begann, voller Sarkasmus wie folgt beschrieben: »Aber es gibt keine Antisemiten mehr. Sie waren zuletzt Liberale, die ihre antiliberale Meinung sagen wollten.«[30]

Die Ereignisse und Einsprüche, die dieser Essay Treitschkes auslöste, heißen also seit 1965 in der Forschung »Berliner Antisemitismusstreit«, eine Wendung, die im deutschen Original auch Eingang ins Englische gefunden hat (wenn es dort nicht – analog dazu – »The Berlin Antisemitism Dispute« heißt[31]). Die zweibändige, wissenschaftlich kommentierte Edition im Verlag K. G. Saur, die 2003 vom Zentrum für Antisemitismusforschung der TU Berlin auf den Weg gebracht wurde und auf mehr als 900 Seiten die Anzahl der Quellen verfünffachte, wählte aus guten Gründen denselben Titel der Ausgabe von 1965 und setzte ihn, halb als Zitat, halb als Hommage, in Anführungszeichen.[32] In beiden Editionen umfasst der dokumentierte Ereigniszusammenhang neben Treitschkes Radikalisierungen, die er als Selbstverteidigung betrachtete und ohne Konzession oder gar Rücknahme, dagegen mit trotzigen Überbietungen, vortrug, auch den sich einstellenden Beifall der völkischen Rechten, aus deren Reihen er Zuspruch erhielt – mit Parolen und Schlussfolgerungen, die er selbst nicht vertreten hatte. Die bekannteste Intervention im Verlauf des Streits, der Einspruch des Althistorikers Theodor Mommsen, war der Höhepunkt des Streits und bildete zugleich seinen Abschluss. Als Universitätskollege sprach Mommsen im Namen desselben Fachs und für dieselbe Institution, als er im Dezember 1880, ein Jahr nachdem Treitschke den Streit entfesselt hatte, als einziger nichtjüdischer Gelehrter von Rang die Autorität seines Namens einsetzte, um den politischen Liberalismus zu verteidigen und dabei auch den jüdischen Deutschen öffentlich beizustehen.[33]

Ein anderer kritischer Theoretiker im Frankfurt der 1960er Jahre

Die Erstausgabe dieser Quellenanthologie erschien als sechster Band einer neu konzipierten Reihe, der *Sammlung Insel*, die seit Sommer 1965 mit hohen Erwartungen vom Suhrkamp Verlag (er hatte den Insel-Verlag kurz zuvor übernommen) auf den Weg gebracht wurde. Mit der Buchreihe sollte der herkömmliche Kanon der deutschsprachigen politischen Kultur und Literatur des 18. und 19. Jahrhunderts erweitert und »die Möglichkeit einer republikanischen Gegengeschichte« erschlossen werden.[34] Das Reihenkonzept formulierte die Revision des Traditionsbegriffs und zielte auf eine Neu- oder Wiederentdeckung vergessener Autoren: ideengeschichtliche und kulturpolitische Positionen eines vorherrschenden preußisch-protestantischen Selbst- und Geschichtsverständnisses, das gänzlich auf Staat und Nation zentriert war, standen auf dem Prüfstand; demgegenüber sollten die in der *Sammlung Insel* erschienenen Bände einem breiten Lesepublikum die Texte eines demokratischeren, »besseren Deutschlands« zugänglich machen.[35] Die ersten Bände der Reihe waren neben Bertolt Brecht und Walter Benjamins Briefsammlung »Deutsche Menschen« (zuerst 1936 in der Schweiz unter Pseudonym erschienen) Texten von Georg Büchner, Denis Diderot, dem Volksaufklärer der Goethezeit Johann Peter Hebel, einem Roman des 48er-Revolutionärs

Georg Weerth und Karl Marx' Essay »Der 18. Brumaire des Louis Bonaparte« gewidmet. Zu ihren Herausgebern gehörten Hans Blumenberg (Bd. 1), Hans Magnus Enzensberger (Bd. 3), Ernst Bloch (Bd. 7), der Verleger Siegfried Unseld selbst (Bd. 2 und 8), Herbert Marcuse (Bd. 9) und Theodor W. Adorno (Bd. 10). Hans Mayer gab eine Textauswahl von Jean Paul heraus (Bd. 13) und Karl Markus Michel stellte ein politisches Lehrbuch mit einer Textauswahl aus Kleist, Moses Hess und dem französischen Philosophen und Reiseschriftsteller Constantin François Volney zusammen (Bd. 15). Aus der Zeit bis August 1965 sind im Archiv des Verlags mehrere Vorschlagslisten überliefert, auf der Suhrkamp-Autoren und -Berater weitere Ideen für die Reihe zusammentrugen; diese Vorschläge wurden natürlich nicht allesamt verwirklicht, aber sie lassen die Grundidee der *Sammlung Insel* als eine der großen frühen Verlagsunternehmungen erkennen. Adorno etwa empfahl das Vorhaben, »Große Verfolgungen: Waldenser, Kreuzzüge etc.« zu dokumentieren (als Bearbeiter wurde hier der Name von Max Horkheimer angegeben); außerdem stehen in der von Adorno genannten möglichen Buch- und Editionsliste Projekte mit den Arbeitstiteln »Die andere Romantik: Dokumentation über aufklärerische, revolutionäre und nonkonformistische Tendenzen in der frühen Romantik« und »Der junge Hegel als politischer Kritiker«; Adorno führte auch die folgenden Vorschläge auf: »Dokumentation über den aufkommenden Nationalismus seit Fichte und Kleist«, »Die Emanzipation der Frau: Schein und Realität« sowie »Nietzsche: Auswahl seiner Kritik der deutschen Ideologie«.[36] Walter Jens schlug für die *Sammlung Insel* vor, den Briefwechsel zwischen Mendelssohn und Lessing und die Schulschriften Herders herauszubringen; und der Adorno-Schüler Hermann Schweppenhäuser steuerte die Ideen »Grosse Atheisten«, »Opposition der Vorklassik und Klassik«, »Opposition des Vormärz«, »Revolutionäre und reaktionäre Klassik« sowie »Utopien« bei.[37] Ein anderer Schüler von Adorno, Rolf Tiedemann, gab die Namen des Pädagogen Johann Heinrich Pestalozzi und des Sprachkritikers Carl Gustav Jochmann zu

Protokoll; Enzensberger nannte die französischen Aufklärer und Schriftsteller Voltaire, Victor Hugo, Honoré de Balzac und Anatole France; Walser eine Edition mit Briefen von Gustav Landauer.[38] Auf der Liste standen – ohne Namensnennung derjenigen, die die Idee einbrachten – auch der Vorschlag, Theodor Mommsens politische Schriften zu edieren, sowie die Namen Johann Gottfried Seume, Jakob Michael Reinhold Lenz, Ludwig Börne und Heinrich Heine. Mit seiner Einschätzung, dass die *Sammlung Insel* einen »Kontrapunkt« zur vormaligen »bürgerlichen Schöngeistigkeit der repräsentativen Insel-Bücherei« etablieren wollte, lag der Rezensent Heinrich Vormweg im Oktober 1968, als er die Reihe als Ganzes besprach, sicherlich nicht weit entfernt von der Intention des Verlags.[39]

Dies war, aus einer verlegerischen Perspektive betrachtet, der intellektuelle Anspruch und der politisch-publizistische Kontext des sechsten Bandes: *Der Berliner Antisemitismusstreit* bot den Lesern eine Art nachgeholte Lektion. Die zweiundzwanzig voraussetzungsvollen Quellentexte aus dem Kaiserreich verhandelten die Frage nach den antisemitischen Traditionen im gebildeten Milieu der Universität, und dies in der Reihennachbarschaft von Büchern, die allesamt einen anderen, kritischen Blick auf das späte 18., das 19. und das frühe 20. Jahrhundert warfen. Der sechste Band repräsentierte die Zielsetzung der Reihe in idealtypischer Weise, denn in ihm wurde beides zugleich Thema: Er forderte die Leserinnen und Leser mit Nachdruck auf, antiliberale, nationalistische und – mit diesen verbunden – antisemitische Traditionen der herkömmlichen nationalen Geschichtsschreibung in Deutschland kritisch zu rekapitulieren. Zugleich holte er hier auch die Stimmen Gelehrter in die Gegenwart, die nach dem Holocaust in einer breiteren Öffentlichkeit nicht mehr bekannt waren und die diesen so belasteten deutschen Traditionen bereits als Zeitgenossen intellektuellen und politischen Widerstand entgegengesetzt hatten: Manuel Joël, Heinrich Graetz, Harry Bresslau, Ludwig Bamberger und Hermann Cohen. Ihre einhellige Warnung vor Treitschkes Feier des Nationalstaats, die er mit antisemitischen Schmähungen verband, ließ sich im Rückblick als weitsichtige Diagnose lesen, wie auch diejenigen der nichtjüdischen Verteidiger des liberalen Deutschlands, für die Theodor Mommsen steht. Diese jüdischen Gelehrten und liberalen Protestanten wandten sich nach der Reichseinigung von 1870/71 gegen eine politisch-ideologische Überhöhung des neuen Machtstaats und gegen den Versuch, Juden aus ihm auszugrenzen. Es waren Stimmen, die im Gegensatz zum Nationalpatriotismus, den Treitschke zur Norm erhoben und propagiert hatte, einen Verfassungspatriotismus *avant la lettre* entwarfen und einen anderen, weltbürgerlich verstandenen Begriff der Nation verteidigten. Ein solcher war in den 1870er Jahren zu einer Minderheitenposition geworden.[40] Zwar konnten die Kritiker Treitschkes die Wirkung seiner Agitation seinerzeit nicht aufhalten; aber ihre Worte konnten nun, in der Bundesrepublik, in einer erneuerten Perspektive als vorbildhaft gelesen werden. So liegt das intellektuelle Zentrum des Bandes in dieser dialektischen Zusammengehörigkeit von Warnung auf der einen Seite und der Suche nach neuen Vorbildern auf der anderen.

Verantwortlich für Idee, Konzept und Ausführung des Bandes war der am 16. September 1921 in Breslau geborene Lektor, Übersetzer und Kritiker Walter Boehlich, für den eigentlich keine der genannten Berufsbezeichnungen ganz passt, weil er immer alles zugleich und stets mehr als nur das war.[41] Öffentlich gewürdigt wurde immer wieder Boehlichs Haltung als solche, seine Rolle als »Republikkritiker«,[42] als Vermittler und als einer der intellektuellen und kulturellen Übersetzer im weitesten Sinne des Wortes. So nannte ihn die *Neue Zürcher Zeitung* respektvoll eine »intellektuelle Eminenz«, einen Polemiker von hohen Graden, von umfassender Belesenheit und »intellektueller Schärfe«, dessen »Anteil an der ›Suhrkamp-Kultur‹, an der literarischen Wiedereinbürgerung der unter den Nazis verfolgten jüdischen Schriftsteller und Denker« groß gewesen sei.[43] *Der Tagesspiegel* und die *Frankfurter Rundschau* charakterisierten ihn als »eine der letzten genuinen Literatenfiguren«

und »eine der großen intellektuellen Gestalten der alten Bundesrepublik«.[44] Auch die *Süddeutsche Zeitung*, die für ihren Nachruf den Titel »Der Aufständische« wählte, schrieb über die disziplinär nicht festgelegte Bildung Boehlichs in einem markanten Bild, dass dieser sich zeit seines Lebens geweigert habe, »dem Dreieck aus Literatur, Philosophie und Geschichte jemals eine Spitze abzubrechen«.[45] Die *Jüdische Zeitung* fasste ihr Porträt auf treffende Art und Weise wie folgt zusammen: »Walter Boehlich [...] hat Büchern gedient: er hat sie übersetzt, lektoriert und kritisiert. Auf allen drei Feldern war er hoch geschätzt und außerordentlich gefürchtet.«[46]

In der Tat ist Boehlichs Bedeutung für die Verlags- und Kulturgeschichte der Bundesrepublik kaum zu überschätzen. Sie ist zwar Kennern seit Langem allgemein bekannt, doch wurde die genaue Rolle, die er in zentralen Debatten bundesdeutscher Selbstverständigung über viele Jahrzehnte hinweg einnahm, lange verkannt,[47] spät gewürdigt und erst seit gut zehn Jahren auch mit Forschungsprojekten, Editionen und Publikationen gründlich vermessen. So erschien 2011, herausgegeben von Helmut Peitsch und Helen Thein, eine Auswahl seiner wichtigsten verstreut publizierten Aufsätze, Essays, Studien, Vorworte und Radiofeatures.[48] Liest man diese Texte heute im Zusammenhang, so erscheinen einem viele von ihnen immer noch als relevant, als Quelle für die Selbstreflexion der Zeit und nicht selten auch als hellsichtige Vorwegnahme der historiographischen Deutungen jener Zeit; sie haben ihre Frische behalten und ähneln oft dem Bild, das wir von der Bundesrepublik in langer Sicht ausgebildet haben. Boehlichs Grundhaltung der frühen 1960er Jahre drückt sich etwa in einem Brief an Wolf Jobst Siedler aus, zu dessen Konservativismus Walter Boehlich diametral stand, den er aber als Gesprächs- und Briefpartner schätzte und demgegenüber er die Protesthaltung der Linken grundsätzlich verteidigte, weil sie die deutsche Mehrheitsmentalität in Öffentlichkeit und Politik infrage stellte, »die auf der Bewußtseinsstufe von 1900« stehengeblieben sei: »Mir scheint«, so fasste Boehlich seinerzeit seine Einschätzung zum Verhältnis von Politik und politischer Kultur mit sarkastischer Schärfe zusammen, »daß etwas Wesentliches nicht in Ordnung ist, wenn diese Leute [gemeint ist die politische Elite], die unsere Geschicke so trefflich lenken, nicht die geringste Bindung an das besitzen, was uns als Kultur der Zeit erscheint.«[49] Helmut Peitsch und Helen Thein legten zusammen mit den Schriften Boehlichs vor gut zehn Jahren auch die Ergebnisse einer ihm gewidmeten Tagung vor.[50] Diese Aufsätze zeichneten Boehlichs Rolle in politischen Kontroversen und in literarischen Debatten der Nachkriegszeit und der alten Bundesrepublik detailliert nach. Der Sammelband enthält das Porträt von Boehlichs wertvoller Privatbibliothek, Untersuchungen über seine Arbeit als Kritiker und Übersetzer aus mehreren Sprachen (u. a. aus dem Französischen, Spanischen, Englischen und Dänischen) sowie über seine besondere Rolle in den Aufbaujahren des Suhrkamp Verlags.[51] Andere Beiträge beleuchten Boehlichs Interventionen wie Themen der deutschen und deutsch-jüdischen Geschichte, seine intellektuelle und publizistische Pionierrolle bei der öffentlichen Forderung nach der überfälligen Selbstkritik und der allgemeinen Reform der Universitäten und vor allem bei der immer drängender gewordenen Notwendigkeit einer Aufarbeitung ihrer fatalen Rolle in der Nazizeit.[52] Markant tönte seine Stimme etwa in der Debatte um die braunen Wurzeln der bundesdeutschen Germanistik, in dieser Frage ergriff Boehlich seit den späten 1940er Jahren mehrfach vehement das Wort, etwa, als er die »von faschistisch auf demokratisch« umgedrehte »Windfahnenliteratur« kritisierte oder als er mit Verve mit einer »unhistorische[n] und unphilologische[n] Form der Literaturforschung abrechnete, die sich in pseudophilosophischer Verschwommenheit« gefiel. Sein wirkungsvollster Artikel aber war 1964 in der Wochenzeitung *Die Zeit* eine Kritik an der Bonner Universität, als diese den Germanisten Hugo Moser zum Rektor gewählt hatte, der im »Dritten Reich« in NS-Manier vom »Weltjudentum« schwadroniert hatte.[53] Vor kurzem wurden auch Boehlichs Kolumnen und Zeitkommentare in der Zeitschrift *Titanic* in einem Auswahlband publiziert.[54] Zuletzt erschien eine umfangreiche Briefedition, für die Christoph Kapp und Wolfgang Schopf etwas über zweihundert Briefe Boehlichs ausgewählt und kommentiert haben, unter anderem an Paul Celan, Martin Walser, Peter Suhrkamp, Ernst Robert Curtius, Gottfried Benn, Hans Magnus Enzensberger, Uwe Johnson, Ingeborg Bachmann, Max Frisch, Samuel Beckett, Gershom Scholem, Peter Szondi, Ernst Bloch, Helmuth Plessner, Hans Mayer und Hilde Domin.[55] Christoph Kapp hat zudem eine ganze Reihe von Studien zu Themen aus Boehlichs Leben und zu dessen Werk vorgelegt.[56]

Aus heutiger Sicht scheint es, als wäre im Deutschland der 1960er Jahre kaum jemand besser dafür geeignet gewesen, die editorische Verantwortung für eine Quellensammlung zum Berliner Antisemitismusstreit und für dessen Deutung zu übernehmen, als Walter Boehlich. Er wehrte sich gegen alles, was die vernebelnde Rhetorik vom »Deutschtum« verteidigte oder fortsetzte, und er wandte sich damit gegen jeglichen politischen wie intellektuellen Nationalismus, die ihm seine Jugend so vergällt hatten. Nichts erschien ihm im akademischen Milieu dringlicher als die Aufgabe der Universität, sich vom »Muff« der Weltanschauungsfächer Germanistik, Romanistik und Geschichte »zu befreien«.[57] In einem Brief an den Bonner Historiker Paul Egon Hübinger schreibt Boehlich über seine Studienerfahrungen in der Germanistik: »Ich habe selbst Lehrer gehabt, und gerade in der Germanistik, die die Hitlerei so integer überstanden haben, wie nur denkbar und wünschenswert – sie sind nie auf den Gedanken gekommen, dass vieles von dem, was ihnen unter Hitler unerträglich war, seine Wurzel in der Lehre ihrer eigenen Lehrer hatte, dass sie also, obwohl persönlich integer, ein wenig umlernen müssten. Nein, sie haben, was den Keim der Erkrankung so deutlich in sich trug, unbeirrbar verteidigt, als wäre es das Heilmittel selbst.«[58] In einem Schreiben an den Romanisten Michael Nerlich fasste Boehlich die Grundhaltung seines Lebens deshalb so zusammen: Seine Generation, die nach dem Ende des Zweiten Weltkriegs in ihren Zwanzigern stand, hatte durch die Geschichte die Möglichkeit bekommen, »mit etwas Neuem ganz neu anzufangen«.[59] Diesen Neubeginn hat Boehlich sich zur Aufgabe gemacht, aber auf eine aufgeklärte Weise, also gerade nicht als Fiktion einer neuen »Stunde Null«-Ideologie, sondern genau umgekehrt in Form historischer Selbstaufklärung, also eingedenk der Geschichte. Schon Boehlichs eigene Familien- und Herkunftsgeschichte, seine Bildungsbiographie und Sozialisation, hatten ihn skeptisch gegen Kollektivkonstruktionen und nationale Ideologien gemacht. Ende der 1950er Jahre schrieb er an Max Rychner: »Man wird als so vieles geboren. Ich zum Beispiel als Breslauer, Schlesier, Preusse, dann erst Deutscher (die deutsche Staatsbürgerschaft habe ich sogar nie erworben, bin Preusse geblieben, als der große Führer, der die alten Staatsbürgerschaften annullierte und dafür die deutsche einführte, mich, aus bekannten Gründen, ausnahm). Ich habe nie eine Unvereinbarkeit zwischen diesen Teilbürgerschaften erkennen können und muß gestehen, daß es mir leichter fällt, mich für ein künftiges Europa zu begeistern als für das vergangene Schlesien.«[60] Mit dieser Grundhaltung als Breslauer und Europäer und mit der Renitenz, auf seinem Recht zu beharren, »ein Individuum zu sein, ohne einer Gruppe zugeschlagen zu werden«, bildete sich Boehlich, der wichtige Jahre der intellektuellen Entwicklung und Entfaltung als Assistent von Ernst Robert Curtius tätig war, zu einem textgenauen Philologen und Universalgelehrten, der sich das hermeneutische Ideal als einen »Weg zu geschichtlichem Sehen«[61] vorstellte. Boehlich war zudem immer auch ein politischer Kopf, und er kannte auch das preußisch-protestantische Traditionserbe, das in dieser Debatte in seiner (in der Persönlichkeit von Treitschke personifizierten) aggressiven Einseitigkeit zu rekonstruieren war, nicht nur als einen angelernten historischen Stoff, sondern als Teil seiner eigenen Familiengeschichte. Und auch die andere Tradition, die einer liberalen deutsch-jüdischen Weltläufigkeit, war in seine Biographie eingegangen. Das ideelle Substrat der Dokumente, die Boehlich in *Der Berliner Antisemitismusstreit* vorlegte, war noch lebendiger Teil seiner individuellen Lebenserfahrung gewesen. Nun gab er die daraus gewonnenen Einsichten dem Gedächtnis der Bundesrepublik in Form von Dokumenten historisch objektiviert und als dringend zu rekapitulierende Lektion zurück, als »halb und halb Aussenstehender« und Sohn einer Ehe, in der beide Traditionen zusammengetroffen waren: die protestantische und die jüdische.[62] Sein Vater, der schlesische Schriftsteller Ernst Boehlich, hatte die 1891 geborene Bibliothekarin Edith Josephson geheiratet, die aus einer jüdischen Familie kam, sich zu Beginn des 20. Jahrhunderts aber protestantisch taufen ließ und dabei umbenannte und den Familiennamen Jansen annahm. Boehlichs Mutter wurde im »Dritten Reich« ungeachtet des Übertritts ihrer Eltern (auch sie selbst waren protestantisch getauft) Anfang Januar 1944 nach Theresienstadt deportiert. Während sie die Befreiung des Lagers am 9. Mai 1945 erlebte, hatte sich ihre Mutter in Hamburg das Leben genommen, als sie den Deportationsbefehl erhielt. Walter Boehlich und sein Zwillingsbruder Wolf waren in den Hitlerjahren in der Terminologie der notorischen »Nürnberger Gesetze« also »Halbjuden« oder sogenannte »eindeutschungsfähige Mischlinge«. Im Frühjahr 1940 wurde Walter aus der Wehrmacht, in die er als 18-Jähriger noch freiwillig eingetreten war, aufgrund seiner familiären Herkunft ausgeschlossen. Walter Boehlich studierte danach als Gasthörer ohne Studienerlaubnis Kunstgeschichte und Germanistik, zuerst in Breslau, nach Kriegsende dann in Hamburg, der Heimatstadt seiner Mutter. Im Rückblick auf sein Leben erkannte Boehlich diese Studienjahre in der »völkisch gewordenen Germanistik« als intellektuellen Wendepunkt, der in ihm den Grundstein seiner lebenslangen Überzeugung gelegt hatte, »daß Literatur nichts primär Nationales ist […]«.[63] Als junger Mann begann er schon früh für wissenschaftliche Zeitschriften und Zeitungen zu schreiben, für die *Zeitschrift für deutsche Philologie* und die *Hamburger Akademische Rundschau* etwa, ab 1947 im engen Austausch mit Curtius in Bonn dann auch für den *Merkur*, für die Wochenzeitung *Die Zeit*, die *Süddeutsche Zeitung* und auch für das Feuilleton der ihm politisch fernstehenden *Frankfurter All-*

gemeinen Zeitung, das seinerzeit von Karl Korn geleitet wurde. Eine Universitätskarriere und Assistenzstelle, die ihm von dem deutsch-jüdischen Literaturwissenschaftler und Remigranten Richard Alewyn Ende der 1950er Jahre angeboten worden war,[64] lehnte Boehlich ab. Stattdessen war er in den 1950er Jahren mehrere Jahre als Lektor und Deutschlehrer in Aarhus und Madrid tätig. Ab 1957 arbeitete er dann über ein Jahrzehnt als Lektor, Übersetzer und Herausgeber im Suhrkamp Verlag Frankfurt, nach dem Tod von Peter Suhrkamp 1959 mit Siegfried Unseld als Verleger. In dieser Konstellation, halb als Verlagsmitarbeiter, halb als selbständiger Herausgeber und Kritiker, entstand seinerzeit auch der Band mit den Dokumenten aus der Zeit zwischen November 1879 und Januar 1881.

Kaum ein Begriff eignet sich besser dafür, die Arbeit und das berufliche Selbstverständnis von Walter Boehlich zu charakterisieren, als derjenige der »Kritik«. Kritik – das war für ihn ein hohes Ethos, eine moralische Aufgabe im Namen der Gesellschaft, die Übernahme der Verantwortung für den Aufbau und die Verteidigung (des Wünschenswerten) ebenso wie für die Zerstörung und Zersetzung (des haltlos gewordenen Falschen); sie umfasste die Geste der Zustimmung und Aneignung wie die der Zurückweisung und des Widerspruchs, beides aber hatte das Ergebnis einer Prüfung – eben der vorangehenden Kritik – zu sein, niemals ein weltanschauliches Apriori. Kritik war das alles grundierende Fundament, für das die klassische Literatur das Vorbild darstellte; für Boehlich wurde die Haltung der Kritik zur entscheidenden Zutat, die Kultur im emphatischen Sinne überhaupt zu Kultur machte. Kritik war sozusagen Kultur in der antiessentiellen Form des Diskurses, denn nur an einem solchen Kulturbegriff wollte sich Boehlich auch beteiligen. Der falsche, seinerzeit »bürgerlich« genannte Kulturbegriff enthistorisierte die Kunstwerke, er trennte »die Welt des Geistes« von der Politik, nötig sei aber, so Boehlich, gerade das Gegenteil, ein Verständnis beider zusammen aus dem Kontext der Zeit, die sie auch beide hervorbrachte. Kritik war somit das

Gegenteil von »Wesenskunde«, sie war eine Begründung im wörtlichen Sinne, ein Akt der Grundlegung und der Prüfung, durch den alles, was Bestand reklamierte, hindurchmusste. Im modernen Sinne war Kritik nicht nur das Milieu, in dem man miteinander über die entscheidenden Dinge sprach und schrieb, sondern auch eine Art von Erkennungszeichen all jener, die Tradition nicht um ihrer selbst verstanden wissen wollten. Und da Kritik der Aufklärung und der Rationalität verschrieben war, erhielt sie auch ihre wesentlichen Bestimmungen durch diese; sie umfasste Selbstkritik und war in Inhalt und Form das Gegenprinzip jenes unheilvollen nationalistischen Wahlspruchs »Right or Wrong – my Country«. Deswegen war Kritik natürlich auch ein politisches Bekenntnis, denn da sie nur mit dem freien Wort und der Unabhängigkeit der Meinungsäußerung das sein und werden konnte, was ihre Aufgabe war, war auch die Opposition zu restaurativen und reaktionären Tendenzen in Politik, Wissenschaft und Kultur der frühen Bundesrepublik nur in einer Form zu haben: in der Kritik des Bestehenden und dem Aufzeigen von verschütteten Traditionslinien, deren Gefahren und Potentiale für die Gegenwart neu zu prüfen und zu formulieren waren. Als Walter Boehlich 1963/64 zur Mitwirkung an der Sendereihe des Hessischen Rundfunks »Sind wir noch das Volk der Dichter und Denker?« eingeladen wurde, sagte er seine Teilnahme mit einem programmatischen Beitrag zu, der »Kritik und Selbstkritik« überschrieben war und der mit folgenden Sentenzen begann: »Kritik in Deutschland hat es schwer, fast so schwer, wie Kritik an Deutschland, und das könnte daran liegen, daß zu oft Kritik in Deutschland mißverstanden wird als Kritik an Deutschland.«[65] In einem aufschlussreichen Brief an Peter Szondi, der den Suhrkamp Verlag in jener Zeit immer wieder als Literaturwissenschaftler beriet, hat Walter Boehlich die Dialektik von Historisierung und Kritik in die folgenden Worte gefasst: »Was den kritischen Ton angeht, haben Sie sicher recht; der könnte eindeutiger sein. Freilich glaube ich, daß überall da, wo die *Sammlung Insel* Dokumente veröffentlichen wird, die Kritik nicht in den

Dokumenten selbst, sondern in deren Publikation zu suchen sein wird. Es soll da etwas gezeigt werden, was vergessen, verdrängt oder unbekannt ist, Materialien sozusagen, die ein kritisches Licht auf die deutsche Geschichte, vor allem im neunzehnten Jahrhundert, werfen.«[66]

Diese Haltung machte Boehlich in den Jahren, in denen *Der Berliner Antisemitismusstreit* entstand, zu einem inoffiziellen Teilhaber und Mitdenker an dem, was gemeinhin Kritische Theorie genannt wird – mit den damit verbundenen Assoziationen zum vor 1933 in Frankfurt begründeten Institut für Sozialforschung, das in den Nazijahren nach Amerika vertrieben worden war und nach 1945 noch einmal in Frankfurt neu etabliert wurde. Es nahm keine Mitglieder auf und verzeichnete natürlich auch keine Anhänger; aber es bot einen theoretisch-kritischen Denkstil an, dem Walter Boehlich auf seine Weise ebenfalls anhing. Zwar stand er mitunter dem publizistischen Stil einiger Veröffentlichungen der Frankfurter Schule skeptisch gegenüber, aber Adorno nannte er in einer Glosse einmal seinen »Bruder« und die meisten Schriften aus dem Institut und seinem Umfeld verteidigte er, denn bei zentralen Themen und in einigen wichtigen Argumentationen ähnelten seine Überzeugung und Haltung der Kritischen Theorie, mitunter auf fast idealtypische Weise.[67] In einem Brief an Richard Alewyn von Anfang November 1968 hat Boehlich seine Nähe zur Kritischen Theorie einmal etwas genauer benannt und sie zustimmend als Ideologiekritik und als eine Form linker Theoriebildung beschrieben, in die begriffs- und sprachkritische Reflexion eingegangen sei. Es gehe nicht, so schrieb er hier, »um die Soziologie des 19. Jahrhunderts, auf die sich heute kein verständiger Mensch mehr beruft, sondern um die neuere Soziologie, diejenige, die über das verfügt, was kritische Theorie genannt wird und von der Mehrheit der anwesenden Germanisten leider als Tautologie empfunden worden ist, eben weil sie das Vokabular nicht kennen und nicht durchschauen. [...] Es gibt keine sakrosankten Dogmen der herrschenden Soziologie, aber es gibt ein Begriffsinstrumentarium, das diese entwickelt hat, an dem jede Kritik geübt werden darf und soll, das man aber nicht einfach übersehen darf. [...] Ich glaube nicht, daß das von aussen und aus einer Position, die ihre Begriffe aus älteren Schichten holt, möglich ist.«[68]

Der Gegenwartsindex des Buches: Kritik der beschwiegenen NS-Zeit

Diese lange vergriffene Quellensammlung war 1965 ohne Zweifel eine wissenschaftliche Leistung ersten Ranges. Walter Boehlich hatte aus einem vielstimmigen Geflecht und Gewirr gesellschaftlicher Strukturen und politisch-ideologischer Überzeugungen einzelner Akteure wieder einen historischen Ereigniszusammenhang erkennbar werden lassen, den er im Titel der Edition benannte. In einem Brief an Gershom Scholem von April 1965 gestand er aber, dass ihm das Schreiben des Nachworts Schwierigkeiten gemacht habe, weil in diesem Streit »persönliche Motive und innenpolitische Zusammenhänge so hoffnungslos und nicht immer ganz klar erkennbar in einander verfilzt« gewesen seien.[69] Zudem waren »lange Monate des Suchens« nötig, für ein Exemplar der *Schlesischen Presse* musste er etwa mit der Bibliothek in Wrocław korrespondieren; auch halfen Sammler in Israel mit bibliographischen Angaben und mit Kopien aus.[70] Schon die Rechercheleistung war also äußerst aufwändig gewesen. Entscheidend aber war der gedankliche Aufwand, den Boehlich in das Unternehmen dieser Edition einbrachte, denn es war für ihn klar, dass diese Dokumentation eine gesellschaftliche Botschaft enthielt, die er Gershom Scholem gegenüber mit seinem Interesse an »richtige[n] Bücher[n]« charakterisierte, und damit meinte er Bücher, »die von aktuellem Interesse sind«: Der Insel Verlag solle »etwas lebendiger werden«, so Boehlich über das eigene verlegerische Ideal, und so sei der Plan entstanden, der »konservativen Insel-Bücherei eine neue Reihe zur Seite zu stellen, in der man Bücher, richtige Bücher,

veröffentlichen kann, die von aktuellerem Interesse sind und die in der Insel-Bücherei untergegangen wären«.[71]
Das »aktuelle Interesse« ist dem Band tief eingeschrieben. Er war wohl auch deshalb so innovativ und hat so produktiv gewirkt, weil er keine rein historische Dokumentation war, sondern einen klaren Gegenwartsindex aufwies, mit dem sich Boehlich zugleich auch gegen die Art und Weise, wie in der frühen Bundesrepublik mit der Nazizeit umgegangen wurde, wandte. Sein Nachwort deutete die von ihm zusammengestellten Dokumente im Streit um Treitschke als ein negatives ideen- und ideologiegeschichtliches Schlüsselereignis der deutschen und deutsch-jüdischen Geschichte – mit verhängnisvollen Wirkungen im 20. Jahrhundert. Hier heißt es, dass man schon 1880 »die Konsequenzen« des antisemitischen Geschreis gekannt und ausgesprochen habe, »was nach 1933 geschah war nicht überraschend, nicht der plötzliche Ausbruch eines unerwarteten Fiebers«.[72] Und in diesem 20. Jahrhundert, vor allem nach 1933, wurde der preußische Historiker für seinen Antisemitismus gerühmt und gepriesen. Die Publizistik der Nazijahre verklärte ihn, häufig zusammen mit Ernst Moritz Arndt, unentwegt als einen »Kämpfer für Deutschlands Einheit und Größe«, als »Seher«, als »größten Redner deutscher Zunge« und als den »Erzieher zur Deutschheit«.[73] Und die Huldigungen dieser Art ließen nie die Gelegenheit aus, jegliche Kritik an Treitschke als »Haß der Minderwertigen«, der »Feinde der deutschen Nation, drinnen und draußen«,[74] zu denunzieren: »Es waren die Juden, die alles daran setzten, ihn zu verfemen«, so drückte es der NS-Publizist Fritz Zierke aus, weil Treitschke »die zunehmende Macht des Semitentums im geistigen und politischen Leben der Nation« gegeißelt habe.[75]
Diese Kontinuität von Treitschke zu dessen Verteidigern, vom Kaiserreich zur Nazizeit, war ein weiteres Motiv für Boehlich, sich der Sache anzunehmen, er selbst hatte keinerlei Scheu vor dem Kontinuitätsargument. Er sah im publizistischen Angriff Treitschkes auf die Juden – wie generell in der Tradition des akademischen

Antisemitismus – einen radikalen Bruch in der deutschen Geschichte, der den Auftakt oder die Vorstufe für das »Dritte Reich« darstellte.[76] So interpretierte er die feindselige Militanz und die aggressive Grundhaltung, die diesem neuen Antisemitismus eigen war, und dessen Schutzbehauptung, er sei defensiv, verteidige sich nur, als eine direkte Parallele zu »den drei Kriegen zwischen 1871 und 1945«, in denen dasselbe Prinzip wirksam gewesen sei.[77] Um die Bedeutung des Berliner Antisemitismusstreits anders als die damalige Fachwissenschaft formulieren zu können, musste sich Boehlich folglich aus der geschichtswissenschaftlichen Tradition der deutschen Treitschke-Deutungen heraushalten. Er wusste um seinen Außenseiterstatus und um die Tatsache, dass es viele Historiker »nicht gerne sehen, wenn sich Dilettanten eines Gegenstands annehmen«.[78] Es war Boehlich klar, an welcher Stelle er sich von der Zunft unterschied: Sie würden es vorziehen, »Treitschke aus sich selbst zu erklären, nicht aber nach seinen Folgen zu beurteilen«.[79] So wandte er sich ausdrücklich gegen das in Wissenschaft und an Universitäten so verbreitete »Hangen an überlieferter Lehre« und gegen die »Scheu vor Ideologiekritik«[80] und damit auch gegen die anhaltenden Verteidigungen Treitschkes, wie sie in Öffentlichkeit und Forschung bis weit in die 1960er Jahre und sogar noch darüber hinaus üblich waren. In privaten Äußerungen drückte Boehlich seine Distanz zum Fach Geschichte sogar noch unverblümter aus: »Es gibt Historiker, deren Art, geschichtliche Fakten darzustellen, sie notwendig von der Kritik des Vorgefallenen dispensiert, was wünschenswert nicht sein kann, auch wenn eine ganze Schule sich moralisch und wissenschaftlich integer Glaubender diese Methode für die allein seligmachende hält.«[81] Er hielt »unsere Historiker«, wie er in zwei Briefen an den Remigranten und Sozialhistoriker Hans Rosenberg im Spätsommer 1966 schrieb, für »groß im Verdrängen« und »groß im Verschweigen«, es sei »die geschlossenste Zunft überhaupt (innerhalb der Geisteswissenschaften). Wie da einer immer dem anderen seine Unbedenklichkeit und Vortrefflichkeit bezeugt. Das ist nicht lustig.« Boehlich grenzte sich gegen die

Mehrheitsmeinung der deutschen Historiker dezidiert ab, denn diese gehe, so schrieb er einmal, »mit der Geschichte nicht anders um als die Mehrheit der Deutschen« und deswegen müsse man sich »an die Minderheit halten«.[82] Und er beklagte deshalb auch, dass im Fach »niemand sich die Mühe gegeben« habe, »die linken emigrierten Historiker zurückzubitten«, und so sei »auch für die Nachgeborenen kein guter Boden hier«.[83]

Nach Kriegsende gehörte Treitschke zu jenen Teilen der umkämpften Tradition, die man sich durch die alliierte Entnazifizierungs- und Reeducation-Politik nicht nehmen lassen wollte. Dass Treitschke ein Vorläufer Hitlers gewesen sein sollte, wie zum Beispiel Saul K. Padover 1934 ganz unverblümt geschrieben hatte, wurde in Deutschland noch Jahre und Jahrzehnte nach 1945 empört zurückgewiesen.[84] Trotzig benannte etwa die Münchner Stadtverwaltung noch 1960 eine Straße nach dem Historiker.[85] Eine im Jahr 1949 an der Universität Göttingen entstandene Habilitationsschrift, die Treitschkes »Welt- und Geschichtsbild« zu ihrem Untersuchungsgegenstand gewählt hatte, sparte seinen Antisemitismus erstaunlicherweise ganz aus.[86] Ihr Autor, Walter Bußmann, sah in ihm Anfang der 1960er Jahre einen »Großen Deutschen«, wie das Lexikon, für das er den Eintrag über ihn verfasste, benannt war.[87] Auch der junge Martin Broszat, später einer der führenden Zeithistoriker der Bundesrepublik, zeichnete Anfang der 1950er Jahre in seiner Kölner Dissertation *Die antisemitische Bewegung im Wilhelminischen Deutschland*[88] noch das Bild eines Patrioten, dessen »Entrüstung seines leidenschaftlichen preußisch-deutschen Nationalgefühls über einzelne jüdische Zeitungsschreiber, die Christentum und Patriotismus verspotteten«,[89] berechtigt gewesen sei. Beim Antisemitismus handele es sich, so Broszat, zudem nur um »eine Art Randbemerkung«[90] im Werk Treitschkes, der insgesamt »kein Judengegner«[91] gewesen sei, man könne bei ihm lediglich »[e]in Minimum an Antisemitismus«[92] feststellen. Sogar die verdienstvolle Studie, mit der Klemens Felden zehn Jahre später an der Universität Heidelberg mit der Fragestellung promoviert wurde, wie der Antisemitismus in Deutschland im letzten Drittel des 19. Jahrhunderts »als soziale Norm selbstverständlich und damit [für die Zeitgenossen] gleichsam objektiv geworden war«, wertete weder Adolf Stoecker noch Heinrich von Treitschke als »Antisemiten im vollen Wortsinne« mit der dem hohen Niveau der Studie ansonsten nicht gewachsenen Begründung, der Antisemitismus sei für sie funktional, nicht Selbstzweck gewesen.[93] Keine dieser von Bußmann, Broszat und Felden getroffenen Einordnungen trifft den Kern der Sache, teils sind sie in der Sache schlicht falsch oder aber, noch bedrückender, sie gehen von Voraussetzungen und Vorzeichen aus, die Treitschke zustimmen, so vor allem Broszat, wenn er ausführte, dass die antijüdischen Stimmungen, die seit 1873 »latent vorhanden gewesen waren«, nun »durch das Verhalten einiger jüdischer Zeitungsschreiber«[94] genährt worden seien.

Boehlich aber entzog sich solchen Deutungen, wie sie an Historischen Seminaren deutscher Universitäten entstanden. Er brach mit dem beschwichtigenden nationalen Treitschke-Bild des frühen und mittleren 20. Jahrhunderts, das nach 1945 fortdauerte, denn für ihn galt das Credo: »Gebildete Barbarei bleibt Barbarei.«[95] So forderte er explizit die öffentliche Bereitschaft ein, über die Kontinuität zwischen Kaiserreich und NS-Zeit bzw. über die zwischen dieser und der Gegenwart nachzudenken. Er war ein Außenseiter des Fachs, nahm die zeitgenössischen Stimmen jüdischer Gelehrter als einer der ersten deutschsprachigen Forscher auf dem Gebiet des Antisemitismus ernst, zog englischsprachige Arbeiten und neueste soziologische Studien wie jene von Hans Paul Bahrdt und Iring Fetscher von 1965 oder Alexander Beins sprachkritische Deutung des Antisemitismus, ebenfalls aus dem Jahr 1965, sowie generell die Forschungen des Leo Baeck Instituts in London heran, etwa Studien von Werner E. Mosse, Michael Reuwen und Hans Liebeschütz.[96] In seiner Besprechung von Boehlichs Textsammlung war es seinerzeit der Historiker Karl Dietrich Bracher, der den Band und seine Deutung mit dem »vorzüglich klärenden Nachwort« bestärkte und der ihn auch im wissenschaftlichen Zusammenhang zu den englischsprachigen Monographien von Fritz Stern, George L. Mosse und Peter Pulzer situierte, die unmittelbar zuvor erschienen waren und sich alle ebenfalls der Entstehung und Etablierung des politischen Antisemitismus widmeten.[97] Es ist auch im historischen Rückblick auf die 1960er Jahre nicht zu hoch gegriffen, Boehlichs Edition zu dieser Gruppe außergewöhnlicher Pionierstudien zu zählen, die alle von jüdischen Gelehrten verfasst wurden, die selbst zwischen 1918 und 1929 in Deutschland oder Österreich geboren wurden, sich in den frühen 1930er Jahren zusammen mit ihren Eltern gerade noch vor den Nazis ins englische oder amerikanische Exil retten konnten und die ihre akademische Ausbildung als Historiker dann in den Aufnahmeländern absolvierten. Zu ihnen wäre noch die Monographie von Georg G. Iggers *The German Conception of History* (1968) hinzuzuzählen, die wenige Jahre später erschien und sich einem ähnlichen Erkenntnisimpuls verdankt wie die grundlegenden Studien von Stern, Mosse, Pulzer und die Edition Boehlichs.[98] Auch Bracher erblickte im damaligen Treitschke-Streit »Vorzeichen« und »erschreckende Parallelen zum Späteren«: Hier habe »das Versagen von Bildung und Universität« begonnen, schrieb er in seiner Besprechung von Boehlichs Buch, und »wie im Deutschland des Obrigkeitsstaates und des Ordnungskultes demokratische Revolution und Republik gescheitert sind, so ereignete sich vor und nach den Morden an Rosa Luxemburg oder Walther Rathenau auch kein deutscher Aufstand der Vernunft wie im Frankreich der Jahrhundertwende, wo die Dreyfus-Affäre die öffentliche Atmosphäre weitgehend von der Pest des Antisemitismus befreit hat«.[99]

Dieser Hinweis von Bracher auf die Dreyfus-Affäre in Frankreich trifft in der Tat auch eine der Intentionen der Edition, deren Titel von Walter Boehlich seinerzeit zwar betont sachlich gewählt worden war, die aber ganz offensichtlich ein in Deutschland seinerzeit fehlendes »J'accuse!« beklagte und faktisch, mit der Quellensammlung als politischem Akt, symbolisch nachholte. In einem Gespräch mit Gert Mattenklott erwähnte Boehlich Anfang der 1990er

Jahre im Rückblick auf die Arbeit an dem Dokumentenband, dass »die Bereitschaft der deutschen Intelligenz, sich zu wehren«, verglichen mit Frankreich, immer geringer gewesen sei: »Das hat mich auch bei meinen Studien über den *Antisemitismusstreit im 19. Jahrhundert* beschäftigt. Es gab in dem Streit um Treitschkes antisemitische Attacken von 1879 an der Berliner Universität nur einen namhaften Gelehrten, der, ohne Jude zu sein, für die Juden eintrat: Theodor Mommsen [...] Zum Unrecht sagen, es ist Unrecht, auch wenn es einen selbst nicht trifft, ist in Deutschland immer schon sehr selten gewesen.«[100]

So war *Der Berliner Antisemitismusstreit* keine Handreichung für den Geschichtsunterricht an Universitäten und Schulen allein; er war auch eine Ermutigung zur Zivilcourage und damit eine intellektuelle Intervention in die politische Gegenwart am Ende der Adenauerjahre. Der Band stellte die Dokumente eines weithin in der Gegenwart verdrängten und beschönigten Universitätsantisemitismus – und die kritischen Einsprüche gegen ihn – in dem Moment zur Diskussion, als man in der Bundesrepublik erst langsam damit begann, nach den »historischen Wurzeln des deutschen Antisemitismus« zu fragen, im Grunde genommen erst ab den 1960er Jahren, dem Moment, als erstmals öffentlich und ausführlich über den Holocaust diskutiert wurde, dessen Verbrechen in den Verhandlungen des Jerusalemer Eichmann-Prozesses und im Auschwitz-Prozess in Frankfurt am Main für alle sichtbar geworden waren.[101] Boehlich selbst sprach 1966 sehr unmittelbar von dieser ihn bedrängenden Nähe zu den gegenwärtigen Auschwitz-Prozessen und der Frage, wie man aus ihnen Konsequenzen für eine Revision des eigenen Geschichtsbildes gewinnen könne, und er verwendete seinerzeit die so sprechende Wendung vom »Prozeß gegen die deutsche Geschichte«, der intellektuell so wichtig sei wie der juristische gegen überführte NS-Täter:

»Unser Blick für das Geschehene«, so Boehlich, »ist schärfer geworden; er ist das nicht nur, weil der Abstand größer geworden ist, er ist das auch, weil die Folgen unserer Unterlassung denen unter uns, die der Reflexion gänzlich abgeneigt sind, zusehens deutlicher werden. Mit beidem, mit der Distanz und mit den sichtbar gewordenen Folgen der Unterlassung, hängt es zusammen, daß die Zahl derer, die ihre Beobachtungen und Urteile nicht einzig auf die von unerhörten Verbrechen gezeichneten zwölf Jahre beschränken, sondern sie auf weiter Zurückliegendes ausdehnen, immer größer wird. Wir sind aufmerksamer geworden auf die kriminellen Täter unter uns, aber wir werden auch aufmerksam auf die ideologischen Wegbereiter. Wenn wir gesunden wollen, ist es mit Auschwitz-Prozessen nicht getan; es muß dann auch der Prozeß gegen die deutsche Geschichte geführt werden [...], über deren Irrwege und Abwege ebenso wie über ihre verheißungsvollen, aber glücklosen Augenblicke wir uns endlich klarwerden müssen.«[102]

Aus heutiger Sicht liegt die Bedeutung des Bandes neben seinen langjährigen Anstößen für die historische Forschung genau darin: Walter Boehlich blickte mit seiner Quellensammlung auf Vergangenheit und Gegenwart zugleich. Und er gab der Öffentlichkeit das nötige Material an die Hand, um einen »Prozeß gegen die deutsche Geschichte« zu führen, einen selbstkritischen und allgemein erkenntnisfördernden Prozess, in dem die Rollen von Ankläger, Angeklagtem und Richter zusammenfallen mussten, um wirksam zu sein. Dieses Buch war ein historischer Akt der Aufklärung und ein Einspruch in die Erinnerungspolitik der Gegenwart; es machte die Traditionen des Antisemitismus der Gebildeten in einer Zeit zum Thema, als in den Medien ein Nazi-Täterbild dominierte, das von mediokren Handlangern und von Gehilfen des Grauens geprägt war. Heute können wir die Textsammlung Boehlichs von 1965 auch als eine Intervention gegen diesen einseitig gewordenen Täterdiskurs verstehen, von dem sich Lehrer, Schulräte und Universitätsprofessoren leicht distanzieren konnten. Während auf den Anklagebänken der Frankfurter Verhandlungen Altenpfleger, Lastwagenfahrer oder Metzger als das schuldig gewordene Personal der Vernichtung präsentiert wurden, verwies Boehlich mit seinem Band in Form eines dokumentarischen Rückblicks auf die Anfänge des modernen Antisemitismus, wie er von den akademischen Eliten im deutschen Kaiserreich formuliert und popularisiert worden war. Nur so gerieten auch jene ideologischen Vordenker und die Hassprediger in den Blick, die die Ausgrenzung der Juden aus der deutschen Gesellschaft schon Jahrzehnte vor Hitler gefordert hatten. Den Wachleuten in den Konzentrationslagern, die sich durch blinden Diensteifer und beflissene Gehorsamkeit funktional dem NS-System angedient hatten, wurde in *Der Berliner Antisemitismusstreit* die nicht weniger typische Tradition der intellektuellen und akademischen Vorläufer des Nazismus gegenübergestellt, der Marrs und Glagaus, Stoeckers und Treitschkes, über die Shulamit Volkov geschrieben hat, dass mit ihren Pamphleten in einem kurzen Zeitraum von nur wenigen Jahren »das Vokabular dieser Kultur« samt seines neuen Namens – Antisemitismus – in deutscher Sprache erschaffen worden sei.[103]

Die Boehlich'sche Quellensammlung war in Bezug auf den historischen Gegenstand engagiert und quellengenau zugleich. Dass sie ein gesellschaftspolitisches Statement in der Gegenwart, in der sie entstand, darstellte, dokumentiert sich über die mit dem Band verbundene doppelte Kontinuitätsfrage. Seine Ausrichtung als historische Edition mit politischer Aktualität, die den Band schon 1965 und nochmals 1988 als Antwort auf den notorischen »Historikerstreit« von 1986/87,[104] charakterisierte und die ihm auch heute, unter neuen Vorzeichen, zukommt, war für Verlag und Herausgeber der wichtigste Grund für die Entscheidung, ihn neu aufzulegen, ungeachtet der Tatsache, dass es inzwischen die erwähnte, umfangreichere Sammlung gibt, die 2003 im Auftrag des Zentrums für Antisemitismusforschung an der TU Berlin entstand und die auf einem völlig neuen Stand der Forschung basierte, den Boehlich Jahrzehnte zuvor nicht vorgefunden, den er umgekehrt überhaupt erst wesentlich mit dem Buch selbst angestoßen hat. Die Bedeutung der Boehlich'schen Textsammlung sowohl für die Universität als auch für den Schulunterricht und für eine breite interessierte Leserschaft trifft nicht nur für die damaligen Auflagen zu, sondern hat ihre Gültigkeit auch heute nicht eingebüßt; nach wie vor wird die Textsammlung verwendet und zitiert.[105] Auch die seinerzeit gewählte Form als preisgünstige Leseausgabe ohne aufwendigen wissenschaftlichen Apparat ist nicht überholt. Diese Edition zählt immer noch, auch nach vielen Jahrzehnten, zu den besten quellenbasierten Einführungen zur Entstehung des modernen Antisemitismus im Deutschland des späten 19. Jahrhunderts. Sie stellt die für die Selbstaufklärung der Bundesrepublik so zentralen Fragen, warum der Antisemitismus im deutschen Kaiserreich so weitreichend Gehör finden konnte, warum er seinerzeit zum Teil der politischen Kultur der Gebildeten wurde, wie er sich radikalisierte und welche Folgen das im 20. Jahrhundert nach sich zog.

Mit *Der Berliner Antisemitismusstreit* hatte Boehlich aus einem Desiderat ein Buchereignis gemacht. Nicht nur waren die Implikationen, die dieses Buch seinen Leserinnen und Lesern abverlangte, gewichtig; es enthielt auch mehr, als es selbst für sich reklamierte. Eben dieser Horizont machte und macht die Bedeutung der Publikation bis heute aus. Zum einen rekonstruierte sie mit dem Antisemitismus des Kaiserreichs eine der Leerstellen im kollektiven historischen Bewusstsein der Deutschen; zugleich war der Band eine Kritik an der politischen und gesellschaftlichen Weigerung, in den Ministerien, in Verbänden und Vereinen, in Unternehmen und eben auch an Universitäten, die institutionelle Schuld an Ausgrenzung und Raub, an der Vertreibung und schließlich an der Vernichtung der Juden in Deutschland und Europa anzuerkennen und dafür Verantwortung zu übernehmen. So machte Boehlichs Band über Treitschkes Agitation von 1879/80 im Grunde genommen nicht eine, sondern gleich zwei Kontinuitätslinien sichtbar, deren eine von 1879/80 zum Jahr 1933 führte und deren zweite von 1945 in die Gegenwart des Jahres 1965 wies. Es waren aus dieser Sicht zwei Erbschaften, mit denen er als Herausgeber des Buchs und als Mitherausgeber der Reihe, in der es erschien, die deutschen Leser und Leserinnen mit der Gegenwart konfrontierte: Die Frage, welche Traditionslinien die Herrschaft Hitlers ermöglicht haben; und die Frage, welche Konsequenzen die Bundesrepublik daraus eigentlich gezogen hatte oder zu ziehen bereit war. Definitiv handelte es sich bei diesem Buch nicht lediglich um die Darstellung eines in der zeitlichen Ferne einer abgeschlossenen Epoche liegenden Kapitels deutscher Ideologiegeschichte. Boehlich kritisierte in der gärenden Zeit der frühen 1960er Jahren auch die für ihn unerträgliche Diskretion an deutschen Universitäten, den eigenen Sündenfall der »Germanomanie« während der NS-Jahre schlichtweg auszusitzen. In einem Brief an Richard Alewyn, einen seiner Mentoren und Lehrer in der frühen Nachkriegszeit, schrieb er während der Arbeit an dem Band: »Dass die Universitäten nach 1945 nicht so geworden sind wie ich sie gerne sähe, liegt wohl an mir. Man soll wohl nichts Ausserordentliches erwarten.«[106] Der gegenwartsbezogene Entstehungsimpuls des Buches war somit auch Ausdruck dieses für die jüngere Generation unabweisbar gewordenen Wunsches, die dunklen Seiten der deutschen Geschichte so darzustellen, wie sie – vor 1933 und dann vor allem bis 1945 – waren: Eine Geschichte der nationalen Selbstüberhöhung, des hypertrophen Stolzes auf die »nationale Gesittung«, auf »germanisches Wesen« und der Abgrenzung von vermeintlich »fremdem Volksthum«[107] der Juden (so die Terminologie aus Treitschkes »Unsere Aussichten«). Im Ganzen sprach sich in Boehlichs Buch auch eine tiefe Trauer über die verlorene jüdische Präsenz in der deutschen Gegenwart aus, über fehlende Bildung und Intellektualität und über ein im Kern verarmtes Deutschland. Der Gegenwartsfokus des Bandes verdankte sich auch dieser Trauerarbeit des Herausgebers, der in Briefen und Essays in jener Zeit und auch später das Andenken an die im 20. Jahrhundert von den Deutschen zerstörte jüdische Lebenswelt anmahnte: »Es heißt immer«, so schrieb Boehlich im Januar 1997 an den Historiker Bryan Mark Rigg, »die Zeit heile alle Wunden, während meine Erfahrung mir sagt, dass der Schmerz über die Ermordung der europäischen Juden von Jahr zu Jahr zunimmt.«[108] Es ist insgesamt bezeichnend für die persönlichen Überzeugungen und für das berufliche Ethos des Herausgebers, dass er die Forderung nach einer ideologiekritischen Wissenschaftsgeschichte, nicht nur als Apell an andere oder an Institutionen erhob, sondern selbst vornahm: in Form eines Quellenbandes *Der Berliner Antisemitismusstreit.*

Zur Rezeption von »Der Berliner Antisemitismusstreit«

Publizistisch war *Der Berliner Antisemitismusstreit* ein bemerkenswerter Erfolg. Der Verlagsvertrag zwischen Insel / Suhrkamp und Walter Boehlich von August 1965 weist die erste Auflage mit 5000 Exemplaren als nicht übermäßig hoch aus;[109] die Zweitauflage in Höhe von 4000 Exemplaren folgte zwar wenige Monate später, doch auch beide Auflagen zusammen stellen aufs Ganze gesehen weniger einen Publikums- als einen Achtungs- und Multiplikatorenerfolg dar.[110] Die Textsammlung wurde in allen größeren deutschen Zeitungen und Zeitschriften besprochen; zudem fand sie auch außerhalb Deutschlands ein bemerkenswertes Echo, vor allem in Italien, Israel und Frankreich. Das lag in erster Linie daran, dass der Verlag für den Band einen besonders großen Kreis an Vermittlern, Publizisten und Autoren angesprochen hatte. Die Bedeutung, die Suhrkamp dem Buch gab, ist also weniger an der Zahl der gedruckten oder verkauften Exemplare zu bemessen, wohl aber am Verteiler für die Belege, für die fast ein Zehntel der Erstauflage verwendet wurde. Der Verlag verschickte beispielsweise ein Paket der ersten zwölf Bände der *Sammlung Insel* an einen Verteiler mit ausgewählten Rezensenten und Zeitungen, u. a. an Hellmuth Karasek und Hans Schwab-Felisch. Auch die ersten vierundzwanzig Bände wurden als Reihen-Paket an bekannte Rezensenten, Schriftsteller und Wissenschaftler übermittelt, etwa an Walter Höllerer, Walter Jens, Joachim Kaiser, Hans Mayer, Richard Alewyn, Heinrich Böll, Jürgen Habermas, Alexander Mitscherlich und Peter Szondi. Boehlichs Band wurde insgesamt fast

400 Mal versandt, nicht nur an alle wichtigen deutschsprachigen Tages- und Wochenzeitungen bzw. -zeitschriften, wie *Süddeutsche Zeitung*, *Frankfurter Allgemeine Zeitung*, *Die Zeit*, *Der Spiegel*, *Frankfurter Rundschau*, *Christ und Welt*, *Tagesspiegel*, *Neue Zürcher Zeitung* sowie *Neues Österreich* u. a., sondern auch an besonders viele Regionalzeitungen wie die *Hannoveraner Allgemeine*, die *Kieler Morgenzeitung*, die *Schwäbische Donauzeitung*, die *Badische Zeitung* (Freiburg) oder die *Offenbach-Post*, um nur diese fünf (von insgesamt über fünfzig Zeitungen) zu nennen. Weit gesteckt war auch der Verteiler an die ausländischen Printmedien: Das Buch ging in die Niederlande und nach Belgien, in die Vereinigten Staaten, nach Frankreich und England, an Zeitungen und Zeitschriften in Israel, nach Schweden und Italien. Außerdem wurde es an Zeitungen oder Privatpersonen nach Belgrad, Polen, Südafrika und Rumänien versandt. Die wichtigen Fachzeitschriften (so die *Historische Zeitschrift*, *Das Historisch-politische Buch* u. a.) erhielten es, aber auch wichtige allgemeine Kultur- und Literaturjournale (wie *Welt der Literatur*, *Der Monat*, *Merkur* oder *Universitas* u. a.), sowieso sämtliche Rundfunkstationen, viele Bibliotheken, Hochschulen und auch Buchhandlungen.[111] Die Edition *Der Berliner Antisemitismusstreit* wurde im Spätsommer 1965 auch an den Botschafter Israels, Asher Ben-Natan, verschickt und zusätzlich auch an einen großen Kreis von weiteren Suhrkamp- und Insel-Autoren und an eine lange Reihe von Publizisten, so an Hans Magnus Enzensberger, Martin Walser, Thomas Bernhard, Max Frisch, Arnulf Baring, Joachim C. Fest, Horst Bienek, Peter Hacks, Karl Korn, Curt Hohoff, Friedrich Kemp, Robert Weltsch, Karl Löwith, Elias Canetti, Rudolf Hirsch, Hans Lamm, Werner Kraft, Friedrich Pollock und Karol Sauerland. Außerdem erschien zum Erscheinungsdatum im September 1965 das Nachwort Boehlichs in *Der Monat* als Vorabdruck.[112] Nach einem knappen halben Jahr wurde eine zweite Auflage nötig.[113] Mit den Fragen, die der Streit um Treitschkes Antisemitismus bot, war es Walter Boehlich um die größtmögliche Öffentlichkeit zu tun. Später arbeitete er das

Buch sogar noch einmal in ein »Dokumentarisches Hörstück« um; es wurde 1982 im dritten Programm des Westdeutschen Rundfunks gesendet.[114]

Einen Eindruck von der Wirkung, die *Der Berliner Antisemitismusstreit* in den 1960er Jahren in der intellektuellen Öffentlichkeit hatte, erhält man nicht nur mit Blick auf die Rezensionen. In Privat- und Verlagsbriefen, die Walter Boehlich erhielt, spiegelt sich ein zusätzliches und unmittelbares Echo auf seine Textsammlung wider, das unser Wissen über die Rezeption von Buch und Thema um viele Facetten erweitert. So schrieben ihm etwa Eleonore Sterling, Autorin des 1956 erschienenen Buchs *Er ist wie du. Zur Frühgeschichte des Antisemitismus (1815-1850)*, das von Boehlich in seiner Antwort sehr gelobt wird, und Peter Szondi, der anlässlich einer Vortragsankündigung von Boehlich an der TU in Berlin ein Treffen vorschlägt.[115] Mit dem ostdeutschen Historiker Hans Schleier, der selbst an einer historiographischen Studie über Treitschke und Sybel arbeitete, tauschte Boehlich sich über Treitschkes Nachlass und Briefe aus.[116] Auch mit dem Bielefelder Historiker Hans-Ulrich Wehler entspann sich ein Briefwechsel. Boehlich und er diskutierten mögliche Bände der neuen Reihe und Boehlich fragte bei ihm sogar konkret an, ob er »einen Band zur politischen Geschichte« der Geschichtswissenschaft herausbringen wolle, was aber Wehler ablehnte, weil er für das Thema »Historiographie« nicht der beste sei und sein eigenes Interesse stärker auf Sozialgeschichte ausgerichtet habe.[117] Peter Wapnewski, Germanist und Boehlichs Hamburger Studienfreund, äußerte freundliche Kritik daran, dass in dem Band auf Kommentierungen der Quellen verzichtet worden sei. Und Monika Plessner, die zweite Ehefrau des Soziologen und Remigranten Helmuth Plessner, berichtete Boehlich in einem Brief von November 1966, dass ihr Mann von dem Band ganz begeistert sei und ihn gerne kennenlernen würde.[118] Schon im Sommer 1965, also noch vor der Auslieferung, antwortete Boehlich auf die Zuschrift eines Studenten, der die Verlagsankündigung gelesen hatte und für seine Abschlussarbeit über die christlich-konserva-

tiven Wurzeln des Antisemitismus um die Einsicht in die Fahnen bat. In seiner Antwort entgegnete Boehlich, der Band selbst habe keinen Fokus auf die Rolle der christlichen Konfessionen gelegt, weder sei in ihm von August Rohling noch von Ignaz von Döllinger die Rede und kaum von Adolf Stoecker. Es sei für ihn aber, so schreibt Boehlich hier, von Belang gewesen, dass überall, im Lager der Katholiken wie bei den Protestanten, bei den Konservativen wie bei den Nationalliberalen, gegen den Liberalismus, gegen Frankreich oder England agitiert worden sei und dieser Antiliberalismus sehr häufig mit Ausfällen gegen die Juden verknüpft war. Die allgemeine »Einheitsideologie«, so Boehlich, habe nach 1870/71 dazu geführt, dass von allen Seiten dem jeweiligen politischen Gegner »das nationale Bewußtsein« abgesprochen wurde, vor allem den Linksliberalen, den Sozialdemokraten und am häufigsten den Juden. Hier zählte Boehlich Treitschke zur Gruppe der »Scheinliberalen«, Leute, »die den Liberalismus mit allen Konsequenzen [...] ununterbrochen verdächtigen«, auch in Zeiten, in denen sie sich ihm aus politisch-taktischen Gründen anschlossen.[119]
In seiner Korrespondenz wird zudem auch deutlich, wie stark der Begriff »Universitätsantisemitismus«, den Boehlich einem Essay von Arthur Rosenberg von 1930 entnommen und in seinem Nachwort verwendet hatte, als anstößig empfunden wurde; im Februar 1966 schrieb Boehlich, »die paar Sätze auf dem Schutzumschlag haben mir viel Ärger eingetragen, weil die Stimmen sich mehren, denen zufolge es einen Universitäts-Antisemitismus nie gegeben habe. Da helfen natürlich keine Argumente.«[120]
Die von Walter Boehlich erhoffte Einsicht in die Aktualität des Streites um Treitschke wurde in der publizistischen Reaktion auf den Band eingelöst. Kaum eine Besprechung, die diese nicht zur Sprache brachte. »Diese Aufsätze«, so schrieb etwa die Zeitschrift *Welt der Bücher*, die den schmalen Band »zu den besten, die zu diesem Thema in Deutschland veröffentlicht wurden«, zählte, könne man »kaum ohne Spannung und Anteilnahme lesen«; sie selbst seien zwar »inzwischen historisch geworden, nicht jedoch

das Problem und auch nicht die Argumente«. Und weiter: »Wenn Treitschke damals noch isoliert blieb, so hat doch auch seine Aussaat bis 1933 hundertfältige Frucht gebracht.«[121] In der Zeitschrift *Tribüne* wurden Verlag und Herausgeber besonders gelobt, der »schmale Band« sei für Historiker »unentbehrlich« und »wiegt so manches dickleibige Kompendium zur Geistes- und Ideologiegeschichte des 19. Jahrhunderts auf«. Diese Besprechung erblickte einen »schnurgerade[n] Weg«, der vom »Katheder des Historikers zu den Gaskammern der Mordlager« führe, und nannte Treitschke einen der »geistigen Helfershelfer, der Auschwitz möglich machte«. Was an Treitschkes »Unsere Aussichten« auffalle, sei die »immer noch als Gefahr« virulente »unheilvolle Verquickung eines engstirnigen, militanten Nationalismus mit dem Antisemitismus«.[122] Auch in den *Deutschlandberichten* wurde Treitschke »Wegbereiter von Auschwitz« genannt; die oder der ungenannte Verfasserin/Verfasser der Besprechung bekennt hier »Bestürztheit über die primitiven Tiraden der Antisemiten«. Doch in den Antworten auf ihn »finden sich Sätze und Erkenntnisse, wie man sie noch aus dem Munde heute Lebender hören möchte«, diese hätten »in vielem nichts an Aktualität eingebüßt«.[123] Auch der oben bereits erwähnte Zeithistoriker Karl Dietrich Bracher zeigte sich in seiner Rezension regelrecht erschüttert über »Ausmaß und Substanz« des Antisemitismus, dieser »zerstörerische[n] Bewegung«, die nicht zuletzt durch Treitschke »zum weithin akzeptierten oder doch tolerierten Bestandteil des deutschen Zeitbewußtseins« geworden sei; und auch Bracher schrieb, die hier versammelten Quellen seien »für uns unvermindert aktuell und lesenswert«.[124] Boehlich sei mit seiner hier vorgelegten Dokumentation »bis an die Wurzel« des nationalsozialistischen Regimes zurückgegangen, so fasste die Fachzeitschrift für Geschichtslehrer *Geschichte in Wissenschaft und Unterricht* den Band zusammen; für sie sei Heinrich von Treitschke seinerzeit »den Rassenantisemiten ganz nahe« gekommen.[125] Otto F. Best, der die Quellenedition für *Die Welt* besprach, erinnerte in seiner Rezension an das Wort von Gottfried Keller, der

1881 in einem Brief an Moritz Lazarus über den Antisemitismus geschrieben hatte, dieser erinnere ihn stets an »die dünne Kulturdecke, welche uns von den wühlenden und heulenden Tieren des Abgrundes noch notdürftig zu trennen scheint und die bei jeder gelegentlichen Erschütterung ausbrechen« könne.[126] In der *Süddeutschen Zeitung* leitete Albert Wucher seine Vorstellung des Bandes mit den treffenden Sätzen ein: »Es war nicht eigentlich ein Streit – damals, 1879/80. Es war ein Skandal.«[127] Die Antwort von Theodor Mommsen zählte dieser Rezensent »zu den klassischen Zeugnissen der politischen Literatur, die in Deutschland so spärlich anzutreffen« sei: »Hätte die Dokumentation nur dieses Traktat der Vergessenheit entrissen, so hätte sie wahrlich genug Verdienste erworben.« Mehrere Rezensionen hoben seinerzeit den Begriff »Universitätsantisemitismus« besonders hervor, neben der Anzeige im *Freiburger Rundbrief* übernahm auch Monika Baier, die unter ihrem späteren Namen Monika Wulf-Mathies eine prominente Gewerkschafterin und SPD-Politikerin wurde, in der Wochenzeitung *Die Zeit* diese Wortprägung; auch sie lobte den Band für seine Aktualität und zudem ebenfalls deswegen, weil Boehlich hier eine editorische Pioniertat vollbracht habe.[128]

Im Tenor der hier nur in Umrissen skizzierten öffentlichen Aufnahme des Bandes wird Bestürzung erkennbar; mitunter aber auch ein Zug von vorschneller Begütigung, zum Beispiel, wenn in der kurzen Besprechungsnotiz im *Spiegel* Anfang Januar 1966 der Eindruck erweckt wird, Mommsen habe Treitschke »eine Abfuhr« erteilt, den Streit gewonnen und der Antisemitismus sei mit seiner Intervention somit noch einmal »gebremst« worden. Das Fazit über Boehlichs Buch lautet hier positiv, aber in dieser apodiktischen Wendung sicher nicht im Sinne des ersten Herausgebers: »Ein Lehrstück bewältigter Vergangenheit.«[129] So schnell, dessen war sich Boehlich sicher, »bewältigte« man den Antisemitismus nicht, nicht mit einer einzigen Quellenedition und ihrer Kommentierung in einem Nachwort, denn das »Gravitationszentrum des Begreifens«[130] (Elad Lapidot) war für Boehlich nicht dessen

Selbstverständnis und Selbstbeschreibung, sondern die objektiv beschädigte Umgangssprache, in die er Eingang gefunden hatte und die ihn über die Zeiten hinweg archivierte.

Von der Gewalt der Sprache: Zu diesem Band

Es ist signifikant, dass die Erstausgabe der Edition von Walter Boehlich von jüdischen Lesern zusammen mit dem zeitgleich erschienenen Wörterbuch *Vom Abstammungsnachweis zum Zuchtwart* von Cornelia Berning wahrgenommen und auch besprochen wurde, so im Wiener Gemeindeblatt *Die Gemeinde*; hier heißt es mit Verweis auf einen gemeinsamen Grundbestand an Worten und Denkfiguren der Anfeindung und der Schmähung im Kaiserreich und im Nationalsozialismus: »Von der altmodisch anmutenden Polemik eines Treitschke zu den detaillierten Presseweisungen über Gebrauch und Mißbrauch von Worten im Dritten Reich führt ein gerader Weg, der ins Verderben mündete.«[131] Damit ist hier zuletzt noch ein entscheidender Aspekt benannt, der für die historische Kontextualisierung und Deutung von *Der Berliner Antisemitismusstreit* wichtig ist und der den Herausgeber des Bandes bei der Edition 1965 antrieb: die Sprachkritik.

Walter Boehlich hatte nicht den einen sozialwissenschaftlichen Ansatz oder die eine bestimmte soziologische Theorie, um den modernen Antisemitismus darzustellen; seine Energie, dieses Buch zu realisieren, setzte sich, wenn man so will, aus einer doppelt empfundenen Sprachqual zusammen: Er empfand die Sprache des Antisemitismus bei Treitschke als eine ganz unmittelbare Zumutung, der er sich regelrecht widersetzte, denn da der Antisemitismus, wie dies Elad Lapidot jüngst treffend ausgedrückt hat, »die Sprache zu einer der wichtigsten Fronten« seiner Agitation machte,[132] wollte Boehlich auch nicht allein die bloß äußere Ablauf- und Ereignisgeschichte des Antisemitismusstreits nacherzählen, sondern er hielt dem damaligen Geschehen auch eine eigene Haltung und sein eigenes Ethos entgegen; dieses Ethos aber war identisch mit seinem Sprachsinn oder Sprachnerv. Viele der antisemitisch geprägten Formulierungen und Codewörter des 20. Jahrhunderts waren von Treitschke geprägt worden und hatten »im Kanon der Antisemiten geradezu sprichwörtliche Berühmtheit«[133] erhalten, und Boehlich wollte mit diesen Denkfiguren brechen; zudem litt er auch an der fehlenden klaren Sprache über ihre Wirkung, die nach 1945 aber nötig geworden war, um die antisemitischen Formeln und Phrasen wieder aus der Sprache herauszubekommen. In einem Brief an den remigrierten Germanisten Richard Alewyn von Anfang Februar 1965 äußert Boehlich seine – Vergangenheit und Gegenwart umschließende – Kritik jener politisch-semantisch pazifizierten Hohlräume der Sprache, wenn er schreibt: »Es macht keinen rechten Spass, in diesem Lande zu leben, in dem jeden Tag neue Scheusslichkeiten an den Tage kommen, vergangene wie gegenwärtige.«[134] Genau das, eine stillschweigende Einrichtung im Status quo, war wiederholt der Fall, etwa, wenn mit dem Germanisten Fritz Martini ein »gerichtsnotorischer Nazi«, so Boehlich, und zwar, wie er hinzufügte, »ein völlig unverstellter«, also ein völkischer Aktivist der 1930er und frühen 1940er Jahre, die Büchner-Preis-Laudatio für den Holocaust-Überlebenden Wolfgang Hildesheimer halten sollte: »Ich weiss auch nicht, ob Sie Martini noch ablehnen könnten«, so schrieb Boehlich an Hildesheimer im August 1966, »ich weiss nur, dass es so nicht geht. Warum dürfen Leute wie Martini in relativ anständiger Gesellschaft heute im Namen Büchners Preisreden auf die halten, die sie so gern ausgerottet gesehen hätten? Warum müssen die, die dieser famosen Ausrottung entgangen sind, sich das anhören?«[135] Bei Boehlich gehörte beides zusammen, und so schärfte er den Blick beim einen für das andere: Seine Kritik an Treitschke machte ihn hellsichtig und auch hellhörig für den Unwillen der bundesrepublikanischen Universitäten und des ganzen Politik- und Kulturbetriebs, eine angemessene Sprache für die eigenen Verfehlungen zu finden; der Ärger über die Martinis lenkte seinen historisch-editorischen Blick wieder zurück auf die Sprache der Quellen, sozusagen auf die sprachliche Verfasstheit des modernen Antisemitismus selbst, den er in der Nachfolge von Karl Kraus als Korrumpierung von Sprache und Denken, also als ein politisches Sprachereignis betrachtete.[136] Boehlichs Intention ist eng mit jener historischen Form der Sprachkritik verbunden, ja, verbündet, die um 1900 mit Karl Kraus, Fritz Mauthner, Sigmund Freud und Ludwig Wittgenstein als Widerstand gegen die »prätentiöse und aufgeblasene Sprache des streng ideologisierten Beamtentums« entstanden war.[137] In seinem Quellenband wiederholte er nun beides: die in den Quellen aller von ihm im Band dokumentierten Treitschke-Kritiker vorgefundene Sprachkritik an Treitschkes »pompöse[r] Schreibweise« (Ludwig Bamberger) wie auch die Verteidigungen der je eigenen Sprachidentität, die nicht nur für Kraus und Mauthner zur Grundlage ihrer sprachkritischen Beobachtung der Öffentlichkeit war, sondern schon für Joël, Bresslau, Lazarus, Cohen, Bamberger und Auerbach. Und auch Boehlichs Beruf und ganze Existenz waren selbst wiederum so unmittelbar an die Sprache gebunden, dass er auf die Frage, ob sich ihm jemals die Frage nach einer Emigration aus der Bundesrepublik gestellt habe, antwortete: »Nein, überhaupt nicht. Ich kann mich hier am besten ausdrücken. […] Schließlich wehre ich mich auch dagegen, den Nazis noch posthum zum Erfolg zu verhelfen und zu gehen.«[138]

Im Nachwort von *Der Berliner Antisemitismusstreit* verwendet Walter Boehlich wiederholt Charakterisierungen, die unmittelbar auf Treitschkes Sprache abzielen: »seine Sprache und sein Denken« (Boehlich 1965, 241, hier 461) heißt es hier; oder Boehlich führt aus, dass von den vielen begriffsprägenden oder -besetzenden Obsessionen Treitschkes diejenige, von der »Macht« der Juden zu sprechen, zentral war; in Texten oder Reden »Macht« im Zusammenhang mit Juden zu evozieren, so Boehlich, sei bei Treitschke zu einem »Schlüsselwort« (480) geworden; oder: »Treitschke hatte den Ton angegeben« (470); oder auch: »er ließ das Gefühl sprechen« (461); schließlich: er »zog sich auf völkische Phrasen zurück« (461); und zuletzt auch diese Stelle: die nationale Ideologie jener Jahre, so Boehlich, »war ganz und gar die seine« gewesen, von ihm war sie sprachlich »vorgeformt« und »weiterentwickelt« (462) worden, und zu dieser Ideologie gehörte vor allem die rhetorische Entgegensetzung von »wir« und »sie«, von erwünschter deutscher Einheit und störender jüdischer Minderheit. Generell gehörte das sprachlich-ideologische Hantieren mit absoluten Gegensätzen, Boehlich zufolge, zu Treitschkes Weltanschauungsstil; der hohe Aufwand Treitschkes, einander völlig ausschließende Wertewelten sprachlich zu konstruieren, die in religiösen oder nationalen Kollektiven verkörpert seien und sich unvereinbar gegenüber stünden – das eben war der Antisemitismus, darin bestand er, das war seine Intention, sein Ziel, seine Methode und seine sprachliche Form: Er produziert, verbreitet, legitimiert und politisiert Antinomien, Gegensätze und Ausschließlichkeit. Antisemitismus – das ist die Grenzziehung in und durch Sprache mit der Absicht, sie möge eine zweigeteilte Wirklichkeit in Wahrnehmung und Wissen, in Recht und Politik herstellen. Dabei brachte und bringt es der antisemitische Furor mit sich, diese ideologische Zwei-Welten-Theorie mit ihren aufgeladenen Normbegriffen des gehegten und gepflegten Weltanschauungswortschatzes sprachlich ganz konkret aufspalten oder verdoppeln zu müssen. Es gab diese Begriffe dann tatsächlich zweimal, einmal in der ursprünglichen Form (z. B. *Arbeit*, *Ehre*, *Bildung* u. a.) und noch ein zweites Mal, als in verächtliche Anführungszeichen gesetzte Scheinbegriffe, die eine negative Ableitung markierten, weil sie nur für Juden Geltung hatten und deswegen uneigentlich-abwertend gebraucht wurden (»Arbeit«, »Ehre«, »Bildung« u. a.), als Zeichen oder Meme für lediglich vorgespiegelte »Schein-Arbeit«, vermeintliche »Ehre« oder angebliche »Bildung« usw.).[139] Adolf Stoecker etwa ließ sich in diesem Sinne lange über einen richtigen und einen falschen Liberalismus aus, der falsche erkenne »nur ein kosmopolitisches Weltbürgertum ohne Erkenntnis des nationalen Wesens« an.[140] Auch die antisemitischen Texte dieser Edition praktizieren diese begriffliche Aufspaltungsmethode, mit der die Bedeutung von Worten verdoppelt, der semantische Raum für Juden jedoch reziprok dazu radikal reduziert wird. Wenn sich etwa Naudh / Nordmann über Seiten hinweg die Begriffe »Bildung« (für ihn war dies ein »undeutscher« Begriff, 342 f.), »Liberalismus« (ein »Formelgebäude«, 343) oder »Arbeit« (den es nach Nordmanns rassistischer Ideologie auf jüdischer Seite gar nicht deckungsgleich geben könne, 347 f.) auslässt, dann steht dies stellvertretend für den Antisemitismus insgesamt, der – wie es der Historiker Ulrich Sieg einmal treffend zusammengefasst hat – »weniger durch Argumente als durch eine metaphernreiche Rhetorik zusammengehalten wird«.[141] Dasselbe gilt auch für die wiederholten Behauptungen von Wilhelm Endner, dessen Pamphlet die These ausbreitete, »daß der Jude mit den deutschen Worten einen anderen Begriff verbindet, als der Deutsche« (253, ähnlich auch 255 und 249). Zur Spezifik von Treitschkes hier nur skizziertem Sprachantisemitismus und dem seiner Anhänger – so können wir den Ansatz von Boehlich, auf ihre immanente Sprachlogik zu horchen, verstehen – gehörte neben der Aufspaltung von zentralen Wertbegriffen auch die Prägung der Begriffe »verjuden«, »verjudeln« (350) und »jüdisch« als diskreditierende, zur Schmähung verwendete Vokabeln (344, 348 u. ö.), die – vor jeden beliebigen Begriff geschaltet – sozusagen die entwertete Funktion von Anführungsstrichen erhielten. Und es gehörten, drittens, auch schlicht die rhetorischen Tricks zu diesem Sprachantisemitismus, die Treitschke auch dort verrieten, wo er in »Unsere Aussichten« Beschwichtigungen vortrug, Distanzierungen vom Radauantisemitismus der Straße zum Beispiel. Antisemitismus, das machte bereits Boehlich deutlich, konnte somit auch zum bösen Sprachspiel werden, mit dem er »Behauptungen« aufstellen konnte, »für die er keinen einzigen Beweis« erbringen musste. (461)

In der Dokumentation der Quellen und in Boehlichs Nachwort werden – auch das stützt seine Analyse – die Reaktionen auf Treitschkes Angriffe über die Kritik an seiner Sprache oder über die Verteidigung der eigenen Sprachzugehörigkeit der jüdischen

Deutschen zu ihrem Vaterland dargestellt. An zentraler Stelle in der Intervention von Ludwig Bamberger heißt es wie im Vorgriff auf ähnliche Worte von Franz Rosenzweig oder noch später von Victor Klemperer: »Die europäischen Juden sind mit keiner Sprache so verwachsen wie mit der deutschen, und wer Sprache sagt, sagt Geist.« (317) Boehlich zitiert hier auch den nicht mit in die Edition aufgenommenen Rabbiner Glück, der sich gegen Treitschkes Anfeindungen ebenfalls mit dem Verweis auf seine Muttersprache zur Wehr setzte, denn er sei – wie dieser – Sachse und »deutsch ist auch unsere Sprache« (470). Hermann Cohens Antwort, die Boehlich insgesamt skeptisch betrachtete, weil sie in seiner Sicht das eigene Deutschsein zu sehr oder auf eine zu preußische Weise vorzeigte, wird im Nachwort als selbstverständliche Haltung und mit der Wendung auf »unsere Muttersprache, unsere deutsche Zunge« (470) wiedergegeben. Noch Mommsens Widerspruch zu den Auslassungen Treitschkes wird von Boehlich als eine Art von Sprach-Widerstand dargestellt, wenn er ausführt: »Während Treitschke gouvernemental dachte und die Subalternität des politischen Stils prägen half, wurde Mommsen die Verspießerung des politischen Denkens zur Qual.« (482) Es ist in der Verlängerung dieser Interpretationslinie konsequent, wenn es auch am Ende des Nachworts, in den letzten bilanzierenden Sätzen Boehlichs, um eine Art von Sprach- und Denkgegensatz zwischen Treitschke und Mommsen geht, wenn er hier also die Haltung des einen und des anderen wie zwei Denkwelten oder verschiedene Sprachen gegenüberstellt, in denen beide jeweils erkennbar werden, als das, was sie sind: »ein verstockter Konservativer und ein unbestechlicher Liberaler, ein Empfinder und ein Denker, ein verschwommener Phrasendrescher und ein glänzender Stilist, ein Moralredner und ein Moralist.« (483f.)

Als der Vorschlag aufkam, *Der Berliner Antisemitismusstreit* ins Französische zu übersetzen, wehrte Boehlich ab, mit der Begründung, die Texte eigneten sich nicht dafür: »Wenn man das übersetzt, verliert es die spezielle Farbe der Stupidität (was natürlich nicht für Treitschkes Gegner gilt!).«[142] Dieser »Farbe der Stupidität« ging Boehlich als Herausgeber ebenfalls nach. Die sprachmächtigen Intellektuellen, die seinerzeit noch gemischt – halb elitär, halb populistisch[143] – agitierenden Vordenker der Ausgrenzung, die wortreichen Aufhetzer zur Verfolgung wurden in seiner Sicht zu Prototypen des Sündenfalls und auch zum Paradigma des sprachlichen Verfalls der Wissenschaften, die im späten 19. Jahrhundert den Antisemitismus in die gebildete Sprachwelt hereingeholt und auch in die Universitäten eingelassen hatten. Nur wenige Jahrzehnte später war diese Sprache mit Hitler und Goebbels an die Macht oder zur Herrschaft gelangt. Und in der Gegenwart, also zu Beginn der 1960er Jahre, war es evident geworden, dass die intellektuellen Beschädigungen, die im »Dritten Reich« erfolgten, noch kaum in Ansätzen korrigiert worden waren. Weder Universitäten noch Fachwissenschaften hatten mit der Aufarbeitung ihrer Rolle unter Hitler auch nur begonnen, im Gegenteil. Der »sinnlose Germanenwahn« der Weltanschauung, so Boehlich in einem Brief an Rudolf Hirsch, war zur Zeit, als er den Band konzipierte, noch nicht einmal geächtet, stattdessen wurde er weiterhin in gedämpfter, entnazifizierter Form, praktiziert.[144] Boehlichs Buch ist vor diesem Hintergrund auch eine sprachpolitische Intervention, eine Erinnerung der Deutschen an die Tradition ihrer akademischen Elite, deren ideologische Dokumente noch einmal aus den Archiven und von den hintersten Regalen der Fachbibliotheken geholt werden mussten, um den Beitrag der Intelligenz und der gebildeten Schichten an der Ermöglichung Hitlers zu belegen. Diese Texte waren nur scheinbar in eine ferne Vorvergangenheit abgesunken, und in diesem Sinne ist Hans Mayer zu verstehen, wenn dieser 1964 im Rahmen einer Umfrage zum Selbstverständnis der Deutschen als »Volk der Dichter und Denker« zu Protokoll gab, dass die stolze geistige Tradition der Deutschen durch sie selbst zerrissen worden sei: »Indem man bodenständig bleiben wollte, verlor man an Boden«, so Mayer, und: »Heute ist die Lektüre Treitschkes zur Qual geworden.«[145] Zu dieser Zeit legte Boehlich seine Textsammlung vor, auch deshalb, weil die mit diesem Ton verbundene Haltung eben noch latent vorhanden zu sein schien. Die »Qual«, von der Mayer zu Recht sprach, wollte er seinen Lesern somit gerade nicht ersparen. Boehlich gehörte zu den Ersten, die Treitschkes Beitrag zur Etablierung des Antisemitismus in der bürgerlichen Mitte mit dem von ihm angebotenen Bündel an »Anti-Gefühlen«[146] begründeten, die sich rhetorisch vom Antisemitismus unterscheiden, sich aber stets mit ihm verbünden oder an ihm Halt finden. Bereits Peter Pulzer hat Anfang der 1960er Jahre in diesem Sinne vom »Talar der akademischen Respektabilität, in den man den Antisemitismus hüllte«,[147] gesprochen. Dieser rhetorisch vielgestaltige, sprachlich mediatisierte Antisemitimus, den Shulamit Volkov in ihrem berühmten Aufsatz, der diese Deutungslinie fortsetzt, »cultural code« genannt hat, ist eine alles zusammenhaltende Mitte, die es dem antisemitischen Ressentiment erlaubt, zu wirken und sich gleichzeitig durch Rationalisierungen zu kaschieren.

Diese Neuausgabe des Originals, das Walter Boehlich 1965 und 1988 vorgelegt hat, möchte die Dokumente neu in die Gegenwart übersetzen. Dabei wird Boehlichs ursprüngliche Absicht, seine Textsammlung als ein aufklärerisches Lesebuch für Viele zu verstehen, beibehalten. Die Entscheidung, für die Neuausgabe die Anzahl der abgedruckten Texte nicht wesentlich zu erhöhen, war auch deswegen rasch getroffen, weil es seit 2003 die erwähnte umfassendere Edition gibt, die das Zentrum für Antisemitismusforschung erarbeitet hat: Die dort erweiterte Textbasis verbreiterte die Quellen der Boehlich'schen Ausgabe im Umfang um ein Vielfaches. Es ist demgegenüber das Ziel der Neuausgabe, die von Boehlich seinerzeit versammelten Schlüsselquellen neu zu präsentieren, aber seine sehr sparsam vorgenommene Kommentierung durch neue Einführungen in die Texte, durch Erläuterungen zu den Verfassern und Autoren und durch Kommentare zum ideengeschichtlichen Hintergrund zu erweitern. Der Tatsache, dass das Thema seinerzeit wenig erforscht war, heute aber durch viele monographische Studien und Spezialaufsätze vorzüglich erschlossen ist, soll durch ein ausführliches Quellen- und Literaturverzeichnis Rechnung gezollt werden, das zwar ebenfalls keine umfassende Bibliographie ersetzen kann, das aber zum weiteren Studium einladen möchte.

Der Unterschied zum Band von 1965 ist eine andere, weniger formale Differenz. Der heutige Abstand zum Originalband spiegelt sich auch in der Aufnahme von drei neuen Texten wider, die Walter Boehlich seinerzeit lediglich in seiner Quellenliste und in aller Kürze im Nachwort erwähnte, nicht aber abgedruckt hat. Die drei Texte haben jeder für sich Gewicht, sprechen größtenteils für sich selbst und ergänzen das bei Boehlich etwas zu sehr auf den Antagonismus zwischen Treitschke und Mommsen ausgerichtete Konzept.[148] Aufgenommen wurde der Vortrag von Moritz Lazarus, »Was heißt ›National‹?«, von Anfang Dezember 1879 (gedruckt: Januar 1880), der über seine bis heute aktuell wirkende Relevanz hinaus auch deshalb berücksichtigt wurde, weil er zu den frühsten Reaktionen auf Treitschke zählt und im vorliegenden Korpus der Streitschriften auch in mehreren auf diesen Text Bezug genommen wird. Dies geschieht erstmals in der Form der Polemik in Treitschkes »Noch einige Bemerkungen zur Judenfrage« (Januar 1880), der sich hier ausführlich auf ihn bezog bzw. gegen ihn positionierte; aber auch Hermann Cohen hat auf Lazarus Bezug genommen, sodass dieser schon im Streit selbst präsent war, jedoch im Band von Boehlich lediglich in zweiter Reihe stand, leider dazu noch in der unzulänglichen Verzerrung des abschätzigen Referats durch Treitschke, was hier mit dem Abdruck des Textes zu korrigieren war (eine Ergänzung im Übrigen, die bereits in der Edition des Zentrums für Antisemitismusforschung vorgenommen wurde).[149]

Der zweite neue Text in dieser Neuauflage ist eine von 1875 bis 1881 reichende Auswahl an Briefauszügen von Berthold Auerbach, die dieser an seinen Freund und Vetter Jakob Auerbach schrieb. In diesem Briefwerk wird seit den 1870er Jahren mit der größten Aufmerksamkeit der Bruch in der öffentlichen Kommunikation und der Sprache aus der präzisen Sicht eines deutsch-jüdischen Schriftstellers dokumentiert. Auerbach hält akribisch Tag für Tag die ihn bedrängenden öffentlichen antisemitischen Ereignisse im neuen deutschen Kaiserreich fest. Seine Briefe ähneln in diesem Sinne einem Tagebuch, so dicht und protokollarisch sind sie. Häufig sind aus diesem Briefkorpus einzelne Briefe ediert worden, noch nie dagegen die fast täglich wiederkehrende Kommentierung der politischen Kultur und des anwachsenden Antisemitismus als ein anschwellendes, langfristiges Geschehen. Mit der Aufnahme dieser Quelle wird, so lässt sich zudem mit Blick in die Bibliothek Boehlichs feststellen, seine ursprüngliche Intention nachgeholt, denn in seinem Handexemplar der Auerbach-Briefe (er besaß die zweibändige Originalausgabe von 1884) findet sich auf dem hinteren Vorsatzpapier unter dem handschriftlichen Eintrag »Judenhetze (Treitschke)« eine Liste von über zwölf Seitenzahl-Einträgen, die nahelegt, dass schon Boehlich erwogen hatte, diese Briefe in seine Quellensammlung aufzunehmen; er erwähnt sie, wenn auch nur kurz, in seinem Nachwort (464).[150]

Der dritte neu aufgenommene Text ist ebenfalls ein Brief. Er ist von Levin Goldschmidt, einem Berliner Kollegen Treitschkes, der Anfang Mai 1881 diesem die Freundschaft aufkündigt, weil er als Jude »keine Ausnahme« in der ansonsten von Treitschke mit Verdächtigungen, Schimpf und Spott überhäuften jüdischen Gemeinschaft sein wollte. Dieser Brief, der nicht nur im übertragenen Sinne einen Punkt setzt und eine Tür zumacht, schließt die Diskursgeschichte dieser Debatte nicht nur angemessener ab als das Räsonieren Treitschkes über Statistik und Einwanderung, mit dem Boehlich seine Ausgabe enden ließ; ihr eignet darüber hinaus etwas Exemplarisches, was im Originalband so nicht sichtbar werden konnte: Die Heftigkeit der zerbrochenen Freundschaften und Beziehungen, von der Boehlich nur im Nachwort kurz andeuten konnte, was sie für die deutsch-jüdische Diskussion der Folgejahre bedeutete, hier wird sie mit klaren Worten zum Ausdruck gebracht. Liest man Treitschkes Angriff auf die Juden heute, so erschrickt man, wie wenig kaschiert dieser Antisemitismus sich seinen Weg bahnt und wie wenig historisch der Text vor einem liegt, wie wenig fern oder gar fremd der Text und seine Rhetorik erscheinen. Die Aktualität, mit der unsere Gegenwart dem Dokument von 1879/80 einen neuen Rahmen schafft, der im politischen und lebensweltlichen Kontext heutiger Leserinnen und Leser nicht wirkt, als sei er über 140 Jahre alt, gehört ebenfalls zu den Gründen, ihn hier noch einmal herauszugeben. Während der publizistische Angriff Treitschkes – selbst intendiert gewalttätig – in einer gesellschaftlichen Situation der Gewalt lanciert wurde, bemerken heutige Leserinnen und Leser an den damaligen Reaktionen durch jüdische Gelehrte auch ein unüberschreitbares Element der Ungläubigkeit, des fast verlegenen Staunens, auch der wütenden Fassungslosigkeit. Die Antworten, die Treitschke unmittelbar gegeben wurden, lassen erkennen, dass sie noch in der Sprache der Zeit formuliert worden waren, der der Antisemitismus noch nicht inhärent war, eine Sprache, wie sie vor der Reichseinigung in Kreisen, für die Bildungsideale das höchste Gut waren, ihre normative oder sogar reale Geltung hatte. Den Einsprüchen gegen den antisemitischen Tabubruch ist eine mit Händen zu greifende Haltung zu entnehmen, die darauf beharrte, dass sich Bildung – *der* Symbolbegriff jüdischer Akkulturation und Emanzipation schlechthin – und Antisemitismus ausschlossen, dass beide nicht zugleich an ein und demselben Ort sein konnten, denn in dieser Sicht hatte man entweder Bildung, dann war für Antisemitismus kein Platz, oder aber man war antisemitisch, dann fehlte es per definitionem an Bildung. Bildung war das Gegenteil von Antisemitismus, dieser war Ausdruck von Unbildung, so zumindest sahen es viele jüdische Kommentatoren und Kritiker bis weit hinein ins 20. Jahrhundert. Vor diesem Hintergrund erstaunt es nicht, dass die selbst klassisch gewordene Studie zur Entstehung und Entwicklung des deutschen Bildungsprinzips an der Schwelle zur deutsch-jüdischen Katastrophe im Ton eines Rückblicks auf ein uneingelöst gebliebenes Versprechen entstand, verfasst von dem jungen jüdischen Pädagogen Hans Weil, der 1929 in Goethes Geburtsstadt Frankfurt zwar mit diesem Thema noch mit der Note »sehr gut« promoviert werden konnte, aber nur vier Jahre später aus Deutschland, dann aus Europa vertrieben wurde und 1972 in New York verstarb.[151] Heute wird diese bildungsoptimistische Haltung aus der für viele »überholten Epoche liberaler Freundlichkeit« (Matthias Berek[152]) nicht mehr ungebrochen vertreten, weil Bildung und Aufklärung keine absoluten und unhinterfragbaren Werte mehr darstellen. Aber die Sehnsucht danach, ihren Gehalt in der Gegenwart zu bewahren, und die Überzeugung, dass es denkbar bleiben sollte, sich eine Welt ohne Antisemitismus vorzustellen und für diese auch einzutreten, wird über den Zeitraum von fast eineinhalb Jahrhunderten durch die hier versammelten Einsprüche gegen Treitschke aufrechterhalten; auch das können wir durch diese Dokumente lernen.

Dank

Diese Neuausgabe ist das Ergebnis vielstimmiger, kollektiver Arbeit, die in den Forschungen zum Thema seit dem Erscheinen von Boehlichs Band im Jahre 1965 erkennbar wird. Diese sind in Einführung, Kommentaren und im Literaturverzeichnis keineswegs vollständig abgebildet. Dass der Band von Walter Boehlich seinerzeit zu den besonders frühen Impulsen der Nachkriegszeit gehörte, die Wirkungsgeschichte des Antisemitismus zu erforschen, und viele seiner Wertungen Bestand haben, auch das gibt der Neuauflage ihre Berechtigung. Ein herzlicher Dank geht an die folgenden Institutionen, die mir die Möglichkeiten gaben, zum Thema zu lehren und zu forschen. Vor über zwanzig Jahren habe ich am Historischen Seminar der Albert-Ludwigs-Universität Freiburg für mein erstes Seminar dieses Thema auf der Grundlage des Boehlich-Bandes angeboten. Für das damalige Vertrauen danke ich Bernd Martin und Heinrich Schwendemann sehr herzlich. Ein besonderer Dank geht auch an Dan Diner, der mich vor zehn Jahren dazu einlud, zusammen mit Moshe Zimmermann, dem ich für diese Zusammenarbeit ebenfalls herzlich danke, den Eintrag »Berliner Antisemitismusstreit« für die *Enzyklopädie jüdischer Geschichte und Kultur* zu verfassen. Ein institutioneller und persönlicher Dank gilt auch dem *Leibniz Institut für jüdische Geschichte und Kultur – Simon Dubnow* und seiner Direktorin Yfaat Weiss. Das Institut, dem ich seit über zwei Jahrzehnten verbunden bin, förderte und ermöglichte diese Edition in umfassender Weise. Dank geht auch an das *Martin-Buber-Institut für Judaistik* und an das Historische Institut der Universität zu Köln, hier entstanden zwischen Oktober 2020 und April 2022 während meiner Vertretungsprofessur die einführenden Kommentare. Vor allem den Kollegen Carlo Gentile und Habbo Knoch spreche ich meine Verbundenheit für den wissenschaftlichen und kollegialen Austausch aus; ich danke außerdem den Teilnehmerinnen und Teilnehmern des Seminars »Der Berliner Antisemitismusstreit: Voraussetzungen, Ereignis, Folgen« in Köln im WS 2020/21, mit denen ich diese Texte noch einmal aus der Perspektive gegenwärtiger Erfahrung und Fragestellungen diskutiert habe.

Ein besonderer Dank gilt Christoph Kapp (Berlin) und Inka Sauter (Frankfurt a. M.), deren freigiebig geteiltes Wissen zu Walter Boehlich einerseits und zu Heinrich Graetz und Hermann Cohen andererseits die Grundlage für einige der Deutungen darstellen; beiden bin ich für diese gemeinsame wissenschaftliche Erkenntnissuche verbunden. Ein herzlicher Dank für ihre Unterstützung und Hilfe bei der Suche nach Quellen sei auch Jan Bürger vom Deutschen Literaturarchiv in Marbach und den Kolleginnen und Kollegen der Deutschen Nationalbibliothek, Leipzig und dem Universitätsarchiv der Goethe-Universität in Frankfurt a. M. ausgesprochen.

Mein Dank für den Austausch und Gespräche über einzelne in diesem Band berührte Fragen und Probleme geht an viele Kolleginnen und Kollegen und mir nahestehende Menschen, vor allem sind dies: Martin Berg (Berlin), Sebastian Berg (Stuttgart), Stephan Braese (Aachen), Dirk Braunstein (Frankfurt a. M.), Dieter Burdorf (Leipzig), Jörg Deventer (Leipzig), Jan Eike Dunkhase (Berlin), Arndt Engelhardt (Jerusalem), Elisabeth Gallas (Leipzig), Jan Gerber (Leipzig), Philipp Graf (Leipzig), Cecilia Hafiz (Berlin), Hans-Joachim Hahn (Basel, CH), Stefan Hofmann (Leipzig), Caroline Jessen (Leipzig), Aurélia Kalisky (Berlin), Heidrun Kämper (Mannheim), Jan-Holger Kirsch (Berlin), Mona Körte (Bielefeld), Ulrike Kramme (Leipzig), Hanno Loewy (Hohenems, Österreich), Thomas Meyer (Berlin), Barbara Picht (Berlin), Achim Saupe (Potsdam), Grit N. Scheffer (Leipzig), Falko Schmieder (Berlin), Dieter Sturm (Berlin), Sebastian Voigt (München), Daniel Weidner (Halle / S.), Liliane Weissberg (Philadelphia, USA), Annette Wolf (Berlin), Benjamin Ziemann (Sheffield, GB). Meine Frau Karoline Mueller-Stahl hat in verschiedenen Stadien das Manuskript gelesen, der Band wäre ohne sie nicht entstanden. Das gilt auch für Thomas Sparr vom Jüdischen Verlag im Suhrkamp Verlag, der mich zu diesem Unternehmen eingeladen hat und der das Manuskript ebenfalls in allen Phasen der Entstehung lesend und kommentierend begleitet hat.

II. Ereignis- und Diskursgeschichte

Heinrich von Treitschke
Unsere Aussichten
(November 1879)

Kommentar: *Es ist eine seltsame und verstörende Kompilation unterschiedlicher Haltungen, Motive und Interessen, die in diesem klassischen Dokument des modernen Antisemitismus zusammenkommt: Der Text stellt sich als eine »Abrechnung mit dem Liberalismus« (Kampe 1995, 97) dar, er attackiert aber die deutschen Juden; der Ton eines nationalen Propheten (Dorpalen 1957, 226-269) und die »Pose eines Auguren des Volksgeistes« (Langer 1996, 303f.) signalisieren Dringlichkeit, als ob der Verfasser übergeordnete Reichsinteressen verkündete. Die trotzig-stolze Haltung des Volkstribuns, der das »Erwachen des Volksgewissens« (67) preist, erlaubt sich aber auch sprachliche Brutalitäten, als handele es sich bei der Verbreitung von antijüdischen Ressentiments um die Notwehr bedrängter christlicher Deutscher. (Holz 2001, 160) Das Schlussdrittel von »Unsere Aussichten« wird generell von einer durchgängigen »Ästhetik des Gehässigen« geprägt (Jensen 2005, 218 u. 222), eine Kaskade von Schmähungen, die sich gegen die korrupte, vermeintlich vollständig von Juden dominierte Presse richtet und gegen jüdische Zuwanderung hetzt. Mit einer Mixtur aus »obrigkeitsstaatlichen« und »demagogischen« Elementen (Hamburger 1968, 99) vertritt Heinrich von Treitschke hier seine Botschaft gleich doppelt; der Autor spricht zu den Lesern sozusagen ›von oben‹, von »Krone« und von der »Regierung« her (66), zugleich aber auch ›von unten‹, aus dem Volk heraus, als einer von ihnen. So verbündet er sich mit Masse und Macht zugleich und muss seine propagierte »ethno-nationale Perspektive« (Hoffmann 1997, 237), mit der er sich im Vollgefühl eines deutschen Konsenses zum weitsichtigen Warner vor »Semitenthum« (71) und »deutsch-jüdische[r] Mischcultur« (70) stilisiert, nicht erläutern. An die Stelle von Begründungen tritt die Anfeindung. Antisemitismus wird in diesem Text unter der Hand zur Erklärung seiner selbst; eine vehemente Meinungs-*

äußerung reicht aus, um die Teilhabe von Juden (als Juden) an Politik, Öffentlichkeit und Kultur unter Verdacht zu stellen oder gar abzulehnen. Walter Boehlich hat diese Funktionalisierung des Ressentiments, mit dem Treitschke Argument und Diskurs ersetzt, in das folgende Bild gefasst, das nur auf den ersten Blick überrascht: »Der Antisemitismus konnte blühen. Er blühte. Auch Treitschke machte ihn blühen, zum Entsetzen aller aufgeklärten und fortschrittlichen Deutschen.« (Boehlich 1965, 238, hier 478) Dieses »Blühen-Machen« – in der Bedeutung von ›man tut gar nichts, es geschieht einfach‹ – funktionierte: Der als Kryptozitat von Treitschke affirmierte Ausruf »Die Juden sind unser Unglück!« (73), der mit diesem Essay in die Öffentlichkeit getragen wurde, avancierte zum neuen Slogan der antisemitischen Bewegung.

Die Forschung hat die politische Zäsur, die mit diesem exzentrischen Text einherging, immer wieder betont, den »entlarvenden Einblick in die Vorurteilsstruktur im Kopfe eines als bedeutend angesehenen Gelehrten« (Longerich 2021, 95) konstatiert und dabei auch auf die widersprüchlich-gemischte Schreibhaltung Treitschkes hingewiesen, jene »Mischung aus Ärger und Angst« (Greive 1988, 62), aus »Stolz und Minderwertigkeitsgefühl« (Ebach 1996, 172): auf der einen Seite die aggressiv-überhebliche Agitation gegen »deutsch redende Orientalen« (74), auf der anderen die Klage über die vermeintlich »mächtigen Kreise« des deutschen Judentums (70). In diesem populistischen Angriff auf eine kleine gesellschaftliche Minderheit wechselt beides auf eine bösartige und sich gegenseitig befeuernde Weise hin und her. Die ausführlichste Analyse der ideologischen Strategien, die Treitschke anwendete, hat der Soziologe Klaus Holz vorgelegt und dabei vier rhetorische Verfahren der Grenzziehung ausgemacht: Ontologisierung, Ethnisierung, Personifikation und Abstraktion. In mehrfacher Hinsicht hat Treitschke hier also »die Juden« als Entität und als das genaue Gegenbild zu den christlichen Deutschen dargestellt, teils mit imaginierten zeitlosen Wesensbeschreibungen, teils als Karikatur von Symptomen der Gegenwart, die nichts mit den jüdischen Gemeinden in Deutschland zu tun hatten; und obwohl diese Strategien auf unterschiedlichen Ebenen operierten und sich auch widersprachen, haben sie sich in ihrer Wirkung doch gegenseitig verstärkt. (Holz 2001, 165-247)

»Unsere Aussichten« zählt zusammen mit Richard Wagners »Das Judenthum in der Musik« (1850, zweite Fassung 1869), Otto Glagaus populärer Artikelserie »Der Börsen- und Gründungsschwindel in Berlin« (1874/75 in der Zeitschrift Gartenlaube, 1876 erweitert als Buch), Adolf Stoeckers Berliner Rede »Unsere Forderungen an das Judentum« (1879) und Wilhelm Marrs »Der Sieg des Judenthums über das Germanenthum« (1879) zu den fast gleichzeitig auf den Plan tretenden Schlüsselschriften des neuen Antisemitismus. Die meisten von ihnen gaben dem »Kult des Völkischen« (Pulzer 2004, 121) von Berlin aus eine neue Gestalt, Treitschke hatte sie allesamt gelesen und aus ihnen Exzerpte angefertigt, wie Notizen im Nachlass des Historikers zeigen (Jensen 2005, 214). Nun bündelte er viele ihrer Positionen, ohne jedoch Autorennamen zu nennen: Der Essay weist durchgängig Parallelen zu den Pamphleten seiner Zeit auf, zu Marr die Polemik gegen die liberalen Zeitungen und die Warnung vor der jüdischen Gefahr »für unser Volkstum«; zu Stoecker die Beschwörung von »christlichem Ernst«, die haltlose Polemik, die öffentliche Meinung sei von den Juden »beherrscht«, und auch die für Treitschke zentrale Agitation gegen ein »Mischungsverhältnis« von jüdischen und nichtjüdischen Deutschen, das sich auch Stoecker zufolge immer stärker zuungunsten Letzterer entwickele. Auch die antikapitalistische Stoßrichtung Glagaus, der seine Angriffe gegen die Juden mit der sozialen Frage verknüpfte (und der ebenfalls gegen Bildung und Aufklärung polemisiert hatte), nahm Treitschke auf; das suggestive Bild jüdischer Einwanderer, die aus dem Osten Europas nach Berlin strömten und die Hauptstadt überschwemmten, war von Glagau vorgeformt worden (HdA, Bd. 3, 70). So repräsentiert Treitschkes Syntheseschrift die Kultur des Irrationalismus (Beller 2009, 60-80) im Kaiserreich auf exemplarische Weise: In diesem Text wird die »staatsbürgerlich unsinnige Unterscheidung zwischen ›Juden‹ und ›Deutschen‹ in den akademischen Bildungsschichten gesellschaftsfähig gemacht«. (Hübinger 2006, 88) Den Juden werden dabei alle Malaisen der Moderne zur Last gelegt, das deutsche »Volk« ist ein absoluter historischer Wert; zwischen »abendländischem und semitischem Wesen« wird eine unhintergehbare »Kluft« ausgemacht (74); der »Instinkt der Massen« (69) wird als einzig natürliche und legitime Wissensressource (Lapidot 2021, 267)

der Deutschen gerühmt, ein behauptetes »germanisches Wesen« (70) zur allgemeinen Leitkultur erklärt, Bildung und Aufklärung werden dagegen delegitimiert und als »weichliche Philanthropie« verächtlich gemacht. Die antiaufklärerische Wirkung von »Unsere Aussichten« kann kaum überschätzt werden. Es war, als hätte es das Wort eines renommierten Akademikers gebraucht, um eine zuvor zersplitterte Stimmung zu einem gezielten Angriff gegen die Juden zu machen, der ihre Zugehörigkeit zu Deutschland und ihren gesellschaftlichen Status öffentlich fragwürdig erscheinen ließ. Moritz Lazarus sprach von Treitschkes »Unglücksartikel« (Briefe, Bd. 2/1, 220), Theodor Mommsen von einem »Evangelium der Intoleranz« (378). Zu den Folgen des Essays gehört, dass die völkisch-nationalen Studenten und die Alldeutsche Bewegung sich von nun an öffentlich auf Treitschke beziehen konnten – und es auch taten. Treitschke erhielt auch durch Briefe von Freunden, Kollegen und Unbekannten große Zustimmung. (Jensen 2005, 255-257) Keine antisemitische Schrift jener Zeit, so formulierte es schon Boehlich, hat »solche publizistischen Folgen gehabt« (Boehlich 1965, 244; 464), keine hat im christlich-jüdischen Gespräch so viel zerstört und keine eine so euphorische Zustimmung von der radikalen Rechten erhalten. Schon Adolf Stoecker dankte dem Historiker Anfang Januar 1880 »von ganzem Herzen« für die Schrift. (Stöcker 1885, 171) Das notorische »Handbuch zur Judenfrage« von Theodor Fritsch, das zwischen Kaiserreich und Nationalsozialismus in Massenauflagen vertrieben wurde, machte den Satz »Die Juden sind unser Unglück!« zum Erkennungszeichen der völkisch-antisemitischen Bewegung. (Klee 2009, 556) Schon vor Beginn des »Dritten Reichs« prangte die fatale Treitschke-Parole auf antisemitischen Flugblättern und seit 1926 auf jeder Ausgabe des »Stürmers« (Roos 2014, 144), später auch über den »Stürmer«-Kästen, in denen die Hetze gegen Juden in Streicher-Manier bebildert wurde, sowie in »schwarzen Riesenbuchstaben« auf Transparenten über Straßen gespannt, sowohl in Dörfern (Leschnitzer 1954, 151) als auch in Städten, bei Massenveranstaltungen im Berliner Sportpalast zum Beispiel (Kampe 1995, 99). Neben dieser Tradition des Radauantisemitismus blieb der neue Ruhm Treitschkes als Feind der Juden auch in zahlreichen universitären Anrufungen präsent, etwa im 1935 in Berlin gegründeten »Reichsinstitut für Geschichte des neuen Deutschlands« (Rupnow 2011, 67-84; Gerhards 2013, 216-238), dessen Propagandaarbeit von Walter Frank geleitet wurde. In der Eingangshalle wurde mit einer Treitschke-Büste an das Idol der »kämpfenden Wissenschaft« (Frank 1934) nationalsozialistisch erinnert und Frank gab antisemitische Dissertationsschriften in Auftrag, die den pseudowissenschaftlichen Nachweis von Stoecker- und Treitschke-Formeln zu erbringen hatten (z. B. Malbeck 1935).

Quelle: *Preußische Jahrbücher* 44 (1879), H. 5, 559-576 [hier: 570-576]; Separatdruck u. d. T.: *Ein Wort über unser Judenthum*, 2., unveränderte Aufl., Berlin 1880, 1-5; dieser Separatdruck war schon von Treitschke selbst um den Hauptteil des Essays gekürzt worden; er beginnt mit dem Absatz »Unter den Symptomen der tiefen Umstimmung, welche durch unser Volk geht …« [im Orig. 572, hier 68]; Walter Boehlich entschied sich 1965, die beiden vorangehenden Absätze mit aufzunehmen; in seiner Quellensammlung beginnt der Text deshalb mit dem Abschnitt »Unterdessen arbeitet in den Tiefen unseres Volkslebens eine wunderbare, mächtige Erregung« [im Orig. 570f., hier 687f.]. Die Edition des Zentrums für Antisemitismusforschung fügte 2003 einen weiteren Absatz hinzu (*BAS* [Dok. 2], 6-16), diese Erweiterung, die Karsten Krieger gut begründet hat (Krieger, Einleitung, in: *BAS*, XVf.; ders. 2013, 714-716), setzt mit dem folgenden Satz ein: »Wohin wir auch blicken, überall erweckt die schwerste der europäischen Fragen, nun sie einmal in's Rollen kam, das Gefühl der Unsicherheit.« [im Orig. 570, hier 66]; mit dem zusätzlichen Absatz, der auch in diese Edition übernommen wird, kommt die politische Intention Treitschkes besonders zur Geltung, v. a. in der Aussage: »Was wir in solcher Lage vor Allem brauchen ist eine starke Regierung, treue Eintracht zwischen der Krone und dem Volke.« [im Orig. 570; hier 66]; Wiederabdrucke von »Unsere Aussichten« erfolgten in: Heinrich von Treitschke, *Deutsche Kämpfe. Neue Folge. Schriften zur Tagespolitik*, Vorrede von Erich Liesegang, Leipzig 1896, 29-46; ders., *Aufsätze, Reden und Briefe*, hrsg. von Karl M. Schiller, Bd. 4: Schriften und Reden zur Zeitgeschichte II, Meersburg 1929, 466-482; Detlev Claussen (Hg.), *Vom Judenhaß zum Antisemitismus. Materialien einer verleugneten Geschichte*, Darmstadt, Neuwied 1987, 110-116; gekürzt in: *Juden in Berlin* (1988), 135-137.

Lit.: Liebeschütz, *Das Judentum im deutschen Geschichtsbild von Hegel bis Max Weber* (1967), 182-191; Borries, *Deutschtum und Judentum* (1971), 47-70; Claussen, Kommentar, in: ders., *Vom Judenhaß zum Antisemitismus* (1987), 130-136; Langer, *Heinrich von Treitschke* (1996), 292-326, v.a. 302-306; Ebach, Anmerkungen zur Lektüre von Heinrich von Treitschkes »Unsere Aussichten« (1996), 169-175; Hoffmann, Geschichte und Ideologie (1997), 219-251, v.a. 226-245; Holz, *Nationaler Antisemitismus* (2001), 165-247; Zechner, Heinrich von Treitschkes Antisemitismus und die deutsche Geschichtswissenschaft (2003), 94-113; Jensen, *Gebildete Doppelgänger* (2005), 197-219, v.a. 210-219; Stoetzler, *The State, the Nation, and the Jews. Liberalism and the Antisemitism Dispute in Bismarck's Germany* (2008); Zimmermann / Berg, Art. »Berliner Antisemitismusstreit«, in: *EJGK*, Bd. 1 (2011), 277-282; Gerhards, *Treitschke. Wirkung und Wahrnehmung* (2013), 60-69 (zur Ereignisgeschichte), 118-134 (zur Wirkungsgeschichte bis 1933), 205-254 (zur Ideologiegeschichte 1933-1945), 276-284 (zur Verdrängungs- und Deutungsgeschichte nach 1945), 285-304 (zum Umgang mit Treitschke in der DDR); Krieger, »Unsere Aussichten« (Heinrich von Treitschke, 1879), in: *HdA*, Bd. 6 (2013), 714-716; Lapidot, *Anti-Anti-Semitismus. Eine philosophische Kritik* (2021).

[...]

Wohin wir auch blicken, überall erweckt die schwerste der europäischen Fragen, nun sie einmal in's Rollen kam, das Gefühl der Unsicherheit. Was wir in solcher Lage vor Allem brauchen ist eine starke Regierung, treue Eintracht zwischen der Krone und dem Volke. Die preußische Wählerschaft hat diese Nothwendigkeit begriffen. Wir wollen Frieden mit der Regierung – das war der Sinn der jüngsten Wahlen. Nicht ein künstlicher Druck von oben her, sondern der freie Wille der Wähler hat die Reihen der conservativen Parteien im Landtag verstärkt, ja die conservative Strömung ist im Volke sogar noch stärker als sie nach dem Ausfall der Wahlen erscheint; manche liberalen Abgeordneten verdanken die Behauptung ihres Mandats nur persönlicher Achtung oder alter Gewohnheit oder auch der Schwierigkeit neuer Parteigruppirungen im Wahlbezirke. Die Nation ist des Gezänks ihrer Parlamente bis zum Ekel überdrüssig; selbst die Gegner der neuen Wirthschaftspolitik scheinen in ihrer großen Mehrheit entschlossen, den Erfolg der Reformen gelassen abzuwarten und nach den Thatsachen zu urtheilen. Die Fortschrittspartei sieht sich auf einige große Städte und wenige zerstreute Wahlkreise beschränkt. Innerhalb der nationalliberalen Fraktion räumen die Wähler rücksichtslos auf. Die Verehrer der bekannten »großen liberalen Partei« sind bis auf Wenige verschwunden, obgleich sie die Wahlbewegung fast ausschließlich leiteten; das Volk will sich nicht mehr von Coterien gängeln lassen. Die Fraction zeigt im Landtage ein durchaus anderes Gesicht als auf dem letzten Reichstage, ihre gemäßigten Elemente behaupten durchaus die Oberhand. Seit dem Beginne der Verhandlungen hat die Fortschrittspartei keine Gelegenheit versäumt, der Regirung leichte Triumphe zu bereiten; und mag auch noch mancher heiße Tag bevorstehen, so scheint doch die Hauptaufgabe der Session, die Verständigung über das Staatseisenbahngesetz, gesichert – ein neuer Schritt vorwärts zur Kräftigung der Reichsgewalt.

Unterdessen arbeitet in den Tiefen unseres Volkslebens eine wunderbare, mächtige Erregung. Es ist als ob die Nation sich auf sich selber besänne, unbarmherzig mit sich in's Gericht ginge. Wer, wie der Schreiber dieser Zeilen, die letzten Monate im Auslande verlebte und nun plötzlich wieder eintritt in die stürmische deutsche Welt, der erschrickt fast vor diesem Erwachen des Volksgewissens, vor diesen tausend Stimmen, die sich unter einander entschuldigen oder verklagen. Der Hergang ist um so erstaunlicher, da er sich fast ganz unabhängig von der Presse vollzieht; denn noch nie sind unsere Zeitungen so wenig ein treues Spiegelbild der öffentlichen Meinung gewesen. Wenn man die Mehrzahl der deutschen Blätter durchmustert, so sollte man meinen, die liberalen Wunschzettel der sechziger Jahre und der naive Glaube an die unfehlbare sittliche Macht der »Bildung« beherrschten noch immer unser Volk. In Wahrheit steht es anders. Die wirthschaftliche Noth, die Erinnerung an so viele getäuschte Hoffnungen und an die Sünden der Gründerzeiten, der Anblick der zunehmenden Verwilderung der Massen, die mit der Verbreitung der Geheimkünste des Lesens

und Schreibens mindestens gleichen Schritt hält, und nicht zuletzt das Gedächtniß jener Gräueltage vom Frühjahr 1878 – das Alles hat Tausende zum Nachdenken über den Werth unserer Humanität und Aufklärung gezwungen. Tausende fühlen, daß wir Gefahr laufen über unserem Bildungsdünkel den sittlichen Halt des Menschenlebens ganz zu vergessen. Während breite Schichten unseres Volks einem wüsten Unglauben verfallen, ist in anderen der religiöse Ernst, der kirchliche Sinn unverkennbar wieder erstarkt. Auf der evangelischen Generalsynode fiel manches häßliche zelotische Wort, die alte Theologensünde, die Gleichgiltigkeit gegen das positive Recht des weltlichen Staates, verrieth sich in einzelnen unerfreulichen Beschlüssen; der hoffentlich unausführbare Versuch, die theologischen Facultäten der kirchlichen Parteiherrschaft zu unterwerfen, erregte gerechtes Befremden; aber Eines haben diese Verhandlungen auch den Gegnern bewiesen: daß diese Kirche noch lebt, daß sie eine wirksame Macht ist, festgewurzelt im Volke, voll sittlichen Ernstes und keineswegs arm an geistigen Kräften.
Das erwachte Gewissen des Volks wendet sich vornehmlich gegen die weichliche Philanthropie unseres Zeitalters. Recht als ein Zeichen der Zeit erschien in den letzten Wochen die Schrift von O[tto]. Mittelstädt »Gegen die Freiheitsstrafen« – ein kräftiger Protest wider jene Verhätschelung und Verzärtelung der Verbrecher, welche unsere Zuchthäuser übervölkert hat und zur Grausamkeit gegen die rechtschaffenen Leute wird. Warum ist diese streng sachlich gehaltene Schrift bereits durch Entrüstungsmeetings und grimmige Verachtungsresolutionen der radikalen Parteien beantwortet worden? Weil die Helden der philanthropischen Phrase im Stillen fühlen, daß der tapfere Verfasser, obwohl seine Sätze im Einzelnen sich vielfach bestreiten lassen, im Wesentlichen doch nur ausspricht was Hunderttausende denken. Der ganze Zug der Zeit drängt dahin, daß die unerbittlich strenge Majestät des Rechts in unseren Gesetzen wie in ihrer Handhabung wieder zur vollen Anerkennung gelangen muß.
Unter den Symptomen der tiefen Umstimmung, welche durch

unser Volk geht, erscheint keines so befremdend wie die leidenschaftliche Bewegung gegen das Judenthum. Vor wenigen Monaten herrschte in Deutschland noch das berufene »umgekehrte Hep Hep Geschrei«. Über die Nationalfehler der Deutschen, der Franzosen und aller anderen Völker durfte Jedermann ungescheut das Härteste sagen; wer sich aber unterstand über irgend eine unleugbare Schwäche des jüdischen Charakters gerecht und maßvoll zu reden, ward sofort fast von der gesammten Presse als Barbar und Religionsverfolger gebrandmarkt. Heute sind wir bereits so weit, daß die Mehrheit der Breslauer Wähler – offenbar nicht in wilder Aufregung, sondern mit ruhigem Vorbedacht – sich verschwor unter keinen Umständen einen Juden in den Landtag zu wählen; Antisemitenvereine treten zusammen, in erregten Versammlungen wird die »Judenfrage« erörtert, eine Fluth von judenfeindlichen Libellen überschwemmt den Büchermarkt. Es ist des Schmutzes und der Roheit nur allzu viel in diesem Treiben, und man kann sich des Ekels nicht erwehren, wenn man bemerkt, daß manche jener Brandschriften offenbar aus jüdischen Federn stammen; bekanntlich sind seit Pfefferkorn und Eisenmenger die geborenen Juden unter den fanatischen Judenfressern immer stark vertreten gewesen. Aber verbirgt sich hinter diesem lärmenden Treiben wirklich nur Pöbelroheit und Geschäftsneid? Sind diese Ausbrüche eines tiefen, lang verhaltenen Zornes wirklich nur eine flüchtige Aufwallung, so hohl und grundlos wie einst die teutonische Judenhetze des Jahres 1819? Nein, der Instinkt der Massen hat in der That eine schwere Gefahr, einen hochbedenklichen Schaden des neuen deutschen Lebens richtig erkannt; es ist keine leere Redensart, wenn man heute von einer deutschen Judenfrage spricht.

Wenn Engländer und Franzosen mit einiger Geringschätzung von dem Vorurtheil der Deutschen gegen die Juden reden, so müssen wir antworten: Ihr kennt uns nicht; Ihr lebt in glücklicheren Verhältnissen, welche das Aufkommen solcher »Vorurtheile« unmöglich machen. Die Zahl der Juden in Westeuropa ist so gering, daß sie einen fühlbaren Einfluß auf die nationale Gesittung nicht ausüben können; über unsere Ostgrenze aber dringt Jahr für Jahr aus der unerschöpflichen polnischen Wiege eine Schaar strebsamer hosenverkaufender Jünglinge herein, deren Kinder und Kindeskinder dereinst Deutschlands Börsen und Zeitungen beherrschen sollen; die Einwanderung wächst zusehends, und immer ernster wird die Frage, wie wir dies fremde Volksthum mit dem unseren verschmelzen können. Die Israeliten des Westens und des Südens gehören zumeist dem spanischen Judenstamme an, der auf eine vergleichsweise stolze Geschichte zurückblickt und sich der abendländischen Weise immer ziemlich leicht eingefügt hat; sie sind in der That in ihrer großen Mehrzahl gute Franzosen, Engländer, Italiener geworden – soweit sich dies billigerweise erwarten läßt von einem Volke mit so reinem Blute und so ausgesprochener Eigenthümlichkeit. Wir Deutschen aber haben mit jenem polnischen Judenstamme zu thun, dem die Narben vielhundertjähriger christlicher Tyrannei sehr tief eingeprägt sind; er steht erfahrungsgemäß dem europäischen und namentlich dem germanischen Wesen ungleich fremder gegenüber.

Was wir von unseren israelitischen Mitbürgern zu fordern haben, ist einfach: sie sollen Deutsche werden, sich schlicht und recht als Deutsche fühlen – unbeschadet ihres Glaubens und ihrer alten heiligen Erinnerungen, die uns Allen ehrwürdig sind; denn wir wollen nicht, daß auf die Jahrtausende germanischer Gesittung ein Zeitalter deutsch-jüdischer Mischcultur folge. Es wäre sündlich zu vergessen, daß sehr viele Juden, getaufte und ungetaufte, Felix Mendelssohn, [Moritz] Veit, [Gabriel] Riesser u.A. – um der Lebenden zu geschweigen – deutsche Männer waren im besten Sinne, Männer, in denen wir die edlen und guten Züge deutschen Geistes verehren. Es bleibt aber ebenso unleugbar, daß zahlreiche und mächtige Kreise unseres Judenthums den guten Willen schlechtweg Deutsche zu werden durchaus nicht hegen. Peinlich genug, über diese Dinge zu reden; selbst das versöhnliche Wort wird hier leicht mißverstanden. Ich glaube jedoch, mancher meiner jüdischen Freunde wird mir mit tiefem Bedauern Recht geben, wenn ich behaupte, daß in neuester Zeit ein gefährlicher Geist der Ueberhebung in jüdischen Kreisen erwacht ist, daß die Einwirkung des Judenthums auf unser nationales Leben, die in früheren Tagen manches Gute schuf, sich neuerdings vielfach schädlich zeigt. Man lese die Geschichte der Juden von [Heinrich] Graetz: welche fanatische Wuth gegen den »Erbfeind«, das Christenthum, welcher Todhaß grade wider die reinsten und mächtigsten Vertreter germanischen Wesens, von Luther bis herab auf Goethe und Fichte! Und welche hohle, beleidigende Selbstüberschätzung! Da wird unter beständigen hämischen Schimpfreden bewiesen, daß die Nation Kants eigentlich erst durch die Juden zur Humanität erzogen, daß die Sprache Lessings und Goethes erst durch Börne und Heine für Schönheit, Geist und Witz empfänglich geworden ist! Welcher englische Jude würde sich je unterstehen, in solcher Weise das Land, das ihn schützt und schirmt, zu verleumden? Und diese verstockte Verachtung gegen die deutschen Gojim ist keineswegs blos die Gesinnung eines vereinzelten Fanatikers. Keine deutsche Handelsstadt, die nicht viele ehrenhafte, achtungswerthe jüdische Firmen zählte; aber unbestreitbar hat das Semitenthum an dem Lug und Trug, an der frechen Gier des Gründer-Unwesens einen großen Antheil, eine schwere Mitschuld an jenem schnöden Materialismus unserer Tage, der jede Arbeit nur noch als Geschäft betrachtet und die alte gemüthliche Arbeitsfreudigkeit unseres Volkes zu ersticken droht; in tausenden deutscher Dörfer sitzt der Jude, der seine Nachbarn wuchernd auskauft. Unter den führenden Männern der Kunst und Wissenschaft ist die Zahl der Juden nicht sehr groß; um so stärker die betriebsame Schaar der semitischen Talente dritten Ranges. Und wie fest hängt dieser Literatenschwarm unter sich zusammen; wie sicher arbeitet die auf den erprobten Geschäftsgrundsatz der Gegenseitigkeit begründete Unsterblichkeits-Versicherungsanstalt, also daß jeder jüdische Poetaster [abfällig für Poet] jenen Eintagsruhm, welchen die Zeitungen spenden, blank und baar, ohne Verzugszinsen ausgezahlt erhält.

Am Gefährlichsten aber wirkt das unbillige Uebergewicht des Judenthums in der Tagespresse – eine verhängnißvolle Folge unserer engherzigen alten Gesetze, die den Israeliten den Zutritt zu den meisten gelehrten Berufen versagten. Zehn Jahre lang wurde die öffentliche Meinung in vielen deutschen Städten zumeist durch jüdische Federn »gemacht«; es war ein Unglück für die liberale Partei und einer der Gründe ihres Verfalls, daß grade ihre Presse dem Judenthum einen viel zu großen Spielraum gewährte. Der nothwendige Rückschlag gegen diesen unnatürlichen Zustand ist die gegenwärtige Ohnmacht der Presse; der kleine Mann läßt sich nicht mehr ausreden, daß die Juden die Zeitungen schreiben, darum will er ihnen nichts mehr glauben. Unser Zeitungswesen verdankt jüdischen Talenten sehr viel; grade auf diesem Gebiete fand die schlagfertige Gewandtheit und Schärfe des jüdischen Geistes von jeher ein dankbares Feld. Aber auch hier war die Wirkung zweischneidig. Börne führte zuerst in unsere Journalistik den eigenthümlich schamlosen Ton ein, der über das Vaterland so von außen her, ohne jede Ehrfurcht abspricht, als gehöre man selber gar nicht mit dazu, als schnitte der Hohn gegen Deutschland nicht jedem einzelnen Deutschen in's tiefste Herz. Dazu jene unglückliche vielgeschäftige Vordringlichkeit, die überall mit dabei sein muß und sich nicht scheut sogar über die innern Angelegenheiten der christlichen Kirchen meisternd abzuurtheilen. Was jüdische Journalisten in Schmähungen und Witzeleien gegen das Christenthum leisten ist schlechthin empörend, und solche Lästerungen werden unserem Volke in seiner Sprache als allerneueste Errungenschaften »deutscher« Aufklärung feilgeboten! Kaum war die Emancipation errungen, so bestand man dreist auf seinem »Schein«; man forderte die buchstäbliche Parität in Allem und Jedem und wollte nicht mehr sehen, daß wir Deutschen denn doch ein christliches Volk sind und die Juden nur eine Minderheit unter uns; wir haben erlebt, daß die Beseitigung christlicher Bilder, ja die Einführung der Sabbathfeier in gemischten Schulen verlangt wurde.

Ueberblickt man alle diese Verhältnisse – und wie Vieles ließe sich noch sagen! – so erscheint die laute Agitation des Augenblicks doch nur als eine brutale und gehässige, aber natürliche Reaction des germanischen Volksgefühls gegen ein fremdes Element, das in unserem Leben einen allzu breiten Raum eingenommen hat. Sie hat zum Mindesten das unfreiwillige Verdienst, den Bann einer stillen Unwahrheit von uns genommen zu haben; es ist schon ein Gewinn, daß ein Uebel, das Jeder fühlte und Niemand berühren wollte, jetzt offen besprochen wird. Täuschen wir uns nicht: die Bewegung ist sehr tief und stark; einige Scherze über die Weisheitssprüche christlich-socialer Stump-Redner genügen nicht sie zu bezwingen. Bis in die Kreise der höchsten Bildung hinauf, unter Männern, die jeden Gedanken kirchlicher Unduldsamkeit oder nationalen Hochmuths mit Abscheu von sich weisen würden, ertönt es heute wie aus einem Munde: die Juden sind unser Unglück!

Von einer Zurücknahme oder auch nur einer Schmälerung der vollzogenen Emancipation kann unter Verständigen gar nicht die Rede sein; sie wäre ein offenbares Unrecht, ein Abfall von den guten Traditionen unseres Staates und würde den nationalen Gegensatz, der uns peinigt, eher verschärfen als mildern. Was die Juden in Frankreich und England zu einem unschädlichen und vielfach wohlthätigen Elemente der bürgerlichen Gesellschaft gemacht hat, das ist im Grunde doch die Energie des Nationalstolzes und die festgewurzelte nationale Sitte dieser beiden alten Culturvölker. Unsere Gesittung ist jung; uns fehlt noch in unserem ganzen Sein der nationale Stil, der instinctive Stolz, die durchgebildete Eigenart, darum waren wir so lange wehrlos gegen fremdes Wesen. Jedoch wir sind im Begriff uns jene Güter zu erwerben und wir können nur wünschen, daß unsere Juden die Wandlung, die sich im deutschen Leben als eine nothwendige Folge der Entstehung des deutschen Staates vollzieht, rechtzeitig erkennen. Da und dort bestehen jüdische Vereine gegen den Wucher, die im Stillen viel Gutes wirken; sie sind das Werk einsichtiger Israeliten, welche einsahen, daß ihre Stammgenossen sich den Sitten und Gedanken ihrer christlichen Mitbürger annähern müssen. Nach dieser Richtung ist noch viel zu thun. Die harten deutschen Köpfe jüdisch zu machen ist doch unmöglich; so bleibt nur übrig, daß unsere jüdischen Mitbürger sich rückhaltslos entschließen Deutsche zu sein, wie es ihrer Viele zu ihrem und unserem Glück schon längst geworden sind. Die Aufgabe kann niemals ganz gelöst werden. Eine Kluft zwischen abendländischem und semitischem Wesen hat von jeher bestanden, seit Tacitus einst über das odium generis humani klagte; es wird immer Juden geben, die nichts sind als deutsch redende Orientalen; auch eine specifisch jüdische Bildung wird immer blühen, sie hat als kosmopolitische Macht ihr gutes historisches Recht. Aber der Gegensatz läßt sich mildern, wenn die Juden, die so viel von Toleranz reden, wirklich tolerant werden und einige Pietät zeigen gegen den Glauben, die Sitten und Gefühle des deutschen Volks, das alte Unbill längst gesühnt und ihnen die Rechte des Menschen und des Bürgers geschenkt hat. Daß diese Pietät einem Theile unseres kaufmännischen und literarischen Judenthums vollständig fehlt, das ist der letzte Grund der leidenschaftlichen Erbitterung von heute. –

Ein erfreulicher Anblick ist es nicht, dies Toben und Zanken, dies Kochen und Aufbrodeln unfertiger Gedanken im neuen Deutschland. Aber wir sind nun einmal das leidenschaftlichste aller Völker, obgleich wir uns selbst so oft Phlegmatiker schalten; anders als unter krampfhaften Zuckungen haben sich neue Ideen bei uns noch nie durchgesetzt. Gebe Gott, daß wir aus der Gährung und dem Unmuth dieser ruhelosen Jahre eine strengere Auffassung vom Staate und seinen Pflichten, ein gekräftigtes Nationalgefühl davontragen.

15. November 1879

Manuel Joël
Offener Brief an Herrn Professor Heinrich von Treitschke (November 1879)

Kommentar: *Der Breslauer Rabbiner Manuel Joël (geb. am 19. Oktober 1826 in Birnbaum, Posen) gehörte mit dieser »glänzende[n] Gegenpolemik« (Kampe 1995, 99) zu den Ersten, die Treitschke gegenüber ihre »schmerzhafte Enttäuschung« (77) zum Ausdruck brachten. Joël, der sich hier zwar einen »Lehrer der Religion« (80) nannte, sprach in seinem offenen Brief aber vor allem als säkularer Wissenschaftler und als Kollege Treitschkes. Er hatte in Berlin Klassische Philologie und Philosophie studiert, war 1853 an der Universität in Halle/S. mit einer Studie über die Philosophie von Aristoteles promoviert worden und lehrte danach am Jüdisch-theologischen Seminar in Breslau, an dem er 1864 der Nachfolger Abraham Geigers, des berühmten Reformrabbiners und Begründers der Institution, wurde. Zur gleichen Zeit lehrte hier auch Heinrich Graetz, der von Treitschke in »Unsere Aussichten« direkt angegriffen worden war. Als Religionsphilosoph und -historiker trat Joël mit zwei Dutzend Büchern und gelehrten Beiträgen hervor, unter anderem mit Studien über Maimonides und Spinoza. Er starb am 3. November 1890 in Breslau.*

Bereits dieser erste Einspruch gegen Treitschke brachte die Brisanz des entstandenen Konflikts zum Ausdruck, in dem es offenkundig um Existenzfragen ging. So ließ Joël hier die Polemik Treitschkes gegen seinen Breslauer Kollegen Graetz fast ganz außer Acht; stattdessen trug er drei Gedanken vor, die auch von anderen Kritikern Treitschkes später immer wieder geäußert wurden: Erstens wies er auf die ideologische Kollektivkonstruktion hin, mit der die Juden wieder zum »Sündenbock« (78) für alles gemacht wurden, was an der Gegenwart als negativ empfunden wurde. Nicht nur in Treitschkes Text, nun aber auch bei ihm, so Joël, dominierten in Büchern christlicher Gelehrter »die wegwerfendsten Bezeichnungen« (88), wenn vom Judentum die Rede sei; dieses werde überhaupt vorwiegend zum Thema gemacht, um positiven Beschreibungen des Christentums »als Folie zu dienen«. (88) Zweitens nimmt bei Joël die Beschreibung der Säkularisierung einen großen Teil seines Widerspruchs ein (80-82), denn auch er empfand den »Unglauben« (80) der Zeit als ein Problem. Aber im Gegensatz zu Treitschke beschrieb er den offenkundigen Verlust an allgemeiner Frömmigkeit als ein religions- und konfessionsübergreifendes Phänomen und wies dessen Angriff auf »vereinzelte Tactlosigkeiten jüdischer Scribenten« (81) als das zurück, was er war: eine einseitige Denunziation durch »dunkle Andeutungen« (81). Drittens schließlich ist die Antwort Joëls von echter Erbitterung und einem fast ungläubigen Kopfschütteln über Treitschkes »neudeutschen Jargon« (86) geprägt. Der »rhetorische Schnickschnack« (85), so Joël, sei dadurch zum gefährlichen Mittel einer sprachlich-ideologischen Übertragung geworden, weil der Historiker die Ressentiments der Straße (»Pöbelsprache«, 79) gegen die vermeintlich »materialistisch« gesinnten Juden nun in ein autoritatives »Professorendeutsch« (79) überführt hatte. Insgesamt stellte der Breslauer Gelehrte seinem Berliner Gegenüber ein schlechtes Zeugnis aus: In Treitschkes Elaborat fehle jede eigenständige Idee, stattdessen dominiere der bittere Eindruck, »daß Sie aus der Rüstkammer der nach Tausenden von Bänden zählenden Schriften alten und neuen Datums noch gar vieles Sagbare herholen könnten.« (87)

Die wiederkehrenden sprach- und ideologiekritischen Anmerkungen Joëls sind auch der Ausdruck barer Ungläubigkeit, die schon bekannte manifeste Judenfeindlichkeit nun auch an Universitäten anzutreffen. Seine Verzweiflung, dies gerade von einem Historikerkollegen lesen zu müssen, der es von Berufs wegen besser wissen müsste, wird aus zahlreichen Wendungen deutlich, wenn es etwa heißt: »so spricht nicht ein Historiker, sondern ein Pamphletist« (78), oder wenn Joël schreibt: »Sie, ein Professor von ungewöhnlicher Begabung« (79), oder »Sie als Historiker« (82), oder auch »das ist eines so gelehrten Mannes, wie Sie sind, nicht würdig« (87). So sprach Joël mit seiner Einschätzung der Tragödie dieses Ereignisses, die Treitschke in die Welt gesetzt hatte, auch eine Wahrheit über den Antisemitismus selbst aus: Er war kein Nebenprodukt von eigentlich anderen Absichten, sondern ein absichtsvolles Manöver. Das entscheidende Merkmal des Judenhasses, so widersprach Joël seinem Kollegen, ist, dass er gerade keine Bewegung aus dem Volke und auch kein Ausdruck des »Instincts der Massen« ist, sondern »stets ein Giftstoff, der absichtsvoll [Hervorh. im Orig.] von den Fanatikern sei es der Religion, sei es einer Doctrin, und von denen, die sich um des Vortheils willen Ihnen zu Diensten stellten, [dem Volk] eingeimpft wurde«. (85)

Quelle: *Offener Brief an Herrn Professor Heinrich von Treitschke von Dr. M. Joel, Rabbiner der israelitischen Gemeinde zu Breslau*, Breslau (Verlag der Buchhandlung der Schlesischen Presse, L. Weigert) 1879 [zuerst: *Schlesische Presse*, November 1879; als Separatdruck acht Aufl.]; wieder in: *BAS* [Dok. 4], 24-36.

Lit.: Borries, *Deutschtum und Judentum* (1971), 93-96; Kampe, Von der »Gründerkrise« zum »Berliner Antisemitismusstreit« (1995); Art. »Joël, Manuel«, in: *Lexikon deutsch-jüdischer Autoren*, Bd. 13 (Jaco – Kerr) (2005), 103-111.

Herr Professor!
Sympathisch berührte mich der erste Satz eines längeren Citats aus Ihrer jüngsten Arbeit, mit welchem die »Schlesische Zeitung« uns bedacht hat. Sie sagen mit gewohnter ergreifender Rhetorik: »Es arbeitet in den Tiefen unseres Volkslebens eine wunderbare, mächtige Erregung. Es ist, als ob die Nation sich auf sich selber besänne, unbarmherzig mit sich in's Gericht ginge«. Es ist wahrlich einer edlen Nation würdig, sobald Schäden auf die Oberfläche kommen, in die eigenen Tiefen hinabzusteigen, um durch Selbsterkenntniß Heilung herbeizuführen. Aber Sie können Sich von meiner schmerzlichen Enttäuschung keine Vorstellung machen, als ich die Resultate des unbarmherzigen Gerichts, welches die deutsche Nation nach Ihrer Meinung an sich selbst vollzieht, bei Ihnen angegeben fand. Es ist mir wahrlich nicht spaßig zu Muthe, aber Sie wissen, daß auch der Schmerz bisweilen zu einem Spaße drängt. Wissen Sie, woran Ihr Ergebniß mich erinnert? An die bekannte Geschichte, nach welcher eine in ihrem Gewissen beunruhigte Dame lange über die Buße nachdachte, die sie sich auferle-

gen könnte, bis sie dann nach Verwerfung aller übrigen Sühnmittel auf den glücklichen Gedanken kam: Ich werde mein Gesinde ein paar Tag lang fasten lassen.

Machen Sie es anders? Sie schaffen sich einen Sündenbock, die Juden, Sie sagen, der große Sünder ist gefunden, und das unbarmherzige Gericht, das die Nation an sich üben sollte, üben Sie an einem winzigen Bruchtheil derselben, dem Sie nicht einmal die Ehre der Zugehörigkeit zur deutschen Nation einräumen wollen. Wahrlich, das heißt eine edle Nation irre leiten, nicht zur Einkehr bringen, wie Sie es doch wollen. So spricht nicht ein Historiker, sondern ein Pamphletist. Sie gehören zu den Männern, die mit dem Herzen schreiben, und das giebt Ihrer Schreibweise etwas Packendes, aber das *pectus* ist doch ein gefährlicher Führer, es macht leidenschaftliche Rhetoren, aber keine Lehrer der Wahrheit. Sie haben darin große Aehnlichkeit mit dem von Ihnen geschmähten Börne. Ihr Patriotismus braucht sich nicht zu schämen, neben den eines Börne gestellt zu werden. Börne liebte sein deutsches Vaterland mit einer Gluth, die selbst in seinen Scheltworten lodert. Aber Börne ist dennoch mein Mann nicht. Und wissen Sie warum? Aus demselben Grunde, aus dem auch Sie mein Mann nicht sind. Wie man gesagt hat: *Timeo virum unius libri*, so fürchte ich Alle, die von einer Idee, und sei es auch die edelste, so besessen sind, daß sie für Anderes absolut kein Auge haben. Börne war ein Monomane der Freiheit, auch Sie sind ein Monomane, ein Monomane der nationalen Idee. Sie sind der Letzte, der die im Eifer für seine Idee von Börne vorgebrachten Ungehörigkeiten mit »schamlos« bezeichnen dürfte. Waren Sie denn so decent, als Sie, ein geborener Sachse, 1865 schrieben: »Wer weiß, in welcher Felsenspalte der sächsischen Schweiz man die dareingeworfene Krone des Hauses Wettin suchen müßte«? Ich gestehe, daß, so sehr ich damals auf Ihrer Seite stand, – erschrecken Sie nicht, ich meine nur mit meiner preußischen Gesinnung – ich ein solches Wort über sein angestammtes Königshaus von einem gebornen Sachsen für unpassend hielt. Sie scheinen wirklich mit Schopenhauer, dem philosophischen Thersites, zu glauben, daß die Abwesenheit oder Anwesenheit der verecundia [Rücksicht] sich blos nach der Unbeholfenheit oder Eleganz des Ausdruckes richtet. Doch nein, das glauben Sie nicht. Aber Sie sind ein Feuerkopf alias Fanatiker, der alles versengen möchte, was der ihn beherrschenden Idee wirklich oder vermeintlich in den Weg tritt. Nur so kann ich es mir erklären, daß ein Mann von Ihrer Gelehrsamkeit und Ihren Talenten bei der Losung: Hie Lessing! Hie Marr! sich für Marr entscheidet. Denn das glauben Sie doch wohl selbst nicht, daß Ihre Verwahrung gegen die Rohheit der Judenhetzer uns beruhigen kann, daß es uns etwa blos darum zu thun ist, statt im Rothwälsch der Pöbelsprache, in elegantem Professorendeutsch abgethan zu werden. Ja, nur aus Ihrer Eigenthümlichkeit kann ich es mir erklären, daß Sie, ein Professor von ungewöhnlicher Begabung, da keine Antwort finden, wo jeder Handwerker sie finden könnte. Sie sagen: »Über die Nationalfehler der Deutschen, der Franzosen und aller anderen Völker durfte Jedermann ungescheut das Härteste sagen, wer sich aber unterstand, über irgend eine unläugbare Schwäche des jüdischen Charakters gerecht und maßvoll zu reden, ward sofort fast von der gesammten Presse des Landes als Barbar und Religionsverfolger gebrandmarkt«. Lassen wir einmal die »Gerechtigkeit«, das »Maß« und die »Brandmarkung« als thatsächlich gelten, ist es nicht erstaunlich, daß ein Historiker so etwas registriert, ohne sich selbst die Antwort darauf zu geben? Sehen Sie, damit verhält es sich so. Wenn Herr Tissot die große deutsche Nation angreift, so ist das, um bei dem vulgären Sprüchwort zu bleiben, wie wenn der Hund den Mond anbellt. Und mit Verlaub, wenn Sie, Herr Professor, Artikel gegen die Franzosen schreiben, so bleibt Paris Paris. Ihre geistreichen Aufsätze haben keine Bresche in die Pariser Festungsmauern gemacht, das haben die Kanonen des Kaisers Wilhelm geleistet, nachdem er mit seinem Heere erst Wunder der Tapferkeit gethan. Und mit diesen mächtigen Nationen stellen Sie in Parallele eine vor nahezu 2000 Jahren – denken Sie 2000 Jahren – zerschlagene Nationalität, deren Nachkommen national zu den verschiedensten Völkern gehören und die verschiedensten Sprachen und Sitten aufweisen, die nichts mit einander gemein haben als die gleiche Religion und die durch solche »gerechte und maßvolle« Beurtheilungen ihrer »unläugbaren Schwächen« mit aller Gewalt als Sonderkörper, als Abscesse im nationalen Organismus sollen bezeichnet und bewahrt werden. Glauben Sie mir, der kleine Theil der Presse – in Ihre Sprache übersetzt heißt das »fast die gesammte Presse des Landes«, – der kleine Theil der Presse, der solche »Gerechtigkeit« als »Barbarei brandmarkte«, war mehr von Lessings Geiste beseelt als Sie, der Sie die großen deutschen Namen mit solcher Emphase im Munde führen. Doch ich muß leider noch etwas mehr in's Einzelne eingehen.

Den Schmerz, »daß breite Schichten unseres Volkes dem Unglauben verfallen sind«, theile ich mit Ihnen. Sie lieben die Religion und ich bin ein Lehrer der Religion, urtheilen Sie, ob ich in diesem Stücke mit Ihnen sympathisire. Wenn Sie aber zu verstehen geben, daß die jüdische Haltung gegenüber dem Christenthume eine Mitschuld trägt an dem heute verbreiteten Unglauben, so muß ich Ihnen sagen, daß ich für Sie nicht blos als Menschen, sondern auch als Historiker erröthe. Also Sie wissen nicht, aus welcher Quelle in Deutschland der Unglaube geflossen? Auf die Gefahr hin, daß Sie als gewohnte jüdische Anmaßung bezeichnen werden, wenn ich es wage, einen Professor der Historie auf seinem Gebiete zu belehren, werde ich historisch. Nicht von Kant, wie man wohl fälschlich sagt, mit dessen Lehren aber die edelste Frömmigkeit sich verträgt, sondern von Hegel fing das Spiel an. Sein sogenannter Pantheismus war ein verschleierter Atheismus, sein System eine heidnische Theogonie, bei der freilich keine Götter geboren wurden, sondern sich selbst vergötternde Menschen. Und diese sich selbst vergötternden Menschen nannte man das »junge Deutschland«, welche das Geheimniß des Lehrers unter die Leute brachten. Es ist wahr, daß die Hegel'sche Philosophie, als ihr wahres Gesicht erschaut wurde, in Deutschland ihren Credit verlor, aber leider nicht, um einer Gott zugewendeten Philosophie

Platz zu machen, sondern um zu einer verbesserten Auflage des *système de la nature* zu führen. Haben dabei wirklich die Söhne der »hosenverkaufenden jüdischen« Menschen so beträchtlich mitgewirkt? Haben die Eltern von Feuerbach, Moleschott, Vogt u. s. w. mit Hosen gehandelt? Oder ist der Fanatiker des Atheismus, Schopenhauer, ein Jude gewesen? Wissen Sie, was er war? In der Judenfrage tiefer blickend als Sie. Weil er die Gottesidee bitter haßte, darum haßte er ebenso bitter »die Schweizergarde des Theismus« die Juden. Ebenso scheinen Sie der Wirksamkeit Straußen's, von Hartmann's und andererseits Häckel-Darwin's weniger Einfluß beizumessen als dem Witze der jüdischen Literaten, deren Namen Sie selbst vielleicht anzugeben in Verlegenheit wären. Daß ich es für frech halte, wenn ein jüdischer Literat das Christenthum bewitzelt, dürfen Sie mir glauben. Aber die tiefe Quelle des Uebels unberührt lassen und vereinzelte Tactlosigkeiten jüdischer Scribenten in dunklen Andeutungen denunciren, ist, ich muß es leider wiederholen, nicht Sache eines Historikers, sondern eines Pamphletisten.

Wollen Sie ernste Selbstprüfung, so will ich Ihnen dazu verhelfen. Sie treten als frommer und kirchlich gesinnter Mann auf. Wahrlich, ich bin der Letzte, der das nicht lobenswerth finden sollte. Aber warum acceptiren Sie dann die Argumente des Atheismus gegen die Juden? Ein wirklich frommer und kirchlich-gesinnter Christ, der nicht blos aus Staatsraison fromm ist, kann nicht wegwerfend über die Semiten reden. Er erinnert sich, daß beide Bibeln semitischen Ursprungs sind, daß die höchsten Lehrer der Christenheit Semiten waren. Er kann unmöglich denken, daß der germanische Geist so unverträglich mit dem semitischen ist, wenn er erwägt, daß man unter dem germanischen Geist gegenwärtig ja nicht den Geist Hermann des Cheruskers versteht, sondern daß dieser Geist vertieft worden ist durch Aufnahme des Christenthums, daß dieser Geist jetzt einherbraust mit der gedoppelten Kraft des alten Germanenthums und des von ihm organisch seinem Wesen assimilirten Christenthums, das doch historisch und menschlich betrachtet semitischen Ursprungs ist. Oder glauben Sie, daß Luther, Lessing und andere Heroen des germanischen Geistes keinen biblischen und, wie ein Historiker doch nun einmal sagen muß, semitischen Geistesfunken in sich hatten?

Wie Ihre Rhetorik Sie zu Übertreibungen führt, ist aus folgendem, nehmen Sie mir die Bezeichnung nicht übel, lächerlichen Ausrufe zu ersehen: »Wir haben erlebt, daß die Beseitigung christlicher Bilder, ja die Einführung der Sabbathfeier in gemischten Schulen verlangt wurde.« Also weil in ein Paar Orten die jüdischen Gemeinden ihre besonderen Schulen zu Gunsten einer gemeinschaftlichen aufgaben und dabei mit den städtischen Behörden eine gewisse Rücksicht in der Stundenlegung für jüdische Lehrer und Schüler vereinbarten, ohne daß dem Schul-Unterrichte am Sabbath irgendwie Abbruch geschah, sprechen Sie von einem Erlebniß, als handelte es sich um die Judaisirung von Europa. »Hört es, Ihr Völker Alle!«

Wenden wir uns aber im Ernste zu den Völkern. Sie scheinen auf Ihrer Reise gemerkt zu haben, daß unser edles Land bei den Culturvölkern Europa's durch die Judenhetzer lächerlich gemacht wird, daß die Marr, die Stöcker u. s. w. nicht gerade zur Erhöhung unseres nationalen Ruhmes beitragen. Da rufen Sie den Völkern zu: »Ihr kennt uns nicht, Ihr lebt in glücklicheren Verhältnissen, Eure Juden, das sind ganz andere Juden«. Herr Professor! Wie kommen Sie dazu, der rumänischen Intelligenz ihre besten Sachen zu nehmen? Den Theil Ihrer Rede kennt man in London und Paris schon seit Jahren auswendig. Wollen Sie es als Historiker beschwören, daß der elsässische Jude in »spanischen« Erinnerungen schwelgt, daß sein Bildungsniveau höher ist als das der Juden im übrigen Deutschland? Nun, und warum hat sich denn in Frankreich zur Zeit, als das Elsaß noch dahin gehörte, kein Treitschke'scher Schmerzensschrei erhoben zu dem Zwecke, die Juden aus ihren Menschenrechten zu drängen? Warum? Darauf haben Sie eine Antwort, die ich Ihnen unmöglich ungeprüft durchgehen lassen kann.

Sie sagen: »über unsere Ostgrenze aber dringt Jahr für Jahr aus der unerschöpflichen polnischen Wiege eine Schaar strebsamer hosenverkaufender Jünglinge herein, deren Kinder und Kindeskinder dereinst Deutschlands Börsen und Zeitungen beherrschen sollen. Die Einwanderung wächst zusehends, und immer ernster wird die Frage, ob wir dies fremde Volksthum mit dem unseren verschmelzen können«.

Ich weiß nicht, aus welchem statistischen Material Sie diese Masseneinwanderung östlicher Juden geschöpft. Einstweilen erkläre ich Ihnen, daß Sie, wie häufig, *in majorem gloriam* übertreiben. Die Zunahme der jüdischen Bevölkerung in Deutschland ist durchaus nicht so massenhaft, wie Sie es schildern. Der polnische Jude, wenn er geht, geht mindestens ebenso häufig nach England, nach Frankreich, nach Amerika. Und gesetzt der Satz, der nicht bewiesen ist, wäre bewiesen, wie steht es mit Ihrer weiteren Behauptung: »Wir Deutschen aber haben es mit jenem polnischen Judenstamme zu thun, dem die Narben vielhundertjähriger christlicher Tyrannei sehr tief eingeprägt sind; er steht erfahrungsmäßig dem europäischen und namentlich dem germanischen Wesen ungleich fremder gegenüber …? Ich setze dem entgegen: Ihre Erfahrung ist falsch. Der *polnische* Jude, das ist der *deutsche* Jude, der einst nach Polen getrieben worden. Wie zähe er an seinem Deutschthum festhielt, beweist der überraschende Umstand, daß die Juden in Polen und Rußland noch bis heutigen Tages deutsch, natürlich verdorbenes Deutsch reden. Sie haben mit rührender Treue immer wenigstens einen schmalen Verbindungscanal bis zu den Quellen deutscher Bildung sich offen gehalten. Und ich frage ferner: Wenn, wie Sie sich ausdrücken, »vielhundertjährige christliche Tyrannei« etwas an den Juden verschuldet, wie stimmt das mit Ihrem Gerechtigkeitssinn, daß die Nachkommen der Mißhandelten die Sünden ihrer Peiniger büßen müssen?

Interpretiren Sie das für die Weltgeschichte ja gewiß bitter wahre biblische Wort: »Er sucht die Sünden der Väter heim an den Kindern«, dahin, daß die Kinder büßen müssen, was anderer Leute Väter gesündigt?

Das ganze Gerede übrigens von der Schwierigkeit der Verschmelzung ist professoraler Doctrinarismus. Daß wir hierländische Juden Orientalen sind, ist gerade so wahr, wie daß die heutigen Deutschen Asiaten sind. Wir sollen fremd sein, weil unsere Väter vor 1800 Jahren muthmaßlich in Palästina gewesen. Ich sage muthmaßlich, weil es bekanntlich schon große jüdische Gemeinden vor der Entstehung des Christenthums in Europa gab, ja diese Thatsache die Verbreitung des Christenthums erst möglich machte. Damals hätte es Herrn Marr gelohnt, gegen die Juden vorzugehen, er hätte gleich das Christenthum mit erstickt. Kann denn Herr von Treitschke angeben, wo seine Väter vor 1800 Jahren waren? Wollen Sie, Herr Professor, einen körperlichen Eid leisten, daß Sie ein wirklicher Nachkomme der Germanen sind, die einst in den deutschen Eichenwäldern gelebt? Ich glaube nicht, daß Ihr Familienname damals bei den Germanen schon vorkommt. Baut sich denn eine heutige, eine moderne Nationalität aus lauter Menschen von gleicher Abstammung auf? Wollen Sie jedem Deutschen das Bürgerrecht versagen, dessen Backenknochen bezeugen, daß er von Mongolen stammt? Sind die Engländer keine große Nation, weil sie ein Mischvolk sind, ja sind sie nicht vielleicht gerade darum eine so große Nation? Friedrich Wilhelm der Große, gesegneten Andenkens, der Schöpfer der preußischen und mittelbar der deutschen Größe, wußte, daß die Franzosen keine Deutschen seien, und daß die Juden von Abraham stammen, aber darum nahm er wie die französische Refugié's, so auch die einst aus der Mark vertriebenen Juden wieder auf. Wollen Sie, Herr von Treitschke, uns Altpreußen wirklich als Preuße erscheinen, so ahmen Sie die preußischen Heroen, nicht die Krakehler nach. Sie scheinen ja ohnehin die »Menschenmäkelei« nicht consequent zu betreiben. Sie sprechen ja sogar von Ihren »jüdischen Freunden«, von denen Sie merkwürdiger Weise voraussetzen, Sie würden Ihre Predigt gegen »jüdische Ueberhebung« in dem Momente für opportun finden, wo eine Preßverfolgung der ekelhaftesten Art, wie Sie selbst zugeben, gegen die Juden eingeleitet ist. Aber welchen Werth diese

Voraussetzung hat, beweist die Thatsache, daß Sie sogar den Ekel, den Sie empfinden, gegen die Juden verwenden. Sie sagen: »Leider ist des Schmutzes und der Rohheit nur allzuviel in diesen Kreisen, und man kann sich des Ekels nicht erwehren, wenn man bemerkt, daß manche jener Brandschriften offenbar aus jüdischen Federn stammen«. Manche! Wollen Sie uns nicht angeben, wie viel ungefähr von den ungezählten und ungemessenen Artikeln und Broschüren, die uns moralisch vernichten sollen, von Juden verfaßt sind? Ich gestehe, daß mir für den Glauben an so etwas die nöthige Phantasie fehlt und überlasse Ihnen das *onus probandi*. Und wie schnell Sie diesen Ekel überwinden, was für eine kerngesunde Natur Sie haben! Kaum haben Sie Ihrer sittlichen Entrüstung einen wohl abgerundeten Ausdruck gegeben, so sind Sie ängstlich, man könnte am Ende meinen, daß sich »hinter diesem lärmenden Treiben wirklich nur Pöbelrohheit und Geschäftsneid« verbirgt. Dieser Supposition muß gesteuert werden. 1819 meinen Sie, ja da war es Rohheit, aber 1879 – lächerlich! Erlauben Sie, daß auch ich zu Worte komme. Wenn Sie unter »Pöbel« das in treuem Fleiße arbeitende Volk meinen, so gebe ich Ihnen Recht. Das Volk ist unschuldig an der Judenhetze, muß vielmehr, wie zu alten Zeiten, zum Hasse erst abgerichtet werden. Der Judenhaß war stets ein Giftstoff, der *absichtsvoll* von den Fanatikern sei es der Religion, sei es einer Doctrin, und von denen, die sich um des Vortheils willen Ihnen zu Diensten stellten, eingeimpft wurde. Wie einst unter den Westgothen in Spanien die Juden unangefochten lebten, Aemter bekleideten und Kriegsdienste verrichteten, bis diese Duldsamkeit künstlich zerstört und die berüchtigte westgothische Gesetzgebung gegen die Juden ausgesonnen wurde, so war es *immer*. Daher die Erscheinung, daß heute, wo das Volk nicht mehr ganz Heerde ist, weder Bürger noch Arbeiter mit den »gebildeten Hetzern« gleichen Schritt halten können. Was Sie vom »Instinct der Massen« sagen, ist rhetorischer Schnickschnack. Die Masse hat, wenn man sie nicht verführt, den Instinct, daß der Jude an Humanität seinem christlichen Mitbürger nicht nachsteht.

Es hieße ein Mißtrauen in Ihr publicistisches Geschick setzen, wollte man bezweifeln, daß Sie auch die Glagau'schen Lorbeeren sich um das Haupt winden und das Gründerunwesen ins Gefecht führen würden, das Unwesen, an dem »auch das Semitenthum einen großen Antheil hatte«. Für einen Historiker ist hier der Ausdruck »Semitenthum« lächerlich, da das altjüdische Semitenthum gar keinen Handelsgeist hatte und lieber seinen Acker bebaute. Wie die Juden zum Handel kamen, werde ich doch einem Professor der Geschichte nicht erst expliciren dürfen. Ich zweifle nicht, unter den Gründern waren viel Juden aus dem einfachen Grunde, weil unter den Juden viele Kaufleute sind. Aber ich zweifle ebenso wenig, daß ein Theil derselben mit noch mehr Geneigtheit Präsidenten, Regierungsräthe, Stabsoffiziere, Posträthe u. s. w. werden würden, wenn man sie dazu machte. Etwas muß doch der Mensch sein dürfen. Und meinen Sie wirklich, daß das Vaterland keinen Nutzen hat von der Handelsthätigkeit der Juden? Ich bin kein Nationalökonom, Herr Professor, aber so viel verstehe ich doch davon, um die Erhöhung an Macht zu begreifen, die ein Land erfährt durch eine große Zahl fleißiger und intelligenter Kaufleute. Daß gerade die Juden so materialistisch gesinnt seien, werde ich Ihnen so lange nicht glauben, als ich ihre Treue gegen die ererbte Religion gewahre. Glauben Sie denn, daß die Juden blos um des Genusses willen, von Ihnen abgekanzelt zu werden, Juden bleiben? Wahrhaftig, hier können Sie die »Schuhe abziehen«, hier ist heiliger Boden.

Da Sie aber einmal bei dem Gründerthum waren, wäre es vielleicht ohne Schaden gewesen, wenn Sie sich erinnert hätten, daß das »Semitenthum« in der Kammer – um im neudeutschen Jargon zu reden – eine gar weithallende Stimme gegen das Gründungsunwesen erhoben. Meiner unmaßgeblichen Meinung nach hätte Ihnen das mehr Ehre gemacht, als der Hymnus, den Sie anstimmen, daß in Breslau Männer wie Lasker und Freund gerade als Juden nicht gewählt worden seien. Diese Ehrenmänner mögen Ihnen nicht sympathisch sein, aber als Patriot hätten Sie sich sagen müssen, daß in der weiten Welt der Name Lasker Deutschland mindestens so viel Ehre macht, wie der Ihrige. Für diesen Ausfall giebt es so wenig eine Rechtfertigung, wie für die famose Wendung, deren Sie sich später, nachdem Sie alles Mögliche gegen uns vorgebracht, bedienen: »Und wie Vieles ließe sich noch sagen«. O, wir zweifeln nicht daran, daß Sie aus der Rüstkammer der nach Tausenden von Bänden zählenden judenfeindlichen Schriften alten und neuen Datums noch gar vieles Sagbare herholen könnten.

Uebrigens können Sie sich beruhigen, Sie sagen ja genug. Einmal sogar etwas so Merkwürdiges, daß man an einen schlechten Spaß denkt. Da ist bei Ihnen der Satz zu lesen: »Kaum war die Emancipation errungen, so bestand man dreist auf seinem Schein«. Also ein *»Schein«* sollte der »Schein« bleiben nach Ihrer Ansicht? Die Juden hätten, wenn es nach Ihnen gegangen wäre, sagen müssen: Wir wollten das Ghetto nur im Princip zerstört wissen, im Uebrigen bleibt Alles beim Alten, das öffentliche Leben geht uns nichts an, wir behalten die Ghettodemuth, eingedenk der historisch ja wohl unanfechtbaren Thatsache, daß Titus uns für so und so viel Groschen als Kammerknechte verkauft hat. Und das hätten Sie gebilligt, Herr von Treitschke? Sie citiren den Tacitus, Ihren Bruder in Apollo. Warum aber schlagen Sie ihn nicht nach? Warum citiren Sie ihn, wie ich glaube, aus Fichte, der ein mächtiger, großer Denker war, aber unter allen deutschen Philosophen der am wenigsten gelehrte? Was der große Römer in seinem heidnischen Grolle gegen das von ihm unverstandene junge Christenthum sagt, es seien seine Anhänger »überführt worden des Hasses gegen das ganze Menschengeschlecht«, das führen Sie gegen uns an und prunken mit dem Citat *odium generis humani.* Das ist eines so gelehrten Mannes, wie Sie sind, nicht würdig, das überlassen Sie den vielen Ignoranten, die in Judenhaß machen.

Ob es ferner wahr ist, daß die Juden eine zu große Herrschaft in der Presse haben, das kann ich wegen meiner fehlenden Beziehungen zur Presse nicht sagen. [Ludwig] Philippson jedoch, dem ich mehr Objectivität und Sachkunde darin zutraue als Ihnen, Herr

Professor, bestreitet das. Aus eigenem Wissen constatire ich, daß das Judenthum als solches in keinem politischen Journal auch nur mehr als die flüchtigste Rücksichtnahme erfährt. Daß es ein Judenthum in Deutschland gebe mit culturellen Einrichtungen u. s. w., das würde man, von den religiös-jüdischen Fachblättern abgesehen, fast nur aus ausgeschriebenen Vacanzen für Cultusämter ersehen. Sie citiren das Geschichtswerk von Grätz, um die Fehler des modernen Juden zu zeigen. Aber wir sind nicht identisch mit Grätz, so hoch wir auch seine wissenschaftlichen Verdienste anschlagen. Grätz hat die Fehler seiner Tugenden, er hat ein heißblütiges Temperament und ist durch Specialstudien über das jüdische Mittelalter etwas bitter. Was wollen Sie? Grätz hat auch *pectus* und Sie wissen, mit solchen Männern geht die Feder bisweilen durch. So viel Anklang sonst sein Geschichtswerk gefunden, gerade nach der Richtung, die Ihnen mißfällt, hat er uns Juden entschieden nicht aus der Seele gesprochen. Studiren Sie doch einmal die moderne jüdische Literatur, ich bin überzeugt, Sie werden milder urtheilen. Dagegen darf ich Ihnen Folgendes nicht vorenthalten. In den edelsten Büchern christlicher Gelehrten, namentlich auch Theologen, in Büchern, in denen ich mit Freuden lese, werden Sie die wegwerfendsten Bezeichnungen finden, so oft von Juden und Judenthum die Rede ist. Ich weiß schon, daß Sie staunen werden über diesen meinen kecken Vergleich. Wozu ist denn das Judenthum da, wenn nicht, um als Folie zu dienen? Indeß daß *wir* mit dieser providentiellen Bestimmung, die man uns giebt, nicht ganz einverstanden sind, werden Sie vielleicht zugeben. Regt sich auch einmal bei uns ein Unmuth, so ist es wahrlich natürlich. Indeß, es ist das ein Capitel, über das zu reden »peinlich« ist, um Ihre Worte zu gebrauchen. Aber ich frage Sie: *quis tulerit Gracchos de seditione querentes.* Sie predigen uns Toleranz? Ist das nicht ein Hohn? Ich behaupte es dreist, daß ein jüdischer Prediger, der es wagen würde, intolerant gegen christliche Mitbürger zu werden, in ganz Deutschland nicht die Aussicht hätte, den kleinsten Rabbinatssitz zu bekommen. Es wage es einmal Einer bei uns in der

Religionsstunde, Haß gegen Andersgläubige zu säen statt Liebe, er könnte sich sofort sein Ränzel schnüren. Wir haben Fehler wie alle Menschen, aber unsere Fehler sind gar nicht asiatisch, sondern sehr europäisch, gar nicht antik, sondern sehr modern.

Sie haben selbst gefühlt, Herr Professor, daß Ihre Expectorationen doch schließlich ein greifbares Ziel haben müssen. Man frägt: Was will Herr von Treitschke? Soll man uns austreiben? Soll man uns die »geschenkten« Menschenrechte – eine wundervolle Vorstellung vom Wesen des Rechts – soll man uns die »geschenkten Rechte« wieder nehmen? Nein, so etwas sagt ein eleganter Schriftsteller nicht, diese gröbere Arbeit überläßt man gröberen Leuten. Sie wollen uns nur ermahnen, tolerant zu sein und Ihre Gefühle zu schonen. Nun, wir haben auch Gefühle, der Jude ist sozusagen auch ein Mensch. Vielleicht kommt einmal ein Jahrhundert, wo selbst große Schriftsteller das einsehen.

Heinrich Graetz
Erwiderung an Herrn von Treitschke
(Dezember 1879)

Kommentar: *Schon Anfang Dezember 1879 erschien in der Schlesischen Presse eine im Umfang knappe, im Inhalt klare, im Ton noch bemerkenswert moderate Entgegnung auf »Unsere Aussichten«. Der Breslauer Historiker Heinrich Graetz (1817-1891) wies darin nicht nur einzelne Vorwürfe, die an ihn gerichtet gewesen waren, zurück, sondern er begann mit einer Beschreibung der Ausgangslage: Treitschke habe mit seinem Essay »eine nur wenig in Baumwolle gewickelte Angriffswaffe gegen die Juden in Deutschland« gerichtet und »eine Anklage gegen die Gesamtjudenheit« (94) formuliert, und diesem Angriff galt denn auch seine »Erwiderung an Herrn von Treitschke«. Zugleich aber hatte Graetz hier eben auch Persönliches anzusprechen, denn einige Passagen von »Unsere Aussichten« hatten seinem Werk gegolten. Diese doppelte Front engte Graetz ein; er konnte die Spannung zwischen dem Grundsätzlichen und dem Speziellen in der Öffentlichkeit kaum adäquat auflösen. Aus Treitschkes Sicht war er der exemplarische Fall einer Tendenz; dass dies gar nicht stimmte, hätte Graetz nur auf Kosten der jüdischen Gemeinschaft zurückweisen können – und daran war nicht zu denken. So brachte es schon diese spezifische Konstellation aus Angriff und Verteidigung mit sich, dass Graetz zuerst seine persönliche Ehre als Wissenschaftler zu verteidigen hatte. Die Heftigkeit der Anwürfe hatte ihn an die Positionen Treitschkes gefesselt – und das machte seine Position einsam; als Graetz seine Verteidigung schrieb, konnte er noch nicht ahnen, dass ihm in der Folge tatsächlich niemand zur Seite springen sollte. Alle Kritiker und Gegner Treitschkes – ob Manuel Joël (88), Harry Bresslau (148), Ludwig Bamberger (308f.) oder, am schärfsten, Hermann Cohen (290) – kritisierten Graetz ebenfalls, oder sie suchten für sich eine Art von »dritter« Position, als hätten sie ihre Antworten jenseits dieser speziellen Auseinandersetzung zwischen Treitschke und Graetz zu verorten.*

Diese Sprecherposition von Graetz, die ihm nur Nachteile brachte, fällt nicht sogleich ins Auge; aber sie gehört zum Muster des Berliner Antisemitismusstreits und sie ist nicht nur für die involvierten Personen, sondern für die fatale antisemitische Dynamik insgesamt aussagekräftig: Angreifer sind auch dann im Vorteil, wenn sie mit Unterstellungen arbeiten, und Verteidiger können sich von Themen, die ihnen aufgezwungen werden, nicht beliebig frei machen, sondern sind an diese gebunden. (Jensen 2005, 236f.) Hinzu kommt das dialektische Verhältnis von Einzelnem und Gruppe: Der Einzelne, der so explizit angegriffen wird, kann sich nicht ohne Einschränkung von Dritten mit Verweis auf seine jüdische Zugehörigkeit helfen lassen, denn jegliche Identifikation von Person und Kollektiv ist in der antisemitischen Logik bereits Teil des Angriffs. So okkupiert der Angreifer die kombattanten Vorteile der brutalen Einfachheit gleich mehrfach für sich, unter anderem die Tatsache, die den Antisemitismus gleichsam trägt und transportiert: Das Individuum steht immer für die Gruppe; diese offenbart sich im Einzelnen. Die Verteidigung dagegen hat die Nachteile differenzierender Unterscheidung zu tragen. Auch diese ganz basale Ungleichheit im Diskursablauf gehört zum Thema: Antisemitische Angriffe setzen Themen (Jensen 2005, 236), sind per se laut und sie vereinfachen; Verteidigungen können, wenn sie die impertinente Logik brechen wollen, nicht ebenfalls laut und einfach sein, sie sind stets leiser, komplizierter und sie müssen auf Details und Differenzierungen beharren; die schiefe Ebene zwischen »laut« und »leise« oder zwischen »einfach« und »differenziert« weist aber im Streit selbst immer gegen die Verteidiger.

Als der laute Treitschke Heinrich Graetz plötzlich in eine Auseinandersetzung um sein Werk nötigte, war der 62-jährige Historiker als Lehrer am 1853 gegründeten Jüdisch-Theologischen Seminar in Breslau und als Autor einer vielgelesenen »Geschichte der Juden von den ältesten Zeiten bis auf die Gegenwart« (11 Bde., 1853-1875) ein innerhalb der jüdischen Gemeinschaft angesehener Gelehrter. Er war seit 1869 Herausgeber der »Monatsschrift für Geschichte und Wissenschaft des Judentums« und im selben Jahr wurde er zudem Honorarprofessor der Universität Breslau (Cohn 1963, 187f.), Graetz wirkte in zwei Institutionen, einer jüdischen und einer staatlich-allgemeinen, und somit in beiden wissenschaftlichen Sphären der deutsch-jüdischen Wirklichkeit seiner Zeit. Die bürgerlichrechtliche Gleichstellung der Juden betrachtete er als eine Selbstverständlichkeit, aber er lag »nicht auf der liberalen Linie« (Claussen 1987, 133). Mit dem Prozess der Emanzipation seit dem späten 18. Jahrhundert und der allgemeinen Säkularisierung im Verlauf des 19. Jahrhunderts wurden die jüdischen Gemeinden gleichsam »gespalten« (ebd., 136), und Graetz stand in diesem Gegenüber von Bewahrern und Reformern auf Seiten der Minderheit der Bewahrer, deren Mittel er jedoch ablehnte, denn er war kein konservativer Verteidiger religiöser Traditionen, sondern sein Wirken galt einem neu zu erwerbenden historisch-wissenschaftlichen Selbstbewusstsein der Juden: Graetz sah seine Aufgabe im »Kampf um Anerkennung« auf dem Feld der Wissenschaft, der Geschichtsschreibung, und als Begründer moderner jüdischer Historiographie (Sauter 2022, 131) war er, in Kollektivkategorien gesprochen, der unorthodoxe Sprecher einer besonders kleinen Gruppe innerhalb der schon kleinen jüdischen Minderheit, die in der Historisierung des Judentums keine unzulässige Profanierung sah. Seine politischen wie religiösen Ansichten und Überzeugungen waren somit modern, aber sie waren eben weder religiös-konservativ noch liberal-reformorientiert. Weder so noch so repräsentierte Graetz die deutschen Juden, für die er in Treitschkes Urteil herhalten musste; er trat gleichermaßen gegen die Orthodoxie von Samson Raphael Hirsch (bei dem er in seiner Jugend studiert hatte und dessen Wort eines »sich selbst begreifenden Judentum[s]« ihm in jungen Jahren zur Maxime geworden war, Sauter 2022, 133) wie gegen die Konfessionalisierung des Judentums auf. Abraham Geiger, der bekannteste Reformrabbiner des 19. Jahrhunderts, hatte jene liberalen Positionen begründet, die von den allermeisten Juden in Deutschland in der religiösen Praxis vertreten wurden; und er und Graetz waren erklärtermaßen Opponenten. Für die Orthodoxie war das Selbstverständnis von Graetz zu säkular; für die Reformer wirkte es dagegen zu jüdisch-partikular. So war hier ein Solitär, ein innerjüdischer »Außenseiter« (Cohn 1963, 198), der sich jenseits aller Mehrheiten befand, zum Ziel der pauschalen Angriffe Treitschkes geworden. Gerade er, der für keine der Teilgemeinschaften der deutschen Juden stand, fand sich in

»Unsere Aussichten« als Exponent der Judenheit wieder, die Treitschke zufolge Deutschlands Presse, Wirtschaft und Kultur »beherrschte«; gerade er musste nun auf Treitschke antworten, denn nur er war (neben Ludwig Börne) auch namentlich genannt und für seine historische Darstellung der deutsch-jüdischen Geschichte geschmäht worden.

Schon diese verdrehte Ausgangskonstellation zeigt einerseits, wie verschlossen Treitschke gegenüber der Vielstimmigkeit der jüdischen Gemeinschaft war und wie er Juden und Judentum als eine Entität darstellte; andererseits offenbart schon diese frühe Konstellation im Berliner Antisemitismusstreit, dass die Kosten der Attacke vor allem vom Angegriffenen zu begleichen waren, denn Graetz musste die öffentliche Verteidigung seiner persönlichen Ehre wie auch die der Juden insgesamt unter falschen Vorzeichen antreten, und es zeigte sich, dass dies niemanden zufriedenstellen konnte. Sogar der russisch-jüdische Historiker Simon Dubnow, der besondere Sympathie für Graetz mitbrachte, der dessen »Geschichte der Juden« ins Russische übersetzt hatte und mit seinem eigenen Werk direkt an ihn anknüpfte, nannte im Rückblick dessen Antwort einen »farblosen« Artikel (Dubnow 1929, 30), offenkundig deshalb, weil sich Graetz hier – Dubnows Einschätzung zufolge – nicht deutlich genug als Jude verteidigt und ›zu liberal‹, sozusagen ›zu deutsch‹, geantwortet hatte.

So stand Graetz im Streit mit Treitschke ganz ungerechtfertigt ohne Verteidiger da, obwohl alle seine Argumente mit denen anderer Kritiker Treitschkes übereinstimmten, etwa, wenn er gleich zu Beginn das »unüberlegte Wort« vom »Unglück« zurückwies (95), wenn er an das völlig ungleiche Verhältnis von Mehr- und Minderheit erinnerte (95) oder aber wenn er, wie schon Joël oder später Bresslau, Treitschke in seiner Historikerehre ansprach (»als Historiker dem Historiker gegenüber«, 95). Seine Replik blieb durchgehend einem fachlichen Diskurs als Wissenschaftler verpflichtet; so klärte er Treitschke in mittelalterlicher und frühneuzeitlicher Migrations- und Vertreibungsgeschichte der Juden aus Polen und aus Spanien und Portugal auf und korrigierte den verzerrten Eindruck, den Treitschke in der Frage der jüdischen Einwanderung nach Berlin hinterlassen hatte. Dieser hatte das Gefühl eines demographischen Notstands erweckt, als er jene Sätze »über unsere Ostgrenze« schrieb, über die »Jahr für Jahr aus der unerschöpflichen polnischen Wiege eine Schar strebsamer hosenverkaufender Jünglinge herein[strömte], deren Kinder und Kindeskinder dereinst Deutschlands Börsen und Zeitungen beherrschen sollen«. (70) Wie Manuel Joël (82f.) und später auch Theodor Mommsen (393) wies Graetz diese suggestive Passage zurück, denn nach Berlin zogen seinerzeit in erster Linie deutsche Juden aus der preußischen Provinz Posen, der Heimat von Graetz (er selbst kam aus Xions, heute Książ Wielkopolski, Polen). Treitschke hatte die Binnenmigration von deutschen Staatsbürgern so aufgefasst, als handele es sich dabei um Einwanderungen aus dem Ausland.

Quelle: Heinrich Graetz, Erwiderung an Herrn von Treitschke, in: *Schlesische Presse,* Nr. 859, 7. Dezember 1879; wieder in: *BAS* [Dok. 7], 96-101.

Lit.: Meisl, *Heinrich Graetz* (1917); Michael, Graetz contra Treitschke (1961), 301-322; Liebeschütz, Historismus und Wissenschaft des Judentums: Abraham Geiger und Heinrich Graetz, in: ders., *Das Judentum im deutschen Geschichtsbild von Hegel bis Max Weber* (1967), 113-156; Borries, *Deutschtum und Judentum* (1971), 108-110; Meyer, Heinrich Graetz and Heinrich von Treitschke (1986), 1-11; Art. »Graetz, Heinrich«, in: *Lexikon deutsch-jüdischer Autoren*, Bd. 9 (Glas – Grün) (2001), 291-307; Schulin, »Das geschichtlichste Volk!« Die Historisierung des Judentums in der deutschen Geschichtswissenschaft des 19. Jahrhunderts (1997), 114-163; Jensen, *Gebildete Doppelgänger* (2005), 232-237; Brenner, *Jüdische Geschichtsschreibung im 19. und 20. Jahrhundert* (2006), 79-113; Pyka, *Jüdische Identität bei Heinrich Graetz* (2009); Sauter, Anerkennung durch Geschichte: Heinrich Graetz, in: dies., *Offenbarungsphilosophie und Geschichte* (2022), 129-157.

Sie haben im Novemberheft der Preußischen Jahrbücher in einem politischen Artikel auch eine nur wenig in Baumwolle gewickelte Angriffswaffe gegen die Juden in Deutschland geschwungen. Ihr Artikel ist im Grunde nach gewissen nicht mißverständlichen Wendungen eine Anklage gegen die Gesammtjudenheit. Diese abzuwehren, ist aber nicht meine Aufgabe heute. Aber das kann ich nicht unterdrücken: Der Genius des deutschen Volkes möge

Ihnen verzeihen, daß Sie das unüberlegte Wort ausgesprochen haben: Die Juden seien ein Unglück für das deutsche Volk. Sie stellen damit diesem Volke ein wenig schmeichelhaftes Zeugniß aus, das dieses in seiner Kernhaftigkeit mit Unwillen zurückweisen wird. Wie? 40 Millionen Deutsche sollen in Gefahr sein, von einer Handvoll Juden corrumpirt und entsittlicht zu werden? Es ist ein Schimpf, den Sie ihnen anthun, wie Sie überhaupt dieses Heldenvolk beleidigen, indem Sie ihm volles Nationalgefühl absprechen. Was sollen Franzosen und Russen dazu sagen? Auch der Genius der Menschheit möge Ihnen verzeihen, daß Sie in einer, wie Sie meinen, leidenschaftlich erregten Zeit mit diesem Schlagwort den Fanatismus der Menge gegen eine schwache Minorität zu schüren sich nicht scheuten. Glücklicherweise stehen die Sachen anders. Die Bewegung gegen die Juden ist keineswegs tief und groß. Zählen oder wägen Sie die judenfeindlichen Stimmen, denen Sie sich zugesellen – auch ohne Vergleich mit den judenfreundlichen – und Sie müssen finden, daß sie ebenso vereinzelt, wie wenig bedeutend sind. Der Ausfall der Nachwahl in Breslau ist keineswegs ein Symptom, sondern nur Folge eines verunglückten Wahlmanövers. – Doch das ist nicht meine Sache hier.
Nur als Historiker dem Historiker gegenüber will ich einige von Ihnen aufgestellte Motivirungen beleuchten. Sie berufen sich für ihre judenfeindliche Antipathie auf Tacitus' Ausspruch gegen Juden: *odium generis humani:* Sie sollten aber wissen, daß dieser einseitige römisch-aristokratische Geschichtsschreiber *diesen Ausdruck* nur von den Christen gebraucht, da, wo er von deren Verfolgung unter Nero erzählt: … *correpti (Christiani) haud perinde in crimine incendii, quam odio humani generis convicti sunt.* Sie behaupten ferner, die Juden des Westens und Südens (Sie nennen sie cavaliermäßig Israeliten) d. h. die in Frankreich, England und Italien wohnenden Juden sind deswegen edle Menschen und gute Patrioten, weil sie vermöge ihrer verhältnißmäßig stolzen Geschichte sich der abendländischen Weise ziemlich leicht eingefügt hätten, die Juden in Deutschland dagegen, vom polnischen Judenstamme, *»denen*

die Narben vielhundertjähriger christlicher Tyrannei eingeprägt seien, stünden erfahrungsgemäß dem europäischen und namentlich dem germanischen Wesen ungleich fremder gegenüber«. Nehmen Sie es nicht übel, es ist ein historischer Schnitzer. Meine Geschichte, die Sie doch gelesen haben wollen, hätte Sie darüber eines Besseren belehren können. Abgesehen davon, daß die Mehrzahl der französischen Juden deutschen Ursprungs sind, haben die spanischen und portugiesischen Juden unendlich mehr und länger von der »christlichen Tyrannei« gelitten, als die polnischen. Diese haben von der Zeit ihrer Ansiedlung an bei Königen, Fürsten und auch beim Volke Duldung genossen. Erst im 17. Jahrhundert erlitten sie blutige Verfolgungen, aber nicht von den Polen, sondern von wilden Kosakenhorden. Judengemetzel wegen Hostienschändung und Christenkindermord kamen in Polen äußerst selten und Ausweisung niemals vor. Die Juden der pyrenäischen Halbinsel dagegen haben vom 14ten Jahrhundert an blutige Verfolgungen erlitten und diese endeten damit, daß ein großer Theil aus dem Lande gejagt und der kleinere mit empörender Grausamkeit zum Christenthum gezwungen wurde. Gegen diese wüthete bis ins 18. Jahrhundert hinein das Feuer der Scheiterhaufen und die Schmach des San Benito. Von diesem Geschlechte der Marranen, der gewaltthätig bekehrten Juden, entstammt die Mehrzahl der Israeliten des Südens und Westens, die sich in das europäische Wesen hineingelebt haben trotz der Narben vielhundertjähriger christlicher Tyrannei. Die aus Polen eingewanderten Juden aber haben keine Narben mitgebracht, sie haben sich auch mehr germanisirt und sind ungleich patriotischer als die Wasserpolaken in Oberschlesien und andere slavische Stämme in Deutschland.

Auch Ihre Behauptung von der Einwanderung hosenverkaufender polnisch-jüdischer Jünglinge ist unrichtig. Statistiker werden Ihnen durch Zahlen belegen, wie wenig Juden gegenwärtig vom Osten nach Deutschland übersiedeln. In Galizien genießen die Juden thatsächlich die Gleichstellung voll und uneingeschränkt und verspüren wenig Lust zur Auswanderung; ihre intelligenten Söhne steigen nicht selten zum Offiziersrang auf; Rußland läßt keinen militärpflichtigen Jüngling über die Grenze. Woher kommen also die hosenverkaufenden Jünglinge? Sie sind in Ihrer statistischen Motivirung ebenso unglücklich, wie in der historischen. Doch dieses nur nebenher.

Hauptsächlich will ich hier meine eigene Sache vertreten. Sie haben meine »Geschichte der Juden« unverantwortlicher Weise als christenfeindlich angeklagt. Da ich nicht voraussetzen darf, daß alle edler denkenden Christen die zwölf Bände meiner Geschichte gelesen haben oder lesen werden und vielleicht Ihrer so entschieden ausgesprochenen Anschuldigung Glauben schenken könnten, so bin ich genöthigt, sie mit der Schärfe, welche das Bewußtsein der Unschuld eingiebt, in das rechte Licht zu setzen. Der von Ihnen gebrauchte Ausdruck, daß in meiner Geschichte eine fanatische Wuth gegen den *»Erbfeind«*, das Christenthum, enthalten sei, ist, parlamentarisch gesprochen, eine Illoyalität. Dieses von Ihnen unterstrichene Wort kommt in keinem Theile meiner Geschichte vor. Ich hatte es nicht mit der Gegenwart, sondern mit der Vergangenheit zu thun, ich hatte die tausendfachen, blutigen, unbarmherzigen Verfolgungen gegen meine Stamm- und Religionsgenossen zu erzählen und wollte sie der Wahrheit gemäß erzählen. Hätte ich die Geschichte fälschen sollen? Wenn Sie meine Geschichte der Juden gelesen haben, so müssen Sie auch meine Darstellung vom Urchristenthum gelesen haben. Haben Sie da auch nur ein entfernt anstößiges Wort gefunden? Ich mußte allerdings auch von dem späteren Christenthum sprechen, von dem gefälschten Christenthum, dem Christenthum der Lieblosigkeit, der Herzenshärte, der Menschenschlächterei, welches das Wort seines Meisters von hingebender Menschenliebe, Milde und Demuth verläugnet hatte. Ich hatte die tausendfachen Leiden der Juden durch dieses Christenthum zu schildern, habe mit Gefühlswärme geschildert, und kein Blatt vor den Mund genommen. Wenn Sie selbst den Grund der Verfolgung der Juden *»christliche Tyrannei«* nennen, wie dürfte ich ihn verschweigen oder vertuschen, der ich aus den unmittelbaren Martyrologien geschöpft und gewissermaßen die Aussagen aus dem röchelnden Munde der zu Tode Verbluteten aufgefangen habe?

Illoyal ist Ihre vom Zaun gebrochene Anschuldigung gegen meine Geschichtsdarstellung, daß sie *»Todhaß* gerade wider die reinsten und mächtigsten Vertreter deutschen Wesens von Luther bis herab auf Goethe und Fichte« enthalte. Ich habe im Gegentheil die überwältigende Größe dieser Heroen ins rechte Licht gesetzt. Von Luther schrieb ich (Band IX, Seite 191 fg.): »Diese Natur war beherrscht von Gottdurchdrungenheit, von einer in dieser Zeit beispiellosen Hingebung an Gott und die Anforderung des Glaubens … auch von einem fleckenlosen Wandel und wahrhafter Demuth!« Athmen diese Worte Todhaß? Aus Luthers kleiner Schrift: daß Jesus ein geborener Jude gewesen, zog ich einen Passus aus (S. 211), der recht zeitgemäß ist: »Unsere Narren, die Papisten … haben bisher also mit den Juden verfahren, daß wer ein guter Christ gewesen, hätte wohl mögen ein Jud werden, und wenn ich ein Jude gewesen wäre und hätte solche Tölpel und Knebel das Christenthum regieren und lehren gesehen, so wäre ich eher eine Sau geworden, als ein Christ.« Durfte ich aber nach diesem verschweigen, was Luther 20 Jahre später in der Hitze des Kampfes gegen auftauchende Sectirer und gereizt durch eine anonyme polemische Schrift eines Unitariers (hinter der Luther einen jüdischen Autor vermuthet hatte) im Widerspruche mit seinen eigenen Worten Liebloses gegen Juden geschrieben und gepredigt hat? Er verlangte, daß man ihre Synagogen einriß, ihnen sogar die heiligen Schriften entziehe, ihre Häuser zerstöre, sie in einen Stall wie Zigeuner einsperre und noch viel Härteres. Sie werden doch nicht für Luther Unfehlbarkeit beanspruchen? Ist es überhaupt eines Historikers würdig, in der treuen Geschichtserzählung Blasphemie zu suchen?

Ebenso illoyal ist das, was Sie meiner Geschichte bezüglich Goethe's und Fichte's vorwerfen. Als zu Ende des vorigen Jahrhunderts die Juden in Frankreich und Holland bereits völlig gleichgestellt waren, und Dohm seine bahnbrechende Schrift zu Gunsten der Emancipation der Juden in Deutschland veröffentlicht hatte, handelte es sich in diesem Lande zunächst darum, ihnen die tief ins Fleisch schneidenden Fesseln zu lösen, den Leibzoll aufzuheben, der sie mit Schweinen in einen Rang stellte. Hätte man da nicht von den deutschen Kraftgeistern ein kräftiges Wort der Humanität erwarten sollen, wie es Klopstock gesprochen hatte? Aber statt dessen erwiesen sich Goethe und Fichte judenfeindlich. Ich sagte von ihnen: »Zwei Männer ersten Ranges, der größte Dichter und der größte Denker jener Zeit, Goethe und Fichte, beide zwar mit dem Christenthum zerfallen und als Atheisten geltend, verabscheuten nichtsdestoweniger die Juden im Namen Jesu«. Ist das »Todhaß«, wenn man die Thatsachen der Geschichte erzählt?

Was Sie sonst noch gegen mich bezüglich der von Börne und Heine ausgegangenen Veredelung der deutschen Prosa vorbringen, ist Geschmackssache. Darf man auch nicht von ihrem Einflusse auf den deutschen Stil sprechen, ohne sich den Vorwurf des »Todhasses« zuzuziehen?

Mit Ihrer Anklage gegen jüdische Überhebung von der Sie so viel Redens machen, gehen Sie mit Lord Beaconsfield, gegenwärtig Ministerpräsident Ihrer britannischen Majestät, zu Gerichte. Kein jüdischer, noch so national gesinnter Literat der Gegenwart hat den stolzen Satz geschrieben, der in Disraeli's Schriften so oft vorkommt: »Sie können nicht eine reine Rasse von kaukasischer Organisation zerstören. Es ist ein physiologisches Factum, ein Naturgesetz, welches die egyptischen und assyrischen Könige, römische Kaiser und christliche Inquisitoren beschämt hat. Kein Strafgesetz, keine physische Tortur kann bewirken, daß eine höhere Rasse von einer niederen aufgesogen oder zerstört werde.« Rechten Sie mit Lord Beaconsfield oder mit einem Naturgesetz.

Zum Schlusse will ich Ihnen nur noch das eine Wort sagen. Sie nennen mich einen Fanatiker. Bei eingehender Selbstprüfung müßten Sie finden, wo der »Fanatiker« steckt.

7. Dezember 1879

Heinrich von Treitschke
Herr Graetz und sein Judenthum
(Dezember 1879)

Kommentar: *Heinrich Graetz und seine »Geschichte der Juden«, besonders deren letzter Band, der in die unmittelbare Vorgeschichte der Gegenwart reichte, war für Treitschke in »Unsere Aussichten« einer der Anlässe für seine Ausfälle gegen die deutsche Judenheit gewesen. In den Marginalien seines Exemplars dieses Bandes notierte Treitschke wutentbrannte Schmähungen: Wo etwa Graetz von »Kühnheit« spricht, kommentiert Treitsche mit »Unverschämtheit«; wenn Graetz Heine und Börne ein »Zwillingspaar« nennt, so schreibt Treitschke »Zwillingslumpen« an den Rand des Textes; und wo bei Graetz »diese beiden Juden« steht, höhnt Treitschke »diese beiden Judenlümmel« (zit. nach: Schwartz 2012, 247). Doch weder in den Geschichtswerken von Graetz noch in dessen publizistischem Widerspruch konnte Treitschke den »schamlosen Ton« der liberalen »Journalistik« (72), die »schlagfertige Gewandtheit« (72) oder die »Witzeleien gegen das Christentum« (72) attackieren, denn nichts davon findet sich in dessen Büchern und Debattenbeiträgen. Ganz offensichtlich störte Treitschke an Graetz etwas anderes, nämlich das neue Selbstbewusstsein des emanzipierten Judentums. (Brenner 2006, 81; Sauter 2022, 140) Und so stellte Treitschke den von ihm hier, in dieser Duplik, nochmals schwer verunglimpften Zusammenhang zwischen Graetz und »den Juden« so dar, als ob dieser mit seinen Arbeiten die gedankliche Richtung vorgebe, die sich dann »in unzähligen Artikeln jüdischer Journalisten, in der Form gehässiger Witzelei gegen Christenthum und Germanenthum« (116) wiederhole. Der Hauptgrund, warum Treitschke gerade Graetz als Gegner ausgesucht hatte, lag jedoch in dessen Versuch, die moderne jüdische Geschichte nicht als jüdische Glaubens- und Religionsgeschichte zu verstehen, sondern als kollektive Erfahrung in der Diaspora zu beschreiben. Hier, im Konzept der erfahrungs- und nicht nur glaubensbasierten*

Kollektivität (und in den dafür verwendeten Begriffen), fand das nationalistische Temperament Treitschkes Anlass und Stoff für die besondere Anfeindung gegen den jüdischen Kollegen. (Jensen 2005, 232-237, v. a. 236) Denn obwohl Graetz' und Treitschkes historiographisches Grundanliegen vergleichbar sind: Sie verwendeten nicht dieselben Konzepte, wenn sie von »Nation« schrieben. Der Historiker Uffa Jensen hat die komplizierte Wiedergänger-Problematik, die Graetz und Treitschke zu Antagonisten werden ließ, dahingehend interpretiert, dass im Hinblick auf die Juden von Graetz genau jene Ambivalenzen verteidigt wurden, die der protestantische Treitschke im Konzept seiner deutschen Nationalgeschichte seit 1870/71 überwunden zu haben glaubte: eine Gruppe ohne Staat mit einem kulturell-religiösen Selbstverständnis, »kosmopolitisch und doch eigenständig«. (Jensen 2005, 237) Dies traf vor 1870/71 auf Protestanten wie Juden zu, danach nur noch auf die Juden. Somit war »Treitschkes Exorzismus gegen den ›Orientalen‹ Graetz«, so Jensen, »im Kern gegen die unheimliche Verdoppelung in der bürgerlichen Bildungskultur gerichtet [...]. Graetz verkörperte dadurch eine Art Urtyp jenes unheimlichen Wiedergängers einer überwunden geglaubten Identität«. (Jensen 2005, 237) Graetz hatte sein Hauptwerk in dem Bewusstsein verfasst, dass die Juden (als Staatsbürger) ihre rechtliche Freiheit selbst errungen hatten, die gesellschaftliche Anerkennung des Judentums aber noch ausstehe, und dass dieser Akt der Anerkennung natürlich durch die christliche Mehrheit zu leisten sei. Treitschke argumentierte genau umgekehrt: Die Juden hätten von der Gesellschaft die Gleichberechtigung als Geschenk erhalten, nun sollten sie sich dessen würdig erweisen und demütig bleiben. (116) In der Arbeit an seiner »Geschichte der Juden« hatte Graetz bewusst einen »Blick nach innen« (Sauter 2022, 147) gewählt; blickte er »nach außen«, in die nichtjüdische Umgebung, sah er – neben Ausgrenzung und Verfolgung – bestenfalls Gefährdungen und Verführung für die Juden, ihr Judentum zu verlieren, und so blieb er »in wesentlichen Zügen ein harscher Kritiker seiner Umwelt«. (Liebeschütz 1967, 152) Seiner Erzählung legte er insgesamt aber kein religiöses oder gar theologisches Deutungsmuster mehr unter, stattdessen wandelte er dieses in ein historisches Anerkennungsnarrativ um. Mit seinem Bild vom Judentum suchte Graetz nicht, wie dies für die

Mehrheit der deutschen Juden galt, in Form und Inhalt eine Nähe oder gar Analogie zum allgemeinen Kulturprotestantismus – er konfessionalisierte das Judentum nicht –, sondern er blieb ganz bewusst der Alltagskultur des Judentums verbunden. Diese klare Immanenz oder gewollte Partikularität im Werk von Graetz provozierte Treitschke. Michael Brenner hat die Aggressivität Treitschkes gegen Graetz nicht nur als Folge einer vorab gegebenen Unterschiedlichkeit der beiden Historiker charakterisiert, sondern plausibler in einer ganz speziellen Vergleichbarkeit oder sogar Ähnlichkeit in ihrer jeweiligen Rolle als Autoren von Überblicks- oder Gesamtgeschichten gesehen, wenn er schreibt: »Wie Treitschke nicht nur eine Geschichte der Deutschen, sondern eine <u>deutsche</u> Geschichte schrieb, so wollte Graetz eine <u>jüdische</u> Geschichte verfassen.« (Brenner 2006, 83, Hervorh. im Orig.) In diesem Punkt, als Bewahrer und Begründer einer kollektiven Selbstwahrnehmung, ähnelten sich beide Historiker, bei aller lebensweltlichen und weltanschaulichen Differenz, die offenkundig ist. Im Konflikt mit Treitschke wurde Graetz jedoch für seine Schilderungen christlicher Judenverfolgungen angegangen, als wäre gerade er ein Autor des Kladderadatschs oder als würde er, wie Heinrich Heine, die deutschnationalen Schriften eines Ernst Moritz Arndt ironisieren.

Die Geschichtsschreibung von Graetz wurde dabei durch das »Prinzip des ›historischen Judentums‹« (Liebeschütz 1967, 135) geprägt. Er schrieb in der Haltung, die geschichtliche Selbstbehauptung und gelehrte historische Selbsterkenntnis der Juden durch den gesamten Verlauf der Weltgeschichte aufzuzeigen. Der »eigentliche Held« seiner Darstellung war somit »das Volk«, doch mied Graetz die romantischen Konzepte »Volksgeist« und »Volk«, weil sie »für ihn belastet durch die Verbindung mit der Romantik« waren und Graetz einen »sehr lebendige[n] Antagonismus zur Romantik« verspürte, weil er mit ihr die frühnationalistischen judenfeindlichen Angriffe der Hep-Hep-Unruhen verband. (Liebeschütz 1967, 151f.) So finden wir bei Graetz die Begriffe »Stamm« und »Nation« wieder, wenn er jüdische Teilhabe bei gleichzeitiger Differenz jenseits von Religion zum Thema machte, und das wurde ihm von Treitschke mit dem Vorwurf verübelt, in den Schriften von Graetz werbe das Judentum um die »Anerkennung seiner Nationalität«. (116) Hans Liebeschütz hat die wissenschaftsgeschichtliche Besonderheit der Position von Graetz in die folgende treffende Charakteristik gefasst: Graetz habe in seinem Gesamtwerk die Aufklärung des 18. Jahrhunderts mit dem historischen Denken des 19. Jahrhunderts zu vereinigen versucht, das »romantische Element« aber, das in der deutschen Ideen- und Kulturgeschichte das Scharnier zwischen beiden geworden war, gerade dieses habe Graetz dafür mit Bedacht beiseitezulassen versucht.

Zum Darstellungsprinzip von Graetz, der die »innere« (ideengeschichtliche) und die »leibliche« (materielle) Geschichte der Juden im Zusammenhang schilderte (Schulin 1997, 146), wurde somit das Überleben der Juden in der Diaspora, also in einer Welt der rechtlich-gesellschaftlichen Zurücksetzung, der judenfeindlichen Verfolgungen und Pogrome. Es war eine überschattete Geschichte, die Graetz erzählte, eine Art Martyrium, in dem die Minderheit unter der christlichen Mehrheitsgesellschaft über Jahrhunderte schwer zu leiden hatte, keineswegs nur im deutschsprachigen Raum, aber eben auch dort. Treitschke verstand diese zur historiographischen Position gewordene Haltung von Graetz nicht; sein Ressentiment hatte aber natürlich die Abgrenzung vom Christentum wahrgenommen, die Graetz in seiner Erzählung durchgängig vornahm – und Treitschke hatte sie als Beispiel für den »Geist der Ueberhebung« (70), der »Selbstüberschätzung« (71) und des »wachsenden Uebermuths« (219) genommen und als »Todhaß« gegen »die reinsten und mächtigsten Vertreter germanischen Wesens« (71) besonders skandalisiert. So war Graetz für Treitschke zum exemplarischen »jüdischen Anderen« (Jensen 2005, 232) geworden. An seinem öffentlichen Umgang mit Graetz, besonders in der gesteigert aggressiven Antwort auf dessen Replik, wird deutlich, dass er mit seinem Angriff auf das von ihm als »fremdes Wesen« (73) oder »fremdes Element« (73) verunglimpfte Judentum und mit der Polemik gegen Graetz zu belegen versuchte, »dass nicht wir, sondern sie selber an der jetzt losbrechenden furia tedesca *schuld sind« (Brief an den Verleger Georg Reimer, 17. November 1879, zit.: Krieger, BAS, 139, Anm. 135; zit. auch in: Jensen 2005, 211). »Herr Graetz und sein Judenthum« ist von dem obsessiven Ton geprägt, vor der Öffentlichkeit nachzuweisen, dass die neue judenfeindliche Bewegung ihre Berechtigung habe, dass sich in ihr eine Art von Recht*

Ausdruck verschaffe und sich die Mehrheitsgesellschaft gegen die Juden zu wehren habe, diese also »Mitschuld« am »Unfrieden des Augenblicks« (105) trügen. Treitschke beschimpfte Graetz hier als »Fremdling« und als »Orientalen« (115), der deutsches Staatsbürgerrecht und deutsche Sprache sozusagen unrechtmäßig verwende, und folgerte daraus, dass »eine vollständige Verschmelzung des Judenthums mit den abendländischen Völkern […] niemals ganz erreicht werden [könne], nur eine Milderung des Gegensatzes lasse sich herbeiführen« (109). In seinem Schlusswort beendete Graetz die Kontroverse mit Treitschke mit einer kurzen, aber umso deutlicheren Abwendung und nahm dabei das Thema des Verhältnisses von Individualität und Kollektivität der jüdischen Existenz noch einmal auf, indem er schrieb: »Wenn Sie einen Funken Gewissen haben, machen Sie meine Religions- und Stammesgenossen nicht für das verantwortlich, was ich geschrieben habe. Habe ich gefehlt, so will ich es allein büßen.« (124)

Quelle: Heinrich von Treitschke, Herr Graetz und sein Judenthum, in: *Preußische Jahrbücher* 44 (1879), H. 6, 660-670; Heinrich von Treitschke, *Ein Wort über unser Judenthum*, 2., unveränderte Aufl., Berlin 1880, 6-16; wieder in: *BAS* [Dok. 11], 114-126.

Lit.: Liebeschütz, Historismus und Wissenschaft des Judentums: Abraham Geiger und Heinrich Graetz, in: ders., *Das Judentum im deutschen Geschichtsbild von Hegel bis Max Weber* (1967), 113-156, v. a. 132-156; Schulin, »Das geschichtlichste Volk«. Die Historisierung des Judentums in der deutschen Geschichtswissenschaft des 19. Jahrhunderts (1997), 114-163; Brenner, Religion, Nation oder Stamm. Zum Wandel der Selbstdefinition unter deutschen Juden (2001), 587-601; Gotzmann, Zwischen Nation und Religion. Die deutschen Juden auf der Suche nach einer bürgerlichen Konfessionalität (2001), 241-262; Jensen, *Gebildete Doppelgänger* (2005), 242-245; Schwartz, From Feuding Medievalists to the Berlin Antisemitismusstreit of 1879-1881 (2012), 239-267; Sauter, Anerkennung durch Geschichte: Heinrich Graetz, in: dies., *Offenbarungsphilosophie und Geschichte* (2022), 129-157.

Als ich die letzte tagespolitische Uebersicht der Jahrbücher mit einigen Bemerkungen über das deutsche Judenthum abschloß, hegte ich keineswegs den Ehrgeiz, irgend etwas Neues zu sagen. Ich führte vielmehr nur einige Gedanken näher aus, welche ich schon vor acht Jahren in der vierten Auflage meiner historischen und politischen Aufsätze (III. 557) ausgesprochen habe. Die Bemerkung über das umgekehrte Hephep-Geschrei unserer Zeitungen, welche heute so viel Zorn erregt, findet sich schon dort; das Wiederholen gehört nun einmal zu den leidigen Pflichten des Publicisten. Meine Absicht war lediglich, zu zeigen, daß nicht blos Roheit, Neid, nationale und religiöse Vorurtheile an jener Bewegung schuld sind, welche heute unverkennbar unser gutmüthiges Volk ergriffen hat, sondern daß der wachsende Uebermuth eines Theiles der deutschen Juden selbst in den Schichten der Nation, welche an der vollzogenen Emancipation kein Jota ändern wollen, schwere Besorgnisse und einen tiefen Unwillen hervorgerufen hat, dessen stetiges Anwachsen jeder nüchterne Beobachter unseres Volkslebens schon seit Jahren bemerken konnte. Wenn gleichwohl meine einfachen Worte einen Sturm von erbitterten Erklärungen heraufbeschworen haben, so wird damit nur bewiesen, daß die deutsche Judenfrage, deren Dasein man abzuleugnen sucht, in der That vorhanden ist. Allen diesen Erwiderungen gemeinsam ist die vollendete Selbstgerechtigkeit; in keiner wird auch nur die Frage aufgeworfen, ob die Haltung des Judenthums selber nicht vielleicht doch einige Mitschuld trägt an dem Unfrieden des Augenblicks. Den meisten steht es überdies auf der Stirn geschrieben, daß ihre Verfasser sich nicht einmal die Mühe genommen haben, meine kurzen vier Seiten zu lesen und trotzdem sich berechtigt glaubten, auf Grund einiger von den Zeitungen herausgerissener Sätze, das ganze Füllhorn deutscher Entrüstungssuperlative über mich herabzuschütten. Ich begnüge mich, von dieser Thatsache Akt zu nehmen; sie liefert eine erwünschte Bestätigung und Ergänzung zu Allem, was ich über das jüdische Literatenthum gesagt, und – zu Allem, was ich aus Schonung verschwiegen habe. Da ich an meinen Behauptungen nichts zu mildern oder zurückzunehmen weiß, so will ich die Geduld der Leser nicht mißbrauchen und mich lediglich mit einer jener Erwiderungen befassen, mit dem offenen Briefe des Herrn Professors Graetz – nicht weil sich dies Schriftstück irgendwie durch Mäßigung vor den anderen auszeichnete, sondern weil mir die Betrachtung der Gedanken dieses Schriftstellers den willkommenen Anlaß giebt, unseren Lesern mit höchster Bestimmtheit zu zeigen, um was es sich in diesem Streite eigentlich handelt. Zunächst einige Beweise für meine von Herrn Graetz angefochtenen Angaben. Ich habe daran erinnert, daß die jüdische Bevölkerung in Deutschland weit stärker ist als im übrigen Westeuropa und durch Einwanderung beständig wächst. Herr Graetz bestreitet dies und versichert, die Statistiker würden mich darüber belehren, daß die jüdische Einwanderung neuerdings abgenommen habe. Er hütet sich aber weislich, diese Statistiker zu nennen; denn bekanntlich bringen die amtlichen Tabellen schon seit vielen Jahren keine Angaben mehr über die Confession der Eingewanderten. Man ist also auf Wahrscheinlichkeitsrechnungen angewiesen, und selbstverständlich kommen bei der Beurtheilung eines wichtigen ethnographischen Prozesses nicht einzelne Jahre in Betracht, da jede wirthschaftliche Krisis die Zahl der einwandernden Geschäftsleute vorübergehend vermindern muß, sondern nur längere Zeiträume. Hier einige beredte Zahlen. Im Jahre 1871 betrug die jüdische Bevölkerung (nach der aus amtlichen Nachweisungen geschöpften Berechnung Morpurgo's) in Spanien 6000 Köpfe, in Italien 40 000, in Frankreich 45 000, in Großbritannien 45 000, im deutschen Reiche 512 000 (1875 bereits 520 575); heute leben in der einen Stadt Berlin fast ebenso viel Juden wie in ganz Frankreich. Die Zahl der Juden wächst aber bei uns unverhältnißmäßig schneller als die übrige Bevölkerung, obgleich Deutschland sich unter den Culturvölkern durch rasche Volksvermehrung auszeichnet. In Preußen wohnten im Jahre 1816 (nach den Mittheilungen des statistischen Bureaus) 123 921 Juden, 1846 schon 214 857 und 1875: 339 790. Im Jahre 1816 kam ein Jude auf 83 Einwohner des preußischen Staates, 1846 einer auf 75, obgleich während dieser drei Jahrzehnte 2891 Juden (d. h. 2⅓ Procent der jüdischen Bevölkerung von 1816) zum Christenthum übertraten. Das Jahr 1867 zeigt dann einen scheinbaren Rückgang – 1 Jude auf 77 Einwohner – weil inzwischen die neuen Provinzen mit verhältnißmäßig geringer jüdischer Bevölkerung hinzugetreten waren. Aber schon 1871 stellt sich trotz der Annexionen das alte Verhältniß 1:75 wieder her; im Jahre 1875 folgt dann, wegen der wirthschaftlichen Nöthe, ein vorübergehendes geringfügiges Absinken auf 1:75,8. Im Großen und Ganzen ist die unverhältnißmäßig schnelle Vermehrung der jüdischen Bevölkerung seit 1816 unverkennbar. Sie erklärt sich nicht allein aus der bekannten Thatsache, daß bei den Juden die Zahl der Todesfälle etwas geringer und demnach der Ueberschuß der Geburten etwas größer ist als bei den durchschnittlich weniger wohlhabenden Christen; sie wird nur verständlich, wenn man das Vorhandensein einer starken jüdischen Einwanderung annimmt, und diese läßt sich in der That ziffernmäßig nachweisen für die Jahre, während deren die Confession der Eingewanderten noch amtlich mitgetheilt wurde.

Die Kopfzahl allein und ihre Vermehrung giebt aber noch keinen sicheren Anhalt zur Schätzung der socialen Machtstellung unseres Judenthums. Es kommt hinzu, daß die Juden aus den entlegenen Winkeln des Reichs mehr und mehr in die größeren Städte hinüberströmen, wo sie auf Handel und Wandel eine ungleich stärkere Einwirkung ausüben. In vielen Städten, die vor wenigen Jahrzehnten noch keine oder eine kaum nennenswerthe jüdische Bevölkerung besaßen, ist das Judenthum heute eine wirthschaftliche Macht; so in München, in Freiburg i. B. In Berlin befand sich im Jahre 1816 ein Jude unter 59 Einwohnern, 1846 einer unter 49, i. J. 1871 einer unter 22,8, heute höchstwahrscheinlich einer unter zwanzig. Es kommt ferner hinzu der durchschnittlich größere Wohlstand der Juden, der ihnen ermöglicht ihren Kindern eine bessere Erziehung zu geben als die Masse der Christen dies vermag. Auf den Gymnasien Preußens war i. J. 1875 ein Jude unter 9,5 Schülern, auf den Realschulen erster Ordnung einer unter 10,26. In einer nahen Zukunft wird sich also unter je zehn gebildeten preußischen Männern ein Jude befinden. Bedenkt man zudem den starken Einfluß der Juden auf die Presse und auf nahezu alle Schichten unserer Gesellschaft, betrachtet man den Charakter unserer Börsen und die Zusammensetzung des Central-Ausschusses der Deutschen Reichsbank, erwägt man die charakteristische Thatsache, daß das schönste und prächtigste Gotteshaus der deutschen Hauptstadt eine Synagoge ist – was natürlich nicht den Juden, sondern den Christen zum Vorwurfe gereicht – so läßt sich schlechterdings nicht in Abrede stellen, daß die Juden in Deutschland mächtiger sind als in irgend einem Lande Westeuropas.

Ich erinnerte ferner daran, daß jener spanisch-portugiesische Judenstamm, welcher den Kern der israelitischen Bevölkerung Westeuropas bildet, auf eine vergleichsweise stolze Geschichte zurückblickt, während unserem deutsch-polnischen Judenstamme die Narben vielhundertjähriger christlicher Tyrannei sehr tief eingeprägt sind. Was ich damit sagen wollte, ist jedem Unbefangenen klar. Die spanischen Juden haben unter der Herrschaft der Omejaden eine reiche Zeit literarischer Nachblüthe erlebt, bürgerliches Behagen und Ansehen genossen und sogar Kriegshelden hervorgebracht; sie empfanden nachher unter den christlichen Königen den namenlosen Jammer, aber auch die erhebende und begeisternde Macht des Martyriums. Den polnischen Juden wurde das zweifelhafte Glück einer in der Form milderen, in der Sache verderblicheren Willkürherrschaft. Sie traten, nachdem der sarmatische Adel die deutschen Bürger aus ihren alten Pflanzungen, den polnischen Städten, nahezu vertrieben hatte, in die also leer gewordenen Stellen ein, übernahmen manche Aufgaben eines nationalen Bürgerthums, das sich dort niemals bilden konnte, beherrschten den Geldverkehr, blieben in ihrer Religion und Sitte ziemlich unbelästigt; dafür wurden sie tagaus tagein von den Magnaten und Schlachtizen mit Füßen getreten. Weil ich nicht verletzen wollte, so vermied ich absichtlich, den Schluß aus diesen Thatsachen zu ziehen, sondern überließ den Lesern selbst zu schließen: daß eine vielhundertjährige Knechtung bei leidlichem wirthschaftlichen

Wohlbefinden den Charakter eines Volkes nothwendig schwerer schädigt als eine Geschichte voll großer Leiden und Kämpfe. Da nun unsere abendländische Geschichte trotz aller Verirrungen und Rückschläge im Wesentlichen eine Geschichte der Freiheit ist, so müssen die Marannen des Westens unserem Wesen näher stehen als der polnische Judenstamm. Dieser Unterschied zwischen den beiden großen Stämmen des modernen europäischen Judenthums wird allgemein anerkannt, selbst von einem so judenfreundlichen Historiker, wie der verstorbene H. Wuttke war. Auch Herr Graetz giebt den Unterschied zu, indem er beständig wider die aristokratischen Marannen eifert. Er stellt sich jedoch, als ob er meinen einfachen Gedankengang nicht verstände; er schiebt mir unter, ich wüßte nicht, daß die polnischen Juden milder behandelt worden seien als die spanischen – und was der Verdrehungen mehr ist.

Ich sagte sodann, eine vollständige Verschmelzung des Judenthums mit den abendländischen Völkern könne niemals ganz erreicht werden, nur eine Milderung des Gegensatzes lasse sich herbeiführen, da jener Gegensatz selbst in einer uralten Geschichte begründet sei. Ich erinnerte dabei an die bekannte Stelle des Tacitus vom *odium generis humani.* Nun kommt Herr Graetz, citirt die Stelle, die von den Christen redet, und behält natürlich in den Augen der ungelehrten Leser Recht. Jeder Historiker aber weiß – und Herr Graetz weiß es am Besten – daß das Christenthum bis auf Trajan als eine Sekte des Judenthums galt. In den Tagen des Nero, von denen Tacitus spricht, wurden die Christen häufig noch *Judaei* genannt, der Vorwurf des »Hasses gegen das Menschengeschlecht« richtete sich gleichmäßig wider die Altjuden und die Neujuden, die Christen. Die werdende Weltkirche fand ihren stärksten Anhang zunächst unter »den Juden und Judengenossen«, wie die Apostelgeschichte sagt; sie wurde dadurch einerseits gefördert, da die Juden überall im *orbis terrarum* zerstreut wohnten, andererseits gehemmt, da sie von dem wüthenden Nationalhasse der Römer gegen die Juden mitgetroffen ward. Jene Stelle des Tacitus ist nie anders verstanden worden und kann auch gar nicht anders verstanden werden, als dahin, daß sie ein Zeugniß ablegt ebensowohl für den religiös-politischen Widerwillen des antiken Bürgerthums gegen die junge Weltreligion wie für den Judenhaß der Abendländer.

In diesem Judenhasse sind fast alle Schriftsteller des späteren Alterthums einig: Plinius, Quintilian, Tacitus, Juvenal und wie viele Andere. Die nämliche Empfindung lebte späterhin in sämmtlichen germanischen und romanischen Völkern; zu welchen Gräueln sie führte, das ist in der bekannten Schleiden'schen Flugschrift soeben wieder mit grellen Farben geschildert worden. Die Schrift des »christlichen« Botanikers wird mir von den Freunden des Herrn Graetz als ein leuchtendes Gegenbild vorgehalten. Leider ist aber Herr Schleiden dem gewöhnlichen Loose der in der Geschichte dilettirenden Naturforscher nicht entgangen: er zeigt neben einem achtungswerthen compilatorischen Fleiße einen vollständigen Mangel an historischem Sinn. Wer auch nur die Elemente unserer Wissenschaft kennt, muß sofort einsehen: es ist rein undenkbar, daß ein zweitausendjähriger Kampf auf der einen Seite nur Grausamkeit, Herrschsucht, Habgier, auf der anderen nur duldende Unschuld aufweisen sollte. Die Frage läßt sich gar nicht abweisen: warum haben so viele edle, hochbegabte Nationen die gemeinen, ja – ich scheue das Wort nicht – die diabolischen Kräfte, die in den Tiefen ihrer Seele schlummerten, grade an dem jüdischen Volke, und nur an ihm, ausgelassen? Die Antwort ist einfach. Das Judenthum bewegte sich seit seiner Zerstreuung über die Welt in einem unlösbaren inneren Widerspruche; es erlag dem tragischen Schicksal einer Nation ohne Staat. Die Juden wollten immer unter dem Schutze abendländischer Gesetze leben, von dem Verkehre des Abendlandes Vortheil ziehen und beanspruchten doch eine streng abgesonderte Nation zu sein. Eine solche Haltung steht aber in so schneidendem Gegensatze zu der harten Nothwendigkeit der Staatseinheit, daß sie stets neue Kämpfe hervorrufen mußte.

Romanas autem soliti contemnere leges
Judaicum ediscunt et servant ac metuunt jus –

dieser Vorwurf des Juvenal klingt in den mannichfachsten Formen durch die gesammte neuere Geschichte hindurch.
Heute ist der unselige Kampf beendet, die bürgerliche Gleichberechtigung der Juden in allen Culturstaaten längst durchgesetzt, und ich kenne in Deutschland keinen verständigen Politiker, der diese vollzogene Thatsache umstoßen möchte. Die deutschen Juden erfreuen sich der unbeschränkten Freiheit ihres Cultus; Niemand stört sie in ihren alten Sitten und Traditionen, noch in ihrer eigenthümlichen kosmopolitischen Wissenschaft; der bürgerliche Verkehr nimmt sogar auf ihren Sabbath, der doch unleugbar eine für uns Christen sehr lästige Einrichtung ist, vielfach Rücksicht. Aber mit der vollzogenen Emancipation ist auch der alte Anspruch der Juden, eine Nation für sich zu sein, gänzlich hinfällig geworden. In diesem Jahrhundert der nationalen Staatsbildungen können die europäischen Juden nur dann eine friedliche und der Gesittung förderliche Rolle spielen, wenn sie sich entschließen – soweit Religion, Ueberlieferung und Stammesart dies erlaubt – in den Culturvölkern, deren Sprache sie reden, aufzugehen. Jedermann erkennt willig an, daß ein Theil der deutschen Juden diesen nothwendigen Entschluß längst gefaßt hat und darnach handelt; aber ein anderer, ein sehr einflußreicher Theil unseres Judenthums denkt durchaus nicht so. Zum Beweise dessen erlaube ich mir auf den elften Band der Geschichte der Juden des Herrn Graetz einen Blick zu werfen.
Da jedes große Volk nur aus seinem eigenen Wesen heraus gerecht beurtheilt werden kann, so muß ein Historiker, der die deutschen Dinge vom specifisch jüdischen Standpunkte betrachtet, unvermeidlich Manches schief und einseitig auffassen; wenn Herr Graetz unseren Lessing als »den größten Mann, den Deutschland bis dahin erzeugt hatte«, bezeichnet, so ist das freilich grundfalsch, jedoch im Munde eines eifrigen Israeliten sehr begreiflich. Desgleichen wird ein solcher Schriftsteller über das Christenthum oft scharf sprechen, Uebertritte seiner Glaubensgenossen streng verurtheilen müssen; ja selbst einige Bitterkeit und manche Un-

gerechtigkeiten mag man ihm nachsehen, da er so viel Trauriges zu berichten hat. Nur zwei Forderungen dürfen wir an ihn stellen: daß seine Polemik gegen die Religion der ungeheuren Mehrheit seiner deutschen Landsleute die Schranken der Mäßigung nicht gänzlich überschreite, und daß er von dem Volke, dessen milde Gesetze ihn selber beschützen, mit einiger Achtung und Schonung rede. Wie genügt Herr Graetz diesen bescheidenen Ansprüchen? Sein Band predigt von der ersten bis zur letzten Seite Haß, wilden Haß gegen das Christenthum und hoffärtige, herausfordernde Verachtung gegen das deutsche Volk.

Ich sagte neulich, Herr Graetz nenne das Christenthum den Erbfeind. Er aber antwortet mir mit der heiligen Entrüstung tief gekränkter Unschuld, dies Wort komme in seinem Buche gar nicht vor. Nun wohl, hätte ich mit Herrn Graetz einen Wechselprozeß auszufechten, so müßte ich unterliegen; denn sein Schein ist buchstäblich in Ordnung, der meine leidet an einem kleinen Formfehler. Vor dem sittlichen Urtheile unserer Leser hoffe ich jedoch zu bestehen, wenn ich bekenne, daß ich den Band schon im letzten Sommer gelesen und mir keine Notizen daraus gemacht habe; so hat mir denn mein Gedächtniß den unverzeihlichen Streich gespielt – – die beiden Buchstaben b und z zu verwechseln. Herr Graetz nennt das Christenthum allerdings nicht den Erbfeind (wenigstens ist mir beim nochmaligen Durchblättern dieser Ausdruck nicht aufgefallen) – wohl aber »den Erzfeind, welcher das Heil vom Judenthum empfangen hatte und es dafür einkerkerte und anspie« (S. 389). Erbfeind oder Erzfeind – was ist wohl milder, anständiger, würdiger eines Mannes, der beständig über christliche Unduldsamkeit eifert?

Und jene Stelle steht keineswegs allein, sie giebt vielmehr den Ton an, worauf der ganze Band gestimmt ist. Wenn Juden sich taufen lassen, so »gehen sie ins feindliche Lager über« (172) oder »sie verlassen die Quelle lebendigen Wassers um sich Labung aus übertünchten Gruben zu holen« (183). Und so sprudeln die Schmähreden weiter über »die übermüthige Tochter der geknechteten Mutter«, »den gekreuzigten Gott«, und »die Kluft, welche das Christenthum zwischen sich und der Vernunft gehöhlt hat«. Dann wird rundweg für unwahr erklärt, daß das Christenthum die allgemeine Menschenliebe und die Brüderlichkeit predige (197); und wieder: »faktisch war kein Jude ein Shylock, wohl aber ein Christ«. Wenn Israel Jacobsohn einige deutsche Gebete und die Confirmation (das »Ableiern des Glaubensbekenntnisses« sagt unser Buch) in die Synagoge einführt, so ist Herr Graetz damit nicht einverstanden. Ich rechte nicht mit ihm, da ich mich grundsätzlich nicht in die inneren Angelegenheiten eines fremden Cultus mische. Aber auch hier wieder der gleiche Ton: Herr Graetz findet es »beschämend und lächerlich, der ergrauten Mutter den schimmernden Plunder der Tochter umzuwerfen, der sie mehr entstellte als zierte« (412). Nach solchen Aeußerungen über das Christenthum können die maßvollen Urtheile über unsere Theologen nicht mehr befremden. Schleiermachers Reden über die Religion – jene geniale Schrift, mit der das Wiedererwachen des kirchlichen Sinnes unter den gebildeten Protestanten begann – werden bezeichnet als »die Zwillingsschrift« von Friedrich Schlegels Lucinde, dem nahezu frivolsten Buche unserer gesammten Literatur; und da Schleiermacher bekanntlich viele Berliner Juden zum »Christeln« verführte (so drückt unser Buch sich aus), so stellt Herr Graetz die Wirksamkeit dieses Mannes in Vergleichung mit dem Astarte-Cultus! (181ff.) Inmitten dieser Kraftleistungen versichert er endlich, es sei »dummes Vorurtheil oder Verlogenheit, daß das Judenthum Christenhaß predige.«

Mancher Leser mag vielleicht dem Glaubenseifer Alles zu gute halten; für seine Schmähungen wider Deutschland hingegen kann Herr Graetz eine solche Entschuldigung nicht beanspruchen. »Die Germanen, diese Erfinder der Leibeigenschaft, des Feudal-Adels und des gemeinen Knechtssinns« – so schildert er uns (260). Demgemäß war der junge Börne durch den patriotischen »Taumel schon so sehr verdeutscht, daß er blinden Gehorsam predigte« (376). Der gereifte Börne aber und Heinrich Heine wurden die

»zwei Racheengel, welche mit feurigen Ruthen die Querköpfigkeit der Deutschen peitschten und ihre Armseligkeit schonungslos aufdeckten« (367). Unsere germanische Urzeit riß den Feind Tacitus zur Bewunderung hin, diesem deutschen Staatsbürger ist sie »ein grauenhaftes mittelalterliches Gespenst« (329). Herr Graetz gesteht offen ein, daß er Deutschland mit nichten als sein Vaterland betrachtet; er schildert den trefflichen Gabriel Riesser als das merkwürdige Beispiel eines Juden, der »in seinem zufälligen Geburtslande vollständig aufging,« und fügt herablassend hinzu: Riesser »theilte die Beschränktheit deutschen Wesens, die Vertrauensseligkeit, die pedantische Ueberlegtheit und die Scheu vor rascher That« (471). Allerdings ist Herr Graetz, wie er in seinem offenen Briefe hervorhebt, einmal so freundlich Goethe und Fichte zwei Männer ersten Ranges zu nennen; doch er verschweigt, mit welchen gehässigen Worten er auf S. 245ff. diesen Beiden zu Leibe geht; er verschweigt seine anmuthigen Bemerkungen über »die giftige Frucht von Fichte's Samen« (361).
Er erzählt, wie die Juden unserer polnischen Provinzen im Winter von 1806/7 dem Landesfeinde Vorschub leisteten und fragt dann zuversichtlich: »Hätten sie etwa dem preußischen Königshause für jenes Gesetz treu und dankbar sein sollen, welches ihnen neue Beschränkungen aufgelegt und sie nur der Willkür des polnischen Adels entzogen hatte um sie dem Hochmuth des preußischen Beamtenthums zu überliefern?« (294). Er wird mich also gar nicht verstehen, wenn ich trocken antworte: allerdings hätten sie treu sein sollen. Er begnügt sich nicht, die Thatsachen unserer Geschichte gehässig zu verzerren; er scheut auch vor Erfindungen nicht zurück, wenn sie zur Verunglimpfung unseres Volkes geeignet scheinen. Wenn der Kopenhagener Pöbel im Jahre 1819 die Juden mißhandelt, so ist er »möglicherweise von deutschen Kaufleuten aufgestachelt« – eine Verdächtigung, wofür nicht der Schatten eines Beweises vorliegt. Wenn dagegen der ehrwürdige Thibaut und die Heidelberger Studenten mit Gefahr ihres Lebens die verfolgten Juden gegen den Pöbel beschützen, so sind diese

Deutschen »vielleicht durch Berührung mit Frankreich menschlicher gestimmt«; und doch muß Herr Graetz wissen, daß Thibaut ein erklärter Franzosenfeind war und die Heidelberger akademische Jugend damals, von französischen Ideen noch völlig unberührt, ganz ebenso christlich-germanisch dachte wie die jungen Teutonen von Jena oder Breslau. Und zu Alledem noch dieser unbeschreiblich freche und hämische Ton: der Mann schüttelt sich vor Vergnügen, so oft er den Deutschen etwas recht Unfläthiges sagen kann.

Hand in Hand mit solchem Unglimpf gegen Deutschland geht eine ungeheuere Ueberhebung. Herr Graetz wird nicht müde, seine Stammgenossen zum »Ahnenstolze« zu ermahnen, ihnen von ihrem »uralten Adel« zu sprechen. Ich habe nichts dawider, aber wer also denkt hat doch wohl nicht das Recht, uns Germanen als »Erfinder des Feudal-Adels« zu brandmarken? Herr Graetz behauptet, Moses Mendelssohn habe zuerst den Gedanken gefunden, daß die Religion keine Zwangsmittel anwenden dürfe, und fährt triumphirend fort: »das war bisher innerhalb des Christenthums Niemand eingefallen«. Ja wohl, weder Grotius noch Leibnitz, weder Coornhert noch Bayle, weder Milton noch Locke, weder Pufendorf noch Thomasius waren auf diesen Einfall gekommen! Nachdem Herr Graetz uns gelehrt, Lessing sei der größte Deutsche gewesen, versichert er erhaben: »Börne war mehr als Lessing.« Wir haben also die Freude, in Börne den allergrößten Sohn deutscher Erde zu verehren, werden jedoch in solchem Genusse sogleich gestört, da der Verfasser uns ausdrücklich erklärt, Börne sei keineswegs ein Deutscher, sondern ein Jude.

Nun frage ich: kann ein Mann, der also denkt und schreibt, selber für einen Deutschen gelten? Nein, Herr Graetz ist ein Fremdling auf dem Boden »seines zufälligen Geburtslandes« ein Orientale, der unser Volk weder versteht noch verstehen will; er hat mit uns nichts gemein, als daß er unser Staatsbürgerrecht besitzt und sich unserer Muttersprache bedient – freilich um uns zu verlästern. Wenn Leute dieses Schlages, die von dem Geiste Nathans des Weisen gar nichts ahnen, ihren Haß und ihren Stammesdünkel hinter dem Namen Lessings, des Deutschen und des Christen zu verschanzen suchen, so schänden sie das Grab eines Helden unserer Nation. Das Buch des Herrn Graetz aber wird leider von einem Theile unseres Judenthums als ein *standard work* angesehen, und was er mit der Plumpheit des Zeloten herauspoltert, das wiederholt sich in unzähligen Artikeln jüdischer Journalisten, in der Form gehässiger Witzelei gegen Christenthum und Germanenthum.

Zum Schluß hebt Herr Graetz nochmals hervor, daß die Juden ein Volk Gottes sind, und faßt dann seine Pläne für die Zukunft zusammen in dem Satze: »Die Anerkennung der Juden als vollberechtigte Glieder ist bereits so ziemlich durchgedrungen; die Anerkennung des Judenthums aber unterliegt noch schweren Kämpfen.« Um diesen Gedanken noch durchsichtiger zu machen, citirt er in seinem offenen Briefe frohlockend jenen bescheidenen Ausspruch Benjamin Disraelis, der die Juden als »eine höhere Rasse«, den europäischen Völkern gegenüber, preist. Da das Judenthum als Religionsgenossenschaft bei uns längst anerkannt ist, so kann die Forderung des Herrn Graetz schlechterdings nur bedeuten: Anerkennung des Judenthums als einer Nation in und neben der deutschen. Auf einen solchen Anspruch muß aber jeder Deutsche, dem sein Christenthum und sein Volksthum heilig ist, kurzab erwiedern: *Niemals!* Unser Staat hat in den Juden nie etwas anderes gesehen als eine Glaubensgenossenschaft, und er kann von diesem allein haltbaren Rechtsbegriffe unter keinen Umständen abgehen; er hat ihnen die bürgerliche Gleichberechtigung nur zugestanden in der Erwartung, daß sie sich bestreben würden, ihren Mitbürgern gleich zu sein. Unsere alte Cultur ist reich und duldsam genug, um viele starke Widersprüche zu ertragen: wie die Bekenner jener Kirche, die sich für die allein seligmachende hält, friedlich mit den Ketzern zusammenleben, so können wir es auch gleichmüthig hinnehmen, wenn ein Theil unserer Mitbürger sich in der Stille für das auserwählte Volk ansieht. Tritt aber dieser Rassendünkel auf den Markt hinaus, beansprucht das Judenthum gar Anerkennung seiner Nationalität, so bricht der Rechtsboden zusammen, auf dem die Emancipation ruht. Zur Erfüllung solcher Wünsche giebt es nur ein Mittel: Auswanderung, Begründung eines jüdischen Staates irgendwo im Auslande, der dann zusehen mag, ob er sich die Anerkennung anderer Nationen erwirbt.

Auf deutschem Boden ist für eine Doppel-Nationalität kein Raum. An der tausendjährigen Arbeit deutscher Staatenbildung haben die Juden bis auf die allerneueste Zeit herab gar keinen Antheil genommen. Auch in den drei großen Epochen geistigen Schaffens, welche den Charakter unserer Cultur bestimmten, in der Blüthezeit mittelalterlicher Dichtung, im Reformationszeitalter, in der classischen Literaturepoche spielten die Juden entweder keine oder eine untergeordnete Rolle. Als sie zuerst anfingen in Staat und Literatur bei uns etwas zu bedeuten, fanden sie die Fundamente germanischer Gesittung längst gesichert vor, und für sie, wie für den doch wohl nicht minder begabten Stamm der eingewanderten Franzosen, ergab sich die Nothwendigkeit sich zu germanisiren. Viele von ihnen sind seitdem als deutsche Gelehrte und Künstler, als Träger deutscher Bildung zu verdientem Ansehen gelangt. Herr Graetz und die ihm gleichen gehen andere Wege. Doch unsere öffentliche Meinung beginnt endlich wachsam zu werden. Nur noch wenige Jahre, und sie wird so weit erstarkt sein, daß jene Schimpfreden wider den »germanischen Ur-Mob«, welche heute durch die jüdische Presse gehen, in Deutschland ebenso unmöglich werden wie sie in England schon längst undenkbar sind.

15. December 1879

Heinrich Graetz
Mein letztes Wort an Professor von Treitschke
(Dezember 1879)

Quelle: Heinrich Graetz, Mein letztes Wort an Professor von Treitschke, in: *Schlesische Presse*, 28. Dezember 1879; wieder in: *BAS* [Dok. 20], 186-192.

Ihre wiederholte Invective gegen die Juden und besonders gegen mich hat mich ein wenig überrascht. Ich dachte, Sie würden die Ihnen von mir ertheilten – Zurechtweisungen ruhig einstecken, um sie vergessen zu machen. Aber es scheint, daß Ihre Rechthaberei stärker ist, als Ihre Selbstachtung. Nun, so darf auch ich nicht schweigen. Ich werde mich aber bestreben, leidenschaftlos zu bleiben und jedenfalls urbaner, als Sie es in Ihrem letzten Artikel sind – Grobheit gehört durchaus nicht zu deutschem Patriotismus. Sie zu überführen, hoffe ich zwar nicht. Für eine von Chauvinismus und Verbitterung getrübte Logik ist die Wahrheit unzugänglich. Diese Logik urtheilt: Weil die Juden seit fünfzehnhundert Jahren ungerecht, grausam »diabolisch« verfolgt wurden – darum müssen sie noch weiter verfolgt werden. Aber ich will Andern beweisen, daß Ihre historische Akribie und Gewissenhaftigkeit ebenso brüchig ist, wie Ihre historische Unparteilichkeit.

Zunächst ein Wort gegen Ihre statistische Weisheit. Ihre Quelle ist Morpurgo; dieser aber gilt in den Augen der Fachstatistiker durchaus nicht als Autorität, weil seine Data nicht auf zuverlässigen Berechnungen beruhen. Sie behaupten, daß in der Stadt Berlin fast ebenso viele Juden wohnen, wie in ganz Frankreich (nämlich 45 000) während schon Daniels Geographie Sie belehren könnte, daß in Frankreich (vor 1875) 75 000 Juden wohnten, dabei nicht mitgerechnet viele, welche ihre jüdische Confession nicht angeben, sondern sich einfach als Franzosen geriren. – Sie bedauern ferner in Ihrem statistischen Calcul die Zunahme der jüdischen Bevölkerung in Preußen – gerade wie ehemals einer der Pharaonen sich über die Vermehrung der Israeliten in Egypten beklagt hat, – daß sie sich seit 1816 um das Dreifache vermehrt habe. Nun, sie hat nur gleichen Schritt mit dem Wachsthum der gesamt-preußischen Bevölkerung gehalten. Doch wozu dieser ganze statistische Ballast? Ihre These können Sie damit doch nicht retten. Sie haben behauptet, daß gegenwärtig noch immer Jahraus Jahrein hosenverkaufende jüdische Jünglinge aus dem Osten einwandern, und Sie knüpften daran die Befürchtung, daß dadurch das deutsche Wesen eine Trübung erleiden könnte. Ich hatte Ihnen entgegengesetzt, daß es eine Gespensterfurcht sei, indem gerade in den Polen am nächsten liegenden Provinzen keine Einwanderung von dort aus stattfindet. Ein Statistiker von Bedeutung ist damit beschäftigt, mit Zahlen nachzuweisen, daß in dem letzten Jahrzehnt aus Polen und Galizien die Einwanderung der Juden verschwindend klein ist. Über das Verhältniß der aus der pyrenäischen Halbinsel stammenden Juden zu den angeblich aus Polen eingewanderten sollten Sie sich mit mir nicht in einen Streit einlassen, weil Sie in diesem Theile der Geschichte durchaus incompetent sind. Sie wissen gewiß nicht, daß im sechzehnten Jahrhundert unter den Juden Polens rege Theilnahme an Wissenschaft und selbst Philosophie geherrscht hat. Ein päpstlicher Legat berichtete: *qui (Judaeorum in Russia) et agros possideant et mercaturam faciant et litterarum quoque studiis maxime astrorum et medicinae se excolant* … ferner, daß sie durch ihre Kenntnisse den Unitarismus in Polen gefördert haben. Sie wissen es nicht, es liegt nicht im Bereiche Ihrer Studien, aber darum sollten Sie so bescheiden sein, nicht gehässige Folgerungen aus falschen Prämissen zu ziehen.

Von dem Schnitzer des *odium generis humani* kann Sie keine Auslegungskunst mehr befreien. Tacitus spricht nur von den Christen und nicht von den Juden. Nur die Christen klagte Nero der Brandstiftung an und ließ sie grausam foltern, nicht die Juden. Zur

Zeit Nero's gab es fast nur Heidenchristen in Rom, d. h. Griechen und Römer, welche an Paulus glaubten, wie durch Paulus' Brief an die Römer und die Apostelgeschichte sattsam bekannt ist. Die Juden dagegen waren so wenig mißliebig in Rom, daß in derselben Zeit der Zutritt von Römern zum Judenthum so zahlreich war, daß der jüdische Geschichtsschreiber Josephus sich darüber freute, Seneca dagegen es beklagte, Dio Cassius aber es – objectiver als Sie – ruhig erzählt: »Der Name ›Jude‹ erstreckt sich auch auf andere Menschen, welche in ihrem Gesetze eifrig sind, obwohl sie nicht von demselben Volke sind. Auch unter den Römern giebt es von diesem Geschlechte.« Freilich chauvinistische Römer waren voll Ingrimm darüber, wie chauvinistische Deutsche es heute noch sind. Aber wie Sie, aus übelwollenden Sätzen bei römischen Schriftstellern, ethnographische Folgerungen ziehen, ist jedenfalls unhistorisch.

Ihre erneute Behauptung über angeblichen »Todhaß« gegen das Christenthum in meiner Geschichte ist ganz eben so beweiskräftig, wie alles Frühere. Es stellt sich mir jetzt klar heraus, daß Sie meine Geschichte gar nicht oder den elften Band nicht mit dem Ernste eines Historikers gelesen, sondern lediglich nach Art der Pamphletisten darin geblättert haben, um Anklage-Material gegen die Juden zu sammeln. Nach Pamphletistenart reißen Sie ein Stück aus dem Zusammenhange und knüpfen Disparates aneinander, um meine Darstellung giftig zu machen. Aber die Nemesis hat Sie bereits ereilt. Eine hiesige Zeitung hat es eben so mit Ihren beiden Artikeln gemacht, sie hat das, was Sie Günstiges von Juden und Judenthum sagten, weggelassen, hat durch Verschiebung der Mittelglieder das Gehässige aneinander gebracht und Sie dadurch in ein schlechteres Licht gestellt.

Hätten Sie meine Geschichte mit der Gründlichkeit eines gewissenhaften deutschen Gelehrten gelesen, um nicht ungerechter Weise den Stab zu brechen, so hätten Sie in dem dritten Bande in dem Capitel von der Entstehung des Christenthums finden können, daß ich davon mit unendlich mehr Anerkennung und Hochachtung spreche, als die Reimarus, Goethe und selbst als Strauß und Renan. Ich führe die Worte an, die ich erst jüngst in der dritten Auflage (1878), lange nach dem Erscheinen des elften Bandes (1869), gedruckt habe, um Ihr illoyales Verfahren zu brandmarken. Ich sagte (S. 300): »*Indessen wußte Jesus diese Sünder und Zöllner, diese verwahrlosten und unsittlichen Geschöpfe durch Wort und Beispiel zu sich zu erheben, ihren Sinn mit Liebe zu Gott zu erfüllen … ihr Herz durch Innigkeit und Heiligkeit zu veredeln, ihren Lebenswandel zu bessern. Das war das größte Wunder, das er vollbracht hat.* Das waren die Tauben, die er hören gemacht, die Blinden, denen er die Augen geöffnet, die Kranken, die er geheilt, die Todten, die er zum Leben erweckt hat. *Ein Menschenbildner steht unendlich höher als ein Wunderthäter.*« Da das nun Alpha und Omega des Christenthums ist, habe ich da Haß gegen das Christenthum gepredigt? Überhaupt ist Ihr Ausdruck: »Sein Band predigt von der ersten bis zur letzten Seite Haß, wilden Haß gegen das Christenthum« eben so illoyal. Eine Geschichte predigt nicht, sondern *erzählt und motivirt*; und dann kommen in dem, 582 Textseiten enthaltenden elften Bande mehrere Hundert vor, wo gar keine Gelegenheit ist, vom Christenthum zu sprechen.

Ehe ich aber weiter gehe, Ihre maßlose Verdächtigung zu widerlegen, will ich zu Ihrer Beschämung das Urtheil eines eben so objectiven Historikers wie hervorragenden Juristen über meine Geschichtsdarstellung anführen. Professor Stobbe sagt (Die Juden in Deutschland zur Zeit des Mittelalters S. 182): »Aber die Leser mögen sich vor dem Wahne hüten, als ob der Verfasser (Graetz) zu übertrieben und mit zu grellen Farben gemalt habe; er hält sich streng an seine Quellen und das Gemälde ließe sich noch durch manche Züge ergänzen.« – Und wie die mittelalterliche Geschichte so habe ich auch die neuere Geschichte der Juden (bis 1848 exclusive) behandelt, streng nach den Quellen. Ich habe eben so unparteiisch und quellenmäßig die Fehler der Juden und die Trübung des Judenthums geschildert.

Nach dieser Einleitung komme ich zu Ihren Verdächtigungen. Ich schenke Ihnen den Gedächtnißfehler »Erbfeind« oder »Erzfeind«, aber nicht mein Gedankengang ist es, sondern Heine's. – Allerdings sagte ich von getauften Juden, daß sie in's feindliche Lager übergehen und mit Recht. Denn sie gesellten sich in der Regel zu den Judenfeinden. Sie selbst führen ja die Judenhetze der Gegenwart auf gemeine Proselyten zurück. Was Sie auf Seite 666 vorbringen, ist pamphletisches Flickwerk, wie sich jeder Leser überzeugen kann.

Wenn ich sagte: »Faktisch war kein Jude ein Shylock, wohl aber ein Christ«, so ist es richtig und wenn Sie mich dadurch verdächtigen, so verzeihe ich es Ihnen wegen Ihrer Unkenntniß. Sie wissen nicht, was Leti in vita de Sixto quinto erzählt. Im 16. Jahrhundert fand in Rom zwischen einem Christen Secchi und einem Juden Sansone Coneda eine Wette statt; der Einsatz war, wenn der Jude verlöre, daß ihm ein Pfund Fleisch ausgeschnitten würde, die Gegenleistung des Christen dagegen waren 100 Scudi. Der Christ gewann die Wette und *bestand auf seinem Pfunde jüdischen Fleisches;* der Papst aber verbannte beide aus Rom. *Es gab also factisch einen christlichen Shylock, und er hieß Paolo Marini Secchi.*

Die Verantwortlichkeit für das, was ich über Schleiermacher, seine Briefe über die Lucinde, die Entstehung des unfläthigsten aller Romane und dessen Zusammenhang mit Schleiermacher's Reden über Religion geschrieben, übernehme ich noch heute. Was Ihre Verdächtigung gegen meine Darstellung der Geschichte der Juden in deutschen Ländern betrifft, so will ich bemerken, daß sie nur bis 1848 (exclusive) reicht und im Jahre 1868 geschrieben wurde. Die glorreichen Siege, die durch geniale Führung entstandene Einheit und der Aufschwung Deutschlands erfolgten später. Vor diesen Ereignissen galt das deutsche Volk im Allgemeinen als deutscher Michel und mein Urtheil richtete sich nach dem allgemeinen von deutschen Historikern und Schriftstellern ausgesprochenen Urtheil. Übrigens habe ich von selbst in der englischen Übersetzung meiner Geschichte, die jetzt unter der Presse ist, die vor 1870 wahren, jetzt aber unwahr gewordenen Urtheile geändert. – Die Verdächtigung meines Patriotismus (S. 667) muß ich Ihnen anstreichen. Das Herzogthum Warschau gehörte nur kurze Zeit zu Preußen. Als Napoleon Preußen bekriegte und in diese Provinzen eindrang, fielen selbstverständlich sämmtliche Polen ihm mit Enthusiasmus zu und die Juden dieses Landestheiles leisteten ihm ebenfalls Vorschub, weil er sie von Fesseln befreite und gerade damals ein jüdisches Synhedrin in Paris zusammenberufen hatte. Bei Erzählung dieser Thatsache sagte ich: »Hätten sie dem preußischen Königshause treu und dankbar sein sollen, das ihnen neue Beschränkungen aufgelegt hatte?« Sie aber bemerken dazu: »Allerdings hätten sie treu sein sollen« und Sie meinen, ich könnte Sie gar nicht verstehen. O gewiß, ich verstehe Sie recht gut, ich weiß, was Sie in Treue gegen den angestammten Landesherrn zu leisten vermögen. – Dabei verläugnen Sie Ihre Pamphletisten-Manier nicht. Sie stellen dieses Factum so dar, als hätte ich von den Provinzen Posen oder Westpreußen gesprochen, während es sich nur um die Provinz Warschau handelte. Von derselben Art ist auch Ihr Citat, als hätte ich schlechthin gesagt: »Börne war mehr als Lessing?« Wörtlich aber sagte ich von Börne (S. 378): »Bald erfuhr Deutschland, daß ihm ein Schriftsteller entstanden war, der an Lessing erinnerte, der aber mehr als Lessing war, weil er die Kunst nicht auf einsam eisige Höhen, sondern in die Ebenen des Lebens verpflanzt«. Für unbefangene Leser bedeutet das, daß Börne mehr für die Befreiung geleistet hat, Sie aber reißen den Satz aus dem Zusammenhange.

Zum Schlusse des Bandes sagte ich zum Beginne des Jahres 1848: »Die Anerkennung der Juden als vollberechtigte Glieder ist bereits so ziemlich durchgedrungen, die Anerkennung des *Judenthums* aber unterliegt noch schweren Kämpfen.« Jeder Unbefangene liest daraus, daß die jüdische Religion oder Lehre noch nicht anerkannt ist, daß das Judenthum nicht als Religion oder Confession gilt, daß jüdische Geistliche hier und da nicht mit den christlichen rangiren. Sie aber imputiren mir, als spräche ich von *jüdischer Nationalität*, als *wollte ich diese anerkannt wissen.* Ist Judenthum mit Nationalität identisch? Und auf dieser böswilligen Imputation beruht Ihre ganze Invective zum Schluß Ihres Artikels. Dergleichen nannte Reuchlin, das Haupt der Humanisten, welcher wegen seiner Vertheidigung der Juden sich die ganzen Dominicanerorden und die Dunkelmänner auf den Hals gehetzt hat, ein »Bacchanten-Argument«. Sie, Herr Professor, hätten es damals mit den Dunkelmännern gegen die Humanisten und Juden gehalten.

Im Ganzen begreife ich nicht, wie Sie dazu kommen, sich als Ketzerrichter für Christenthum und Deutschthum aufzuwerfen. Paulus Cassel, der als Doctor der evangelischen Theologie sich auf die verschiedenen Nüancen des Christenthums gut versteht, nennt Ihr Christenthum eine Art Heidenthum. Und was Ihre Nationalität betrifft, so ist Ihre slavische Abstammung weniger fragwürdig als Ihre deutsche.

Ich bin fertig. Sollte Sie die Lust anwandeln, noch weiter gegen mich zu polemisiren, so schmähen und verdächtigen Sie nur weidlich. Ich werde Ihnen nicht mehr antworten. Nur um Eins bitte ich Sie, wenn Sie einen Funken Gewissen haben, machen Sie meine Religions- und Stammes-Genossen nicht für das verantwortlich, was ich geschrieben habe. Habe ich gefehlt, so will ich es allein büßen.

28. Dezember 1879

Harry Breßlau
Zur Judenfrage. Sendschreiben an Herrn Professor Dr. Heinrich von Treitschke (Dezember 1879)

Kommentar: *Zu den eindrucksvollsten Antworten auf »Unsere Aussichten« gehört diejenige des Mediävisten Harry Bresslau (1848-1926), der in Dannenberg an der Elbe geboren wurde und in den ruhigen Jahren der Weimarer Republik im Alter von 78 Jahren in Heidelberg verstarb. Er war fast eineinhalb Jahrzehnte jünger als Treitschke, aber biographisch und beruflich teilten sie dennoch viel miteinander: Beide waren sie »Jünger derselben Wissenschaft« (129), Bresslau hatte 1869 noch beim »Meister« und »genialen Greis« Leopold von Ranke studiert (Breßlau 1926, 33), dann bei dessen Schüler Georg Waitz promoviert und 1872 bei Johann Gustav Droysen mit einer Edition mittelalterlicher Kaiser- und Königsurkunden habilitiert. Beide, Treitschke und Bresslau, waren auf ihrem beruflichen Werdegang also zum Teil denselben Lehrern und Kollegen verpflichtet, und sie wirkten zudem auch gleichzeitig an der Berliner Universität, in die Bresslau 1872 als Privatdozent eintrat und seit 1877 als außerordentlicher Professor lehrte. Parallel dazu arbeitete er an den Editionen der Monumenta Germaniae Historica mit, einem der großen positivistischen und wissenschaftspolitischen Prestigeprojekte des 19. Jahrhunderts, einer Sammlung von Quellen der mittelalterlichen deutschen Geschichte, die 1819 vom Freiherrn von Stein ins Leben gerufen worden war und ihren Sitz in München hatte. Für die MGH wirkte Bresslau seit 1888 als Mitglied der Direktion, seit 1913 sogar im Hauptberuf. Nach ihrem Vorbild begründete er – auch als Antwort auf den Streit um Treitschke – im Jahre 1885 eine Historische Kommission für die Geschichte der Juden in Deutschland (Breßlau 1926, 59f.), für die er aber nach den Erfahrungen des Antisemitismusstreits auf die Mitarbeit des bekanntesten jüdischen Historikers seiner Zeit, Heinrich Graetz, verzichtete, weil der Konflikt zwischen diesem* *und Treitschke unter den Historikerkollegen so polarisierend gewirkt hatte. Wie Treitschke war Bresslau aber ein deutscher Patriot; in der Frage nach dem politischen Anspruch Deutschlands auf das Elsass haben sie kaum verschieden voneinander gedacht. Wenn etwa Bresslau im Rückblick auf seine Professur an der Straßburger Kaiser-Wilhelm-Universität schreibt, dort seien »außer wissenschaftlichen auch nationale Aufgaben zu lösen« gewesen (Breßlau 1926, 46), so lag das ganz auf der Linie der Selbstwahrnehmung der historischen Zunft jener Jahre; beide, Treitschke und Bresslau, standen über viele Jahre hinweg in den meisten politischen Ansichten auf derselben Seite des politischen Spektrums. Sie kannten sich auch persönlich durch ihre Arbeit im Wahlkomitee der nationalliberalen Partei, der Bresslau treuer anhing, als dies für Treitschke gilt, der kurz vor der Publikation von »Unsere Aussichten« öffentlich mit dem Liberalismus brach.*

Harry Bresslau, dessen Name noch heute mit seinem zum Standardwerk gewordenen »Handbuch der Urkundenlehre in Deutschland und Italien« (1888/89 in zwei Halbbänden; in 2. Aufl. in zwei Bde., 1912 [Bd. 1], 1915 [Bd. 2/1] und postum 1931 [Bd. 2/2]) verbunden ist (Raabe 1996), gehörte zu den wenigen jüdischen Gelehrten seiner Zeit, die eine hohe akademische Stellung ohne vorherige Taufe erhielten. Doch ein Ruf an die Universität Berlin wurde auch ihm nicht zuteil (Pawliczek 2007, 392). Eine ordentliche Professur blieb Juden, die die Konversion ablehnten, in Preußen zu jener Zeit generell verschlossen. Der von Antisemiten immer beschworene zu große »jüdische Einfluss« an Universitäten war aber eine Fiktion, die 1911 durch eine statistische Erhebung Bernhard Breslauers, Rechtsanwalt und Vertreter der Berliner Jüdischen Gemeinde, wissenschaftlich widerlegt wurde (Kampe 1987, 185-211). So wirkte Bresslau, der die Konversion für sich selbst zeit seines Lebens aus Überzeugung ablehnte, seine Kinder aber taufen ließ (Pawliczek 2007, 395; Kratz-Ritter 1994, 15-30), seit 1890 über Jahrzehnte an der Universität Straßburg (wie später auch Georg Simmel); hier lehrte er als ordentlicher Professor für Geschichte; hier wurde er 1904/05 als erster Jude in Deutschland Rektor einer Universität; und in jener Zeit wurde er (von 1907 bis 1909) auch zum Vorsitzenden des deutschen Historikerverbands und (1912) zum Vorsitzenden der Straßburger Wissenschaftlichen Gesellschaft ernannt. 1915 erhielt er von der Fakultät die Ehrenpflicht, die Festrede zum einhundertsten Geburtstag Bismarcks zu halten. (Breßlau 1926, 70) So war die akademische Vita Harry Bresslaus eine der seltenen, fast ungetrübten Erfolgsgeschichten jüdischer Gelehrter an Universitäten im deutschen Kaiserreich, aber trotz seines akademischen Aufstiegs und seiner Ehrenämter kannte auch er Zurücksetzungen und Benachteiligungen, die auf seine jüdische Religionszugehörigkeit zurückzuführen waren, und so spricht die neuere Forschung auch in seinem Falle von einer »unvollkommene[n] Karriere«, denn eine von ihm mehrfach avisierte Berufung an die Universität der Hauptstadt blieb zeit seines Lebens aus. (Pawliczek 2007, 390, 393 u. 409)

In seiner Antwort auf Treitschke wahrte Harry Bresslau zwar die Form, so wie es dem gemeinsamen beruflichen und politischen Hintergrund entsprach; inhaltlich aber äußerte er sich in aller Deutlichkeit über die »Symptome der Intoleranz« (129) und über die »neueste deutsche Judenhetze« (134) an der Universität. Bresslau nahm sich das Pamphlet fast Absatz für Absatz vor und kommentierte es wie ein Historiker eine Quelle – was er in aller Form und nach allen Regeln der Wissenschaft tat: Treitschke erhielt hier eine Nachhilfestunde in Geschichte. So wies er die inhaltliche Nähe von dessen Ausfällen zu den Pamphleten Marrs und Stoeckers nach (129) und zerpflückte die unsinnige pseudowissenschaftliche Terminologie von »Semitenthum« und »Semit« (130f.) Sein Fazit war ernüchternd: Der Kollege habe »ohne Not« unter falschen historischen Voraussetzungen gegen die deutschen Juden agitiert, die Dignität seiner Profession aufs Spiel gesetzt und sich lediglich den Beifall von nicht satisfaktionsfähigen Berufsantisemiten errungen, deren Bundesgenosse er nun geworden war. (132 u. 134) Im Nachwort zur zweiten Auflage seiner Denkschrift nahm Bresslau bemerkenswerterweise die Perspektive eines »künftige[n] Geschichtsschreiber[s] der neuesten antijüdischen Agitation« ein, der zu entscheiden habe, ob der neue Antisemitismus eine »leidenschaftliche Erregung der Volksmassen« sei, wie Treitschke dargelegt hatte, oder aber eine »planmäßige und geflissentliche Verhetzung« durch die Zeitungen mehrerer großer Parteien in Deutschland und ihrer Autoren – er werde nicht lange zweifeln müssen, »wie er sich zu entscheiden habe.« (232) In

seinem Rückblick auf das Berufsleben, den Bresslau kurz vor seinem Tod verfasste, widmete er Treitschke und dem Antisemitismusstreit nur noch einen Satz, in welchem er seinen Rückzug aus dem Wahlausschuss damit begründete, dass aufgrund von »Unsere Aussichten« zwischen den Kollegen »zwar kein offener Bruch, aber doch eine merkliche Entfremdung« eingetreten sei. (Breßlau 1926, 49)
Bresslaus offener Brief war aber nicht nur ein politischer Einspruch, sondern er stellte auch einen intellektuellen Widerstand gegen Treitschkes Geschichtspessimismus dar: Nicht allein der Anteil der Juden am »materiellen Aufstieg Deutschlands« sei positiv zu werten, so Bresslau, sondern auch ihre ideelle Bedeutung für die kulturell-wissenschaftliche deutsche Moderne. (144) Es war Bresslau, der der unseligen Formel vom »Unglück« der Juden für Deutschland eine klare Antwort gab, als er die jüdisch-deutsche Geschichtsentwicklung im 19. Jahrhundert genau umgekehrt ein »Glück« nannte, das nicht nur den Juden zuteilgeworden sei, sondern auch ihrer Heimat. (150)

Quelle: Harry Breßlau, *Zur Judenfrage. Sendschreiben an Herrn Prof. Dr. Heinrich von Treitschke*, 2., mit einem Nachwort vermehrte Aufl., Berlin (Ferdinand Dümmlers Verlagsbuchhandlung) 1880 [31 S.]; *BAS* [Dok. 22], 195-216; gekürzt in: *Juden in Berlin* (1988), 137-140

Lit.: Harry Breßlau: [Selbstdarstellung], in: Steinberg (Hg.), *Die Geschichtswissenschaft in Selbstdarstellungen* (1926), 29-83; Opitz, Art. »Harry Bresslau«, in NDB, Bd. 2 (1955), 600f.; Liebeschütz, *Das Judentum im deutschen Geschichtsbild* (1967), 205-212; Borries, *Deutschtum und Judentum* (1971), 96-102; Kratz-Ritter, Konversion als Antwort auf den Berliner Antisemitismusstreit? (1994), 15-30; Fuhrmann, *Gelehrtenleben im 19. und 20. Jahrhundert* (1996), 104-108; Art. »Bresslau, Harry«, in: *Lexikon deutsch-jüdischer Autoren*, Bd. 4 (Brech – Carle) (1996), 19-27; Raabe, Harry Bresslau (1848-1926) – Wegbereiter der Historischen Hilfswissenschaften in Berlin und Straßburg (1996), 49-83; Jensen, *Gebildete Doppelgänger* (2005), 224-226; Pawliczek, Zwischen Anerkennung und Ressentiment. Der jüdische Mediävist Harry Bresslau (2007), 389-409; *Pawliczek, Akademischer Alltag zwischen Ausgrenzung und Erfolg* (2011), 367-374.

Sehr geehrter Herr College!

Als ich, wie Sie, die Herbstferien dieses Jahres im Auslande verbrachte, hatte ich nur eine unbestimmte und undeutliche Kunde von der antijüdischen Bewegung, die indessen in der Hauptstadt des deutschen Reiches begonnen hatte so viel peinliches Aufsehen zu erregen. Wohl gelangte ab und zu eine deutsche Zeitung in meine Hände, in der ich einen Bericht über die doch mehr grotesken als gefährlichen Reden las, welche in den christlich-socialen Parteiversammlungen gehalten waren; aber eine größere Bedeutung glaubte ich diesen immerhin bedauerlichen Symptomen der Intoleranz nicht beimessen zu sollen. Mich mit den Männern, welche an der Spitze dieser Agitation standen, in eine Discussion einzulassen, fühlte ich auch nach meiner Rückkehr in die Heimat um so weniger Versuchung, als ich fest überzeugt war, daß diese ganze Bewegung an ihrer eigenen Uebertreibung und Maßlosigkeit in kurzer Zeit zu Grunde gehen werde, daß sie einen großen und dauernden Schaden nicht anzurichten vermöge. Um so mehr mußte es mich befremden und erregen, daß auch Sie, geehrter Herr College, Ihre weithallende und einflußreiche Stimme in den mißtönenden Chorus der Stöcker und Knönagel, der Marr und Diestelkamp einmischten; ich sah voraus – und diese Erwartung hat sich schon nach wenigen Tagen bestätigt – daß Sie fortan als unanfechtbare Autorität für Männer gelten würden, mit denen ich gehofft hätte, Sie nie in Gemeinschaft nennen zu müssen. War vornehmes Schweigen die einzige Antwort, die dem gebildeten Juden gegenüber jener von Ihnen selbst als brutal und gehässig bezeichneten Agitation geziemte, so dürfte Ihnen gegenüber ein solches Schweigen leicht als Zustimmung oder doch als aus Unfähigkeit zur Widerlegung entsprungen gedeutet werden können. Und grade weil ich bisher die Ehre gehabt habe, in freundlich-collegialischen Beziehungen zu Ihnen zu stehen, weil ich ein Jünger derselben Wissenschaft bin, als deren hochbegabten und hochgefeierten Vertreter Deutschland Sie kennt, weil ich endlich bisher in politischen Dingen im Wesentlichen auf demselben Standpunkt gestanden habe, wie Sie selbst, fühlte ich mich um so eher berufen und verpflichtet, mit meinem achtungsvollen aber entschiedenen Einspruch gegen die Anschauungen nicht zurückzuhalten, welche Sie im Novemberheft der »Preußischen Jahrbücher« über die sog. Judenfrage entwickelt haben. Vielleicht gelingt es mir Sie zu überzeugen, daß die thatsächlichen Voraussetzungen, auf welche Sie Ihre Schlüsse begründen, zum großen Theil irrig sind, daß Ihr Urtheil ungerecht und verletzend ist, daß Sie mit einem Wort eine schwere Verantwortung auf Sich genommen haben, indem Sie von unhaltbarer Grundlage aus eine große Zahl Ihrer Mitbürger tief gekränkt und in einer Zeit, da die socialen Gegensätze ohnehin schon allzu scharf gespannt sind, ohne Noth zur weiteren Steigerung derselben beigetragen haben.

Ich fürchte nicht Ihrem Widerspruch zu begegnen, wenn ich bei den nachfolgenden Erörterungen von einer Voraussetzung ausgehe. Sie werden mit mir darin übereinstimmen, daß die Judenfrage in der Weise, wie sie heute auftritt, keine religiöse, sondern eine Frage der Nationalität, wenn Sie wollen, der Race ist. Indem Sie selbst von getauften und ungetauften Juden reden, in dem Sie Felix Mendelssohn und Börne trotz ihres Uebertritts zum Christenthum zu den Juden rechnen, indem Sie an uns nur die Aufforderung richten, Deutsche zu werden, uns aber das Festhalten an unserer Religion gestatten wollen, bereiten Sie den gemeinsamen Boden, auf dem es mir erst möglich ist, in die Discussion mit Ihnen einzutreten: über Fragen religiöser Natur mit Ihnen zu streiten, würde es mir so an der Neigung wie an dem Berufe gefehlt haben. Wie Sie selbst werde ich demnach den Ausdruck Jude nur zur Bezeichnung der Abkunft, nicht der Religion anwenden*; wenn ich mich nicht des neuerdings in Aufnahme gekommenen Namens Semit bediene, so geschieht das nicht, weil ich gegen den-

* Um jedes Mißverständniß auszuschließen, bemerke ich, daß ich diejenigen im Sinne dieser Erörterungen als Juden betrachte, deren beide Eltern als Juden geboren sind.

selben irgend eine besondere Abneigung hätte, sondern nur weil er mir doch sehr wenig passend zu sein scheint. Ihnen ist es ja sehr wohl bekannt, daß die Begriffe Jude und Semit sich in keiner Weise decken, daß wir über die Charaktereigenschaften der zum Semitenstamme gehörigen Völker zum Theil nur sehr schlecht unterrichtet sind, und daß jedenfalls manche derselben sich nicht weniger scharf und bestimmt von einander unterscheiden, als Germanen und Slaven, Inder und Kelten. Wenn trotzdem auch Sie gelegentlich in unserer Frage den Ausdruck Semit anwenden, so kann ich darin nur eine Concession an einen zwar populären, aber darum nicht minder ungenauen Sprachgebrauch erkennen, in der ich Ihnen nicht zu folgen gedenke.

»Vor wenigen Monaten«, so beginnen Sie Ihre Ausführungen, »herrschte in Deutschland noch das berufene ›umgekehrte Hep-Hep-Geschrei‹. Ueber die Nationalfehler der Deutschen, der Franzosen und aller anderen Völker durfte Jedermann ungescheut das Härteste sagen; wer sich aber unterstand, über irgend eine unleugbare Schwäche des jüdischen Charakters gerecht und maßvoll zu reden, ward sofort von der gesammten Presse als Barbar und Religionsverfolger gebrandmarkt«. Dem gegenüber heben Sie es hervor, wie die Sache heute doch ganz anders stehe. Der Instinct der Massen habe eine schwere Gefahr, einen hochbedenklichen Schaden des neuen deutschen Lebens richtig erkannt, es sei keine leere Redensart, wenn man heute von einer deutschen Judenfrage rede. Und dem entsprechend sagen Sie (S. 575), die laute Agitation des Augenblicks erscheine als eine zwar brutale und gehässige, aber natürliche Reaction des germanischen Volksgeistes gegen ein fremdes Element, das in unserem Leben einen zu breiten Raum eingenommen habe; sie habe das Verdienst den Bann einer stillen Unwahrheit von uns genommen zu haben; es sei schon ein Gewinn, daß ein Uebel, das jeder fühlte, aber niemand berühren wollte, jetzt öffentlich besprochen werde. Nichts in Ihrem ganzen Aufsatz hat mich in höheres Erstaunen versetzt, als diese Zeilen. Leben wir denn wirklich so schnell, daß selbst ein Historiker von Ihrer

Bedeutung Dinge, die sich erst vor kurzer Zeit vor seinen Augen ereignet haben, die damals nicht geringes Aufsehen erregten, so völlig vergessen haben kann? Um so nöthiger aber ist es Ursprung und Charakter der gegenwärtigen Judenagitation klarzulegen, damit nicht unter der machtvollen Einwirkung einer Autorität, wie die Ihrige ist, gänzlich irrige Ansichten darüber sich festsetzen.
Die Judenhetze des neuen deutschen Reichs ist mit nichten erst wenige Monate alt: sie ist entstanden im Jahre 1875. Zum Johannisquartalwechsel dieses Jahres veröffentlichte die »Kreuzzeitung« ihre vielberufenen fünf Artikel über die Aera Bleichröder-Camphausen-Delbrück, welche die Germania (1875, Nr. 185) sehr treffend als »Artikel über die Judenwirthschaft in Preußen und Deutschland« bezeichnete. Ihre Tendenz ist bekannt. Sie enthielten die schärfsten Angriffe gegen die finanzielle und wirthschaftliche Politik der damaligen preußischen und deutschen Regierung. Es wurde beabsichtigt, zu zeigen, daß dieselbe bewußt oder unbewußt unter dem mächtigen Einflusse einer Anzahl von Juden stehe; man hoffte, daß man die in weiten Kreisen des Volkes schlummernden Vorurtheile gegen die Juden zur Untergrabung der Autorität der Regierung benutzen könne, welche man bekämpfte. Der Gedanke war zu schlau und zu niederträchtig, als daß er nicht alsbald hätte Nachahmung finden sollen. Auf hochconservativer und hochorthodoxer Seite stimmte seit dem November 1875 der »Reichsbote« ein (vgl. Germania Nr. 271). Schon vorher hatte nicht nur die »Deutsche Eisenbahnzeitung« des Herrn Gehlsen, die nachmalige »Reichsglocke«, sondern auch die »Deutsche Landeszeitung« des Herrn M.A. Niendorf, das Hauptorgan der damals noch nicht in hoher Gnade stehenden agrarischen Partei sich in gleichem Sinne vernehmen lassen; am 14. September erhielt die letztere von der »Germania« das Compliment, daß sie im Kampfe gegen den Schwindel der Geldmacht und des Judenthums unermüdlich sei. Die »Germania« selbst begann die Serie ihrer eigentlichen Judenartikel am 17. August; der Plan der »Kreuzzeitung« war ihr offenbar sehr sympathisch; in fast naiver Weise verrieth sie in dem ersten Artikel ihre

Absicht mit folgenden Worten: »Auch der Culturkampf ist zum Theil und in vielen seiner Erscheinungen ausschließlich eine Folge der Judenwirthschaft. Deshalb freut es uns auch des Culturkampfes wegen, daß die Judenfrage seit einiger Zeit klar und entschieden gestellt ist.« Der weitere Verlauf des Artikels suchte dann zu zeigen, daß es das Bestreben der Juden gewesen sei, die Aufmerksamkeit des deutschen Volkes auf den Culturkampf abzulenken, um dasselbe während dessen gründlich ausbeuten zu können. Von da ab bildete nicht nur bis in den Spätherbst des Jahres die Judenfrage das Thema der täglichen Leitartikel der »Germania«, sondern das von dem ultramontanen Centralorgan gegebene Signal fand auch volltönendes Echo in der Provinzialpresse ihrer Partei. Schon am 6. October 1875 (Nr. 228) konnte die »Germania« folgende 12 Blätter aufzählen, welche in ihrem Sinne Judenartikel gebracht hatten: »Oesterreichischer Volksfreund«, »Baierischer Kurier«, »Bavaria«, »Augsburger Postzeitung«, »Badischer Beobachter«, »Mainzer Journal«, »Fuldaer Zeitung«, »Kölnische Volkszeitung«, »Düsseldorfer Volksblatt«, »Essener Blätter«, »Wupperthaler Volksblätter«, »Köln-Bergheimer Zeitung«; sie fügte ein »etc. etc.« hinzu, und gewiß würde sich bei weiterer Durchsicht der Provinzialpresse auch der nächsten Zeit diese Zahl noch beträchtlich vermehren lassen. Schon seit dem 17. September hatten auch ultraradicale Preßerzeugnisse, wie die »Staatsbürger-Zeitung« und die »Neue freie Zeitung«, sich in ähnlichem Sinne geäußert; im October eröffnete die »Dresdener Reichszeitung«, in welcher der verbissenste grün-weiße Particularismus zum Ausdruck kam, eine Reihe von Judenartikeln. Seitdem ist die sogenannte Judenfrage nicht wieder von der Tagesordnung verschwunden. Immer wieder haben die Blätter der bezeichneten Richtungen längere oder kürzere Aufsätze darüber gebracht*; auch an judenfeindlichen Broschüren hat es

* In welchem Sinne, das zeigt z. B. die »Germania« vom 28. März 1876: »Wir müssen nächstens wieder Judenartikel schreiben, denn die Juden beginnen von Neuem üppig zu werden« oder vom 7. September 1877: »Unseren lieben

seit dem Anfang 1876 nicht gefehlt. Alles, was die letzten Monate Neues gebracht haben, beschränkt sich im Wesentlichen – denn von der Antisemiten-Liga zu reden, werden Sie mir nicht zumuthen – auf die Thatsache, daß Herr Hofprediger Stöcker und seine Gesinnungsgenossen die Agitation von der Presse in die Volksversammlung getragen und durch die Macht des lebendigen Wortes noch weiteren Kreisen zugänglich gemacht haben, und – auf die bedauerliche Erscheinung, daß auch Sie Sich der antijüdischen Bewegung angeschlossen haben.

Dies, sehr geehrter Herr College, ist die Entstehungsgeschichte, dies der Charakter der neuesten deutschen Judenhetze. Werden Sie mir nicht zustimmen müssen, wenn ich behaupte, daß dieselbe nicht aus dem Instinct der Massen hervorgegangen, sondern unter Benutzung alter Vorurtheile von bestimmten politischen Parteien zu bestimmten politischen Zwecken künstlich in dieselben hineingetragen ist? Was Sie bis zum Schluß des Jahres 1875 an derselben betheiligt finden, die extremen Blätter derjenigen Parteien, welche der Reichspolitik und dem leitenden Staatsmann die schärfste Opposition machten, deckt sich nahezu mit dem, was man damals unter dem Namen Reichsfeinde zusammenzufassen pflegte. Ich meine, für den Patriotismus und die nationale Gesinnung der Juden, in dem Sinne wie Sie und ich sie verstehen, kann es kaum ein vollgiltigeres Zeugniß geben! Schon im Herbst 1875 (vgl. »Germania« vom 9. October) warnte ein kleines schlesisches Blatt, die »Ratibor-Leobschützer Zeitung« die Juden, sich am Culturkampf zu betheiligen. »Sie haben«, so äußerte sich die Zeitung, »offenbar nicht daran gedacht, daß sich die beiden Parteien eines schönen Tages vertragen und auf ihrem (der Juden) Rücken ein Compromiß schließen könnten«. Noch vermag ich nicht zu glauben, daß wir schon so weit gekommen sind!

Juden. Zum Neujahrsfeste«; Abdruck des Edikts von 1724 betreffend die Ausweisung der »unvergleiteten Juden«.

In einem ebenso bedauerlichen Irrthum wie über den Ursprung und Charakter der antijüdischen Bewegung befinden Sie Sich, wenn Sie danach versuchen, die allerdings naheliegende Frage zu beantworten, wie es denn komme, daß man im Westen und Süden Europa's, in England, Frankreich und Italien, ein Vorurtheil, wie es in Deutschland gegen die Juden besteht, nicht zu begreifen vermöge. Sie statuiren, um das zu erklären, innerhalb des Judenthums einen neuen nationalen Unterschied; Sie sprechen von einem spanischen und einem polnischen Judenstamm und nehmen an, daß der erstere im Westen und Süden, der letztere in Deutschland vorherrsche, daß jener es verstanden habe sich dem europäisch-abendländischen Wesen leichter einzufügen als dieser. Nur für Italien dürfte wenigstens die eine Ihrer Voraussetzungen zutreffen. Hierhin ergoß sich in der That der Hauptstrom der Auswanderung, als die Juden Spaniens und Portugals aus diesen Ländern ausgetrieben wurden; die Zugezogenen fanden aber hier, namentlich im Kirchenstaat, schon eine starke einheimisch-jüdische Bevölkerung vor. Ganz irrig sind dagegen Ihre Ansichten hinsichtlich der Juden Frankreichs und Englands. In dem ersteren Staate belief sich die Zahl der Juden spanischer Herkunft im Anfang dieses Jahrhunderts auf nur wenige Tausende, die im Süden, wesentlich in und um Bordeaux concentrirt waren*; außerdem gab es in Frankreich noch einige hundert jüdische Familien, die in Avignon unter päpstlicher Herrschaft gelebt hatten und darum von den Ausweisungsmaßregeln des 16. Jahrhunderts nicht betroffen waren. Alle übrigen Juden Frankreichs in den Departements des Ostens und Nordens sind aus Deutschland und zwar zumeist aus dem Elsaß und Lothringen im Laufe des 17. und 18. Jahrhunderts eingewandert: unter den jüdischen Notabeln, die Napoleon I. 1806 zu einem großen Sanhedrin vereinigte, stehen aus Frankreich nur 10 Spanier 52 Deutschen und 6 Einheimischen gegenüber; und die deutsch- oder nach Ihnen polnisch-französischen Juden

* Vgl. Malvezin, Hist. des Juifs à Bordeaux. Bordeaux 1875.

übertreffen an Zahl die Spanier noch heute nach Abtretung von Elsaß-Lothringen um ein vielfaches*. Ganz ebenso waren zwar die ersten jüdischen Ansiedler Englands unter Cromwell Spanier, aber die große Mehrzahl der englischen Juden ist aus Deutschland gekommen: deutschen Familien gehören die 4 jüdischen Mitglieder des Unterhauses an, von deutscher Abkunft war der erste jüdische Lordmayor von London, aus Deutschland stammt die Familie des ersten englischen Juden, der auf die Bank der Oberrichter erhoben worden ist, des Master of the Rolls Sir George Jessel; die spanische Judenschaft Englands hat dem gegenüber nur zwei hervorragende Namen, Disraeli und Montefiore, aufzuweisen.

Sie würden, sehr geehrter Herr College, ohne Frage diese Thatsachen ebenso leicht haben ermitteln können, wie ich. Sie würden dann bei reiflicher Erwägung wohl auch diejenige Antwort auf die obige Frage gefunden haben, welche mir die allein richtige zu sein scheint. Was zunächst England betrifft, so sind Sie überhaupt schlecht berichtet, wenn Sie annehmen, daß das sociale Vorurtheil daselbst geringer sei, als bei uns; es besteht dort nahezu in derselben Schärfe, wenn es auch niemals einen so widerwärtigen Charakter angenommen hat, wie das gegenwärtig in Deutschland der Fall ist. In den romanischen Ländern dagegen besteht der Unterschied nicht, der meines Erachtens bei uns am meisten dazu beiträgt, das sociale Vorurtheil gegen den Juden rege zu erhalten. Der französische und italienische Jude unterscheidet sich in seinem Typus, seiner äußern Erscheinung nur sehr wenig von dem Franzosen oder Italiener; und da in beiden Ländern überdies nicht wie bei uns bei jeder erdenklichen Gelegenheit, bei jedem Civilstandsacte und bei jeder Auflegung von Steuer- oder Wahllisten, die Angabe der Confession verlangt wird, so weiß man in der Regel nur in

* Und wie mit der Zahl, so steht es mit der Intelligenz. Die drei jüdischen Generale der Armee, die zwei jüdischen Präfekten, die vier jüdischen Mitglieder des Institut de France, die fünf jüdischen Docenten der Ecole des hautes études stammen aus deutschen Familien.

den nächsten Bekanntenkreisen eines Juden, welchem Stamme und Bekenntniß er angehört, während uns die Eigenthümlichkeit unserer äußeren Erscheinung oft schon aus der Ferne kenntlich macht. Es ist eine der trübsten Erinnerungen aus meiner Kinderzeit, mit welchem Schmerz und mit welcher Bitterkeit es mich erfüllte, wenn mir als siebenjährigem Knaben, der sich keiner Schuld bewußt war und von nationalen Unterschieden noch wenig verstand, die Buben auf der Straße schmähend Jude nachriefen. Heute denke ich milder davon und wundere mich ebensowenig darüber, wie es mich in Erstaunen setzt, unsere Gassenjungen eine fremde Uniform begaffen oder einen chinesischen Zopf anstarren und betasten zu sehen. Bedenkt man nun noch, daß in Deutschland infolge der Glaubensspaltung des 16. Jahrhunderts auch die religiösen Gegensätze viel schärfer empfunden werden, als in den romanischen Ländern wesentlich einheitlichen Bekenntnisses, so wird man über das Vorhandensein von Vorurtheilen zumal in den minder gebildeten Klassen nicht erstaunen. Aber dieselben sind latent; sie sind heute ohne Frage viel geringer, als noch vor zwei oder drei Jahrzehnten; der Gebildete beginnt sich ihrer zu schämen, und es ist doch nur die mit gewisser Regelmäßigkeit periodisch wiederkehrende systematische Agitation von oben herab, die sie lebendig erhalten hat und noch erhält.

An die eben besprochene Gedankenreihe schließen Sie die folgenden Worte an: »Was wir von unseren israelitischen Mitbürgern zu fordern haben, ist einfach: sie sollen Deutsche werden, sich schlicht und recht als Deutsche fühlen – unbeschadet ihres Glaubens und ihrer alten heiligen Erinnerungen, die uns allen ehrwürdig sind; denn wir wollen nicht, daß auf die Jahrtausende germanischer Gesittung ein Zeitalter deutsch-jüdischer Mischcultur folge«. So schön und voll der letztere Satz klingt, so wenig ist er richtig; und auch der Patriot sollte nicht behaupten, was der Historiker nicht verantworten kann. Unsere Gesittung ist mit nichten auch nur vorzugsweise eine germanische, und wir haben thatsächlich eine Mischcultur. Drei Factoren sind es, auf denen dieselbe beruht: Germanenthum, Christenthum, klassisches Alterthum, und die nahen Beziehungen in denen der zweite und mächtigste dieser Factoren zum Judenthum steht, sollte man bei der stolzen Abweisung einer deutsch-jüdischen Mischcultur ebensowenig vergessen, wie die Thatsache, daß nichts mächtiger auf die Cultur des deutschen Volkes eingewirkt hat, als die Bibel alten und neuen Testamentes, die doch unleugbar ein Product des Judenthums ist.

Die Forderung selbst, die Sie in jenem Satze stellen, unterschreibe ich im Uebrigen ganz und völlig. In diesem Zusammenhange hätten Sie Sich in der That ein wesentliches Verdienst um die Entwickelung der Judenfrage erwerben können, wenn Sie nicht blos in die gewöhnliche, vor Ihnen schon von Andern oft genug und ebenso gewandt unternommene lediglich negative Kritik des Judenthums eingestimmt, sondern die Frage positiv zu vertiefen Sich bemüht hätten. Sie hätten dann untersuchen müssen, wodurch denn der in Deutschland geborene und erzogene Jude, der nicht Gründer und nicht Wucherer ist (und diesen beiden Kategorien, auf die wir zurückkommen, gehört doch nur ein verschwindend geringer Procentsatz der deutschen Juden an), sich von dem in gleichen Bildungs- und Standesverhältnissen lebenden Germanen unterscheidet. – Ich habe diese Frage schon wiederholt Ihren Gesinnungsgenossen vorgelegt und niemals eine befriedigende oder über die allgemeinsten Phrasen hinausgehende Antwort von ihnen erhalten; vielleicht gelänge es Ihnen hierüber Aufschluß zu geben. Würden Sie uns dann ferner die Mittel angegeben haben, vermöge deren dieser Proceß der Umwandlung des Juden zum Germanen beschleunigt werden könnte, so würden Sie jeden unbefangenen und vorurtheilsfreien Juden Sich zu Dank verpflichtet haben, und Ihre Darlegung würde sich sehr vortheilhaft von der bisher erschienenen antijüdischen Literatur unterscheiden. Statt dessen umgehen Sie dies schwierige Problem mit der in ihrer Allgemeinheit durchaus unrichtigen Behauptung, es sei unleugbar, daß zahlreiche und mächtige Kreise unseres Judenthums den guten Willen, schlechtweg Deutsche zu werden, durchaus nicht hegen, d. h. also

Sie unterstellen, daß zahlreiche und mächtige Kreise des deutschen Judenthums sich mit Bewußtsein der Entäußerung derjenigen Eigenschaften widersetzen oder enthalten, durch welche dieselben von den Germanen unterschieden sind. Ist dies wirklich der Sinn Ihrer Behauptung, so stehe ich nicht an, dieselbe mit aller Entschiedenheit für eine durchaus unrichtige zu erklären: Jahre lang fortgesetzte genaue Beobachtung der inneren Entwickelung des deutschen Judenthums berechtigt mich dazu. Mit der Offenheit, derzufolge ich mich für verpflichtet halte in dieser Schrift auch dasjenige nicht zu verschweigen, was der von mir vertretenen Sache ungünstig erscheinen kann, räume ich Ihnen ein, daß es in der That ein kleines Häuflein ultraorthodoxer jüdischer Rabbiner giebt, die auf einem derartigen Standpunkte stehen, indem sie Palästina auch jetzt noch für die Juden als das Land der Verheißung betrachten, die daher den Aufenthalt der Juden in Deutschland nur für einen zeitlich begrenzten halten und schon aus diesem Grunde nicht ganz und völlig Deutsche zu werden geneigt sind. Aber ihre Zahl ist gering; nicht viele Mitglieder ihrer eigenen Gemeinden stehen auf demselben Standpunkte wie sie; und die große Mehrzahl der deutschen Juden für ihre Gesinnungen verantwortlich zu machen, würde ebenso ungerecht und unwürdig sein, wie wenn man die große Mehrzahl der deutschen Katholiken deshalb verdammen wollte, weil einige fanatische Ultramontane bereit sind, in jedem Augenblick den Machtsprüchen Roms ihr deutsches Nationalgefühl unterzuordnen. In jedem Falle ist dieser kleine Haufe, dessen Zahl zudem mehr und mehr abnimmt, dem deutschen Wesen ungleich weniger gefährlich, als das Treiben jener Römlinge, die sich erdreisten den Juden Patriotismus lehren zu wollen.

Muß ich also durchaus bestreiten, daß ein irgendwie erheblicher Bruchtheil der deutschen Juden sich mit Bewußtsein dem Aufgehen innerhalb der deutschen Nation widersetze, so bin ich doch nicht gemeint in Abrede zu stellen, daß thatsächlich noch heute eine nicht unbeträchtliche Anzahl von Juden vorhanden ist – wie groß oder wie klein dieselbe ist, darüber können bei dem Mangel an statistischem Material weder Sie noch ich entscheiden – welche noch nicht völlig die deutsche Cultur in sich aufgenommen haben; sie finden sich hauptsächlich im Osten Preußens, vereinzelt aber auch in ganz Deutschland, namentlich auf dem platten Lande. Aber wie könnte das anders sein? Seit zwei und einem halben Jahrhundert sind nunmehr die Lausitzen unter deutscher Herrschaft, losgelöst von jedem Zusammenhange mit der slavischen Welt. Ohne eine nennenswerthe Literatur, durch ihre Religion mit den deutschen Nachbarn eng verbunden, ohne geschichtliche Erinnerungen, hat die dortige Wendenbevölkerung in einer Zahl von mehr denn 100 000 Seelen trotzdem ihre Sprache und Nationalität bewahrt, ohne sich in der deutschen zu verlieren. – Die Juden hinderte noch vor einem Jahrhundert Alles deutsch zu werden. Der Gegensatz der Religion, die Intoleranz christlicher und jüdischer Pfaffen, vor Allem aber die Gesetzgebung, die sie zu Parias machte, hielten jeden Strahl deutscher Bildung von den schmutzigen und verachteten Stadtgegenden fern, in denen landesfürstliche Gnade ihnen eine armselige und herabgewürdigte Existenz vergönnte. Welche Summe von Bitterkeit und Haß mußte sich in diesen Unglücklichen ansammeln, denen man die Rechte des Menschen und Bürgers vorenthielt, oder, um mit Ihnen zu reden, denen man dieselben noch nicht geschenkt hatte! Moses Mendelssohn mußte erst beginnen durch seine Bibelübersetzung seine Stammesgenossen deutsch lesen und reden zu lehren, um den widerwärtigen Jargon der Ghetti, der bis dahin ihre Sprache war, zu verdrängen. Erst die folgende Generation erhielt durch die auf vier Provinzen Preußens beschränkte Gesetzgebung des Jahres 1812 wenigstens die Möglichkeit eines menschenwürdigen Daseins und damit einer Annäherung an ihre christlichen Mitbürger, während in den vorher mit Frankreich oder Westphalen vereinigten Gebieten die zurückgekehrten deutschen Fürsten es vieler Orten eine ihrer ersten Maßregeln sein ließen, den Juden die Rechte wieder zu rauben, welche ihnen die französische Gesetzgebung eingeräumt hatte. Erst das Jahr 1848 gab den Juden Preußens wenigstens einen Theil der staatsbürgerlichen Rechte, erst das Gesetz vom Jahre 1869 beseitigte die letzten Schranken, machte die Emancipation für ganz Deutschland zur Wahrheit. Werden Sie, wenn Sie diese Thatsachen vorurtheilsfrei und als Historiker zu betrachten versuchen, Sich noch darüber wundern können, daß nicht alle Juden, ist es nicht vielmehr erstaunlich, daß schon so viele von ihnen Deutsche geworden sind? Und ergreift nicht dieser Amalgamirungsproceß, der sich vollzieht, von Jahr zu Jahr weitere Kreise? Werden Sie in Abrede stellen wollen, daß der gerade gegenwärtig so bemerkenswerthe Andrang der Juden zu der gelehrten Laufbahn, neben anderen Gründen, wesentlich ein Zeichen davon ist, wie machtvoll in vielen derselben bewußt oder unbewußt das Bedürfniß ist, deutsche Sitte, deutschen Geist, deutsche Cultur ganz und voll in sich aufzunehmen? Und während dem so ist, während die Zahl der Juden, welche an Gesittung und Bildung noch dem deutschen Wesen fremd sind, sich immer mehr verringert, während ich und meine jüdischen Gesinnungsgenossen unablässig bestrebt sind, durch das Beispiel, das wir geben, und durch directe Einwirkung, durch unsere Lehre und durch unseren Wandel jenen Proceß zu beschleunigen, – gesellen Sie Sich zu den Männern, die unser Werk erschweren und die Gegensätze verschärfen, welche wir uns als Lebensaufgabe gestellt haben, so viel an uns ist, verschwinden zu lassen! – Ich zweifle nicht, sehr geehrter Herr College, daß Sie das Gute wollen, aber gestatten Sie mir Ihnen zu sagen, daß Sie das Böse schaffen!

Viel weniger habe ich gegen die Bemerkungen einzuwenden, welche Sie, wie alle Ihre Vorgänger, über die jüdischen Gründer und Wucherer machen. Ich will Sie nicht daran erinnern, daß es auch zahlreiche christliche Gründer und Wucherer giebt – in Berlin z. B. zeigt ein Blick in das Adreßbuch, wie sehr bei Pfandleihern und Rückkaufshändlern die germanischen Namen über die jüdischen überwiegen, und aus den Gerichtsverhandlungen weiß man, daß der gefürchtetste unter allen Berliner Officierswucherern ein

Mann von altem deutschen Adel ist. Ich will Sie auch nicht darauf hinweisen, wie die historische Erklärung für die betrübende Erscheinung, von der wir reden, doch in jener engherzigen Gesetzgebung liegt, der zu Folge die Juden, bis in die Jahrhunderte der Neuzeit hinein fast von jedem anderen Erwerbszweige ausgeschlossen, nothwendig auf den Geldhandel, auf Banquiergeschäfte und Zinswucher, hingedrängt wurden. Das sind ja Dinge, die Ihnen ebenso gut bekannt sind wie mir, und wenn Sie unterlassen haben, darauf ausdrücklich hinzuweisen, so ist das sicherlich nur geschehen, weil Sie von der, wie ich glaube, freilich nicht völlig begründeten Voraussetzung ausgingen, daß auch alle Ihre Leser davon unterrichtet seien. Sie haben auch nicht, wie so manche derer, die über die Judenfrage vor Ihnen gehandelt haben, den Juden die Erfindung des Wuchers und des Börsenschwindels in die Schuhe geschoben; Sie wissen, daß der erstere schon zu Zeiten der römischen Republik die entsetzlichsten Früchte getragen hat, daß Vorgänge wie der Law'sche Krach in Frankreich, wie der Südsee-Actien-Schwindel in England oder die wahnwitzigen Tulpenspeculationen in Holland sich vollzogen haben, ehe der Jude an Gründungsoperationen denken konnte. Aber wenn auch Wucher und Börsenjobberei ebensowenig jemals ganz aus der Welt zu schaffen sein werden, wie andere Laster und Vergehen – immerhin bleibt die bedauerliche Thatsache bestehen, daß die Juden einen bedeutenden Antheil an diesem Unwesen gehabt haben und noch haben, wenn auch die Zahl der jüdischen Wucherer und Gründer nur einen sehr kleinen Theil der Gesammtheit meiner Stammesgenossen ausmacht. Jedoch was ich auch hier in Ihren Ausführungen vermisse, ist jeder positive Vorschlag. Indem auch Sie diese Vorwürfe in eine die Gesammtheit der Juden treffende Polemik hineinziehen, entmuthigen Sie nur jene redlichen Männer, die, wie Sie selbst hervorheben, in ihren Kreisen nach Kräften gegen den Wucher wirken, und von denen, wie ich fürchte, mancher schwachmüthige sich sagen wird, »wozu unsere Mühe, wenn doch immer wieder die Gesammtheit für die Sünden der Einzelnen verantwortlich gemacht wird«. Oder glauben Sie wirklich, daß auch nur ein einziger jüdischer oder christlicher Wucherer oder Gründer sich in Folge eines Artikels, wie der Ihrige ist, bessern würde? Ich bin nicht competent, um über die nationalöconomischen oder juristischen Bedenken mir ein Urtheil zu erlauben, welche man einem legislativen Einschreiten gegen die Auswüchse der Börse oder des Wuchers entgegenhält; aber das weiß ich, daß ich selber und zahlreiche meiner Gesinnungs- und Stammesgenossen jede derartige Maßregel mit Freuden begrüßen und mit Eifer unterstützen würden – niemand, abgesehen von den unmittelbaren Opfern, leidet schwerer unter diesem Unwesen als wir.

In welchem gedanklichen Zusammenhange Sie nun aber in unmittelbarem Anschluß an die Erwähnung der jüdischen Wucherer die Behauptung aufstellen, daß unter den führenden Männern in Kunst und Wissenschaft die Zahl der Juden nicht sehr groß sei, um so stärker die betriebsame Schaar der Talente dritten Ranges, das ist mir nicht völlig klar geworden. Groß und sehr groß sind so relative und subjective Begriffe, daß ich ganz davon absehe, Ihnen einzelne hervorragende Namen zu nennen, deren die deutschen Juden auf allen Gebieten der Kunst und Wissenschaft sich zu rühmen haben. Aber vielleicht gestatten Sie mir eine andere Bemerkung. An den deutschen Hochschulen wirken gegenwärtig, wie der Universitätskalender aufweist, gegen 70 Professoren rein jüdischer Abkunft; darunter namhafte Vertreter aller Disciplinen, der protestantischen Theologie und der Jurisprudenz, der Philosophie und Philologie, der Geschichte und Mathematik, der Medicin und der Naturwissenschaften. Diese Zahl – und gewiß werden Sie nicht geneigt sein, so viele Ihrer Collegen unter die betriebsame Schaar der Talente dritten Ranges zu verweisen – ist allerdings, wie jede unbefangene Betrachtung anerkennen wird, groß; sie beträgt im Verhältniß zu der Gesammtzahl deutscher Professoren mehr als dreimal so viel, als nach den Bevölkerungsziffern erwartet werden sollte; gerade ihre Größe wird uns von anderen Gegnern zum Vorwurf gemacht. Ich glaube damit gezeigt zu haben, daß die Juden nicht blos an dem materiellen, sondern auch an dem geistigen Kapital der deutschen Nation einen guten Antheil haben. Alle diese Männer mühen sich in redlicher Arbeit zur Ehre des deutschen Namens und zur Förderung des größten Ruhmes unserer Nation, der deutschen Wissenschaft; – und alle diese Männer, welche die bisherigen Agitationen mit Gleichmuth betrachtet haben, muß Ihr Artikel auf's tiefste verletzen!

Zu den seit langer Zeit in jeder antijüdischen Schrift wiederkehrenden Angriffen gehören die Klagen über die »Judenpresse«, und dieselben nehmen denn auch in Ihrem Aufsatze einen breiten Raum ein. »Zehn Jahre lang«, sagen Sie, »wurde die öffentliche Meinung in vielen deutschen Städten zumeist durch jüdische Federn ›gemacht‹; es war ein Unglück für die liberale Partei und einer der Gründe ihres Verfalls, daß gerade ihre Presse dem Judenthum einen viel zu großen Spielraum gewährte. Der nothwendige Rückschlag gegen diesen unnatürlichen Zustand ist die gegenwärtige Ohnmacht der Presse; der kleine Mann läßt sich nicht mehr ausreden, daß die Juden die Zeitungen schreiben, darum will er ihnen nichts mehr glauben«. Das letztere mag zum Theil richtig sein; ich weiß sehr wohl, daß z. B. die ultramontanen und auch ein Theil der hochorthodoxen Zeitungen seit Jahren die Aeußerungen der liberalen Organe dadurch zu discreditiren suchen, daß sie frischweg behaupten, dieselben seien Judenblätter; mit welcher Keckheit dabei zu Wege gegangen wurde, beweist z. B. die Thatsache, daß die ultramontane »Kölnische Volks-Zeitung« ihre liberale Gegnerin, die »Kölnische Zeitung«, als ein Judenblatt bezeichnete, obwohl gerade hier streng darauf gehalten worden ist, daß kein Jude der Redaction angehörte, oder daß der hiesige »Reichsbote« noch vor Kurzem der »National-Zeitung« als »dem Blatt des Herrn Dr. Salomon« die Competenz zur Besprechung kirchlicher Angelegenheiten bestritt, obwohl er wissen mußte, daß die kirchenpolitische Haltung dieser Zeitung von ihrem Verleger nach keiner Richtung und in keiner Weise beeinflußt wird. Sie ersehen schon hieraus, wie wenig glaubwürdig derlei ultramontane Behauptungen im Allgemeinen sind, und es wäre vielleicht wünschenswerth gewesen, statt dieselben einfach zu wiederholen, eine Untersuchung über diese wichtige Frage anzustellen. Leicht ist das ja bei der Anonymität unserer Zeitungen nicht, zumal für Jemanden, der, wie ich, völlig außerhalb der journalistischen Kreise steht; indessen einiges habe ich doch durch Mittheilungen sachkundiger Männer in Erfahrung gebracht. Man hat mir gesagt, daß allerdings unter den Journalisten, welche als Correspondenten und Reporter die Presse bedienen, die Juden sehr zahlreich vertreten seien, aber das ist natürlich nicht entscheidend: Correspondenten und Reporter bestimmen Haltung und Ton einer Zeitung nicht, sondern haben sich diejenige Haltung und denjenigen Ton anzueignen, den die Redaction vorschreibt, oder sich gefallen zu lassen, daß ihre Mittheilungen in diesem Sinne geändert werden. In Betracht kommt also für die Beurtheilung des Einflusses der Juden auf die Presse so gut wie ausschließlich ihre Vertretung in den Redactionen; und da habe ich denn die mich selbst geradezu überraschende Thatsache erfahren, daß in der Mehrzahl der älteren, größeren und einflußreicheren Organe der liberalen und freiconservativen Presse die Juden in den Redactionen fast garnicht vertreten sind. Ich nenne speciell die »Vossische Zeitung«, die »National-Zeitung« und die »Post« in Berlin, die »Kölnische« und die frühere »Rheinische Zeitung« im Westen, die »Augsburger Allgemeine Zeitung«, die »Augsburger Abendzeitung«, den »Schwäbischen Merkur«, die »Süddeutsche Presse«, die »Badische Landeszeitung« im Süden, den »Hamburger Correspondenten«, den »Hannöverschen Courier«, die »Weser-Zeitung« im Norden, die »Magdeburger Zeitung«, die Leipziger »Deutsche Allgemeine Zeitung«, die »Hessische Morgen-Zeitung« im Centrum, die »Schlesische Zeitung«, die »Breslauer Zeitung«, die »Neue Stettiner Zeitung«, die »Danziger Zeitung« im Osten Deutschlands. Bei allen diesen Blättern sind, wie mir mitgetheilt wird, die Juden garnicht, oder nur in verschwindend geringer Zahl in der Redaction vertreten. So sind es doch, von wenigen Ausnahmen abgesehen, zumeist nur jüngere Blätter und solche zweiten und dritten Ranges, an welche Sie bei Ihrer Behauptung gedacht haben können; ich fürchte, Sie haben aus den Verhältnissen in Berlin allgemeine Schlüsse auf die Herrschaft der Juden in der deutschen Presse gezogen, die ich als berechtigt nicht anerkennen kann. Aber auch wenn die Zahl der jüdischen Redacteure größer wäre, als sie in Wirklichkeit zu sein scheint, so würde ich doch nicht zugeben können, daß dies von vornherein ein Unglück wäre; daß es unter denselben sehr kenntnißreiche und ehrenwerthe Männer giebt, werden Sie gewiß nicht in Abrede stellen.

Eine Schwierigkeit liegt dabei allerdings vor: wie soll sich ein jüdischer Redacteur bei der Erörterung von Angelegenheiten der christlichen Kirche verhalten? Daß er sie ganz von der Besprechung in seinem Blatte ausschließe, ist natürlich von vornherein unmöglich; eine Zeitung, die heute, da die kirchlichen Fragen so brennend geworden sind und in unserm öffentlichen Leben einen so großen Raum einnehmen, auf die Discussion derselben ganz verzichten wollte, würde ihren Leserkreis gar bald verlieren. Es gehört das größte Tactgefühl dazu, diese Dinge in der richtigen Weise zu behandeln, und ich gebe Ihnen bereitwillig zu, daß dieser Tact nicht immer beobachtet worden ist; es kann Sie nicht mit größerer Entrüstung erfüllt haben, als mich und viele meiner Gesinnungsgenossen, wie z. B. der »Berliner Börsencourier« in dieser Beziehung verfahren ist. Aber ist das nicht vielmehr auf einen allgemeinen Mißstand in unserem Preßwesen zurückzuführen, als auf besondere Mängel der jüdischen Journalisten? Unsere Presse – und dasselbe gilt nach meiner Kenntniß der Dinge nicht minder von der französischen und englischen Journalistik – beschäftigt neben einer großen Anzahl hochbedeutender und charaktervoller Männer, auch eine gewisse Zahl jener catilinarischen Existenzen, die hier leichter als in jedem andern Berufe eine lohnende Thätigkeit finden. Es wäre eine sehr verdienstvolle, wenn auch sehr schwierige Aufgabe, wirksame Vorschläge zur Hebung dieses in unserem öffentlichen Leben sehr fühlbaren Mißstandes zu machen – mit dem bloßen Schelten auf die Judenpresse ist es

wahrhaftig nicht gethan! Um so weniger, als ich gewiß bin Ihre Zustimmung zu finden, wenn ich behaupte, daß die schlimmsten Ausschreitungen, deren sich unsere Zeitungen schuldig gemacht haben, nicht von den jüdischen Organen, sondern vielmehr gerade von denjenigen ausgegangen sind, die in der Judenhetze in vorderster Reihe stehen. Die Beispiele liegen ja nahe genug; nie hat in der Zeit, von der ich aus eigener Erfahrung reden kann, irgend ein jüdisches Preßerzeugnis an Perfidie der Polemik das römische Jesuitenblatt erreicht, das zur Schmach des deutschen Volkes den Namen »Germania« an der Spitze trägt, nie an Niedertracht der Verläumdung die »Reichsglocke« des Herrn Gehlsen oder an frecher Verhöhnung jedweden nationalen Gefühls das »Vaterland« des urgermanischen Herrn Dr. Sigl!
Aber Sie meinen das Judenthum habe noch in anderer Beziehung einen verderblichen Einfluß auf die deutsche Presse ausgeübt. Börne zuerst habe in unsere Journalistik jenen eigenthümlich schamlosen Ton eingeführt, der über das Vaterland so von außen her ohne jede Ehrfurcht abspricht, als ob man selber gar nicht mit dazu gehöre. Indessen jene schneidige Selbstkritik, die bei Börne allerdings in besonders bemerkenswerther Weise hervortritt, ist, wie mir scheint, von jeher einer und, wie ich meine, nicht der schlechteste Zug deutschen Charakters gewesen. Daß ich von Anderen schweige: wie unbarmherzig, um mit Ihren eigenen Worten zu reden, hat nicht schon vor zwei Jahrhunderten der von Ihnen mit Recht so hochgeschätzte Samuel von Pufendorf die Blöße seines eigenen Landes vor aller Welt aufgedeckt, er, der die Maske des frivolen Italieners vornahm, um desto unbefangener die Zustände Deutschlands kritisiren zu können, gleich als ob er gar nicht mit dazu gehöre! Und wenn Sie es bei der Besprechung von Pufendorf's Schriften ausdrücklich hervorheben, daß der überlegene Hohn von jeher das Vorrecht großer Publicisten gewesen, so scheint es mir nicht billig, Börne, der von jenem an heißer Gluth der Vaterlandsliebe sicherlich nicht übertroffen wurde, mit anderem Maße zu messen. Und wenn ich schließlich mit Ihnen der

Ansicht bin, daß Börne's Einfluß auf die deutsche Journalistik ein sehr bedeutender gewesen ist, so haben doch andere Factoren weit bestimmender auf dieselbe eingewirkt. Es hat Ihnen gewiß nicht entgehen können, wie sehr unsere Presse namentlich seit der Julirevolution durch das Vorbild der Pariser beeinflußt worden ist; hat sie dieser ohne Frage eine oder die andere gute Eigenschaft zu verdanken, so ist es mir doch zweifellos, daß andererseits der vielfach in derselben eingerissene frivole Ton – eine der unerfreulichsten Erscheinungen unserer Zeit – wesentlich hierauf zurückzuführen sein wird. Börne nahm es mit seiner Aufgabe alle Zeit sehr ernst.

Ich denke alle wichtigeren Punkte, die in ihren Erörterungen über die Judenfrage begegnen, im Vorstehenden unbefangen und vorurtheilsfrei geprüft zu haben*, so weit das bei der starken Erregung möglich ist, die sich angesichts der gegenwärtigen Agitation jedes deutschen Juden bemächtigen mußte: jedenfalls werden Sie mir nicht den Vorwurf machen können, daß ich mich zum unbedingten Apologeten unseres Judenthums habe machen wollen. Um so entschiedener und nachdrücklicher aber muß ich gegen den geradezu ungeheuerlichen Schlußsatz protestiren, in welchem Sie die Kritik desselben zusammenfassen und der gleichsam die scharfe Spitze Ihrer Ausführungen bildet. »Bis in die Kreise unserer höchsten Bildung hinauf«, sagen Sie, »unter Männern, die jeden Gedanken kirchlicher Unduldsamkeit oder nationalen Hochmuths mit Abscheu von sich weisen würden, ertönt es heute wie aus einem Munde: die Juden sind unser Unglück!« Man muß diesen Satz in

* Wenn eine oder die andere Ansicht, wie z. B. die Meinung, daß neuerdings ein gefährlicher Geist der Ueberhebung in jüdischen Kreisen erwacht sei, unbesprochen geblieben ist, so wird man das erklärlich finden; gegen derartige allgemeine und unsubstanziirte Behauptungen läßt sich schlechterdings nicht polemisiren. Für Herrn Grätz aber kann ebenso wenig das Judenthum verantwortlich gemacht werden, wie z. B. das Germanenthum für die Geschichtsschreibung des Herrn Onno Klopp. Wie man übrigens in einsichtigen jüdischen Kreisen über sein Buch denkt, ergiebt sich aus Abr. Geiger, Jüd. Zeitschrift für Wissenschaft und Leben IV, 146; VI, 220.

seinen einzelnen Bestandtheilen prüfen, um seine Tragweite völlig zu ermessen. Nicht auf die althergebrachten, von den Vätern ererbten und auf die Kinder verpflanzten Vorurtheile gegen die Juden, die in weiten Kreisen unseres Volkes herrschen, beziehen Sie Sich, sondern auf die wohlerwogene Ueberzeugung von Männern, die an der Spitze der geistigen Bewegung der deutschen Nation stehen. Nicht vereinzelt, meinen Sie, herrsche in diesen Kreisen eine Antipathie gegen die Juden, sondern dieselbe verschaffe sich einen einmüthigen und einstimmigen Ausdruck. Nicht gegen einen einzelnen oder mehrere Fehler und Schwächen des deutschen Judenthums richte sich dieselbe, sondern gegen die Gesammtheit, die man kurzweg als unser Unglück, als das Unglück des deutschen Volks bezeichne. Dem ist zur Ehre des deutschen Volkes mit nichten so. Ich habe in den letzten Wochen Gelegenheit gehabt, mit manchem meiner christlichen Freunde, die nicht weniger Anspruch darauf haben, zu den Kreisen unserer höchsten Bildung zu zählen, als Sie selbst, über diese Angelegenheit Rücksprache zu nehmen – nicht einen habe ich gefunden, der Ihren Satz zu vertreten und auf sich zu beziehen geneigt gewesen wäre!

An sich freilich sollte mich derselbe nicht Wunder nehmen. In Momenten, wie der gegenwärtige, da in dem Volke ein gewisses Unbehagen, eine allgemeine Unzufriedenheit mit seiner Lage Platz gegriffen hat, ist es von jeher beliebt gewesen, einen Sündenbock aufzusuchen, dem man die eigene und die fremde Schuld aufzubürden geneigt ist. In Deutschland haben dazu von Alters her die Juden dienen müssen. Wie man im 13. Jahrhundert den Verrath Deutschlands an die Mongolen, im 14. das Wüthen der Pest ihnen zur Last legte, so sind sie auch heute der bequeme Prügelknabe, der für Jedermann herhalten muß. Ihnen schreiben die Conservativen die Hauptschuld an unserer liberalen Gesetzgebung, die Ultramontanen an dem Culturkampfe zu; sie werden verantwortlich gemacht für die angebliche Corruption unserer Presse und unseres Buchhandels, für die wirthschaftliche Krisis, für den allgemeinen Nothstand und für den Verfall der Musik. Geht es doch so weit, daß sogar schon Herr Prof. Zöllner jüdischen Intriguen eine Mitschuld an dem geringen Fortschritt der spiritistischen Bewegung zuschreibt, und daß Herr Prof. Jäger es auf ein jüdisches Complot zurückführt, daß seine Seelen-Theorie nicht die ihr nach seiner Meinung gebührende Anerkennung gefunden hat. Es ist nur eine letzte Consequenz davon, wenn Sie Alles kurz und bündig in dem vernichtenden Ausdruck zusammenfassen: die Juden sind unser Unglück! Aber daß Sie, gerade Sie Sich dazu haben entschließen können, das war mir ein tiefer Schmerz und eine bittere Enttäuschung.

Ihnen, sehr geehrter Herr College, weist der hohe Rang, den Sie in Wissenschaft und Politik einnehmen, eine verantwortungsvolle Stellung zu. Mag dieser oder jener unbekannte Mensch ohne Namen und ohne Bedeutung sich mit der Wiederholung der schon hundert Mal wiederholten Anklagen und Beschuldigungen begnügen: wenn Sie Sich entschlossen, Sich an der Discussion über die Judenfrage zu betheiligen, so mußten Sie sagen, was denn geschehen solle, dieselbe zu lösen*. Solche positiven Vorschläge vermisse ich, wie im ganzen Verlauf Ihrer Darlegungen, so auch am Schluß derselben. Eine Aufhebung oder Beschränkung der Emancipation weisen Sie selbst als unmöglich und unwürdig zurück: und schließlich begnügen Sie Sich mit moralischen Ermahnungen und legen statt jedes anderen Vorschlages die Lösung in die Hände der Juden selbst, denen Sie noch einmal zurufen, Deutsche zu sein. Daß meine Stammesgenossen nach dieser Richtung hin an sich selbst arbeiten, werden Sie gewiß nicht in Abrede stellen; noch vor einem Jahrhundert war kaum ein oder der andere in Deutschland lebende Jude ein Deutscher, und heute geben Sie zu, daß es ihrer Viele zu ihrem und des deutschen Volkes Glücke geworden seien.

* Vgl. H. v. Treitschke, Pr. Jahrb. XXV. 691: Der Publicist soll auf den Willen wirken, jeder Stil ist ihm erlaubt, jede Unebenheit der Darstellung, selbst einige triviale Sätze mögen ihm hingehen, wenn er nur ein Ende findet, wenn er nur mit höchster Bestimmtheit sagt, *was er selber will.*

Eine Schrift wie die Ihrige freilich, die von gewandten Agitatoren geschickt ausgebeutet wird, kann nur dazu beitragen, die Schranken, welche zwischen Deutschen und Juden noch bestehen, zu erhöhen und zu befestigen, statt sie entfernen zu helfen.

Und doch könnten Sie und Ihre Gesinnungsgenossen erheblich dazu beitragen, die erwünschte Lösung der Frage, die sich natürlich nicht mit einem Male und sprungweise, sondern nur langsam und allmählich herausbilden kann, zu beschleunigen. Julian Schmidt hat einmal mit Recht hervorgehoben, wie man sich in Deutschland eine Gemeinvorstellung von den Juden gerade nach den niedrigsten Elementen bilde, denen man am häufigsten begegne. Die Juden, die man in der Literatur und auf der Bühne vorführt, sind entweder jene edlen und guten Gestalten, jene Ideale, die aber dann als Ausnahmen erscheinen, oder es sind Trödler, Hausirer und Wucherer, die durch ihre Sprache die Lachlust und durch ihr gemeines Gebahren die billige Entrüstung der Menge erregen. Jeder einzelne Jude muß sich somit, wie Schmidt bemerkt, seine bürgerliche und gesellschaftliche Stellung erst von Neuem erkämpfen, und wenn er sie errungen hat, dann gilt auch er höchstens als eine Ausnahme, dem man, wie mir das noch vor kurzem von einem hochgebildeten, mir sehr wohlgesinnten Manne begegnet ist, ein zweifelhaftes Compliment macht, indem man ihm sagt, daß er doch eigentlich gar kein Jude sei. Mit der großen Masse der jüdischen städtischen Durchschnittsbevölkerung, die ohne den vordringlichen Luxus der Geldaristokratie und ohne den verkommenen Schmutz des Wucher- und Trödlerthums in stiller bürgerlicher Arbeitsamkeit lebt, ist man in christlichen Kreisen doch nur sehr wenig bekannt. Zu einfach und schlicht, vielfach auch durch manche herbe Erfahrung zu sehr eingeschüchtert, um jene Vorurtheile zu besiegen, die sie von ihren christlichen Mitbürgern trennen, ist diese Mehrzahl meiner deutschen Stammesgenossen, abgesehen von den Beziehungen des geschäftlichen und öffentlichen Lebens, wesentlich auf sich selbst beschränkt und auf den Verkehr im eigenen Kreise angewiesen. Wenn es gelingen könnte, den Begriff Jude aus den Merkmalen zusammenzusetzen, welche diese Mittelklasse aufweist, ohne sich durch jene Ausnahmen nach oben und nach unten beeinflussen zu lassen, so wäre, glaube ich, die sog. Judenfrage ihrer Lösung erheblich näher gebracht. Dazu aber könnten Sie, sehr geehrter Herr College, dem die Gabe des Wortes in so hervorragendem Maße verliehen ist, sehr wesentlich beitragen: Sie würden Sich damit ein größeres Verdienst erwerben können, als indem Sie, wie immer absichtslos, einer lediglich agitatorischen Judenhetze die Autorität Ihres Namens leihen.

Mit collegialischer Hochachtung *H. Breßlau*

Moritz Lazarus
Was heißt ›National‹? Ein Vortrag
(Januar 1880)

Kommentar: *Im Falle dieses Berliner Vortrags überlagern sich Ursache und Wirkung, Ereignis und Deutung: Er war längst verabredet, das Thema vorbereitet und die politische Dringlichkeit der im Titel zum Ausdruck gebrachten Frage für die deutschen Juden lag auch schon vor dem Aufsatz Treitschkes auf der Hand – in genau diesem Moment erschien »Unsere Aussichten« und machte aus einer Stimmung ein Ereignis. Es gehört zu den unmittelbaren Folgen von Treitschkes Essay, dass der 1824 in der preußischen Provinz Posen (Filehne, heute poln. Wieleń) geborene Philosoph und Völkerpsychologe Moritz Lazarus schon am 2. Dezember an mehreren Stellen seiner Ausführungen auf ihn zu sprechen kam, aber für Lazarus war es, als hätte der Berliner Historiker ihm nur eine aktuelle Vorlage gegeben für das, was er sich sowieso schon seiner jüdischen Zuhörerschaft zu sagen vorgenommen hatte: Kein deutscher Jude müsse durch Wohlverhalten seine Zugehörigkeit zu seiner Heimat beweisen oder belegen; niemand habe irgendwelche symbolischen oder realen Schulden; keiner erhalte seine politische Zugehörigkeit durch einen Akt staatlicher oder gesellschaftlicher Großzügigkeit gewährt oder müsse irgendeine Vorleistung erbringen, um als jüdischer Deutscher anerkannt zu werden. Dies ist die Hauptbotschaft der Rede, die nicht gegen Treitschke, sondern für die deutschen Juden verfasst und gehalten wurde, die aber durch Thema und zeitliche Koinzidenz zur umfassendsten Entgegnung wurde. »Was heißt ›National‹?« wurde vierzehn Tage nach dem Erscheinen von »Unsere Aussichten« gehalten und erschien im Druck erst Anfang Januar 1880, aber die hier entfalteten Gedanken und Positionen waren eigentlich keine Flugschrift, sondern als eine Art innerjüdisches Manifest angelegt, und sie hätten für ihre Geltung und Gültigkeit auch keinen akuten antisemitischen Anlass benötigt.*

Moritz Lazarus stellte der Drucklegung seines Vortrags, den er vor der Versammlung der von ihm mitbegründeten Hochschule für die Wissenschaft des Judentums hielt, zwei Paragraphen der Statuten der Institution voran, um die Behauptung Treitschkes zu kontrastieren, dass der »schnöde Materialismus« (71) der Gründerzeit besonders auf die Juden zurückgehe. Lazarus hob mit dem Hinweis auf Mäzenatentum und Spendentätigkeit die Gründung dieser wie anderer Bildungsinstitutionen stattdessen vielmehr den Bildungseifer und Idealismus deutscher Juden hervor, die »die Schätze ethischer und religiöser Erbweisheit nach der Methode und auf dem Höhengrade deutscher Wissenschaft zu bearbeiten sich bemühen«. (159) Der Vortrag beginnt dann auch mit einem Lessing-Zitat aus dem »Nathan« (160) und betreibt dann Begriffsgeschichte und Begriffsklärung (161) Mit Hinweis auf die Zeitschrift für Völkerpsychologie und die dort im ersten Band (1859) einleitenden Ausführungen über den Begriff des »Volkes« und der »Nation« (162) stellt er verschiedene Kategorien vor, die nationale Einheit begründen. Lazarus betont nur einen Aspekt des Nationalen, denn er war der Meinung, dass nicht Abstammung, Sitte und Gebräuche (162) und auch nicht allein das gemeinsam bewohnte Territorium (163), sondern dass »nur die Sprache das eigentliche Kennzeichen« des Nationalen sei (162), nur diese sich dafür eigne, als das »objective Element zur Bildung der nationalen Einheit« (166) herangezogen zu werden. Sprache aber, das ist das Credo dieses Textes, ist ein erwerbbares Gut, und für Lazarus war unstrittig, dass »[d]ie wahre Natur und das eigentliche Wesen der Nationalität […] nur aus dem Geiste zu verstehen« (167) sei und man »[d]ie geistige Verwandtschaft und Verschiedenheit« somit »unabhängig von der genealogischen« betrachten müsse. (167)
Die direkte Gegenüberstellung von »Unsere Aussichten« und »Was heißt ›National‹?« ist erkenntnisträchtig: Beide Autoren, Treitschke und Lazarus, entfalteten dasselbe Thema, das Verhältnis einer religiösen Minderheit zur Mehrheitsgesellschaft, aber mit diametralen Intentionen und Wertungen. Wo Treitschke eifernd Trennendes zwischen nichtjüdischen Deutschen und deutschen Juden in Geschichte und Gegenwart aufzählte, legte Lazarus nüchtern dar, dass das Gemeinsame beider Gruppen in seiner historisch gewordenen Verdichtung viel größer war als die Differenzen; wenn

Treitschke meinte, die deutschen Juden auffordern zu müssen, »Deutsche und nur Deutsche werden« (70) zu sollen, so antwortete Lazarus, indem er seinen Zuhörern zurief: »Wir [Juden] sind Deutsche, nichts als Deutsche, wenn vom Begriff der Nationalität die Rede ist, wir gehören nur einer Nation an, der deutschen. […] Deutsche: wir sind's, wollen, können auch nichts anderes seyn.« (173) Wenn Treitschke die Stimme explizit in den Dienst der antisemitischen Bewegung stellte, so nahm Lazarus den von ihm angesprochenen Juden den Druck, sich zur notorischen »Judenfrage« überhaupt äußern zu müssen, und sprach die treffenden Worte: »Im Grunde genommen, sollten wir schweigen; sollten wir schweigen dürfen und Heilung erwarten. Denn für uns als Juden existirt keine Frage als berechtigter Gegenstand eines Streites. Was man wieder einmal die Judenfrage nennt, ist lediglich eine <u>*deutsche*</u> *Frage.« (160, Hervorh. im Orig.; dieser Satz nimmt die entsprechende Haltung Hannah Arendts in »Aufklärung und Judenfrage« aus dem Jahr 1932 vorweg, so Voigt 2019, 344) Und wo Treitschke mit allem, was er vorbrachte, gegen die deutsch-jüdische »Mischcultur« (170) agitierte und die Fiktion einer homogenen Nation verbreitete, entgegnete Lazarus, es gebe »gar keine Nationalität, welche von reiner ungemischter Abstammung ist« (164), und hielt den universellen Wert der »Mannigfaltigkeit« (195) der Kultur hoch, jenes Konzept, das das begriffliche und gedankliche Zentrum seines Vortrags und seines wissenschaftlichen Lebenswerks darstellte. (Kalmar 1987; von Graevenitz 1994; Klautke 2013; Berek 2020)*

Lazarus sprach als Jude zu Juden, aber seine Botschaft war im Hinblick auf die neue antisemitische Welle jener Monate, dass diese allein von den nichtjüdischen Deutschen zu verantworten sei und mit dem Verhalten von Juden gar nichts zu tun habe, auch wenn gerade das von allen Antisemiten immer behauptet werde. Lazarus, so wird in seinen ersten Sätzen deutlich, schämte sich als deutscher Staatsbürger für den neuen deutschen Antisemitismus; er war ihm nicht nur lästig, sondern peinlich. Mit »Was heißt ›National‹?« liegt im Grunde kein polemischer Anti-Treitschke-Beitrag vor (auch wenn er dessen Essay an mehreren Stellen mit scharfen Wendungen bloßstellt), sondern eine konzeptionelle und geradezu existentielle Hilfestellung für jüdische Deutsche in Zeiten der Begriffsver-

wirrung, eine intellektuelle wie lebenspraktische Handreichung, die dem Denken Treitschkes weniger entgegentritt als die Grundlage entzieht. Lazarus stritt nicht mit dem Autor von »Unsere Aussichten«, sondern er disqualifizierte dessen Kompetenz, überhaupt angemessen über soziologische Grundfragen in der Moderne sprechen zu können. Vor seinen Zuhörern entfaltet Lazarus stattdessen ideengeschichtliche, religionshistorische und staatsbürgerliche Argumente von Abstammung und Assimilation, Einheit und Differenz, Geist und Heimat, Kultur und Nation, Nationalität und Pluralität, Religion und Sprache, Staatsbürgerschaft und Weltbürgertum. Das war 1879/80 so universell wie modern – und ist es bis heute geblieben. (Stoetzler 2015, 117f.)

Mit dem Plädoyer, die Zugehörigkeit zu einer Nation als den subjektiven Willensakt des Einzelnen, das Dazugehören-Wollen (mit den daraus folgenden Pflichten) zu definieren, nahm Lazarus auch die These vom »täglichen Plebiszit« von Ernest Renan vorweg, die dieser kurze Zeit später (wohl in Kenntnis dieses Vortrags) aufstellte. (Berek 2020, 429-434)

In der Argumentation von Lazarus wirkte eine andere Art und Weise zu denken, eine völlig andere Sicht auf Soziales, auf Kultur, Geschichte und Gesellschaft: Während die Botschaft von »Unsere Aussichten« sich mit dem grenzziehenden radikalen Nationalismus seiner Zeit verbündete, besteht die zukunftsöffnende Besonderheit von Moritz Lazarus in seinem kultursoziologischen Denkstil, der Differenzen bewahrt und die mit kollektiven Angleichungen einhergehenden Prozesse der Assimilation und Akkulturation sozialwissenschaftlich betrachtet und somit die modernen Sozialtheorien von Georg Simmel, Max Weber und Émile Durkheim vorbereitet. (Köhnke 2001, 39-50; Berek 2009, 1-14). Es war dies »eine der anspruchsvollsten Erwiderungen auf Treitschke« und zugleich »eine idealtypische Kritik des Antisemitismus aus der liberalen Perspektive« (Voigt 2019, 340 u. 344; Stoetzler 2014), deren Grundaxiome eineinhalb Jahrzehnte später teils wörtlich in die Satzung des Centralvereins deutscher Staatsbürger jüdischen Glaubens eingehen sollten (Schüler-Springorum 2004, 281; Berek 2020, 426). Aber so optimistisch und fortschrittsgläubig dies, trotz der Krise, auch klingen mochte: Lazarus war in politischen Dingen nicht naiv, und aus den Erfahrungen der neuen antisemitischen

Hetze zog er im Dezember 1880, ein Jahr nach der Rede »Was heißt ›National‹?«, zuletzt doch ein düsteres Fazit. Dort hatte er noch gesagt: »Wir sind […] glücklich, Söhne dieser Nation zu seyn, die wir von ganzer Seele hochhalten und mit Stolz betrachten.« (191) Nun, in »Unser Standpunkt«, seiner zweiten zentralen Rede über den neuen Antisemitismus in Deutschland, formulierte er seine Schlüsse und damit auch seine persönliche Enttäuschung als Selbstkritik, adressiert an die deutschen Juden und an sich selbst, wenn er sagte, das Schlimmste »für uns deutsche Juden, vollends für diejenigen welche mitarbeiten an der deutschen Cultur ist eines: unser Stolz ist gebrochen. Wie waren wir stolz auf diesen deutschen Nationalgeist!« (Lazarus, Unser Standpunkt (1881), 121; zit. nach Jensen 2005, 262; ebenso Berek 2020, 440).

Quelle: Moritz Lazarus, *Was heißt ›National‹? Ein Vortrag*, Berlin 1880; wieder: Moritz Lazarus, *Treu und frei. Gesammelte Reden und Vorträge über Juden und Judentum*, Leipzig 1887, 53-113; dass., mit einem Vorwort von Isidor Levy, Berlin (Philo Verlag) 1925; außerdem in: *BAS* [Dok. 5], 37-89. Die Rede fehlt im Boehlich-Band, aber dort wird im Nachwort auf Moritz Lazarus verwiesen und auch die Autoren der Quellen, die Boehlich versammelte, bezogen sich mehrfach auf Lazarus und seine Schriften, vor allem auf diesen Vortrag. Auch einige Rezensionen des Boehlich-Bandes beklagten das Fehlen dieses Vortrags (z. B. Monika Baier, in: *Die Zeit*, 8. Oktober 1965 oder Otto F. Best, in: *Die Welt*, 14. Oktober 1965). Das alles waren Gründe, diesen Text hier mit aufzunehmen; der entscheidende aber ist die ungebrochene Aktualität, die für die Gedanken und die Haltung von Lazarus so charakteristisch ist, denn die Definitionen, die er hier entfaltet, haben ihre Geltungskraft behalten.

Lit.: Meyer, Great Debate on Antisemitism (1961), 146-148; Borries, *Deutschtum und Judentum* (1971), 111-130; Belke, Liberal Voices on Antisemitism in the 1880s. Letters to Moritz Lazarus 1880-1883 (1978), 61-87; Sieg, Bekenntnis zu nationalen und universalen Worten (1996), 609-639; Köhnke, Der Kulturbegriff von Moritz Lazarus (2001), 39-50; Schüler-Springorum, Unser Standpunkt. Jüdische Reaktionen auf den Berliner Antisemitismusstreit (2005), 276-283; Jensen, Verteidigung: Ein Kaleidoskop jüdischer Abwehrstrategien, in: ders., *Gebildete Doppelgänger* (2005), 220-342; Art. »Lazarus, Moritz«, in: *Lexikon deutsch-jüdischer Autoren*, Bd. 15 (Kura – Lewa) (2007), 243-254; Berek, Schnittpunkt sozialer Kreise statt völkischer Verwurzelung – Die Entstehung der modernen Sozialtheorie aus der deutsch-jüdischen Lebenswelt des 19. Jahrhunderts am Beispiel von Moritz Lazarus (2009), 1-14; Klautke, *The Mind of the Nation. Völkerpsychologie in Germany 1851-1955* (2013), 11-57, v. a. 22-27; Stoetzler, Moritz Lazarus und die liberale Kritik an Heinrich von Treitschkes liberalem Antisemitismus (2014), 98-120; Berg, Art. »Völkerpsychologie« (2015), 291-296; Berek, Der Kampf mit dem Antisemitismus, in: ders., *Moritz Lazarus. Deutsch-jüdischer Idealismus im 19. Jahrhundert* (2020), 389-487, v. a. 405-449; Voigt, Erforderliche Reaktionen. Moritz Lazarus' Erwiderung auf Heinrich von Treitschkes »Unsere Aussichten« und Bernard Lazares Auseinandersetzung mit Édouard Drumonts »La France Juive« (2019), 335-354.

Vorbemerkung. Dieser Vortrag ist am 2. December d. J. vor einer geladenen Gesellschaft gehalten worden. Die Gelegenheit dafür war die General-Versammlung der Hochschule für die Wissenschaft des Judenthums; der Anlaß: die neuerlichen Agitationen gegen die Juden. Der erste Theil S. 1-19 betrifft die Frage der Nationalität überhaupt; der zweite S. 19 bis Schluß das Verhältniß der Juden und speciell der deutschen Juden zu derselben. Da über die Aufgabe der Hochschule, wie ich höre, vielfache Irrthümer verbreitet sind, lasse ich hier zwei Paragraphen des Statuts derselben folgen. Ich will nur noch eine Bemerkung daran knüpfen. Man klagt über die Verbreitung des Materialismus unter den Juden und durch die Juden. Daß der Materialismus, der theoretische wie der practische, ein specifisch jüdisches Erzeugniß sey, wird Niemand beweisen, ja wohl kaum behaupten wollen; daß er leider auch unter den Juden stark verbreitet ist, beklagt man unter Juden wohl am meisten. Daß es damit indeß nicht allzu arg bestellt seyn mag, dafür zeugt wohl die eine Thatsache, daß in den letzten dreißig Jahren in Deutschland drei höhere Lehranstalten ganz ausschließlich für Ideal-Wissenschaft und lediglich aus privaten Mitteln gestiftet wurden und erhalten werden; nicht einmal die Gemeinden als solche sind bei der Stiftung und Erhaltung dieser Hochschulen betheiligt. Einzig und allein freiwillige Spenden haben diese Bildungsanstalten geschaffen, welche die Schätze ethischer und religiöser Erbweisheit nach der Methode und auf dem Höhengrade deutscher Wissenschaft zu bearbeiten sich bemühen.

---

§ 24 (des Statuts der Hochschule).
Die Vorlesungen, welche an der Hochschule gehalten werden, sollen sich über alle Zweige der Wissenschaft des Judenthums verbreiten. Dieselben sollen die Universitäts-Studien ergänzen, insbesondere dergestalt, daß diejenigen, welche sich dem Rabbinats- und Predigt-Amte widmen, Gelegenheit zu ihrer vollständigen Ausbildung finden.

§ 28. Alle Vorlesungen und Uebungen sind unentgeltlich.

Die Gegenstände der Vorlesungen an der Hochschule sind ungefähr folgende:
1) Einleitung in die Wissenschaft des Judenthums (Encyclopädie und Methodologie).
2) Einleitung in die biblischen Bücher.
3) Biblische Exegese.
4) Geschichte der Bibel-Auslegung unter den Juden.
5) Darlegung der religiösen Idee in den biblischen Schriften.
6) Geschichte der hebräischen Sprache. Das Hebräische und Aramäische in der nachbiblischen Literatur der Juden.
7) Einleitung in den Talmud. Interpretation des Talmuds, der Commentare und der Codices.
8) Geschichte der Halacha und Haggada.
9) Geschichte der den Talmud nicht anerkennenden Abzweigungen im Judenthum. (Samariter, Sadducäer und Böethusen, Karäer.)
10) Geschichte der Juden und der jüdischen Literatur.
11) Geschichte der jüdischen Religionslehre und Philosophie.
12) Stellung, Lehrinhalt und Aufgabe des Judenthums in der Gegenwart.

13) Vergleichende Religionsgeschichte.
14) Ethik und Religionsphilosophie.
15) Homiletik mit Berücksichtigung der Haggada.

Verehrte Anwesende!

Ein Vortrag, zu welchem eingeladen wird, ist ungewöhnlich; die Umstände, unter welchen er gehalten wird, der Anlaß dazu, sind nicht minder ungewöhnlich. Wir haben nur Juden eingeladen; nicht als ob dieser Vortrag geheim gehalten werden sollte; »möchte doch die ganze Welt uns hören«, kann ich mit Nathan sagen. Aber die wesentliche Aufgabe desselben ist, für uns selbst, für unsere Glaubensgenossen Klärung und Belehrung zu schaffen. Erwarten Sie auch nicht, daß ich, wie es etwa in einer öffentlichen Versammlung geschehen müßte, mich auf den Boden des Kampfes stellen werde. Gegen all das, was so in der letzten Zeit wider uns geredet und geschrieben worden ist, habe ich hier nur den einen Ausdruck des – Dankes. Ja, des Dankes. Die Aerzte wissen es; am besten ist es, wenn, was innen krankhaft ist, heraus kommt; dann wächst die Hoffnung, daß man den Schaden heilen könne. – Ob auch wir zur Heilung dieses Schadens beitragen können?

Im Grunde genommen, sollten wir schweigen; sollten wir schweigen dürfen und die Heilung erwarten. Denn für uns als Juden existirt keine Frage als berechtigter Gegenstand eines Streites. Was man wieder einmal die Judenfrage nennt, ist lediglich eine deutsche Frage. Die Frage der Humanität ist in diesem Falle, da wir das Object derselben sind, da wir die Humanität zu erwarten und zu fordern haben, nicht die unsrige, sondern die der ganzen deutschen Nation. Ueberall und immer ist die Frage der Humanität und der Gerechtigkeit wichtiger für den, der sie zu gewähren, als für den, der sie zu empfangen hat. Aber wir sind Deutsche, als Deutsche müssen wir reden.

Wenn wir aus sonst hochgeschätzter Feder einen Artikel lesen müssen, der sich in seinem Gedankengang auf der Fläche der antisemitischen Liga bewegt, dann röthen sich unsere Wangen; aber wer auf dem Standpunkt der Humanität steht, der wird wissen, daß es nicht die Zornesröthe des Juden, sondern die Schamröthe des Deutschen ist, die auf unserer Wange brennt. – Aber eben deshalb rufe ich Ihnen vor Allem, nicht blos für diese Stunde, sondern für unser ganzes Verhalten in der Sache zu: lassen wir uns nicht verbittern! bleiben wir in der festen Ruhe dessen, für den die Wahrheit und die Gerechtigkeit ist. Suchen wir aber, um diese feste Ruhe zu bewahren, die Klarheit, die Klarheit für uns selbst, über uns selbst. Darauf allein kommt es an, daß wir mit der Ruhe der wissenschaftlichen Betrachtung und auf dem Grunde derselben erkennen, wie wir in Wahrheit stehen; daß von der Nichtigkeit und Ungerechtigkeit der Angriffe, die gegen uns geführt werden, vor Allen wir selbst die deutlichste Einsicht gewinnen.

Den ersten Schritt dazu sollten wir, wie ich glaubte, diesen Abend mit der Beantwortung der Frage thun, welche ich angekündigt habe.

Denn die ganze Aufregung, welche neuerdings wieder gegen die Glaubensgenossenschaft der Juden erzeugt worden ist, gründet sich auf die Voraussetzung, daß diese überhaupt etwas besonderes, selbstständiges, der ganzen übrigen Bevölkerung des Landes entgegenstehendes sei. Die Antwort aber auf die Frage: worin und wodurch denn nun die Besonderheit und Eigenheit bestehe, gipfelt in dem Maße: der Jude hat eine besondere, von der deutschen verschiedene, Nationalität. Das kann man von den untersten Scribenten bis hinauf zu denen hören, welche dem Kreise der wissenschaftlichen Forscher angehören.

Wir haben deshalb das höchste Interesse daran, den Begriff der Nationalität aufzuhellen und festzustellen, zumal nicht etwa bloß in dem einen Fall, sondern in mannigfachen Beziehungen, der Begriff der »Nation« oder des »Volkes«, zu denen gehört, welche unsäglich oft irrthümlich und oberflächlich gefaßt werden.

Dieser Begriff, bemerkt auch Rümelin mit Recht, »will sich schwer fest anfassen und scharf umgrenzen lassen«, obgleich »er uns doch auf Schritt und Tritt im Leben wie in der Wissenschaft entgegentritt«. Ich bin nun in der glücklichen Lage, Ihnen meine Ansicht darüber als eine schlechthin unbefangene, nicht etwa bei dem gegenwärtigen Anlaß, sondern vorlängst und fern von jeder speciellen Anwendung entstandene vorlegen und zugleich zeigen zu können, daß dieselbe in den wesentlichsten uns gegenwärtig berührenden Punkten von hervorragenden Forschern getheilt wird.

Als im Jahre 1859 die Zeitschrift für Völkerpsychologie und Sprachwissenschaft begründet wurde, hatten wir, als die Herausgeber derselben – Steinthal und ich – im ersten einleitenden Aufsatze das Programm der damit neu in Reih und Glied der Wissenschaften eintretenden Disziplin zu entwerfen. Selbstverständlich war es dort unsere Aufgabe, wenn von Völkerpsychologie, also von psychologischer Erforschung der Nationen die Rede ist, vor allem den Begriff dessen: was eine Nation ist? zu suchen. Nicht lange darauf hat ein anderer Forscher R[ichard] Boeckh in unserer Zeitschrift im 4. Bande über »Die statistische Bedeutung der Volkssprache als Kennzeichen der Nationalität« gehandelt.

Ob der Kürze der Zeit, die uns hier zugemessen ist, hebe ich aus der weitschichtigen Untersuchung nur die wichtigsten Punkte hervor. In seiner außerordentlich scharfsinnigen und eindringlichen Arbeit sucht Boeckh vor Allem irrige Meinungen zu entkräften und nachzuweisen, was nicht die Nationalität begründet, um dann zu dem positiven Schluß zu kommen, daß nur die Sprache das eigentliche Kennzeichen derselben sey. Da wird gezeigt, daß nicht, wie man zuweilen geglaubt hat, die gleiche Art der Wohnung, der Sitten und Gebräuche die Einheit einer Nation ausmacht; denn theils finden sich innerhalb derselben Nation verschiedene Gruppen mit verschiedenen Sitten, mit verschiedenen Gebräuchen, theils finden wir dieselben Sitten und dieselben Gebräuche, dieselbe Art von Wohnungen bei verschiedenen Nationen; folglich kann nicht das, was durch eine Schilderung der Sitten und Gebräuche an Merkmalen für eine Vielheit von Menschen aufgebracht wird, das Wesen ihrer Nationalität ausmachen.

Auch nicht das Territorium, welches sie bewohnen. Ungemein wichtig zwar für die Gründung der Nationalitäten ist es, daß die Menschen zusammen wohnen; denn wie ihr äußerer Wohnsitz zusammenhängt, wird dann sehr bald auch ihr inneres Leben ähnlich, sie werden auch innerlich eine Einheit. Die territoriale Theilung und Verbindung der Menschen ist die Basis ihrer politischen Einigung, weil sie die Aufrechterhaltung der geschlossenen Einheiten, die Vertheidigung und Freiheit der Länder gegeneinander bedingt. Wenn wir von der Vorsehung reden, von dem Schicksal das dem Menschen geordnet wird: hier ist der feste Boden desselben. Die erste Bestimmung des Schicksals ist: wo der Mensch geboren wird. Allein schon die politische, vollends aber die nationale Einheit läßt sich auf die territoriale nicht begründen. Ich rede nicht von den Ausnahmen, daß schon erstarkte Nationen und Staaten in Enclaven und Colonien über den territorialen Zusammenhang hinaus sich dehnen, daß sie innerhalb des geschlossenen Landes in verschiedene Staaten sich spalten. Auf demselben Territorium finden wir Menschen verschiedener Nationalität, nicht bloß vorübergehend, als Fremde, sondern auch dauernd, und umgekehrt Menschen gleicher Nationalität vertheilen sich auf verschiedene Territorien.

Am wichtigsten aber ist es, daß die territorialen Grenzen schwankend, ihre Bestimmung von subjectiver Ansicht abhängig ist. So viel fehlt, daß man die Grenzen einer Nation von der des Landes, das sie bewohnt, abhängig machen kann, daß vielmehr die Scheidung der Völker ihnen selbst zweifellos, die Grenzen des Landes aber Gegenstand fast unaufhörlicher Kämpfe sind.

Ganz ebenso verhält es sich mit der Staatsangehörigkeit. Gewiß, in den ältesten Zeiten fielen die Grenzen des Staates mit den Grenzen der Nation meistentheils zusammen. In neueren Zeiten gibt's fast gar keinen Staat, der nur aus einer Nationalität besteht, und es gibt keine Nation, welche nur in einem Staate sich befindet. Nicht anders ist es mit der Religion. In den ältesten Zeiten waren Nationalität und Religion meist in denselben Grenzen; gegenwärtig gibt es schlechterdings keine Religion von den irgendwie höher entwickelten, welche nur in einer Nation ihre Bekenner hätte; und umgekehrt gibt's kaum eine Nation, in welcher nur eine Religion bei allen Angehörigen wirklich vorhanden wäre.

Aber auch das, was man ja oft und so leicht für gleichbedeutend mit Nationalität hält, die Abstammung der Menschen ist keineswegs das wahre Kennzeichen derselben; durchaus nicht alle diejenigen, welche eine gemeinsame Abstammung haben, gehören zu derselben Nation, und umgekehrt in jeder Nation finden wir Menschen von verschiedener Abstammung. Betrachten wir zunächst das letzte, so ist jede europäische Nationalität ein Beispiel dafür; es gibt gar keine Nationalität, welche von reiner ungemischter Abstammung ist. Hier auf dem Boden, wo wir uns bewegen, haben sie eine durchgehende Mischung von Slaven und von Deutschen; in Italien kann man 2, ja beinahe 3 Mal die Mischung der Abstammungen beobachten, welche schließlich in die Einheit der italienischen Nationalität aufgegangen sind. Umgekehrt die Holländer, die Flamländer sind deutscher Abstammung, aber sie werden sich keineswegs zur deutschen Nation rechnen. »Die Absonderung der Nationen nach Abstammung der Individuen, ist deshalb theoretisch unrichtig und praktisch nicht recht ausführbar, weil sie voraussetzen würde, daß die zu verschiedenen Nationen gehörigen Individuen sich nur unter einander fortgepflanzt hätten, oder aber, daß durch jede vorgekommene Mischung eine neue Nationalität entstanden sei. Beides trifft nicht zu. ..... Zu welcher Nation will der, welcher die Abstammung für maßgebend hält, die schon nicht wenigen Nachkommen deutscher und jüdischer Abstammung rechnen, auch wenn denselben das äußere Gepräge des einen oder anderen Volksstammes bleibt? zu welcher Nation die Angehörigen zweier indoeuropäischen oder gar zweier germanischen Nationen? Die Buchführung über die Menschheit gibt uns nicht das Material, die Abstammung der Individuen festzustellen. Wie viele Menschen kennen auf zehn Generationen zurück die Tausend Väter und Mütter, denen sie ihr Dasein verdanken; und gibt es auch nur einen Menschen, der seine Abstammung auf zwanzig Generationen zurück, d. h. bis zu der Million von Namen verfolgen könnte, welche dort als seine Vorfahren erscheinen? u. s. w.«

Das also, was als das wesentlichste Kennzeichen bleibt, nachdem alle anderen in ausführlicher Weise mit Beweisgründen zurückgewiesen sind, ist: die Sprache.

»Die Sprache ist das unverkennbare Band, welches alle Glieder einer Nation zu einer geistigen Gemeinschaft verknüpft; in der ersten menschlichen Gemeinschaft durch das Bedürfnis des gegenseitigen Verständnisses erzeugt, bewirkt sie fortdauernd die Möglichkeit dieses Verständnisses. Das Kind ... empfängt mit der Sprache des Hauses die erste Besonderheit des menschlichen Lebens; in ihr erfreut es sich des menschlichen Ausdrucks und damit des Bewußtseyns; in der Familiensprache entwickelt es die Fähigkeit zu denken. ... So ist, so weit dieselbe Sprache reicht, die Berührung der Sprachgenossen der Austausch der mannigfaltigen Ausbildung des innerlich Einen.«

Boeckh erörtert dort (Zeitschrift für Völkerpsychologie und Sprachwissenschaft Bd. IV, S. 264f.) auch die Gründe, weshalb diese Anschauung vom Wesen der Nationalität grade im deutschen Volke am klarsten hervorgetreten ist, und schließt mit den Worten: »Dem frei gewordenen deutschen Gedanken wurde es leichter, die Form zu finden, in welcher der Geist jeder Nation sich mit voller Bestimmtheit und Treue verkörpert, die Form, welche – dieselbe für alle – jeden, dessen Geist sich in ihr bewegt, als einen der Nation angehörigen bezeichnet.«

Im Anschluß an diese Resultate von Boeckh will ich zunächst aus unserer eigenen Untersuchung noch zwei Gesichtspunkte, den einen gegen die Abstammung und den anderen für die Sprache hier anführen.

»Die Beantwortung der Frage: was ist ein Volk? scheint zunächst den Sinn zu haben, als handle es sich um eine, in naturgeschichtlicher Weise gemachte Eintheilung der Menschenart nach ihren Varietäten und nach den immer geringer werdenden Unterschieden und Formungen, und der dagegen im gleichen Grade wachsenden Aehnlichkeit und Zusammengehörigkeit; und als früge es sich dann: wo liegt auf dieser Stufenleiter von geringerer oder größerer Verbindung und Gesondertheit aus daraus folgenden Ueber- und Unterordnungen der Grad und der Umfang, den wir als Volk bezeichnen. Wie man fragt: welchen Grad der Aehnlichkeit, welche gleichen Merkmale müssen zwei Pflanzen oder Thiere haben, welche zu einer Familie oder einer Art gerechnet werden sollen? so meint man fragen zu müssen: was werden zwei Menschen gemeinsam haben, die zu einem Volke gehören sollen? – Eine solche Classification des Menschengeschlechts würde eine genealogische sein müssen. Allein in der Reihe der so entstehenden vom ganzen Geschlechte abwärts immer geringer an Umfang werdenden Klassen, auf dieser Stufenleiter der Aehnlichkeit liegt der Punkt, die Klasse **Volk** nirgends, weil er überhaupt nicht auf diesen natürlichen Verhältnissen beruht, weil thatsächlich fast bei jedem Volke andere genealogische Verhältnisse obwalten, weil also der Begriff Volk gar nicht vom leiblichen, zoologischen Gesichtspunkt aus gebildet ist, sondern von einem geistigen. Demnach ist die Frage (nämlich als ob es sich um die Abstammung handelte) falsch gestellt und darum nicht zu beantworten; sie ist vor allem anders zu fassen.«

Für die Sprache, als das wichtigste objective Element zur Bildung der nationalen Einheit will ich nur noch Folgendes hervorheben (Zeitschrift Bd. I, S. 41f.): Man kann im Bewußtsein Inhalt und Form unterscheiden. Der Inhalt liegt in den Empfindungen und den daraus gebildeten Vorstellungen und Begriffen nebst den ihnen anhaftenden Gefühlen. Die Form liegt in der Bewegung dieses Inhalts durch das Bewußtsein hindurch, oder in der Verbindung der Elemente desselben. Sowohl im Inhalt, wie in der Form bekundet sich die Volkseigenthümlichkeit, feiner aber, zarter und inniger in der Form. Alle Elemente nun, die das Volksbewußtsein ausmachen, Religion, Sitte, Verfassung u. s. w. sind ein Gedankeninhalt; die Sprache allein stellt neben dem Vorstellungsinhalt in den Wörtern auch die Gedankenform dar, die Gedankenbewegung, in der Wortbeugung und den Satzbildungsmitteln. Die Sprache enthält nicht nur die Weltanschauung des Volkes, sondern ist auch das Abbild der anschauenden Thätigkeit selbst. Erst in späten Zeiten der Kultur eines Volkes tritt die Wissenschaft auf und setzt in einzelnen Individuen die Kundgebung der psychischen Bewegung fort, welche in der Sprache sich allgemein geäußert hatte.«

Und dennoch, während so die tiefe Bedeutung der Sprache als Charaktermerkmal der Nationalität auch von uns anerkannt ist, bestreiten wir, daß sie, und vollends sie allein, das Wesen der Nationalität ausdrücken und die Grenzen der Nationen bestimmen kann.

Die wahre Natur und das eigentliche Wesen der Nationalität ist nur aus dem Geiste zu verstehen. (Zeitschrift Bd. I, S. 34f.)

»In die natürliche Vertheilung des Menschengeschlechts nämlich nach Racen, größeren und kleineren Stammgruppen, Stämmen, Familienvereinen, Familien greift der Geist, die Freiheit, die Geschichte ein und trennt natürlich Zusammengehöriges, vermischt natürlich Verschiedenes oder ähnlicht dasselbe einander an. Die geistige Verwandtschaft und Verschiedenheit ist also unabhängig von der genealogischen. Auf diesem Eingriff nun der geistigen, geschichtlichen Verhältnisse in die natürlich gegebenen Unterschiede beruht der Begriff Volk; und das, was ein Volk zu eben diesem macht, liegt wesentlich nicht sowohl in gewissen objektiven Verhältnissen wie Abstammung, Sprache u. s. w. an sich als solchen, als vielmehr bloß in der subjektiven Ansicht der Glieder des Volks, welche sich alle zusammen als ein Volk ansehen. Der Begriff Volk beruht auf der subjektiven Ansicht der Glieder des Volkes selbst von sich selbst, von ihrer Gleichheit und Zusammengehörigkeit. Handelt es sich um Pflanzen und Thiere, so ist es der Naturforscher, der sie nach objektiven Merkmalen in ihre Arten versetzt; Menschen aber fragen wir, zu welchem Volke sie sich zählen. Race und Stamm bestimmt auch dem Menschen der Forscher objektiv; das Volk bestimmt sich der Mensch selbst subjektiv, er rechnet sich zu ihm.« – »Man wundere sich nicht über die subjektive Natur, die wir dem Begriffe Volk zuerkennen. Das Volk ist ein rein geistiges Wesen ohne irgend etwas, was man anders als blos nach Analogie, ganz eigentlich seinen Leib nennen könnte, wenn es auch nicht unabhängig ist von materiellen Verhältnissen. Volk ist ein geistiges Erzeugniß der Einzelnen, welche zu ihm gehören; sie sind nicht ein Volk, sie schaffen es nur unaufhörlich. Genauer ausgedrückt ist Volk das erste Erzeugniß des Volksgeistes; denn eben nicht als Einzelne schaffen die Einzelnen das Volk, sondern insofern sie ihre Vereinzelung aufheben. Das Bewußtsein von dieser Selbstaufhebung und von dem Aufgehen in einem allgemeinen Volksgeiste spricht sich aus in der Vorstellung Volk. Der Volksgeist schafft die Vorstellung und damit auch die Sache Volk.«

Nicht wir also haben aus uns, d. h. aus der Prüfung objectiver Verhältnisse eine Definition von Volk zu geben, als von einem festen, objectiven Begriffe, der einem festen Objecte entspräche; sondern wir haben die vorhandenen subjectiven, von den Völkern stillschweigend (implicite) gegebenen Definitionen von sich selbst zu erläutern. Denn es leuchtet auch ein, daß nicht jedes Volk dieselbe Definition oder denselben Begriff Volk zu haben braucht, wie auch jedes auf besonderem Grunde ruht. Nach anderen Merkmalen rechnet der Franzose jemanden zum französischen Volke, nach anderen sieht der Deutsche den Deutschen als solchen an u.s.w. (Vgl. oben Boeckh über die deutsche Schätzung der Sprache als Merkmal des Volksbegriffs). Wie jedes Individuum, also hat auch jedes Volk sein eigenthümliches Selbstbewußtsein, wodurch es erst zu einem besonderen Volke wird, wie jenes zu einer besonderen Person; und wie jedes Einzelnen, so beruht auch des Volkes Selbstbewußtsein auf einem bestimmten objectiven Inhalt; das Selbstbewußtsein geht aus dem Bewußtsein hervor, seine Kraft und seine Würde richtet sich nach letzterem; so wird auch das Selbstbewußtsein des Volkes sich immer auch auf solche objective Verhältnisse wie Abstammung, Sprache, Staatsleben u. s. w. stützen; der springende Punkt in ihm aber, oder das Licht, womit er sich beleuchtet, ist jener subjective, freie Act der Selbsterfassung als ein Ganzes und als ein Volk.«

Getragen also wird dieser subjective Zusammenhang im Geiste einer Nation, und ausgebildet, weil innerlich erlebt, am meisten durch die Geschichte derselben, im weitesten Sinne des Wortes. In dem Maße als ein Einzelner, oder er mit seiner Familie, und diese vollends in der Abfolge mehrerer Geschlechter an dem Laufe der Geschichte passiven und activen Antheil genommen, wächst auch das subjective Band der Zugehörigkeit zu einander. Krankheit und Mißwachs trifft als Plage des Landes Bewohner ohne nach Religion, nach Abstammung, nach Sprache zu fragen; aber als gemeinsames Geschick einigen sie die Gemüther. Die Segnungen des Friedens, aber auch die Last, die Sorge, die Opfer des Krieges sind allen gemeinsam, allen gemeinsam aber auch die Tugenden, die der Krieg gefordert und gestählt hat. Schulter an Schulter kämpfend, wachsen den Männern auch die Herzen zur Einheit der geschichtlichen That. So gelangen auch getrennte, auch feindlich gegen einander stehende Stämme zur nationalen Einheit. Der Wille – dieses persönlichste, den Charakter am meisten bestimmende Element des menschlichen Gemüths – der Wille der Stämme allein entscheidet; der in der That bewährte Wille allein hat im deutschen Reich eine Einheit aus solchen geschaffen, welche vor weniger als einem Jahrzehend als Feinde auf Blut und Tod mit einander gerungen hatten. Nicht am wenigsten bindet, wie wir Deutsche es am besten wissen, die gemeinsame Geschichte des geistigen Lebens die Individuen und Stämme zur Einheit der Nation. Die gleichen Stoffe und Stufen der Bildung, der Austausch der Kräfte und Erzeugnisse des Geistes, die gemeinsame Erhebung des Gemüths und Läuterung der Gesinnung durch Dichten und Denken, die emsige, sich gegenseitig unterstützende Forschung in gleichen, die fruchtbare Durchdringung in verschiedenen Gebieten des Wissens, kurz die das innere Leben bildende und gestaltende Strömung des Geistes erzeugt in Allen nach dem Maße ihrer Theilnahme daran auch das Bewußtsein ihrer nationalgeistigen Einheit.

Gustav Rümelin, Kanzler der Universität Tübingen, obwohl sonst in manchen und wesentlichen Stücken von unserer Anschauung abweichend, stimmt doch der hier entwickelten Ansicht vom Wesen des »Volkes« vollkommen bei. Seine im Jahre 1872 gehaltene Rede über den Begriff des »Volkes«* bietet uns einen Gedankengang voll Feinheit und Tiefe, der die reichsten Kenntnisse der Wirklichkeit, wie man es bei dem berühmten Statistiker nicht anders erwarten wird, überall durchblicken läßt.

»Die Entstehung der meisten Völker, heißt es zunächst, fällt in dunkle, unserer Forschung entrückte Vorzeit, aber auch wo sie durch geschichtliche Zeugnisse aufgehellt werden kann, zeigt man uns nur, wie diese bestimmte Verhältnisse geworden sind, und pflegt den Grund, auf welchem die Völkerbildung beruht, stillschweigend vorauszusetzen. Diese kann nur in der natürlichen Anlage und Ausstattung der menschlichen Gattung liegen und ist nicht von dem Historiker, sondern von dem Psychologen nachzuweisen.« Rümelin weist auf »das Besondere und Folgenreiche hin, daß uns die Natur zwar die Neigung ins Herz gelegt hat, uns in eine geschlossene Gruppe unserer Mitgeschöpfe hineinzustellen, daß sie aber diesen Kreis selbst nicht in fester und unabänderlicher Weise uns vorgezeichnet hat. Die Gruppirungsmotive sind uns offen gelassen und wir sehen sie wechseln durch alle Zeitalter: ja man könnte denken, der Faden der Weltgeschichte wickele sich eben in der Reihe jener wechselnden, zur Herrschaft gelangenden Motive für die menschliche Gruppirung ab.«

»Wenn wir uns nun neben diesem (vorher geschilderten) Verlangen nach geistiger Anlehnung noch jenes Triebes der Gruppirung erinnern – und als Drittes oder eigentlich Erstes die natürlichen Unterlagen aller menschlichen Geselligkeit, das räumliche Zusammensein, den sprachlichen Verkehr, den Austausch der Bedürfnisse und Genußmittel nebst den geographischen Einflüssen und der Vererbung der Eigenschaften hinzudenken, welche zwar für sich

* Rümelin, *Reden und Aufsätze*, Tübingen 1875, 88-117.

kein Band der Gemüther, aber eine Verflechtung der Interessen und Gewöhnungen bewirken, an die sich leicht höhere Beziehungen anlehnen, so haben wir, wie ich glaube, die Elemente beisammen, welche die Psychologie als die ersten und wirksamsten Reime der Völkerbildung aufzuzeigen vermag. Wir sehen wie vielerlei zusammentreffen muß, um alle Vorbedingungen des vollen Begriffs zu vereinigen, wie dieser aber auch Abstufungen in sich zuläßt, je nachdem das eine oder andere jener Elemente noch fehlt. Nicht jeder Ort, wo man geboren ist, ist eine Heimath, nicht jedes Land der Väter auch ein Vaterland. Ich kann durch die Gemeinschaft von Staat und Recht an solche gekettet sein, deren Sprache ich nicht verstehe, deren Sitte, Bildung und Glauben mir fremd ist. Die menschliche Freiheit steht wieder über allen diesen einzelnen Anziehungskräften; ich kann mich von Allem losreißen, zu den Fremden gehen und mit König David's Ahnfrau sprechen: Dein Volk sey mein Volk und Dein Gott sey mein Gott. Der Begriff des Volks ist nicht durch rein objective Merkmale fest umgrenzt, sondern er erfordert auch die subjective Empfindung. Mein Volk sind diejenigen, die ich als mein Volk ansehe, die ich die Meinen nenne, denen ich mich verbunden weiß durch unlösbare Bande. Und hier ist eine Theilung, ein Zwiespalt der Empfindungen möglich; das eine Motiv kann mich zu diesem, das andere zu jenem Kreise hinziehen; der Glaube kann mich einer Gruppe zuweisen, von der mich der Verband der Gemeinde, des Staats, der Abstammung trennt. (So der Katholicismus und der Protestantismus.) Aber unser Gemüth wird jede solche Theilung und Gebrochenheit seiner Stimmung als eine Störung empfinden und beklagen; es wird stets von einer stillen Sehnsucht begleitet sein nach einer vollen einheitlichen Lebensgemeinschaft. Es wird ihm als ein ideales Ziel die centrale, alle Lebensziele umschließende Gruppe vorschweben, in welcher alle die einzelnen Gruppirungsmotive ihren Halt- und Sammelpunkt finden, in der wir das volle Bewußtsein haben: dies sind die Unsern, die Angehörigen zu denen wir stehen, mit denen wir ausharren, deren Geschick wir theilen, von denen zu scheiden ein unerträglicher Gedanke wäre. Dieß ideale Ziel der Universal-Gruppe, der vollen Lebensgemeinschaft, ist es nun, was unser deutsches Wort Volk in seinem tiefern Sinn bezeichnen will, ohne sich darum auch jenen unvollkommeneren Formen, die durch die einzelnen Hauptmerkmale bestimmt werden, zu verschließen. Und so mögen wir es uns immerhin gefallen lassen, wenn im naturgeschichtlichen Sinn jede durch einen auf Abstammung und Sprache gegründeten Typus sich von ihren Nachbarn abgrenzende Gruppe, und im politischen Sinn jede durch eine Staatsgewalt beherrschte Menge ein Volk genannt wird. Wir müssen dann, wenn auch mit widerstrebendem Gefühl, die verwirrenden Folgerungen dieses Sprachgebrauchs hinnehmen, daß der Einzelne zu zwei oder drei Völkern gehört und gesagt werden kann: das belgische Volk besteht aus zwei, das englische und schweizerische aus drei, das östreichische und russische aus – ich weiß nicht wie vielen – Völkern.« Am vollkommensten tritt uns dann die Anschauung Rümelin's, welcher wir von Herzen zustimmen können, in dem Ausspruch entgegen: »Es ist Vieles, was zusammentreffen muß, um jenem Ideal zu entsprechen und die Wirklichkeit bietet uns immer nur eine annähernde Lösung.« Jenes Ideal aber wird mit folgenden Sätzen gezeichnet: »Ein Land, groß und fruchtbar genug, um eine dichte, zahlreiche, zum Selbstschutz gegen alle Nachbarn befähigte Menge zu ernähren, von mannigfaltiger Gliederung, um eine vielseitigere Entwickelung des wirthschaftlichen und intellectuellen Lebens zu gestatten; auf diesem Boden eine sprachgeeinigte Bevölkerung, die ihn bebaut und erkämpft hat und sich durch gemeinsame Thaten und Leiden verbunden weiß; diese Menge geschützt und geordnet durch eine einheitliche Staatsgewalt, die ihrem Schooß entsprungen, mit ihren Interessen und Erinnerungen verwachsen ist, und nun auf der Grundlage dieser gesicherten Staatsordnung die Blüthe und Pflege aller jener idealen Güter der Menschheit, des intellectuellen, sittlichen und religiösen Lebens in freien und mannigfachen For-

men, auch in Gegensätzen und Kämpfen, über welche sich das befestigte Gemeingefühl überlegen und versöhnend ausbreitet – dieß heißt, ein Volk seyn.«
Angesichts der ganzen theoretischen Erörterung über das Wesen und den Begriff des Volks, welche wir hiermit schließen, angesichts auch des eben gezeichneten Ideals der Zusammengehörigkeit zu einem Volke, darf ich nun getrost die Anwendung beider auf eine zweite, auf die praktische Frage versuchen: was also sind wir, ich meine, wir deutschen Juden?

Zu welcher Nationalität gehören wir? M[eine]. H[erren]., wir sind Deutsche, nichts als Deutsche, wenn vom Begriff der Nationalität die Rede ist, wir gehören nur einer Nation an, der deutschen.
Lassen Sie uns einen Augenblick von jener vor der Hand noch etwas schwierigen Auffassung der reinen Subjektivität des Volksgeistes, wonach es bloß darauf ankommt, wozu man sich zählt, absehen, bleiben wir bei der mehr geläufigen von Boeckh adoptirten Auffassung: die Sprache entscheidet. M. H., was also sind wir? Deutsche; wir sinds, wollen, können auch nichts anderes seyn. Und nicht die Sprache allein macht uns zu Deutschen. Das Land, das wir bewohnen, der Staat, dem wir dienen, das Gesetz, dem wir gehorsamen, die Wissenschaft, die uns belehrt, die Bildung, die uns erleuchtet, die Kunst, die uns erhebt, sie sind alle deutsch. Muttersprache und Vaterland sind deutsch, beide Erzeuger unseres Innern; hier standen unsre Wiegen, hier sind die Gräber derer, von denen wir stammen, in vielen Geschlechtern; unser Anfang also und unser Ende des Lebens ist hier.* Nur unsere Abstammung ist keine deutsche, wir sind keine Germanen; wir sind Juden, also Semiten. Aber auch die anderen Theile der deutschen Nation sind von Abstammung keineswegs alle, und keinesweges reine Deutsche; nicht einmal sind alle Germanen. Die Abstammung allein ist's, wodurch wir uns von den anderen Deutschen unterscheiden;

* Ueber neueste Ein- und Auswanderung s. den »Anhang«.

aber nicht als ob alle anderen von Abstammung gleich wären, wenn auch wir von allen anderen verschieden sind; also auch nicht als ob deutsch ein Begriff wäre, der heute noch irgendwie und irgendwo mit Recht von der Abstammung gebraucht werden könnte. Es mag viele, sehr viele Menschen rein deutscher Abstammung geben, aber sie sind als solche nicht zu erkennen, von den übrigen, welche als national-deutsche eben so, wie sie selbst gelten, nicht zu unterscheiden; auch sie gehören also zur deutschen Nation nicht wegen dieser Abstammung. Man kann einerseits trotz der deutschen Abstammung zu einem anderen Volke gehören, oder wenigstens zum deutschen nicht gehören: so wer ein Schweizer, ein Amerikaner ist; man kann andererseits ohne die deutsche Abstammung schlechthin zum deutschen Volke zählen. Die Elbslaven, die Preußen u.s.w. sind anderer Nationalität gewesen, aber sie sind Deutsche geworden. Oder sind, die »Leibnitz, und alle die auf ...« -itz und -witz und -itzsch und -ky und -ow nicht offenbar undeutscher Abstammung, aber deutscher Nationalität? alle deren Väter oder Großväter noch Wenden, oder Litthauer, deren Großmütter oder Ahnen Kassuben, Sorben gewesen, die aber heute deutsch reden, denken und leben, sind sie nicht National-Deutsche?
Ich will von dem Bruchtheil des Volkes aus der Mischung germanischen und jüdischen Blutes nicht reden, welcher klein an Zahl, hervorragend an Leistung und Stellung ist. Aber da leben auch in unserer Nähe und in anderen Theilen Deutschlands französische Kolonisten; wird es Jemand wagen, ihnen die deutsche Nationalität abzusprechen? sie stammen von Franzosen [ab], aber sie sind Deutsche, obgleich ihre Geschlechter meist viel kürzere Zeit in deutschen Landen leben, als die Juden. Würde man es nicht lächerlich finden, ja müßte man es nicht als einen Verrath an der deutschen Nation ansehen, wenn Jemand behaupten wollte, daß Kant derselben nicht angehöre, daß Kant kein Deutscher sey, weil er von Abstammung ein Schotte war? seine Voreltern, von deren Einwanderung er wußte, sogar sein Vater noch hatte sich auch Cant geschrieben.

Auch unsere Vorfahren sind hier eingewandert; zahlreiche Gemeinden freilich schon vor vielen, vielen hundert Jahren; andere später; die Berliner Gemeinde z. B. wurde vor etwas mehr als zwei Jahrhunderten begründet. Daß auch die Deutschen, zum Theil sogar später, hier eingewandert sind, das ist bekannt; freilich haben sie das Land erobert und das soll der einzige wahre Rechtstitel seyn. Ob dieser denn ethisch unbedingt höher steht, als die freie Ansiedlung, die von des Landes Insassen dem einwandernden Fremdling gewährt wird, wäre eine für sittlich denkende Menschen nicht unwürdige Frage. Aber lassen wir das; es ist ja heute und hier davon nicht die Rede. Wir Juden sind als Fremdlinge eingewandert; aber sind wir gekommen, um hier Fremde zu seyn, um als Fremde einen Aufenthalt zu nehmen? eine Heimath haben unsere Väter gesucht und eine Heimath haben sie gefunden! Sieben Menschenalter hindurch hat sich ihr Wille bewährt durch eine nie vermißte treue Pflichterfüllung gegen den Staat, durch eine gemeinsame Arbeit mit dem Volke, durch gemeinsames Schicksal. Stufenweise hat man ihnen den Kreis der Pflichten erweitert und veredelt, vom »Leibzoll« bis zum höchsten vaterländischen Dienst mit Leib und Leben; aber jede *neue, jede höhere Pflicht haben wir als ein heiliges Recht* erworben, als ein hohes Lebensgut gefeiert.

Aber unser Blut, meint man, auch wenn es etwa auf dem Schlachtfelde für die deutsche Sache fließt, ist nicht deutsch; wir sind und bleiben – Semiten.

Die mit dem Worte Semiten und Semitisch etwas Schimpfliches verbinden, mögen, wenn sie Christen sind, wohl überlegen, ob sie nicht auf dem Wege sind, ihre eigene Religion zu beschimpfen.

Denn daß die Verfasser sämmtlicher Schriften des Neuen Testaments ebenso wie die des Alten ohne Ausnahme Juden, Semiten waren, ist doch eine Thatsache, die Niemand bestreitet. Ich begreife wohl, daß diejenigen, welche, glatterdings naturalistisch gesinnt, sich des Christenglaubens gänzlich entschlagen, wünschen mögen, daß die Sittenregel des deutschen Volkes, anstatt der christ-

lichen oder semitischen eine andere wäre, die ihnen mehr behagt. Wer aber noch in der heiligen Schrift, im Neuen Testament das Ideal menschlicher Sittlichkeit ausgeprägt findet, der sollte doch nie vergessen wollen, daß dieses Ideal ein Erzeugniß des semitischen Geiftes ist. Anti-Semitenthum ist Anti-Christenthum. Denn Christus der Stifter Selbst und alle seine Apostel sind Semiten.
Uebrigens ist diese ganze Blut- und Racentheorie ein Ausfluß des grobsinnlichen Materialismus der Welt- und Lebensanschauung überhaupt. Diejenigen nun, welche sonst für eine Wiederbelebung der Idealität eintreten, zeigen einen bedenklichen Mangel an Einsicht, wenn sie nicht erkennen, daß der Materialismus auf der ganzen Linie bekämpft und durch eine höhere und reinere Lebensansicht ersetzt werden muß. Wer auf der einen Seite – aus Gehässigkeit oder Unbedacht – zugibt, daß der sittliche Charakter und die Culturentwickelung der verschiedenen Völker oder Bruchtheile desselben Volkes durch das Blut und seine Erbschaft bedingt ist, der darf nicht erwarten, daß man auf der anderen Seite, die siegende Macht der Idee, die wirksame Gewalt des Gedankens und die Kräfte des Gemüths anerkennen oder im Leben bewähren werde. Eine Folge, zuweilen wohl auch Ursache, immer also Begleiterin dieses Materialismus, ist die Erregung des niedrigsten und gemeinsten Widerwillens unter den Menschen, die Erregung des Racen- oder Stammeshasses. Ich nenne ihn den niedrigsten und gemeinsten, weil er der thierische ist, der unter den Thierarten entbrennt aus keinem anderen Grunde, als wegen ihrer Verschiedenheit. In einer friedenathmenden Menschenwohnung mit einander aufgewachsen, lernen freilich Hund und Katze sich mit einander vertragen. Der Mensch aber, in dem das Gefühl der Humanität noch nicht erstanden oder wieder erstickt ist, sieht in jedem Menschen, der von ihm verschieden ist, einen Gegner, auch wenn dieser keinerlei Angriff auf, keinerlei Eingriff in seine Rechte bekundet.
Soll denn aber einmal vom Blute die Rede seyn – ich meinerseits erkläre aber feierlich: das Blut bedeutet mir blutwenig, der Geist

und geschichtliche Ausbildung bedeutet mir fast Alles, wenn es sich um den Werth und die Würde des Menschen, der Einzelnen oder eines Stammes handelt! soll denn aber einmal vom Blute die Rede seyn, dann behaupte ich, daß das semitische Blut vom edelsten ist, das in Menschenadern rinnt. Das ist nicht bloß jüdische, das ist auch echt christliche Ueberzeugung.

Dafür, daß es echt christliche Ueberzeugung ist, glaube ich keinen besseren Gewährsmann anführen zu können, aber neben diesem auch keines anderen zu bedürfen, als Dr. Martin Luther. (Erlanger Ausgabe, Bd. 29, S. 47f. heißt es:)

»Und wenn wir gleich hoch uns rühmen, so sind wir dennoch Heiden, und die Jüden von dem Geblüt Christi: wir sind Schwäger und Frembdlinge; sie sind Blutfreund, Vettern und Brüder unseres Herrn. Darumb, wenn man sich des Bluts und Fleischs rühmen sollt, so gehören je die Juden Christo näher zu, denn wir; wie auch St. Paulus, Röm. 9, sagt: Auch hats Gott wohl mit der That beweiset; denn solche große Ehre hat er nie keinem Volke unter den Heiden gethan, als den Jüden. Denn es ist ja kein Patriarch, kein Apostel, kein Prophet aus den Heiden, dazu auch gar wenig rechte Christen erhaben. Und obgleich das Evangelium aller Welt ist kund gethan, so hat er doch keinem Volk die heiligen Schrift, das ist, das Gesetz und die Propheten befohlen, denn den Jüden.«

Hier mögen denn auch die Worte Luthers, welche diesen Sätzen vorangehen, ihre rechte Stelle finden.

»Ich hoff, wenn man mit den Jüden freundlich handelt und aus der heiligen Schrift sie säuberlich unterweiset, es sollten ihr viel rechte Christen werden, und wieder zu ihrer Väter, der Propheten und Patriarchen Glauben treten; davon sie nur weiter geschreckt werden, wenn man ihr Ding vurwirft, und so gar nichts will seyn lassen, und handelt nur mit Hochmuthe und Verachtung gegen sie. Wenn die Apostel, die auch Jüden waren, also hätten mit uns Heiden gehandelt, wie wir Heiden mit den Jüden, es wäre nie kein Christen unter den Heiden worden. Haben sie denn mit uns Heiden so brüderlich gehandelt, so sollen wir wiederumb brüderlich mit den Jüden handeln, ob wir etlich bekehren mochten: denn wir sind auch selb noch nicht alle hinan, schweig denn hinüber.« – Desgleichen heißt es weiterhin (S. 74): »Darumb wäre mein Bitt und Rath, daß man säuberlich mit ihnen umbging, und aus der Schrift sie unterrichtet, so möchten ihr etliche herbeikommen. Aber nu wir sie nur mit Gewalt treiben und gehen mit Lügentheidingen umb, geben ihnen Schuld, sie müssen Christenblut haben, daß sie nicht stinken, und weiß nicht weß des Narrenwerks mehr ist; daß man sie gleich fur Hunden hält; was sollten wir guts an ihnen schaffen? Item, daß man ihnen verbeut unter uns zu ärbeiten, handthieren, und andere menschliche Gemeinschaft zu haben, damit man sie zu wuchern treibt; wie sollten sie das bessern?

Will man ihnen helfen, so muß man nicht des Papsts, sondern christlicher Liebe Gesetz an ihnen uben, und sie freundlich annehmen, mit lassen werben und ärbeiten, damit sie Ursach und Raum gewinnen, bei und umb uns zu seyn, unser christlich Lehre und Leben zu hören und sehen. Ob etliche halsstarrig sind, was liegt daran? sind wir doch auch nicht alle gute Christen.«*

* Wir wissen es wohl, daß Luther in späteren Jahren manche heftige Rede auch gegen die Juden geführt hat; kein Wunder! er fühlte sich in seiner oft (s. oben) ausgesprochenen Erwartung getäuscht, daß die Juden sich nun, da ein geläutertes Christenthum geschaffen sey, in großen Schaaren demselben zuwenden werden, daß das Dogma sie auch jetzt noch fern halten könne, rechnete er ihnen als ein Unrecht an; meinte er doch die Grundlehre des Neuen Testaments durch den Schriftbeweis des Alten unzweifelhaft begründen zu können; eine andere Schriftauslegung aber, aus der folglich auch ein anderer Glaube fließt, mochte er nicht gelten lassen; die seinige war ihm die zweifellos richtige. Diese unbedingte Zuversicht in den eigenen Schriftbeweis ist kein psychologisches Räthsel. Gezwungen für die neubegründete Kirche je länger je mehr in heißem Kampfe einzustehen, für die Heilswahrheiten nicht bloß nach außen den Boden, sondern auch nach innen die Reinheit und Festigkeit, wie er sie sich dachte, zu erstreiten, insbesondere gegen Abweichungen – der Zwinglianer und Calvinisten – auf Grund anderer Schriftauslegung mit der eigenen sie zu schützen, – mußte ihm die Duldung fremder Meinung sich

Also nur unsere Abstammung ist nicht deutsch; fast hätte ich gesagt, und auch die Religion. Aber das wäre ein logischer Fehler. Es gibt keine deutsche Religion; das Christenthum, der Katholicismus und der Protestantismus, sie sind eben so französisch, englisch, italienisch u.s.w. wie sie deutsch sind.

Genau dasselbe gilt vom Judenthum; es ist französisch, englisch, italienisch, denn Franzosen, Engländer, Italiener sind Juden; das Judenthum ist ganz in demselben Sinne deutsch wie das Christenthum deutsch ist. Jede Nationalität umfaßt heute mehrere Religionen, wie jede Religion mehrere Nationalitäten.

Soll grade uns das Judenthum hindern, ganz und voll Deutsche, Franzosen, Engländer zu seyn? Hindert das Christenthum denn den Deutschen, den Franzosen, den Engländer. in seiner Nationalität? Aber die Juden, sagt man, sind zugleich Glaubens- und Stammesgenossen. Allein sind nicht auch die Deutschen, die Engländer, die Holländer, die Dänen germanische Stammes- und protestantische Glaubensgenossen? Ihre Nationalitäten sind dennoch durchaus verschieden; Land, Staat, Sprache, Geschichte scheidet sie; genau so bei uns Juden. Nur die Religionsgeschichte verbindet jene als Protestanten, verbindet Deutsche, Franzosen, Spanier als Katholiken mit einander; genau so bei uns Juden.

Bei den Juden fallen allerdings die Grenzen der Glaubenseinheit mit denen der Stammeseinheit zusammen; aber hat dieß in der Welt Gottes irgend einen Bezug auf die Nationalität derer, die zu den verschiedenen Nationen gehören? wird der französische Jude irgend wie und irgend worin ein anderer, weil es auch abessynische Juden gibt? macht es einen Unterschied, ob es nicht bloß – wie bei den Christen auch – französische, englische, armenische, son-

vermindern. Allen Späteren, dem Kampfe fernstehenden mag das Auftreten verschiedener Meinung als ein Grund erscheinen, die Zuversicht in die eigene Meinung zu entkräften; wer mitten im Kampfe steht, wird die Wahrheit seiner Ueberzeugung durch ihre Festigkeit bewähren.

dern auch marokkanische und persische Juden gibt? Werden die Engländer und die Deutschen minder gut englisch und minder gut deutsch, wenn sie das Christenthum auch bei den Irokesen ausbreiten?

Nur in einem Punkte ist thatsächliche Verschiedenheit vorhanden: die Religion der Juden ist zugleich das Erzeugniß des eigenen Stammes. Dieß mag man uns, wenn man denn durchaus will, als einen Vorzug gelten lassen. Ich aber meine, daß grade so tief wie sein angestammter Glaube im Herzen eines Juden, auch das Christenthum tief und innig und gewaltig, das ganze Gemüth durchdringend in der Seele eines wahrhaft religiösen Germanen leben wird, obgleich es nicht germanischen, sondern semitischen Ursprungs ist. Bei jedem Menschen und beim Juden nicht weniger ist die individuell bürgerliche, die politische und nationale Thätigkeit durchaus unabhängig von seiner Religion; ganz besonders aber dann, wenn diese Religion nichts von einer Macht, nichts von einer Herrschaft fordert oder gewährt, wenn sie deshalb auch nie als Religion in Conflict kommen kann mit dem Staat. Ueberfluß oft wiederholt – aber gestatten Sie mir, meine Herren, die allgemeine Bemerkung, einzuschieben: dies macht alle diese Vertheidigungen so entsetzlich langweilig, (für einen denkenden und fühlenden Menschen zu einem wahren Martyrium!) daß sich immer dieselben Gedanken wiederholen müssen, weil auch die Anklagen, immer wieder aus denselben Quellen geschöpft, immer dieselben sind; dieselben Irrthümer, dieselben Unwahrheiten, dieselbe Unkenntniß oder dieselbe Entstellung der Thatsachen, dieselben Gründe also auch – immer die gleichen Gegengründe! – bis zum Ueberdruß oft wiederholt ist die präcise Fassung des Gedankens für Israel, welche Mar Samuel vor mehr als 1600 Jahren gegeben: das Gesetz der Landesregierung, des Imperiums, ist Gesetz für den Juden. Dieß war keine Folge bloßer Fügsamkeit, sondern von je an, seit Israel Gott als den Lenker der Weltgeschicke anerkannt hat, hat es auch den König der Könige in ihm verehrt und alles Regiment, das zu Recht besteht und das Recht vertritt als eine Einsetzung, ja als einen Abglanz Gottes angesehen. Das ist nie bestrittene jüdische Tradition. Abstammung also und Religion hindern den Juden nicht im vollsten Sinne der deutschen Nationalität anzugehören; wir erleben keine andere Geschichte als die Geschichte des deutschen Volkes, was ihm zu lieb und was ihm zu leid geschieht, seine Sorgen, seine Kämpfe, seine Triumphe sind auch die unsrigen, seit das Staatsgrundgesetz uns zu vollen Bürgern des Landes gemacht hat. Mit Recht weist Rümelin (S. 114) nach der in qualitativen Stufen aufsteigenden Bedeutung der Nationalität darauf hin, daß die Deutschen »ein Volk im ächten, wahren Sinn des Wortes, dem wir uns angehörig wissen und empfinden, das uns ein Vaterland gibt, erst durch die neuesten Ereignisse geworden sind«; daß an diesem lezten, höchsten Bildungsact des deutschen Volkes wir deutsche Juden in jedem Sinne und im vollen Maße bereits Theil nehmen durften, ist für uns ein stolzes Bewußtsein, eine unvergleichliche Befriedigung.* Im Felde haben wir mitgekämpft, in den Parlamenten mitberathen, derweil auch auf den communalen Rathsstühlen gesessen, in den Laboratorien mitgearbeitet, in den Krankenhäusern mitgeheilt und mitgepflegt, auf den Kathedern mitgelehrt. Aber auch an allen nationalen Werken des Friedens, an allen idealen Interessen des Volkes nehmen wir längst und je länger je mehr einen breiten und vollen Antheil. Was wir thun und was wir treiben, thun und treiben wir als Deutsche; und wenn wir, worauf man so gern hinweist, auf dem Weltmarkt Vermögen erwerben, so ist dieß eine Vermehrung des Nationalreichthums. Handel und Gewerbe, Handwerk und Fabrikation, Kunst und Wissenschaft erfüllen unser Leben, und was und wie wir arbeiten, jeder nach seinem Maße: wir mögen wollen oder nicht, so arbeiten wir als Deutsche.

* Ueber die Theilnahme der Juden am deutsch-französischen Krieg von 1870-71 vergl. das »Gedenkbuch« an denselben für deutsche Jsraeliten, herausgegeben von Dr. *L. Philippson* in Bonn. Das Buch ist neben seinen Historischen und statistischen Daten ein Schatz von guten, patriotischen Gedanken.

Aber nicht an jeglicher Arbeit nehmen wir gleichen Antheil; zunächst am Ackerbau, der ehrenhaften Grundarbeit des Volkes, nur einen geringen. Unrecht aber ist es, darin einen selbstverschuldeten Fehler des jüdischen Stammes zu sehen. Selbst einem Manne wie Boeckh, dessen Humanität von einer unbedingten Lauterkeit ist, konnte der Satz entschlüpfen (a. a. D. S. 289): »Die Vorliebe und das Geschick der Juden für Handelsgewerbe ist ihnen eigen geblieben, auch, nachdem ihnen der Betrieb von Ackerbau und Handwerk gestattet worden, während sie in wissenschaftlicher Thätigkeit sich hervorthun, sobald nur die hindernde Gesetzgebung hinwegfällt.« Längst habe ich im völkerpsychologischen Interesse an hervorragende Statistiker die Frage gerichtet, ob man nicht eine Statistik für den Berufswechsel in der Abfolge der Geschlechter beschaffen könnte. Spielhagen hat einmal die treffende Bemerkung gemacht: »daß der Sohn des Schulmeisters Pfarrer, der Sohn des Feldwebels Kadett wird, ist ein so gutes Stück Naturgeschichte, wie jedes andere.« Dieses Stück Naturgeschichte des Menschen sollte aber vollständig erörtert werden; dann wird man die Thatsachen nicht mehr zu Ungunsten der Juden deuten können. Will man sie billig beurtheilen, da wird die statistische Frage nicht lauten dürfen: wie groß ist die Anzahl der Ackerbauer bei Juden und Nichtjuden im Verhältniß zur Bevölkerung überhaupt? vielmehr wird man fragen müssen, wie groß ist die Anzahl der Söhne von Städtebewohnern, von Handwerkern, von Gelehrten und Kaufleuten, welche sich aufs Land und zum Ackerbau gewendet haben? Dann wird man unzweifelhaft finden, daß das Verhältniß bei Christen wohl das gleiche seyn möchte, wie bei Juden, deren Eltern und Voreltern weder ländlichen Grundbesitz erwerben, noch auch nur auf dem platten Lande wohnen durften. Unterliegen die Juden nicht denselben psychologischen Gesetzen, wie andere Menschen?

Boeckh der Statistiker hebt also hervor, daß sie »in wissenschaftlicher Thätigkeit sich hervorthun, sobald nur die hindernde Gesetzgebung hinwegfällt«. Wie erstaunt mußten wir nun seyn, neuerdings zu hören, daß »unter den führenden Männern der Kunst und Wissenschaft die Zahl der Juden nicht sehr groß ist«. Wie groß soll sie denn seyn? Herr v. Sybel hat eine bekannte Erfahrung präcise ausgesprochen, wenn er (Vorträge und Aufsätze Berlin bei Hofmann S. 44) bemerkt: »Der Staat versammelt die besten wissenschaftlichen Kräfte von ganz Deutschland als Lehrer an den Universitäten, so daß die in England und Frankreich alltägliche Erscheinung, ein namhafter Gelehrter ohne akademische Stellung, bei uns eine ganz seltene Ausnahme ist.« Nun weiß aber Jedermann, daß das Lehramt an der Universität den Juden bis vor einem Menschenalter verschlossen war. Sollten die Juden allein jene Ausnahmen stellen? Sie haben sie gestellt, aber nicht seltene, sondern häufige. Ich rede nicht von den gegenwärtigen jüdischen Lehrern an den Universitäten; obgleich die Mehrzahl derselben ihre wissenschaftliche Ausbildung viel früher, als das Recht und die Hoffnung des Lehramts erlangt haben. Ich will an Valentin und Traube nicht erinnern, da sie immerhin Medicin mit der Aussicht auf praktische Uebung derselben studiren konnten; ich will an Munck, Franck und Oppert nicht erinnern, deutsche Juden, welche in Deutschland den Beruf der Wissenschaft ergriffen haben, und, hier von jeder Ausübung desselben ausgeschlossen, in Frankreich zu Mitgliedern des Instituts emporgestiegen sind. Da von der Neigung und Befähigung der Juden für die Wissenschaft die Rede ist, sollte ich vielleicht Eduard Gans, oder wenn dieser heute minder geschätzt wird, desto eher Stahl, den intellectuellen Führer der conservativen Partei in Deutschland, und August Neander und den Physiker Magnus nennen dürfen. Von all diesen schweige ich; aber Aufmerksamkeit erbitte ich für folgende Sätze:

Die Juden in Preußen bilden etwa ein und ein Drittel Procent der gesammten Bevölkerung; bis zum Jahre 1848 war den Juden die wissenschaftliche Laufbahn versperrt; die in Bezug auf ausschließlich schöpferische Thätigkeit in der Wissenschaft höchste Institution des Landes ist die Akademie der Wissenschaften. Diese zählt jetzt im Ganzen 45 Mitglieder: die physikalisch-mathematische Klasse

21, die philosophisch-historische 24; unter jenen 21 Mitgliedern befinden sich – alle vor 1848 bereits wissenschaftlich ausgebildet – fünf Juden (Peter Rieß, Kronecker, Borchardt, Ewald und Pringsheim). Können Zahlen lauter reden? können sie strenger beweisen? Und doch wäre die Zahl der führenden Männer der Wissenschaft unter den Juden nicht groß? Wie groß soll sie denn seyn?
Freilich zu dem, der Felix Mendelssohn nennt, und Moses Mendelssohn verschweigt, redet die Geschichte vergebens. Man liebt es jetzt Mendelssohn an Kant und Hegel zu messen, und ihn dann recht hübsch klein zu finden. Gewiß war Mendelssohn einer von den großen Philosophen; er ist nicht mit dem deutschen Kant, aber auch nicht mit dem jüdischen Spinoza zu vergleichen. Wenn es sich aber um die Ausbildung des specifisch-deutschen Volksgeistes, um die Ausprägung des Gedankens in deutscher Sprache handelt, dann darf man Mendelssohn nicht vergessen, wie wenig seiner zu gedenken einem auch behagen mag. Seine Darstellung ist bis auf den heutigen Tag ein selten erreichtes Vorbild eines rein deutschen philosophischen Styls, der nicht bloß durch Klarheit, sondern auch durch Schönheit des Ausdrucks, anstatt des Gedankens Tiefe zu beeinträchtigen, vielmehr seine Erhabenheit befördert. Kant selbst, der am 8. April 1766 M. versichert: »niemals werde ich etwas schreiben, was ich nicht denke« – schreibt ihm (18. Aug. 83) »es sind wenige so glücklich, für sich und zugleich in der Stelle Anderer denken und die ihnen Allen angemessene Manier im Vortrage treffen zu können. Es ist nur ein Mendelssohn.« Andere Zeugnisse könnte ich in großer Anzahl vorführen; aber sie sind für die Einen entbehrlich, für die Anderen vergeblich. Erwähnung aber verdient grade in unserem Zusammenhange, eine andere Stelle aus dem gleichen Briefe Kant's, worin er bemerkt, »mit welcher Bewunderung der Scharfsinnigkeit, Feinheit und Klugheit er den Jerusalem gelesen habe«. »Ich halte dieses Buch für die Verkündigung einer großen, ob zwar langsam bevorstehenden und fortrückenden Reform, die nicht allein Ihre Nation, sondern auch andere treffen wird. Sie haben Ihre Religion mit einem solchen

Grade von Gewissensfreiheit zu vereinigen gewußt, die man ihr gar nicht zugetraut hätte und dergleichen sich keine andere rühmen kann u. s. w.« (Kant's sämmtliche Werke herausg. von Rosenkranz und Schubert XI, I, 17.) Mendelssohn ist dennoch kein großer Philosoph; aber die Einheit des Denkers, die innige Verbindung einer edlen Stärke des Willens, Reinheit der Gesinnung und Tiefe des Gemüths mit der Klarheit und Schärfe des Geistes, also die strenge Einheit und Ganzheit des philosophischen Charakters ist selten wieder in gleicher Vollkommenheit dagewesen. Nicht was auf der Höhe der Systematik, sondern was auf dieser Höhe der Persönlichkeit (welche Mendelssohn mit dem Platonischen Sokrates so ähnlich macht) geschaffen wird, hat ein dauerndes und nicht alterndes Leben im Geiste der Nationen. Glücklich waren Mendelssohn und seine Zeit, daß er in ihr lebte und galt nicht als ein Philosoph, sondern als ein Weiser: wenn seine Zeitgenossen und deren nächste Nachfolger von ihm reden, wird er fast nie anders, als bei diesem Ehrennamen genannt. Erwägt man die Umstände unter denen er aufgewachsen, gelebt und gedacht hat, so erscheint er fast ein psychologisches Wunder; aber Mendelssohn ist kein Wunder, sondern nur ein deutscher Jude der edelsten Art. Besseren Zeiten, in denen wiederum vorurtheilslose, von Besonnenheit und Wahrhaftigkeit geleitete Erforschung der Thatsachen stattfinden wird, mag es vorbehalten bleiben, die eigenthümlich tiefe und folgenreiche Affinität zu ergründen, welche grade zwischen dem germanischen und dem jüdischen Geiste hervortritt. Daß sie neuerdings auch auf der Schattenseite menschlichen Thuns arge Früchte treibt, wird Niemand läugnen. Einer äußerlichen und materialistischen Lebensführung ist eine theoretische materialistische Ueberzeugung entgegen- und zuvorgekommen. Wessen Sinn noch auf die idealen Ziele des Lebens gerichtet ist, wird das auf's Tiefste beklagen; er wird auch diese Richtung und Gesinnung anklagen; aber die Billigkeit wird ihn davor bewahren, die gesammte Stammes- oder Glaubensgenossenschaft hüben oder drüben dafür verantwortlich zu machen.

Alle besseren Juden aber, als solche gewöhnt weitgemessene historische Erinnerungen zu hegen, gedenken dieser Affinität zu deutschem Geiste, mit der innigsten Dankbarkeit. Hat doch auch dasjenige Gebiet der Wissenschaft, welches für den Juden noch ein specifisches, weil religiöses Interesse darbietet, nemlich die philologische und historische Erforschung des alten Testaments im deutschen Geiste eine Pflege und Blüthe gefunden, wie bei keinem anderen Volke. An der Gesammtentwickelung der deutschen Wissenschaft und der deutschen Cultur überhaupt nehmen die Juden mit einer solchen Hingebung, receptiv und productiv, Theil, daß ihnen eine innerliche Trennung von derselben ganz undenkbar und unverständlich ist. Selbst in dem, was uns von der Mehrheit unserer Mitbürger scheidet, in der Religion geht unser Streben und unsere Theilnahme auf das Heil des Ganzen. Zunächst wenn wir für die religiöse Erziehung und die religiösen Institutionen unserer Glaubensgenossen Sorge tragen. Oder ist es etwa für das Ganze der Nation gleichgiltig, ob und wie die Religiösität eines Theiles derselben gefördert wird? Ach, daß uns dies in höherem Maße gelänge! dann würde manche berechtigte Klage gegen uns – die nur in der Allgemeinheit unberechtigt ist – verstummen müssen. Aber auch für die Blüthe und das Gedeihen der christlichen Religion haben wir aus demselben Grunde den innigsten Antheil; denn wir erkennen den hohen Werth der Religion für die Idealität einer Gesammtheit überhaupt. Ueber das, was das Beste der christlichen Kirche ist, oder der verschiedenen Kirchen, darüber haben wir oft keine zulängliche Meinung; wer besonnen ist unter uns wird auch eine solche nicht äußern, um sich etwa in den religiösen Streit der Parteien zu mischen. Aber nicht bloß mit unserem Herzen können wir jeder Kirche das wünschen, was für sie das Beste sein möchte; sondern auch mit unserem Urtheil völlig zurückgehalten oder bescheiden geäußert können wir mit voller Unparteilichkeit auf die Seite dessen uns stellen, der die höhere, würdigere, gedeihlichere Stufe der religiösen Entwickelung der Menschheit vertritt. Bei aller Bescheidenheit und mit aller Zurückhaltung können wir die Religion Lessing's der Religion Göze's vorziehen; und wenn wir im innersten Herzen den Wunsch hegen, daß jene über diese triumphiren möge, dann dürfen wir zuversichtlich erwarten, daß die Vernunft und die Zukunft ihn erfüllen werden. Die verschiedenen Religionen, die verschiedenen Parteien in derselben mögen mit einander streiten, auf welcher Seite die Wahrheit ist; wer einer Dritten angehört wird sich in den Streit nicht mischen, aber er wird wünschen, daß jede Religion, wie der Inhalt ihres Glaubens auch beschaffen sey, diejenige Höhe und Innigkeit und Reinheit der religiösen Gesinnung erreiche, welche ihr möglich ist. Die Individuen, aber auch die Epochen in der Geschichte unterscheiden sich in religiöser Beziehung nicht bloß durch die Dogmen, welche Geltung für sie haben, sondern eben so sehr durch die Art, den Grad und die Tiefe der Religiosität. Diese, die Religiosität eines Andersgläubigen können wir anerkennen, verehren und selbst bewundern, ohne daß wir auf den Inhalt seines Glaubens achten; ja wir können durch Vorbild und Lehre die Glaubensinnigkeit, die Hingebung auch eines Andersgläubigen erwecken oder empfangen. Vielleicht kommt dieß daher, daß in allen Religionen die Religiosität selbst das Letzte und Tiefste und ihnen allen gemeinsame, dem Höchsten im Menschenthum zustrebende ist.

Dennoch hat man neuerdings wieder den Vorwurf erhoben, daß wir das Christenthum verachten. Wir, wir sollten gegen das Christenthum irgend wie unsere Gesinnung lenken? Der Talmud (Babakama Seite 92) spricht gelegentlich aus, daß es dem Juden nicht erlaubt ist, gegen den Egypter ein abfälliges Urtheil zu hegen, und führt dafür das Sprüchwort an: Der Brunnen, aus dem du getrunken, in den darfst du keinen Stein werfen. Und wir, die wir täglich aus dem Brunnen des deutschen Geistes schöpfen, von dessen Quellen das Christenthum eine der tiefsten ist, wir sollten einen Stein hineinwerfen wollen? Die Gründe für die ehemalige langzeitige Schärfung des Gegensatzes sind ja bekannt genug. Ich will nur flüchtig darauf hindeuten. Im Anfang, als die neue Glaubensgemeinde von der alten sich trennte, gab es natürlich Feindschaft und Verbitterung. Denke man doch nur an Rom und Wittenberg! und gelten, frage ich wiederum, nicht dieselben psychologischen Gesetze für alle Zeiten, haben nicht die gleichen Ursachen gleiche Wirkungen? Dann kam die lange Zeit, welche man das Mittelalter nennt. Es bedarf wohl keiner Schilderung der Art wie die Herrschaft über die Juden ausgeübt wurde. Ein einziges Zeugniß statt aller führe ich an, das von Luther; in seiner gewaltig derben Redeweise lautet es (a. a. D. S. 46):

»Denn unsere Narren, die Päpste, Bischöfe, Sophisten und Münche, die groben Eselsköpfe, haben bisher also mit den Jüden gefahren, daß wer ein guter Christ wäre gewesen, hätte wohl mocht ein Jude werden. Und wenn ich ein Jüde gewesen wäre, und hätte solche Tölpel und Knebel gesehen den Christenglauben regiern und lehren, so wäre ich ehe ein Sau worden denn ein Christen. Denn sie haben mit den Jüden gehandelt, als wären es Hunde, und nicht Menschen; haben nichts mehr kunnt thun denn sie schelten, und ihr Gut nehmen, wenn man sie getauft hat, kein christlich Lehre noch Leben hat man ihnen beweiset, sondern nur der Päpsterei und Müncherei unterworfen« u. s. w.

Das ist vorüber! Die gegenseitige Würdigung des Christenthums von Seiten der Juden, allmählich auch des Judenthums von Seiten der Christen, besonders der einsichtigen und denkenden hüben und drüben, steigt mit jedem Jahr, wenn auch kleine Unterbrechungen stattfinden. Wir, die wir fort und fort Beweise häufen, daß unsere Sittenlehre dieselbe ist, wie die des Christenthums, wir sollten die Grundlehren des Christenthums verachten? Verachtet wohl eine Mutter ihr eigenes Kind? Und ist nicht die Sittenlehre des Christenthums, wie verschieden das Dogma sey, Geist von unserem Geiste? Was wir oft und schwer und tief genug zu beklagen hatten, war nicht das Christenthum und seine Lehren, sondern die Trübung, Verkehrung, der Verfall dieser Lehren. (Vergl. Peschel Völkerkunde S. 315). Aber nicht die Sittenlehre allein.

Trägt nicht das ganze religiöse Wesen und Weben noch die Spur ursprünglicher Gemeinschaft? Geht doch hin in die Kirchen!

auch dort, wenn die Seele im Innersten aufjauchzt zum Herrn aller Creatur, wenn das Gemüth am tiefsten ergriffen wird, der Geist sich am höchsten aufschwingt und die Glut des religiösen Sinnes am gewaltigsten auflodert, dann heißt es auch dort, wie bei uns: Hallelujah und Hosiannah! und die tiefste Bekräftigung ist das Amen! Und wir sollten diese Religion nicht hochhalten?

Wenn aber irgend ein jüdischer Schriftsteller thöricht oder geschmacklos genug ist, ein zudringliches oder ungerechtes Urtheil über das Christenthum zu fällen, darf man deshalb sagen, daß »die Juden« es verachten? Der Dr. August Rohling, Professor der katholischen Theologie in Prag, derselbe, der vor einigen Jahren ein Buch »Der Talmudjude« geschrieben, fällt in seinem mit Genehmigung der geistlichen Oberen 1875 erschienenen Buche über den »Antichrist« folgendes Urtheil über den Protestantismus: Wohin der Protestantismus seinen Fuß setzt, verdorrt das Gras, geistige Leere, Verwilderung der Sitte, schauerliche Trostlosigkeit der Herzen sind seine Früchte; ein Protestant, der nach Luther's Recepten lebt, ist ein Ungeheuer; Vandalismus und Protestantismus sind identische Begriffe.«

Würde man nun deshalb sagen dürfen: alle Katholiken oder »die« Katholiken verachten den Protestantismus?

Wann endlich wird die barbarische Logik aus den Köpfen verschwinden, an die Stelle des Einzelnen oder des Besonderen in der Erfahrung das Allgemeine im Urtheil zu setzen? Was in aller Welt nützt denn die Logik, wo ist der Adel der Wissenschaft, wo die Würde des Gedankens, wenn man an entscheidender Stelle, da, wo es sich um Wohl und Wehe, um Ehre und Ruf von Tausenden und Abertausenden handelt, mit einem aller Logik so sehr, wie aller Gerechtigkeit spottenden Leichtsinn anstatt den oder einige Juden ohne weiteres die Juden setzt?

Hätte es eine Erziehungskunst gegeben, die Menschen vor diesem einen logischen Fehler, an die Stelle des Einzelnen das Allgemeine zu setzen, zu bewahren, Ströme von Thränen und Blut wären nicht vergossen worden.

Aber freilich dieser logische Fehler ist nicht ein Fehler des Kopfes, sondern des Herzens.

Das allgemeine Gefängniß des Gesammturtheils, in welches man Alle sperrt, obgleich nur Einige schuldig sind, pflegt wohl eine kleine Hinterthür zu haben, durch welche diese logischen Gefangenwärter, bestochen von den Vorzügen derselben, Einzelne herausschlüpfen lassen. Man gibt zu, daß es Ausnahmen gibt, die man sogar als »Freunde« anerkennt.

Ich aber für meine Person erkläre hiermit ausdrücklich: ich stehe lieber zu den letzten und niedrigsten, zu den schlichtesten und einfachsten, wenn sie redliche Männer sind; ich stehe zu denen, welche ungekannt angeklagt und ungeprüft verurtheilt werden, viel lieber, als zu der Schaar der als »Ausnahmen« Begnadigten.

Was also soll es heißen, wenn man uns auffordert, »rückhaltslos Deutsche zu seyn?« Und das in demselben Athem, mit welchem man uns hart und lieblos als ein gesondertes Ganzes und wie ein Fremdes bespricht. Oder gibt es etwas Härteres und Liebloseres als Jemandem zu sagen: »Du bist mein Unglück!«

Der Begriff der Nationalität ist, wie wir gesehen haben, einer fortwährenden Vertiefung, das Ideal jeder, auch der deutschen Nation einer fortwährenden Erhöhung fähig. In dem Streben nach jener Vertiefung nach dieser Erhöhung sollten wir uns einigen; wir, damit meine ich alle, denen das Ideal und seine Erfüllung am Herzen liegt, und gemeinsam sollten wir ringen und kämpfen gegen Alle, welche hinter der wahrhaften und energischen Theilnahme am nationalen Gedanken zurück bleiben, gegen Alle, welche durch ihre niedrige Gesinnung, durch gemeine Lebens- und Handlungsweise die Idealität hemmen und schädigen. Aber nicht nach Confessionen und nicht nach Abstammung sind die höheren und niederen Elemente des Volksthums, die lauteren und unlauteren Gesinnungen geschieden; darin ist die Scheidung nach Confessionen – Christen und Juden, Katholiken und Protestanten – falsch und verderblich und eine tiefe Schädigung der idealen Kräfte, welche den Kampf gemeinsam bestehen sollen. Die höchste Entfaltung des Gedankens deutscher Nationalität sey das Banner, um das wir uns schaaren. Aber das Deutschthum, das wir erstreben, muß ohne jede Felonie gegen angestammte Traditionen, und ohne jede Felonie gegen allgemein menschheitliche Principien bestehen können; das wahre Deutschthum darf nicht engbrüstig, kleinmüthig und kurzsichtig, es darf nicht von niedrigem Neide und kleinlicher Mißgunst entstellt seyn, es muß hochgesinnt und großherzig seyn. Burke sagte einmal im englischen Parlament: wenn wir unser Vaterland lieben sollen, dann muß unser Vaterland auch liebenswürdig seyn. Wir lieben und preisen die deutsche Nation – seine eigene Nation darf man auch preisen, obgleich man selbst zu ihr gehört – wie man sie auch lieben soll – wir lieben und preisen die deutsche Nation als die edelste an Geistes Kraft und Tiefe, wir preisen und verehren sie, weil wir meinen, daß sie am heißesten ringt nach der Erfüllung eines menschheitlichen Ideals. Wir sind deshalb auch glücklich Söhne dieser Nation zu seyn, die wir von ganzer Seele hochhalten und mit Stolz betrachten.

Das wahre Ideal der deutschen Nation hat, wie ich meine, Rümelin (Schluß desselben Vortrags) treffend gezeichnet. »Die Idee der Menschheit steht noch höher, als alles Volksthum; in dem Geisterreigen ahnender Völker breitet die Menschheit die Fülle ihres Inhalts aus. Nun hat aber noch nie die eigenthümliche Gemüthsart eines Volkes zu dieser Idee der Menschheit eine directere Beziehung gehabt, als die der deutschen. Andere Völker dienten ihr ohne es zu wissen und zu wollen. Uns aber hat der besondere Gang unserer Geschicke dahin geleitet, jenes Ziel unmittelbar und mit Bewußtsein als unser Wahrzeichen aufzustellen. Man hat uns so oft gescholten, daß wir das Eigene nicht zu schätzen wissen und das Fremde bewundern; eine rechte Dosis von Nationalstolz uns einzuimpfen hat niemals gelingen wollen, und nachdem wir die größten Thaten fertig gebracht, lassen wir uns kaum für eine Erinnerungsfeier daran erwärmen. Mit dem besten Willen bringen wir es nicht dahin, das Fremde zu verachten, den Haß der Feinde mit der gleichen Erregung zu erwidern; wir können nicht davon lassen, das Gute zu suchen und anzuerkennen, wo es auch sey. Vom Weltbürgerthum, von einer Weltlitteratur aus sind wir zum Bewußtsein unserer nationalen Aufgabe geführt worden. Die Poesie keines Volkes hat so direct nach den Höhen der Menschheit den Blick gerichtet; die Wissenschaft keines andern hat einen so universellen und internationalen Charakter. Zur Nation euch zu bilden, hat uns Schiller gesagt, ihr hofft es, Deutsche, vergebens; bildet, ihr könnt es, dafür freier zu Menschen euch aus. Manche unserer Eigenschaften halten uns auf oder ziehen uns vom Ziele ab, aber dieser ideale Zug, die Liebe zur Wahrheit und Gerechtigkeit und Humanität wird uns immer wieder auf die rechte Straße weisen. Und bei diesem eigenthümlichen Zug nach dem allgemein Menschlichen hin dürfen wir vielleicht hoffen, daß wir in den schweren Kämpfen und Aufgaben, die unserer warten, nicht allein seyn werden, ja daß der Genius der Menschheit als stiller Bundesgenosse an unserer Seite stehen wird.«

In voller Uebereinstimmung mit uns selbst können und sollen wir, wir deutsche Juden, zur Erfüllung dieses höchsten Ideales deutscher Nationalität beitragen. Wir dürfen nicht bloß, wir müssen, um vollkommene, im höchsten Maße leistungsfähige Deutsche zu seyn, Juden seyn und bleiben. Nicht nur berechtigt, vielmehr verpflichtet sind wir, was wir als Stamm an geistiger Eigenart, als Religion an Erbtugend oder Erbweisheit besitzen, auch zu erhalten, um es in den Dienst des deutschen Nationalgeistes als einen Theil seiner Kraft zu stellen. Jedes Volksthum, welches eine hohe Stufe der Entwickelung erreichen soll, muß mit einer großen Mannigfaltigkeit der Bedingungen sowohl, wie der Bestrebungen ausgestattet seyn. Den Unterschieden von Küsten- und Binnenland, von erzhaltigen Bergen und fruchtbaren Thälern und Ebenen, müssen auch eine Vielheit geistiger Gaben entsprechen, denen Neigung und Fähigkeit entsprießt, Künste, Wissenschaften und Gewerbe in reichem Maße und in bunter Fülle zu pflegen. Längst hat man auch die Thatsache beobachtet, daß diejenigen Völker in

Bezug auf Energie der Cultur und Reichthum der Geschichte am höchsten stehen, welche am meisten gemischt sind. Aber thöricht und beschränkt ist die Meinung, welche auch hier wiederum nur in der Mischung des verschiedenen Blutes die Ursache des Gedeihens sieht. Nein! die geistigen Fähigkeiten, die ethischen Triebe, der Blick in die gegebene Welt und die Sehnsucht sie zu gestalten, wenn dieß alles in den Stämmen individualisirt ist und zu ringendem Kampf und steigender Harmonie sich vereinigt, dann ersteigen die Völker höhere Stufen der Darstellung menschheitlicher Ideale.

Hier nun, glaube ich, können wir die Bestimmung des jüdischen Stammes in seiner Zerstreuung, der jüdischen Religion in ihrer Dauer verstehen. Ich gehöre nicht gern zu denen, welche thun, als ob sie im Rathe der Vorsehung gesessen und dort die Bestimmung der Zeiten und Völker vernommen hätten. Aber daß bei der Erhaltung dieses winzigen Stammes, während ringsum große mächtige Reiche und Nationen dahingesunken sind, die Vorsehung ihre Hand im Spiele haben wird, muß Jeder vermuthen, für welchen sie nicht zum leeren Worte geworden ist.

Unter allen Umständen aber müssen wir den ethischen Erfolg, der daraus zu erzielen ist, erkennen und erfüllen wollen.

Ich will davon nicht reden, daß über den Stamm, dessen Zeugnisse nahezu die ältesten sind, der der alten großen historischen Völker Auf- und Niedergang überlebt hat, Menschen sich zu Gericht setzen und über seine Existenzberechtigung reden, deren Blick und Zweck auf den kurzen Tag ihres engen Daseins und ihres kleinen persönlichen Wollens beschränkt ist.

Wie natürlich und selbstverständlich mochte es den Römern scheinen, daß sie, welche ihre Macht auf den Erdkreis und für schrankenlose Dauer ausgedehnt zu haben wähnten, dies kleine Volk in Nichts zermalmen könnten. Wo sind die Römer? Die Juden aber sehen in ganz Europa die Sonne der Freiheit und leben ein vielgestaltiges energisches Leben.

Aber auch die ernsthaften, weiter blickenden Menschen unserer

Tage sehen wir zuweilen beschränkte Urtheile über Israel fällen. Vorzugsweise deshalb weil jeder, je nach seinem Urtheil über das Christenthum nach seiner eigenen und seiner Genossen Stellung zu demselben, das Wesen der Juden allein beurtheilt. Die Thatsache, daß das Judenthum die Mutter des Christenthums ist, führt nur in wenigen Gemüthern ein einfaches Gefühl dankbarer Anerkennung herbei, oder wenigstens das Zugeständniß freier, ungestörter Fortdauer. Die Meisten glauben, weil diese Erzeugung des Christenthums volbracht ist, hört jenem die Existenzberechtigung auf; weil sie die welthistorische Mission des Judenthums hoch genug preisen, müsse es nach Erfüllung derselben untergegangen seyn. Muß denn eine Mutter sterben, wenn sie ein Kind geboren hat? Ewald – gewiß kein Freund der Juden – schreibt ihnen eine fortdauernde Mission zu; er sagt (Gesch. d. Volkes Israel 2. Ausg. 7. Bd. S. 445): »Das Judenthum hatte ein Recht, dem Islam gegenüber fortzubestehen, obgleich es diesem thöricht genug anfangs schmeichelte; es hat auch noch heute ein Recht allem verkehrten Christenthum gegenüber. Und wie nichts ohne Nutzen ist, so kann und soll uns das Bestehen des Judenthums noch heute daran erinnern, wie wenig unser eigenes heutiges Christenthum schon das ist, was es seyn sollte, sowohl in der Wissenschaft wie im Leben.«

Aber auch hier ist nur die Beziehung zum Christenthum als die einzige Aufgabe gefaßt. Das Judenthum soll als Mutter des Christenthums durch seine Kritik die Erziehung des Christenthums fördern. Ich schweige davon, daß diese lediglich kritische Aufgabe eine enge und wenig erfreuliche ist.

Gewiß, daß eine Frau Mutter ist, mag man als ihre wesentlichste Bestimmung auffassen, daß sie ein Kind geboren, als ihre höchste Leistung. Aber ist sie nur Mutter? ist sie nicht auch ein Mensch für sich? hat nur sie für das Kind und nicht auch das Kind für sie zu leben? Die ganze Anschauung aber leidet an einer falschen Voraussetzung; an jener kleinen und engen Weltanschauung, welche zwar von der Menschheit und dem Allgemeinen gelegentlich redet, aber dennoch die ganze Geschichte derselben nur als ein Mittel zum

Zweck des eigenen Ich oder der eigenen kleinen Genossenschaft ansieht. Die ganze große Mannigfaltigkeit des geistigen Lebens und Schaffens soll nicht um ihrer selbst willen werthvol seyn, sondern nur um der leidigen Zuspitzung willen.

Hier liegt die tiefste Wurzel aller Intoleranz. Deshalb ist dem Katholiken der Protestantismus nur Abfall, Ketzerei; dem Protestanten der Katholicismus nur Vorbereitung. Hat nicht der Protestantismus noch unzählige Sekten erzeugt? und immer derselbe Gegensatz: hüben schreit man Abfall, Ketzerei, Verfall; drüben zurückgebliebene, unvollkommene Vorbereitung. – Dasselbe ist der Gegensatz in Bezug auf die Cultur überhaupt; es galt als Ideal, daß alle Welt eines Volkes Cultur aufnehmen soll, alle sollen römisch, alle französisch werden. Die wahre Cultur aber liegt in der Mannigfaltigkeit.*

* Dieser Irrthum von der Zuspitzung ist einer jener edlen Irrthümer, weil er mit den besten Bestrebungen zusammenhängt. Der Trieb nach Wissen und Wahrheit ist es, welcher diese als ein Absolutes sucht.

Allein einmal ist es doch nur ein Ideal, eine absolute, ewig dauernde, Allen auf gleiche Weise faßbare Wahrheit zu finden; was in Bezug auf einfache Objecte, real gegebene Dinge möglich ist, eine exacte und darum abgeschlossene Wahrheit zu finden, das ist unmöglich, wo es sich um Ideale, um Erkenntnisse des Unendlichen in jeder Art handelt. Verschließe man sich doch gegen die Thatsache nicht, die so schlechthin unläugbar ist; in diesen höheren Gebieten wird das Absolute immer auf individuelle Weise erfaßt; absolut fortschreitend vielleicht, aber nicht absolut feststehend.

Sodann aber ist die Idealität ja nicht auf das Wissen und die Wahrheit eingeengt. Da ist die Kunst, die gewiß bei aller fortschreitenden Entwicklung Individualität und Mannigfaltigkeit nicht bloß zulässt, nein fordert. Könnte von einer Blüthe der Kunst noch die Rede seyn, wenn sie nur eine einzige und wenn auch noch so vollkommene Art der Schöpfung, Gestaltung und Darstellung zuließe? Desgleichen im Sittlichen. Sitten, Gebräuche, Bestrebungen, Lebensformen können, dürfen, sollen mannigfaltig seyn; weil sie für Jeden das ihm Höchste, Reinste, Gewisseste seyn sollen, grade deshalb werden sie objectiv verschieden seyn müssen.

Allen gleich soll die Gerechtigkeit für Alle, und das Wohlwollen für Alle seyn. Alle sollen mit gleichem Eifer suchen, mit gleicher Wahrhaftigkeit ihre Wahr-

Wohl gibt es Stufen der Entwickelung, ein Aufsteigen, ein Höchstes. Das Höchste für die Menschheit ist aber schlechthin nicht in der Einheit, in der einen Spitze zu erreichen, sondern in der Gesammtheit, in der verschiedenen *Ausbildung des höchsten Ideals*, wie ja auch die Naturbedingungen (vom Boden, der Stellung zur Sonne, dem Wasser bis zum Menschen) eine *Mannigfaltigkeit* einschließen, welche nicht vertilgt werden kann, noch viel weniger vertilgt werden soll.

Daraus ergibt sich eine *dauernde Aufgabe* der Juden, welche in sich selbst mannigfaltig, in der Theilnahme an verschiedenen Nationalgeistern eine fortdauernde Bereicherung mit sich führt. Jedes Volk kann von jedem lernen; und dadurch gewinnt das *Allgemeine*; aber sie bleiben zunächst immer geschieden.

Die Juden aber gehen ganz in die besonderen Culturen ein, schöpfen daraus Erhöhung und Vertiefung des Eignen. Dies Eigene hat in den verschiedenen Völkern wesentliche Momente der Gleichheit, darum können sie überall aus dem durch Vieles genährten, dem Allgemeinen näher stehenden Eignen auf jedes Volk zurückwirken, mehr Allgemeines in ihm erzeugen. Denn die Juden, verschieden von einander durch Nationalität und Sprache, also durch die Denkform, können dennoch energisch auf einander wirken, und einander zu erhöhter Wirksamkeit befähigen, weil in ihnen ein alles individuelle Thun an Macht und Würde überragender, ethisch-religiöser *Inhalt* gemeinsam ist.*

heit bekennen; dann wird die Verschiedenheit des Wissens, des Meinens und des Glaubens nie einen sittlichen Schaden anrichten und das Werk der Wahrheit selbst wird am meisten gefördert werden. Wodurch anders wächst denn die Wahrheit, als durch den geistigen Kampf, durch das Ringen der verschiedenen Erkenntnisse, durch den Wettstreit der Kräfte?

* Ein ähnliches Verhältniß hat durch die Kirche für alle europäische Völker im Mittelalter stattgehabt; nur daß der Gebrauch einer einzigen, allen fremden Sprache (des Lateinischen) die Völker ihrer eigenen Nationalität entfremdet, beziehungsweise an der inneren Entfaltung derselben gehindert hat. Erst als in moderner Zeit die national verschiedene individuelle Denkarbeit zugleich

Die Juden haben keine eigene Nationalität mehr; es gibt schlechterdings keinen Juden mehr, der nur noch einen jüdischen Geist hat. Darum schöpfen sie nothwendig aus allen Volksgeistern, deren Theile sie geworden sind und wirken auf dieselben zurück; auch in ihrem Ursprünglichsten und Eigensten, in ihrer Religion selbst, sind sie wesentlich zugleich nach den Nationen, in denen sie leben individualisirt,* und können darum desto energischer ihre receptive Theilnahme an der Cultur auch in eine productive verwandeln. Philo hat Grieschisch, Maimonides arabisch, Spinoza lateinisch, Muck und Dernburg Französisch, Mendelssohn deutsch geschrieben. Nicht, daß sie ein fremdes, sondern daß sie ein individuell geartetes eigenes Element jeder Nation, ein gegenseitig und eigenartig Angeeignetes derselben ausmachen, begründet ihre specifische Leistungsfähigkeit. Diese Aneignungs- und Angleichungskraft, diese Nahrfähigkeit und das Nahrungsbedürfniß des eigenen Geistes durch den fremden ist

in geschiedener Sprachform den gemeinsamen Denkinhalt überwältigte und individualisirte, verminderte sich die gemeinsame und erhöhte sich die getrennte Geistesarbeit. Die Juden hatten kaum im Mittelalter, geschweige in der neueren Zeit den gleichen Stützpunkt der Gemeinsamkeit an der hebräischen Sprache; denn damals schon bedienten sich die iberischen Juden in Hauptwerken des Arabischen, und der Gegensatz der hispanischen und der provençalischen Schule wird nicht am wenigsten durch den Gebrauch der verschiedenen Schriftsprache, trotz fleißiger Uebersetzungen, genährt worden seyn, in neuerer Zeit aber schreiben die Juden auch ihre theologischen und ethischen Werke in den Landessprachen und das Hebräische, zwar eine einheitliche Quelle aus der man schöpft, dient kaum gelegentlich um das gemeinsame Verständniß derselben zu erhöhen, geschweige um eine gemeinsame Schöpfung zu erleichtern.

* Horcht doch nur einmal hin, wie sich die Juden unter einander als verschieden von einander bezeichnen: der ist ein Pole, der ein Russe, der ein Deutscher. Etwa nur im geographischen Sinne der Heimath? nein! nach dem Charakter, der Denkart, ja der Weise des Studiums selbst des Talmuds. Selbst die Verschiedenheit des Ritus, der Agenden der Synagoge bezeichnet sich – das kann man auf den Titelblättern lesen – als nationale: französisch, spanisch, deutsch, polnisch, mährisch und böhmisch.

gewiß ein hervorragender Zug der oben angedeuteten Affinität des jüdischen Grade mit dem deutschen Geiste. »Das Meiste und Beste von Allem, was unsere bildungsstolze Gegenwart aufzuweisen hat, stammt immer noch aus der Erbschaft jener drei Völker des Alterthums, Juden, Griechen und Römer«. (Rümelin.)

Die Rede von Einem Hirten und Einer Heerde – von Gott als dem Vater aller Menschen – von einem Weltreich des Friedens, das sind alles Gedanken, die im jüdischen Gemüthe ihre Geburtsstätte haben. Und wenn die scharfgeprägte Ausgestaltung dieser Gedanken zu einem ethischen System für die ganze Menschheit durch das Christenthum stattgefunden hat, so muß man doch auch festhalten, daß es im Neuen Testament niedergelegt ist, welches nur von Juden geschrieben wurde.

Im alten Volke Israel kämpften diese Gedanken mit denen der politischen Praxis, unter welcher sie, als die Hand der grausamen Römer schwer auf ihnen lastete, erstickt zu werden drohten. Die Christengemeinde hatte sich freiwillig dem nationalen Kampfe entzogen; für die Juden endigte er mit einer ungeheuren Niederlage. Vielleicht hat jener Rabbi schon die wahre Bestimmung der Juden geahnt, als er den Ausspruch that, daß am Tage der Zerstörung des Tempels der Messias geboren sei. Der ideale Gedanke der Menschheit war der Phönix, der den Juden aus der Asche des Tempels auf Zion entstanden ist.

Die Art, wie das moderne Judenthum sein Verhältniß zur Nation und das der Nationen untereinander auffaßt, will ich Ihnen nicht mit meinen eigenen, sondern mit den gleichsam officiellen Worten der Erklärungen der ersten und zweiten Israelitischen Synode darlegen:* »Die jüdische Synode erkennt das Judenthum in Uebereinstimmung mit den Prinzipien der neuen Gesellschaft und des Rechtsstaates, wie diese Prinzipien im Mosaismus verkündet und

* Der erste Gegenstand der Tagesordnung der ersten Synode zu Leipzig 1869 war diese von Dr. Ludwig Philippson beantragte, von einer Commission redigirte, einstimmig angenommene Resolution.

in der Lehre der Propheten entwickelt worden sind, nämlich in Uebereinstimmung mit dem Prinzip der Einheit des Menschengeschlechts, der Gleichheit Aller vor dem Gesetze, der Gleichheit Aller in Pflichten und Rechten dem Vaterland und dem Staate gegenüber, sowie der völligen Freiheit des Individuums in seiner religiösen Ueberzeugung und dem Bekenntniß derselben; – die Synode erkennt in der Entwicklung und Verwirklichung dieser Prinzipien die sichersten Bürgschaften für das Judenthum und seine Bekenner in der Gegenwart und in der Zukunft, die lebenskräftigsten Bedingungen für den uneingeschränkten Bestand und die höchste Entfaltung des Judenthums; – die Synode erkennt deshalb in dem Frieden aller Religionen und Konfessionen unter einander, in der gegenseitigen Achtung und Gleichberechtigung derselben, sowie in dem nur mit geistigen Waffen und in strengsittlicher Weise geführten Kampf um die Wahrheit Eines der großen Ziele der Menschheit.« Von den Resolutionen, welche die zweite Synode zu Augsburg* gefaßt hat, lautet der erste Satz: Das Judenthum hat seit seinem in die frühe Vorzeit hinaufreichenden Bestande verschiedene Phasen der Entwicklung durchlaufen und in denselben sein innerstes Wesen immer mehr entfaltet. Ein neuer, höchst bedeutungsvoller Wendepunkt ist in seiner Geschichte eingetreten. Der Geist der wahren Gotteserkenntniß und der reinen Sittlichkeit erfüllt immer mehr das Gesammtbewußtsein der Menschheit und prägt sich im Leben der Völker, im Staat und Bürgerthum, in Kunst und Wissenschaft immer deutlicher aus. Das Judenthum erkennt hierin mit Freuden eine Annäherung an die Ziele, die ihm auf seiner geschichtlichen Bahn zu allen Zeiten vorangeleuchtet haben.«

Daß die Bestimmung des Judenthums ein Ideal ist, welches nur schwer und allmählich in die Wirklichkeit eingeht, dieß theilt sie wohl mit der Bestimmung jeder höheren Gemeinschaft. Da seine

* Von Dr. Jacob Auerbach in Frankfurt a. M. beantragt, in Gemeinschaft mit Dr. Szántó in Wien redigirt und von der Gesammtheit einstimmig angenommen.

Bekenner durch Charakter, Neigung und Fähigkeit und fortschreitende Leistungen dazu berufen sind, darüber will ich jetzt einige nichtjüdische Stimmen sich vernehmen lassen.

Sie sind selten. Es ist schwer in das Wesen des scheinlosen jüdischen Idealismus einzudringen. Als Pompejus nach Jerusalem kam, in den Tempel ging, auch in das Allerheiligste eindrang, war er erstaunt, kein Götterbild darin zu finden. Der Gott ohne Bild war dem Auge seines Geistes nicht sichtbar. – Die Zeugnisse, daß der Geist des Judenthums vollkommen verstanden ist, sind selten, aber gewichtig.

An die Worte Luther's, die ich Ihnen vorgelesen (oben S. 23) will ich noch einmal erinnern. Dann folge Goethe. Er steht außer dem Verdacht ein Judenfreund gewesen zu sein.

(Wanderjahre 2. Buch, 2. Capitel): »Das israelitische Volk, sagt er, hat niemals viel getaugt, wie es ihm seine Anführer, Richter, Vorsteher, Propheten tausendmal vorgeworfen haben (ich komme hierauf noch zu sprechen –); es besitzt wenig Tugenden, und die meisten Fehler anderer Völker« (dennoch fährt er fort): »aber an Selbstständigkeit, Festigkeit, Tapferkeit, und wenn alles das nicht mehr gilt, an Zähheit sucht es seines Gleichen. Es ist das beharrlichste Volk der Erde; es ist, es war, es wird seyn, um den Namen Jehovah durch alle Zeiten zu verherrlichen.« Gemahnen diese Worte nicht fast an den Ausspruch des Jeremias (31, 35): »Also spricht der Ewige: Der bestellt die Sonne zum Licht bei Tage, des Mondes und der Sterne Gesetze zum Lichte in der Nacht, der aufwühlt das Meer, daß seine Wellen brausen, Ewiger der Heerschaaren ist sein Name: Nur wenn diese Gesetze vor mir weichen, dann soll auch der Same Israels aufhören, ein Volk vor mir zu sein ewiglich.«

Was aber ist es denn, was diesem jüdischen Stamm diese ewige Bestimmung zuweist?

Einen Hauptgedanken drückt der bedeutendste Völkerkundige der neueren Zeit, der leider allzu früh verstorbene Peschel also aus (Völkerkunde S. 302): »Darin liegt aber auch die hohe Bedeutung der Geschichte Israels, daß dieses Volk nun durch das, was es erleben und dulden sollte, zu einer immer tieferen und immer reineren Erfassung des Gottesgedankens genöthigt wurde. Allein von allen Völkern des Alterthums besitzen die Juden eine Geschichte, die in den irdischen Begebenheiten das Walten einer sittlichen Weltordnung zu erkennen sich bestrebt.« – Und weiterhin (S. 307): »Bereits in den älteren Schriften des Talmud bricht die Neigung zur Milde und Menschlichkeit durch, die das Christenthum vorzugsweise zu einer idealen Trostlehre der Gedrückten erhob, aus der es seit mehr als 18 Jahrhunderten seine besten Kräfte geschöpft hat. Jene talmudische Stellen aber stammen aus der Zeit der babylonischen Gefangenschaft, der Mühseligkeit und Beladenheit, und es war die läuternde Schule des eigenen Unglücks, die gerecht und weich, die zart und liebevoll gegen andere stimmte.«

Hören wir nun, zugleich mit dem Gefühle der freudigsten Dankbarkeit, wie (lange vor Peschel) ein deutscher Philosoph Professor Hermann Lotze zu Göttingen tief in das Allerheiligste des Judenthums hineingesehen hat. In seinem Mikrokosmos im dritten Bande S. 147 heißt es: »Unter den theokratisch geordneten Völkern des Orients erscheinen uns die Hebräer wie Nüchterne unter Trunkenen; dem Alterthum freilich dünkten sie die Träumer unter den Wachenden zu sein. Mit tiefsinniger Phantasie hatten die andern die Gründe der Welt, die Ursprünge ihres Werdens und Vergehens geschaut, und in ausschweifenden Kulten der Sinnlichkeit oder der Selbstpeinigung begleiteten sie, die sich als Theile des großen göttlichen Weltleibes fühlten, alle Zuckungen seines geheimnißvollen Lebens, den jährlichen Wechsel der ersterbenden und wiederauflebenden Natur, den Kampf der lichten und wohlthätigen mit den dunklen und feindseligen Gewalten. Und über diese Weisheit hinaus, die das tägliche Leben kannte, versprach die zurückhaltende Wissenschaft der Priester noch unzählige Geheimnisse. Dies alles betrachteten die Hebräer mit äußerster Gleichgiltigkeit; der starke und eifrige Gott, der die Gerechtigkeit des Herzens will, und die Sünde verfolgt und rächt um der

Sünde willen, er hatte freilich auch die Welt geschaffen und allerlei Kräuter und Thiere entstehen lassen und das große und die kleinen Himmelslichter gebildet, damit alles gut sey; aber nicht in diese Schöpfung, in der seine Herrlichkeit doch nur nebenher zum Ausdruck kam, vertiefte sich die Phantasie des Volks; ihm war Gott ein geschichtlicher Gott, dem die Natur ein Fußschemel seiner Macht, aber das Leben der Menschheit, seines auserwählten Volks, das einzige Augenmerk seiner Vorsehung ist. Den ganzen Luxus naturphilosophischer Mystik, der so nutzlos die übrigen Religionen des Alterthums beschwert, hatten die Hebräer hinweggeworfen, um dem einen Räthsel der innern Welt, dem der Sünde und der Gerechtigkeit vor Gott, nachzuhängen; sie fühlten sich nicht in den Taumel eines ewigen Naturkreislaufs, sondern in den Fortschritt einer Geschichte verflochten; sie kümmerten sich nicht um Geheimnisse, welche nur vergangene Thatsachen bedeuten, aber um so mehr um die, welche die Aufgaben der Zukunft betreffen; und nicht geheim sollten diese bleiben, sondern die göttliche Eingebung trieb die Propheten, die späte Vollendung eines Himmelreichs zum Trost und die Gebote Gottes zur Buße Allen zu verkündigen.« Eine spätere Stelle: »Die antike Bildung, der zu ihrer sinnigen Mythologie und zu den Gottesbegriffen ihrer Philosophie nichts als der unmittelbare Glaube an deren Realität fehlte, begann auf ein Volk aufmerksam zu werden, das die lebendige Ueberzeugung, die ihr selbst abging, in so hohem Maße besaß und dem seine Vorstellungen von Gott und seinem Reiche nicht als poetische Randverzierungen einer völlig weltlichen Lebensansicht, sondern als der tiefste Ernst der Wirklichkeit galten.«

Dieß nun betraf den ethischen Charakter der Religion bei den Juden. Fragen wir aber nach der eigentlichen Sittenlehre, so lesen wir darüber bei Ernst Renan (Leben Jesu S. 122f. der deutschen Uebersetzung): »Ueber das Almosen, Frömmigkeit, gute Werke, Sanftmuth, Friedfertigkeit, vollständige Uneigennützigkeit des Herzens hatte er« – nämlich Christus – »zu der Lehre der Synagoge wenig hinzuzufügen«; es heißt weiter: »aber er wußte durch einen salbungsvollen Ton auch den schon seit viel längerer Zeit bekannten Aphorismen Neuheit zu verleihen.« Das ist vollkommen zutreffend. Weiter heißt es: »Die christliche Moral ist an sich wenig original, wenn man damit sagen will, daß man sie fast ganz aus älteren Maximen wieder herstellen kann, aber sie bleibt nichts desto weniger die höchste Schöpfung, welche aus dem menschlichen Bewußtsein hervorgegangen ist, das schönste Gesetzbuch vollkommenen Lebens, das jemals ein Moralist geschaffen.«

So oft einer an die Juden will, ist auch immer vom Talmud die Rede; hundert mal sind die Anklagen gegen denselben als nichtig, hinfällig, ungerecht erwiesen; vergeblich. Immer wieder, wenn eine recht gründliche Widerlegung jener Angriffe geleistet wird, meint man: so! jetzt wird es wenigstens einem Menschen, der auf wissenschaftliche Achtung Anspruch macht, nicht mehr möglich seyn, die Namen Eisenmenger und Pfefferkorn als die seiner Gewährsmänner in den Mund zu nehmen! – Alles vergeblich! Der Hydra des Judenhasses fehlt es ja eben nur am Herzen; Köpfe, man mag ihrer niederschlagen, so viel man will, Köpfe von der Hydraart wachsen immer wieder. Ich habe vorhin Herrn Rohling genannt; ich habe (S. 35) sein Urtheil über den Protestantismus citirt; ich meine, daß sich die Urtheilsfähigkeit oder Wahrhaftigkeit desselben deutlich genug darin bekundet; dieser selbe Herr Rohling wird von Protestanten (welch eine edle Unparteilichkeit! –) als Zeuge gegen, als Richter über den Talmud angeführt. Anstatt eines eigenen Urtheils, welches Ihre Vermuthung nur bestätigen könnte, will ich einige Stellen aus dem des Herrn Prof. Delitzsch in Leipzig, unbestritten eines der ersten und gründlichsten Kenner des Talmuds in Deutschland, hier anführen.* »Diese Schrift (– Rohling's »Der Talmudjude« –) ist eine Sünde. Sie ist nicht aus dem Geiste Christi und nicht aus dem Geiste der Wahrheit geboren. Denn 1) imputirt der Verfasser dem Talmud

* Zeitschrift f. D. Mission der Kirche an Israel, »Saat auf Hoffnung.« 14. Jahrgang, S. 183.

Vieles, was der nationale Standpunkt der alttestamentlichen Moral mit sich bringt und was sich also gleicherweise zur Herabsetzung der alttestamentlichen Schrift, besonders des mosaischen Gesetzes, verwenden ließe; 2) hat er aus dem Talmud, der ein Sprechsaal und übrigens ein mehr als ein Jahrtausend altes Werk ist, alles Scandalöse, was da zu Worte kommt, auf einen Misthaufen zusammengekehrt, ohne das dort zu Worte kommende pro et contra zu beachten und ohne die vielen dem Geiste des Christenthums sich nähernden Aussprüche zu beachten, welche dort laut werden – er hat, ohne selbst den Talmud lesen zu können, den Eisenmenger ausgezogen, und andere Werke, wie die von Lightfoot und Hottinger, unbeachtet gelassen. 3) Er verfährt gegen das Judenthum, wie wenn Jemand das Christenthum durch Excerpte aus den jesuitischen Casuisten an den Pranger stellen wollte, deren Werke, wenn man sie mit der Moral Jesu und der Apostel vergleicht, weit verwerflichere Grundsätze und Entscheidungen enthalten als der Talmud.« – Ferner: »Was Rohling S. 44 den Talmud über den Messias sagen läßt; diese zwei Seiten zeigen für sich allein schon, wie unwissend er ist oder wie unverantwortlich er sich unwissend stellt.« Schließlich sagt Prof. Delitzsch (bei Besprechung von Dr. Bloch's »Professor Rohling's Falschmünzerei auf Talmudischem Gebiet«): »Diese Schrift zeigt, daß Prof. Rohling weder Kenner des Talmud noch der rabbinischen Literatur ist, daß er rabbinische Aussprüche für seinen Zweck hergerichtet und daß er rabbinische Aussprüche sogar aus eigenen Mitteln fabricirt hat.«

Was nun die spätere, nach-talmudische Zeit des sogenannten Mittelalters betrifft, so will ich mich darüber nicht verbreiten. Wir besitzen u.A. eine kleine ausgezeichnete Schrift von Prof. Schleiden, dem bekannten Philosophen und Botaniker: »Die Bedeutung der Juden für Erhaltung und Wiederbelebung der Wissenschaften im Mittelalter, Leipzig bei Baumgärtner.« Ich nehme die Gelegenheit wahr, Sie darauf aufmerksam zu machen, daß diese Schrift in keinem jüdischen Hause fehlen sollte. Es sollten nicht bloß die Männer, sondern namentlich auch die Frauen wissen, wie die Vergangenheit unseres jüdischen Geisteslebens gewesen ist; sie sollten wissen, daß es einmal viel glänzender bei uns ausgesehen hat, als in der Gegenwart. Wir wenden uns zwar neuerdings glücklicher Weise vielfach der allgemeinen Wissenschaft zu, aber die des Judenthums vernachlässigen wir so sehr, daß es nur kleine Herde sind, auf denen noch die Flamme dieser geistigen Thätigkeit lodert. In der ganzen Zeit des Mittelalters findet beides neben einander statt; dieselben Leute – lassen Sie mich einen einzigen Namen nennen, der nicht einmal einer von den großen ist, aber es ist immerhin interessant, sich das zu sagen – derselbe Herr Minz, der aus Deutschland stammend nach Italien gehen mußte – in Deutschland gab es keine Stätte dafür – war 47 Jahre lang Rabbiner in Padua, zu gleicher Zeit Professor der Philosophie an der Universität daselbst. Der gute Mann ist (1508 gest.) über 100 Jahre alt geworden. Solcher Beispiele könnten wir aus jener Zeit noch viele anführen, und ich meine, daß es unsere Aufgabe ist, den ererbten Kern geistigen Lebens auch weiter gemeinsam zu pflegen.

Was nun den Geist des Judenthums in engeren Sinne und seine fortschreitende, aufsteigende Entwickelung im Laufe der Jahrhunderte und namentlich in der neueren Zeit betrifft, so mag hier wiederum ein Wort von einem christlichen und zwar von einem katholischen Manne angeführt werden; von einem Manne, der übrigens s. Z. Seminardirector, später Mitglied der Regierung und Leiter des Unterrichtswesens der Republik Aarau in der Schweiz gewesen ist. Er schrieb ein Buch: »Die Moraltheologie des Jesuitenpaters Gury, beleuchtet von Dr. A. Keller, Aarau 1869.« Darin ist ein Kapitel, speciell gegen die Moral dieses jesuitischen Lehrbuchs und u. A. heißt es (S. 167f.): »Schon der Gründer der christlichen Moral hat ihren Gesetzen Zirkel und Zahl des alten Rabbinismus entschieden fern gehalten. Er kennt unter seinen Schülern keinen Ersten und keinen Größten im Reiche Gottes u.s.w. Dann fährt er fort: »Ich habe vom »alten Rabbinismus« gesprochen. Ach, beschämt sollten wir davon schweigen! Wie hoch haben sich die Weisen Israels in heutiger Zeit über jenen todten Formalismus erhoben, wenn wir hören, was am 4. Juli dieses Jahres, unter Akklamation der Gottesgelehrten seiner Religion, der Philosoph« – (und nun kommen einige Zeilen, welche vorzulesen die Bescheidenheit mir verbietet, aber sie darf mir nicht verbieten, Ihnen die Stelle vorzuführen, auf welche er hinweist), der Präsident in seiner Schlußrede an die erste israelitische Synode in Leipzig sprach: »Auf das Innere müssen wir sehen und nicht bloß auf die äußere Form ... Nach meiner festen Ueberzeugung gipfelt alle Idealität in der Religion, alle Ideen stehen in ihrem Dienste, und sie verleiht allen die höchste Weihe. Unter Religion aber verstehe ich nicht bloß das Bekenntniß, nicht bloß das Dogma, nicht bloß die Satzungen, sondern die Religiosität selbst, jene allgemein menschliche Erhebung und Vertiefung, jenes Aufsteigen auf die Höhen des Menschenthums, jenes Hinaufsteigen vom Kleinen zum Großen, vom Alltäglichen zum Erhabenen, vom Endlichen zum Unendlichen, vom Zeitlichen zum Ewigen ... Was hat andere Religionen zu Grunde gerichtet? Was hat andere Religionen gestürzt? Der tiefere sittliche Gehalt, welchen ihre Völker später erkannt haben, als sie ihre Religion besaßen; der tiefere sittliche Gehalt, den sie empfangen hatten, entweder durch fremde Ideen, die bei ihnen eingewandert, wie die Römer, oder durch eigene geistige Entwickelung, wie die Griechen; dieser tiefere sittliche Gehalt zerstörte den Glauben an den minder sittlichen Gehalt ihrer Religionen. Der eigene Geist des Volkes sprach gegen den Geist seiner eigenen Religion. Das Lebendige sprengt das Todte ... Wenn ein Samenkern zufällig in die Ritze eines Felsens gefallen ist und darin so viel Humus gefunden hat, daß er zu einer Pflanze sich entwickelt, so erwächst zuweilen ein Baum daraus, welcher den Felsen sprengt. Ein kleiner Samenkern! Aber das Lebende überwindet das Todte; das ist die Macht des Lebens.«

Nun glaubt man vielleicht, nur wir, die wir auf der Synode waren, die wir zu diesen Grundsätzen uns bekennen, wir seien die Fortgeschrittenen; aber jene Orthodoxen, die zurückgeblieben, die stehen wohl noch auf dem Standpunkt jenes alten Rabbinismus, welcher zwar ursprünglich, wie wir gesehen haben, auch die edelsten Blüthen ethischer Erleuchtung getrieben hatte, dann aber durch die herbsten Umstände entwickelt, unter dem äußersten Druck verhärtet worden ist. Mit Nichten! sie, die Orthodoxen, mögen in ihrer Lebensweise sich beschränken, streng, vielleicht allzu streng an den Ceremonien haften; aber auch sie entbehren nicht der Anerkennung der Schriften eines Gabirol und Maimonides, eines Bachia und Albo, und wie die andern Religionsphilosophen des Mittelalters alle heißen mögen; auch sie haben nicht mehr bloß den ältesten Kern des Gedankens, sondern die ganze Entwickelung, welche er im Laufe der Jahrhunderte durchgemacht hat, nur vielleicht etwas mehr, als sie selber es wissen.

Die Signatur aber jener Bewegung und fortschreitenden Vertiefung des jüdischen Geistes durch solche Männer, wie die eben genannten, wollen wir schließlich mit einigen Sätzen Renan's geben, welche sich in seinem neuesten Werke, dem 6. Bande vom »Ursprung des Christenthums« befinden: (S. 247 des Orig.)

»... Es gibt im Talmud ausgezeichnete Maximen, mehr als eine kostbare Perle von der Art jener, welche Jesus idealisirte, indem er sie zu den seinen machte. Vom Standpunkte der Erhaltung der Individualität des jüdischen Volkes spielte der Talmud eine Rolle, wie kein anderes Buch in der Geschichte eines Volksstammes. Das jüdische Volk, zerstreut von einem Ende der Welt bis zum andern, hatte bald keine andere Nationalität, als die – der Thora. Um dieses zerstreute Volk ohne Klerus, ohne Bischöfe, ohne Papst, ohne heilige Stadt, ohne ein theologisches Centralcollegium zusammenzuhalten, bedurfte es einer eisernen Kette. Nichts verbindet aber so fest, wie die gemeinsame Pflicht, und diese verkündet ihnen die Thora. Der Jude, der seine Religion mit sich trug, der zu seinem Kultus keiner Tempel und keines Klerus bedurfte, hatte eine unvergleichliche Freiheit in seinen Emigrationen in alle Theile der Welt. Sein absoluter Idealismus machte ihn allen materiellen Dingen gegenüber gleichgiltig; die treue Erinnerung an seinen Volksstamm, das Schemá und die Ausübung der Gesetze genügten ihm. Wenn man dem Gottesdienste einer Synagoge beiwohnt, erscheint einem Alles auf den ersten Blick modern, erborgt, banal. Niemals haben die Juden bei dem Baue ihrer Gotteshäuser einen Styl zu bestimmen gesucht, den man ihnen eigenthümlich hätte nennen können. Ihre Vorbeter ähneln den Pfarrern; ihre Predigten haben sie der katholischen Kanzel abgelernt; die Einrichtung ihrer Gotteshäuser ist durch dieselbe Werkstatt besorgt, welche Bänke, Stühle und Lampen für die nächste Pfarre herstellt. Musik und Gesang haben nichts, was weiter, als bis in das 15. Jahrhundert zurückreicht. Ja, selbst einzelne Theile des Kultus sind Nachahmungen des katholischen Kultus. Die Originalität und die Tradition brechen aber plötzlich in dem Rufe hervor: »Höre Israel! Adonai, unser Gott, ist einzig; heilig sei sein Name!« Diese hartnäckige Proklamation, dieser durchdringende Ruf ist das ganze Judenthum. Dieses Volk hat Gott begründet und doch hat es nie ein Volk gegeben, das sich weniger damit beschäftigt hätte, über Gott zu disputiren, als dieses. Es ist wirklich ein Zug von viel Vernunft, zur Basis des religiösen Bekenntnisses die Praxis und nicht die Dogmen gemacht zu haben. Der Christ hält zum Christen durch denselben Glauben; der Jude hält zum Juden durch dieselbe Observanz. Die Exkommunikation erfolgte bei den Juden im Allgemeinen wegen Handlungen, nicht um Meinungen willen.

Die Kabala ist immer eine freie Wissenschaft geblieben; sie ist niemals ein obligatorischer Glaube geworden. Die Unsterblichkeit der Seele wurde immer nur als eine tröstliche Hoffnung aufgefaßt. Selbst die Erlösung durch den Messias durfte ein berühmter Gelehrter in Zweifel ziehen; der Talmud führt seine Meinung an, ohne ihn zu tadeln. Verpflichtet zu seyn, an etwas zu glauben, ist ein wahrer Nonsens, während die größte Formen-Strenge mit der vollständigen Denkfreiheit ganz wohl verträglich ist. Das ist die Ursache der philosophischen Unabhängigkeit, die wir bei den Juden im Mittelalter beobachten und welche im Judenthume bis heute vorwaltet. Die berühmten Gelehrten und Orakel der Synagoge, wie M a i m o n i d e s und M e n d e l s s o h n, waren pure

Rationalisten: Ein Buch, wie die »Iccarim« (Fundamentalprincipien) von Josef Albo, welches die Religion und die Prophetie als einen Symbolismus erklärt, welcher die Bestimmung hat, die moralische Besserung des Menschen zu fördern; welches die Offenbarung nur als eine Art der Darstellung der inneren Vernunfthätigkeit bezeichnet; welches den Satz aufstellt, daß alle göttlichen Gesetze modificirt werden können und die individuellen Strafen und Belohnungen im künftigen Leben nichts weiter sind, als Bilder; ein solches Buch, sage ich, welches zur Berühmtheit gelangt und das kein Anathema trifft, ist eine That, wie keine zweite Religion eine solche aufweisen kann.«
Der oben erwähnte Ausspruch Kant's über den »Jerusalem« (S. 30) und Keller's über die Synode, beweisen wohl zur Genüge, daß die fortschreitend gleichzeitige Vertiefung des Geistes und seine Befreiung im Judenthum bis heute nicht still gestanden hat; in die Wirksamkeit unserer Hochschule setzen wir die Zuversicht, sie werde dazu beitragen, daß sie auch in der Zukunft nicht still stehen werden.

Ich habe heute fast nur vom Judenthum gesprochen, nicht von den Juden. Wir hätten viel für, aber auch viel gegen sie zu sagen; vielleicht ein ander Mal. Unsere Tugenden will ich nicht rühmen, unsere Fehler brauchte ich nicht hervorzuheben, mehr als unsere Vorzüge liegen sie offen zu Tage. Außer allen anderen Gründen noch aus einem besonderen: die Juden waren von jeher das klassische Volk der Selbstkritik. Bei keinem Volke finden Sie das gleiche. Dieser unser Vorzug ist durch einen herben Nachtheil erkauft; unser Selbstlob hat man billig getadelt; aber unseren Selbsttadel hat man unbillig anerkannt. Wie oben bei Göthe wird so häufig die Meinung angetroffen: die Juden müssen so viel schlechter sein, als andere Völker, denn ihre Propheten, ihre Redner, ihre Führer haben ihnen ihre Schlechtigkeit immer vorgeworfen. Vielleicht waren unsere Fehler nicht größer, aber nur der Tadel derselben offener, schärfer, als bei anderen Völkern. Jedenfalls haben die Ju-

den nicht blos durch ihre Propheten und Richter diese Selbstkritik geübt, sondern im Volksmunde war sie zur Sitte geworden. Jetzt ist sie es leider nicht mehr in dem Maße, wie früher; ich wünschte, daß wir diese Sitte noch mehr beibehalten hätten. Sie werden sich alle erinnern: wenn unseren Eltern und Voreltern irgend ein Widriges begegnet ist, ein hartes Schicksal, ein böser Zufall, ja selbst eine ganz offenbare Ungerechtigkeit eines andern, so war das erste Wort bei der Erzählung und beim Anhören: »Um unserer vielen Sünden willen!« Da hat man vor allem an sich selbst als letzte und eigentliche Ursache des Uebels gedacht. Mit unzähligen Stellen könnte ich es belegen, daß die Juden nach dem Muster ihrer Propheten, das vor Jedermanns Seele stand, allezeit stolz auf ihr Ideal, aber demüthig ob der Wirklichkeit waren; auch ob ihrer ganzen historischen Wirklichkeit. Andere Völker waren auch fast alle Lobredner vergangener Zeiten; die Juden allein haben an entscheidender Stelle gesagt: »Wir und unsere Väter haben gesündigt!«
Auch für ihre Vorfahren haben sie keine Selbstloberei, sondern offenes Bekenntniß gehabt. Wer möchte wohl behaupten, daß im lebendigen Munde oder in den Schriftwerken irgend eines anderen der alten Völker eine gleiche Sinnesrichtung sich geäußert hat? Es gibt keine Litteratur, welche annähernd so reich an Strafreden, Zuchtmahnungen ist, wie das jüdische Schriftthum von den ältesten Zeiten bis auf die jüngsten. Man wird die Aristophanische Komödie oder die römische Satire, nicht mit der prophetischen Strafrede vergleichen. Die hellenische und die römische Rede ist feingefügt, schön, lieblich, einschmeichelnd, das Wort der Propheten aber ist gewaltig und ergreifend. Das Bußlied und die Bußpredigt der christlichen Kirche steht fast ganz auf dem Grunde und schöpft aus der Quelle der Psalmen und Propheten. Wir ermangeln heute nicht der Kunst, aber der markerschütternden Gewalt des prophetischen Wortes. Wären zu seiner Zeit so ungeheuerliche Thaten moralischer Verwilderung geschehen, wie die Angriffe auf das ehrwürdigste Haupt der Nation: Töne von gewaltiger Wucht wären erklungen, deren Gellen wir heute noch empfinden wür-

den, wie wir den eindringenden Anruf eines Jeremias und Jesaias auch heute noch vernehmen. Vielleicht, daß irgend wo in einem deutschen Gemüthe von jener zündenden Gluth der Rede noch ein Funke unter der Asche der Jahrhunderte glimmt; daß er, wenn auch nur in schwächerem Abglanz aufleuchte und uns den Pfad der Gerechtigkeit und Milde erhelle, und dem ganzen deutschen Volke zum Segen gereiche! Das walte Gott!

Anhang
über
Ein- und Auswanderung der Juden in Preußen.

Es klingt so schauerlich schön, wenn man sagt »über unsere Ostgrenze dringt Jahr für Jahr aus der unerschöpflichen polnischen Wiege eine Schaar strebsamer hosenverkaufender Jünglinge herein, deren Kinder und Kindeskinder dereinst Deutschlands Börsen und Zeitungen beherrschen sollen; die Einwanderung wächst zusehends, und immer ernster wird die Frage, wie wir dies fremde Volksthum mit dem unsern verschmelzen können«.

Ist die Thatsache richtig? das ist die erste Frage.

Ich erinnerte mich, daß in den 50er Jahren dieselbe Befürchtung laut geworden und eine statistische Untersuchung hervorgerufen hat. Was hat sie ergeben? Dieses: Vom Jahre 1834 bis 1843 sind in Preußen 2394 **mehr** ein- als ausgewandert; dahingegen sind von 1843 bis incl. 1855 aus Preußen 12870 Juden **mehr aus-** als eingewandert; so daß in den zweiundzwanzig Jahren von 1834 bis 1855 im Ganzen 10476 **mehr aus-** als eingewandert sind. Ich beschränke mich durchaus auf das Wesentlichste; die weitere Ausführung dieser Thatsachen findet sich im »Kalender und Jahrbuch für die jüdischen Gemeinden Preußens«, herausgegeben von Ph. Wertheim. III. Jahrgang. 1859. Veit u. Co. S. 159ff. von S. N. (Dr. S. Neumann).

Für die Zeit von 1855 bis jetzt liegt eine vollständige Untersuchung nicht vor; dagegen genügende Daten, welche unzweifelhaft beweisen, daß auch später eine Mehrauswanderung stattgefunden hat. Im Jahre 1858 hat die Anzahl der Juden in Preußen 242365, dagegen 1861: 254785 betragen; es hat also eine Vermehrung um 12420 stattgefunden; nun aber hat der Ueberschuß der Geburten über die Sterbefälle 13147 betragen, folglich sind **mehr** aus- als eingewandert 727 Personen.

Im Jahre 1864 hat die Anzahl 262001 die Vermehrung seit 1861 also 7216, dagegen der Ueberschuß der Geborenen über die Gestorbenen 12516 betragen; folglich sind in diesen drei Jahren 5300 **mehr aus-** als eingewandert.

Vollends in den Jahren 1865 bis 1867 ergibt dieselbe Berechnung eine **Mehrauswanderung** von 9267 Personen.

Nach 1866 complicirt sich die Rechnung durch die Erweiterung des Preußischen Staates und sie wird desto mehr erschwert, weil die Angaben über die Geborenen und Gestorbenen nach den Confessionen aus den Jahren 1868 bis 1872 nicht vorliegen.

Völlig klar dagegen ist ein Zahlenergebniß, welches das Verhältniß der Juden zur Gesammtbevölkerung des preußischen Staates darstellt:

Im Jahre	1855 betragen die Juden	1,361 %
	1858	1,366 %
	1861	1,377 %
	1864	1,360 %
	1867	1,305 %
	(und zwar in den alten Provinzen	1,335 %)
	(in den neuen	1,182 %)
	1871	1,321 %
	1875	1,322 %

Von einem Wachsthum der Juden im Verhältniß zur Gesammtbevölkerung ist also durchaus keine Rede; da aber der Ueberschuß der Geborenen über die Gestorbenen merklich größer bei den Juden als bei den Nichtjuden ist, so kann nur eine größere Auswanderung das Gleichbleiben resp. Zurückgehen ihrer wirklichen Verhältnißzahl erklären.

Ich glaube nicht, daß irgend welche statistischen Erhebungen und Berechnungen schlechterdings verlässig sind; aber sie haben den Werth reeller Thatsachen im Vergleich mit vagen Behauptungen, welche durch Nichts bewiesen und nur durch die bleiche Angst eingegeben scheinen.

Aber gesetzt auch, daß alle diese statistisch verbürgten Thatsachen irrig wären, gesetzt, daß wirklich alle Jahre eine Hand voll Juden mehr nach Deutschland kämen; – von der Humanität gegen Fremdlinge rede ich kein Wort: denn dafür scheint in gewissen Kreisen jedes Verständniß abhanden gekommen zu seyn; – aber wo liegt die Gefahr? Ich meine, ein Engländer würde uns in's Gesicht lachen, wenn wir ihm zumutheten, eine Controle darüber zu führen, daß irgend eine Anzahl von Fremdlingen irgend woher jährlich in den Britischen Inseln einwandert. Vielleicht würde er es als einen Schimpf betrachten, den man seiner Nation anthäte, wenn man von einer Handvoll Fremdlinge befürchtete, daß sie die Ideale des Volkes verkümmern, die Gesinnungen erniedrigen, den Charakter verderben würden. – Wenn es aber auch in Deutschland »unmöglich ist, die harten deutschen Köpfe jüdisch zu machen«: – wozu der Lärm? woher die Angst?

Die Hebung des Nationalgefühls ist eine ernsthafte Sache; ein geläutertes und energisches Nationalgefühl, im ganzen Volke gleichmäßig verbreitet, ist, für alle Völker, für das deutsche nicht weniger, ein Ideal; immer weitere Schichten, in immer höheren und kräftigeren Formen damit zu beseelen, ist eine wichtige Aufgabe. Ob es aber zur Erfüllung derselben beitragen kann, daß man einen heftigen Widerwillen gegen einen Theil der Bevölkerung und in dem anderen erregt? Ob es ein Zeichen von jenem ächten, ersehnten Nationalgefühl, oder ob es vollends ein Mittel zur Hebung desselben ist, daß man die Phantasie mit so gewaltiger Furcht vor Thatsachen erhitzt, welche – gar keine Thatsachen sind?

Heinrich von Treitschke
Noch einige Bemerkungen zur Judenfrage
(Januar 1880)

Kommentar: *Schon in seiner Reaktion auf die Antwort von Heinrich Graetz hatte Treitschke die in seinem Novemberartikel bereits dokumentierte »Stereotypie des Denkens« noch einmal verschärft und gesteigert (Longerich 2021, 96) und so jenen Schematismus bestätigt, von dem Theodor W. Adorno und Max Horkheimer in ihrer »Dialektik der Aufklärung« schrieben, dass mit der »Annahme der völkischen These [...] immer schon das ganze chauvinistische Vokabular mitgesetzt« werde. (Adorno/Horkheimer 1997, 126) Dort und in »Noch einige Bemerkungen zur Judenfrage« radikalisierte sich Treitschke ein weiteres Mal, nun nicht mehr nur rhetorisch, sondern auch inhaltlich. Seine Streitlust ließ Konzessionen nicht mehr zu; stattdessen häufen sich in jedem Absatz verschärfende Zuspitzungen: Eine »Ausgleichung der Stammesgegensätze« (220) sei unmöglich, so treibt Treitschke sein Ressentiment weiter. Hier unterscheidet der Berliner Historiker auch noch einmal deutlich zwischen dem alten Judentum und dem »neujüdischen Geist« (223), dem »neujüdischen Wesen« (223), die für ihn fast identisch mit dem Zeitgeist der Moderne selbst waren, wenn er über diesen ausführt, »[u]nheimische, radicale, abstracte Ideen« seien »damals in unser Leben« gedrungen, »eine sclavische Verehrung fremden Wesens ward im Namen der Freiheit gepredigt« (224). Außerdem erklärte Treitschke – wie später noch viele seiner Epigonen – auch in diesem Text den Antisemitismus mit dem Antisemitismus: Dieser sei so alt wie die Menschheitsgeschichte und das allein beweise schon seine Berechtigung. (109)*
Zweitens machte Treitschke in seinen beiden Folgetexten auch einen gewichtigen neuen Punkt auf, der in »Unsere Aussichten« noch nicht zentrales Thema war: die generelle Frage nach dem Verhältnis der Juden zum modernen Staat, die berüchtigte Denkfigur einer »Nation in der Nation« (116f.; Katz 1982, 124-153). In seiner Vorlesung über Politik machte er die

»ganz abnorme Stellung« der Juden zum Staat »zu allen Zeiten der Geschichte« (Treitschke 1899, 295) zum Maßstab für ihren, in Treitschkes Sicht, nirgends und nie gelungenen Eintritt in die Geschichte, denn sie trügen »die fremde Nationalität nur wie einen Mantel« (ebd., 295; zit. nach: Zechner 2003, 99). Der Staat war für Historiker wie Treitschke »die vornehmste Anstalt im Menschenleben, die Verkörperung des Volkstums selbst« (Treitschke 1928, 24) und damit auch die Form, in der Geschichte sich vollzieht. Die deutsche Reichseinigung unter der Führung Preußens erschien ihm nicht nur als »Akt historischer Notwendigkeit«, sondern »wie ein unabwendbares Naturereignis« (zit. nach: Schulz 1977, 126). In »Fichte und die nationale Idee« zitierte er 1862 sein Vorbild mit dem Satz: »Ein Volk ohne Staat existiert nicht.« (ebd., 23) Das eben war nun auch über die Juden der Gegenwart zu sagen; sie seien als Volk, so die Konsequenz dieser Obsession, die schon bei Fichte, aber auch hier bei Treitschke zum Ausdruck drängt, dem »tragischen Schicksal einer Nation ohne Staat« erlegen (110) und hätten immer lediglich diejenigen herrschenden Gesetze befolgt, die ihnen zum eigenen Nutzen dienten, ansonsten hätten sie sich abgesondert: »Eine solche Haltung steht aber in so schneidendem Gegensatz zu der harten Nothwendigkeit der Staatseinheit, daß sie stets neue Kämpfe hervorrufen mußte.« (110) Die jüdische Diaspora, Treitschke verwendet den Ausdruck »Zerstreuung« (110) hier in seiner maximal pejorativen Variante, ist nicht nur für ihn die historische Anomalie schlechthin, sondern in allen Begründungen und Verteidigungen von Nationalismus und Antisemitismus. »Keinen Staat zu haben« wird in allen entsprechenden Diskursen zu Lasten jener gebucht, die als religiöse Minderheit leben, ob nun als englische, französische oder als deutsche Staatsbürger, auch wenn sie dort geboren wurden. Einen »Staat im Staate« (407) zu bilden oder ein »Volk im Volke« zu sein ist im antisemitischen Diskurs über die Juden der zentrale Vorwurf. (Treß 2018, 335-350) Dem Antisemitismus als Haltung fehlen die Voraussetzungen, die Geschichte der Juden in ihrer textuell-religiösen, transnationalen, transterritorialen, mobilen und urbanen – im Ganzen gleichsam postmodernen – Verfasstheit (Diner 2003, 246f.) überhaupt denken zu können. Die Frage nach dem Staat und die Forderung nach politischer Loyalität wird in antisemitischen Verdächtigungsdiskursen so

unannehmbar und uneinlösbar formuliert (das hat besonders Klaus Holz und vor ihm bereits Detlev Claussen betont), dass die Juden objektiv zur »Selbstnegation« (Holz 2001, 190-195); Claussen 1987, 133) genötigt werden. Wie vor ihm Wilhelm Marr war auch Treitschke überzeugt, dass das fehlende Nationalgefühl der Deutschen überhaupt erst zur gegenwärtigen Stellung der Juden geführt habe; die »kosmopolitische Macht« (74) der Juden war in dieser Sicht der Dinge auch das Ergebnis einer deutschen Schwäche. (220f.) Paul de Lagarde – einer der Wortführer des Antisemitismus in den 1880er Jahren (Sieg 2007) – führte den Gedanken Treitschkes in diesem Sinne in seiner Schrift »Die Stellung der Religionsgemeinschaften im Staate« (1881) weiter aus: »Jeder uns lästige Jude ist ein schwerer Vorwurf gegen die Echtheit und Wahrhaftigkeit unsres Deutschtums [...] Je schärfer wir unseren Charakter als Nation [...] ausbilden, desto weniger Platz bleibt in Deutschland für die Juden. [...] Deutschland muß voller deutscher Menschen und deutscher Art werden, so voll von sich wie ein Ei: dann ist für Palästina kein Raum in ihm.« (Lagarde, zit. nach: Rürup 1975, 135f. u. 230)
Treitschkes agitatorisches Ziel war somit »Vereinheitlichung« (Claussen 1987, 132), obwohl er noch nicht das Register des pseudowissenschaftlichen Rassismus bemühte, schwebte ihm doch so etwas wie eine zur Rasse »substantierte Nation« (Claussen 1987, 132) vor. Tatsächlich liegt noch nicht im »Wort ›Rasse‹« die »Gefährlichkeit des modernen Antisemitismus«, sondern in der »willkürliche[n] Behauptung einer unbegründbaren absoluten Differenz zwischen Menschen«. (Claussen 1987, 132) Auch der Antisemitismus tritt nicht erst mit der Erfindung des Begriffs auf; die radikale Feindschaft gegen Judentum und Juden ist Teil des Erbes »der gravierenden Verwerfungen des deutschen Nationalisierungsprozesses« (Treß 2018, 176) und hat schon Jahrzehnte vor dem Kaiserreich seine Vertreter und Sprecher. (Treß 2020) Das ist auch der Grund dafür, warum sich am Grad des Antisemitismus »der Stand gesellschaftlicher Emanzipation ablesen« läßt. (Claussen 1987, 133) Das von Treitschke im letzten Satz von »Unsere Aussichten« propagierte »gekräftigte Nationalgefühl« (74) und seine Forderung nach einem »festen Nationalstolz« (224) kann vor diesem Hintergrund als Flucht in einen »kollektiven Narzißmus« (Claussen 1987, 133) gedeu-

tet werden: »Der autoritäre Nationalstaat Treitschkes ist aber nicht nur konservativ, sondern er will auch die gesellschaftliche Freiheit treffen, die entwickelter Kapitalismus als Möglichkeit produziert – daher der Kampf Treitschkes gegen die Verrohung der Sitten, den zunehmenden Unglauben, Staatsrechtsreform etc. Der Antisemitismus erlaubt eine Bereinigung des Terrains. Die widersprüchliche kapitalistische Gesellschaft soll vereinheitlicht werden: Als Modell wird der starke Nationalstaat entworfen.« (Claussen 1987, 132) Schon allein im Begriff der »Minderheit« drücke sich »die repressive Toleranz« dieser Haltung aus. (Claussen 1987, 134) H. G. Adler sah in der Tendenz, Juden als Juden nicht anerkennen zu wollen, wie sie schon bei Fries und Rühs und dann auch in den Essays von Treitschke zutage tritt, den Beginn eines »totalitären Denkens« (Adler 1960, 102).

Quelle: Heinrich von Treitschke, Noch einige Bemerkungen zur Judenfrage, in: *Preußische Jahrbücher* 45 (1880), H. 1, 85-95; Heinrich von Treitschke, *Ein Wort über unser Judenthum*, 2., unveränderte Aufl., Berlin 1880, 17-27; *BAS* [Dok. 28], 278-293.

Lit.: von Borries, Deutschtum und Judentum (1971), 61-68; Schulz, Der späte Nationalismus im deutschen politischen Denken des neunzehnten Jahrhunderts (1977), 95-137; Katz, A State within the State. The History of an Anti-Semitic Slogan (1982), 124-153; Claussen, Auch ein Historikerstreit (1987), 130-136; Allal, »Der Feind im Landesinnern«? Zur Verbindung von Antisemitismus und nationalen Stereotypen in Frankreich und Deutschland des 19. Jahrhunderts (2002), 75-97; Diner, Geschichte der Juden – Paradigma einer europäischen Geschichtsschreibung (2003), 246-262; Treß, Jüdisches Gesetz und Staatsbürgerrecht im Übergang zur Moderne (2018), 335-350; Treß, Deutscher Nationalismus und Judenfeindschaft (2020), 159-177.

Tagaus tagein stürmt eine Heerschaar von Flugschriften und Zeitungsartikeln gegen die Schlußworte meiner November-Rundschau heran. Meine Gegner selber scheinen zu fühlen, daß die kaufmännische Regel »die Menge muß es bringen« in geistigen Kämpfen nicht genügt; denn nachdem jede Zeile meines Aufsatzes durch ebenso viele Druckbogen voller Widerlegungen getödet worden ist, tritt an jedem neuen Tage ein neuer Streiter auf und hält für nöthig, die Blutarbeit von vorn zu beginnen.

Unter der Masse dieser Entgegnungen befindet sich eine, die ich mit aufrichtigem Bedauern gelesen habe: das würdig und sachlich gehaltene Sendschreiben meines Collegen Harry Breßlau. Als ich jenen Aufsatz schrieb, mußte ich unwillkürlich an einen verstorbenen Jugendfreund denken, einen guten Deutschen von jüdischer Abstammung, einen der treuesten, liebevollsten und uneigennützigsten Menschen, die ich je gekannt; ich richtete meine Worte so ein, als ob ich mit ihm spräche, und hoffte auf die Zustimmung jener Juden, die sich ohne Vorbehalt als Deutsche fühlen. Wenn ein so ganz deutsch gesinnter Mann, wie Breßlau, der meine Bemerkungen über die Auswüchse unseres Judenthums doch unmöglich auf sich beziehen kann, mir heute erklärt, daß er sich durch meine Worte tief gekränkt fühle, so sehe ich darin einen Beweis jener übertriebenen Empfindlichkeit, welche die deutschen Juden vor ihren französischen und englischen Stammgenossen auszeichnet. Diese Empfindlichkeit ist so krankhaft, daß man schließlich kaum noch weiß, mit welchem Namen man unsere israelitischen Mitbürger bezeichnen darf. Der Ausdruck Semit wird als eine schnöde Beleidigung zurückgewiesen; rede ich von Israeliten, so tadelt mich ein Breslauer Blatt wegen dieser hochmüthigen Cavalierphrase; ein jüdischer College an einer kleinen Universität hingegen, ein wohlmeinender Mann, der ähnlich denkt wie Breßlau, spricht mir die Hoffnung aus, es werde der beleidigende Name Jude ganz abkommen und künftig nur noch von Israeliten die Rede sein. Angesichts solcher Reizbarkeit bleibt uns wirklich nur der alte deutsche Trost: Aergerniß hin, Aergerniß her!

Breßlau gelangt, obwohl er mir Einzelnes zugiebt, zuletzt doch zu dem Ergebniß, daß ich, befangen in einer unbegreiflichen Schrulle, meine Behauptungen aus der leeren Luft gegriffen hätte. Nun wohl; aber warum erregen dann diese willkürlichen Einfälle eines wunderlichen Heiligen nicht mitleidiges Lächeln, sondern einen unerhörten Sturm leidenschaftlicher Erwiderungen? Doch wohl nur, weil ein Theil der deutschen Judenschaft sich durch meine Worte getroffen fühlt, und weil man ahnt, daß ich keineswegs eine persönliche Ansicht ausgesprochen habe, sondern die Meinung von Hunderttausenden. Breßlau ist völlig im Irrthum, wenn er glaubt, die heutige Bewegung sei seit 1875 durch die Hochconservativen und Ultramontanen hervorgerufen worden. Sie ist in Wahrheit viel älteren Ursprungs; ich habe sie seit mehr als einem Jahrzehnt in der Stille anwachsen sehen. Seit vielen Jahren wird immer häufiger und immer leidenschaftlicher in den Gesprächen der guten Gesellschaft, ohne Unterschied der Partei, die Frage erörtert, wie wir unsere alte deutsche Art gegen die wachsende Macht und den wachsenden Uebermuth des Judenthums beschützen sollen. Wenn viele wackere Männer noch heute Bedenken tragen, ihre Meinung über die Frage öffentlich kundzugeben, so geschieht es nur, weil jene beiden extremen Parteien die vorhandene, in den weitesten Kreisen verbreitete Verstimmung für ihre Sonderzwecke auszubeuten suchen und nicht Jedermann die Gefahr laufen mag, als ein Gesinnungsgenosse der Clericalen verrufen zu werden. Mir schien es umgekehrt wünschenswerth, daß einmal ein Mann, den man nicht mit den beliebten Schlagworten »unduldsamer Pfaff« oder »der Jude wird verbrannt« abfertigen kann, sich unumwunden über die gegenwärtige Bewegung ausspräche.

Sollen wir etwa jene folgenschwere Veränderung unseres socialen Lebens, die sich vor unsern Augen vollzieht, nicht bemerken? Es bleibt dabei, daß in Berlin allein nahezu ebenso viel Juden leben wie in ganz Frankreich. Nach der neuesten mir zugänglichen amtlichen Zählung wohnten in Frankreich 49,439 Juden (was mit der etwas älteren Angabe Morpurgo's, die ich früher mittheilte, gut übereinstimmt), in Berlin im Jahre 1875: 45,464 Juden; die jüdische Bevölkerung unserer Hauptstadt hat sich seit 1811 auf das Vierzehnfache, die Gesammtzahl der Einwohner nur auf das Sechsfache vermehrt. Und dieser Stamm, der sich so mächtig in die Mittelpunkte unseres Staates und unserer Bildung hineindrängt, enthält außer sehr vielen achtungswerthen, gut patriotischen Leuten auch eine Schar von unverfälschten Orientalen, wie ich ihrer einen neulich nach seinen eigenen Worten schilderte, desgleichen einen Schwarm von heimathlosen internationalen Journalisten, sodann große, kosmopolitische Geldmächte – denn daß das Haus Rothschild mit Allem, was daran hängt, deutsch sei, wird doch wohl Niemand behaupten wollen – endlich manche schlechthin gemeinschädliche Elemente, von deren Bedeutung unsere mit jüdischen Wörtern so reich geschmückte Gaunersprache ein Zeugniß giebt. Die Emancipation hat insofern günstig gewirkt, als sie den Juden jeden Grund berechtigter Beschwerden entzog. Aber sie erschwert auch die Blutsvermischung, die doch zu allen Zeiten das wirksamste Mittel zur Ausgleichung der Stammesgegensätze war; die Zahl der Uebertritte zum Christenthum hat sich sehr verringert, und Mischehen zwischen Christen und ungetauften Juden werden immer nur seltene Ausnahmen bleiben so lange unser Volk seinen Christenglauben heilig hält.

Die Juden sind dem neuen Deutschland Dank schuldig für das Werk der Befreiung; denn die Theilnahme an der Leitung des Staats ist keineswegs ein natürliches Recht aller Einwohner, sondern jeder Staat entscheidet darüber nach seinem freien Ermessen. Statt solcher Dankbarkeit sehen wir in einem Theile unseres Judenthums einen Geist des Hochmuths aufwuchern, der sich keineswegs blos in der nichtswürdigen Religionsspötterei einzelner Zeitungsschreiber äußert, sondern zuweilen schon gradezu versucht die christliche Mehrheit in der Freiheit ihres Glaubens zu beeinträchtigen. Aus vielen wohlbeglaubigten Beispielen nur eines, das kürzlich von den Zeitungen berichtet wurde. In Linz am Rhein besteht eine katholische Volksschule, die auch von einigen jüdischen Kindern besucht wird. Bei dem Religionsunterrichte, woran die Juden selbstverständlich nicht theilnehmen, benutzt der Lehrer ein Lehrbuch der biblischen Geschichte, das, dem Neuen Testamente gemäß, erzählt, wie Christus von den Juden unschuldig gekreuzigt wurde. Alsbald beschwert sich der Synagogenvorstand bei der Regierung und verlangt Beseitigung dieses

Lehrbuchs, weil es Haß und Verachtung gegen die Juden errege. Also im Namen der Toleranz maßt sich die winzige Minderheit ein Recht des Einspruchs an gegen die Glaubenslehre der Christen; für sich selber fordert sie die unbeschränkte Freiheit. Ohne jeden Zweifel beurtheilt Breßlau Vorfälle dieser Art genau ebenso wie ich; aber darf er es uns Christen verargen, wenn wir meinen, es sei hohe Zeit, einer Gesinnung, die schon wenige Jahre nach der Emancipation solche Früchte zeitigt, offen entgegenzutreten, bevor der Terrorismus einer rührigen Minderzahl, ermuthigt durch unsere feige Geduld, uns über den Kopf wächst?

Leider nöthigt mich Breßlau, noch einmal auf den Unterschied der beiden großen Stämme des europäischen Judenthums zurückzukommen. Er redet fast, als ob ich diesen Unterschied erfunden hätte. Was ich sagte ist aber aktenmäßig nachweisbar aus der Geschichte der französischen Gesetzgebung. Als die ersten Gemeinde- und Departementswahlen des Revolutionszeitalters herannahten, wurde der Nationalversammlung ein Gesetzentwurf vorgelegt, der allen Nicht-Katholiken das Wahlrecht und die Fähigkeit zur Bekleidung öffentlicher Aemter ertheilte. Maury und Rewbell, der Elsasser, beantragten die Juden von diesen Rechten auszuschließen, weil sie im Elsaß allzu verhaßt seien. Das Haus beschloß endlich, in das Gesetz, das am 24. December 1789 zu Stande kam, einen Satz aufzunehmen, kraft dessen die Constituante sich vorbehielt, über die Rechte der Juden später zu entscheiden. Nach abermaligen Berathungen folgte am 26. Januar 1790 das Gesetz »über die Juden des Südens«: die sogenannten spanischen Juden (les Juifs connus en France sous le nom de Juifs portugais, espagnols et avignonais) erhielten das active Bürgerrecht. Gegen die deutschen Juden Frankreichs aber blieb jener Vorbehalt vom 24. December 1789 noch immer in Kraft, obgleich der Gedanke der égalité damals alle Köpfe beherrschte; sie erhielten die gesicherte Gleichberechtigung erst durch die Verfassung vom 3. September 1791. Aus diesen Thatsachen erhellt, daß die Franzosen den Stammesunterschied innerhalb des Judenthums sehr wohl kannten, daß die spanischen Juden bei dem christlichen Volke weniger verhaßt waren als die deutschen. Nun ist Südfrankreich bekanntlich das classische Land der religiösen Leidenschaften. Wie fürchterlich hat hier die Glaubenswuth gehaust die Jahrhunderte hindurch, in den Albigenser- und den Hugenottenkriegen; noch das achtzehnte Jahrhundert sah hier die Gräuel des Camisardenkampfes und die Hinrichtung des Jean Calas; noch im Jahre 1815 raste der weiße Schrecken durch das Land, in Nimes und Montpellier wurden die Protestanten von dem Pöbel ermordet. Wenn ein solches, durch fanatischen Glaubenseifer berühmtes Volk mit seinen Juden im Ganzen freundlicher lebte als die gutmüthigen Elsässer, die nach deutscher Weise schon längst an das friedliche Nebeneinander der Glaubensbekenntnisse gewöhnt und schon seit anderthalb Jahrhunderten dem Jammer der Religionskriege entwachsen waren, so ergiebt sich der unabweisbare Schluß, daß der spanische Judenstamm sich leichter als der deutsche in die abendländische Weise zu schicken wußte. Diese Haltung der spanischen Juden hat nachher, wie mir scheint, einen günstigen Einfluß ausgeübt auf die Stellung des Judenthums in Frankreich überhaupt, sowie auf die Sitten der später eingeströmten deutsch-jüdischen Einwanderung. Auch meine Bemerkungen über das Uebergewicht des Judenthums in der Tagespresse scheinen mir nicht widerlegt durch die Aufzählung der Zeitungen, die von Christen redigirt werden. Daß die Juden unter den Correspondenten ganz unverhältnißmäßig stark vertreten sind, giebt Breßlau selbst zu; wer aber das innere Getriebe unserer Zeitungen etwas näher kennt, der weiß auch, daß die Redacteure ihren Berichterstattern keineswegs so selbständig gegenüberstehen, wie Breßlau annimmt. Es kommt hier nicht blos in Betracht was die Zeitungen sagen, sondern auch was sie aus Furcht verschweigen. Viele Redactionen sind völlig außer Stande, sich der Ungnade ihrer jüdischen Correspondenten in Paris und London auszusetzen. Dazu die Rücksicht auf die Abonnenten. Die Schlesische Zeitung verlor im Sommer 1878 mit einem Schlage mehr als sechshundert jüdische Abonnenten, lediglich weil sie sich unterstanden hatte, über einige Aeußerungen jüdischer Ueberhebung ehrlich ihr Urtheil zu sagen. Endlich beziehen nahezu alle deutsche Zeitungen ihren Geschäftsgewinn aus den Inseraten, da der bei uns übliche allzu niedrige Abonnementspreis die Kosten nicht deckt; was aber die jüdische Kundschaft für diesen Zweig des journalistischen Geschäfts bedeutet, das lehrt ein Blick auf die vierte Seite unserer Lokalblätter. Ich selber bin über die stille sociale Macht des fest unter sich zusammenhaltenden Judenthums erst während der jüngsten Wochen ganz in's Klare gekommen – durch die Briefe von manchen achtungswerthen Männern, die mir ihre warme Zustimmung aussprechen, aber dringend um Verschweigung ihres Namens bitten, weil sie sich jüdischer Rachsucht nicht bloßstellen dürften. Nimmt man alle diese Verhältnisse zusammen, so wird erklärlich, warum ein großer Theil unserer liberalen Presse für die Ausschreitungen jüdischen Hochmuths nicht den zehnten Theil des Tadels übrig hat, der über jeden Fall christlicher Unduldsamkeit ausgeschüttet wird.

Ich sagte: wir wollen nicht, daß auf die Jahrhunderte germanischer Gesittung ein Zeitalter deutsch-jüdischer Mischcultur folge. Breßlau wirft mir ein, unsere Gesittung sei bereits eine Mischcultur. Das scheint mir ein Spiel mit Worten. Allen modernen Völkern ist die Gedankenarbeit vergangener Jahrtausende zum Stab und zur Stütze gegeben. Unsere deutsche Gesittung fließt, wie Breßlau richtig bemerkt, aus den drei großen Quellen: des classischen Alterthums, des Christenthums und des Germanenthums; doch ist sie darum durchaus nicht eine Mischcultur, sondern wir haben die classischen wie die christlichen Ideale mit unserem eigenen Wesen so völlig verschmolzen, daß sie uns in Fleisch und Blut übergegangen sind. Wir wollen aber nicht, daß zu diesen drei Culturmächten noch das neujüdische Wesen als eine vierte hinzutrete; denn was im Judenthum dem deutschen Genius zusagt, das ist schon längst durch die Vermittlung des Christenthums in unsere Gesittung aufgenommen worden. Wir wollen dies nicht; denn wir haben schon einmal bitter genug erfahren, daß der neujüdische Geist, wenn er sich dem unseren selbständig gegenüberstellt, unser Volk auf Abwege führt.

In den Tagen des wie lucus a non lucendo sogenannten Jungen Deutschlands wurde unsere Literatur von Börne und Heine beherrscht. Je mehr wir uns aber von jener Epoche entfernen, je ruhiger wir sie betrachten, um so klarer erkennen wir, daß sie eine Zeit sittlichen und geistigen Verfalles war. Kein anderer Zeitraum unserer Literaturgeschichte seit Klopstock hat so wenig Bleibendes hinterlassen. Unheimische, radicale, abstracte Ideen drangen damals in unser Leben, eine sclavische Verehrung fremden Wesens ward im Namen der Freiheit gepredigt; und noch bis zum heutigen Tage arbeiten unsere besten geistigen Kräfte daran, die Nation von den undeutschen Idealen jener unfruchtbaren Epoche zu befreien und sie zu sich selber zurückzuführen. Breßlau täuscht sich, wenn er in Börne's Schriften den überlegenen Hohn Pufendorfs wiederzufinden glaubt. Dem Publicisten des Jungen Deutschlands fehlt gänzlich die Ueberlegenheit, die immer auf der Sachkenntniß ruhen muß: welch ein Abstand zwischen Pufendorfs gründlichem Fleiße und der Oberflächlichkeit Börnes, der niemals über irgend eine politische Frage ernstlich nachgedacht und geforscht hat! Der Hohn aber ist in der Politik nur dann berechtigt, wenn er aus der heißen Liebe zum Vaterlande, aus einem festen Nationalstolze entspringt. Was verhöhnte Pufendorf? Die verrotteten Formen des heiligen Reichs, die hohle Nichtigkeit der Kleinstaaterei. Von der deutschen Nation aber sprach er mitten in den Tagen ihres tiefsten Verfalles nie anders als mit freudigem Stolze, und ihrem ersten Manne, dem Großen Kurfürsten, setzte er ein Denkmal, das dauern wird wie Schlüters Standbild. Börne dagegen riß den größten Deutschen seiner Tage, Goethe, als den gereimten Knecht in den Koth und beschimpfte die Deutschen, das Volk der Bedienten, mit der ganzen Frechheit eines Mannes, der sich ihnen innerlich fremd fühlte. Die Geschichte hat bereits gerichtet. Börne ist todt, seine Gedanken sind überwunden, seine Schriften liest Niemand mehr außer den Fachgelehrten; Heine lebt und wird leben. Warum?

Nicht blos, weil Heine eine ungleich reichere Natur war als Börne, nicht blos, weil die Dichtung eine zähere Lebenskraft besitzt als die Schriften des Publicisten, sondern vor Allem, weil Heine weit mehr ein Deutscher war als Börne. Heine's unsterbliche Werke sind wahrhaftig nicht jene internationalen Witze, um derentwillen er le seul poète vraiment parisien genannt wurde, sondern die schlichtweg deutsch empfundenen Gedichte: so die Loreley, dies echte Kind deutscher Romantik, so jene herrlichen Verse: »Schon tausend Jahr aus Grācia«, die noch einmal Alles zusammenfaßten, was die Deutschen seit Winckelmann's Tagen über die Schönheit der hellenischen Welt gesungen und gesagt hatten. Heine ist sogar in seiner Sprache, wie alle unsere großen Schriftsteller, nicht ohne einen leisen landschaftlichen Anklang. Wie Goethe den Franken, Schiller den Schwaben nicht verleugnen kann, wie Lessing und Fichte, so grundverschieden unter sich, doch Beide unverkennbar Obersachsen sind, so zeigt sich Heine, wo seine Kraft rein zu Tage tritt, als der Sohn des Rheinlands. Börne hingegen redet jene abstracte journalistische Bildungssprache, die wohl glänzen und blenden kann, doch niemals wahrhaftig mächtig, niemals wahrhaft deutsch ist; ihr fehlt der Erdgeruch, die ursprüngliche Kraft; die Worte sinken nicht in des Hörers Seele.
Heute haben die wirklich bedeutenden und gesunden Talente unter unseren jüdischen Künstlern und Gelehrten längst eingesehen, daß sie nur auf den Bahnen des deutschen Geistes Großes erreichen können, und sie handeln darnach. Nur die anmaßende Mittelmäßigkeit stellt sich mit der Miene eingebildeter Ueberlegenheit dem ritterlichen germanischen Esau gegenüber; sie versucht die Marktschreierei der Geschäftswelt in die Literatur, das Kauderwälsch der Börse in das Heiligthum unserer Sprache einzuführen. Wenn wir solchen Unarten der schlechten Elemente unseres Judenthums entgegentreten, so sollten Männer wie Breßlau uns unterstützen. Eine ernste und tiefe Meinungsverschiedenheit zwischen ihm und mir vermag ich nicht aufzufinden.
Das Gleiche kann ich von der Streitschrift eines anderen Collegen

leider nicht sagen. M. Lazarus geht in seinem Vortrage »Was ist national?« von dem unanfechtbaren Satze aus, daß das Wesen der Nationalität nicht in der Abstammung oder der Sprache allein zu suchen ist, sondern in dem zweifellosen, lebendigen Bewußtsein der Einheit. Aber obwohl er mit beredtem Pathos über die Bedeutung der Religion spricht, so läßt er sich doch nicht näher ein auf die schwierige Frage, inwieweit dies Bewußtsein der Einheit bei vollständiger Verschiedenheit des religiösen Gefühles möglich ist. Er nimmt vielmehr als erwiesen an, daß alle deutschen Juden in jedem Sinne Deutsche seien, und von dieser Behauptung gelangt er zu dem ungeheuerlichen Schlusse: »Das Judenthum ist ganz in demselben Sinne deutsch wie das Christenthum deutsch ist. Jede Nationalität umfaßt heute mehrere Religionen, wie jede Religion mehrere Nationalitäten.« Hier muß ich rundweg widersprechen. Ich bin kein Anhänger der Lehre vom christlichen Staate, denn der Staat ist eine weltliche Ordnung und soll seine Macht auch gegen die Nicht-Christen mit unparteiischer Gerechtigkeit handhaben. Aber ganz unzweifelhaft sind wir Deutschen ein christliches Volk. Um diese Weltreligion unter den Heiden zu verbreiten vergossen unsere Ahnen ihr Blut in Strömen; um sie auszugestalten und fortzubilden litten und stritten sie als Bekenner und Helden. Mit jedem Schritte, den ich in der Erkenntniß der vaterländischen Geschichte vorwärts thue, wird mir klarer, wie fest das Christenthum mit allen Fasern des deutschen Volkes verwachsen ist; selbst der Unglaube, sofern er nicht in frivole Spötterei ausartet, vermag bei uns nicht den Boden des Christenthums ganz zu verlassen. Christliche Gedanken befruchten unsere Kunst und Wissenschaft; christlicher Geist lebt in allen gesunden Institutionen unseres Staates und unserer Gesellschaft. Das Judenthum dagegen ist die Nationalreligion eines uns ursprünglich fremden Stammes, seinem Wesen nach mehr zur Abwehr als zur Bekehrung geeignet und darum auch wesentlich auf die Stammgenossen beschränkt. An seiner Entwicklung nahmen die Deutschen durch die Jahrhunderte gar keinen Antheil; seine Ideen, soweit sie nicht in das Christenthum übergegangen sind, übten auf unseren Staat, unsere Gesittung gar keinen Einfluß. Wer Angesichts dieser offenkundigen Thatsachen behauptet, das Judenthum sei genau in demselben Sinne deutsch wie das Christenthum, der versündigt sich an der Herrlichkeit der deutschen Geschichte.

Ebenso falsch ist, in solcher Allgemeinheit hingestellt, die Behauptung, daß jede Nationalität heute mehrere Religionen umfasse. Die bestgesitteten Nationen der Gegenwart, die westeuropäischen, sind allesammt christliche Völker. Jenes lebendige Bewußtsein der Einheit, das die Nationalität bedingt, kann sich der Regel nach nicht bilden unter Menschen, die über die höchsten und heiligsten Fragen des Gemüthslebens grundverschieden denken. Man stelle sich nur vor, daß die Hälfte unseres Volkes sich vom Christenthum lossagte: kein Zweifel, die deutsche Nation müßte zerfallen. Alles was wir deutsch nennen ginge in Trümmer. Lazarus beachtet nicht den Unterschied von Religion und Confession; er denkt sich die Begriffe: katholisch, protestantisch, jüdisch als coordinirt. Confessionelle Unterschiede innerhalb derselben Religion kann eine Nationalität allerdings ertragen – schwer genug freilich, wie die Leidensgeschichte Deutschlands zeigt. Der Gegensatz der Protestanten und Katholiken, wie gehässig er auch leider oft hervortritt, bleibt doch ein häuslicher Streit innerhalb des Christenthums; wir Protestanten haben mit unseren katholischen Landsleuten wesentliche Grundsätze christlicher Dogmatik und Moral gemein. Wenn unsere tapferen Väter nach heißem Kampfe das Schwert in die Scheide steckten und sich die Hände boten zu einem Religionsfrieden, dann setzten sie in den Vertrag regelmäßig die Clausel: donec per Dei gratiam de religione ipsa convenerit. So darf auch heute noch kein deutscher Christ die Hoffnung aufgeben, es werde dereinst eine reinere Form des Christenthums sich bilden, welche die getrennten Brüder wieder vereinigt. Hingegen das Bestehen mehrerer Religionen innerhalb einer Nationalität kommt wohl als ein Uebergangszustand vor; auf die Dauer ist es, wie die Geschichte aller abendländischen Culturvölker lehrt, nur da möglich, wo eine Religion die Regel bildet, die Andersgläubigen die Ausnahme, die verschwindende Minderheit. Dies ist die Lage des Judenthums im heutigen Westeuropa. Die christlichen Völker des Westens sind darum noch nicht christlich-jüdisch geworden, weil eine kleine Minderheit von Juden unter ihnen lebt. Sie mögen dieser Minderzahl alle staatsbürgerlichen Rechte und vollkommene Religionsfreiheit gewähren; doch sie bleiben auch nach der Judenemancipation berechtigt und verpflichtet, in dem angehobenen Gange ihrer christlichen Gesittung zu beharren, den christlichen Geist ihrer Institutionen zu bewahren. Es ist der Grundfehler des Lazarus'schen Vortrags, daß der Redner für alle diese Verhältnisse gar kein Auge hat, und die bescheidene Ausnahmestellung, welche dem Judenthum in der christlichen Culturwelt gebührt, hochmüthig verkennt.

Von den übrigen Streitschriften erwähne ich nur noch eine, weil in ihr ein händelsüchtiger, beleidigender Rassendünkel, mit christlicher Salbung versetzt, hervortritt. Wer Berliner Personen und Zustände kennt, wird leicht begreifen, daß Herr Paulus Cassel sich durch meine Bemerkungen über das Reclame-Unwesen des jüdischen Literatenthums schwer beleidigt fühlt und mich mit gewohnter Anmuth als den Pharisäer des modernen Bewußtseins darstellt. Unbegreiflich aber ist es, daß ein christlicher Geistlicher die Judenfrage der Gegenwart zu lösen vermeint durch die Worte Christi: »das Heil kommt von den Juden!« und darauf die unbiblische, aus verschiedenen Bibelstellen willkürlich zusammengeschweißte Weissagung ausspricht: »Die Völker müssen alle in den Zelten von Christus Sem wohnen!« Herr Cassel verschweigt dabei nur die Kleinigkeit, daß jene Worte Jesu gesprochen wurden bevor die Juden selber das Heil von sich stießen und Christus kreuzigten. Den heutigen Christen zurufen: »das Heil kommt von den Juden!« – ist noch weit thörichter, als wenn ein Protestant zu Protestanten sagen wollte: das Heil kommt von Rom, weil Luther von der römischen Kirche ausging und der Protestantismus einen großen Theil seiner Cultur der alten Kirche verdankt. Jede junge geistige Macht, die eine ältere besiegt, ist selber das Kind ihrer Gegnerin. Die Größe der christlichen Lehre liegt darin, daß sie, hervorgegangen aus einem semitischen Volke, das Semitenthum überwand und zur Weltkirche wurde. Wenn Herr Paulus Cassel in den Schriften des großen Apostels, auf dessen Namen er getauft ist, ernstlich forscht, so kann er sich über diese einfachen Wahrheiten unterrichten. Mag Herr Cassel zusehen, ob er für seine selbstverfertigte Lehre von »Christus Sem«, den das Neue Testament nicht kennt, gläubige Hörer findet: wir deutschen Christen halten uns an das Evangelium von dem Gottessohne. Derselbe Geist maßlosen Dünkels spricht aus der Behauptung des Herrn Cassel: das Judenvolk sei erst durch die frivolen Deutschen seiner Frömmigkeit entfremdet worden. Gewiß, Heinrich Heine verdankte seine Liederlichkeit allein dem Umgange mit jener deutschen Jugend, welche die Schlachten des Befreiungskrieges geschlagen hatte! – Seltsamerweise werden gerade diejenigen Sätze meiner November-Rundschau, die mir die wichtigsten waren, von keiner der zahlreichen Gegenschriften erwähnt: die Bemerkungen nämlich über die Mitschuld der Deutschen an der Macht des Judenthums. Wir haben uns durch die großen Worte von Toleranz und Aufklärung verleiten lassen zu manchen Mißgriffen im Schulwesen, welche die christliche Bildung unserer Jugend zu schädigen drohen, und beginnen jetzt endlich einzusehen, daß die Simultanschulen auf der niedersten Stufe des Unterrichts nur ein leidiger Nothbehelf sein können. Duldung ist ein köstlich Ding, doch sie setzt voraus, daß der Mensch selber schon eine feste religiöse Ueberzeugung habe. Ein guter Elementarunterricht muß in allen Fächern von dem gleichen Geiste durchdrungen sein. Weltgeschichte zu lehren vor Kindern, die nach Kinderart nur Gut und Böse, Wahr und Falsch zu unterscheiden wissen, und dabei weder den Protestanten, noch den Katholiken, noch den Juden Anstoß zu geben – das ist ein Eiertanz, der selbst einem bedeutenden Gelehrten kaum gelingen kann, geschweige denn der bescheidenen Bildung eines Elementarlehrers. Nichts gefährlicher für das kindliche Gemüth als die inhaltlose Phrase. Es ist die Pflicht des Staates scharf darüber zu wachen, daß unseren Schulkindern nicht unter dem Aushängeschilde der Duldsamkeit die Gleichgiltigkeit gegen die Religion anerzogen werde. Auch gegen die Tyrannei des Wuchers, die von den unsauberen Schichten des Judenthums wie des Christenthums in traurigem Wetteifer geübt wird, kann der Staat etwas mehr Schutz gewähren als heute.

Wichtiger als alle Maßregeln der Staatsgewalt bleibt doch die Haltung der Nation selbst. Unsere Sorglosigkeit und Schwerfälligkeit konnte von den wirthschaftlichen Tugenden des jüdischen Stammes Manches lernen. Statt dessen sind wir nur zu empfänglich gewesen für die Schwächen und Krankheiten des jüdischen Wesens. Unser Kosmopolitismus kam dem jüdischen entgegen, unsere Tadelsucht erlabte sich an den hetzenden Reden der jüdischen Scandalpresse. Ein Volk von festem Nationalstolze hätte die Schmähungen der Epigonen Börne's niemals aufkommen lassen; ein Volk mit durchgebildeten Sitten hätte seine Sprache vor dem Einbruch jüdischer Witzblattsroheit spröder bewahrt. Vor allem Andern aber hat die unglückliche Zerfahrenheit unseres kirchlichen Lebens, die Spottsucht und der Materialismus so vieler Christen den jüdischen Uebermuth großgezogen. In den frivolen, glaubenlosen Kreisen des Judenthums steht die Meinung fest, daß die große Mehrheit der gebildeten Deutschen mit dem Christenthum längst gebrochen habe. Die Zeit wird kommen und sie ist vielleicht nahe, da die Noth uns wieder beten lehrt, da die bescheidene Frömmigkeit neben dem Bildungsstolze wieder zu ihrem Rechte gelangt. Am letzten Ende führt jede schwere sociale Frage den ernsten Betrachter auf die Religion zurück. Die deutsche Judenfrage wird nicht eher ganz zur Ruhe kommen, das Verhältniß zwischen Juden und Christen sich nicht eher wahrhaft friedlich gestalten, als bis unsere israelitischen Mitbürger durch unsere Haltung die Ueberzeugung gewinnen, daß wir ein christliches Volk sind und bleiben wollen. –
10. Januar 1880

Harry Breßlau
Nachwort zur zweiten Auflage
(Januar 1880)

Nachdem die zweite Auflage des vorstehenden Sendschreibens bereits gesetzt war, ist mir die Erwiderung auf meine Ausführungen zugegangen, welche H. v. Treitschke im Januarheft der Preußischen Jahrbücher veröffentlicht hat. Wenn ich es gern und dankend anerkenne, daß mein College meine Worte in demselben Geiste aufgenommen hat, in welchem sie geschrieben worden sind, so bedauere ich um so mehr, constatiren zu müssen, daß wir uns durch die Discussion hinsichtlich mehrerer wichtigen Punkte doch nur wenig näher gekommen sind. Ich beschränke mich in diesen nachträglichen Bemerkungen darauf, einige derselben, die mir vom Gesichtspunkt des Historikers aus besonders beachtenswerth erscheinen, noch einmal in möglichster Kürze zu erörtern.

In welchem Umfange unsere Anschauungen über die gegenwärtige Bewegung noch auseinandergehen, das zeigt sich gleich in dem Erstaunen Treitschke's über die große Zahl der Entgegnungen, welche sein Artikel hervorgerufen hat, und mehr noch in dem Vorwurf der krankhaften Empfindlichkeit, den er speciell an mich deswegen richtet, weil ich mich durch seinen Aufsatz gekränkt gefühlt habe. Wie es scheint, empfindet er gar nicht, wie verletzend gerade diejenigen unter den Juden, welche sich ganz deutsch zu denken und zu fühlen bewußt sind, der von mir oben Seite 22 als die scharfe Spitze seiner Ausführungen bezeichnete Satz: »Die Juden sind unser Unglück«, berühren mußte. Hier waren nicht blos Auswüchse des Judenthums angegriffen, sondern alle Juden; es war als die Anschauung der besten Kreise unserer Nation eine Behauptung hingestellt, die zurückzuweisen nicht eine übertriebene Empfindlichkeit, sondern unsere Pflicht und unsere Ehre uns geboten. War das von Herrn v. Treitschke nicht so gemeint, um so besser; allein dann hätte es auch nicht so gesagt werden dürfen; am wenigsten gerade in dem gegenwärtigen Zeitpunkt und gerade von ihm.

Auch die Ansicht meines Herrn Collegen über die Entstehung der heutigen Bewegung hat mich in keiner Weise zu überzeugen vermocht. Wäre dieselbe wirklich aus jener immer steigenden Erregung zu erklären, die er seit mehr als zehn Jahren in den Gesprächen der guten Gesellschaft beobachtet hat, so hätte sie ihm schwerlich vor zwei Monaten als das am meisten befremdende Symptom einer tiefen, durch unser Volk gehenden Umstimmung erscheinen können. Ich denke nicht daran, die Richtigkeit jener Beobachtung selbst zu bestreiten, aber ich möchte doch darauf aufmerksam machen, daß eine solche Wahrnehmung eines Einzelnen oder selbst einer Anzahl von Personen sich der Natur der Sache nach immer nur auf einen sehr eng begrenzten Kreis von Erscheinungen beziehen kann, und daß abgesehen von den von Treitschke erwähnten Gesprächen keinerlei Manifestation jener Erregung erkennbar zu Tage getreten ist. Wenn ein künftiger Geschichtsschreiber der neuesten antijüdischen Agitation die Wahl hat, ob er die leidenschaftliche Erregung der Volksmassen ableiten will aus jenen von Herrn v. Treitschke beobachteten Stimmungen innerhalb gewisser Kreise der guten Gesellschaft oder aus der von mir nachgewiesenen, vom ihm nicht bestrittenen planmäßigen und geflissentlichen Verhetzung, wie sie seit vier Jahren fast die gesammte Presse mehrere großen und einflußreichen Parteien in ganz Deutschland sich zur Aufgabe gemacht hat – ich glaube, er wird nicht zweifelhaft sein können, wie er sich zu entscheiden habe.

Auf seine frühere Behauptung, daß die Israeliten des Westens und Südens zumeist dem spanisch-portugiesischen Judenstamme angehörten, kommt Herr v. Treitschke, nachdem sie durch die von mir beigebrachten Thatsachen als unrichtig erwiesen ist, nicht zurück. Aber die Ansicht, daß die spanischen Juden sich dem abendländischen Wesen leichter einzufügen verständen als die deutschen, hält er fest; er beruft sich nunmehr darauf, daß auch in Frankreich 1790 ein Unterschied zwischen den Spaniern und den Juden des Elsasses und Lothringens gemacht worden sei. Das letztere würde ich nie bestritten haben; aber weder kann ich den Folgerungen zustimmen, die er daraus zieht, noch ist der Verlauf der Thatsachen im Einzelnen so, wie er ihn darstellt. Die sogenannten spanischen Juden erhielten keineswegs, wie Herr v. Treitschke annimmt, erst durch das Gesetz vom 26. Januar 1790 das active Bürgerrecht, sondern dasselbe bestätigte ihnen vielmehr, gegenüber einem von Rewbell gestellten Antrage auf Ausschluß der Juden von der Emancipation der bisher rechtlosen Culturgenossenschaften, den Besitz der von ihnen seit unvordenklicher Zeit ausgeübten bürgerlichen Rechte*. Diese durch königliches Patent von 1550 privilegirten Spanier waren nämlich gar nicht als Juden, sondern als Scheinchristen nach Südfrankreich gekommen; sie unterwarfen sich allen Gebräuchen der katholischen Kirche, hielten ihre wahre Religion streng verborgen und bekannten sich erst im Zeitalter der Aufklärung, etwa seit dem Anfang des 18. Jahrhunderts, auch öffentlich wieder zum Glauben ihrer Väter. *Darum* entgingen sie während der Hugenotten-Kriege allen Verfolgungen, *darum* waren sie innerhalb des französischen Staates vollberechtigt. Es giebt unter ihnen im 17. und 18. Jahrhundert nicht wenige Männer, welche durch den Erwerb adliger Herrschaften in den erblichen Adelstand emporstiegen und alle damit verbundenen Rechte, sogar die der hohen Gerichtsbarkeit ausübten; sie haben an den Wahlen für die Generalstände von 1789 Theil genommen, und nur an wenigen Stimmen fehlte es, daß damals ein Jude von der Provinz Guyenne zum Deputirten erwählt wäre. Daß man zwischen ihnen, die seit mehr als zwei Jahrhunderten Franzosen waren, und den bis 1790 von dem Erwerb von Grundbesitz und fast von jedem ehrlichen Gewerbe ausgeschlossen, darum auch allgemein verhaßten elsäs-

* Les Juifs connus en France sous le nom de Juifs portugais, espagnols et avignonais, *continueront de jouir des droits desquels ils ont joui jusqu'à présent.*

sischen Juden einen Unterschied machte, daß man die letzteren übergangslos aus dem Zustande völliger Rechtlosigkeit in den völliger Rechtsgleichheit überzuführen Bedenken trug, begreift sich leicht und bedarf nicht der Erklärung durch die Annahme einer verschiedenen Assimilationsfähigkeit beider Gruppen der europäischen Judenschaft.

Gegenüber meinem Nachweise, daß die oft wiederholte Behauptung, unsere Zeitungen würden von den Juden geschrieben, hinsichtlich der Mehrzahl der größeren, älteren und einflußreicheren Organe der gemäßigten Parteien nicht zutreffe, betont Herr v. Treitschke nunmehr den Einfluß der jüdischen Correspondenten in höherem Maße und ist der Meinung, daß auch in der Abhängigkeit vieler Zeitungen von ihren jüdischen Abonnenten und Inserenten sich der Einfluß der Juden auf die Presse äußere. Wir kommen damit immer mehr von dem Gebiet bestimmt erweislicher Thatsachen auf ein solches, das der Natur der Sache nach keine statistische Controle mehr zuläßt, und über das man daher ohne Nutzen streiten würde. Im Allgemeinen aber glaube ich nicht, daß die Juden, die man doch gewöhnlich für gute Geschäftsleute hält, sich bei der Wahl der Zeitungen, in denen sie inseriren, durch andere Rücksichten als die der größtmöglichen Verbreitung ihrer Ankündigungen leiten lassen; und als Abonnenten vermögen die Juden doch wohl kaum einen bedeutend erheblicheren Einfluß auf die Presse auszuüben, als ihnen nach ihrer Kopfzahl innerhalb des deutschen Reiches zukommt. Speciell in dem von Herrn v. Treitschke hervorgehobenen Fall der »Schlesischen Zeitung«, die wegen einiger, immerhin aus ehrlicher Überzeugung hervorgegangenen, aber darum nicht weniger gehässigen Judenartikel 600 Abonnenten verloren haben soll, vermag ich weder etwas Tadelnswerthes, noch etwas Gefährliches zu erblicken. Man kann doch wahrlich auch dem Juden nicht zumuthen, daß er eine Zeitung halten soll, die ihm schon am frühen Morgen durch hämische Angriffe die gute Laune verdirbt; und jenes schlesische Blatt hat sich durch den Verlust an Abonnenten in keiner Weise abhalten lassen, seiner Meinung über die Juden auch später einen recht kräftigen Ausdruck zu verleihen.

Wenn Herr v. Treitschke meiner Vergleichung Börne's mit Pufendorf entgegenhält, daß der Hohn Börne's weder überlegen, noch auch berechtigt gewesen sei, weil er nicht in echter Vaterlandsliebe gewurzelt habe, so kann ich zu meinem Bedauern meine Ansicht hier nicht näher begründen, wenn nicht dies Nachwort zu einer literarhistorischen Abhandlung anschwellen soll; ich beschränke mich, darauf aufmerksam zu machen, daß wenigstens in letzterer Beziehung Literarhistoriker wie M. Carrière und Rudolf Gottschall die Ansicht des Herrn v. Treitschke nicht theilen. Warnen aber möchte ich davor, den Umstand, daß Börne's Schriften heute nur noch wenig gelesen werden, als einen giltigen Richterspruch der Geschichte über seine Wirksamkeit zu betrachten. Wie ungerecht wäre dann dies Gericht nach dem bekannten Epigramm schon zu Lessings Zeiten gegen den großen Klopstock verfahren!

So befinde ich mich denn zu meinem Bedauern hinsichtlich dieser und anderer mit unserer Frage zusammenhängenden Momente doch noch in erheblichen Differenzen der Anschauung mit meinem geehrten Collegen. In einer Beziehung aber stimme ich ihm völlig zu. Er fordert mich und meine Gesinnungsgenossen auf, ihn in dem Kampf gegen die schlechten Elemente innerhalb des Judenthums zu unterstützen. Wir mögen über den Umfang und die Ausdehnung dieser Elemente verschiedener Ansicht sein: über die Frage aber, *was* schlecht und niedrig und deshalb bekämpfenswerth sei, kann zwischen uns kein Unterschied der Meinung bestehen. Und ich darf ihm im eigenen Namen und in dem vieler Gesinnungsgenossen die feste Versicherung geben, daß wir es an unserer Unterstützung in jenem Kampfe in Zukunft ebensowenig fehlen lassen werden, wie wir in der Vergangenheit unterlassen haben darin, ein jeder nach seinen Gaben und nach seinen Kräften, thätig zu sein. Vor der Oeffentlichkeit freilich kann *dieser* Kampf nicht ausgefochten werden. Uns aber nöthigt in diesem Augenblick noch ein anderer Angriff zur Abwehr, zur Vertheidigung unserer Ehre, die man schmäht, und unseres Vaterlandes, das man uns nehmen will. Immer lauter wird das Geschrei derer, die dem deutschen Volke zurufen, mit keinem Juden geschäftliche Verbindungen anzuknüpfen, mit keinem geselligen Verkehr zu unterhalten, keinen Juden zu einem communalen oder staatlichen Ehrenamte zu wählen; sie möchten nachdem das Staatsgesetz uns die Gleichberechtigung verliehen hat, nunmehr eine sociale Excommunication nicht bloß über die schlechten Elemente, sondern über die Gesammtheit des deutschen Judenthums verhängen. Ich darf hoffen, daß auch wir unsererseits in dem gerechten Vertheidigungskampfe gegen diese Bestrebungen auf die Unterstützung meines Collegen zählen können; und ich bin sicher, daß es nicht mit seiner Zustimmung geschieht, wenn die Leiter dieser Bewegung noch immer nicht aufhören dem deutschen Volke vorzuspiegeln, daß Heinrich von Treitschke ihr Bundesgenosse sei.

Wilhelm Endner
Zur Judenfrage. Offene Antwort auf das offene Sendschreiben des Herrn Dr. Harry Breßlau an Herrn von Treitschke
(Januar 1880)

Kommentar: *In seinem Standardwerk zur Geschichte der Judenfeindschaft »From Prejudice to Destruction« hat der Jerusalemer Historiker Jacob Katz (1904-1998), der in den späten 1920er und frühen 1930er Jahren in Frankfurt am Main bei Norbert Elias und Karl Mannheim studierte, den folgenden, für eine sozialpsychologische Analyse des Antisemitismus entscheidenden Punkt betont: Das idealtypische Milieu des modernen Antisemitismus sei weder in einem Parteiprogramm noch in einer geschlossenen Weltanschauung zu finden, sondern in seinem Charakter als soziale Bewegung. (dt. Übers.: Katz 1989, 253) Im Modus der Bewegung komme das Spezifische des Antisemitismus sozusagen zu sich selbst. Schon der Begriff der »Bewegung« selbst werde im und seit dem späten 19. Jahrhundert »für die Unternehmung antijüdischer Gruppen verwendet«. (253) Diese These von Jacob Katz zielte auch darauf, das Neue beschreibbar zu machen, das den Antisemitismus jener Jahre von der Judenfeindschaft früherer Zeiten unterschied. Aus sozialpsychologischer Perspektive wird erkennbar, dass der moderne Antisemitismus aus dem Synkretistischen und dem Situativen, die beide für moderne Vergemeinschaftungen typisch sind, nicht nur Nachteile, sondern auch Vorteile zieht. Denn während eine Weltanschauung vor allem auf die Wahrung der reinen Lehre achtet und ein Parteiprogramm stets Vertreter zu benennen und Mitglieder zu werben hat, die für die gewünschte politische Richtung eintreten, speisen soziale Bewegungen ihre Bedeutung und Macht gerade aus der »Unklarheit ihrer Grenzen«. (254) Der moderne Antisemitismus proklamiert, einen viel größeren Kreis an Unterstützern zu haben, als es die sichtbaren Aktivisten sind – und diese Behauptung wird von ihm ohne Beweise be-*

wirtschaftet. So besehen stabilisiert sich eine Bewegung gerade durch ihre Unbestimmbarkeit, denn sie wird von einer Menge befeuert, die als solche nicht in Erscheinung tritt oder treten muss, um Akteur zu sein. Diese Menge engagiert sich zwar, aber nicht als Einheit, nicht permanent und nicht immer sichtbar. Mit Berufung auf diese unbestimmte, unsichtbare, aber latent präsente Masse legitimieren sich die Sprecher einer Bewegung; in ihrem Namen werden stets Forderungen aufgestellt und Ziele formuliert. Und auch die aktivistischen Antisemiten, die kalkuliert die Öffentlichkeit suchen, holen sich ihre Legitimation aus der Menschenmenge, die sie hinter sich wähnen. Alle lauten Aktivisten des Antisemitismus vermeiden wo immer möglich, »Ich« zu sagen, sie bevorzugen das kollektive »Wir«. Die Wandlung vom »Ich« zum »Wir« entspricht in etwa der Entwicklung vom Diskurs zur Bewegung, die den völkischen Antisemitismus charakterisiert. (Breuer 2008, 46-56; zum völkischen Antisemitismus einführend: Bergmann 1996, 449-463; zur »Berliner Bewegung«: Haar 2022, 321-335) Mit den publizistischen Beiträgen von Wilhelm Endner und Heinrich Naudh (d. i. Wilhelm Nordmann, s. u., 334-360) wird deutlich, dass der Zuspruch zu Treitschke durch jene erfolgte, die den Antisemitismus als kollektive Willensbekundung einer sozialen Bewegung verstanden wissen wollten. Gerade sie fühlten sich durch ihn bestätigt. Der völlig unbekannte Endner geriert sich geradezu als Sprecher »der Mehrzahl der Deutschen« (243); und er verwendet, wenn er vom Antisemitismus spricht, durchgehend den Begriff »Bewegung« (allein 6 Mal auf S. 248 u. ö.). In seiner Broschüre dominieren Formulierungen, die die proklamierte Abneigung gegen Juden nicht als Meinung darstellen, sondern als einen kollektiven Reflex: »die ganze Masse des deutschen Volkes« (247), »40 Millionen Deutsche« (249) oder auch »ein großer Theil des deutschen Volkes«, so heißt es hier, sei bereit, sich »des anstürmenden Judenthums zu erwehren« (248). An anderer Stelle schreibt Endner, »das Volk selbst« beginne zu marschieren (248), oder »das Volk« spreche so, »nicht ich« (255), oder »der Volksmund« sagt (246), oder »die Bevölkerung Berlins« habe »an dieser Bewegung theilgenommen« (248). In das Muster passt, dass der Autor die judenfeindliche Tat preist, wenn er schreibt, die »Abwehr des Judenthums [sei] nicht mehr Gegenstand theoretischer Erörterungen«, sie folge vielmehr «praktische[n], vom deutschen

Volke ausgehende[n] Erwägungen«. (248) Das Mantra, das sich in all diesen Wendungen Ausdruck verschafft, lautet, dass »eine tiefere Bewegung« nicht »von einigen Hitzköpfen« in die Wirklichkeit getragen werden könne, denn eine Bewegung sei stets »das Resultat jahrelanger, das Lebensmark des Volkes angreifender Vorkommnisse«. (248) Auf diese Weise bekennen völkische Antisemiten sich als solidarische Bewegungsgefährten Treitschkes. Beide, Endner und Nordmann, stürzen sich auf seine Kritiker, besonders auf Harry Bresslau, und weisen dies sogar im Titel ihrer Pamphlete aus.

Schon Treitschke hatte zentrale Passagen von »Ein Wort über unser Judenthum« in diesem Sinne der Menge oder Masse der »tausend Stimmen« (67), der »Tausende[n]« (68) und »Hunderttausende[n]« (68) gewidmet. Hierzu gehört auch die Wendung »wie aus einem Munde«, die im »Unglücks«-Satz aus »Unsere Aussichten« einen Kollektivaufschrei imaginierte. (73) Er erhob schon hier wörtlich die »leidenschaftliche Bewegung gegen das Judenthum« (68) in ihrer mächtigen Anonymität zur Akteurin und rühmte die »wunderbare, mächtige Erregung«, die kollektiv »in den Tiefen unseres Volkslebens« (67) arbeite. Und die »Bewegung« stellte er positiv auch in »Herr Graetz und sein Judenthum« (105) und in »Noch einige Bemerkungen zur Judenfrage« (219) dar. Auch Treitschke schrieb also bereits nicht nur über, sondern zugleich auch für den von ihm beschworenen »Instinkt der Massen« (69) und die »breite[n] Schichten unseres Volkes«. (68) Auch er trat in »Unsere Aussichten« und in den folgenden Artikeln nicht als Politiker (für eine Partei) oder als Propagandist (eines weltanschaulichen Programms) auf. Das von ihm in seiner unbestimmbaren Kollektivität evozierte »Erwachen des Volksgewissens« (67), dem Treitschke Worte lieh, weist ihn vielmehr selbst als prominenten Vertreter der antisemitischen Bewegung aus. Mit seinen Essays schritt er – seinem Selbstverständnis zufolge – zur Tat und schrieb für die »stürmische deutsche Welt« (67); diese wird von ihm aber nicht mehr allein als Adressatin seiner Botschaft verstanden, sondern sie erscheint als die unsichtbare Kraft, die sein Wort in Auftrag gegeben hat.

Sollte jenseits der Suada an paranoiden Schmähungen, die in dem Text von Endner dokumentiert sind, noch ein erkenntnisträchtiger Punkt liegen, so ist es kein Argument, denn es gibt keines. Endner spricht über lange Passagen uneigentlich, sozusagen in ständigen Anführungszeichen, und produziert vor allem Häme; er fordert von den Juden, sie mögen ihre Feiertage und ihre religiösen Gebräuche aufgeben. (261f.) Er lügt und agitiert; so beklagt er zum Beispiel »Christenhetze« (246), die »Juden und Judengenossen« (246) betrieben haben sollen, und leitet daraus das Recht ab, dass »wir Christen jetzt endlich anfangen, uns gegen das uns überwuchernde Judenthum zu wehren«. (247) Eine letzte Bemerkung über die hier – wie generell im völkischen Spektrum – betriebene Politisierung des Vokabulars mag aus Sicht der linguistischen Antisemitismusforschung (Puschner 2001, 27-47; Bering 2004, 375-398) aber noch angebracht sein. Der moderne Antisemitismus bedurfte, so hat die Forschung immer wieder betont (Cobet 1975; Bering 1991; Volkov 2000), »einer nomenklatorischen Sprachregelung« (Heid 2000, 110), die Wilhelm Marr mit dem Begriff »Antisemitismus« im Jahr 1879 geschaffen hatte. (Zimmermann 2005, 25-39) Unter der Flagge des neuen Begriffs konnte man nun eine als »unmittelbares Wissen« (Lapidot 2021, 268) ausgegebene Hasspredigt über Judentum und Juden verkünden, Ressentiments klangen nun fast wissenschaftlich, reklamierten zumindest »objektive Geltung«. (Diner 2015, 272; so auch: Rürup / Nipperdey 1972, 129-153) Treten aktivistische Antisemiten als Einzelne aus einer Menge heraus, deren Aura sie auf sich selbst übertragen, agieren sie als Medium der Vielen und produzieren kollektive Parolen; bestimmte Formulierungen werden als Erkennungszeichen weitergetragen, immer wieder zitiert und damit intensiviert. Im Beitrag von Endner werden Treischkes Formeln mehrfach verwendet. In wörtlicher Erkennbarkeit übernahm Endner auch Prägungen von Stoecker. (Krieger, in BAS 2003, 310) Wie für den Begriff »Antisemitismus« selbst gilt für Sätze und Wendungen dieser Art, dass die »publizistische Wucht«, mit der antisemitische Formeln »in die Öffentlichkeit getrieben« werden, ihren Hauptzweck in der öffentlichen Wiederholung, in der repetitiven Signalwirkung hat, und dass ihr Erfolg darin besteht, Begriffe in kurzer Zeit zur »allseitigen Akzeptanz« zu führen. (Diner 2016, 273) Sogar die Allgemeine Zeitung des Judentums, die den Begriff »Antisemitismus« im August 1880 noch in distanzierenden Anführungen verwendete, ließ dies kurze Zeit später sein und übernahm die widrige Formel. (ebd.)

Diese neue Stufe der Sagbarkeit ist die eine Seite der sprachlichen Eskalation. Die andere besteht darin, sich in den judenfeindlichen Äußerungen eine unbegrenzte Lizenz zur Gewalt zu erlauben. Mit Blick auf antisemitische Autoren wie Endner wird deutlich: Hier wurde der Text Bresslaus nicht nur als Mittel für ein hämisch-rhetorisches Räsonnement und für haltlose Beschimpfungen missbraucht; Endner ließ zugleich auch seinen Gewaltphantasien freien Lauf, mit denen er – fast wie nebenbei – den Ausschluss von Juden aus der Gesellschaft sprachlich praktizierte, wenn er etwa von den »specifischen Eigenthümlichkeiten des Semiten« sprach, die »in Europa weniger Berechtigung haben, als die eines Abendländers« (257), oder wenn er die »Ausmerzung« von Juden aus dem »deutschen Körper« herbeiwünscht. (259) Sätze wie diese sind kein referenzieller Diskurs mehr, sie ähneln vielmehr Kriegsvorgängen. In der hier gewählten Sprache geschieht bereits, was gesagt wird. Dieser Text begnügte sich mitnichten mit permanenten Schmähungen; stattdessen erhöht er durch eine Rhetorik, die das »Schädliche« (247), die »Fremdartigkeit« (246, 253 u. 261) und die »Gefährlichkeit« (247) jüdischer Existenz in Europa mit wiederholender Eintönigkeit predigt, den Gewaltpegel in der Gesellschaft. So ist im Zusammenhang mit Texten wie jenen von Endner daran zu erinnern, dass seinerzeit nicht nur Flugschriften und essayistische Schmähpamphlete kursierten, sondern auch handgreifliche Pöbeleien und massive Gewaltausbrüche gegen Juden vorkamen, so etwa in der Silvesternacht 1880/81 in Berlin (Schüler-Springorum 2005, 276f.), im Februar und Sommer 1881 beim Brand der Synagoge in Neustettin und Ausschreitungen in Pommern und Westpreußen oder im Zuge der sogenannten ›Polenausweisung‹ (1885/86). (Neubach 1967)

Quelle: Wilhelm Endner, *Zur Judenfrage. Offene Antwort auf das offene Sendschreiben des Herrn Dr. Harry Breßlau an Herrn von Treitschke*, Berlin 1880.

Lit.: Pulzer, *Die Entstehung des politischen Antisemitismus in Deutschland und Österreich* (1966/2004), 134-145; Rürup/Nipperdey, Art. »Antisemitismus« (1972), 129-153; Cobet, *Der Wortschatz des Antisemitismus in der Bismarck-*

zeit (1973); Hortzitz, *»Früh-Antisemitismus« in Deutschland. Strukturelle Untersuchungen zu Wortschatz, Text und Argumentation* (1988); Katz, *Vom Vorurteil bis zur Vernichtung* (1989), 253-267 und 267-280; Bering, Sprache und Antisemitismus im 19. Jahrhundert (1991), 325-354; Bergmann, Völkischer Antisemitismus im Kaiserreich (1996), 449-463; Volkov, Das geschriebene und das gesprochene Wort (2000), 54-75; Heid, Die Juden sind unser Unglück! (2000), 110-130; Puschner, »Völkisch« – vom Ersatzwort zum Weltanschauungscode (2001), 27-47; Krieger, o. T. [Kommentar], in: *BAS* (2003), 310; Schüler-Springorum, Unser Standpunkt. Jüdische Reaktionen auf den Berliner Antisemitismusstreit (2005), 276-283; Bering, Etappen der Antisemitismusforschung in der Sprachwissenschaft (2004), 375-398; Zimmermann, Aufkommen und Diskreditierung des Begriffs »Antisemitismus« (2005), 25-39; Breuer, Die Völkischen im Kaiserreich, in: ders., *Die Völkischen in Deutschland* (2008), 25-144; Diner, Art. »Verschwörung« (2016), 272-277; Haar, Antisemiten, »Berliner Bewegung« und Rücknahme des Gleichstellungsgebots, in: ders., *Jüdische Migration und Diversität in Wien und Berlin* (2022), 321-335.

Vorwort

Wenn Herr Dr. Harry Breßlau, a. o. Professor der Geschichte an der Universität Berlin, ein offenes Sendschreiben dem allgemeinen Publikum übergiebt, so kann ihm ein Jeder aus dem Volke darauf antworten.

Daher haben auch wir ein Recht, an der Hand seines Buches zu zeigen, in welcher Weise ein berufener Verfechter des Judenthums es unternimmt, seine Sache zu vertheidigen; an seiner eignen Person, der er sich zu den Gebildeten seines Volkes zählt, der nach seinen eigenen Aeußerungen das eifrigste Bestreben hat, ein voller Deutscher zu werden, darzuthun, wie unmöglich es einem Juden ist, deutsche Gesittung und Gesinnung sich anzueignen, aus seiner eignen Schrift die absolute Unverträglichkeit des Judenthums mit dem Deutschthum darzuthun.

Berlin, den 17. Januar 1880 *Der Verfasser*

Ein Herr Dr. Breßlau hat sich, wie er in einer 25 Seiten langen Broschüre erwähnt, »berufen und verpflichtet« gefühlt, Herrn v. Treitschke nachzuweisen, daß die im Novemberheft v. J. der Preußischen Jahrbücher von Herrn v. Treitschke über die Juden angestellten Betrachtungen auf »thatsächlichen Voraussetzungen beruhen, die zum großen Theil irrig sind, daß das gefällte Urtheil ungerecht und verletzend ist«, daß er, »von unhaltbarer Grundlage aus eine große Anzahl seiner Mitbürger tief gekränkt hat« u. s. w.

Ein Mann wie Herr v. Treitschke, der sich mit wissenschaftlichen Arbeiten beschäftigt, dürfte weder Zeit noch Lust haben, auf das vom Herrn Dr. Breßlau Vorgebrachte eingehender zu antworten; dazu ist es zu seicht, unlogisch und sich selbst widersprechend. Damit aber Herr Dr. Breßlau nicht meint, mit seinen in gewohnter jüdischer Süffisance niedergeschriebenen Phrasen etwas Großes geleistet zu haben, diene ihm Folgendes zur Erwiderung.
Herr Dr. Breßlau fühlt sich zu einer Entgegnung »berufen und verpflichtet«. Inwieweit »verpflichtet«, ist schwer abzusehen; leichter, inwiefern »berufen«.
Der »gebildete Jude«, also natürlich auch der gebildete Jude Dr. Breßlau, verachtet »mit *vornehmem* (!) Schweigen die grotesken Reden«, den »mißtönenden Chorus der Stöcker und Distelkamp«.
Was versteht der Jude unter »vornehm«? Ist es etwa vornehm, auf Anklagen zu schweigen, die man nicht widerlegen kann, Beschuldigungen nicht zurückzuweisen, die sich nicht zurückweisen lassen? Oder sind Sie zu vornehm, um sich mit den Herren Stöcker und Distelkamp überhaupt in Erörterungen einzulassen? Nun, es dürften die Namen Stöcker und Distelkamp in Deutschland einen bessern, den Deutschen sympathischeren Klang haben, als der Name Harry Breßlau. Die Reden dieser Herren kommen Ihnen »grotesk« vor, ihr »Chorus mißtönend«? Sind Sie noch nie auf die Vermuthung gekommen, daß Ihre Reden der Mehrzahl der Deutschen höchst grotesk vorkommen könnten – ich erinnere Sie

an Ihre bekannte Rede in der Potsdamer Vorstadt – daß Ihr Chorus deutschen Ohren vielleicht mißtönender vorkommt, als der Chorus von Stöcker und Distelkamp jüdischen Ohren?

Wie kommt nun aber Herr v. Treitschke zu der besonderen Ehre, von Ihnen angeredet zu werden?

Die Beantwortung dieser Frage ist leicht, sie liegt in der ersten Zeile der Broschüre, in der Ueberschrift: »Sehr geehrter Herr College«:

Ich, Dr. Harry Breßlau, bin »College« des Herrn v. Treitschke. Der »College« wird an allen möglichen und unmöglichen Stellen herbeigezogen. Herr v. Treitschke ist einer der namhaftesten Historiker Europas und ich bin sein College! Ja noch mehr. Ich werfe diesem bedeutenden Historiker vor, daß seine thatsächlichen Voraussetzungen zum großen Theile irrig sind, daß sein Urtheil ungerecht ist, daß er von unhaltbarer Grundlage aus eine große Anzahl seiner Mitbürger tief gekränkt hat (und zu dieser tiefen Kränkung gehört auch, daß Herr v. Treitschke der Ansicht ist, daß unter den führenden Männern in Kunst und Wissenschaft die Zahl der Juden nicht sehr groß sei, um so stärker die betriebsame Schaar der Talente dritten Ranges – »sind wir nicht 70 Universitäts-Professoren von jüdischer Abkunft in Deutschland« – sagt Herr Dr. Breßlau – »und bin ich nicht auch Einer davon, bin ich etwa auch nur ein Talent dritten Ranges?) ich werfe ihm vor, daß bei ihm Kenntnisse, Beurtheilungskraft und vielleicht auch guter Wille geringer sind, als bei mir. *Wie viel größer also – wenigstens auf diesem Felde – Dr. Harry Breßlau, als Herr v. Treitschke!*

Sollte das vielleicht der Grund sein, aus welchem sich Herr Dr. Breßlau *»berufen«* fühlt, seinen Namen mit dem des Herrn v. Treitschke zusammen der Oeffentlichkeit zu übergeben? Gern stehe ich von dieser meiner Meinung zurück, falls Herr Dr. Breßlau einen andern Grund angiebt, weshalb gerade er und zwar gerade Herrn v. Treitschke gegenüber sich zu einer Vertheidigung der Juden *»berufen«* fühlt. Wie aber wird diese Vertheidigung geführt?

Ach, Herr Dr. Breßlau, ein Blick in die Broschüre genügt, um Ihnen zuzurufen:

Si tacuisses, philosophus mansisses.

Sie gehen von der Voraussetzung aus, daß die *heutige Judenfrage keine religiöse*, sondern eine Frage der *Race* ist.

Um Ihre eigenen Worte zu gebrauchen, ist diese thatsächliche Voraussetzung zum großen Theil irrig. Das, was den Juden dem Deutschen fremdartig macht, ist nicht bloß die Race, die sich in seiner äußeren Erscheinung offenbart, – seine Gebräuche, Ceremonien, Anschauungen, die sich auf die jüdischen religiösen Gesetze stützen, hindern ihn gewiß ebenfalls in hohem Grade, sich dem Deutschen in *seiner* Art und Weise zu assimiliren. Auch Sie selbst können nicht umhin, die religiöse Seite, wenn auch nur flüchtig, zu berühren, indem Sie S. 13 Ihrer Broschüre eine für uns Christen wenig schädliche Ansicht der ultraorthodoxen jüdischen Rabbiner anführen, andere dagegen wohlweislich verschweigen. Daß Sie keine Neigung haben, religiöse Fragen zu erörtern, ist leicht verständlich. Noch ist es keinem Juden gelungen, die Satzungen des Talmud mit der christlichen Lehre zu vereinen, keinem gelungen, zu zeigen, wie ein die Lehren des Talmud befolgender Jude neben dem Christen, der christliche Lehren befolgt, als gleichartig zu existiren im Stande ist. Der Jude hilft sich meist, indem er entweder sagt, der Talmud ist veraltet, ist für mich nicht maßgebend, oder er hüllt sich, wie Sie, Herr Dr. Breßlau, in *»vornehmes Schweigen«*. So werden auch wir später, bei der wenigstens theilweisen Beantwortung einiger von Ihnen gestellten Fragen, etwas auf die religiöse Seite der Frage eingehen müssen.

Sie finden den auch von Herrn v. Treitschke in vorliegender Frage gebrauchten Ausdruck »Semit« uncorrect und führen deshalb an, daß es außer den Juden auch noch andere semitische Stämme giebt, eine Erörterung, die für Jeden, der auch nur eine Dorfschule besucht hat, vollkommen überflüssig ist. Der Name Semit ist nicht etwa deshalb populär geworden, weil die Juden die einzigen Semiten auf der Erde sind, sondern einmal, weil sie die einzigen Semiten sind, die in größerer Anzahl unter den romanischen, germanischen und slavischen Völkern Europas wohnen, dann aber und hauptsächlich aus folgendem Grunde. Wie Sie S. 15 selbst erwähnen, existiren eine Anzahl von nicht-jüdischen Deutschen, die sich gesellschaftliche und sittliche Grundsätze angeeignet haben, die der Volksmund – ob mit Recht oder Unrecht, lasse ich dahingestellt – jüdische nennt, existiren nicht-jüdische Deutsche, die für Alles, was jüdisch ist, ein viel größeres Interesse haben, als für das, was christlich ist. Auch diese Leute nennt der Volksmund Juden resp. Judengenossen. Um nun solche Judengenossen von den Racejuden zu unterscheiden, hat sich für letztere allmälig die Bezeichnung »Semit« eingebürgert.

So ganz uncorrect dürfte hiernach die Bezeichnung »Semit« nicht sein; doch ziehe auch ich mit Ihnen den Ausdruck »Jude« vor. Es ist in ihm nicht bloß der Begriff der uns fremden Race verkörpert (mancher semitische Stamm ist uns wohl sympathischer als der jüdische), er führt uns zu gleicher Zeit eine Summe von Gebräuchen, Eigenschaften und Anschauungen vor Augen, die den unseren nicht allein fremdartig, sondern zum Theil direct entgegengesetzt sind und wir haben mit ihm ein vollkommneres Bild dessen, von dem wir sprechen.

Herr Dr. Breßlau geht nun in seinem »Sendschreiben« zuerst auf den Passus der deutschen Jahrbücher ein, in welchen Herr von Treitschke seine Befriedigung darüber ausspricht, daß der Deutsche seit einigen Monaten es endlich wagt, gegen die Christenhetze, welche von den Juden und Judengenossen seit längerer Zeit inscenirt war, aufzutreten, daß Herr v. Treitschke es für einen Gewinn hält, »daß ein Uebel, das Jeder fühlte, aber Niemand berühren wollte, jetzt öffentlich besprochen werde«.

»Nichts« hat Herrn Dr. Breßlau »in größeres Erstaunen gesetzt, als diese Zeilen«.

Erstaunlich ist nun, womit Herr Dr. Breßlau dieses sein Erstaunen motivirt.

Er geht natürlich nicht auf das Wesentliche des Passus ein, daß wir

Christen jetzt endlich anfangen, uns gegen das uns überwuchernde Judenthum zu wehren und daß dies eine erfreuliche Erscheinung ist; nein, er hängt sich mit echt jüdischer Zähigkeit an das eine Wort: »seit einigen Monaten«. Er zeigt auf etwa 2 Seiten, daß schon seit 1875 eine Anzahl von Zeitungen begonnen hat, auf das Fremdartige, Schädliche des Judenthums aufmerksam zu machen, hält es aber nicht etwa für nöthig, die in diesen Zeitungen von ihm zum Theil angeführten Anklagen, wenn auch nur *en passant*, zu *widerlegen* (vermuthlich ist er zu »vornehm« dazu*), er führt sie eben nur an. Will er, Herr Dr. Harry Breßlau, a. o. Professor der Geschichte an der Universität Berlin, zeigen, daß die Zeitungen für ihn ein Quellenstudium für die Geschichte der Gegenwart sind, oder daß es schon früher, als vor »einigen Monaten«, Männer gegeben hat, die von der Unzuträglichkeit, ja Gefährlichkeit des Judenthums für die christliche Welt überzeugt waren? – Dann konnten Sie vielleicht auch etwas von *Schopenhauer* und *Fichte* erwähnt haben. Wenn, was *sie* geschrieben haben, heute in einer Zeitung stände, wie würden Sie da über »Judenhetze« schreien! Oder, Herr Professor der Geschichte, wir können auch noch weiter zurückgehen. Sie erwähnen in Ihrer Broschüre das 13. und 14. Jahrhundert, wo es nicht Einzelne waren, die sich der Juden zu erwehren suchten, wo das ganze Volk gegen sie aufstand, – wahrscheinlich zum Beweise dafür, daß der Widerwille gegen die Juden nicht bloß in den Köpfen einzelner Verführer spukte, sondern daß die ganze Masse des deutschen Volkes von ihm erfüllt war. Andere, von Ihnen nicht erwähnte Perioden werden Ihnen wohl ebenso bekannt sein, wie dem Schreiber dieses.

Lassen wir aber die verflossenen Jahrhunderte, die wir nicht herangezogen hätten, wenn es Herr Dr. Breßlau nicht selbst für angezeigt erachtet hätte, auf sie zurückzugreifen. Bleiben wir bei dem letzten Jahrzehnt. In ihm haben sich stets Stimmen gegen

* Einmal nimmt er allerdings einen Ansatz dazu, indem er den seiner Zeit vielberufenen Ausdruck »Reichsfeind« ins Feld führt.

das Judenthum erhoben. Allerdings wurden sie immer lauter und lauter, je übermüthiger die Juden sich uns gegenüber geberdeten; allerdings waren die Artikel der Kreuzzeitung »Die Aera Bleichröder-Camphausen-Delbrück« epochemachend; aber was mit dem vorigen Jahr, also doch wohl »einige Monate« vor November 1879, der Bewegung ihren Charakter gab, das war, daß es eben nicht mehr einzelne Männer, nicht mehr einzelne Zeitungen, daß es ein großer Theil des deutschen Volkes war, der sich nicht bloß in Schrift, sondern auch in Wort des anstürmenden Judenthums zu erwehren suchte.

Vielleicht wird Ihnen, Herr Dr. Breßlau, als Professor der Geschichte, aus der Geschichte bekannt sein, daß, ehe die Masse des Volkes sich nach einer Richtung hin in Bewegung setzt, meist einige Anzeichen der bevorstehenden Bewegung sich zeigen; daß erst Einzelne und dann immer mehr und mehr auftreten, nicht, welche das Volk in diese Richtung treiben, sondern welche ihm nur vorangehen, bis das Volk selbst zu marschiren beginnt. Sie haben Zeitungen aller Richtungen genannt, welche als Vorboten der jetzt seit »einigen Monaten« in Fluß gekommenen Bewegung die Juden vor zu großem Uebermuth gewarnt haben, »hochconservative« und »ultraradicale«, »hochorthodoxe« und »ultramontane«. Sie haben auch solche genannt, welche die Fahne des Judenthums hochgehalten haben, redigirt zum Theil nicht von Semiten, aber von Leuten, welche im gewöhnlichen Leben Judengenossen genannt werden. Wie hat sich dieser Zeitungskampf gestaltet? »Seit einigen Monaten« hat die Bevölkerung Berlins selbstthätig an dieser Bewegung theilgenommen, ist die Abwehr des Judenthums nicht mehr Gegenstand theoretischer Erörterungen, sondern praktischer, vom deutschen Volke ausgehender Erwägungen. Soviel sollten Sie als Professor der Geschichte doch wissen, daß eine tiefere Bewegung nicht von einigen Hitzköpfen ad libitum hervorgerufen werden kann, sondern daß sie das Resultat jahrelanger, das Lebensmark des Volkes angreifender Vorkommnisse ist.

Diese »einigen Monate« nun, auf welche sich Herr von Treitschke bezieht, haben Sie so sehr in Erstaunen gesetzt; voraussichtlich wird nach noch »einigen Monaten« Ihr Erstaunen noch größer werden.

Sie reden hierbei natürlich auch wieder von »Judenhetze«. Was verstehen Sie unter *»Hetze«*, Herr Professor? Etwa, daß der Jude den Christen, der ihm auch nur zum kleinsten Theil verpflichtet war, nicht mehr losließ, weiter und weiter umgarnte, bis er ihn schließlich an den Bettelstab gebracht und von Haus und Hof gehetzt hatte? oder, daß wir Christen wünschen, unter uns zu bleiben, ohne von den Juden behelligt zu werden, und den Juden gern gestatten, unter sich zu bleiben, wenn sie nur uns nicht behelligen? – etwa, wenn ein christlicher Prediger die Juden auffordert, etwas bescheidener und toleranter zu werden, der Jude dagegen den Christen gegenüber mit Viperzungen, Sumpfmiasmen etc. um sich wirft? Da muß es einem deutschen Kopfe wirklich scheinen, als ob der Jude mit den deutschen Worten einen ganz anderen Begriff verbindet, als der Christ.

Daß Herr von Treitschke, bekannt als Historiker, bekannt als Politiker, öffentlich erklärt, daß das Judenthum dem deutschen Volke nicht ein Segen sei, nennen Sie eine *»bedauerliche Erscheinung«*. Bedauerlich doch höchstens für Sie und Ihre Stammesgenossen, gewiß aber sehr erfreulich für die 40 Millionen Deutsche.

In der Hoffnung, daß sich nach Vorangehendem Ihr großes Erstaunen über die »einigen Monate« gelegt haben wird, kommen wir zu der nächsten Abtheilung Ihrer Brochüre. Dieselbe handelt von der Verschiedenartigkeit der socialen Stellung der Juden in Frankreich, Italien und England auf der einen, in Deutschland auf der andern Seite. Auch hier supponirt Herr Dr. Breßlau Herrn von Treitschke einen *»bedauerlichen Irrthum«*.

Herr Dr. Breßlau schreibt: Herr von Treitschke »statuirt, um das zu erklären, innerhalb des Judenthums einen neuen nationalen Unterschied«; Herr v. Treitschke »spricht von einem spanischen und einem polnischen Judenstamm und nimmt an, daß der erstere (im Westen und Süden vorherrschend) es verstanden habe, sich dem europäisch-abendländischen Wesen leichter zu fügen, als dieser« (in Deutschland vorherrschende).

Liegt nun der *»bedauerliche* Irrthum« darin, daß Herr von Treitschke von einem spanischen und polnischen Judenstamm spricht? Fast scheint es so. Herr Dr. Breßlau giebt eine eigene Ansicht hierüber nicht zu erkennen, aber der Ausdruck *neuer* nationaler Unterschied läßt es vermuthen. Dann wäre Herr Dr. Breßlau in einen wenn auch nicht bedauerlichen, so doch groben Irrthum verfallen. Es wird ihm aus dem alten Testament wohl bekannt sein, daß auch die alten Juden in mehrere Stämme zerfielen, die nicht blos eigene Rechte, resp. Verpflichtungen, sondern auch ihre speciellen Eigenthümlichkeiten hatten; es wird ihm auch bekannt sein, daß der Zuzug der Juden nach Europa nicht lediglich von Spanien (resp. Italien) her erfolgt ist, sondern daß auch unabhängig von diesen, Juden von Süd-Rußland her nach Europa kamen. Es wird ihm auch wohl bekannt sein, daß das von Seiten der sogenannten portugiesischen Juden gesprochene Jüdisch ein anderes ist, als das von den sogen. polnischen Juden gesprochene.* Auch ist die ganze äußere Erscheinung des echt polnischen Juden eine andere, als die des portugiesischen. Zum Beweise, wie in die Augen fallend dieser Unterschied ist, mögen einige Zeilen dienen, die General v. Ségur, der in Frankreich doch gewiß auch Juden gesehen hatte, zur Charakterisirung der polnischen Juden 1812 schrieb:

»On les reconnaissait à leur prononciation grasse, à leur élocution voluble et précipitée, à la vivacité de leurs mouvements, à leur teint qu'échauffe la vile passion du gain. On remarquait surtout leurs regards avides et perçants, leurs figures et leurs traits allongés en pointes aiguës, que ne peut ouvrir un sourire malicieux et perfide; et cette taille longue, souple et maigre, cette démarche empressée;

* Bei dem reinen, von der abendländischen Cultur noch nicht angehauchten, polnischen Juden überträgt sich sein eigenthümlicher Dialekt auch auf das Nichtjüdische; so spricht er z. B. mit Vorliebe statt laudo, ich lobe: lodo, ich laube.

enfin leur barbe ordinairement rousse, et ces longues robes noires, que retient autour de leurs reins une ceinture de cuir: car tout, hors leur saleté, les distingue des paysans lithuaniens; tout rappelle en eux un peuple dégradé.«

Einem Einwande, der bei einem jüdischen Dialektiker nicht unmöglich wäre, will ich dabei gleich von vornherein begegnen, daß das, was 1812 galt, heute nicht mehr gilt. Wo es sich um *Stammes*eigenthümlichkeiten handelt, kommen einige Jahrzehnte nicht in Betracht.

Ferner ist es nicht bloß den Historikern, sondern auch vielen Laien wohlbekannt, daß selbst von den Juden, die im heutigen Rußland sitzen, nicht alle von Osten, sondern ein sogar großer Theil von Deutschland her gekommen ist. Als im Mittelalter die Juden in Deutschland vielfach verfolgt wurden, floh ein großer Theil von ihnen nach Polen, wo sie mit offenen Armen aufgenommen wurden. Der damalige König von Polen, Kasimir, genannt der Große, hatte eine jüdische Maitresse Esther und diese sorgte für ihre Glaubensgenossen in fast ähnlicher Weise, wie ihre Namensschwester es in ähnlichen Verhältnissen einst in Persien gethan hatte. Ob nun diese damals von Deutschland nach Osten gezogenen Juden ursprünglich dem von Süd-Westen oder dem von Osten nach Europa eingedrungenen Judenstamme angehörten, dürfte schwer zu entscheiden sein. Wahrscheinlich ist für die große Masse derselben das Erstere. Sie sind es nun auch wieder in ersterer Linie, die, von Osten kommend, uns jetzt überfluthen. Insofern ist es schwer zu behaupten, resp. zu bestreiten, daß die Hauptmasse der sich in diesem Augenblicke in Deutschland befindlichen Juden ursprünglich von Osten oder von Süd-West gekommen ist, ob wir es hier ursprünglich mit sogenannten portugiesischen oder polnischen Juden zu thun haben. Vielleicht weiß Herr Dr. Breßlau selbst nicht, ob er ein portugiesischer oder polnischer Jude ist.

Ich komme noch einmal auf den »bedauerlichen Irrthum« des Herrn v. Treitschke zurück. Liegt er, wie gesagt, darin, daß Herr von Treitschke von einem polnischen und portugiesischen Judenstamme spricht, da er von beiden doch nicht behauptet, daß es nicht richtige Juden sind? Oder ist es ein »bedauerlicher Irrthum«, daß Deutschland gerade von den polnischen Juden überfluthet ist? Oder ist es ferner ein »bedauerlicher Irrthum«, daß die portugiesischen Juden eine größere Accomodationsfähigkeit haben sollen, als die polnischen? Oder endlich, ist es ein »bedauerlicher Irrthum«, daß überhaupt ein Judenstamm sich den christlichen Anforderungen theilweise zu accomodiren im Stande ist?

Sie lassen uns ganz im Unklaren darüber, welches der Irrthum des Herrn v. Treitschke und was in diesem Irrthum bedauerlich ist. Im Wesentlichen führen Sie nur an, daß ein großer Theil der Juden in Frankreich und England aus Deutschland stammt, ob aber diese aus Deutschland kommenden Juden ursprünglich von Osten oder von Westen her in Deutschland eingewandert sind, darüber geben Sie uns keine Kunde. Soviel mir bekannt, ist es historisch sicher noch nicht festgestellt, ob die in Deutschland wohnenden Juden ursprünglich von den Ost- oder den Süd-West-Juden abstammen und ehe dies nicht festgestellt ist, sollten Sie, Herr a. o. Professor Dr. Harry Breßlau, sich doch bedenken, trotz Ihrer jüdischen Superiorität, einen Mann wie Herrn von Treitschke eines »bedauerlichen Irrthums« zu zeihen.

Jedenfalls, welches auch der nach Ihrer Ansicht bedauerliche Irrthum des Herrn v. Treitschke gewesen ist, geben Sie ihm im *Wesentlichen* in dem für uns Deutsche allein wichtigen Faktum Recht, *daß* der Jude uns unsympathisch ist. Sie gestehen selbst zu, daß der echte Jude dem deutschen natürlichen Gefühl nicht bloß fremdartig, sondern widerwärtig erscheint und führen uns hierfür ein von uns gern acceptirtes Beweismittel an: Ihre eigene Person. Allerdings führen Sie nur »Buben auf der Straße« an, die eben ihrem ersten Eindruck folgten; glauben Sie aber, daß im späteren Leben nicht Viele nur aus gesellschaftlicher Höflichkeit sich mit Ihnen einließen?

Ihre eigene Erklärung hierfür will ich, soweit sie Deutschland betrifft, allerdings gern als nicht unwahrscheinlich gelten lassen:

»Die Eigenthümlichkeit unserer Erscheinung macht uns oft schon aus der Ferne kenntlich«. Ein wahres Wort. Zwar nicht jede Eigenthümlichkeit, nicht jedes Fremdartige stößt uns zurück. Es ist im Gegentheil dem Deutschen oft zum Vorwurf gemacht, daß er fremde Eigenthümlichkeiten höher schätzt, als seine eigenen. Aber die Eigenthümlichkeit des Juden ist dem natürlichen Gefühl des Deutschen eben unsympathisch, unangenehm, zum Theil selbst widerlich. Die große Masse der Juden in Deutschland – Sie selbst gestehen es für »eine nicht unbeträchtliche Anzahl der Juden« zu – gehört ihrem Aeußern nach zu den im Volke als »polnische Juden« bezeichneten, deren Aeußeres Ségur so richtig beschrieben. Aber es ist gar nicht nöthig, daß der Jude vorschriftsmäßig im Kaftan, mit den Peies, dem Kastor und den hohen Stulpen erscheint, das sind Aeußerlichkeiten der Kleidung, die er ablegen kann und in Deutschland wohl meist abgelegt hat. Aber seine körperlichen natürlichen Anlagen! Wie er sich in den Hüften wiegt, wie er mit den Armen gestikulirt, vorgebeugten Hauptes umhereilt – das hat die Natur keinem Germanen verliehen!

Und naturam furca expellas, tamen usque recurret!

Doch auch hier bringen Sie wieder als Erklärungsgrund noch ein Moment hinein, welches Sie S. 4 ganz außer Acht lassen zu wollen behauptet haben, – das religiöse, und erklären mit aus ihm die Antipathie der Gebildeten gegen das Judenthum. Gleich darauf aber bringen Sie wieder die Redensart: »Der Gebildete beginnt sich ihrer zu schämen«. Was versteht Herr Dr. H. Breßlau unter »gebildet«? Ich könnte ihm eine große Anzahl von Männern nennen, deren Bildung seiner eigenen mindestens gleichartig ist, und die aus ihrer Antipathie gegen das Judenthum kein Hehl machen, will mich aber auf die beschränken, die der Herr Professor selbst anführt. Gehören etwa die Herren Stöcker, Diestelkamp und v. Treitschke nicht zu den Gebildeten? Auch hier wieder die Eigenthümlichkeit, daß der Jude mit den Deutschen Worten einen andern Begriff verbindet, als der Deutsche.

Wie Herr Dr. Breßlau als gewandter Dialektiker bis jetzt nicht das

Thatsächliche des von Herrn v. Treitschke Angeführten bestritten hat (von Widerlegen ist so wie so keine Rede), sondern sich nebensächliche Momente herausgegriffen hat, so auch im Folgenden. Herr v. Treitschke sagt: »Wir wollen nicht, daß auf Jahrtausende germanischer Gesittung ein Zeitalter deutsch-*jüdischer* Mischkultur folge.« »Wir haben ja doch thatsächlich eine Mischkultur!« ruft Herr Dr. Breßlau triumphirend. Und nun zeigt er seine tiefen historischen Kenntnisse wieder einmal, Kenntnisse, die, wie es scheint, nach seiner Ansicht noch nicht in Jedermanns Besitz sind. Höre aufmerksam zu, geneigter Leser, was der a. o. Professor der Geschichte entdeckt hat: 1) die alten Germanen, etwa zu Tacitus Zeiten, waren noch Heiden und wurden erst später zum Christenthum bekehrt; 2) in den letzten Jahrhunderten werden bei uns in den höheren Schulen die alten Klassiker gelesen und die Grundlage unserer Bildung ist das klassische Alterthum. Ergo, wir haben ja schon eine germanisch-jüdische Mischkultur! Erstaunenswerth, wie die angeführten historischen Entdeckungen des Herrn Dr. Breßlau sind, so verschwinden sie doch gegen die Logik, mit welcher er sie verwerthet.

Wir haben eine deutsch-*jüdische* Mischkultur, weil unsere heutige Bildung eine klassische ist. Das zu verstehen reicht ein christlicher Verstand nicht aus. Wir haben aber außerdem und hauptsächlich deswegen eine deutsch-jüdische Mischkultur, weil wir Christen geworden sind, »denn die Bibel des alten und neuen Testaments ist doch unleugbar ein Product des Judenthums«. Hat denn Herr Dr. Breßlau, der doch so lange unter Christen wohnt, so wenig Interesse für das Christenthum gehabt, daß er nicht weiß, daß die christliche Ethik in directem Gegensatz zu der jüdischen steht? Oder ist er auch der Ansicht jenes jüdischen »Gelehrten«, der in concreto behauptete, daß nur der ein richtiger Christ sein könne, der ein richtiger Jude ist?

Ernsthaft ein Wort über die Logik des Herrn Dr. Breßlau zu verlieren, ist wohl überflüssig. Aber interessant ist es, daß er sich wieder auf das eine Wort »Mischkultur« wirft, während Herr v.

Treitschke eine deutsch-*jüdische* Mischkultur ferngehalten wissen will. Er übergeht ferner fast ganz den Ausdruck »germanische *Gesittung*«, die, wie wohl ohne Weiteres zugegeben werden dürfte, der *jüdischen* Gesittung schroff gegenübersteht.*

Er übergeht endlich ganz das »Wir *wollen* nicht« des Herrn v. Treitschke. Das Factum, daß bei einzelnen Deutschen eine deutsch-jüdische *Misch*kultur vorhanden ist, ist leider nicht zu bestreiten, daß Deutsche, germanischer Abstammung, sich jüdischer Gesittung überliefert, die alt-germanische verloren haben, führt Herr Dr. Breßlau S. 15 selbst richtig an.

Unter den Gründern und Wucherern, Pfandleihern und Rückkaufshändlern, unter all den Blutsaugern, die es verstehen, dicht an der Grenze des Zuchthauses vorbeizugehen, befinden sich auch viele Leute deutscher Abkunft. Sie sind es, die das Volk – nicht ich – als »Juden« bezeichnet, sie dienen uns als Repräsentanten und erste Sprößlinge der deutsch-jüdischen Mischkultur. Da dürfte Herr von Treitschke doch wohl Recht haben, wenn er, die alte deutsche Gesittung betonend, sagt: »Wir *wollen* keine jüdisch-deutsche Mischkultur.« In Bezug auf diesen Satz aber meint Herr Dr. Breßlau: »er ist nicht richtig«, »der Historiker kann ihn nicht verantworten«. Eine Meinung, unverständlich für Jeden, der mit »richtig« und »Historiker« den gewöhnlichen Begriff verbindet; wahrscheinlich haben aber diese Worte für Herrn Dr. Breßlau eine andere Bedeutung, als für die Deutschen. Wenn nun Herr Dr. Breßlau den Wunsch des Herrn v. Treitschke: »wir wollen keine *deutsch-jüdische* Mischkultur« als »nicht richtig« und als »für einen Historiker unverantwortlich« bezeichnet, so »unterschreibt

* Als Beispiel jüdischer Gesittung führen wir – Herr Dr. Breßlau zieht ja selbst das Alte Testament heran – die Flucht der Juden aus Aegypten an, bei welcher sie ihren ägyptischen Nachbaren die goldenen und silbernen Gefäße stehlen, oder Jakob, Esau, um die Erstgeburt (Majorat) betrügend, etc. Solche »jüdischer Gesittung« entsprechende Thaten dürften sich kaum des Beifalls Deutscher Gesittung erfreuen.

er dagegen gern und völlig« die andere Forderung: »Die Juden sollen Deutsche werden, sich schlicht und recht als Deutsche fühlen.« Aber, sagt Herr Dr. Breßlau zu Herrn v. Treitschke: »Sie hätten sich bemühen sollen, die Frage positiv zu vertiefen, Sie hätten dann untersuchen müssen, wodurch denn der in Deutschland geborene und erzogene Jude, der nicht Gründer und nicht Wucherer ist, sich von dem *in gleichen Bildungs- und Standesverhältnissen lebenden Germanen* unterscheidet. Ich habe diese Frage schon wiederholt Ihren Gesinnungsgenossen vorgelegt und niemals eine (wen?) befriedigende oder über die allgemeinsten Phrasen hinausgehende Antwort von ihnen erhalten; vielleicht gelänge es Ihnen, hierüber Aufschluß zu geben.«

Daß ein solcher Unterschied factisch vorhanden ist, giebt Herr Dr. Breßlau zu. Aber, sagt er, der größte Theil der in Deutschland lebenden Juden bemüht sich redlich, Deutsche zu werden, vielen ist es sogar schon gelungen (zu diesen scheint er sich nach einer an einem andern Orte befindlichen Aeußerung selbst zu rechnen – mit welchem Rechte, ist eine andere Frage –), allerdings »giebt es ein kleines Häuflein ultra-orthodoxer jüdischer *Rabbiner*, die nicht ganz und gar Deutsche zu werden geeignet sind« und »thatsächlich ist noch heute eine nicht unbeträchtliche Anzahl von Juden (namentlich im Osten) vorhanden, welche noch nicht völlig die deutsche Kultur in sich aufgenommen haben.«

Auch hier überrascht uns Herr Dr. Breßlau mit einer neuen historischen Eröffnung: daß wir in Preußen wendische Sprachinseln haben. Wie diese Eröffnung in den Zusammenhang paßt, ist wenig ersichtlich. Vermuthlich calculirt er so: Es existiren in Deutschland, auf einem gewissen, in sich abgeschlossenen, Terrain Leute, die ihre alte Sprache und ihre alten Gebräuche behalten haben, folglich befinden sie sich in demselben Fall, wie die Juden. – Merkwürdige Logik oder merkwürdige historische Kenntnisse!

Es ist schlimm, wenn man einem »Jünger der historischen Wissenschaft« noch Dinge klar machen muß, die jeder Laie weiß. Aber es scheint doch nothwendig zu sein. Bekanntlich drang Deutschland – wenn ich diesen Ausdruck gebrauchen darf – von Westen her immer weiter nach Osten vor, unterwarf sich die dort befindlichen slavischen Stämme und assimilirte sie sich im Laufe der Zeiten. Einige, *auf einem bestimmten, ihrem alten, Terrain in compacter Masse* seßhaften und seßhaft gebliebenen Stämme nun haben ihre alten Eigenheiten bewahrt. Also sind sie, nach Herrn Dr. Breßlau, den Juden gleichzustellen. Sollte es Herrn Dr. Breßlau unbekannt sein, daß die Juden nicht ursprünglich Bewohner Deutschlands sind, zu Denen die Deutschen gekommen sind, sondern daß sie zu den Deutschen gekommen sind? Daß sie nicht eine in sich abgeschlossene Masse bilden, die ihre Eigenthümlichkeiten unter sich und in ihrem Lande bewahren, sondern daß sie zwar mehr oder minder zahlreich, aber doch jedenfalls mitten unter den Deutschen zerstreut wohnen? Daß die von ihm erwähnten Lausitzer für sich abgeschlossen als ein Ganzes existiren, während der Jude überall im Lande sich einnistet und eindrängt? Wir würden nichts dagegen haben, wenn die Judenschaft Berlins, sowohl die aus der Victoriastraße als die aus der Königstraße, sich aufmachte und beispielsweise die Tucheler oder Lüneburger Haide bevölkerte, wenn Cohn dort den Pflug, Abrahamsohn den Dreschflegel führte, Philippsohn sich als Schmidt, Jacobsohn als Schlosser, Levysohn als Dachdecker etablirten, Breßlauer Theerschweler, Danziger Torfstecher würde, Veilchenfeld zimmerte, Rosenbaum mauerte, Lilienthal an der Chaussee, Löwe, Wolff, Bär und Hirsch an der Ramme arbeiteten u. s. w. – Wie die Verhältnisse aber thatsächlich liegen, die Juden mit den Wenden vergleichen, weil beide gewisse Eigenthümlichkeiten sich bewahrt haben – das erinnert an den bekannten Schlußsatz: Alle Menschen sind sterblich, der Esel ist sterblich, also ist der Esel ein Mensch!

Und dann vergessen Sie wieder einmal Eins, worauf Sie zu Anfang so ausschließlich den Nachdruck legten: Die Race. Die specifischen Eigenthümlichkeiten des Semiten dürften in Europa weniger Berechtigung haben, als die eines Abendländers. – Doch genug von diesem Ausfluß der Gelehrsamkeit des Herrn Dr. Breßlau, mit

der er uns hier so unmotivirt überschwemmt. – Gehen wir auf die übrigen Punkte seiner Expectoration ein.
Also ein »kleines Häuflein ultra-orthodoxer Rabbiner giebt es, die nicht völlig geneigt sind, Deutsche zu werden;« gleichzeitig existirt »eine nicht unbeträchtliche Anzahl von Juden, die die deutsche Kultur noch nicht völlig in sich aufgenommen haben.« Zunächst fällt das gebrauchte »nicht völlig« auf. Sollen wir uns dabei vorstellen, daß es sich um halbe, drittel, viertel Deutsche handelt, daß ein Individuum zu ein Viertel ein Deutscher, zu drei Viertel ein Jude ist; daß ein anderes, schon weiter vorgeschrittenes dagegen 0,27 Deutschthum und 0,73 Judenthum in sich hat? – Geben wir das »nicht völlig« auf und sagen wir dafür präcise »nicht«. Wollen Sie nun dieses »kleine Häuflein von Rabbinern«, die nicht Deutsche werden wollen, mit Gewalt doch zu den Deutschen rechnen? Wollen Sie diese »nicht unbeträchtliche Anzahl von Juden, die die deutsche Kultur noch nicht in sich aufgenommen haben«, obwohl sie seit langen Jahren schon *sämmtliche Rechte* der Deutschen besitzen, zu den Deutschen rechnen? Das, glaube ich, werden selbst Sie, Herr Professor Dr. Breßlau, nicht wagen, jedenfalls dürfte selbst Ihre, in dieser Broschüre so glanzreich zu Tage getretene Dialektik es uns nicht glaublich machen können. Aber das betrifft doch einmal nur das kleine Häuflein *ultra-orthodoxer* Rabbiner, die noch um die Rückkehr nach Palästina beten! Wissen Sie vielleicht nicht, daß bis vor nicht zu langer Zeit dieses Gebet selbst in Berlin noch in gar vielen Schulen (in jüdischem Sinne genommen) gebetet wurde? – Daß in Oberschlesien, Posen, West-, auch Ostpreußen, Provinzen, in welchen wohl verhältnismäßig die meisten Juden sitzen, die überwiegende Anzahl der Rabbiner sowohl als der Juden selbst streng orthodox ist, daß das sogenannte Reformjudenthum dort fast gar keine Wurzel geschlagen hat? Da werden Sie sich wohl damit helfen – von der gesammten Art Ihrer Beweisführung wäre es wohl zu erwarten – daß Sie sagen: ich spreche nicht von den orthodoxen, sondern von den *ultra*-orthodoxen Juden. Ach, Herr Dr. Breßlau, wären Sie dann so freundlich, uns den Unter-

schied zwischen einem orthodoxen und einem ultra-orthodoxen Juden zu erklären. Sie haben Ihre Broschüre ja doch an einen Christen gerichtet und da Sie sie dem Publikum übergeben haben, auch wohl an alle Christen Deutschlands, und Sie können nicht erwarten, daß dem Christen der jedenfalls sehr feine Unterschied zwischen einem nur orthodoxen und einem ultra-orthodoxen Juden geläufig ist. Eins aber constatiren Sie selbst: »ein kleines Häuflein Rabbiner und eine nicht unbeträchtliche Anzahl von Juden« sind nicht Deutsche, resp. wollen es auch gar nicht werden (ein Satz, welchem ich mit der Aenderung: ein nicht kleines Häuflein und eine ganz beträchtliche Anzahl, zustimme), diese also sind ein fremdes Element – ob schädliches oder nützliches, ist wohl keine Frage – im deutschen Körper und seine Ausmerzung dürfte sich nach Ihrem eigenen Ausspruch empfehlen.
Ergötzlich ist hierbei die Art und Weise, wie hier, ähnlich wie oben die Lausitzer, die Ultramontanen hineingezogen werden, nachdem Herr Dr. Breßlau zu Anfang ausdrücklich erklärt hat, von der religiösen Seite abstrahiren zu wollen und nur die Racenfrage zu erörtern. Ist für Herrn Dr. Breßlau der Ultramontane etwa eine besondere Race? Auch hier wäre es leicht, ihn ad absurdum zu führen, doch da der logische Fehler seiner Deduction derselbe ist, wie oben, können wir darüber hinweggehen, allenfalls mit dem Rathe für Herrn Dr. Breßlau, noch einmal seine barbara zu studiren.
Herr Dr. Breßlau wünscht, daß Herr v. Treitschke ihm klar gemacht hätte, worin der Jude sich von dem in *»gleichen Bildungs- und Standesverhältnissen«* lebenden Deutschen unterscheidet. Einen Theil seines Wunsches hätte ihm jedes Kind erfüllen können. Welche Fülle von Unterscheidungsmerkmalen würde ihm in jeder Gesellschaft gegeben werden, wenn er fragt: welches ist der Unterschied zwischen einem deutschen und einem jüdischen Baron? Wie leicht würde ihm jeder Unteroffizier den Unterschied zwischen einem deutschen und einem jüdischen Recruten, die beide *auf gleicher Bildungsstufe* stehen, klar machen!
Die Beantwortung der Gesammtfrage nennt Herr Dr. Breßlau »ein

schwieriges Problem« und verlangt, daß Herr v. Treitschke es ihm lösen solle. Eine sonderbare Zumuthung, aber einem Juden nicht unähnlich. Er selbst giebt zu, daß ein Unterschied existirt; versucht auch eine Erörterung, daß es nicht anders sein könne, erklärt, daß er selbst und seine Glaubensgenossen redlich bemüht sind, diese Verschiedenheit zu beseitigen; erzählt, daß er vielfach, ohne eine ihm genügende Antwort zu erhalten, herumgefragt hat – und nun soll ihm Herr v. Treitschke das Problem lösen! Man weiß wirklich nicht, was man mehr bewundern soll, die Naivität der Forderung oder ...? Sind wir Deutsche die Eingedrungenen, die den Charakter und das Wesen der Juden zu studiren haben, oder sind die Juden, unaufgefordert noch dazu, zu *uns* gekommen und haben unser Wesen zu ergründen! Sollte es nicht Herrn Dr. Breßlau's Sache sein, sich mit diesem Problem zu beschäftigen und es zu lösen? Ja, auch noch mehr. Herr Dr. Breßlau ist, wie er sagt, »unablässig bemüht«, diesen Unterschied auszugleichen und weiß nicht einmal, worin dieser Unterschied besteht. Das begreife, wer es kann!
Vielleicht ist es aber Herrn Dr. Breßlau gelungen, dieses Problem zu lösen und seine jüdische Bescheidenheit verbietet ihm, die Mitwelt mit seiner Lösung zu beglücken. In diesem Falle würden wir ihn bitten, seine Bescheidenheit bei Seite zu lassen und uns Christen, von denen er noch nie eine andere als phrasenhafte Antwort bekommen hat, zu belehren, welches, ohne Phrase, das Wesentliche der Beantwortung ist. Er würde ja auch damit in erster Linie seinen zahlreichen Stammesgenossen, die so sehr danach dürsten, nicht halbe oder viertel, sondern ganze Deutsche zu werden, einen großen Gefallen erweisen. Aber Herr Dr. Breßlau verlangt von Herrn v. Treitschke nicht nur, daß er dieses Problem lösen soll, nein, er geht auch weiter. Er sagt zu Herrn v. Treitschke weiter: »Würden Sie uns dann ferner die Mittel angegeben haben, vermöge deren dieser Prozeß der Umwandlung des Juden zum Germanen beschleunigt werden könnte, so würden Sie jeden unbefangenen und vorurtheilsfreien Juden sich zu Dank verpflichtet haben«.
Also Herr v. Treitschke soll nicht allein das schwierige Problem

lösen, worin der *»wesentliche«* Unterschied zwischen gleichgebildeten Juden und Christen besteht, er soll auch die Mittel ausfindig machen, mit deren Hülfe die Umwandlung der Juden beschleunigt werden kann – dann wird er zur Belohnung den Beifall der »vorurtheilsfreien« Juden erhalten.

Das ist denn doch eine starke Zumuthung. Demselben Manne, der die deutsch-jüdische Mischkultur perhorrescirt, diese Proposition zu machen! Das hätte außer Herrn Dr. Harry Breßlau schwerlich Jemand fertig bekommen. Weiß denn der a. o. Professor der Geschichte nicht, daß, wo immer 2 Stämme in einander aufgegangen sind, ein jeder bei dem Amalgamirungsprocesse etwas von seiner Eigenthümlichkeit hat opfern müssen, daß beispielsweise der Lombarde ein Anderer ist als der Sicilianer, obwohl Beide Italiener, der Baske ein Anderer als der Andalusier, obwohl beide Spanier, daß ebenso der Deutsche, wenn der Jude ganz mit ihm verquickt ist, ein gutes Theil seiner germanischen Gesittung aufgegeben, und ein gutes Theil jüdischer Gesittung aufgenommen haben wird? Und zu dem schleunigsten Zustandekommen einer jüdisch-deutschen Mischkultur soll ein Christ die Mittel und Wege angeben!

Herr Dr. Breßlau, verdienen Sie sich, als Jude, den Dank der unbefangenen Juden, hierzu mögen Sie vielleicht »verpflichtet und berufen« sein, aber lassen Sie uns unbehelligt, denen am Dank weder der unbefangenen noch der befangenen Juden etwas gelegen ist.

Jedoch will ich, damit Sie nicht wieder sagen dürfen, es sei nur eine negative Kritik geübt, einige positive Daten anführen, welche die Juden benutzen könnten, um sich den Deutschen zu assimiliren. Sie werden zugeben, daß es leichter ist, äußere, als innere Verschiedenheiten zu beseitigen und daß mit der Beseitigung der äußeren Verschiedenheiten es dem Deutschen leichter werden wird, den Juden nicht mehr als fremdartiges Wesen zu betrachten. Sie, als Jude, der Sie sich »berufen und verpflichtet« fühlen, für das Judenthum eine Lanze zu brechen, werden, mit den jüdischen Eigenarten und Gebräuchen bekannter, als ich, der ich mich nur sehr *en passant* und nicht gerade mit großer Vorliebe mit den Juden beschäftige, gewiß noch Vieles hinzufügen und ergänzen können, und sich so den Dank der vorurtheilsfreien Juden erwerben. Den Dank, den Sie mir für Angabe des Folgenden zollen, will ich Ihnen außerdem ganz und gar überlassen.

Die äußere körperliche Erscheinung wollen wir außer Spiel lassen, da kann ja nur der liebe Gott helfen. Eine andere Nase kann sich mit dem besten Willen Niemand ins Gesicht setzen; wer beim Sprechen lispelt oder spuckt, wird es stets wieder thun; wer einen watschelnden, wackelnden oder hüpfenden, zappelnden Gang hat, wird ihn behalten; wen die Natur eckig und unbeholfen geschaffen, wird nie graciös werden. Das ist selbstverständlich. So werden wir auch, trotz aller Bemühung auf der einen, trotz alles guten Willens auf der andern Seite, darauf verzichten müssen, daß der Jude in seiner körperlichen Erscheinung dem Deutschen gleichartig wird, wenn man nicht etwa, wofür *wir* freilich danken, ein deutsch-jüdisches Mischvolk constituiren will.

Aber der Jude kann seine äußeren Gebräuche den deutschen unterordnen, resp. sie aufgeben. Natürlich habe ich hierbei nicht die »ultra-orthodoxen«, sondern die vorurtheilsfreien Juden, zu denen Sie ja auch gehören wollen, im Auge.

Mag also der Jude – der Reformjude thut es ja so wie so – sich nicht mehr weigern, zu essen, wovon wir essen. Sollen wir denn den als Deutschen betrachten, der kein Schweinefleisch, keinen Hasen, keinen Aal etc. ißt, weil es ihm »verboten« ist? Ich kenne, vielleicht auch Sie, Herr *Dr. Breßlau*, jüdische Familien, in welchen der vorurtheilsfreie Mann der ultra-orthodoxen Frau wegen sich eine koschere Köchin hält, wo die Frau kein Geflügel, keinen Fisch etc. verzehrt, wenn die koschere Köchin nicht vorschriftsmäßig untersucht und geschlachtet hat etc. – Sieht eine deutsche Familie diese Familie als eine deutsche an?

Lassen Sie künftig die Beschneidung fort. Ist dies nicht ein Unterscheidungszeichen? Im Orient mag diese Operation einen Sinn gehabt haben, aber hier in Deutschland?

Verlegen Sie den Sabbath auf den Sonntag. Sie zählen die Zeit, die Sie als siebenjähriger Junge verlebt, zu Ihren trüben Erinnerungen, wie Sie sagen. Selbst wenn Sie in Ihrem Aeußern nicht so prononcirt jüdisch wären, wie Sie es sind, würden Sie, wenn Sie am Sonnabend nicht in die Schule gekommen wären oder dort nicht gearbeitet hätten, Ihren deutschen Kameraden doch undeutsch erschienen und von ihnen gehänselt worden sein.

Lassen Sie die specifisch jüdischen Feiertage!

Wenn ein Fremder Sonnabends, oder, noch mehr, an einem der hohen jüdischen Feiertage durch die Straßen Berlins geht, es braucht nicht einmal die Königstraße oder der Mühlendamm zu sein, und die Unmasse geschlossener Läden einerseits, die Unzahl ostentativ geschmückter orientalisch aussehender Gestalten andererseits sieht, werden Sie ihm glaublich machen, daß alles dies mit Deutschthum etwas zu thun hat, daß diese Leute den redlichen Willen haben, Deutsche zu sein? Wozu schlagen Sie noch immer den Haman todt? Was geht Haman einen Deutschen an? Unsertwegen mag er leben und gesund sein 100 Jahre!

Vor allen Dingen bringen Sie es zu Stande, *daß die Juden in demselben Verhältniß, wie die Deutschen, Mitglieder der arbeitenden Klasse werden*, daß sie nicht bloß durch Handel sich bereichern, sondern selbst produciren; dann wird das bis jetzt gerechtfertigte Urtheil über die Aussaugung des Landes durch die Juden ein anderes werden können.

Sie werden jedenfalls Ihren Glaubensgenossen noch mehr fremdartige Gebräuche, als diese von mir herausgegriffenen (z. B. die Waschungen) angeben können, die sie abschaffen müssen, um den Deutschen adäquater zu werden.

Auf ein Institut möchte ich ferner Ihre Aufmerksamkeit lenken, das gerade viele der »gebildeten« Juden zu seinen Mitgliedern zählt und welchem ein *Deutscher* unmöglich angehören kann, ich meine den *»allgemeinen Judenbund* (alliance israélite universelle)«.

Wenn sich in dem von Deutschland eroberten Elsaß-Lothringen ein Bund bildete, der mit den in Canada, im Süden der Vereinigten Staaten, in Ostindien etc. ansässigen Franzosen zusammen eine Vereinigung zur Wahrung von speciell französischen Interessen ausmachte, so würden Sie den Mitgliedern dieses Bundes schwerlich zugestehen wollen, daß sie sich als Deutsche fühlen. Ebensowenig können wir die Mitglieder dieses allgemeinen Judenbundes, dem es in keiner Weise um humane Interessen zu thun ist, dem die größten Greuelthaten in Indien und China völlig gleichgültig sind, der aber mit Wort und That da ist, wenn es sich um das geringfügigste Interesse eines beliebigen Juden in Italien oder Rumänien handelt, ebensowenig, sage ich, können wir die Mitglieder eines solchen, von *fremdländischen Juden geleiteten*, Bundes als Deutsche ansehen. Für uns sind sie nichts als Juden. Der »vorurtheilsfreie« Jude wird sich, um eine Annäherung an das Deutschthum zu ermöglichen, von diesem »Judenbunde« ebenso fern halten, wie von der »Gesellschaft der Freunde«, der »Jüdischen Hochschule«, – die im Gegensatz zu germanischen Verbindungen und Bildungsstätten rein dem specifisch jüdischen Interesse dienen.

Auch hier werden Sie mit Leichtigkeit gewiß noch Manches hinzufügen können. Wenn der Jude so in seinem äußeren Auftreten das hat fallen lassen, was ihn zu deutlich von uns unterscheidet, mag er daran gehen, auch sein Inneres zu reformieren. Doch, da das noch im weiten Felde liegt, will ich ihm vorläufig nur eine deutsche Charaktereigenschaft anempfehlen: mag er sich ein klein wenig mehr Bescheidenheit aneignen. Sie sehen, daß ich Ihnen einige, wenn auch nur wenige, positive Rathschläge ertheile. An Ihren Stammesgenossen wird es sein, sie zu befolgen.

Den nächstfolgenden Artikel über jüdische Gründer und Wucherer, welche im Verein mit verjudeten Deutschen arbeiten, können wir übergehen, da wir ihn bei Gelegenheit der deutsch-jüdischen Mischkultur zur Genüge besprochen haben.

Interessant ist hier nur wieder das Verlangen von Herrn Dr. Breßlau, daß Herr v. Treitschke im Interesse des *Judenthums* – »denn«, sagt Herr Dr. Breßlau: »Niemand leidet unter diesem Unwesen schwerer als wir« – die Mittel zur Abhülfe angeben soll. Das dürfte denn doch hauptsächlich Sache derer sein, die darunter schwerer leiden, als sonst Jemand.

Dann berichtet Herr Dr. Breßlau, daß ihm eine Ideenverbindung in dem betreffenden Artikel der Preußischen Jahrbücher nicht völlig klar geworden ist und daß die vielen jüdischen Professoren an den Universitäten durch die Bemerkung über die »betriebsame Schaar der Talente dritten Ranges« aufs Tiefste verletzt sind. Hierüber ein Wort zu verlieren, ist überflüssig.

Drei Seiten lang ergeht sich Herr Dr. Breßlau über die sogenannte Judenpresse. Die Art und Weise, wie er wegdeduciren will, daß die größte Zahl der sogenannten liberalen Zeitungen dem Judenthume verfallen ist, ist so trivial, daß darauf einzugehen sich gar nicht verlohnt. Man vergleiche dagegen die positiven Daten, die mit Namensangabe im 3. Heft Band I der »Deutschen Wacht« gemacht sind. Anführen wollen wir, als die Gesinnung des Herrn Dr. Breßlau ferner kennzeichnend, nur folgende Stelle:

»Eine Schwierigkeit liegt dabei allerdings vor: wie soll sich ein jüdischer Redacteur bei der Erörterung von Angelegenheiten der christlichen Kirche verhalten?«

Die Beantwortung der Frage erscheint so selbstverständlich:

So wenig sich ein christlicher Redacteur in die inneren Synagogenstreitigkeiten mischt, so wenig mische sich ein jüdischer Redacteur in christlich-religiöse Fragen.

Aber Herr Dr. Breßlau ist praktischer. Er sagt: »daß er sie ganz von der Besprechung in seinem Blatte ausschließe, ist *natürlich* von vornherein unmöglich; die Zeitung .... würde ihren Leserkreis *gar bald verlieren«*. Die Erörterung christlich-religiöser Angelegenheiten ist ihm wie ein Handelsartikel. Besprichst du sie nicht, hast du weniger Leser, bekommst du weniger Geld – also besprichst du sie, bekommst du doch Geld dafür. – Das ethische Moment verschwindet ganz. Was mach' ich mit der Ethik, nehme ich lieber Geld! Soll man bei einem Gebildeten eine so unumwundene Erklärung seiner Gesinnung naive Offenheit oder anders nennen? Sonderbarerweise fügt er auch hier wieder in Bezug auf die »catilinarischen Zeitungsexistenzen« einen Passus ein: »Es wäre eine sehr verdienstvolle, wenn auch sehr schwierige Aufgabe, wirksame Vorschläge zur Hebung dieses in unserem öffentlichen Leben sehr fühlbaren Mißstandes zu machen – mit dem bloßen Schelten auf die Judenpresse ist es wahrhaftig nicht gethan!« Macht nun Herr Dr. Breßlau dergleichen wirksame Vorschläge, oder verweist er auf einen andern Ort, wo er sie gemacht hat, oder erwähnt er, daß er welche zu machen beabsichtigt? Durchaus nicht. Er wendet sich, wie oben, speciell an Herrn v. Treitschke, hier an das allgemeine Publikum, diese Frage zu lösen. Und auch zuletzt sagt er wieder: »Wenn es gelingen könnte, den Begriff Jude aus den Merkmalen zusammenzusetzen, welche diese Mittelklasse aufweist, so wäre, glaube ich, die sog. Judenfrage ihrer Lösung erheblich näher gebracht. Dazu aber könnten Sie, sehr geehrter Herr College ..... sehr wesentlich beitragen«.

Warum flehen Sie immer die Hülfe Dritter an? Sie waren »aufs Tiefste verletzt« von der Behauptung, »daß unter den führenden Männern in Wissenschaft die Zahl der Juden nicht sehr groß sei«. Sie haben in Ihrer Broschüre mehrere Fragen, Aufgaben, Probleme aufgestellt, deren Lösung Sie schwierig, aber verdienstvoll nannten und deren Lösung für Sie, als Juden, gewiß interessant sein muß. Lösen Sie sie doch in wirksamer Weise und zeigen Sie, daß Sie einer von den wenigen führenden jüdischen Gelehrten sind! Oder rechnen Sie sich selbst nur unter die betriebsame Schaar der Talente dritten Ranges und überlassen Andern gern die Führung? Endlich geht Herr Dr. Breßlau noch auf den anderweitigen verderblichen Einfluß über, den das Judenthum auf die Presse ausgeübt hat. Er sieht sich hier gemüßigt, Börne mit S. v. Pufendorf zusammenzustellen. Börne, der weder Christ noch Jude, weder Deutscher noch Franzose war, der jeden positiven Halt unter den Füßen verloren hatte, Börne, dem nichts geblieben war, als die lediglich zersetzende Säure seines allerdings scharfen Verstandes, wird mit S. v. Pufendorf zusammengestellt, weil sie Beide Blößen Deutschlands öffentlich aufdeckten.

Da kann ich nur wiederum Ihnen rathen, Herr Professor, studiren Sie noch einmal *barbara.*

Dann wendet sich Herr Dr. Breßlau noch gegen folgenden Ausspruch des Herrn v. Treitschke: »Bis in die Kreise unserer höchsten Bildung hinauf, unter Männern, die jeden Gedanken kirchlicher Unduldsamkeit oder nationalen Hochmuths mit Abscheu von sich weisen würden, ertönt es heute wie aus *Einem* Munde: die Juden sind unser Unglück!«

Herr Dr. Breßlau erwidert darauf: »Dem ist zur Ehre der deutschen Nation mit nichten so!«

Es ist wohl jedem Deutschen überlassen, sich selbst ein Urtheil darüber zu bilden, ob in Wirklichkeit Herr v. Treitschke oder Herr Dr. Harry Breßlau mehr Recht hat.

Schließlich sei noch ein Satz des Herrn Dr. Breßlau angeführt. »Ich denke alle wichtigeren Punkte ...... im Vorstehenden unbefangen und vorurtheilsfrei geprüft zu haben, soweit das bei der starken Erregung möglich ist, die sich angesichts der gegenwärtigen Agitation jedes deutschen Juden bemächtigen mußte.«

Dieses Geständniß, daß die Broschüre in einer nothwendigen Erregung niedergeschrieben ist, erklärt den vielfachen Mangel an Logik und die manchmal recht große Flüchtigkeit in der Behandlung. Aber dann hätte Herr Dr. Breßlau, eingedenk des jedem Historiker bekannten Grundsatzes: *sine ira et studio,* die Broschüre entweder ungeschrieben lassen sollen – was das Beste für ihn gewesen wäre – oder warten sollen, bis sich die Erregung gelegt hätte. Wie es aber ist, kann man ihm, dem Herrn Dr. Harry Breßlau, außerordentlichen Professor an der Universität Berlin, nur noch einmal zurufen: *Si tacuisses, philosophus mansisses!*

Nachwort

Als vorstehende Broschüre bereits dem Druck übergeben war, erhielt Verfasser derselben Kenntniß von der Erwiderung, welche Herr von Treitschke Herrn Dr. Breßlau zu Theil werden läßt.

Verfasser glaubte trotzdem auch seine Antwort dem Publikum nicht vorenthalten zu dürfen. Herr Dr. Breßlau verdient eine derbere Zurechtweisung, als die ihm von Herrn von Treitschke gewordene.

Herr von Treitschke erfüllt »dem Jünger derselben Wissenschaft« den Wunsch, ihn noch einmal über seine Irrthümer zu belehren und ihm *thatsächlich* zu zeigen, wie falsch und gehaltlos seine – des Herrn Dr. Breßlau – Behauptungen sind. Er thut dies aber in so milder Form, daß der in seinen Ausführungen liegende Tadel Herrn Dr. Breßlau wahrscheinlich verborgen bleiben wird.

Herr von Treitschke spricht sogar von einem »würdig und sachlich gehaltenen Sendschreiben«. Für jeden Andern, aber vielleicht für Herrn Dr. Breßlau nicht, ist klar, daß hiermit eine gesellschaftliche Höflichkeit erfüllt ist. Denn einem »unerhörten Sturm leidenschaftlicher Erwiderungen«, wie Herr von Treitschke auf der folgenden Seite selbst sagt, kann man nicht ein würdiges und sachlich gehaltenes Sendschreiben vindiciren. Aeußerungen, wie die des Herrn Dr. Breßlau, wenn er von dem »mißtönenden Chorus« zweier angesehenen Geistlichen spricht; wie »fanatische Ultramontane« (sie haben doch mit der Racenfrage nichts zu thun), »Perfidie der Polemik«, »das römische Jesuitenblatt, das zur Schmach des deutschen Volkes den Namen ›Germania‹ an der Spitze trägt«, »Niedertracht der Verleumdung«, »freche Verhöhnung«, »der urgermanische Dr. Sigl« – derartige Aeußerungen dürften in einer Sendschrift, die in würdiger und sachlicher Weise geschrieben ist, schwerlich zu rechtfertigen sein.

Hat Herr Dr. Breßlau nun auch den begehrten Bescheid von Herrn von Treitschke erhalten, der so schonend aber doch entschieden ablehnend lautet (Herr von Treitschke kann, wie er selbst sagt, von seinen Behauptungen nichts zurücknehmen noch mildern und thut es auch Herrn Dr. Breßlau gegenüber nicht), so dürfte doch auch das *(christlich-deutsche)* Publikum, vor dem Herr Dr. Breßlau seine Streitfrage öffentlich geführt, ihm die gebührende Antwort nicht ganz schuldig bleiben.

Verfasser hat von diesem guten Rechte Gebrauch gemacht, ohne Anderen, die hierzu Zeit und Lust haben, vorzugreifen. Berlin, den 24. Januar 1880

Der Verfasser

Hermann Cohen
Ein Bekenntniß in der Judenfrage (Januar 1880)

Kommentar: *Der Marburger Philosoph und Kantianer Hermann Cohen (1842-1918) war, so hat es Julius Guttmann in den frühen 1930er Jahren einmal anerkennend formuliert, nicht ein, sondern »der« Erneuerer der jüdischen Religionsphilosophie. (Guttmann 1933, 245) Wie kein anderer fasste er die ideale Form des deutschen Judentums, so etwas wie seine platonische Idee, in Worte und arbeitete so an einer Art moderner »Theorie des Judentums«. (Brumlik 1991, 372 u. 378) Er war ein Schüler von Moritz Lazarus und prägte als Lehrer später selbst so eminente Gelehrte und Intellektuelle wie Jakob Klatzkin, Martin Buber, Franz Rosenzweig und Ernst Cassirer. Als Cohen im Januar 1880 mit »Ein Bekenntniß in der Judenfrage« seine Antwort auf Treitschke publizierte, war er in seinen späten Dreißigern und hatte schon mehrere philosophische Schriften über Kant veröffentlicht. Seine großen Werke aber, für die er vor allem bekannt wurde, die Trilogie »Logik der reinen Erkenntnis« (1902), die »Ethik des reinen Willens« (1904) und die »Ästhetik des reinen Gefühls« (1912) sowie die Schrift »Der Begriff der Religion im System der Philosophie« (1915) und natürlich das Hauptwerk »Religion der Vernunft aus den Quellen des Judentums« (posthum 1919) – alle diese Schriften lagen noch in ferner Zukunft. Eine Reihe von Überzeugungen, die Cohen später in seinem Nachdenken über jüdisch-christliche und deutsch-jüdische Themen entfaltete, lassen sich aber bereits hier, in diesem Einspruch, den Cohen »Ein Bekenntniß« nannte, finden, vor allem der unverkennbare Wille zur Synthesebildung, zur Überwindung des Gegensatzes zwischen Religion und Philosophie, zur Versöhnung von Tradition und Moderne und zur Vision einer christlich-jüdischen »religiösen Gemeinsamkeit« (299), für die er die aufgeklärten deutschen Juden und die protestantischen Deutschen prädestiniert hielt. Cohen sprach hier zwar nicht von*

»Symbiose«, aber von »Einheit« (286 u. 291), von der »Gemeinschaft religiöser Gefühle« (284) und sogar von einer »nationale[n] Verschmelzung« (293) von Judentum und Deutschtum. (Sauerland 2001, 153-162)
Der Text, den die Cohen-Forschung als entscheidenden »Angelpunkt« im Leben von Cohen beschreibt, der seine »Umkehr zum Judentum« einleitet (Miething 1997, 220), wirkt zunächst wie eine uneingeschränkte Aufforderung an die deutschen Juden, sich zu assimilieren (Sieg 1994, 149), doch liegt seine Pointe gar nicht in der Beschreibung der Rolle der Juden, sondern darin, dass er den (protestantischen) Christen und den (deutschen) Juden beiden eine gemeinsame Aufgabe zuspricht, dass er in beiden (partikularen) Gruppen universale Potentiale der Vernunft erkennt, deren segensreiche Wirksamkeit in der Zukunft zudem erst in ihrer Verbindung verwirklicht werden können. Der Text ist auch deshalb so komplex, weil die Grundbegriffe der Argumente Cohens nicht mit ihrem herkömmlichen Gebrauch identisch sind. »Volk« bedeutet für ihn nicht in erster Linie Staatsvolk, sondern Kulturgemeinschaft, einheitliches Kulturbewusstsein (Wiedebach 2000, 417-441); eine »Nation« wird von ihm (anders etwa als von Moritz Lazarus) nicht primär als staatspolitischer Begriff verstanden und »Religion« wird im Denken Cohens als universelles Phänomen vorgestellt. Es gebe, so seine Auffassung im »Bekenntniß«, »nur eine einzige, für alle Menschen und in allen Zeiten gültige Religion« (278), verschieden sei lediglich »die Geschichte der zu ihrer Beförderung gebrauchten, ins Feld der Gelehrsamkeit eingeschlagenen Mittel«, also die je unterschiedlichen »Religionsbücher«. (278) Das »unantastbare Heiligthum Kantscher Lehre« und die Sittenlehre des Talmuds enthalten, so Cohen, »Sätze von frappanter Aehnlichkeit«. (280) Christen seien in zentralen religiösen Axiomen jüdischer, als ihnen gewahr sei; umgekehrt haben auch »wir moderne Israeliten« (dies der Ausdruck, den Cohen bevorzugte) »[d]iese Art von Christenthum« (280), womit er sich auf den Gedanken der »Humanisirung des Göttlichen« (280) bezog. Cohen blickt also auf jene religiösen Kategorien, die Christen und Juden gemeinsam waren, in denen es Ähnlichkeiten gab oder in denen eine historische Nähe, ja Verwandtschaft sie verband. Kein Wort kommt in diesem Text häufiger vor als »Gemeinsamkeit« oder »Gemeinschaft«. Die Frage nach dem ideellen

Verhältnis der Juden zu ihrer deutschen Heimat und der Deutschen zum Judentum ging Cohen aus dieser Sicht der Gemeinsamkeit explizit idealistisch an. (Miething 1997, 217) Er repliziert nicht durchgehend auf »Unsere Aussichten«, obwohl er durch Treitschke provoziert worden war und er seine Auffassungen in zwei langen Briefen zuvor privat an ihn gerichtet hatte (Holzhey 1969, 183-204). Cohen entfaltete in den Briefen (in denen er auch ihren Abdruck in den Preußischen Jahrbüchern forderte, was Treitschke ablehnte) und im auf ihnen aufbauenden Essay einen ernsthaften Diskurs unter den Vorzeichen der eigenen Begrifflichkeit und er berührte in diesem Streit – mehr als alle anderen involvierten Gelehrten – grundsätzliche Zusammenhänge. Sein Blick auf und sein Verständnis von Zugehörigkeiten (zu Nation oder Religion) markierten in diesem Versuch gerade keine Grenzziehungen und keine territorialen Metaphern zur Unterscheidung von Gruppen oder Gemeinschaften, sondern formulierten Ideale für eine noch zu realisierende höhere Ethik. (Wiedebach 1997) Cohens »Bekenntniß« bringt im Grunde genommen die schon in Lessings Ringparabel aus »Nathan der Weise« zu einem Symbol gewordene Hoffnung auf einen Humanismus zum Ausdruck, in dem sich Juden und Christen in Zukunft »zu einer reineren Form der Religion« (278) neu zusammenschließen. Die Ur-Szene dieses Gedichts, auch daran erinnert Cohen hier, war im späten 18. Jahrhundert in der Freundschaft von Mendelssohn und Lessing (283) vorgebildet worden.

Etwas überraschend klingt aus heutiger Sicht das herablassende Lob, das Treitschke Cohen später aussprach. (BAS [Dok. 40], 394) Es bezog sich auf die Tatsache, dass Cohen ihm »in unüberbietbarer Vornehmheit entgegen[kam]« (Brumlik 1991, 374). Doch es ist ebenfalls evident, dass Treitschke nur Cohens konzedierende Gesten anerkannte, weniger die anspruchsvolle Grundsätzlichkeit, die diametral zu seinen Auffassungen stand. »Ein Bekenntniß« enthält keineswegs nur philosophische Höhenflüge, sondern spricht in aller Deutlichkeit auch zahlreiche Distanzierungen zum Denken Treitschkes aus. So nennt Cohen »Unsere Aussichten« in unmissverständlicher Klarheit einen »Angriff«, eine »Kränkung« und eine »Aufstachelung« (277) der Instinkte; mit den Essays von Treitschke sei »der Verständigung [...] nunmehr der Boden entzogen« (277) worden, das Vertrauen, »an Aufgaben der Nation ebenbürtig mitwirken zu dürfen«, sei »gebrochen«. (276) Die erste Person Plural (»wir«, »uns«) in den Eingangssätzen bleibt unmissverständlich auf die jüdische Gemeinschaft bezogen. (Fiorato 2019, 86) Und Cohens »Bekenntniß« war dabei, so Francesco Fiorato, insgesamt nicht nur ein religiöser Akt. »Bekennen« ist in diesem Text, der für Cohen eine »Gewissensfrage« (278) und »Lebensaufgabe« (278) darstellte, mehrfach semantisiert (die Begriffe »bekennen« und »Bekenntniß« kommen allein über zehn Mal vor). Je zur Hälfte beschreiben sie religiöse und philosophisch-ethische Positionen. Die von Cohen verteidigten Analogien, die zwischen Judentum und Protestantismus zu finden seien, ist sicherlich die wichtigste Botschaft, aber Cohen bekennt sich aus unterschiedlichen Perspektiven, auch als Jude, dem Glauben nach wie »im nationalen Sinne« (277), wie er hervorhebt. Vor allem aber bekennt er sich als Anhänger des Monotheismus und stellt sich so auf das historische Fundament, das beide, Judentum wie Christentum, trug. Und noch ein drittes Mal bekennt sich Cohen hier, nämlich als säkularer »Lehrer der Philosophie« (277), der, wie er schreibt, »in dem wissenschaftlichen Begriff der Religion zwischen dem israelitischen Monotheismus und dem protestantischen Christenthum eine Differenz nicht zu erkennen vermag«. (279; vgl. Hackeschmidt 1995)

In diesen wie auch in weniger zentralen Passagen scheint der Text wie eine Zumutung für jüdische Leser gewesen zu sein, auch deshalb, weil Cohen in einigen Punkten Treitschke auf eine irritierende Weise Konzessionen machte; so stimmte er dessen negativen Urteilen über Heinrich Graetz zu (290), kritisierte die liberalen staatsbürgerlichen Positionen (»liberale Schablonen«, 282) seines Lehrers Moritz Lazarus und sprach in einem Ton über die nationalen Grundlagen der »Gesinnungsgleichheit« (292) von Deutschen und Juden, die forciert wirkt. Cohen hielt hier eine »Staats- und Volks-Einheit« (291), »eine Einheit des Daseins und Bewußtseins« (291) für wichtiger als die »Manichfaltigkeit«, die Moritz Lazarus zum Ideal erhoben hatte und die Cohen hier umgekehrt als »eine schwere Zumuthung« (291) für die Nation bezeichnete. Für die Öffentlichkeit konnte der Eindruck entstehen, als sei Cohen mehr mit den Werten der preußisch-deutschen Nationalbegriffe Treitschkes als mit der jüdischen Haltung von Graetz oder mit dem Universalismus von Lazarus einig. Schon damals – und bis heute – überwog deshalb die Kritik an diesem Text. Die meisten Zeitgenossen haben seinerzeit auf Cohens abstrakte und grundsätzliche Reaktion auf den Antisemitismus Treitschkes mit Unverständnis reagiert und konnten ihm nicht darin folgen, eine so wichtige und strittige politische Diskussion in den reinen Äther von Philosophie und Religion zu erheben. Cohens Lehrer Heymann Steinthal brach mit ihm, später auch Moritz Lazarus. Manche Kritiker warfen Cohen lediglich vor, er habe für seine Ausführungen das falsche Forum oder den unpassenden Moment gewählt. Ulrich Sieg nannte den Ansatz »eigenwillig« (Sieg 1994, 151); Ingrid Belke machte in der Haltung Cohens aber auch eine »Hilflosigkeit« der deutschen Juden gegenüber Treitschke im Allgemeinen aus. (Belke 1971, LXIV; zit.: Sieg 1994, 150) Walter Boehlich verurteilte dagegen einen anderen Punkt, als er unduldsam monierte, Cohen gehe »in der Staatsvergottung eher noch weiter« als Treitschke. (471) Und Georg Geismann erkannte in dem Text sogar Ähnlichkeiten zur Haltung von Treitschke (Geismann 1993, 372). Im Ersten Weltkrieg erneuerte Cohen mit dem Essay »Deutschtum und Judentum« (1915; 3. Aufl. 1916) seine Überlegungen von 1880 noch einmal, nun aber mit gewichtigen Änderungen: Während er im »Bekenntniß« das Verhältnis von Deutschtum und Judentum spiegelbildlich reflektiert hatte, nahm seine umfangreichere Schrift aus dem Jahr 1915/16 von einem Vergleich zwischen zwei Völkern und »Volksgeistern« Abstand und führte mit dem antiken »Griechentum«, mit dem sich Deutsche und Juden je unabhängig voneinander »schöpferisch verbunden« hatten, ein »Dritte[s] der Vergleichung« ein. (Cohen 1915, 40) Doch auch diese Schrift bezeichneten Kritiker, etwa der Historiker Peter Gay, als »schmerzlich«, weil sie nach 1945 »kindlich-naiv« und wie ein »Selbstbetrug« wirke. (Gay 1987, 139) Léon Poliakov sprach mit Blick auf Cohens »Deutschtum und Judentum« sogar von seiner »Germanomanie«, die ihn blind für den Antisemitismus gemacht habe. (Poliakov 1988, 167) Es ist in jedem Falle treffend, in Leben und Werk Cohens »eine tiefe Tragik« (Brumlik 1991, 372) zu erkennen, die darin symbolisiert wird, dass im Ersten Weltkrieg, etwa zu der Zeit, in der Cohen seinen Essay »Deutschtum und Judentum« überarbeitete, die sogenannte »Judenzählung« der Heeresleitung den »Anfang vom Ende der deutsch-jüdischen Symbiose« markiert. (Brumlik 1991, 372)

In »Ein Bekenntniß in der Judenfrage« wird insgesamt auch ein Muster der Antworten jüdischer Gelehrter auf die antisemitische Provokation Treitschkes deutlich: Sie alle mussten »bekennen«, ob sie es nun wollten (wie Cohen) oder nicht. Alle jüdischen Reaktionen waren deshalb grundsätzlich, weil sie doppelt zu reagieren hatten, nicht nur ihr »Deutschtum« stand öffentlich zur Debatte und verlangte nach einer detaillierten Verteidigung, sondern auch ihr eigenes Judentum war plötzlich und vor einem Publikum zu vermitteln und zu erläutern. Alle, die sich zu Wort meldeten, taten dies zwar in ganz unterschiedlicher Weise, aber alle mussten im grellen Licht der Anprangerung, die in Treitschkes Satz »Sie sollen Deutsche werden, sich schlicht und recht als Deutsche fühlen« (70) lag, die ideellen und religiösen Kraftquellen ihrer Existenz vor aller Welt darlegen und mit hohem Aufwand über die kollektiven Traditionen ihres Selbstverständnisses Zeugnis ablegen, über die jüdisch-religiösen und die deutsch-staatsbürgerlichen. Das wurde den Angreifern nicht abverlangt. Diese sprachen immer aus dem unhinterfragten Schutz eines kollektiven »Seins«; den Angegriffenen wurde eine Position aufgenötigt, in der sie ihr eigenes »Werden« nicht selten fast entschuldigend vorzeigen mussten. Wie verschieden die deutschen Juden sich äußerten, auch davon künden alle in diesem Streit entstandenen Texte, die eben keine Reaktion »des« deutschen Judentums vermittelten, sondern Einzelantworten. (Borries 1971, 89) Ihre Gemeinsamkeit aber lag in einem Bekenntniszwang, dem sich besonders Cohen, aber auch Graetz, Bresslau und Bamberger ausgesetzt sahen, wenn ihnen von Treitschke das Festhalten an einer »Doppel-Nationalität« (117) zum zentralen Vorwurf gemacht wurde.

Quellen: Hermann Cohen, *Ein Bekenntniß in der Judenfrage*, Berlin 1880 [datiert: Marburg, den 24. Januar 1880, 300]; Wiederabdruck in: ders., *Jüdische Schriften, Bd. II: Zur jüdischen Zeitgeschichte*, hrsg. von Bruno Strauß, Berlin 1924, 73-94; außerdem: Hermann Cohen, Zwei Briefe an Treitschke, hrsg. von Helmut Holzhey, in: *Bulletin des Leo Baeck Instituts* 12 (1969), 183-204; Hermann Cohen, Deutschtum und Judentum mit grundlegenden Betrachtungen über Staat und Internationalismus. Durchges., erg. und mit einem kritischen Nachwort versehene 3. Aufl., Gießen 1916 [zuerst: Gießen 1915]; Wiederabdruck (in Auszügen) in: *Deutschtum und Judentum. Ein Disput unter Juden in Deutschland*, hrsg. von Christoph Schulte, Stuttgart 1993, 40-69.

Lit.: Borries, *Deutschtum und Judentum* (1971), 131-151; Brumlik, Zur Zweideutigkeit deutsch-jüdischen Geistes: Hermann Cohen (1991), 371-381; Sieg, *Aufstieg und Niedergang des Marburger Neukantianismus* (1993), 146-157; Schulte, *Deutschtum und Judentum* (1993), 5-27; Geismann, Der Berliner Antisemitismusstreit und die Abdankung der rechtlich-praktischen Vernunft (1993), 369-380; Hackeschmidt, Die hebräischen Propheten und die Ethik Kants (1995), 121-129; Art. »Cohen, Hermann«, in: *Lexikon deutsch-jüdischer Autoren*, Bd. 5 (Carmo – Donat) (1997), 144-186; Miething, Hermann Cohen – Kantische Vernunft und Jüdisches Selbstbewußtsein (1997), 217-229; Sauerland, Im Namen einer deutsch-jüdischen Symbiose (2001), 153-162; Launay, La controverse sur l'antisémitisme: Cohen – Treitschke (2004), 445-458; Fiorato, »Es ist also doch wieder dahin gekommen, daß wir bekennen müssen« (2019), 83-96; Meyer, Zur Kampfgemeinschaft Hermann Cohen und Ernst Cassirer (2019), 175-193; Seubert, Das Konzept von Vernunftreligion als Dekonstruktion nationalistischer Unkultur (2019), 195-209; Sauter, Religion und Fortschritt: Hermann Cohen, in: dies., *Offenbarungsphilosophie und Geschichte* (2022), 159-191.

Es ist also doch wieder dahin gekommen, daß wir bekennen müssen. Wir Jüngeren hatten wol hoffen dürfen, daß es uns allmählich gelingen würde, in die »Nation Kants« uns einzuleben; daß die vorhandenen Differenzen unter der grundsätzlichen Hilfe einer sittlichen Politik und der dem Einzelnen so nahe gelegten historischen Besinnung sich auszugleichen fortfahren würden; daß es mit der Zeit möglich werden würde, mit unbefangenem Ausdruck die vaterländische Liebe in uns reden zu lassen, und das Bewußtsein des Stolzes, an Aufgaben der Nation ebenbürtig mitwirken zu dürfen. Dieses Vertrauen ist uns gebrochen: die alte Beklommenheit wird wieder geweckt.

Denn der Angriff ist nicht nur von den culturfeindlichen Mächten ausgegangen, sondern von einem Manne, der bisher als ein Führer der nationalen Partei galt, dem wir Jüngeren alle an Verständniß und Impulsen Manches verdanken. Der Herausgeber der Preußischen Jahrbücher hat es für angezeigt gehalten, die *Racenfrage* gegen uns zu erheben, und zur Genugthuung und Schützung des germanischen Instinctes in Tagen der Aufregung, der Aufstachelung von Volksleidenschaften seine israelitischen Mitbürger thatsächlicher Kränkung, verschwörerischem Argwohn auszusetzen.

So lange jedoch der Stammesunterschied vornehmlich betont wurde, konnte es den Anschein haben, als gerathe diese Sache allgemach ins Indiscutable. Denn Racen-Instincte dürften sich allerdings durch keinen Federkrieg beschwichtigen lassen. Physiognomische Probleme, als Fragen unter Bürgern desselben Staates erhoben, sind Ehrenfragen.

In den letzten Tagen hat nun aber Treitschke seine Judenfrage weiter dahin formuliert, daß er uns auf den Unterschied von Religion und Confession hinweist, die weltgeschichtlichen Kämpfe der Confessionen als »häuslichen Streit« schildert, das Judenthum als »die Nationalreligion eines uns ursprünglich fremden Stammes« bezeichnet, und somit den messianisch-humanistischen Gedanken einer »reinern Form des Christenthums« mit bestimmtester Ausdrücklichkeit gegen den israelitischen Monotheismus und seine Verschmelzbarkeit in jene »reinere Form« geltend macht.

Dem hartnäckigsten, zudringlichsten Verlangen nach Verständigung ist nunmehr der Boden entzogen. Das Bekennen wird auch im nationalen Sinne zu einer religiösen Pflicht.

Schreiber dieses fühlt dieser Pflicht am wenigsten sich entziehen zu dürfen. Denn er hat die amtliche Obliegenheit, nicht über religiös indifferente Probleme die academische Jugend zu unterweisen; und er ist nicht nur in der fachlichen Lage, als Lehrer der Philosophie, religiöse Fragen zu berühren; er befindet sich in persönlichster Verlegenheit jener Formulirung des nationalen Problems gegenüber: weil er deutsche Philosophie, deutsche Erfahrungslehre und deutsche Ethik zu vertheidigen und wiederherzustellen als seine

Lebensaufgabe nicht ohne ermuthigenden Zuspruch bisher verfolgt hat. Bei solcher Bestrebung ob des israelitischen Monotheismus von der Hoffnung auf jene »reinere Form des Christenthums« schlechtweg ausgestoßen zu werden, fordert Rechtfertigung vor den protestantischen Männern, die nicht nur das staatsbürgerliche Recht, sondern auch das herzliche religiöse Zutrauen mir geschenkt haben, als der Ihrigen einer unter ihnen zu lehren.

In dieser meiner exceptionellen Lage fühle ich mich verpflichtet, öffentlich meine Ueberzeugung in dieser Gewissensfrage darzulegen, so ungern ich mich in publicistische Dinge mische; und so peinlich es mir sein muß, auch den angegriffenen und sich vertheidigenden Glaubensgenossen in einzelnen Punkten entgegenzutreten, die mir unumwundener Erörterung zu bedürfen scheinen.

Ich beabsichtige, vornehmlich aus diesem *religiösen* Gesichtspunkte die Judenfrage zu behandeln; nicht als Sprecher einer jüdischen Partei, sondern als Vertreter der Philosophie an einer deutschen Hochschule und Bekenner des israelitischen Monotheismus. Aus meiner Auffassung der religiösen Frage aber entsteht zugleich die Möglichkeit, auch die Racenfrage in ihren discutabeln Grenzen zur Sprache zu bringen.

»Verschiedenheit der *Religionen:* ein wunderlicher Ausdruck! Gerade als ob man auch von verschiedenen *Moralen* spräche. Es kann wohl verschiedene *Glaubensarten* historischer, nicht in die Religion, sondern in die Geschichte der zu ihrer Beförderung gebrauchten, ins Feld der Gelehrsamkeit einschlagender Mittel und ebenso verschiedene *Religionsbücher* (Zendavesta, Vedam, Koran u. s. w.) geben, aber nur eine einzige, für alle Menschen und in allen Zeiten gültige *Religion.* Jene also können wohl nichts anders als nur das *Vehikel der Religion*, das zufällig ist, und nach Verschiedenheit der Zeiten und Oerter verschieden sein kann enthalten«. So lauten *Kants* Worte. Und doch sollen wir mit unseren Religionsbüchern, dem Pentateuch, den Propheten und Psalmen mit unseren christlichen Mitbürgern zu einer reineren Form der Religion uns zu verbinden nicht hoffen dürfen?

Ich lasse es jedoch bei diesem Citat bewenden; verschmähe überhaupt das Verfahren, judenfreundliche Aeußerungen zu sammeln. Vor Männern von religiöser, protestantischer Gesinnung, vor Männern einer nationalen Gesinnung, die von dem *geistigen* Inhalt nationaler Cultur erfüllt ist, wage ich zu bekennen: daß ich *in dem wissenschaftlichen Begriff der Religion* zwischen dem israelitischen Monotheismus und dem protestantischen Christenthum eine Differenz nicht zu erkennen vermag.

Gegen eine solche Ansicht erhebt sich zunächst die Frage: was bedeutet sonach und wie überhaupt wird die geschichtliche Erscheinung des Christenthums verständlich? Diese für eine tiefere Geschichts-Auffassung der religiösen Probleme schwierige Frage dürfte sich durch die folgende Erwägung verständlich machen lassen.

Der israelitische Monotheismus charakterisirt sich durch die beiden Ideen *der Geistigkeit Gottes* und der *messianischen Verheißung*. Die eine betrifft das Wesen der Gottheit, die andere die geschichtliche Aufgabe, das sittliche Ideal des Menschengeschlechts. Beide erwachsen aus einander. Mit Shakespeare'schen Strichen kennzeichnet der Prophet die in der bildenden Kunst sich vollziehende Ironisirung des lebendigen Gottes, »welcher ist die Wahrheit«: damit wird der König der Welt, der Schöpfer des All zum Vater der Menschen, der am Ende der Tage alle seine Kinder, Ein Hirt seine Heerde, sammeln wird. Bei der Einweihung des salomonischen Tempels läßt der prophetische Geschichtsschreiber den nationalen König beten: »Siehe, die Himmel und aller Himmel Himmel fassen Dich nicht, geschweige dieses Haus, welches ich gebaut. – Auch wenn ein *Ausländer*, der nicht von Deinem Volke Israel ist, aus einem fernen Lande kommt um Deines Namens willen, und er kommt und betet in diesem Hause, so höre Du im Himmel und thue Alles, um was der Ausländer zu Dir rufet, auf daß alle Völker der Erde Deinen Namen erkennen.«

Ein Punkt nur ist in dieser Vertiefung der Gottesidee nicht zum vollen Ausdruck gekommen, dessen dogmatische Ausgestaltung den christlichen Monotheismus von dem israelitischen unterscheidet. Es ist dies der fundamentale Gedanke, welcher die Verbindung der modernen Völker mit dem griechischen Geiste zur Erzeugung einer neuen Cultur ermöglicht hat: die Idee des Verhältnisses von Mensch und Gott wird in der Menschwerdung Gottes verinnerlicht, und vollzieht in der dogmatischen Form der Humanisirung Gottes die culturgeschichtliche Mission der Humanisirung der Religion. Denken wir uns diese Idee aus der Geschichte der Ideen hinweg, so fehlt uns die Möglichkeit, die *Autonomie* des Sittengesetzes, die Freiheit der Unterwerfung unter das unbedingte Sittengebot geschichtlich zu verstehen. Diese idealistische Bedeutung der Sittlichkeit, kurz was wir Deutsche als das unantastbare Heiligthum Kantischer Lehre ehren, worin alle Auffassungen sich einigen, was wir als den höchsten Schatz nationaler Weisheit allen modernen Völkern entgegen als Deutschheit hochhalten, das erscheint aus der Tiefe, aus der Gottinnigkeit, aus der Gluth des sittlichen Enthusiasmus der Propheten historisch unvermittelt. Die Kantische Ethik trifft zwar inhaltlich in ihrem Imperativ völlig zusammen mit dem Rigorismus der israelitischen Sittenlehre. Die Haggada, derjenige Theil des Talmud, welcher die Sittenlehre enthält, hat Sätze von frappanter Aehnlichkeit mit den Kantischen. Aber wie sehr auch durchgängig der freie Wille des Menschen gegenüber dem göttlichen Gebote betont wird: »Alles ist in Gottes Hand, ausgenommen die Gottesfurcht«; so erscheint dennoch die *Begründung* dieses Imperativ, die Ableitung des Sittengesetzes aus dem Begriffe der *gesetzgebenden* Vernunft, dieser Charakter der Autonomie erscheint, nach unserer Art in geschichtlichen Zusammenhängen die Gedanken zu begreifen, unverständlich ohne die christologische Form der Humanisirung des Göttlichen.

Diese Art von Christenthum haben wir moderne Israeliten alle, wir mögen es wissen oder nicht. *Schiller* sagt von dem zur Religion reifenden Menschen: »Er *bebte* vor dem Unbekannten; er *liebte* seinen Wiederschein.« Das gilt nicht minder unweigerlich von den modernen Israeliten. Aber wir erkennen wegen dieser culturgeschichtlichen Würdigung des Christenthums keine Nöthigung, das »Evangelium von dem Gottessohn« zu bekennen. Denn wir wissen, daß bei aller nothwendigen Humanisirung des Sittlichen doch ein der Vermenschlichung unzugänglicher Kern des alten Prophetengottes gewahrt bleiben muß: »Wem wollt ihr mich vergleichen, daß ich gliche?« In diesem ewigen und keineswegs lediglich kosmologischen Kern des Gottesglaubens sind alle Christen Israeliten. Und die, welche, die einen in sittlicher Begeisterung, die andern in naturalistischem Unglauben oder metaphysischer Phantasie, die Idee des Einen Gottes bekämpfen, sind zugleich Feinde des Christenthums und Gegner des Judenthums.

Männer von religiöser Bildung und einer das *achtzehnte Jahrhundert nicht ausschließenden* nationalen Gesinnung, welche diesen Sachverhalt sich vergegenwärtigen, werden anerkennen müssen: daß wir Israeliten religiöse Gemeinschaft mit dem Christenthum haben. Selbst Christen von positiver Gläubigkeit, welche die Unterscheidung von Religion und Confession mit vollem dogmatischen Inhalt anerkennen, haben theils soviel religiöses Gemüth und demselben gemäße Duldsamkeit, theils soviel Anhänglichkeit an das alte Testament, um uns nicht von aller religiösen Gemeinsamkeit mit ihnen auszuschließen.

Damit aber ist eine in diesem Streite wichtige Frage erledigt. Man hat es als einen Mangel des Culturkampfes bezeichnet, daß derselbe zu wenig positiv religiöse Gedanken zu seinem Inhalt gehabt habe. Ich bin allerdings der Ansicht, daß man ohne religiöse Ideen, ohne schöpferische religiöse Begeisterung den Kampf nicht zu neuen Epochen werde führen können, den der religiöse Geist des deutschen Volkes im sechszehnten Jahrhundert begonnen hat. Und ebenso bilde ich mir ein, von vaterländischer Geschichte soviel gelernt zu haben, um zu erkennen, daß das deutsche Volk ein religiöses sei, und ob aller Culturschwankungen bleiben werde. Daraus aber ergiebt sich für die jüdische Minderheit dieses deutschen Volkes die Nothwendigkeit: *der religiösen Gemeinschaft ihres Volkes sich angehörig zu bekennen und zu erweisen.*

Es ist falsche liberale Schablone, welche leider von vielen Juden angenommen worden ist, daß die religiöse Form ein politisch Indifferentes sei, um das der Staat sich nicht zu kümmern habe; wenn nur die Dogmatik polizeifest sei. Es muß dagegen mit aller Macht anerkannt werden, daß in solchen Wendungen nur aus der Noth eine Tugend gemacht wird; daß solche temporäre Schlagworte durch eine grundsätzliche Problemstellung erledigt werden müssen. Die Kirche soll keineswegs durch den Staat entsetzt werden; sondern die Aufgabe ist: eine solche religiöse Verfassung herzustellen, welche dem in der Bildung begriffenen deutschen Staate gleichartig und gerecht wird.

Eine Nation, welche ihr staatliches Dasein gründen und festigen will, hat für ihre religiöse Grundlage zu sorgen. Was zu Einem Volke gehören will, muß an dieser gemeinsamen religiösen Grundlage Antheil haben. Von dieser Gemeinsamkeit aus können sich, ohne Schädigung der einmüthigen nationalen Gesittung, confessionelle, auf die historische Tradition bezügliche Unterschiede forterhalten, weil deren mit einem modernen Staate verträgliche Deutung, die wissenschaftliche wie die pädagogische, stets nur nach der Seite jener allgemeinen religiös-sittlichen Grundlage erfolgen kann.

Ich hoffe gezeigt zu haben, daß der Religions-Inhalt des israelitischen Monotheismus mit dem Religions-Inhalt des *in geschichtlichem Geiste* gedachten Christentums vereinbar, und zur Volks-Gemeinschaft zureichend sei. Ich will nunmehr darauf hinweisen, wie aus der Geschichte der Juden und der deutschen Judenheit insbesondere hervorgeht, daß ihre religiöse Entwickelung in der geschichtlichen Tendenz des deutschen *Protestantismus* verläuft.

Es kann hier nicht meine Aufgabe werden, die zahlreichen Sätze anzuführen, in denen von den Propheten ab durch den Talmud hindurch bis zu den arabischen Religionsphilosophen der denkende Gottesglaube gefordert, die Werkheiligkeit bekämpft, die Befreiung durch die Heiligung gelehrt wird. Wer diese Dinge nicht kennt, den kann man durch einige Seiten von Auszügen nicht belehren. Nur sei es mir verstattet, durch diese Erwähnung zur Bescheidenheit und Gewissenhaftigkeit in diesen Fragen der Wissenschaft ermahnen zu dürfen. Einen andern Thatbestand will ich hier berühren.

Wie die Geschichte des israelitischen Monotheismus, mit seinem einzigen Dogma vom Einzigen Gotte, die innere Entwickelung des protestantischen Charakters aufzeigt, so haben sich insbesondere die deutschen Juden in ihren religiösen Bewegungen der protestantischen Art religiöser Cultur auf das unverkennbarste angeschlossen. Seit der Blüthe des jüdischen Geistes in der arabisch-spanischen Periode hat der jüdische Stamm *erst in dem deutschen Volke wieder ein universales Culturleben entfaltet.* Wenn ein Tropfen Lessing'schen Blutes in den Männern rollt, die heute von deutschem Geiste reden, so muß es ihnen rührend erscheinen, wie der Talmudjünger, der von Dessau seinem nach Berlin berufenen Lehrer nachzieht, dort der Freund eines Lessing und dessen Genoß in der Neubildung der deutschen Sprache wird: »Er hat namentlich auch durch seine Uebersetzung und Erklärung alttestamentlicher Schriften außerordentlich viel dazu beigetragen, daß die deutschen Juden in die Gemeinschaft der deutschen Sprache und Bildung hereingezogen wurden, und der triftigste von den Gründen, *der scheinbarste von den Vorwänden* beseitigt wurde, auf die man sich bis dahin berufen hatte, um ihnen die Rechte des Menschen und des Bürgers zu entziehen.« *(Eduard Zeller)*

Als nun die Kantische Philosophie entstand, gehörten die kaum aus dem Judendeutsch Entsprungenen alsbald zu ihren Anhängern. Man hat auch nicht versäumt, der Kantischen Philosophie daraus einen Vorwurf zu machen, den ein Biograph witzig zu heben weiß. Marcus Herz wird von Kant einmal in einem Briefe: »Auserlesener und unschätzbarer Freund« angeredet. Wenn dieser Arzt es aber zu keiner philosophischen Selbstständigkeit gebracht hat, so hat Lazarus Bendavid in trefflichen Schriften über die Kantische Philosophie ein feines Verständniß derselben bekundet, – und von kleinlicher Originalitätssucht auch nicht die leiseste Spur.

Was die deutschen Juden innerhalb der deutschen Wissenschaft und Kunst geleistet haben, lasse ich füglich unbesprochen. Ich habe nur auf die unbestreitbare Thatsache hinzuweisen, daß die deutschen Juden, ob zum Schaden oder ob etwa auch zu einigem allgemeinen Nutzen, in der Mitarbeit an der deutschen Cultur ihre religiöse Entwickelung vollzogen und ihr Dasein als Deutsche bezeugt haben.

Es ist *Felix Mendelssohns* Name genannt worden. Man erzählt nun von ihm, daß er, der sonst nicht gern von seiner jüdischen Abstammung gesprochen habe – er soll ja auch die Bedeutung seines Großvaters gar nicht gekannt haben – als er die Matthäus-Passion zur Aufführung brachte, gesagt haben soll: es sei doch seltsam, daß ein Jude dieses Werk zum ersten Male wieder aufführe! Glaubt man denn aber, die Taufe hätte ihn dazu befähigt? Oder ist es das religiöse Blut eines Mendelssohn, das nicht zur Oper, sondern zum Oratorium gemischt war. Und einer solchen Persönlichkeit gedenkend, wagt es ein deutscher Gelehrter uns deutschen Israeliten rundweg zu sagen, daß wir in den »höchsten und heiligsten Fragen des *Gemüthslebens grundverschieden* denken.«

Gerade an diesem Beispiel kann man, ohne tieferes Eingehen auf die wahrhaften realen Kräfte modernen Gemüthslebens, durch Selbstbeobachtung prüfen, ob diejenige Gemeinsamkeit der religiösen Gefühle, deren Vorhandensein allerdings für das Gemüthsleben eines Volkes unerläßliche Grundbedingung ist, uns Juden mit den Protestanten möglich und gegeben sei. Es ist wahrlich nicht zufällig, daß unter den besten, innigsten Interpreten *Bach*'schen Geistes Juden mit Ehren genannt werden. Man sage nicht, wenn man mit tiefster Bewegung des Gemüthes der geistlichen Musik Sebastian Bach's sich hingiebt, so sei das nur ästhetische Rührung. Das ist schablonenhafte Unterscheidung. Wo die Poesie solcher Texte in Verbindung mit in solcher Weise dem Texte entquellenden Tönen das menschliche Gemüth zu ergreifen vermag, da *ist* Gemeinschaft der religiösen Gefühle – soweit dieselbe für die »höchsten und heiligsten Fragen des Gemüthslebens« in einem *modernen Culturvolk* erforderlich ist.

Zu meinem Bedauern muß ich nun zugestehen, daß diese Consequenz der Opposition durch *Lazarus'* Einrede veranlaßt war, der einen an sich interessanten Gedanken zu der falschen Verallgemeinerung gebracht hat, daß es keine deutsche Religion gebe, und daß das Judenthum ganz in demselben Sinne deutsch sei, wie das Christenthum. Im Ernste aber wird Lazarus nicht bezweifeln, daß das deutsche Volk, und wir Juden mit ihm, aus der Cultur des Christenthums athmen; daß das deutsche Volk zu seinem und unserm Heile Eine Religion hat, zu deren Grundlage und Culturgedanken wir uns theils von unseren Vätern her, theils durch unsere deutsche Erziehung und Bildung bekennen. Niemand kann die Richtigkeit des Satzes bestreiten: »Das Bestehen mehrerer Religionen innerhalb einer Nationalität kommt wohl als ein Uebergangszustand vor; auf die Dauer ist es, wie die Geschichte aller abendländischen Culturvölker lehrt, nur da möglich, wo eine Religion die Regel bildet, die Andersgläubigen die Ausnahme, die verschwindende Minderheit.« Ich halte diesen Satz für ganz richtig, aber in diesem Streite für gegenstandslos. Denn mit einer religiösen Minderheit, welche einen so reinen, *alles Heidenthums baaren* Glauben hat, kann sich, so wage ich zu hoffen, die Christenheit in ihrem weltgeschichtlichen Ringen nach jener »reineren Form« recht gut vertragen.
Leider sind auch andere praktische Anwendungen, welche Lazarus von seinem in den erforderlichen Einschränkungen richtigen Gesichtspunkte macht, theils im Ausdruck unglücklich, theils im Gedanken nicht zutreffend. Ich komme bei der überaus nothwendigen Berichtigung dieser Aeußerungen zu der Erörterung des *zweiten* Punktes, der *Racenfrage.*
Mit gesundem Menschenverstande und Menschengefühle wird man die Frage, ob in einem Volke Raceneinheit wünschenswerth und in gewissen Minimalgrenzen erforderlich sei, unbedenklich *bejahen.* Die Begriffsbestimmung der Nationalität ist freilich, als eine wissenschaftlich complicirte Sache, schwieriger. Aber es handelt sich für die Ethnographie um einen empirischen Begriff; in

der Politik dagegen um ein Ideal, einen Musterbegriff. Wenn die Erfahrung zeigt, daß es innerhalb einer Nation verschiedene Gruppen mit verschiedenen Sitten gebe, so abstrahirt der Empiriker, daß in der Einheit der Sitte das Wesen der Nationalität nicht bestehe. Eine untere Grenze wird es jedoch wohl auch hierin geben; und die Bestimmung derselben kann eine Streitsache idealer Politik werden. Wie in der Sitte, so macht sich Variabilität und minimale Grenze bezüglich des Territoriums noch leichter kenntlich; deutlicher ferner bei der Staatsangehörigkeit. Endlich die *Abstammung.* Auch hier sagt der Ethnograph, es gebe im idealen Sinne keine thatsächliche Raceneinheit. Die Sprache sei, sagt der Statistiker Böckh, das Kennzeichen, das Band nationaler Gemeinschaft. Wenn nun in dieser auf dem Boden der Empirie berechtigten Weise der Ethnograph den empirischen Begriff des Volkes aus den Thatsachen und der Abschätzung ihres relativen Werthes abstrahirt, so wird nichts desto weniger der ideale Politiker dagegen sagen dürfen: Mag der Statistiker mit diesem Begriffe für seine Forschungsinteressen auskommen; meinem Idealbegriff einer Nationalität ist derselbe nicht gewachsen. Ich erstrebe eine innigere, eine höhere Einheit für mein Volk, als welche der Statistiker aus dem gegebenen Erfahrungsmaterial zu abstrahiren vermag. Ich erstrebe eine die leibliche Eigenart respectirende, den Racentypus zu herrlichster Entfaltung bringende Repräsentation meines Volkes. Dieser Wunsch, dieser ideale Maßstab zur Abschätzung nationaler Vorgänge und Mißverhältnisse ist natürlich, ist berechtigt. Treitschke hatte nicht gesagt: Die Juden sind Semiten, dürfen also nicht deutsche Staatsangehörige bleiben, sondern das Gegentheil ausgesprochen.

Es ist daher von Lazarus bedauerliche Uebertreibung, wenn er mit einem in solchen schweren Fragen unpassenden Wortwitze sagt: »Das Blut bedeutet mir blutwenig«. Ebenso können alle die Wendungen, die Racentheorie zum Ausfluß »des grobsinnlichen Materialismus der Welt- und Lebensanschauung« zu machen, bei flüchtiger Lectüre wohl das Concept verrücken, aber gegnerisches

Bewußtsein nicht überzeugen. Ich will meine Glaubensgenossen hiergegen an das alte Wort erinnern: »Die Thora ist nicht den Engeln gegeben.« Wer die leibliche Substanz einer Volksseele als ein Eigenthümliches lieb und werth hält, der ist darob nicht Materialist; so wenig wie der, welcher mit natürlicher reflexionsloser Liebe sein Vaterland liebt, darüber zum engherzigen Weltbürger zu verschrumpfen fürchten braucht.
Ich halte es als unvermeidliche Verpflichtung, auch in dieser Beziehung die von Lazarus gegebene Formulirung zu berichtigen. Indem er nämlich richtig auseinandersetzt, daß der Begriff des Volkes bei den verschiedenen Völkern, in deren nationalem Bewußtsein, ein verschiedener sei, sagt er: »Aber das Deutschthum, das wir erstreben, muß ohne jede Felonie gegen angestammte Traditionen, und ohne jede Felonie gegen allgemein menschheitliche Principien bestehen können«. Unter diesen »angestammten Traditionen« können *die Gegner* alles Erdenkliche verstehen. Auch der Ausdruck »Felonie« ist so unangemessen als möglich; denn er bezeichnet ursprünglich Bruch der Lehnstreue. Wir haben aber bekanntlich keinen andern Lehnsherrn als »unsern Vater im Himmel«, keinen also unserer nationalen Pflicht gegenüber. Die Traditionen, die als »angestammte« uns als Deutschen heilig bleiben, sind einzig und allein die Formen unseres Gottesdienstes, für welche wir schon Manches zu dem Angestammten hinzuerworben haben, und – will's Gott! – noch weiter heranbilden werden.
Ganz desorientirend aber und erschreckend schien es mir, daß die Untreue gegen »allgemein menschheitliche Principien« ausdrücklich abgelehnt und gesperrt gedruckt wird. Ich habe nicht die Ruhe und Geduld, in diesem Moment in die Erörterung der Frage einzutreten, ob Veranlassung vorliege, in den *deutschen* Nationalismus das Menschheitliche warnend einzuschließen. Aber das weiß ich, und das muß ich sagen: es thut nicht noth, uns Juden diese Mahnung gar so heiß ans Herz zu legen. Wenn es ohne lächerliche Anstößigkeit, ohne täppische, indiscrete Zudringlichkeit geschehen könnte, so sollte ich meinen, die naturwüchsige

Pflege des puren Deutschthums könnte uns Allen nur nützen. Denn vor Allem müssen wir – und so wahr wir Menschen sind, wir thun es – anders fühlen und denken, als Lazarus uns fühlen und denken läßt. Wir müssen nämlich unser Vaterland nicht lieben, wenn es »liebenswürdig« ist; und wenn es Burke zehnmal gesagt haben mag; sondern – *weil es unser Vaterland ist.* Wir müssen die deutsche Nation nicht preisen und ehren, »weil wir meinen, daß sie am heißesten ringt nach der Erfüllung eines menschheitlichen Ideals« – was sollen da die englischen oder französischen Juden sagen, die sich auch gelegentlich wieder einmal ihres Patriotismus zu berühmen haben? – Nein! Wir lieben alle unser Vaterland, weil es unser Mutterboden ist, weil wir unsre Heimath lieben, weil wir Palästina allenfalls als eine Reisegelegenheit betrachten; weil im Vaterland unsre Muttersprache, die deutsche Zunge klingt: erster Laut, den ich gelallet, süßes, erstes Mutterwort! Weil wir just Menschenkinder sind, *und jeder Mensch ein Vaterland haben will.*
Wenn wir aber älter und etwa Literaturjuden werden, so finden wir allerdings, daß die deutsche Literatur einen Volksbegriff erzeugt, dem zufolge wir nicht Ausgestoßene bleiben, sondern Kinder des Hauses werden können. So deuten wir alsdann unsere nationale natürliche Empfindung, mit etwas selbstischer Freude, sachlich ebenso, wie *Wilh. v. Humboldt* die Deutschheit bestimmt. Aber diese Erkenntniß ist nicht der Quell, und nicht die Bedingung unsrer Empfindung.

Ich bestreite, daß das Heimathsgefühl und die natürliche Vaterlandsliebe erst mit der Emancipation beginnt. Ich weiß nicht, ob ich es von Erzählungen habe, oder aus jüdischen Novellen, daß die alten Juden unter Friedrich dem Großen mit köstlicher Parteinahme preußisch waren. Aber man lese nur, wie Moses Mendelssohn über nationale Politik und nationale Geschichte schreibt, mit welchem Verständniß, mit welcher Begeisterung; und das war der »Comptoirschreiber«, der nur als solcher das Aufenthaltsrecht in der Stadt seines Königs erhielt.

Diese schlimme, schlüpfrige Unklarheit muß gänzlich beseitigt werden. Die deutsche Judenfrage erledigt sich *in ihren beiden Punkten zugleich; in und mit der religiösen Frage löst sich die Racenfrage – soweit die letztere menschlicher Ueberlegung gegeben ist.*

Wir Juden dürfen uns nur vom Parteihaß und von der Bosheit oder der Unklarheit des Angriffs nicht verblenden lassen. Wir müssen anerkennen, daß der Racen-Instinct mit nichten simple Barbarei ist; sondern ein natürliches, national berechtigtes Verlangen. Barbarei wird das Naturgefühl, wenn es zu politischer und nationaler Ausschließung solcher Mitbürger degenerirt, die kein anderes Vaterland haben, noch haben wollen. An sich ist es ein unwillkürliches und gutes psychologisches Motiv, und es kann in Wahrheit als ein brauchbares und beherzigenswerthes Correctiv und Regulativ ausgebildet werden; – niemals aber darf es als eine *sittliche Norm* gelten wollen.

Wenn wir ruhig und aufrichtig dem Racengefühl antworten, so müssen wir sagen, daß wir selbst es anerkennen. Ich behaupte getrost: wir wünschen Alle, wir hätten schlechtweg das deutsche, das germanische Aussehen, von dem wir jetzt nur die klimatischen Nebenwirkungen an uns tragen; wie denn allerdings sogar der norddeutsche von dem süddeutschen Juden sich unverkennbar unterscheidet. In dieser Frage haben wir also einfach zu sagen: Habet Geduld, und – ich kann und brauche es nicht zu wissen, in wievielen Jahren oder Jahrhunderten kein weiserer Mann zu kommen braucht, um diesen Prozeß zu entscheiden.

Inzwischen aber haben wir die Pflicht, diese Ansicht zu bekennen, durch kein Partei-Manoeuvre von diesem schlichten Programm uns verdrängen zu lassen, und in unserem Leben und äußeren Benehmen, in Handel und Wandel danach zu verfahren.

Es muß also grundsätzliche Ueberlegung, und mehr als dies, es muß heiligstes Verlangen werden, dem *Naturton* des Volkes, zu dem wir verschmelzen wollen, in allen seinen Weisen uns einzustimmen. Absonderlichkeiten dürfen uns eben nur einstweilen zu Gute gehalten werden; aber wir müssen fortfahren, das Bestreben zu zeigen, daß wir sie loswerden wollen. Unter keinerlei sentimentalem Vorwande darf es als eine unschuldige Privatliebhaberei angesehen werden, daß wir – *außer zur Abwehr* – unseres Stammes, als eines solchen, als einer constanten Eigenthümlichkeit unserer lebendigen Religion uns rühmen. Ein nationales Doppelgefühl ist nicht nur ein unsittlich Ding, sondern ein Unding. Nur die Uebergangszeit, in welcher der beste Jude doch immer nur ein Jude ist, kann ein solches Mißgewächs gedeihen lassen. Mit dem Rechte, welches ein jeder Schriftsteller in Anspruch nehmen darf, möchte ich das meinen Glaubensgenossen an's Herz legen: daß sie aus der Aufgeregtheit der Vertheidigung nicht eine Stimmung des Friedens machen; daß ein Jeder in seiner Weise und Umgebung es als seine Aufgabe erkenne, darüber klar zu sein und Klarheit zu verbreiten: daß die israelitische Religion durch die rückhaltlose, unbedingte *deutsche Naturalisirung* in keiner erdenklichen Weise beeinträchtigt wird.

Viele werden meinen, ich hätte die Partei der Palästinenser unter uns zu viel berücksichtigt; denn sie haben in der That innerhalb der deutschen Cultur keinen Boden, und als eine Partei nur in den ungesunden, unwahren, gesinnungslosen Verhältnissen der heutigen religiösen Bewegungen einen reclamenhaften Bestand. Aber diese Richtung berührt sich mit einer verwandten Stimmung, von welcher allerdings zu wünschen wäre, daß sie in ruhigeren Tagen von der Art des Herrn Graetz bestimmter und ausdrücklicher sich unterschiede, gegnerisch sich trennte. Es ist ein Unglück, daß ein jüdischer Geschichtsschreiber, der immerhin ein solches zwar bedingtes Ansehen sich erarbeitet hat, eine so erschreckliche Perversität der Gefühlsurtheile zu Stande bringen konnte. Es ist das eben derselbe Mann, der, als er sein Geschichtswerk begann, seinen Dank an einen *Zunz* mit jenem berüchtigten Ausdruck abgetragen hat. Es ist das derselbe Mann, welcher in seinem zehnten Band zwei Kapiteln die Ueberschrift gegeben hat: »Spinoza und Sabbathai Zewi«: Erhabenheit des Gedankens und schwärmerischen Schwindel nebeneinander titulirt. Welches Zartgefühl für den jüdischen Stamm! Es thut mir leid, daß ich jetzt es aussprechen muß; denn ich bin sein Schüler gewesen. Auf dieser Bahn liegt nichts Gesundes. Von dieser Bahn muß abgelenkt werden. Seid nicht blos gerührt und begeistert, wenn Ihr von jüdischen Stammesdingen redet und freut euch nicht über Herrn Disraeli's Geschichtsweisheit: Habet auch, wenn und da ihr deutsche Gelehrte sein wollt, ein natürliches Gefühl für deutsche Art und deutsche Größe. Dann wird historische Objectivität in euch kommen; dann werden Trivialitäten, wie die Abschätzung deutscher Männer nach dem Grade ihrer Judenfreundlichkeit verschmäht, und jene widerlichen und empörenden Urtheile über den Stolz und die Würde des deutschen Geistes unmöglich werden.

Ich muß zu meinem Bedauern noch länger bei diesem Punkte verweilen. Es gilt demselben Irrthum noch in einer abstracten Formel entschieden entgegenzutreten. Lazarus sagt, die Meinung von der nothwendigen »Zuspitzung« aller Mannichfaltigkeit der Cultur sei ein Irrthum und »die tiefste Wurzel aller Intoleranz«. »Die wahre Cultur aber liegt in der Mannichfaltigkeit«. Wohl möglich! jedoch nur aus der Vogelperspective. Für Menschen von Fleisch und Blut, die hienieden einen Staat gründen wollen, dürfte die Mannichfaltigkeit unter Umständen nicht blos eine schwere Zumuthung bedeuten, sondern geradezu eine unerlaubte. Wenn der göttliche Weltenlenker uns in unsrer Sonderart aufzubehalten beschlossen hat, so kann sich vermuthlich die Weltgeschichte am Ende der Tage damit trösten. Menschen aber, die zu einer Staats- und Volks-Einheit sich einigen wollen, haben nach Einheit zu streben, mit allen Kräften ihres Geistes und Gemüthes, nach allen Beziehungen des staatlichen Daseins. Für die Menschheit mag die Mannichfaltigkeit in gleicher Weise nützlich sein, wie die Einheit; *allein* werthvoll ist sie sicher auch für diese nicht. Eine Volkseinheit aber ist nicht lediglich ein geschichtsphilosophischer Begriff, ist im Unterschiede von Naturbedingungen eine sittliche Aufgabe. Glieder Eines Volkes haben die Pflicht, eine Einheit des Daseins und Bewußtseins anzustreben, und dieselbe immer inniger, immer intensiver auszubilden.

Diese Meinungs-Verschiedenheit betrifft aber nicht nur einen an sich nicht unwichtigen Gedanken, sondern hat unmittelbaren Bezug auf diese leidige Frage; ist von durchschlagender Consequenz für dieselbe. Lazarus sagt: »Daraus ergiebt sich eine *dauernde Aufgabe* der Juden, welche in sich selbst mannichfaltig, in der Theilnahme an verschiedenen Nationalgeistern eine fortdauernde Bereicherung mit sich führt«. Diese Ansicht, welche die kosmopolitische Natur des *Glaubens*, der *Religion* zu einer den *individuellen Bekennern* förderlichen, für ihr einheitliches nationales Fühlen nützlichen Sache auslegt, muß ich für durchaus irrig erklären. Derartige Geschichtsphilosophie hat überhaupt nichts mit nationaler Politik zu schaffen. Zur Sache darf ich bemerken, daß diese Ansicht eben eine individuelle ist, daß ich sie *für alle geschichtliche Zukunft* bestreite; vor Allem aber, daß sie mir in ihrem Princip bedenklich erscheint.

Die Juden haben nur Eine »dauernde Aufgabe«, das ist die *Erhaltung des Monotheismus*, bis zu jener »reinern Form des Christenthums« als einer gesonderten, nach Erreichung jener aber als eine mit allen Monotheisten gemeinsamen Aufgabe. Für sonstige Mannichfaltigkeiten habe ich schlechterdings kein Interesse, und vermag kein Asylrecht anzuerkennen. Die Sittlichkeit eines Volkes ist eine nationale Einheit, oder strebt einer solchen zu. Innerhalb einer nationalen Gemeinsamkeit kann und darf es eine individuelle Sittlichkeit geben. Aber keine in besonderen religiösen Gruppen oder Sekten substantiirte ist wünschenswerth.

Nach solcher Auffassung, von der ich behaupten möchte, daß sie mit allermeist nach Stimmungen wechselnden Ausnahmen von den deutschen Juden getheilt wird, scheint mir die Racenfrage kein ernstliches Bedenken zu bilden – wohlverstanden unter wohlwollenden und religiösen Christen. Wenn den Juden die ihnen seit wenigen Jahren, nicht »längst«, gewordene staatsrechtliche Qualification in ehrlicher Verwaltungspraxis nicht illusorisch gemacht wird; wenn sie zu den Ehren des staatlichen Beamtenthums zugelassen werden und bleiben, so wird allmählich Gesinnungsgleichheit sich heraus- und herstellen; und der geistige und sittliche Untergrund zu nationaler Verschmelzung wird wachsen und reifen. Damit aber wird die sociale Annäherung sich ausbreiten und ausbilden; Anstößigkeiten des Benehmens werden *cessante causa* sich mildern und schwinden. Das Connubium wird unter weniger schwierigen Bedingungen sich vollziehen können, als es anderswo der Fall ist. Was in verständiger, was in *rechtschaffener religiöser* Weise zur Ausgleichung der Racenunterschiede geschehen kann, das wird auf diese Weise allmählich geschehen; und wir Juden haben anzuerkennen, daß das *Ideal nationaler Assimilation*, als solches, von Geschlecht zu Geschlecht bewußter erstrebt werden soll.

Dieses mein Racen-Bekenntniß richtet sich nicht mehr an den Herausgeber der Preußischen Jahrbücher, der von der Emancipation also sich vernehmen läßt: »Die Emancipation hat insofern günstig gewirkt, als sie den Juden jeden Grund berechtigter Beschwerde entzog. Aber sie *erschwert* auch die Blutvermischung, die doch zu allen Zeiten das wirksamste Mittel zur Ausgleichung der Stammesgegensätze war; *die Zahl der Uebertritte zum Christenthum hat sich sehr verringert*, und Mischehen zwischen Christen und *ungetauften* Juden werden immer nur seltene Ausnahmen bleiben, so lange unser Volk seinen Christenglauben heilig hält.« (S. 87)

Wie vom Standpunkte des »Christenglaubens« überhaupt, nicht nur einer gewissen Bekenntnißweise desselben, dieser Ausspruch zu taxiren sei, ist nicht meine Sache. Vom Standpunkt der allgemeinen Religiosität giebt es vielleicht keine Bezeichnung, welche die Entrüstung über solche Gesinnung zulänglich auszudrücken vermöchte.

Vom Standpunkt der Logik aber ist dieser Ausdruck unverständlich. Wenn man »aus freiem Ermessen« die Emancipation beschließt, dann ist es naiv, zu beklagen, daß die Uebertritte sich verringern. Wenn man aber mittlerweile an der logischen Consequenz arbeitet, daß die Emancipation zurückzunehmen sei, so darf man nicht fortfahren mit der Anklage, daß die Juden nicht Deutsche werden wollten.

Denn jetzt wissen wir deutlich, was unter jenem »Deutsch werden« zu verstehen ist. Und wir haben darauf nur Eine Antwort: *Die Schaam über solche Verleugnung religiöser Gesinnung als einer innerlichsten Wahrheit.*

Solche Sittlichkeit ergiebt sich aus der politischen Ansicht: jeder Staat entscheide über das Recht der Theilnahme an der Leitung desselben »nach seinem freien Ermessen.« Freilich ist das Ermessen der gesetzgebenden Factoren frei, nämlich von äußeren Gewalten; es ist der Ausfluß der allgemeinen nationalen Gesittung. Die Emancipirten werden in ihren Herzen den Dank nicht schuldig bleiben, der solcher Reife der nationalen Gesittung gebührt. Aber es ist gegen den staatsbürgerlichen Anstand, diesen Dank zu fordern. Und solche unehrerbietige Forderung kann auch nur von einem Manne ausgehen, der von dem »freien Ermessen« eine so geartete Vorstellung hat. Es ist wahrhaft traurig, daß ich gegenüber dem nationalen Politiker, dem Bearbeiter der Deutschen Geschichte im neunzehnten Jahrhundert es sagen muß: jene Freiheit des Ermessens hat ihre Schranken, nicht im sogenannten natürlichen Recht, mit dem Unklarheit verbunden wird, sondern in der jeweiligen Ansicht einer Nation von dem – Sittengesetz. Es kann nämlich ein Staat zu der Einsicht gelangen, daß, wenn man die Theilnahme an ihm von einem gewissen positiven Bekenntniß abhängig macht, dadurch Unsittlichkeit, Lüge und Heuchelei in den Staat geleitet werde; und zu der principiellen Einsicht, daß für die sittliche Verwaltung des Staates eine von gewissen Dogmen, über welche Streit ist, unabhängige religiöse Grundlage erforderlich und zureichend sei. Durch solche sittliche Einsicht gelangt alsdann jenes Ermessen des Staates zu seiner Freiheit.

Aus solcher des Herausgebers der Preußischen Jahrbücher sittlichen Ansicht ist auch die vorausberechnende Art seiner Judenstatistik zu begreifen. Entweder er hat jüdische Freunde, die völlig deutsch geworden sind, dann ist das Problem einfach gelöst; und aus den östlichen Schaaren entstehen ihm vielleicht neue Freunde; wie denn in der That aus den jüdischen Gemeinden der Provinz

Posen eine Reihe von Gelehrten hervorgegangen ist, die uns für manches wenig Erquickliche entschädigen dürften. Diese ganze Art statistischer Fürsorge für des Staates Wohlfahrt an berechtigten Gliedern desselben verübt, ist pharaonischer Naturalismus.
Käme es nun aber, was solcher Ansichten innerliche Consequenz ist, zu jener mittelalterlichen Wahrheit wieder, so würde viel und tiefes menschliches Elend heraufbeschworen; und ich will ebenso um des deutschen Namens willen, wie als Jude wünschen und hoffen, daß wir in die Zeiten nicht zurückgerathen möchten. Aber die *religiöse Rückwärtsbewegung* ist leider der reale, der treibende Grund des Angriffs, den wir jetzt im neuen Reiche erleiden. Mag es immerhin eine chronische Judenfrage gegeben haben, so hat man doch mit mehr oder weniger individualisirender Billigkeit die einzelnen Fälle behandelt, in denen verwerfliches Benehmen und Verfahren von der allgemeinen Art landesüblicher Häßlichkeit abzustechen den unwillkürlichen Anschein hatte. Man wird sich dann doch zugleich in den eigenen Kreisen umgeblickt haben, ob da lauter Redlichkeit, überall Verschmähung der Reichthumssucht, überall anständige Geschäftsführung, in den höchsten wie in den niedrigsten Kreisen walten. Jetzt aber fehlt jene Selbstcontrole, und die »Frage« entsteht in dem aggressiven Aufschrei gegen die Juden, die wahrlich nicht besser sind, als die Andern. Es hätte, meine ich, zu diesem Aufschrei nicht kommen können, wenn die Religion nicht zum Vorwand genommen worden wäre.
Da nun aber der religiöse Punkt der Judenfrage *mit Verletzung religiöser Pietät und Wahrhaftigkeit* bezeichnet, übrigens aber zu persönlicher Ehrensache gemacht worden ist, so halte ich mich verpflichtet, persönlich zu erklären: Ich glaube, daß mein Fleiß und meine Liebe zur Sache mir ein Recht geben, von deutschem Geiste mitzusprechen; und ich werde mir in meiner literarischen und amtlichen Wirksamkeit dieses Recht nicht verkümmern lassen. Aber bei solcher Auffassung der Juden-Emancipation, solcher Handhabung der israelitischen Religion stelle ich mich zu dem in seinem Glauben bedrohten Glaubensgenossen, weil ich mich

ihm sittlich verwandter fühle als einer Culturanschauung, welche mit der Enttäuschung statistischer Erwartungen von dem Vollzug der Emancipation die Mahnung an uns, Deutsche zu werden, verbindet.

Mit solcher Parteinahme für die *religiöse* Behandlung der israelitischen Religion bin ich mir aber bewußt, am besten und aufrichtigsten für die Lösung der Judenfrage im nationalen Sinne einzutreten. Man klagt über die Frivolität der Juden. Ich lasse es dahingestellt, ob die Klage, wenn nicht der Haß sie erzeugte, vorhanden wäre. Die wirklichen Verhältnisse, das Licht neben dem Schatten, kennen die Wenigsten. Ohne jegliche Staatsunterstützung, unter Mißgunst und Verdächtigung des den alten Formen anhangenden, *vom Staate protegirten* Theiles der Gemeinden haben die deutschen Rabbiner eine ernstliche religiöse Wirksamkeit in Schrift und Wort seit den ersten Jahrzehnten des Jahrhunderts entfaltet. Ich wage es, die Predigten von *Zunz* als einen Schatz deutscher Kanzelberedsamkeit zu bezeichnen. Zu dem Tiefsinn und der Geschäftigkeit des Schopenhauer'schen Gelichters hat kaum ein Jude Talent und Herz bewiesen. Ich beneide Herrn v. Treitschke nicht um den nationalen Genuß, auch im »Unglauben« »den Boden des Christenthums« zu fühlen. Aber es ist freilich unbestreitbar, daß es religiös verwahrloste Subjecte unter den jüdischen Literaten gibt, die über ernste Angelegenheiten der christlichen Kirche, wie sie es eben auch in ihrer Frivolität mit solchen der ihrigen thun, spöttisch geschrieben haben. Es sind nur dürftige Fälle namhaft gemacht worden, wie auch andererseits der Fall in Linz doch nur Ein Fall ist. Aber so gering an Zahl und Bedeutung die Ausschreitungen sein mögen: sie bieten mir Anlaß, diesen Beschwerdepunkt von meiner allgemeinen Auffassung aus schließlich zu erörtern.

Der Rückgang der religiösen Gesinnung erscheint zwar bei den Juden nicht auffälliger als bei ihren christlichen Mitbürgern; scheinen die Juden doch sogar der neuesten durch die Schwarzen unter uns herbeigeführten Auflösung der Gemeinden und der daraus sich erhebenden Willkür des Individualismus Widerstand leisten zu können. Aber bei der erheblichen Auszeichnung, welche, gemäß den kleinen Zahlenverhältnissen, alles Jüdische sofort annimmt, ist der Rückgang religiöser Gesinnung und besonders *religiöser Bildung* in den letzten Jahrzehnten sehr spürbar. Ich glaube mich nicht zu irren, wenn ich annehme, daß ein großer Theil z. B. der jüdischen Professoren an deutschen Universitäten eine religiöse Jugendbildung genossen hat. In den letzten Jahren scheint es allerdings ein wenig locker in dieser Beziehung gegangen zu sein. Es ist ein die Religiosität des *Falk*'schen Regimentes bezeichnendes kleines Symptom, daß unter diesem Ministerium die Gymnasien die Ertheilung des jüdischen Religionsunterrichtes an ihre jüdischen Schüler sich haben angelegen sein lassen.

Wenn wir zu dem deutschen Volke verschmelzen sollen, zu einer Volksgemeinschaft aber die Gemeinsamkeit der religiösen Grundlage unentbehrlich ist, so müssen wir diesen unsern religiösen Beitrag zur nationalen Gemeinschaft hegen und mehren.

Den Orthodoxen unter uns ist zu sagen, daß sie, weil sie ihre religiösen Gebräuche, und somit eine gewisse Besonderheit der Sitten zäh festhalten, deßhalb die Bedeutung der Emancipation nicht äußerlich schätzen dürfen. Denn zu einem Staate gehören, das ist nichts Aeußerliches, Weltliches; sondern es fordert den ganzen innersten Menschen. Seine Einrichtungen muß man lieben, wie man die der Religion liebt; den höchsten und theuersten Platz muß man dem Staate, welchem man mit allen Kräften des Gemüthes sich zu widmen hat, in seinen Bestrebungen anweisen. Seinem Staate dienen zu können, muß als heilig gelten, wie Gottesdienst. Aber auch in der gesammten Art der Lebensführung, im nationalen Vergnügen wie im Dienste der Waffen, lasset die Naturzüge des Volkes, dessen Liebe doch auch in Euch lebt, soweit Ihr zum Culturbewußtsein gereift seid, zu rechter Unbefangenheit in Euch lebendig werden. Werdet darüber, daß Ihr Euren Glauben in positiver Differenz behauptet, daran nicht irre: daß Ihr vermöge dieser Eurer religiösen Grundlage zur Volksgemeinschaft mit den Christen zu verwachsen hoffen und streben müßt.

Den Reformjuden aber möchte ich zurufen: Es gibt unter Euch Viele, welche deutsch zu sein meinen, indem sie sich über alle Religion erhaben dünken. Von Solchen kommt Unheil in die Nation. Achtet, lernet verstehen euren israelitischen Monotheismus, wahret ihn in eurem Gemüth und macht ihn zu der allen Menschen nöthigen religiösen Richtschnur Eures Wandels. Dann werdet Ihr mit dem, was die moderne Bildung Geist des Christenthums nennt, Euch eins fühlen, und die Unterschiede im Ausdruck des Katechismus werden nicht diejenige Gemeinsamkeit der religiösen Grundlage erschüttern, welche für eine einheitliche, im Gemüthe harmonisirte Volksgemeinschaft erforderlich ist.
Allen Richtungen aber ist im Punkte der Differenz von den positiven christlichen Dogmen zu bedeuten: habet Respect und habet Pietät; und lernet soviel allesammt von geschichtlicher Einsicht, daß Ihr begreift und beherziget: Vieles von dem, was wir jetzt als moderne Menschen in unserm Judenthum lebendig erkennen, ist christliches Licht, das über jenem alten, ewigen Grunde aufgegangen. Oder wäre etwa die Ansicht, die wir jetzt von der Messianischen Idee haben, denkbar ohne die religiöse Befreiung, welche der deutsche Geist durch Martin Luther, gesegneten Andenkens, in's Werk gesetzt hat? Oder, bei aller Disposition, welche in den jüdischen Religionsphilosophen des Mittelalters für Verinnerlichung der Religion und Philosophir-Freiheit urkundlich ist, ist etwa Mendelssohn's Phaedon oder sein Jerusalem aus Maimonides allein geschichtlich und gedanklich erklärbar?
Damit bin ich denn zu dem Hauptpunkte zurückgekommen, welchen in dieser Sache zu erörtern mir angemessen und nöthig erschien. Unsere israelitische Religion, wie sie uns heute lebendig erfüllt, ist thatsächlich eine culturgeschichtliche Verbindung mit dem Protestantismus bereits eingegangen; nicht nur, daß wie jener die Tradition der Kirche, so wir die des Talmud mehr oder weniger bestimmt und unverblümt als verbindlich abgeworfen haben; sondern viel tiefer in allen geistigen Fragen der Religion denken und fühlen wir im protestantischen Geiste. Daher ist *diese religiöse Ge-*

meinsamkeit in Wahrheit das kräftigste, das wirksamste Bindemittel für eine innige nationale Verschmelzung.

Auch hier muß ich Lazarus' Formel ergänzen und berichtigen. Er führt selbst an: »so wird auch das Selbstbewußtsein des Volkes sich immer nur auf solche *objective* Verhältnisse, wie Abstammung, Sprache, Staatsleben u. s. w. stützen.« Diesen objectiven Verhältnissen ist die Religion hinzuzufügen. Es kann nicht verkannt werden, daß die Religion in erster Linie ein solches objectives Merkmal in dem Selbstbewußtsein des Volkes ausmacht. Und wir deutsche Juden wenigstens haben keinen Anlaß, diesen objectiven Grund zu verleugnen. Wir haben ein energisches Gefühl für das, was unserem Glauben an den Einen geistigen Gott, unserem Glauben an die einstige Verbindung aller Menschen zu sittlicher Gottesverehrung gemäß ist.

Von solcher Ueberzeugung aus gelangen wir zu einer positiven, vor Allem aber *praktisch wichtigen* Ansicht von der Bedeutung des Begriffs Volk. Statt der *»subjectiven* Ansicht der Glieder des Volks, welche sich alle zusammen als ein Volk *ansehen«*, halte ich die *objective Ueberzeugung* von der gemeinsamen religiösen Grundlage als ein *werthvolles Kriterium eines modernen Culturvolkes* fest. Damit ist ein *Anfassungsmittel* gewonnen für die Aneignung jener anderen objectiven Bedingungen, die ein jedes für sich unzulänglich bleiben für den empirischen Begriff der Nationalität. Nun wird die subjective Ansicht, welche sich zu einem Volke »zählt«, objectiv; sie hat nunmehr ein fühlbar Ding, mittelst dessen sie sich vollkräftig bethätigen und beweisen kann. Diese religiöse Gemeinsamkeit, *wenn sie nur mit Religiosität gedacht wird*, kann in Wahrheit das Mittel werden, den Mangel des objectiven Merkmals der Abstammung für das Gefühl zu ersetzen, zum mindesten die letztere weniger vermissen zu lassen: wenn wir dem idealen Volksbegriff mit unserm Herzblut uns anzunähern bestrebt bleiben.

Diese religiöse Gemeinsamkeit, wichtiger als die Gleichheit der Bildung und der ästhetischen Ansichten, *sie ist vorhanden*, ob auch gehässige oder bornirte Menschen sie verkennen mögen; denn auf ihr beruht die mit Einzelnen zugeständlich vollzogene Lösung des Problems.

Und sie wird wachsen und gedeihen zur Ehre des deutschen Namens und zum Heile deutscher Sittlichkeit.

Dixi et animam meam salvavi.

Marburg, am 24. Januar 1880

Ludwig Bamberger
Deutschthum und Judenthum
(Januar 1880)

Kommentar: *Ludwig Bamberger (1823-1899) ist im öffentlichen Bewusstsein heute ein fast vergessener Name, obwohl er als Revolutionär von 1848, als republikanischer Politiker und als Bankier, Finanz- und Währungsfachmann zu den politischen und wirtschaftlichen Gründerfiguren des modernen Deutschlands zählt und durch sein Exil in der Schweiz, in Frankreich, England und Holland zudem europäische Bedeutung hat. (Malitz 2005, 144) Er stammte aus einer Mainzer Kaufmanns- und Bankiersfamilie, hatte Rechtswissenschaft, Philosophie und Nationalökonomie studiert und gehörte zusammen mit Eduard Lasker zu den bekanntesten Vertretern des parlamentarischen Liberalismus im Kaiserreich. Beide, Lasker und Bamberger, waren nicht nur als Liberale politischen Angriffen, sondern auch als Juden zahlreichen antisemitischen Anfeindungen ausgesetzt, und als Bamberger kurz vor der Jahrhundertwende verstarb, war es einmal mehr Theodor Mommsen, der in der Trauerrede für seinen langjährigen Freund und politischen Weggefährten für einen Moment den politischen Widerschein des zwei Jahrzehnte zurückliegenden Antisemitismusstreits erkennen ließ, als er ihn »den deutschesten Mann« (Rebenich 2001, 173) nannte und damit das Selbstverständnis des Verstorbenen in seine Würdigung aufnahm. Auch wenn sich Bamberger nicht häufig zu seinem Judentum äußerte: In diesem Essay von Januar 1880, den Berthold Auerbach seinerzeit »ein Meisterstück hochgehaltener Polemik« (Briefe 2005, Bd. II, 425) nannte, tat er es mit aller Klarheit. Er trat vor allem dem »Unglücks«-Ausruf Treitschkes entgegen: Es sei nicht zu erkennen, dass Deutschland ein »Universalunglück« oder nur ein spezielles Unglück durch Juden erleide, weder die »Kartoffelmissernte« noch die »Gefahr eines russischen Krieges«, weder der »Socialismus« noch »die oberschlesische Noth« seien Juden anzulasten. (380) Der Text ist trotz* *wohlgesetzter Pointen und ironischer Wendungen durchgehend analytisch gehalten; es ist sicherlich keine Analyse der kühlen Art, sondern eine, die das politische Naturell des Verfassers in jeder Zeile belegt.*

Bambergers Antwort auf Treitschke war politisch, weil er den gesellschaftlichen Sprengstoff von »Unsere Aussichten« sofort erkannt hatte. Die deutschen Juden »als Fremdlinge« zu betrachten, die nur »als Geduldete« eine Art »Gastrecht« beanspruchen dürften (312), zerstöre die Grundlagen der politischen Kultur einer Nation; wenn Hass auf andere »zum Kennzeichen echter Gesinnung« (313) und zum Ausweis von nationalen Tugenden gemacht werde, sei der Weg zur »nackte[n] Gewalt« (313) beschritten. Schon der Begriff »Antisemitismus«, so Bamberger, sei ein Konstrukt mit nur einem Ziel: Es ermögliche, anders als die vormaligen Aversionen durch Kirche und Gläubige, Juden unabhängig von ihrem religiösen Bekenntnis zu schmähen: »Getauft oder ungetauft, das hat Sinn und Kraft; semitisch oder germanisch ist nicht zu brauchen, ohne die Getauften mit den Ungetauften zu treffen.« (315) Und Bamberger fragte angesichts der nun ohne Not durch den Antisemitismus in die Welt getragenen neuen deutsch-jüdischen Unterscheidung: »Wie in aller Welt soll die Praxis sich mit dieser Weisheit zurechtfinden?« (315)

Ein zweiter Grund für seine politische Antwort war seine Erfahrung in der Arena der Politik selbst. Ihm waren die spezifischen Manöver der Judenfeinde bekannt, die liberale Positionen und vermeintlich jüdische Interessen miteinander identifizierten, als sei beides ein und dasselbe, denn Bamberger saß über Jahrzehnte hinweg (lange zusammen mit Treitschke) für den linken Flügel der Nationalliberalen Partei im deutschen Reichstag. Im antisemitischen Milieu gehörte es zum Arsenal der vorsätzlichen Verzerrungen, den politischen Liberalismus, dessen Werte gerade keinen nur nationalen, sondern per definitionem universellen Charakter haben, als eine »jüdische« Machenschaft zu diskreditieren. Paul de Lagarde etwa bezeichnete »Juden und Liberale« als natürliche »Bundesgenossen« (zit. nach: Rürup 1975, 134). Hier benannte Bamberger also auch ein zentrales Strukturmerkmal des Antisemitismus, der nicht nur als erklärter Feind jeglichen Internationalismus auftritt, sondern der zudem auch zu allen Zeiten doppelt oder zweifach codierte Stoßrichtungen als Teil seiner

Methode verstand: So konnte er im »großen Feldzuge gegen den Liberalismus« (312) gegen Juden agitieren, oder aber umgekehrt die Juden verunglimpfen, um liberale Werte zu treffen, immer funktionierte es in zwei Richtungen, wenn man nur Beispiele für Beweise nahm. Diese doppelte Buchführung der Agitation, die Walter Boehlich in seinem Nachwort 1965 besonders heraushob, wenn er den Antisemitismus als »verschwistert mit einer ganzen Fülle anderer Anti-Gefühle« (463) bezeichnete, durchschlug Bamberger mit souveräner Geste, indem er die politische Nähe, die der Liberalismus und die allgemeinen Emanzipationshoffnungen der Juden miteinander teilten, eben nicht nur relativierte, sondern offensiv, als Politiker, aber auch als Jude, verteidigte – und damit die Werte der Individualität, der Freiheit und der rechtlichen Gleichheit.

Eine Pointe von Bambergers Antwort war gleich zu Beginn die Affirmation der Themenstellung, der Treitschke sich in »Unsere Aussichten« gewidmet hatte: Es sei, so setzt »Deutschtum und Judentum« ein, tatsächlich eine »interessante und lohnende Aufgabe für den Historiker wie Patrioten« (305) (d. h. sowohl für einen Wissenschaftler als auch für einen Politiker), die Dynamiken und Wechselwirkungen von Minderheit und Mehrheit zu untersuchen, wie sie im gegebenen Falle christliche und jüdische Deutsche im Verlauf der Emanzipation im 19. Jahrhundert miteinander auszuhandeln hatten: »Welch ein Stoff!« (305) Nicht das Thema also – Wie behält der Einzelne und eine soziale Gruppe Eigenes bei? In welchem Maße nimmt man individuell wie kollektiv Umgebungseinflüsse auf? – wird vom Autor infrage gestellt, wohl aber die Durchführung Treitschkes. Hier ändert Bamberger den zuvor zustimmenden Ton: Treitschke habe »Unfug« (327) und »grundlose Behauptungen« (308) aneinandergereiht, die sich zudem widersprachen (308), und sein »Schwall der bedenklichsten Stichworte« (310) sei nicht mehr als ein schlechter Dienst am neuen »Cultus der Nationalität« (313), ein »Teutonismus« (313) und eine Art peinlicher »Nativismus« (313 f.), der vor allem »alte[n] Hader« (306) und die »alte Misère« (324) aufrühre; »Unsere Aussichten« habe die schmutzige Agitation von der Straße notdürftig »stilistisch desinficirt« (310) und damit alles Mögliche bewirkt, aber nicht den Nachweis einer vermeintlichen Fremdheit von Juden erbracht, son-

dern in diesen »das Gefühl der Fremdheit« (309) überhaupt erst hervorgerufen.

Der aktuelle Antisemitismus, das spricht Bamberger hier ebenfalls mit aller Deutlichkeit aus, war aber nicht allein das Aufrühren alter Vorurteile; er besaß auch eine neue Dimension, die politische Seite seiner »unreflectirten Empfindung« (317), und das war die verheerende Imagination einer »Reinheit der Cultur«. (325) Ganz ähnlich, wie es später Arnold Zweig in »Bilanz der deutschen Judenheit« (1934) darlegte, argumentierte schon Ludwig Bamberger 1880, wenn er antisemitische Vorstellungen von einer vermeintlich reinen Kultur und die »gradlinige Fortzeugung eines einzigen Volksgeistes« (326) eine »Fiction« (326) nannte und dieses »über sich selbst unklare Gefühl« (316) dem unaufgeklärten Denken zuschlug. Bamberger erinnerte daran, dass Kultur niemals »aus dem eigenen Urwaldboden allein gezogen wird« (326), sondern sich immer dem geistigen Austausch, der Vermischung, den neuen Einflüssen und zuvor unbekannten Vorbildern verdanke, die sich gegenseitig in Bewegung brachten und hielten: Die deutsche Kultur, so Bambergers zentraler Punkt, für den er sich auf Herder und Goethe berief (Goethe zitiert er in seinem Text mehrfach), stehe gerade deshalb so hoch, »weil sie viel in sich aufzunehmen und zu verarbeiten vermochte«. (326) Der jüdische Anteil an ihr sei zudem kein Einfluss einer »fremde[n] Cultur« (326), weil die deutschen Juden ebenfalls deutsche Kultur repräsentierten: »Sie hören bei Treitschke und Dühring und Adolf Wagner Vorlesungen, sie brechen sich sogar die Hälse für Richard Wagner's Musik« und werden nun von antisemitischer Seite beschuldigt, »die deutsche Cultur in ihren Sack zu schieben, als wenn sie damit davonlaufen könnten wie mit einem silbernen Löffel.« (327)

So gehört es zu den zentralen Punkten dieses Essays, dass Bamberger hier – fast schon im Vorgriff auf Sigmund Freud – die »kulturelle Dialektik der Integration« (Jensen 2005, 228) zum Kernargument seiner Antwort auf Treitschke macht: Gerade nicht eine diametrale Ferne, keine antipodische Gegensätzlichkeit stehe im Zentrum christlich- und v. a. protestantisch-jüdischer Spannungen, sondern Nähe und Ähnlichkeit. »[D]er Stoff, aus welchem die intimen Feindschaften gebraut werden« (320), so Bambergers treffende Analyse, sei Verwandtschaft, eine große Anziehung also, die immer auch Ambivalenzen in sich berge. Für Bamberger aber war – wie generell für die deutschen Juden – eine Wahrheit unumstößlich: »Mit keinem Volke haben sie [die Juden] sich auch nur entfernt so eng zusammengelebt, man könnte sagen, identificirt, wie mit den Deutschen. Sie sind germanisirt nicht blos auf deutschem Boden, sondern weit über Deutschlands Grenze hinaus.« (317)

Quelle: Der Artikel erschien, wie Bamberger in Briefen an seine Mutter vom 19. Dezember 1879 und 10. Januar 1880 schrieb, in dem »koscher christlichen« Organ *Unsere Zeit. Deutsche Revue der Gegenwart*, deren Herausgeber und Redakteure »reine Deutsche« seien (Zucker, *Bamberger*, 172); Separatdruck: Leipzig: F.A. Brockhaus 1880 (2. Aufl.); Wiederabdrucke: Ludwig Bamberger, *Gesammelte Schriften, Bd. 5: Politische Schriften, 1879-1892*, Berlin 1897, 1-37; *BAS* [Dok. 23], 217-243; in einem späteren Text fasste Bamberger seine Sicht der Debatte noch einmal zusammen, vgl.: Bamberger, Heinrich von Treitschke, in: ders., *Gesammelte Schriften*, Bd. 2, 171-211.

Lit.: Mommsen, Ludwig Bamberger, in: ders., *Reden und Aufsätze* (1905), 468-475; Zucker, Bamberger and the Rise of Anti-Semitism in Germany (1970), 332-352; Borries, *Deutschtum und Judentum* (1971), 90-93; Bußmann, Zwischen Revolution und Reichsgründung. Die politische Vorstellungswelt von Ludwig Bamberger (1973), 53-81; Art. »Bamberger, Ludwig«, in: *Lexikon deutsch-jüdischer Autoren*, Bd. 1 (A – Benc) (1992), 330-343; Zucker, *Ludwig Bamberger. German liberal politician and social critic, 1823-1899* (1975); Koehler, *Ludwig Bamberger: Revolutionär und Bankier* (1999); Jensen, *Gebildete Doppelgänger* (2005), 226-229; Wyrwa, Die Konstruktion der deutschen Nation mit den Juden (2020), 179-191.

Es war eine interessante und lohnende Aufgabe für den Historiker und Patrioten, sich mit den eigenthümlichen Erscheinungen zu befassen, welche aus der Vermischung des jüdischen Elements mit modernem Volkswesen sich herausgebildet haben. Für den Historiker welch ein Stoff! Dies Hereinragen eines Stückes ältester Zeit in die Gegenwart, diese wundersame Lebenskraft, die eine so starke Individualität voraussetzt, und dennoch wieder diese wundersame Fähigkeit der Assimilation, welche auf der Möglichkeit beruht, Eigenes preiszugeben und Fremdes in sich aufzunehmen! Welch ein Gegenstand der Untersuchung, selbst wenn auch nur bis zum Anfang des Jahrhunderts zurückgegriffen würde, die mannichfaltige Art und Weise, wie bei den verschiedenen Nationen das vom Banne befreite Element sich eingelebt hat! Für den Beobachter deutscher Dinge endlich, welch eine Aufforderung, an den gerade bei uns so absonderlich und scharf hervortretenden Symptomen des Vorgangs auch die Grundzüge des deutschen Wesens selbst und dessen Verhalten zu socialen und politischen Aufgaben zu studiren! Das hätte dann geradewegs auf die Lösung des Problems hingeführt. Dem Patrioten konnte nicht entgehen, daß die Unsterblichkeit des heillosen Zwiespaltes nur eine besondere Art jenes großen deutschen Erbübels, jener Selbstzerfleischung ist, auf welche die politischen Leiden der Nation, die überwundenen und die noch zu überwindenden, zurückzuführen sind. Aus dieser Erkenntniß heraus war den Deutschen aller Confessionen zu zeigen, wie sie eben wieder einen Anlauf nehmen, sich das Leben schwer und sauer zu machen, indem sie den alten Hader unter neuen, guten oder schlechten Vorwänden in der widerwärtigsten Weise entfesseln.

Herr *von Treitschke*, der Historiker und Patriot, war wohl berufen, sich der Sache auf diese Weise anzunehmen und damit seine unleugbaren Verdienste um die Stärkung des nationalen Geistes durch eine schöne und edle That zu erhöhen. Ist ihm dies gelungen, als er jüngst in den »Preußischen Jahrbüchern« (Novemberheft 1879) der eben wieder aufflackernden Verfolgungswuth seine Betrachtung zuwendete? Er scheint es zu glauben, und wahrlich, man sollte sich auch keiner als der besten Absicht von ihm versehen. Aber ich fürchte, er wird ziemlich allein stehen mit diesem seinem guten Glauben. Die unduldsamen Eiferer und die pöbelhaften Bandenführer rühmen sich bereits, daß sie ihn zu den Ihrigen zählen, und die Befehdeten selbst werden schon dadurch allein zu dem Argwohn verführt, sein Eingreifen bedeute vor allem, daß nunmehr eine wohlbeglaubigte Autorität den Flibustiern, welche mit der Libellenfabrikation einträgliche Geschäfte machen, Kaperbriefe ausgestellt habe.

Eine tiefe und peinliche Aufregung hat sich der zunächst an der Sache Betheiligten, aber auch weiterer Kreise bemächtigt, und es kann nicht fehlen, daß Uebertreibung mit Uebertreibung beantwortet wird. Einzelne Citate aus dem Text des Angriffes gehen von Mund zu Mund, wie immer in verschärfter Fassung, und wer den Text selbst nicht gelesen hat, muß nach den umlaufenden Commentaren ihn für eine wahre Brandschrift halten.

Dem ist nun nicht so. Schon Treitschke's wie immer pompöse Schreibweise durfte dafür bürgen, daß er nicht gemeine Sache mit den Leuten mache, die es auf die Erregung niedriger Leidenschaften abgesehen haben. Zum Ueberfluß aber spricht er zu wiederholten malen mit unverhaltenem Abscheu von dem Treiben, welches er selbst als zelotisch oder als roh und ekelhaft charakterisirt. Wäre es mit der Form gethan, dieselbe könnte genügen, alle Klagen, welche gegen den Verfasser laut werden, zurückzuweisen. Aber leider hat er sich in der Sache eine zugleich so einseitige und sich selbst widersprechende Auffassung zu Schulden kommen lassen, daß es nur Wenigen gelingen wird, das Vertrauen in seinen guten Glauben zu bewahren, und ganz gewiß hat sich die erste und unmittelbare Wirkung seines Eingreifens als eine beklagenswerthe erwiesen.

Herr von Treitschke stellt die crasse Behauptung auf, daß bei vielen der Urtheilsfähigsten für ausgemacht gelte: die Juden seien Deutschlands Unglück! Und da er selbst nicht für denkbar hält, sie wieder rechtlos zu stellen oder auszutreiben, so mußte er seine Aufgabe darin finden, die Grundursache dieses angeblichen Unglücks zu prüfen, und, weil gewaltsame Heilmittel sich nicht bieten, auf besänftigende bedacht zu sein, auf Versöhnung, Verständigung, auf Ueberwindung vorhandener Schwierigkeiten. Er mußte, selbst wenn er noch so schlimm von den Juden denkt, den Antheil berücksichtigen, welchen der Fluch alter böser Ueberlieferung, das Erbe der vom blinden Glaubenseifer beherrschten Zeiten, an der Empfindungsweise des lebenden Geschlechtes hat. Er mußte, denen, die aus der Aufstachelung bestialischer Triebe ihr Gewerbe machen, entgegentretend, davor warnen, hier für alte unreflectirte Misgefühle nach neuen Rechtsgründen zu suchen. Er konnte daran erinnern, wie gerade der religiöse Hader am Mark des deutschen Lebens so zerstörend alle die Jahrhunderte her gezehrt und unsere Staatsentwickelung hinter der unserer großen Nachbarnationen zurückgehalten hat. Er konnte daran erinnern, daß wir mit dem, wenn auch aufgedrungenen, Culturkampfe doch wieder die Erfahrung gemacht haben, wie jeder neue Ausbruch der alten Streitigkeiten die Kluft zwischen Deutschen und Deutschen erweitert und vertieft. Er konnte, ohne der Wahrheit Gewalt anzuthun, sagen, daß die Hand voll Juden, eine halbe Million auf dreiundvierzig Millionen, trotz all der lauten Rührigkeit, mit der sie sich bemerkbar machen, im großen und ganzen wenig zu bedeuten vermöge, ja daß ihre guten Eigenschaften – und niemand kann sie ihnen abstreiten – sich sehr wohl verwerthen ließen, gerade um so mehr, je mehr ihr Ingenium vom germanischen verschieden wäre. Und hätte er mit solchem Mahnruf auch ein Wort an die Juden verbunden, dies oder jenes im Interesse des guten Einvernehmens ihnen zugemuthet, es wäre sicherlich auf günstigen Boden gefallen. Nun schließt allerdings auch die Auslassung Treitschke's mit einer solchen Apostrophe. Aber leider steht dieselbe auf einer ebenso willkürlichen als ungerechten Voraussetzung, und, was noch mehr zu bedauern, sie bildet den Schluß einer Reihe grundloser Behauptungen, deren jede der beabsichtigten Wirkung geradezu entgegenarbeitet. Herr von Treitschke ruft den deutschen Juden zu, sie sollten gute deutsche Patrioten werden. Er bestreitet ihnen also diese Eigenschaft, aber er bringt nichts herbei, womit er diesen schweren Vorwurf begründet. Er beruft sich hauptsächlich auf einige Aeußerungen des Professors Grätz in Breslau, des gelehrten Verfassers einer bändereichen »Geschichte der Juden«, und in einer neuerdings demselben Autor gewidmeten Polemik (Decemberheft 1879 der »Preußischen Jahrbücher«) bringt er eine ganze Sammlung von Stellen aus demselben Werke, die allerdings lauten, als hätte sie ein Stöcker der Synagoge geschrieben. Was aber soll mit solchen Extravaganzen eines Einzelnen bewiesen werden? Genügt das Buch eines Mannes, um daraus den Geist einer großen Gesammtheit zu construiren? Erlaubt die strenge historische Methode, welche nach Herrn von Treitschke dem Botaniker Schleiden in dessen Schrift über die wissenschaftlichen Verdienste der Juden so gänzlich abgehen soll, mit Hülfe einer einzigen absonderlichen Erscheinung den Grundzug allgemeiner Zustände apodiktisch zu charakterisiren? Hätte der Ankläger auch nur mit einem Beleg darauf hingewiesen, daß die jüdischen Landsleute des breslauer Professors mit dessen grimmigen Ausfällen sympathisiren! Hätte er aus irgendwelcher Erfahrung zu melden gewußt, daß hier etwas mehr als die wunderliche Sinnesart eines Einzelnen zu Tage tritt! Aber nichts von allem dem vernehmen wir, dagegen wol, daß Herr von Treitschke das Buch von Grätz im Sommer 1879 gelesen hat. Ja so ist es. Die Lektüre eines Buches im letzten Sommer ist das historische Material, mit dem solche Anklageschriften verfaßt werden. Entfernen wir den Gedanken, die Spuren solcher Methode in andern Sphären der Literatur zu verfolgen; wir könnten sonst, um eine Anzahl Stufen herabsteigend, auf das Geheimniß der Leute stoßen, welche gegen das »Milliardenland« vielgelesene Schriften in Umlauf setzen.

Solche und die andern hier aufgehäuften Anklagen, die auf ebenso schwachen Füßen stehen, müssen in den Angegriffenen die Vorstellung erregen, daß sie es auch in Treitschke mit einem jener Verfolger zu thun haben, welche je nach Zeit und Umständen plausible Vorwände herausgreifen, um für das eigene, zur zweiten Natur gewordene Gefühl des Widerstrebens eine Beschönigung zu finden. Wenn es noch viele Juden in Deutschland geben sollte, die sich nicht für Deutsche halten, so würde Treitschke's Anklageacte sie in ihrem Gefühl der Fremdheit nur befestigen, und manchem sehr gut deutsch Gesinnten wird diese Incrimination für die nächste Zeit den Gedanken aufzwingen, daß er unter seinen eigenen Landsleuten von vielen unbelehrbaren Feinden umgeben sei. Gerade je mehr Herr von Treitschke von der Ansicht ausgeht, daß der Einfluß der Juden im Verhältniß zu ihrer Zahl unleidlich groß sei, desto mehr mußte ihm am Herzen liegen, den Gegensatz überwinden, nicht ihn verschärfen zu helfen. Wie aber soll es auf die Angegriffenen wirken, wenn sie lesen, daß die neueste Aera der Verfolgung der Ausbruch »eines tief und lange verhaltenen Zornes« sei, eines Zornes, der damit gerechtfertigt wird, »daß der Instinct der Massen in den Juden eine schwere Gefahr, einen hochbedenklichen Schaden des neuen deutschen Lebens erkannt habe«. Wenn dem so ist, dann haben auch die Leute sich ein großes Verdienst erworben, welche die Bewegung in Gang gebracht, welche in der cloaca maxima der niedrigen Leidenschaften den Schlamm aufgewühlt haben, der dann, stilistisch desinficirt, in die höhern Regionen der Publicistik emporgehoben, zur Befruchtung neuer Zwietracht über das Land gebreitet werden konnte.

Dem Schriftsteller, der den deutschen Juden vorwirft, daß sie weniger patriotisch seien als ihre Glaubensgenossen in andern gleich civilisirten Staaten, hätte es sehr nahe gelegen, zu fragen, wie es sich denn erkläre, daß die gehässige und cynische Art der Verfolgung, unter der sie zu leiden haben, jetzt ganz allein noch in Deutschland vorkommt. Ist es auch nur denkbar, daß dieser Ton mehr aus der Natur der Verfolgten herrühre, als aus der Natur der Verfolger? Auch in England und Frankreich vollzieht sich die Verschmelzung nicht ohne Verdrießlichkeiten. D'Israeli's merkwürdige Laufbahn, der mächtige Einfluß der Rothschild in Frankreich und vieles andere hat zeitweise da und dort wieder auf den Unterschied der Rassen die Aufmerksamkeit hingelenkt. Aber nur ausnahmsweise hat anderwärts die Polemik den niedrigen boshaften Ton angeschlagen, der ihr in Deutschland anhaftet. Wer versöhnend wirken will, wie Herr von Treitschke es mit seiner Apostrophe versucht, darf nicht einen Ruf ergehen lassen, der die ganze rach- und beutelustige Meute um ihn sammelt, darf nicht dem wüsten Treiben mit einem ganzen Schwall der bedenklichsten Stichworte zu Hülfe eilen. Dieses mit seiner ausgesprochenen Absicht in Widerspruch stehende Verfahren findet freilich seine Erklärung darin, daß in ihm selbst die innern Antriebe einer gewissen Geistesrichtung stärker waren als der nicht zu bezweifelnde gute Vorsatz.

Vor allem steht er selbst unter der Herrschaft der erblichen Antipathie, und wo er Arzt sein will, ist er Patient. Durch alle Poren seines Wesens transspirirt die vorgefaßte Stimmung, welche die deutschen Juden als Fremdlinge ansieht. Würde er ihnen sonst vorwerfen, daß hier und da Juden Goethe, Fichte und Luther oder deutsche Eigenthümlichkeiten scharf getadelt haben? Weiß er nicht, daß Luther, Goethe, Fichte – und wer nicht? – von Deutschen aufs bitterste angegriffen worden sind?

Waren die Nicolai, Manso, Fulda, war Kotzebue, war der Judenhasser Wolfgang Menzel, waren alle jene »Philisterpfaffen«, welche lange vor Börne durch ihre Polemik dem greisen Goethe das Leben zu verbittern suchten, etwa Juden? War der Judenhasser Schopenhauer, der über Hegel und Fichte und die »Lobesassecuranzgesellschaften der deutschen Professoren« endlose Ströme des Hasses und der Verachtung ausgoß, ein Jude? War der Bischof Ketteler, welcher erklärte, daß das deutsche Volk durch Luther's Reformation das Gewissen eingebüßt habe, ein Jude? Ist Richard Wagner, welcher nicht zugeben kann, daß Felix Mendelssohn ein deutscher Componist gewesen sei, ein Jude? Ist der Judenhasser Dühring, welcher einen Helmholtz anzuschwärzen sucht, ein Jude? Leider, leider! ist die Geringschätzung deutscher Dinge, die Herabwürdigung und Verfolgung der besten deutschen Männer ein Charakterzug, welcher sprichwörtlich vorgeworfen wird

Der frommen deutschen Nation,
Die sich erst recht erhaben fühlt,
Wenn all ihr Würdiges ist verspielt.
(Goethe)

Die herbe Kritik deutschen Wesens, deutscher Persönlichkeiten einigen Juden besonders anzurechnen, beweist, daß man sie eben nur als Geduldete, die das Gastrecht verletzen, ansieht, und ganz folgerichtig hält ihnen Treitschke dieses Unrecht auch als besondern Undank vor gegen das Land, das »sie schütze und schirme«. Solcher unmittelbaren Empfindung kam dann das politische Bedürfniß des Augenblicks entgegen, und für beide war die Gelegenheit, einander in die Hände zu arbeiten, eine sehr willkommene.
Der Aufsatz, an dessen Schluß die Judenfrage behandelt wird, richtet seine Spitze gegen den Liberalismus. Sind schon die Juden von jeher liberal gewesen, so ist insbesondere einer der hervorragendsten Führer jenes parlamentarischen Liberalismus, der bei Herrn von Treitschke eben in Ungnade steht, ein Jude. Der Angriff gegen die Juden ist nur eine Diversion im heutigen großen Feldzuge gegen den Liberalismus, und ohne Zweifel hat dieser Zusammenhang das Seinige dazu beigetragen, Herrn von Treitschke auf dies Gebiet zu führen. Er behauptet, die Erregung gegen die Juden sei so groß, daß bei der breslauer Wahl Lasker ihr Opfer geworden sei. In Wahrheit aber verhält sich die Sache, wie jeder Kenner der localen Verhältnisse weiß, umgekehrt. Lasker wurde als der Mann des linken Flügels der Nationalliberalen bekämpft, und an die judenfeindlichen Traditionen wurde nur appellirt, um die Gegnerschaft zu vermehren. Ein gut Theil des Zorns gegen die Juden kommt allerdings daher, daß sie liberal gesinnt sind. Das müssen sie sich schon gefallen lassen. Sie haben in deutschen Parlamenten von jeher auf den Bänken der Linken gesessen. Nur zwei jüdische Abgeordnete früherer Reichstage saßen auf der Rechten, Dr. Strousberg und Herr von Rothschild, vermuthlich weil sie verzeihlicherweise als Fürstlichkeiten der Finanz dies ihrer Stellung innerhalb der Aristokratie schuldig zu sein glaubten.
Und endlich viel mächtiger noch als durch das momentane taktische Bedürfniß wird Herr von Treitschke durch den Grundzug seines ganzen seelischen Wesens in dies Treiben mit hineingezogen. Es gab immer und überall und es gibt zur Zeit in Deutschland be-

sonders viele Schwärmer, die den Feuereifer für ihr eigenes Ideal nicht wirksamer schüren zu können vermeinen, als indem sie alles andere geringschätzen oder hassen. Gerade der Cultus der Nationalität trägt diese Versuchung mehr als jeder andere in sich und artet leicht dahin aus, den Haß gegen andere Nationen zum Kennzeichen echter Gesinnung zu machen. Von diesem Haß gegen das Fremdartige jenseit der Grenze bis zum Haß gegen das, was sich etwa noch als fremdartig in der eigenen Heimat ausfindig machen läßt, ist nur ein Schritt. Je mehr Haß, desto mehr Tugend! Wo der Nationalhaß nach außen seine Schranke findet, wird der Feldzug nach innen eröffnet. Je enger der Cirkel der Bekenner gezogen werden kann, desto reiner lodert die Flamme auf dem Altar. Treitschke selbst kann nicht umhin, daran zu erinnern, daß die Judenverfolgungen von 1819 mit dem Teutonismus zusammenhingen.

Von jeher haben die Versuche, Scheidungen im Innern eines Landes herzustellen, mit Vorliebe an die Rechte der Geburt angeknüpft. Vor Jahren tauchte in Nordamerika eine Partei auf, welche sich die der »Nativisten« nannte. Es war zur Zeit, als die bereits länger Angesiedelten glaubten, dem Strom der Einwanderung Schwierigkeiten entgegensetzen zu müssen. Nur der auf amerikanischem Boden Geborene sollte das volle Bürgerrecht erwerben können. Je weniger Billigkeit und Vernunft einem Verlangen zu Grunde liegt, desto mehr scheut es logische Erörterung, desto mehr zieht es vor, sich auf nackte Gewalt zu stützen. Daher nannten sich die Vertreter des Nativismus auch »Know-nothings«, d. h. Nichtswisser, Leute, die von schwächlichen Betrachtungen des Rechtes und der Moral und von allem Denken und Wissen, woraus diese geschöpft werden, nichts hören wollen; und um die »Nichtswisser« bildete sich eine Garde, welche man »Rowdies« nannte, wüste Gesellen, welche kein Argument als das des Revolvers und des Todtschlägers anerkennen.

Ist es nicht eine Art von Nativismus, der jetzt gegen die deutschen Juden gleich als neue Ankömmlinge gepredigt wird? Sonderbar! In derselben Abhandlung, deren Schluß der Excurs gegen die Juden bildet, findet Herr von Treitschke auch Gelegenheit, sich mißbilligend gegen das falsche Idol der »Philanthropie« und »Bildung« und mit Behagen über die Agitation zu Gunsten der Prügel auszusprechen.

Doch mit dem Nativismus im streng amerikanischen Sinne ist gegen die deutschen Juden nichts anzufangen. Auf der deutschen Scholle sitzen sie, seitdem Deutschland in die Geschichte eingetreten ist. Ihre Einwanderung am Rhein und an der Donau führt auf die Römerzeiten und den Beginn der christlichen Aera zurück, und selbst die Komik des mauschelnden Kauderwelsch beruht theilweise darauf, daß es alt- und mittelhochdeutsche Worte am Leben erhalten hat, wie denn auch die uns etwas grotesk klingenden Thiervornamen Bär, Wolf, Hirsch u. s. w. im christlich-deutschen Mittelalter eingebürgert waren. Die Absonderung nahm ihren schlimmen Charakter mit den grausamen Verfolgungen, den Plündereien und Schlächtereien an, welche seit den Kreuzzügen um sich griffen, nachdem der einmal entzündete fromme Eifer seine Nutzanwendung auch auf die Häuser der Juden gefunden hatte.

So groß auch die Rolle ist, welche Stammesgemeinschaft im Ringen der Nationalitäten sich heute zutheilt, so wird sich doch niemand zu der Absurdität verirren, daß die heute bestehenden nationalen Großstaaten nach dem Grundsatz absoluter Rasseneinheit purificirt werden sollten. Alle civilisirten Nationen sind vielmehr bekanntlich aus verschiedenen Volksstämmen gebildet und haben gerade in solcher Assimilation ihre Stärke bekundet und gefunden. Nun gar aber das Kriegsgeschrei gegen die »Semiten« datirt, wie das Wort selbst andeutet, erst aus allerneuester Zeit. Es ist noch nicht lange her, daß dieser Ausdruck in der Sprache der landläufigen Bildung eingebürgert ist, daß die Popularisirung der linguistischen Studien und die daraus hervorgegangene Bekanntschaft mit der Eintheilung der Idiome das von den meisten kaum verstandene Wort in Umlauf gesetzt hat. Ganz bezeichnend für den Ausgangspunkt der heutigen Bewegung gegen die Juden holte sie ihr

Stichwort aus den Abfällen der physiologischen und linguistischen Wissenschaft, welche der lernbegierigen Leserwelt zugetragen werden. Doch in der That ist alle Mühe dabei verloren; denn es läßt sich in der Wirklichkeit des Lebens mit dieser Rassenunterscheidung gar nichts anfangen. Sie ward eben erst zu Hülfe gerufen, als es nicht mehr anging, die Ungleichheit des Rechtes auf das religiöse Bekenntniß zu stützen. Aber Ersatz für dieses greifbare und ehrliche Scheidemittel kann das schwächliche Surrogat nicht liefern. Getauft oder ungetauft, das hat Sinn und Kraft; semitisch oder germanisch ist nicht zu brauchen, ohne die Getauften mit den Ungetauften zu treffen.

Herr von Treitschke denkt nicht daran, die Rechtsungleichheit auf die Verschiedenheit des Bekenntnisses zu gründen. Wie wäre das auch möglich, nachdem soeben der Berliner Congreß, unter dem Vorsitze des deutschen Reichskanzlers, den Grundsatz der Gleichberechtigung der Bekenntnisse in so feierlicher und zwingender Weise proclamirt hat, wie es noch nie vorher in der Welt geschehen war! Der von den Großmächten verkündete Fundamentalartikel des modernen Rechtes wurde der neuen rumänischen Selbständigkeit als Vorbedingung zu Grunde gelegt.

Aber eben diese Unmöglichkeit einer Rechtsverweigerung auf Grund der Religion drängt bei uns den Kampf immer wieder von neuem auf das physiologische Gebiet der Rassenungleichheit hinüber, obgleich Deutschland, welches die Ansprüche der Rassengleichheit auf eigenem Boden im Panslawismus zu bekämpfen hat, sich wahrlich nicht wird einfallen lassen, auch seine Bürger slawischer Abstammung aussondern zu wollen. Und wenn auch ausschließlich gegen die Juden das Rassenprincip angerufen werden soll, gegen die Asiaten, wie heute die Rede geht, d. h. wenn – o vergessene Wiege des Menschengeschlechts! – eine Scheidelinie gezogen werden soll zwischen den Juden kleinasiatischer und den Indogermanen großasiatischer Herkunft, die sich zu dem aus Kleinasien gekommenen Christenthum bekennen: wie in aller Welt soll die Praxis sich mit dieser Weisheit zurechtfinden? Auf Grund die-

ser Demarcationslinie wären alle als Kinder getauften oder später zum Christenthum übergetretenen Juden, ferner die von getauften jüdischen Aeltern oder Großältern stammenden Christen dem Interdict verfallen. Treitschke selbst führt die ungetauften Riesser und Veit in einer Linie mit dem getauften Felix Mendelssohn als deutsche Juden an. Was meint er zu Stahl, dem Stifter der Schule, an welche sich die christlich-germanischen Hochconservativen anlehnen? Was zu Neander? Von den Lebenden will ich niemand nennen, um niemand unbequem zu sein. Und wie ist es mit den Abkömmlingen der bereits sehr zahlreichen Mischehen? Wenn die Rassenproscription nach nordamerikanischem Vorbilde gegen die Semiten angewendet werden sollte, so müßte auch das Halbblut ausgestoßen werden. Damit kämen wir schon bis in die höhern Chargen der Armee, von welchen bisjetzt zwar die Söhne, nicht aber, natürlich nur unter gewissen Bedingungen, die Schwiegersöhne Sems fern gehalten werden.
Warum doch sich mit all diesen fadenscheinigen Vorwänden quälen! Gestehen wir es uns ehrlich: wir haben es mit einer alten, von Geschlecht zu Geschlecht seit Jahrhunderten fortgezeugten Antipathie zu thun, die, zu einer naturalistischen Thatsache geworden, in Vielen auch die stärkste Logik nicht gegen die Macht der Gewohnheit aufkommen läßt. Wer es erklären sollte, brauchte nicht um die Gründe verlegen zu sein; nur müßte man ihm Zeit lassen, die halbe Weltgeschichte zu Hülfe zu nehmen. Im wesentlichen entsprang das Misgefühl aus dem Gegensatz der Glaubensbekenntnisse, deren jedes sich für das wahre, das allein berechtigte hielt. Seitdem die Confessionen angefangen haben zu lernen, daß es im Hause Gottes der Wohnungen viele gibt, ist die religiöse Antipathie bestimmt, zu verschwinden. Der Rassengegensatz wird ein etwas zäheres Leben fristen, aber auch ihn werden dereinst Bildung und Humanität überwinden, denn nicht allezeit werden, wie gegenwärtig, Bildung und Humanität ans Kreuz geschlagen sein. Bis dahin muß man aber mit der unumstößlichen Thatsache eines sich über sich selbst unklaren Gefühls rechnen.

In eine unumstößliche Thatsache fügt man sich, schon weil man muß, wogegen Scheingründe, die ihr ein besonderes Rechtsgewand umhängen sollen, nur die Betroffenen irritiren. Wenn jemand sagt: ich kann nun einmal die Juden nicht ausstehen, so läßt sich gar nicht mehr mit ihm rechten. Gibt es doch auch für gebildete Menschen kaum ein größeres Vergnügen als das, ihren Vorurtheilen zu fröhnen!

Die Denkenden unter den deutschen Juden sind mit allem dem so vertraut, daß sie nicht weiter darüber grollen, außer wenn die unreflectirte Empfindung auch ihr unmittelbares Gefühl wach ruft. Sie kennen und schätzen ihre deutschen Landsleute zu sehr, um nicht zu verstehen, warum gerade in ihnen das Widerstreben sich am stärksten ausspricht und am unliebenswürdigsten zu Tage tritt. Und wenn sie etwa selbst einen Theil der Schuld daran tragen, daß es ihnen in Deutschland bis auf diesen Tag schlechter geht als anderwärts – warum sollten sie nicht auch dazu mitgethan haben? – je nun, so sind es wahrscheinlich auch deutsche Unarten, die ihnen zur Last fallen. Denn mit keinem Volke haben sie sich auch nur entfernt so eng zusammengelebt, man könnte sagen, identificirt, wie mit den Deutschen. Sie sind germanisirt nicht blos auf deutschem Boden, sondern weit über Deutschlands Grenze hinaus. Das ist einer der Punkte, in denen sich Herr von Treitschke, wie ihm inzwischen schon von andern nachgewiesen worden ist, besonders stark geirrt hat. Auch die Juden Frankreichs, Hollands, Englands sind nicht, wie er behauptet, zum größern Theil Reste der spanischen und portugiesischen Ausgetriebenen, sondern aus Deutschland eingewandert! ihr Jargon, wo sie überhaupt einen solchen sprechen, ist mit deutschen Wörtern versetzt. Die europäischen Juden sind mit keiner Sprache so verwachsen wie mit der deutschen, und wer Sprache sagt, sagt Geist.

Treitschke sieht in den vom Osten her zuwandernden »hosenverkaufenden polnischen Jünglingen« eine ernste Gefahr. Man denkt bei seiner Schilderung an eine hereindringende Flut, etwa wie die der Chinesen in Californien. Möchte er uns nicht einige statistische Zahlen darüber aus den letzten Jahren geben? Bei seiner gar leicht generalisirenden Darstellungsweise liegt die Besorgniß nahe, die Angabe könnte auf der Beobachtung einiger häufiger gewordenen Zudringlichkeiten an der Ecke der Behren- und Friedrichstraße beruhen. Und ist es gewiß, daß diese »Polen« aus Russisch- und nicht aus Preußisch-Polen kommen? Wenn aus dem Preußischen, mit welchem Recht behandelt der bittere Gegner des polnischen Nationalwiderstandes die Bewohner der Provinz Posen als Ausländer? Und noch dazu deutschredende? Was sagen wir deutschredende? Hat nicht von jeher das jüdische Element in Posen mit Recht als ein germanisirendes gegolten? Haben nicht meistens die Juden mit den Deutschen zusammen gewählt?

In eben dem Artikel, welcher die Juden das »Unglück« Deutschlands nennt, hält Herr von Treitschke den Russen ihre Verstimmung gegen die deutsche Politik vor. Dabei hätte er sich denn füglich erinnern dürfen, daß die russischen Treitschke – ich will sagen, die Katkow und Aksakow, die Deutschen für das »Unglück« Rußlands erklären. Und indem sie es thun, behängen auch sie nur althergebrachte Vorurtheile und Leidenschaften mit dem prunkenden Flitter der patriotischen Phrase. Bekanntlich nährt das nationale und orthodoxe Russenthum von jeher einen grimmigen Haß gegen die deutschen »Heiden«. Schon in den Stürmen der Reformation überschritt eine große Anzahl bedürftiger Deutscher die russische Westgrenze und gedieh in dem »heiligen« Rußland durch Geschicklichkeit, Fleiß und Mäßigkeit. Das russische Volk mußte diese Vorzüge der »Eindringlinge« anerkennen, verabscheute sie aber darum nur erst recht. Seit jenen Zeiten ist die Anklage gegen die Deutschen, »daß sie die nationale Religion zu Grunde richten und die Reichthümer des Landes in ihre Hand bringen«, eine stehende geblieben im Munde des gemeinen Mannes, und neuerdings wird sie von den mehr oder minder gelehrten moskauer Panslawisten mit einem ungeheuern Aufwande wohlfeiler sittlicher Entrüstung und wohlfeilen wissenschaftlichen Brimboriums wiederholt. Sowenig in Rußland tüchtige, fleißige, umsichtige und sparsame Russen durch die Deutschen gehindert werden, die Früchte ihrer Arbeit zu genießen und zu Bildung und Wohlstand zu gelangen, sowenig verhindert das Gedeihen der jüdischen Deutschen das Gedeihen der christlichen Deutschen. Und so gewiß die Thätigkeit und der Erwerb der in Rußland angesiedelten Deutschen der russischen Cultur im ganzen zugute kommt, so gewiß gereicht die geistige und die wirthschaftliche Arbeit der deutschen Juden dem deutschen Staate und der deutschen Gesellschaft zum Vortheil. Herr von Treitschke, der sich sonst immer zu gesunden wirthschaftlichen Principien bekannt hat, wird hoffentlich nicht auch der jetzt allerdings wieder in Mode kommenden plumpen Wahnvorstellung Zugeständnisse machen wollen, wonach diejenigen, welche durch ihre Arbeit Geld erwerben, nicht die Gesellschaft durch ihre Dienstleistungen um ebenso viel bereichern, sondern sie nur ausbeuten. Gewiß, wo der Betrieb bestimmter Gewerbszweige vorzugsweise bestimmten Kreisen zufällt, läßt sich vermuthen, daß diese Kreise durch besondere Geschicklichkeit dazu qualificirt seien, aber auch daß sie ebendadurch sich um das Gemeinwesen besonders verdient machen. Wenn es wahr sein sollte, daß die Juden zu gewissen Thätigkeiten mehr Anlage hätten als die Germanen, so sollten die letztern, statt darüber Eifersucht zu empfinden, des Rathes, den Goethe gibt, eingedenk sein:

Seh' ich an andern große Eigenschaften
Und wollen die an mir auch haften,
So werd' ich sie in Liebe pflegen,
Geht's nicht, so thu' ich was andres dagegen.

Bedenkt man, durch welche besonderen Härten den Juden das Leben in Deutschland schwer gemacht worden ist und zum Theil noch schwer gemacht wird, und wie sie dennoch zu allen Zeiten sich in Deutschland behaupteten, so wird man zu der Vermuthung gedrängt, daß gemeinsame Berührungspunkte im Grundcharakter es bewirkt haben müssen, Deutschland und deutsches Wesen besonders anziehend für die Juden wie auch die Juden zur Ergänzung des deutschen Wesens besonders nützlich zu machen. Aber neben dem, was sie gegenseitig anzieht, gibt es auch wieder so manches, was die einen von den andern abstößt. Eine Mischung von heterogenen und verwandten Geisteseigenschaften: das ist gerade der Stoff, aus welchem die intimen Feindschaften gebraut werden. So wol auch hier. Das Gemeinsame ist der spiritualistische Grundzug: Juden und Deutsche sind zweifelsohne die beiden spiritualistischsten Nationen aller Zeiten und Länder. Das Christlich-Germanische ist keine bloße Erfindung teutonisirender Pietisten und Professoren. Vermöge ihrer besondern Anlage waren die Deutschen am besten geartet, die spiritualistischen Anschauungen des Judenthums, nachdem diese durch die christliche Fortbildung der Nationalität entkleidet worden, in sich aufzunehmen. Auch die unfrommen Philosophen von Voltaire bis auf Arnold Ruge haben ganz wie die altrömischen Heiden in dem Christenthum nichts anderes erblicken wollen als eine besondere Form des Judenthums, und im »Nazarenerthum« das spiritualistische Princip bekämpft. Die Neigung zu abstractem Denken, eine der begleitenden Ursachen der spiritualistischen Lebensanschauung, ist in Juden und Deutschen am stärksten ausgeprägt. Die speculative Philosophie Spinoza's ist nirgends so tief aufgefaßt und verehrt worden wie in Deutschland, und wenn es erlaubt ist, Namen von so verschiedenem Werthe nebeneinander zu nennen: niemals hätten in einem andern Lande die beiden philosophirenden Socialisten Marx und Lassalle solchen Anhang gewonnen. Auch die kosmopolitische Anlage, welche mit der Fähigkeit, sich vom Gegebenen loszureißen, innig zusammenhängt, ist beiden Theilen gemeinsam. Deutsche und Juden finden sich am leichtesten in fremde Sitten, Sprachen und Anschauungen hinein. Ja, beide besitzen das Geheimniß der Speculation, wie im philosophischen, so auch im kaufmännischen Sinne, wie denn das Wort nicht blos durch äußern Zufall die beiden Verstandesoperationen, die philosophische und die mercantile, mit der gleichen tiefbegründeten Bezeichnung deckt.

Die Deutschen sind die vorzüglichsten Kaufleute der Welt; wer die deutschen Kaufleute im Auslande bis in den fernsten Osten hinein beobachtet, muß zugeben, daß da, wo nicht die Armseligkeit der Kleinstaaterei, der Junker-, Beamten- und Gelehrtenhochmuth sie herabdrückt, sie unerreicht dastehen; in den Hansestädten sind die Reste der ehemaligen Ueberlegenheit auch auf deutschem Boden erhalten. Der Angriff gegen die »Händler« im Allgemeinen war die logische Einleitung des Feldzugs gegen die Juden.

Aber neben den Zügen merkwürdiger Geistesverwandtschaft treten wieder andere hervor, die beide Theile scharf voneinander scheiden. Bedächtiges, feierliches, andächtiges, ernstes, gehorsames Wesen sticht ab gegen einen wundersam beweglichen, sarkastischen, skeptischen, undisciplinirbaren Geist. Heinrich Heine, den man zu nennen nie unterlassen kann, wo von Deutschthum im Verhältniß zum Judenthum die Rede ist, und mit welchem Börne nur von den Oberflächlichsten zusammen genannt wird, Heine ist der unsterbliche Ausdruck jener sonderbaren Mischung deutscher Gedankentiefe und Empfindungsfülle mit dem schnellblütigen, kecken, bis zur Frivolität gesteigerten Humor des jüdischen Ingeniums. So deutsch war er, daß er der deutschen Sprache einen reichen Schatz aus eigener Schöpfung hinterlassen konnte, so deutsch, daß er mit Recht der letzte der Romantiker genannt worden ist; so deutsch, daß er nur dem größten Meister in jener besondern deutschen Dichtungsweise nachsteht, die wir, mit einem den andern Nationen in diesem Sinne nicht geläufigen Ausdruck, Lyrik nennen; so deutsch, daß er es unter seinen Landsleuten nicht aushalten und doch nicht einen Augenblick aufhören konnte, mit ihnen und für sie denkend und dichtend zu leben. Aber die beißende, ätzende, schillernde Geistreichigkeit, mit welcher er dem deutschen Hang zur nationalen Selbstkritik sich hingab, war eine fremdartige Zuthat, die ihm bei Gerechten und Ungerechten viel Feindschaft zuzog, vor allem bei den falschen Biedermännern, die dem ganz undeutschen Chauvinismus das deutsche Bürgerrecht ertheilt und den freien humanen wahrhaftigen Geist unserer classischen Literatur proscribirt haben.

Bespricht man in unsern Tagen die Judenfrage in Deutschland, so kann man an dem Namen Lasker nicht schweigend vorübergehen, sowenig man auch von den Lebenden mit gleicher Rückhaltslosigkeit wie von den Todten zu reden Lust hat. Es war vorauszusehen, daß die stille Verwunderung über die führende Stellung, welche ein Jude im neuen deutschen Parlamentarismus einnahm, früher oder später laut werden und ihren Rückschlag haben mußte, wie es jetzt geschehen ist. Aber nur die größte Oberflächlichkeit kann verkennen, daß ein Mann nicht diese Rolle in der freien Kunst der Politik so lange behaupten kann, ohne die herrschenden Züge aus dem Geist der Nation in sich aufgenommen zu haben.

Man könnte die Philosophie der Geschichte von Lasker's Laufbahn nicht schreiben, ohne sich an die Philosophie der jüngsten deutschen Geschichte zu machen. In den Grundzügen seines Charakters ist er das Gegenstück zu Heine. Dort das maliciöse und frivole, genießende Weltkind, hier der von etwas unweltlichem Optimismus angehauchte, ernste, im Geruche der Ascese stehende Idealist. Als es dem großen Realisten Bismarck gelungen war, die deutsche Politik aus der Welt deutscher Abstraction auf den concreten Boden der Macht zu stellen, zog er den idealistischen Drang der Nation nach großer Gestaltung und großen gesetzgeberischen Zielen in die Dienste seines gewaltigen Beginnens. Das war die Blütezeit Lasker's, der mit den glänzendsten Waffen jüdischer Dialektik für den deutschen Idealismus eintrat und sich wegen dieser seiner, dem Realismus geleisteten Heerfolge mit dem abstracten berliner Radicalismus entzweite. Aber im Verlauf der Dinge schieden sich die beiden Elemente wieder voneinander, und die fortentwickelte Realpolitik des Kanzlers kehrte sich gegen seinen idealistischen Bundesgenossen, in welchem er die aus dieser Auseinandersetzung sich absondernde Fülle »sittlicher Entrüstung« als eine auf allen seinen Wegen ihm entgegensprudelnde Quelle unleidlicher Behinderung bekämpfen zu müssen glaubte. Natürlich siegte der Realist, und seine überwältigende Macht zog die Mehrheit der Nation so unwiderstehlich hinter sich her, daß dieselbe dem Unterliegenden gerade jene etwas abstracte sittliche Entrüstung, die ihm einst ihren begeisterten Zuruf eingebracht, zum Vorwurf machte. Eben den Leuten, welche jetzt ihn am wildesten anfallen, hat er zuerst das Stichwort geliefert, welches sie jetzt gegen ihn, als den hervorstechendsten seiner Stammesgenossen ausbeuten.

Wenn die »hosenverkaufenden Jünglinge« ihre Kinder und Enkel wieder zu Verkäufern alter Hosen erzögen, so würde der Jammer über die Eindringlinge lange nicht so groß geworden sein. Aber diese Kinder und Enkel reißen sich vom niedrigen Gewerbe los, ergeben sich dem ehrbaren Handel, der Industrie, der Kunst und – was von allem das Schlimmste – der Wissenschaft. Und da sie mit ungewöhnlichem Lerntriebe eine sichtbare Eile, das Versäumte nachzuholen, verbinden, so bewerben sie sich – man sagt in verhältnißmäßig auffallender Zahl – auch um akademische und richterliche Aemter. Ob sie nun wirklich in so schreiend großer Zahl erscheinen, oder ob nur das Ungewohnte ihres Erscheinens in Functionen, von denen sie bis vor kurzem systematisch fern gehalten wurden, diesen Eindruck hervorbringe: sicher ist, daß die Recrudescenz der Gehässigkeiten mit diesen Dingen eng zusammenhängt. Aber wie nun einmal die Sachen in Deutschland liegen, dürfen die Juden selbst sich nicht wundern noch erzürnen, daß diese Erscheinungen Anstoß und Bedenken erregen. Von welchen Ursachen immer die Antipathie herrühre, einerlei ob sie auf guten oder schlechten Gründen beruhe, man muß einräumen, und darin spricht Herr von Treitschke wahr: die Gleichheit des Rechtes ist in Deutschland wol für den Verstand, aber noch nicht für das unmittelbare Gefühl durchgedrungen, und man könnte, den Gedanken noch weiter verfolgend, leicht nachweisen, wie die kaum vollzogene Emancipation der deutschen Nation selbst auch die Hindernisse erklärt, mit welchen die Emancipation der Juden zu kämpfen hat. Endlich muß man noch zugeben, daß die Erinnerung an den alten festgewurzelten Gegensatz sich durch vielerlei, manchmal ans Groteske streifende Aeußerlichkeiten wach erhält, sodaß mit der Zumuthung plötzlichen Vergessens von der menschlichen Natur in der That viel verlangt wird. Steht doch selbst ein Nebensächliches, wie ihre Talentlosigkeit für das Trinken, den Juden in manchen kameradschaftlichen Verhältnissen, und nicht gerade der niedrigsten Kategorie, entgegen. So mischt sich Großes mit Kleinem, um die alte Misère jung zu erhalten.

Wenn Herr von Treitschke recht hätte mit der Behauptung, daß die Juden anderer Länder bessere Patrioten wären als die deutschen, so läge gewiß keine Art der Erklärung dafür näher, als daß diesen eben noch auf Schritt und Tritt immer von neuem die Vorstellung eingetränkt wird: ihr seid nur Deutsche zweiter Klasse. Kein Beruf ist enger verwandt mit dem lebendigen Gefühl fürs Vaterland als derjenige der Waffen. Wie muß es in die Seele eines Jünglings schneiden, der mit Aufopferung und Ehre sein Blut auf dem Schlachtfelde vergossen hat, und dann erfährt, daß er um seines Blutes willen nicht würdig befunden werde, dem Offiziercorps anzugehören! Wäre es wahr, was entschieden zu bestreiten ist, daß die deutschen Juden nicht von Herzen deutsch wären, man müßte die Gründe nicht in ihnen suchen.

Mittelbar gibt Treitschke dieses zu, indem er gewissermaßen zur Entschuldigung deutscher Abneigung anführt, daß die Juden in Deutschland zahlreicher seien als in den andern westlichen Staaten. Aber in einzelnen Theilen Frankreichs wohnen die Juden ebenso compact zusammen als bei uns, ohne daß der Geist der Gehässigkeit sich breit machte wie bei uns. In Paris leben 35 000 Juden, nicht spanischer oder portugiesischer, sondern zum allergrößten Theil deutscher Herkunft; und obschon diejenige Gruppe, welche man dort gemeinhin als »Banque allemande« bezeichnet, ihre finanziellen Erfolge nicht unter den Scheffel stellt, ist sie trotz des erschwerenden Umstandes, daß deutsch und jüdisch für diesen Fall sich in der Auffassung der Menge deckt, von pöbelhaften Angriffen in der Presse und in Versammlungen nie behelligt worden. Leider hat die Wahrnehmung solcher Verschiedenheit dazu beigetragen, daß werthvolle Bestandtheile der elsaß-lothringischen Bevölkerung mit besonderer Verbissenheit dem deutschen Regiment aus dem Wege gehen zu müssen geglaubt haben. Nicht die »hosenverkaufenden Jünglinge« beeilten sich auszuwandern; denn die Leute des niedern Gewerbes fühlen Kränkungen, welche ja gerade auf die Bessern gemünzt sind, weniger lebhaft; sondern die Hochofenbesitzer von der Mosel und die Tuchfabrikanten von Bischweiler zogen ab, und der jüdisch-solide Privatbetrieb ging auf christlich-deutsche Gründungen über, die es schwerlich an Solidität ihm gleichgethan haben.

Da, wo sich Treitschke's Betrachtung von der Kennzeichnung einzelner, sehr wenig erwiesener Thatsachen zu höhern Gesichtspunkten aufschwingt, sind es insbesondere zwei Einwürfe, welche unsere Aufmerksamkeit zu fesseln verdienen, weil sie einerseits besonders geeignet sind, das Urtheil zu bestechen, andererseits die Wahrheit in unbegreiflicher Weise verkennen. Die reine germanische Cultur der Jahrtausende soll durch das Eindringen des jüdischen Elements bedroht sein und auch die Sorge um die Erhaltung des christlichen Glaubens soll diesem Eindringen nicht gleichgültig zusehen dürfen.

Es wäre sehr zu wünschen, daß bei erster Gelegenheit die so kurz hingeworfene Andeutung über die Reinheit der Cultur und die Gefahr ihrer Verunreinigung etwas deutlicher ausgeführt würde. Die meisten werden sich schwerlich bei den Worten »Reinheit der Cultur« etwas denken können, und ich bin in der größten Verlegenheit, zu errathen, was Treitschke selbst sich dabei gedacht hat. Wäre Reinheit eine besonders auszeichnende Eigenschaft in Verbindung mit dem Begriff Cultur, so müßte man allerdings der deutschen Cultur gegenüber mistrauisch werden. Denn was sollte man von einer Cultur denken, in welche die biblische Religion und Moral, die classische Weltanschauung, die römisch-rechtlichen und römisch-staatlichen Begriffe und Institutionen, hellenische, romanische und englische Poesie und Literatur, italienische Kunst und Musik, französischer Geschmack und Gesellschaftston in so breiten Strömen sich ergossen haben; was von der Cultur einer Nation, welche unter der Weltherrschaft der Karolinger, der Hohenstaufen, der spanischen Habsburger von dem Geiste aller Nationen getränkt und unter der Verwüstung des Dreißigjährigen Krieges von den Fersen aller Nationen zertreten worden ist; was von einer Cultur, die von den italianisirten, polonisirten, französirten Höfen so stark beeinflußt worden und diesem Einfluß noch heute das barbarische Gemisch deutsch-französischer Etikettensprache verdankt?

Wäre Cultur etwas, das aus dem eigenen Urwaldboden allein gezogen wird, das Stichwort von der mehrtausendjährigen reinen deutschen Cultur enthielte eine Fiction, gegen welche Victor Hugo's Phrase von dem in Paris eingeschlossenen Gehirn der menschlichen Civilisation nur als eine kleine Uebertreibung gelten könnte. Zum Glück aber ist Cultur genau das Gegentheil der geradlinigen Fortzeugung eines einzigen Volksgeistes, und deutsche Cultur steht so hoch, weil sie so viel in sich aufzunehmen und zu verarbeiten vermochte.* Goethe sagt einmal, daß er das Meiste Shakespeare und Spinoza verdanke. »Reine Cultur« hat kein Volk, selbst nicht das chinesische, und die cultivirtesten Völker haben sie am wenigsten.

Wie nun gar aber die deutsche Cultur durch die Betheiligung der beinahe seit den ersten Anfängen in Deutschland wohnenden Juden eine Mischcultur werden soll, ist vollends ein Geheimniß. Welch fremde Cultur wird denn durch diese Juden zugeführt? Und gerade durch die Juden, welchen der Nothschrei entgegentönt, weil sie sich in die Hörsäle der Mediciner, Juristen und Historiker drängen, weil sie auf deutschen Hochschulen studiren und

* »Wir Deutsche würden noch, ruhig wie die Amerikaner, in unsern Wäldern leben, oder vielmehr noch in ihnen rauh kriegen und Helden sein, wenn die Kette fremder Cultur nicht so nah an uns gedrängt und mit der Gewalt ganzer Jahrhunderte uns genöthigt hätte, mit einzugreifen.« (Herder, »Ueber den Ursprung der Sprache«)

im deutschen Heere dienen, d.h. ihre Nahrung an den beiden Brüsten des heutigen deutschen Gesammtlebens finden? Sie hören bei Treitschke, bei Dühring und Adolf Wagner Vorlesungen, sie brechen sich sogar die Hälse für Richard Wagner's Musik, und zum Lohn – o Undank! – werden sie beschuldigt, die deutsche Cultur in ihren Sack zu schieben, als wenn sie damit davonlaufen könnten wie mit einem silbernen Löffel. Haben sie wirklich so wenig führende Männer in Kunst und Wissenschaft aufzuweisen, wie Treitschke sagt, so sollte das eher eine Beruhigung für ihn sein. Doch müßte man, bevor man die Sache selbst anerkennte, sich über den Sinn des Wortes »führende Männer« verständigen; und wenn man die Berechnung anstellte, auf wie viele reine Germanen ein führender Mann kommt, würden die 500000 Juden wahrscheinlich sehr gut bestehen.

Herrn von Treitschke fällt am meisten das starke Contingent von »Talenten dritten Ranges« in die Augen, welches nach seiner Ansicht die Juden stellen. Er sieht eben nur, was geräuschvoll an die Oberfläche tritt, und das sind hüben wie drüben die Talente dritten Ranges. Wenn er sich die Mühe nehmen wollte, nachzufragen, wie viele stille, ernste, vom idealsten Streben durchdrungene Männer jüdischer Herkunft in Deutschland auf allen Gebieten der Forschung und des Lebens gearbeitet haben und noch arbeiten, so würde er wahrscheinlich seine Ansicht ändern. Lese er Gustav Freytag's Nachruf an dessen vor mehrern Jahren verstorbenen Freund und Mitarbeiter Jakob Kaufmann, ein rührendes Denkmal deutscher Freundschaft und ein Juwel deutscher Prosa zugleich! Hier findet er die Schilderung nicht eines Einzelnen, sondern eines ganzen Typus deutscher Juden, die freilich nicht von den Talenten dritten Ranges bekämpft werden, weil sie nicht gerade diesen Talenten am meisten Concurrenz machen. Was aber die literarischen Lobeshülfskassen auf Gegenseitigkeit betrifft, welche nun auch den Juden in die Schuhe geschoben werden, wollte Gott, nur die Juden betheiligten sich daran! Der Unfug wäre dann lange nicht so groß, wie er leider ist.

Endlich soll das deutsche Christenthum in Gefahr sein durch die Juden! Dieser ernst klingende Vorwurf verdiente eine so ernste Widerlegung, daß sie hier zu ausführlich würde. Aber in äußerster Kürze muß doch daran erinnert werden, daß am Werke der Glaubenskritik von Lessing an bis auf Eduard von Hartmann sich erstaunlich wenig Juden betheiligt haben. Die ganze mächtige Reihe unserer philosophischen Schulen hat nur ganz spärlich jüdische Mitarbeiter von Namen aufzuweisen, unter den Kantianern Maimon und Bendavid, unter den Hegelianern Eduard Gans. Was am strengen Christenthum durch zersetzende Kritik zerstört worden ist von Philosophen, rationalistischen Theologen, Naturforschern, ist alles, alles auf rein deutsches Geblüt zurückzuführen. War es doch der von Treitschke für »einen der reinsten und mächtigsten Vertreter germanischen Wesens« erklärte Fichte, welcher in Jena vom Katheder herab ankündigte: »In fünf Jahren ist keine christliche Religion mehr; die Vernunft ist unsere Religion.« Die Paulus, Baur, Strauß, Feuerbach, Schopenhauer, Vogt, Büchner, Moleschott, Haeckel und wer kann sie alle nennen, sind, soviel man weiß, rein germanischer Abstammung. Die bloße Erwähnung ihrer Namen und ihrer großen Popularität drängt aber von selbst zu einer zweiten Betrachtung. Es liegt gar kein Grund vor, zu bestreiten, daß die Deutschen ein christliches Volk seien, wie Treitschke sagt. Aber sie sind entschieden nicht christlicher als andere christliche Völker, sie sind sogar bedeutend weniger christlich. In keiner Nation der Welt ist der Bruchtheil der Ungläubigen so groß wie in Deutschland, und dies gilt nicht blos für die Christen. Auch unter den gebildeten Juden Frankreichs und Englands gibt es viel mehr Fromme als unter den gebildeten deutschen Juden. Und spricht nicht Treitschke selbst von dem crassen Unglauben, der sich breiter Schichten des deutschen Volkes bemächtigt habe? Mag man's loben oder tadeln – Lob und Tadel wechseln mit der Zeitrichtung – die Thatsache ist unbestreitbar. Herr von Treitschke, welcher den Socialismus bekämpft, nimmt in diesem Kampfe die Stellung derer ein, welche das Uebel in der Wurzel mit Wiederherstellung der

Religion zu heilen hoffen. Wenn es ausführbar ist, Religion wiederherzustellen, hätten sie jedenfalls insoweit recht, als die socialistischen Ideen einen unbestreitbaren Zusammenhang mit den irreligiösen haben. Der Instinct der herrschenden Klassen in England, Frankreich und Amerika hat eine zur Respectabilität unerläßliche Kirchlichkeit erzogen, zu deren Erhaltung wesentlich das Bewußtsein jenes Zusammenhangs zwischen Religion und Ordnung mitwirkt. Ob etwas Aehnliches oder etwas Besseres in Deutschland gelingen kann, ist hier nicht zu untersuchen. Aber soll es versucht werden, so stellen sich ihm die Juden gewiß nicht entgegen. An der Durchführung der großen socialistischen Vermögenstheilung haben sie kein hervorragendes Interesse. Sie finden nur, daß man, um das Christenthum zu stärken, andere Mittel gebrauchen könnte als die Erregung von Haß und Verachtung gegen die Juden.

»Bis in die Kreise der höchsten Bildung hinauf, unter Männern, die jeden Gedanken kirchlicher Unduldsamkeit oder nationalen Hochmuths mit Abscheu von sich weisen würden, ertönt es heute, wie aus Einem Munde: die Juden sind unser Unglück.«

Das ist in seinem ganzen Umfange der schon erwähnte Kernsatz am Schlusse des Excurses. Ob der Verfasser, indem er ihn andern in den Mund legt, ihm beipflichtet, ist nicht ausgesprochen. Wären nicht die Höchstgebildeten zugleich als solche bezeichnet, die jeden Gedanken nationalen Hochmuths mit Abscheu von sich weisen, so könnte man glauben, Herr von Treitschke habe sich einbegriffen. Ich will nicht bezweifeln, daß die Hochgebildeten, welche die halbe Million Juden für das Unglück der 43 Millionen Deutschen halten, es in meiner Gegenwart etwas leise sagen. Aber wenn dieser Schrei des Schreckens wirklich so aus Einem Munde ertönte, so hätte ich doch auch schon etwas mehr von dem hören müssen, was Herr von Treitschke vernommen haben will. Vollends mir zu verschweigen, daß Deutschland überhaupt im Unglück ist, liegt gar kein Grund vor. Bis jetzt hatte es nur der Gouverneur der Französischen Bank behauptet, als er uns »ce malheureux peuple« nannte, weil wir die Doppelwährung abgeschafft hätten.

Ist aber dieses Unglück eine so offenkundige Thatsache und sind die Juden schuld am Deficit, an der Kartoffelmiserente, an der oberschlesischen Noth, am Socialismus, an den Attentaten, an der Gefahr eines russischen Krieges, an der wachsenden Militärlast, sogar am unbeendbaren Culturkampfe und wer weiß an was allem sonst noch; haben sie wieder einmal alle Brunnen vergiftet, aus welchen die sämmtlichen Pestilenzen sich herleiten, so muß auch entsprechend die letzte Frage beantwortet werden, nämlich: was hat gegen dies Universalunglück zu geschehen?

An dieser Stelle kommt nach allen so scharf formulirten Anklagen das Zugeständniß, daß eigentlich doch nichts geschehen solle; denn eine Widerrufung der Emancipation sei undenkbar. Das glauben auch andere Leute, und darum glauben sie auch Herrn von Treitschke nicht aufs Wort, daß die Hochgebildeten wie aus Einem Munde die Juden für das Unglück schlechthin erklären. Vielmehr liefern zahlreiche Abstimmungen bei Wahlen aller Art das unwiderlegliche Zeugniß, daß das Volk im großen viel vorurtheilsfreier und menschlicher denkt als einige Gelehrte; und es wäre Sünde, nicht hier auszusprechen, daß zahllose Deutsche jeden Standes so human und frei fühlen und denken wie die Besten aller Nationen; täglich und stündlich kann sich jeder von uns im öffentlichen und socialen Leben hiervon überzeugen.

Damit soll gar nicht bestritten werden, daß die Antipathien, denen Herr von Treitschke seine Stimme leiht, in allen möglichen Abstufungen weit verbreitet sind und namentlich weiter, als gerade oft die gebildeten Juden ahnen, deren eigenes Gefühl über diesen Punkt sie so lange täuscht, bis persönliche Erfahrungen oder allgemeine Erscheinungen sie wieder daran erinnern, daß sie selbst zwar mit allen Fasern an Deutschland hängen, daß aber nicht alle gebildeten Deutschen christlicher Abstammung diese Empfindung ihnen erwidern. Ist doch selbst die Rednerbühne des Deutschen Reichstages nicht freigeblieben von der Verunreinigung mit solchen häßlichen Expectorationen! Viel weniger scharf ist der Gegensatz unter den Ungebildeten und am wenigsten auf dem Lande, wo im ganzen der

christliche Bauer mit seinem jüdischen Nachbar, der sich plagt und darbt wie er, auf traulichem, harmlosem Fuße verkehrt.
Herr von Treitschke bezeichnet den Gegensatz selbst als einen peinigenden. Und wahrlich, wir hätten solcher Peinigungen auch ohnehin genug, weil es eben der Fluch deutscher Nation ist, sich nach allen Richtungen hin gegenseitig zu scheiden und mit den Scheidungen zu peinigen. Wenn man doch von »unserm Unglück« sprechen wollte, so sollte man bei diesem Kapitel stehen bleiben und, statt auch diese alte Art der Selbstzerfleischung wieder zu erneuern, alles thun, ihr entgegenzuwirken. Dabei könnten ganz füglich auch die Juden selbst sich besinnen, wie sie ihrerseits dazu beitragen möchten. Fällt es ihnen auch nicht entfernt ein, zu meinen, wie Herr von Treitschke es ihnen nahe legt, daß sie nur geschützt und geschirmt seien, glauben sie vollständig mit dem gleichen Recht da zu sein für das Land, in dem sie geboren sind, für das sie bluten und sterben müssen und wollen wie alle andern, glauben sie sich moralisch, rechtlich und intellectuell ebenso gut zu Hause wie jeder andere Bewohner des Landes, so müssen sie doch wohl oder übel mit der Sinnesweise ihrer Landsleute rechnen. Und darin hat ihnen Herr von Treitschke einen Dienst geleistet, daß er viele, die unter dem Eindruck der letzten Jahrzehnte sich Illusionen hingegeben, auf das wahre Sachverhältniß wieder aufmerksam machte. Wer mit Selbsttäuschungen arbeitet, arbeitet immer unrichtig und verfällt bei der Entdeckung der Wahrheit dem Unmuth, wenn nicht der Entmuthigung. Es ist besser, die Juden kennen das Gefühl des Widerstrebens, welches unter dem Zwange der äußern Höflichkeit sich verbirgt. Die »jüdischen Freunde«, von denen Herr von Treitschke als den seinen spricht, haben gewiß aus seinen Ergießungen auch etwas mehr erfahren, als sie wußten, und werden zweifelsohne davon profitiren. Vielleicht werden die »Talente dritten Ranges« sich etwas weniger hitzig um Richterstellen und Professuren bemühen, nachdem sie erfahren haben, wie manche Collegen hinter ihrem Rücken von ihnen reden. Das wird denn auch wieder etwas Balsam auf die Wunden

gießen, welche die ersten Uebergänge zur Gleichheit geschlagen haben. Es genügt nicht, sich vorzuhalten, daß dieses oder jenes andere Volk in diesen Dingen humaner oder ritterlicher denkt und fühlt. Es muß ja doch getragen sein. Je mehr ein Mensch in der Bildung seines Landes aufgewachsen und mit ihr verwachsen ist, desto unzertrennlicher ist er mit allen seinen höchsten Interessen und Empfindungen an dasselbe gefesselt, mag man sich auch einmal schnöde gegen ihn benehmen. Mancher gute Deutsche wurde bei Ausbruch des Krieges in blindem Haß vom französischen Boden vertrieben. Als er nach Deutschland zurückkam, fand er ein »einig Volk von Brüdern«. Aber nachdem eine Reihe von Jahren verstrichen, ward ihm eines Tags von deutschen Landsleuten vorgehalten, daß er sich mit Unrecht als Deutschen betrachte, da er doch nur ein Jude sei, und dabei kam es oft zu derselben Roheit und dem selben Misbrauch der Ueberzahl wie damals, als die Franzosen den unter ihnen wohnenden Deutschen das Leben zu verbittern suchten. Wenn der von solch schmerzlicher Erfahrung betroffene deutsche Jude richtiges Gefühl hat, so wird er seinen Ekel zu verwinden suchen und nur besorgt sein, daß man draußen nichts davon erfahre, wie es zu Hause Deutsche mit ihren eigenen Landsleuten treiben; denn schmutzige Wäsche wäscht man bekanntlich am besten in der Familie.

Die Stellung, welche Herr von Treitschke zur Frage genommen, hat bereits zahlreiche Erwiderungen hervorgerufen. Das wird nun zu neuen Vorwürfen führen. Die einen werden sagen, daß man die Sache zu tragisch nehme, die andern, daß man sich zu empfindlich zeige, noch andere, daß man der Aeußerung eines Einzelnen zu viel Gewicht beilege. Aber in Dingen, in welchen Stimmung und Empfindung so stark mitspielen, genügt oft ein einziger schriller Miston, um auf lange hinaus schädlich zu wirken. Ein socialer und geistiger Verschmelzungsproceß kann durch das Hineinfallen eines einzigen ätzenden Tropfens aufgehoben und zerstört werden. Noch haben die deutschen Staatsregierungen sich ganz correct gehalten. Könnten die, welche sie auch hierin zu alten

Misbräuchen zurückführen wollen, nicht mit Treitschke's Anklageacte in der Hand an sie appelliren? Thun sie es nicht schon? Und Eins insbesondere übersehe man nicht: die Rückwirkung auf die Schule. Bereits verlautet wieder einmal, daß hier und da einzelne Lehrer den Unfrieden unter ihre Schüler aussäen. Das Kindesalter ist nicht zur Barmherzigkeit geneigt, ist zur Verfolgung nur allzu leicht anzureizen. Was aber den kindlichen Gemüthern in der Schule eingepflanzt wird, genügt, um den verderblichen Rassen- und Glaubenshaß für Generationen unausrottbar zu machen. Herr von Treitschke, selbst ein beliebter Lehrer der reifern Jugend, thäte ein gutes Werk, wenn er von der patriotischen Mahnung, die er an die deutschen Juden richtet, vor allem auch guten deutschen Christen des Lehrfaches etwas zu Gemüthe führte!

Schließlich aber erkenne er eben in den Widerlegungen selbst, die ihm zutheil werden, ein untrügliches Zeichen für die verkehrte Richtung, nach welcher er die Dinge hindrängt! Auch diejenigen fühlen sich zum Widerspruch herausgefordert, die lange Zeit in dem schönen Wahn gelebt hatten, es bliebe Wichtigeres zu thun, als sich um diesen alten Hader zu kümmern; Gesetz und Sitte würden ihn in Frieden begleichen, und nur wo und soweit ein besonderes religiöses Bedürfniß das Bewußtsein eines Unterschiedes aufnöthigt, möge dasselbe lebendig bleiben. Aber die ungerechten und verderblichen Angriffe erinnern auch solche wieder an diese Gegensätze, welche nur noch durch die Bande der Pietät mit dem Judenthum zusammenhängen. Ein wackerer Mann, Dr. Paulus Cassel, Prediger an der Christuskirche zu Berlin, fühlt sich als Bruder der Verfolgten, legt im Namen Christi und der Liebe seinen kernigen Protest ein gegen den Appell an den Rassenhaß. Und manch einer, der sich zwar nicht für einen guten Christen, aber für einen guten Deutschen hält, wird von Ehr- und Pflichtgefühl hinabgezogen in das Kampfgebiet, dem er im Bewußtsein seiner innern Freiheit und im Glauben an sein verjüngtes Vaterland für immer den Rücken kehren zu dürfen gehofft, allerdings vorerst wieder einmal vergeblich gehofft hatte.

H. Naudh (d. i. Heinrich Nordmann)
Professoren über Israel. Von Treitschke und Bresslau (Januar 1880)

Kommentar: *Mit dem radikalen Pamphlet Heinrich Nordmanns (1820-1887), eines Publizisten, Gutsbesitzers und völkischen Aktivisten, von dem man wenig mehr weiß, als dass er unter Pseudonym in antisemitischen Verlagen mehrere Broschüren und Bücher publizierte, nahm Walter Boehlich neben Endner eine zweite Stimme der »professionellen Antisemiten« (Boehlich 1965, 254; 474) in seine Edition auf. Boehlichs Unterscheidung zwischen »Treitschkes gemäßigt klingenden antisemitischen Parolen« (474) und denen der »professionellen Antisemiten« ist nicht trennscharf zu ziehen. Er begründete sie seinerzeit anhand der erkennbaren Linie, ob die Autoren eine Akkulturation oder Assimilation der Juden für möglich hielten oder nicht. Doch gerade Treitschkes Position war in dieser Frage nicht klar, denn er bekundete in seinem Stil der Insinuationen (etwa über die »stille sociale Macht des fest unter sich zusammenhaltenden Judenthums«, 223) das eine wie das andere. In »Unsere Aussichten« forderte er von den Juden, »sie sollen Deutsche werden, sich schlicht und recht als Deutsche fühlen« (70); in »Herr Graetz und sein Judenthum« merkte er an, »daß ein Theil der deutschen Juden« sich dazu entschlossen habe, »in den Culturvölkern, deren Sprache sie reden, aufzugehen« (111), nennt aber Graetz einen »Fremdling« und »Orientalen« (115); in »Noch einige Bemerkungen zur Judenfrage« heißt es schließlich, er, Treitschke, hatte gehofft, »die Zustimmung jener Juden« zu finden, »die sich ohne Vorbehalt als Deutsche fühlen« (218); zugleich aber wiederholt er hier seine Agitation gegen »ein Zeitalter deutsch-jüdischer Mischcultur« und lehnt den von ihm so bezeichneten »neujüdischen Geist« (223) ab, weil er »unser Volk auf Abwege« führe. (224) Nordmanns Text war weniger schillernd, weil er von keinen Hemmungen mehr gedämpft wurde. Wie zuvor schon die von Endner, war auch Naudhs Wortmeldung* *kein Beitrag mehr für eine öffentliche Diskussion; er hatte gar kein Interesse daran, sich über mehr oder weniger umstrittene Themen innerhalb des deutsch-jüdischen Verhältnisses zu äußern oder zu allgemeinen Fragen nach gesellschaftlichen Rechten und Pflichten im Umgang von Mehr- und Minderheiten Stellung zu nehmen; er nennt Juden fünfzig Jahre vor Hitler »Parasiten« (347 u. ö.), fordert ihre rechtliche Zurücksetzung und gesellschaftliche Isolierung, proklamiert schon 1880 ein »arisches« Christentum (345) und räsoniert ausladend über die Jahrhunderte wirksame Vererbungsarithmetik von »Halbjuden« und von jüdischen »Mischlingen« bis in die dritte Generation. (351 u. 357; Boehlich 1965, 255; 475) Weder zu Endner noch zu Nordmann existieren zeitgenössische Kommentare; auch Treitschke äußerte sich nicht zu ihnen, denn er »hielt es für unter seiner Würde, darauf zu reagieren«, so Boehlich, so, »[a]ls wäre er ganz und gar unschuldig daran gewesen«. (Boehlich 1965, 255; 475)*

Die Forschung zählt somit Nordmann völlig zu Recht, nicht dagegen Treitschke, zu den »radikalen Rassenantisemiten«; Nordmanns Pamphlet geht offenkundig über Treitschkes Positionen und sogar über die Forderungen der sogenannten »Antisemiten-Petition« hinaus (Bergmann 2009, 594 u. 595), es wirkt wie die »gedankliche Vorwegnahme der ›Nürnberger Gesetze‹«. (Krieger 2003, 367) Und seine Parolen gegen die Juden sollten dann auch tatsächlich wenige Jahre später »im Programm der NSDAP wiederkehren«. (Heid 2000, 118) Beobachter des Streits sahen sich schon seinerzeit in ihren schlimmsten Befürchtungen bestätigt, dass mit Treitschkes Aufsatz eine Schamschwelle eingerissen worden war und er dies auch kalkuliert hatte. Tatsächlich ließen sich völkische Autoren Treitschkes Vorlage nicht entgehen. Endner übernahm sofort Treitschkes Begriffe, mit denen er die eigenen Ausfälle regelrecht verzierte. Und Nordmann, der seit Anfang der 1860er Jahre eine antisemitische Broschüre und ein judenfeindliches Pamphlet nach dem anderen publizierte, legte alle diese Flugschriften im Zuge des Berliner Antisemitismusstreits entweder neu auf oder aber er aktualisierte und erweiterte seine Auslassungen, nun mit Bezügen auf »Ein Wort über unser Judenthum«. Am bekanntesten wurde seine Schrift »Die Juden und der Deutsche Staat« (1862; wieder 1878 u. ö.), in der er sich gegen die Emanzipation der Juden und gegen ihre Aufnahme in staatsbürgerliche Berufe starkmachte. In der Broschüre »Israel im Heere« (1879) kompilierte der Autor Versatzstücke des alten Stereotyps, Juden seien nicht für das Militär geeignet; und in »Minister Maybach und der ›Giftbaum‹« (1879) schlug er in dieselbe Kerbe der Börsenkritik, für die seinerzeit Glagaus Artikelserie bekannt geworden war. So wird am bekennend rassistischen Antisemitismus und an Vertretern der »Bewegung« eine weitere strukturelle Unwucht besonders offenkundig, sie liegt bereits hier, im Berliner Antisemitismusstreit, idealtypisch vor, gilt aber als solche auch für spätere Zeiten: Kein antisemtischer Autor – wie radikal auch immer – lässt sich davon abhalten, die sogenannte »Judenfrage« in die Öffentlichkeit zu zerren und sich über sie auszulassen. Umgekehrt aber gilt für die angegriffenen Juden, dass es für sie »ebenso zwecklos wie würdelos« war, öffentlich auf solche Stimmen zu reagieren. (Borries 1971, 89) Die radikalen Antisemiten drängten nach Treitschkes Grenzüberschreitung in die Öffentlichkeit und stürzten sich auf Kritiker Treitschkes, vor allem auf Harry Bresslau. Schon Treitschke selbst hatte Bresslaus Antwort als »Beweis übertriebener Empfindlichkeit« (218) bezeichnet; nun musste dieser auch bei Nordmann und Endner lesen, dass er als Jude eben »Partei« und deswegen voreingenommen sei. So wurde eine vorab vorgenommene Setzung zum Beweis verdreht: Aus der als Vorwurf gemeinten Unterstellung, die Juden seien ein nicht assimilierbarer Stamm, der sich politisch und kulturell nicht mit den Deutschen vertrage, wurde in dem Moment, in dem sie ihr Judentum verteidigten oder sich als Juden äußerten, hinterhältig der Schluss gezogen, dass sie selbst diesen Vorwurf durch ihre Wortmeldung bestätigten.

Boehlichs Unterscheidung zwischen »Antisemiten« und »professionellen Antisemiten« wird heute so nicht mehr als Grenzziehung verwendet, weil auch die angedeutete oder angedrohte Überschreitung dieser Trennlinie als Teil des radikalen Antisemitismus betrachtet wird. Für den Antisemitismusstreit des späten 19. Jahrhunderts aber haben die angegriffenen Juden noch Unterscheidungen gesucht, sozusagen eine durch den Antisemitismus selbst verlaufende Linie, die für sie noch Relevanz besaß, weil sie eine Wahl ermöglichte: die zwischen Autoren, die man als ein Gegenüber betrachtete, mit dem man also noch stritt, und den nicht mehr dis-

kursfähigen Autoren. Mit Treitschke disputierte man noch öffentlich; mit Marr, Glagau oder gar mit Endner oder Nordmann, die politische Gewalt predigten, die Einführung einer Sondergesetzgebung für Juden oder ihre Vertreibung aus Deutschland forderten, war ein Diskurs natürlich nicht denkbar. Die vollständige Disproportionalität zwischen der eigenen Hasspredigt und dem Zurückweisen jeder Kritik an ihr entspricht einem Muster antisemitischer Agitation über alle Zeiten hinweg: Die eigenen Schmähungen sind zügel- und beispiellos, ihren Opfern wird jedes Wort als Empfindlichkeit oder als »Überhebung« (so schon Treitschke, 70) vorgehalten. Dass es in der publizistischen Logik des Antisemitismus möglich ist, mit den eigenen Parolen Ergebnisse zu zeitigen, die einem selbst das öffentliche Sprechen nicht einschränkten, den Angegriffenen aber gerade dieses unmöglich machten, gehört seit dem Streit um Treitschke zum Typus judenfeindlicher Agitation dazu: Der Antisemitismus der Bewegung stellt sich selbst als Diskursbeitrag dar, ohne einer zu sein, denn was er vorbringt, betreibt die Zerstörung der öffentlichen Kommunikation.

Vor diesem Hintergrund wird eine weitere Volte im Text von Nordmann erklärbar, denn wie andere völkische Autoren im späten 19. und frühen 20. Jahrhundert artikulierte auch er seine Zustimmung für Treitschke als dessen Kritiker. (Holz 2001, 240) Er warf ihm fehlende Radikalität vor und verwarf die Haltung, den Juden überhaupt die Möglichkeit zuzugestehen, Deutsche werden zu können. (346) Völkische Autoren vermissten bei Treitschke die rassistischen Schlussfolgerungen seiner Abrechnung und nahmen ihm die Passagen übel, in denen er über einzelne Juden geschrieben hatte, dass sie Deutsche geworden seien. (70) Dieses Muster blieb in der affirmativen Treitschke-Literatur bis ins »Dritte Reich« gleich: Die Völkischen feierten Treitschke stets als »Propheten«, als »Vorläufer« oder »Vorkämpfer« der Gegenwart oder als »Warner«, aber mit der einschränkenden Bemerkung, dass sogar er noch seinem liberalen Zeitalter viel zu sehr verhaftet geblieben sei. (Zechner 2003, 105) Der Ruhm, der Treitschke von völkisch-antisemitischen Aktivisten zwischen den 1880er und den 1930er Jahren zugesprochen wurde, war in sich stimmig: Treitschkes »erhebende Geschichtsschreibung«, so der Königsberger NS-Historiker Rudolf Craemer 1938, gelte »trotz aller Zeitgebundenheit« auch den Nationalsozialisten

»als ein Teil jener deutschen Vergangenheit, deren Überlieferung im neuen Werden fruchtbar bleibt«. (Craemer 1938, 77 u. 78) Er sei »Volkserzieher« gewesen, kein »Staatsdenker«, und deswegen sei die »völkische Opposition« bei ihm in die Schule gegangen. (Craemer 1938, 104) Man lobte Treitschke für seine »antisemitische Überzeugung« und für seinen Mut, als einer der wenigen Akademiker seiner Zeit hierfür öffentlich einzustehen (Leipprand 1935, 191); er sei sozusagen »seiner Zeit vorausgeeilt. Als noch kaum jemand von einer Judenfrage etwas wußte«, habe er die »Gefahren, die dem Deutschtum von der Ausbreitung jüdischer Geistesart drohten«, erkannt. (Leipprand 1935, 179) Die Völkischen feierten ihn geradezu für seinen »Kampf gegen das Judentum« (Leipprand 1935, 178-194), genauer: für die seinerzeit erfolgte »Kriegserklärung« gegen die Juden (so ist es 1936 in der Biographie von Julius Heyderhoff in »Die Großen Deutschen« zu lesen, vgl.: Zechner 2003, 105); Treitschke habe sich schon für »Einheit und Reinheit des Deutschtums« eingesetzt (Craemer 1938, 101), nur den Krieg selbst habe er noch nicht beginnen können, weil seine Analyse noch nicht auf dem »Kernpunkt« der Frage, nämlich auf dem »Rasseproblem« basiert habe. (Leipprand 1935, 189) Treitschke, so ein anderer Autor der 1930er Jahre, habe »keineswegs einen konsequenten Rassenstandpunkt« vertreten, er habe die »Auswüchse« bekämpft, aber eben nicht die »Wurzeln«. (Kretzschmar 1938, 50) Nun müsse der von Treitschke vor einem halben Jahrhundert eingeschlagene Weg vollendet werden. Aus dieser Sicht ergänzte auch Nordmann den zu zögerlichen Treitschke; aus der Perspektive der »professionellen Antisemiten« sprechen diese entweder aus, was Treitschke sich noch zu sagen scheute, oder aber sie tun, was dieser nur allgemein gefordert hatte. Das Bündnis mit Treitschke erfolgt hier im Akt des »Beim-Wort-Nehmens«, der geradlinigen Verlängerung von Worten einer politischen Forderung in ihre Umsetzung. Das Schweigen Treitschkes und das der jüdischen Leserschaft Nordmann gegenüber war nicht dasselbe; wo dieser schlicht die Folgerungen anderen überlassen hatte, verzweifelten jene am »Bündnis zwischen Mob und Elite« (Hannah Arendt).

Quelle: H. Naudh, *Professoren über Israel. Von Treitschke und Bresslau*, Berlin 1880; wieder: *BAS* [Dok. 38], 367-387.

Weitere Quellen: Leipprand, *Heinrich von Treitschke im deutschen Geistesleben des 19. Jahrhunderts* (1935), v.a. 178-195 (unter dem Titel »Der Kampf gegen das Judentum« sind diese siebzehn Seiten aus der Sicht eines Nazis eine der ersten Darstellungen des Berliner Antisemitismusstreits); ähnlich: Craemer, Über die völkische Haltung Treitschkes (1938), 77-105, v.a. 100-103 (Treitschke habe »die Judenfrage« als einen »Gegenstand der Volkstumspolitik« verstanden, 101); und: Kretzschmar, *Heinrich von Treitschke* (1938).

Lit.: Heil, »Die Juden sind unser Unglück!« (2000), 110-130; Krieger, in: *BAS* (2003), 367; Zechner, Heinrich von Treitschkes Antisemitismus und die deutsche Geschichtswissenschaft (2003), 94-113; Bergmann, Art. »Nordmann, Heinrich G.«, in: *HdA*, Bd. 2/2 (2009), 594f.; Gerhards, *Heinrich von Treitschke* (2013), 205-254.

Prophete rechts, Prophete links,
das Weltkind in der Mitten.

Nachdem der Abgeordnete und Professor der Geschichte, Herr von Treitschke nicht umhin gekonnt hat, von der Deutschland bewegenden Judenfrage Notiz zu nehmen, hat Herr Bresslau, ebenfalls Professor der Geschichte, den Handschuh für sein Volk aufgenommen und in einem Sendschreiben zur Judenfrage seinem Collegen einen Verweis ertheilt.

Da es immer bedenklich ist, wenn praktische Streitfragen in die Hände von Professoren gerathen, weil die Gefahr nahe liegt, daß der Zwiespalt endlich mit einer bequemen Formel überdeckt und so die Heilung des Uebels verzögert oder gehindert werde, so hoffen wir für ein unbefangenes Wort zur Sache einige Berechtigung in Anspruch nehmen zu können.

Zunächst wollen wir den versöhnlichen Ton des Herrn Bresslau anerkennen und zur Erwiderung desselben vorwegschicken, daß, wenn wir allgemeine Urtheile aussprechen, diese nicht für jeden Einzelnen gelten sollen, wie denn der Satz, die Juden seien eine schwarzhaarige Race, nicht behaupten würde, daß es nicht auch

Rothaarige unter ihnen gebe. Wir wollen nur die Regel bezeichnen, wenn wir ein Urtheil über die Juden fällen und wir sind zur Zulassung von Ausnahmen schon durch das Kind von Bethlehem gezwungen, welches Herr Bresslau – mit welchem Recht, lassen wir dahingestellt, – auch zu den Juden rechnet. Nur möge man uns gestatten, Beweise für solche Ausnahmen zu verlangen. – Unsere nächste Aufgabe ist es sodann, einige Irrthümer zu widerlegen, welche beiden Gegnern gemeinsam sind.

Herr von Treitschke datirt die »Judenhetze« seit seiner Rückkehr aus der Ferienreise, Herr Bresslau von den Bleichröder-Camphausen-Delbrück-Artikeln der Kreuzzeitung im Jahre 1875. Die beiden Herren Historiker haben vergessen, daß sie dreitausend Jahre früher anhob, nämlich als Osarsiph (Moses) seine Horde arbeitsscheuer und schmutziger Diebe aus Aegypten flüchtete und sie das »auserwählte Volk Gottes« nannte, mit dieser Ueberhebung den Charakter der Juden ausdrückend.

Diese »Judenhetze« hat seitdem nie und bei keinem Volke aufgehört, mochte im Alterthume Tacitus *(Hist. 5. 8.)* die Juden als »deterrima gens« bezeichnen, das Mittelalter sie verbrennen oder die Schulkameraden dem Herrn Bresslau »Judenjunge« nachrufen. Sie hat nur in der Form gewechselt und ist nicht immer als Verfolgung, sondern zeitweise nur als thatenloser Haß oder leidender Ekel aufgetreten, je nachdem das Verhalten der Juden das Eine oder das Andere herausforderte. In der Form des Ekels lebte sie bei uns bis 1848 und entwickelte sich erst zu Haß, seitdem der Liberalismus sich willig in das Joch der Juden einspannen ließ um ihnen durch die, ihren gefährlichen Eigenschaften willkommene Freiheit gewährende Gesetzgebung zur Herrschaft auf wirthschaftlichem und staatlichem Gebiete zu verhelfen. Jetzt stehen wir vielleicht vor einer thätlichen Judenhetze – wenn nicht durch eine legislative Umkehr vorgebeugt wird – aber eingetreten ist dieselbe noch nicht.

Wäre die Geschichte nicht eine fable convenue, sondern wirklich die Wissenschaft vom Geschehenen, so würde sie ihre Jünger befähigen, aus dem Geschehenen auch das Geschehende zu verstehen oder wenigstens zu ahnen, und Herr von Treitschke hätte nicht nöthig gehabt, sich so lange in der üblichen Art des Fabulirens zu bewegen und erst jetzt zu seiner Ueberraschung zu entdecken, daß der Liberalismus an den Juden zu Schanden geworden sei.

Andererseits ist es eine sehr oberflächliche Auffassung, die jetzige Bewegung gegen die Juden ein paar Leitartikeln der Kreuzzeitung zuzuschreiben. Die Judenfrage war praktisch, die Juden dem Volke lästig geworden und darum verwandelte sich der Ekel in Haß, wie wegen ähnlicher Umstände derselbe Haß in Oesterreich lebt. Wenn in Italien, Frankreich und England nur Ekel herrscht, so liegt dies in der verhältnißmäßig sehr geringen Anzahl von Juden, mögen dieselben aus Spanien oder Polen stammen, mit welcher diese Länder behaftet sind: sie verschwinden dort in der Menge. Aber Herr Bresslau gebe sich keinen Illusionen hin: in keinem dieser drei Länder ladet man in der guten Gesellschaft Jemand mit einem Juden zusammen – oder, wenn man es durchaus nicht vermeiden kann, so entschuldigt man sich.

Es ist auch sehr wenig Grund vorhanden zu der geringschätzigen Art, in welcher der Hofprediger Stöcker von beiden Herren abgefertigt wird. Er hat in den Versammlungen nur ausgesprochen, was in den Leuten selbst gährte, sonst würde er eine solche Popularität nicht erlangt haben. Er hat durch milden – zu milden – Ausdruck die Leidenschaften der Menge zu besänftigen, und Erkenntniß an die Stelle derselben zu setzen gesucht.

Was wir dabei nur zu bedauern haben, ist, daß er wegen der ihm gebotenen christlichen Liebe zu den Juden genöthigt war, den Ausdruck der nationalen Liebe zu seinen Landsleuten zu schwächen und als Diener der Kirche durch Rücksicht auf die von derselben übernommene jüdische Gotteslegende gehindert wurde, die Frage so frei und durchgreifend zu behandeln, als wir gewünscht hätten. Denn wem die alten Juden Gegenstand der Verehrung sein sollen, der muß mit den neuen Juden mehr Umstände machen, als sich mit einer erschöpfenden Behandlung der Sache verträgt.

Und eben so schlecht angebracht ist der Hochmuth gegen die

Antisemiten-Liga, welcher wir selbst übrigens fern stehen. Wenn dieselbe keinen Boden im Volke fände, hätte sie nicht entstehen können, wenn aber die Gemüther der Menschen für einen Gedanken empfänglich sind, bedarf es nur eines geringen Anstoßes, um denselben in ihnen lebendig zu machen. In der Geschichte sind unscheinbare Anfänge nicht selten und der Zweck der Antisemiten-Liga, die uns widerwärtigen Juden wieder in die Schranken zurückzuweisen, welche eine unbedachte Gesetzgebung zu unserem Schaden aufgehoben hat, ist ein mäßiger. Größeres ist schon aus Kleinerem entstanden. Als John Hampden mit der Verweigerung der wenigen Schillinge Schiffsgeld den Kampf eröffnete, dachte er wohl nicht an das Ende desselben vor dem Fenster von Whitehall, und als der Augustinermönch an die Schloßkirche von Wittenberg sein »Flugblatt« anschlug, hatte er keine Ahnung von dem Weltbrande, den es entzünden sollte.

Der eine Geschichtsforscher ist erstaunt, daß »auch in die Kreise höchster Bildung« endlich die Judenfrage gedrungen sei, während der Andere dies läugnet. Beide können Recht haben, der Eine mit seinem Erstaunen, der Andere mit seinem Bestreiten.

Es giebt Redensarten und Worte, welche, so unscheinbar sie sind, ein Volk verderben können. Wenn die deutsche Köchin einen Topf zerbricht, so sagt sie: »er ist entzwei gegangen«, indem sie ihre Ungeschicklichkeit in das Opfer derselben verlegt – und darum findet man in ganz Deutschland kein Cottelett, wie es in der kleinsten Dorfschenke Frankreichs bereitet wird, wo die Köchin sagt: »ich habe den Topf zerbrochen.«

Aehnlich ist es mit dem Worte »Bildung«, welches in dem deutschen Sinne in keiner anderen Sprache etwas Gleiches findet. Der Deutsche hat sich dadurch an den Gedanken gewöhnt, daß man einen lebendigen Menschen »bilden« d. h. durch äußere Einwirkung formen könne, während er doch nur von Innen heraus entwickelt werden kann. Der Deutsche vergißt, daß jede »Bildung« im eigentlichen Sinne etwas Falsches ist – denn »bilden« heißt nicht, die Sache selbst, sondern das »Bild«, den Schein derselben hervorbringen – und daß

selbst der Marmorblock, wenn er zum Apoll gebildet worden, als Stein seinen Werth verloren hat und als Gott eine Lüge ist.
Kann man sich wundern, wenn unter solcher Beeinflussung durch den Geist der Sprache unsere »Kreise der höchsten Bildung« die Nationalität, den Grund alles lebendigen Lebens in ihnen, wie sie Hegel nennt, zu unterdrücken suchen, und statt Deutsche – die sie nur werden und sein können – Menschen schlechthin, die nirgends leben, sein wollen und daß sie sich mit dieser ihrer »Bildung der höchsten Impotenz« noch brüsten und »jeden Gedanken nationalen Hochmuthes mit Abscheu von sich abweisen?«
Fürwahr, man muß eher mit Herrn von Treitschke erstaunen, wenn sich in diesen Kreisen noch Ausnahmen finden, welche von nationalen Fragen berührt werden.
Mit diesem Begriff der Bildung hängt auch der Liberalismus zusammen, welcher die Eigenart der Menschen ignorirt und sie alle für gleich erklärt und zu welchem wunderbarer Weise auch unsere beiden Historiker mehr oder weniger sich bekennen, obgleich die ganze Geschichte nur aus der Verschiedenheit der Menschen hervorgegangen ist. Der Liberalismus ist der Scholasticismus in der Politik, und wie erst seit Bacon Fortschritte in den Naturwissenschaften möglich geworden, so wird auch in der politischen Wissenschaft ein Fortschritt erst möglich sein, wenn dieselbe sich von dem scholastischen Formelwesen befreit und zu einer Beobachtungs- und Erfahrungs-Wissenschaft umgestaltet haben wird. Leider scheint das noch weit im Felde, denn die jetzt übliche Mehrheits-Herrschaft wird das liberale Formelgebäude nicht aufgeben, weil leere Köpfe leichter zu dem Abhaspeln von leeren Formeln anzulernen, als mit wirklichem Wissen zu füllen sind.
Unsere liberalen Historiker haben denn auch die Formel gefunden, mit der sie die Sache abzuthun hoffen. Nach der liberalen Fibel sind alle Menschen gleich und es ist also nur eine Unhöflichkeit der Juden, daß sie Juden sind. »Sie sollen Deutsche werden« sagt Herr von Treitschke, und Herr Bresslau anwortet: »sie sind es ja schon, und ihr selbst seid halbe Juden, denn eure Kultur ist eine

Mischkultur, aus Germanenthum, Christenthum und klassischem Alterthum entstanden und an dieser Mischung hat der *jüdische* Factor, das Christenthum, den stärksten Antheil.«

Was den Einfluß des klassischen Alterthums auf uns anbetrifft, so wird gewiß Niemand mit dem Ausspruch übereinstimmen, daß derselbe eine »Mischkultur« hervorgebracht habe. Griechen und Römer waren Völker unseres Stammes, ihr Geist dem unsrigen sehr nahe verwandt und dem semitischen ebenso fremd. Schon Mommsen hat hervorgehoben, daß deshalb die punischen Kriege Vernichtungskriege wurden und das Sprichwort von »punischer Treue« drückt eine ähnliche Auffassung des semitischen Charakters aus, wie sie uns im Sinne liegt, wenn wir das Wort »jüdisch« zur Bezeichnung einer moralischen Eigenschaft benutzen.

Die Ansicht, daß das Christentum die Fortsetzung des Judenthums sei, ist nicht neu, aber kein Unbefangener wird sie heute noch theilen. Die christliche Kirche hat zwar an die jüdische Tradition des alten Testaments angeknüpft, aber sie laborirt noch heutigen Tages an den Folgen dieses Fehlers. Sie glaubte des Wunders zu bedürfen und wollte dasselbe durch die Beziehung auf frühere, noch weniger zweifellose Wunder beglaubigen lassen, ohne zu bedenken, welchen Gräuel und welche Last von Widersprüchen gegen das Wesen des Christenthums sie mit dem alten Testamente übernahm. Die katholische Kirche stellt sich zwar mehr auf ihre nachchristliche Entwickelung und enthält die Bibel den Laien vor, sie hat aber doch sich von dem jüdischen Geist der Unduldsamkeit nicht immer freihalten können. Ströme von Blut sind diesem Mißgriff geflossen und als die Reformation wieder ein besonderes Gewicht auf die jüdische Legende legte, traten der Nagel des Sissera und der Dolch des Ehud den Fanatikern anregend vor die Seele.

Das Christenthum mit seinem Gesetze der Liebe war die Revolution *gegen* das jüdische Prinzip der Ueberhebung und Ausbeutung und es begann allerdings, wie jede Revolution, den Kampf von innen. Jesus setzte dem auf weltliche Vortheile gestellten Judenthume, der Religion des Manchesterthums, den transcendentalen

Communismus entgegen und fand daher zunächst bei den Armen Eingang – unter diesen aber am Wenigsten bei den Juden, deren Geschmack ein Evangelium von weltlicher Nutzlosigkeit wenig zusagte. Selbst nicht einmal der Monotheismus ist specifisch jüdisch, denn Moses hat seinen Gott aus Aegypten mitgebracht. Die Idee des Monotheismus lebte, wenn auch nur esoterisch, überall in der alten Welt und wenn in der Ilias Zeus das »Schicksal« fragt, bevor er sich einmischt, so heißt das doch nur, daß er sich dem höheren letzten Gotte unterordne. Auch Numa hatte den Kultus des einen unsichtbaren Gottes eingeführt, ähnlich wie er bei den Huronen sich in der reinsten Form ohne alle halbgötterische Zwischenwesen vorfindet. Die Götterfiguren der klassischen Mythologie hat man neben dem letzten unbekannten Gotte wohl aufzufassen, wie die Engel und Teufel, welche, wie in dem Judenthume, noch jetzt in der christlichen Kirche leben: als dii minorum gentium.

Das Christenthum hat sich dann innerhalb der Völker der arischen Familie entwickelt, über welche, – Griechen, Römer, Kelten, Germanen und Slaven – es nie hinausgekommen ist und wenn bei diesen selbst das Christenthum weiter reicht, als die christliche Kirche, so liegt das nicht zum Geringsten an dem jüdischen Ballast, welchen die letztere aufgenommen hat. Das Christenthum ist gewiß nicht ein Produkt des jüdischen Geistes, welchen zu gewinnen es nie vermocht hat, sondern der Ausdruck des arischen Gewissens und Idealismus.

Aber wenn uns die alten Juden in dem Christenthum eine jüdische Mischkultur nicht haben aufdrängen können, so droht uns von den lebendigen Juden eine Gefahr. Nicht die einer Mischkultur, denn die Juden sind keine Kulturträger, wie man immer hat behaupten wollen, weil die christliche Kirche das alte Testament mit einer unverdienten Glorie umgeben hat. Man vergleiche die Bücher Moses mit Homer und Hesiod und das Uebrige des alten Testamentes mit der gleichzeitigen Literatur und Philosophie der Perikleischen Epoche und wage dann noch von jüdischer Tiefsinnigkeit, Poesie und dergleichen zu faseln. Die drohende Gefahr heißt nicht Mischkultur, sondern *Entsittlichung* und sie wird nicht abgewendet, wenn wir die Juden auch aus unserem Staatsleben wieder entfernen. Schon das blosse Vorhandensein einer *solchen Menge* von Juden neben uns und die unvermeidlichen vielfältigen Berührungen mit ihnen schließen diese Gefahr ein. Denn alle guten und alle schlechten menschlichen Anlagen finden sich in jedem Einzelnen zusammen und nur das Verhältniß, in welchem sie sich geltend machen, bestimmt die Charakterunterschiede. Es giebt auf der Welt gewiß keinen Menschen, der nicht schon gestohlen oder betrogen hätte: sei der Gegenstand des Diebstahls auch nur ein Apfel oder der des Betruges eine Schularbeit gewesen. Nun ist es aber mit den menschlichen Anlagen, wie mit den sogenannten musikalischen Gedanken: sie werden durch Consensus angeregt und man darf es nicht gering anschlagen, wenn die Deutschen täglich – im Großen, wie im Kleinen – den Erfolg jener Listen vor Augen haben, deren glückliche Anwendung bei den fleckigen Lämmern Jakobs und den väterlichen goldenen Hausgöttern der Rahel das auserwählte Volk bis auf den heutigen Tag feiert. Schon die Nothwendigkeit der Konkurrenz wird die Deutschen zur Anwendung ähnlicher Listen zwingen und wenn das auch in jüdischen Augen vielleicht ein Kulturfortschritt sein möchte: in den unsrigen würde es als ein großes Unglück erscheinen. Diese Art von Kultur hat Herr von Treitschke wohl im Sinne, wenn er sich gegen »deutsch-jüdische Mischkultur« verwahrt, aber wir verstehen nicht, wie er von diesem Gesichtspunkte aus einer »specifisch jüdischen Bildung« als kosmopolitischen Macht ein gutes – wenn auch nur historisches – Recht einräumen könne.

Sollen wir uns nun der Gefahr dieser jüdischen Kultur ruhig aussetzen, bis die Juden die Güte haben, Deutsche zu werden, was sie in Wirklichkeit weit entfernt sind, zu wollen, und, wenn sie es auch wollten, garnicht könnten?

Wenn das Studium der Geschichte mehr in naturwissenschaftlicher Richtung betrieben und dabei der gehörige Werth auf die

Ethnographie gelegt würde, dann könnte dem Historiker nicht der abenteuerliche Gedanke kommen, aus Juden Deutsche machen zu wollen, selbst wenn er nicht wüßte, daß die Ersteren nie und nimmer ihre Eigenart aufgegeben haben und in kein Volk der Erde aufgegangen sind, nicht einmal in ihnen nahe verwandte semitische Stämme. Der Jude hält sich von dem Araber so streng geschieden, wie von dem Tartaren oder Germanen – und er hat seinen guten Grund dafür. Seine Knochen sind schief und krumm und seine Muskeln schwach und deshalb hat er eine geringe Arbeitstüchtigkeit, die mit einer noch geringeren Arbeitslust verbunden ist. Nun kommt es zwar bei einem Gelehrten nicht darauf an, ob seine Beine gerade oder seine Arme stark sind: ein ganzes Volk aber kann die Arbeit nicht entbehren. Will es dennoch ohne dieselbe leben, so kann es dies nur in der von den Juden geübten Weise als Parasiten auf anderen Völkern, wie sie gelebt haben von ihrem ersten Auftreten an; denn schon als sie sich in Kanaan einquartieren heißt es in ihrer eigenen Ueberlieferung immer von den anderen kananitischen Gemeinden: »und sie wurden zinsbar.«
Dieser körperlichen Anlage entspricht auch ihre geistige, wie sie sich in der Gestaltung ihrer Gottesidee ausdrückt.
Während für den Deutschen Religion die Vereinigung mit Gott durch sittliche Läuterung bedeutet, setzen die Juden sich mit ihrem Gotte *auseinander*, indem sie sich ihm als Contrahenten gegenüberstellen und – wie dies bei einem solchen Verhältniß nicht anders sein kann – mit ihm einen durchaus unsittlichen Vertrag schließen.

»Du wirst alle Völker fressen, die der Herr, Dein Gott, Dir geben wird.« (5. Mose, 7,16.)

Das ist die Verheißung, deren das Volk der Parasiten bedurfte.
Die Verschiedenheit in der Auffassung ihrer Stellung zu Gott und Welt zwischen Deutschen – oder Ariern überhaupt – und Juden kann man wohl mit kurzen Worten dahin ausdrücken, daß der

Arier es für seine Aufgabe hält, sich zu vervollkommnen, der Jude für die seinige, sich zu bereichern.

Aus diesem Begriff seiner sittlichen Aufgabe entspringt bei dem Arier das Ehrgefühl, welches die Aeußerung des sittlichen Idealismus in Geschmack und Gemüth ist.

Dem Juden, welchem gegenüber sein Gott zur Abschließung eines unsittlichen Ausnahmevertrages sich herabgelassen hat, fehlt dieser sittliche Idealismus, den selbst sein Gott ihm nicht zeigt und welcher die Vortheile seines Gottesvertrages illusorisch machen würde. Wie sollte er sein Parasitenleben führen mit dem Hindernisse arischer Ehre im Leibe?

In Wahrheit besitzt er sie auch nicht, sonst hätte er schon einen solchen Gottesvertrag nicht schließen können und dieser Mangel an Ehre ist es, welcher, den Juden eigenthümlich, sie zum Ekel *aller* Völker und das Wort »jüdisch« zum Ausdruck dieses Ekels in *allen* Sprachen gemacht hat. Und diese Ehrlosigkeit erklärt auch ihre Erfolge.

Man wende dagegen nicht ein, daß die jetzigen Juden den alten Gottesvertrag weder geschlossen haben, noch ihn anerkennen. Das Letztere ist doch nur in beschränktem Maße der Fall: diejenigen aber, welche ihre Thorah verläugnen, können doch ihre Abstammung nicht bestreiten. Die Juden haben seit dreitausend Jahren strenge Inzucht getrieben und während dieser Zeit dasselbe Parasitenleben fortgeführt. Man kann nicht annehmen, daß ihre Organisation durch bloße klimatische Einwirkung sich wesentlich geändert habe, so wenig als die Neger in Nordamerika weiß geworden sind. War daher die Denkungsart, deren Ausdruck der damalige Gottesvertrag ist, eine Funktion des damaligen jüdischen Gehirns, so ist kein Grund zu der Annahme, daß das heutige jüdische Gehirn nicht in derselben Denkungsart functioniren werde. Und die Erfahrung bestätigt das.

Die »große Masse der jüdischen städtischen Durchschnittsbevölkerung«, welche, »einfach und schlicht« in »stiller bürgerlicher Arbeitsamkeit lebt« von welcher Herr Professor Bresslau erzählt, macht

seiner Phantasie Ehre, aber in der wirklichen Welt würde es ihm schwer fallen, die Wohnung dieser guten Leute zu finden. Unter der Adresse des Bankiers wird er den Gauner, unter der des Kaufmanns den Schacherer und überall den Wucherer – soweit es die Umstände erlauben – treffen. Das Andere ist nur der Sonntagsanzug.
Wir wollen den Juden aus ihrer Ehrlosigkeit keinen Vorwurf machen, wie wir einen solchen einem Deutschen machen würden, dessen Organisation auf Ehrgefühl veranlagt ist. Der Organisation des Juden ist dasselbe versagt, wie ihm der Arbeitstrieb und die Arbeitstüchtigkeit versagt sind. Man lasse sich nicht täuschen, wenn der Jude sich auf Ehre beruft: was er unter diesem Worte meint – wenn er überhaupt einen Sinn damit verbindet – ist ganz etwas Anderes, als der Begriff, welchen wir demselben unterlegen. Der Jude nennt vielleicht eine Frage seines Kredits oder seiner Eitelkeit eine Ehrensache, aber eine Arbeitsehre kennt er nicht und für unnütze oder unscheinbare Ehre, mit welcher er sich nur in seinem Innern abzufinden hätte und die nicht durch das Gesetz ausgedrückt ist, fehlt ihm das Verständniß.
Auch der lauteste Lobredner der Juden würde sich nicht auf ein jüdisches Ehrenwort verlassen, wo es im Stillen um das Leben ginge – anderenfalls wäre er unseres herzlichen Beileides sicher. –
Wir müssen also mit dieser geistigen Eigenthümlichkeit der Juden wie mit ihrer körperlichen rechnen, wenn wir die Frage, ob sie Deutsche werden können, wirklich einer Erörterung unterziehen wollten.
Bei der parasitischen Lebensweise, auf welche sie ihre Körperbeschaffenheit hinweist und welche aufzugeben sie, ihrem geistigen Hange folgend auch nach ihrer sogenannten Emancipation nicht einmal versucht haben, ist eine Aenderung ihres Characters nicht zu erwarten, selbst nicht bei denen, die wissenschaftliche oder wenigstens studirte Laufbahnen einschlagen. Bei diesen höchstens in so fern, als Kenntnisse den Character schwächen, und dadurch einen schlechten bessern, denn daß die bloße Wissenschaft den Charakter nicht direct günstig beeinflusse, dafür fehlt es nicht an

Beweisen in vielen großen Gelehrten, die im Uebrigen vollkommene Lumpe waren. Auch lernt der Jude in der deutschen Schule etwas Anderes als der Deutsche. Der jüdische Jurist wird das römische Recht hauptsächlich aus der Seele des römischen Wucherers auffassen, der jüdische Philologe aber an dem »beatus ille qui procul negotiis« die Angabe des Zinsfußes vermissen, zu welchem die Prolongation am Schlusse stattgefunden hat.

Herr Bresslau führt eine Menge liberaler Zeitungen an, in deren Redactionen die Juden »*fast* garnicht« vertreten seien, obenan die Vossische und die National-Zeitung!

Will Herr Bresslau uns glauben machen, daß es auf die Person des vorgeschobenen Redacteurs und nicht einzig und allein auf Besitzer und Mitarbeiter einer Zeitung ankomme, und daß in Deutschland vom National-Liberalismus bis zur National-Zeitung Etwas nicht jüdisch sein könnte, was National heißt? Diese Vossische ist wegen der jüdischen Inserate ein eifriges Judenblatt, sie übt bezahlte Liebe. – Will Herr Bresslau wirklich die Thatsache in Abrede stellen, daß Deutschland in einem jüdischen literarischen Miasma athmet?

Er rühmt den glühenden deutschen Patriotismus von Börne, aber dies Märchen ist nach gerade etwas verbraucht. Börne hatte richtig begriffen, was unseren Liberalen so lange verborgen war, daß der liberale Formalismus dazu brauchbar sei, nationale Eigenthümlichkeiten aufzulösen und nationale Schranken zu brechen und also den Juden freie Bahn zu machen, um andere Völker zu befallen. Wenn er sich pathetisch soweit aufpufft, um zu sagen, er schreibe mit dem Blute seines Herzens, so darf man nicht vergessen, daß dieses ein jüdisches Herz war, wie schon an der unglaublichen Unverschämtheit klar wird, mit welcher er die Deutschen behandelt; denn so wegwerfend kann Niemand von einem Volke sprechen, zu welchem er sich selbst rechnet.

Weit entfernt also, die Juden zu Deutschen zu bessern sind wir in Gefahr, die Deutschen verjudeln zu sehen, wie ja auch der gesundeste Apfel seinen faulen Nachbarn nicht heilt, sondern von diesem angesteckt wird: und die deutsche Moral hat schon mehr jüdische Stockflecken bekommen, als die Verbrecherstatistik sichtbar macht: – »böse Beispiele verderben gute Sitten!« –

Sollen die Juden sich mit den Deutschen verschmelzen, so könnte dies nur durch eine Aenderung in der Organisation der Juden in das Werk gesetzt werden und man müßte es über das Herz bringen, den Gedanken einer Blutsvermischung zu fassen, dessen Verwirklichung aber auch nicht so leicht sein dürfte. Auf deutscher Seite steht ihr der Ekel entgegen und auf jüdischer der Umstand, daß der Jude, wie Alles in der Welt, so auch seine Verheirathung aus dem Gesichtspunkte des Geldgeschäftes betrachtet. Einem deutschen Mädchen wird – abgesehen von Fällen seltener krankhafter Verirrung – die Ehe mit einem Juden immer als widernatürliche Unzucht erscheinen und wo Armuth die Stimme des natürlichen Gewissens unterdrückt, wird es den Juden nicht reizen. Es bleiben also die wenigen Mischheirathen, wo ein heruntergekommener Deutscher durch Verbindung mit einer reichen Jüdin die Schulden seines früheren Leichtsinns mit dem Geschmack seines ferneren Lebens und der Würde seiner Nachkommen bezahlen will und diese einzelnen Fälle fallen wenig in das Gewicht – wir können uns desshalb glücklich schätzen. Die Mischproducte würden nicht in billiger Theilung zu halb und halb beider Racentypen ausfallen, sondern zum bei weiten größten Theile jüdisch, wie das aus den Erfahrungen bei der Thierzucht unzweifelhaft hervorgeht, nach welchen die Constanz und Vererbungsfähigkeit einer Race in geradem Verhältniß steht zu der Zeit, innerhalb welcher dieselbe in reiner Inzucht fortgezüchtet worden ist. Und darin sind die seit dreitausend Jahren reinblütigen Juden allen übrigen Völkern und namentlich den Deutschen unendlich überlegen, welche in fortwährender Vermischung, wenn auch unter verwandten Stämmen, sich entwickelt haben. Man will an einigen Familien der Ungarischen Aristokratie, in welche jüdisches Blut eingedrungen ist, die Erfahrung gemacht haben, daß der jüdische Character Jahrhunderte lang hervorgetreten sei.

Wir müssen daher Herrn von Treitschke vollkommen beistimmen, wenn er sagt »die Juden sind unser Unglück«, aber wir haben zu bedauern, daß er nicht schon früher mit uns bemüht gewesen ist, diesem Unglück vorzubeugen.

Man darf bei einer politischen Partei – wir meinen nur den redlichen Theil derselben – welche sich selbst einen so widersinnigen Namen gab, als den der »nationalliberalen« – denn Nationalität und Liberalismus sind gerade Gegensätze – eingehendes Denken nicht suchen. Ihr Verstand war die wohlfeile Formel, ihr Inhalt der jüdische Leitartikel und ihr Ehrgeiz das Lob der jüdischen Zeitung. Wie sollte sie dem Schicksale entgehen, endlich als Opferthier auf dem Altar des Judenthums geschlachtet zu werden und wie sollte es ihr begreiflich gewesen sein, daß die gesunde Entwickelung eines Staatswesen unmöglich werde, wenn zwei Elemente von so verschiedener Sittlichkeit, wie Deutsche und Juden gleichen Theil haben sollen. Und doch lag es auf der Hand, daß Freiheiten, welche man den Deutschen gestatten könnte, von den Juden mißbraucht werden, und Beschränkungen, welche die Natur des Juden erfordert, den Deutschen unnöthig drücken würden. Und ebenso nahe lag die Erkenntniß, daß staatliche Freiheit überhaupt nur eine nationale sein und daß unter derselben nur verstanden werden könne die Freiheit eines Volkes, nach seinen natürlichen Eigenthümlichkeiten zu leben und sich zu entwickeln und daß eine solche Entwickelung unmöglich werden müsse, wenn die Organe der Gesetzgebung und Verwaltung einer ganz fremden, geradezu feindlichen Race angehören.

Einer Partei, welche in solchem Verhältniß zu der jüdischen Tagespresse stand, konnte es nicht verdächtig werden, mit welchem Eifer diese jüdischen Zeitungen den Culturkampf anbliesen, und wie immer, wenn sie gegen die »Pfaffen« zeterten, darunter stets die Diener der christlichen Kirche, niemals aber die jüdischen Rabbiner gemeint waren, welche doch eine viel weiter gehende Autorität in ihren Gemeinden üben. Ihr mußte es verborgen bleiben, daß das jüdische Geschrei nach Trennung des Staates von der Kirche –

worunter natürlich nur die christliche Kirche zu verstehen – die beste Widerlegung der Behauptung des Herrn Professor Bresslau sei, nach welcher das Christenthum jüdische Kultur enthalte, und doch lag es wieder so nahe, hinter der Wuth gegen die Kirche die Erkenntniß zu vermuthen, daß für die Juden die christliche Kirche das stärkste Hinderniß und ihr Einfluß auf den Staat die wirksamste Schutzwehr für die Deutschen sei.

Seit die Nationalität in den Völkern wieder lebendig geworden, hat die Redensart von der Trennung des Staates von der Kirche ihren Sinn verloren; für uns wenigstens insofern, als die christlichen Kirchen alle den wesentlichen Inhalt des Christenthums gemeinsam haben: denn in einem nationalen Staate mit gleichartigem Volkscharakter fällt die Aufgabe der Kirche mit der des Staates zusammen. Die Religion ist der höchste Ausdruck der Sittlichkeit eines Volkes und Gott die Verkörperung seines Rechtsbewußtseins. Desshalb hat jedes Volk mit dem theokratischen Staate angefangen, wie uns Herr Bresslau von dem seinigen bezeugen wird, denn Recht, Sitte und Religion entspringen aus derselben Quelle. Die Könige traten erst als die Minister der auswärtigen Angelegenheiten ein, welche in der Urzeit noch nicht durch die Feder, sondern durch die Keule – die jetzt Scepter heißt – geordnet wurden, weshalb auch der ältere Cato die Könige Fleischfresser nannte. Diese Minister des Auswärtigen bemächtigten sich dann allmählig mittelst des vorerwähnten Scepters auch des Portefeuille des Inneren, wenn sich aber die ganz isolirte Entwickelung eines Volkes denken ließe, so würde diese nie über die Theokratie hinaus gekommen sein.

Kirche und Staat sind nicht einander fremd, sondern haben dieselbe Aufgabe, nur in getrennten Sphären. In dem Bereich des Staates liegen die Handlungen: diese aber sind vorher Gedanken gewesen und haben sich mit dem Gemüth und dem Gewissen abfinden müssen, welche im Bereich der Kirche liegen. Es ist besser und sicherer, daß die Kirche das Gewissen erziehe, als daß der Staat die Handlung strafe. Die Kirche arbeitet so in der Welt der

Gedanken dem Staate vor und der Letztere hat in der Welt der Erscheinungen nur nachzuholen, was jener etwa entgangen wäre. Im Uebrigen beherrscht die Kirche nur den, dem sie nothwendig ist und sie bekämpfen kann nur, wer eine andere Kirche an ihre Stelle setzen will – abgesehen von profanen Hintergedanken. Denn zur Befreiung von der Kirche ist der bloße Wille dieser Freiheit ausreichend – aber auch das Bewußtsein nöthig, ihrer nicht zu bedürfen.
Aus dem Vorstehenden folgt, daß wir den Juden weder eine active Betheiligung am Staatswesen gestatten, noch bei ihrer angeerbten feindlichen Sittlichkeit sie in solcher Menge neben uns dulden können. Es mag dies hart klingen, aber wir würden auch die Thugs nicht unter uns dulden können, obgleich bei diesen der Raubmord nur religiöses Gebot, nicht erbliche Eigenthümlichkeit ist. Schon materiell ist es unmöglich, den jetzigen Zustand auf die Dauer zu ertragen. Möchte es auch achtzig Deutschen – wenn gleich mit Mühe und Noth – gelingen, einen unproductiven Juden zu ernähren, so ist doch die Last über das Land zu ungleichmäßig vertheilt und z. B. in Berlin – wo das Verhältniß noch nicht das ungünstigste in Deutschland ist – müssen nur achtzehn Berliner einen Juden erhalten, der im Durchschnitt vielleicht mehr an sich reißt, als seinen Ernährern bleibt. Unter diesen achtzehn Berlinern sind aber nach Ausschluß von Kindern und Greisen höchstens fünf arbeitskräftig, so daß der Jude mindestens den fünften Theil der werbenden Kraft der Berliner aufzehrt – wahrscheinlich einen viel größeren.
Diese Kalamität wächst durch die Endlosigkeit des jüdischen Zuschubes von Tag zu Tage. Wenn wir die weitere Entwickelung nach der Erfahrung der letzten zehn Jahre berechnen – und es wird eine progressive Beschleunigung eintreten – so werden nach weiteren zwanzig Jahren die Deutschen, falls sie nicht rechtzeitig Nothwehr brauchen, vollständig Heloten der Juden geworden und moralisch soweit heruntergekommen sein, als wirthschaftlich. Es handelt sich also für uns um das Leben – mindestens um das Leben als Nation.
Sehr zur rechten Zeit hat der »Reichsbote« darauf aufmerksam ge-

macht, wie Napoleon in dem Geburtslande der »Menschenrechte« und der »glorreichen Prinzipien von 1789« unter ähnlichen Umständen mit den Juden verfuhr und wir wollen das Wesentlichste davon anführen:

Napoleon sagte im Staatsrath am 30. April 1806:

»Die Gesetzgebung muß überall einschreiten, wo der allgemeine Wohlstand in Frage gestellt wird. Die Regierung kann nicht mit Gleichgiltigkeit zusehen, wie sich eine verächtliche Nation zweier Departements von Frankreich bemächtigt. Die Juden müssen als ein besonderes Volk, nicht als eine religiöse Secte behandelt werden. Sie sind eine Nation innerhalb der Nation. Es ist zu demüthigend für die französische Nation, in die Gewalt der niedrigsten aller übrigen zu gerathen. Schon sind ganze Dörfer durch die Juden ihrer Eigenthümer beraubt worden. Die Juden sind die Raubritter der neuen Zeit, wahrhafte Rabenschwärme. Man muß sie staatsrechtlich behandeln, nicht civilrechtlich. Sie sind keine wirklichen Bürger. Es wäre gefährlich, die Schlüssel Frankreichs im Elsaß in die Hände solcher Menschen, die keine Patrioten sind, fallen zu lassen. Vielleicht würde es zweckmäßig sein, durch das Gesetz zu bestimmen, daß am Rhein nicht mehr als 50 000 Juden leben dürfen; die übrigen wären in's innere Frankreich zu weisen. Man könnte ihnen auch den Handel verbieten, da sie denselben durch ihren Wucher entehren.«

und am 7. Mai:

»Die Juden haben schon zu Moses Zeiten Wucher getrieben und andere Völker unterdrückt, während Christen nur ausnahmsweise Wucherer sind und in solchem Falle der Verachtung anheimfallen. Mit philosophischen Gesetzen wird man die Juden nicht anders machen. Da sind schlichte Gesetze, Ausnahmegesetze, vonnöthen. Man muß den Juden das Handeln verbieten, da sie Mißbrauch damit treiben, wie man einem Goldarbeiter das Handwerk legt, der falsches Gold macht. Ich bemerke noch einmal: was die Juden Böses verüben kommt nicht von den einzelnen her, sondern aus der ganzen Grundart dieses Volks.«

Dann kam das Gesetz vom 17. März 1808, welches vorläufig auf zehn Jahre erlassen und später in der Preußischen Rheinprovinz durch Kabinetsordre v. 3. März 1818 auf unbestimmte Dauer verlängert wurde. Die wesentlichen Bestimmungen waren folgende: »Alle von Juden an Minderjährige, Frauen und Militärs gemachten Darlehne sind null und nichtig – Keine Klage auf Rückzahlung von Darlehnen, die von Juden an nichthandeltreibende Personen gemacht worden, wird angenommen, wenn der Kläger nicht nachweist, daß die betreffenden Werthe ohne Abzug und ohne Betrug geliefert worden sind. – Mehr als 5 Procent Zinsen können nicht gefordert werden, mehr als 10 Procent machen die Forderung ungültig. – Ohne ausdrückliche Erlaubniß der Regierung darf in Frankreich kein Jude Handelsgeschäfte treiben, und diese Erlaubniß, die nur auf Grund verschiedener Zeugnisse ertheilt werden darf, muß alljährlich erneut werden. – Alle von Juden, die keine solche Erlaubniß besitzen, gemachten Geschäfte sind rechtlich nichtig. Ebenso die auf Grund derselben aufgenommenen Hypotheken. Im Elsaß darf sich kein Jude mehr niederlassen. – Auch im übrigen Frankreich nur unter der Bedingung, daß er Ackerbauer und Feldeigenthümer wird.«

Wir möchten dem entsprechend für unsere Verhältnisse folgende Maßregeln vorschlagen, um doch mit einer praktischen Lösung zu schließen.

Es darf nicht mehr fremden Juden Aufnahme gewährt werden.

Staats- und Communal-Aemter dürfen keinem Juden übertragen und die in solchen Stellungen bereits befindlichen Juden müssen abgeschafft werden gegen Abfindung.

Das active und passive Wahlrecht wird ihnen entzogen.

Kein Jude darf Grundbesitz erwerben oder behalten. Die bereits im Besitz befindlichen werden exproprirt gegen Staatspapiere.

Eine solche Maßregel muß im öffentlichen Interesse sich Jeder gefallen lassen und das öffentliche Interesse erheischt dieselbe den Juden gegenüber dringend. Den Einfluß, welchen der Grundbesitz verleiht, darf man den Juden nicht gestatten. Können die Juden aus der Hypothek nicht mehr das Grundstück erwerben, so muß auch ihr Hypothekenwucher aufhören. Die Cabinetsordre Friedrich Wilhelms III. vom 20. Sept. 1816 für die Kreise Paderborn, Büren, Warburg und Höxter war noch härter, aber leider nicht für den ganzen Staat erlassen.

Kein Jude darf mehr als 5 pCt. Zinsen einklagen. Hat er mehr als 10 pCt. – es sei auf welchem Umwege es wolle – sich versprechen lassen, so ist sein ganzer Anspruch nichtig und die Behörde befugt, ihn auszuweisen. Diese letztere Drohung halten wir für besonders wirksam und sie bewährt sich in Wien gegen die Wucherer.

Alle Zeitungsartikel müssen bei strenger Strafe mit dem Namen des wirklichen Verfassers unterzeichnet sein und das Inseratenwesen wird Staatsmonopol.

Juden dürfen ohne besondere, jährlich zu erneuernde und nur durch den Nachweis der Harmlosigkeit zu verlängernde Erlaubniß nicht Handel treiben. Von der Börse und dem Schankgewerbe bleiben sie ein für alle Male ausgeschlossen.

Die vorhandenen Juden werden gleichmäßig vertheilt, so daß jede deutsche Gemeinde in demselben Verhältnisse bedacht wird. Alle Deutschen haben gleichmäßigen Anspruch auf die Segnungen der neuen Gesetzgebung, und so dürfen wir auch eine der wesentlichsten dieser Segnungen, die Juden, unseren daran noch Mangel leidenden Landsleuten in unbilligem Maße nicht vorenthalten. Die geduldete Kopfzahl der Juden aber dürfte sich in den einzelnen Gemeinden nicht vermehren, denn es ist besser, daß die überzähligen Juden auswandern, als daß die Deutschen davon laufen müssen.

Diese Maßregeln müßten auch für reinblütige getaufte Juden und für jüdisches Mischblut bis mindestens zur dritten Mischgeneration gelten.

Während das Vorstehende sich unter der Presse befand, ging uns das Januar-Heft der »Preußischen Jahrbücher« zu. Es ist nur eine Forderung der Gerechtigkeit, eine wesentliche, durch die von Graetz gelieferte Probe »specifisch jüdischer Bildung« wohl geförderte Klärung der Ansichten des Herrn von Treitschke anzuerkennen und wir knüpfen daran die Hoffnung, daß seine gesunde deutsche Natur immer mehr die liberale Zwangsjacke auswachsen werde.

Er räumt ein, daß er erst innerhalb der letzten Wochen über die sociale Macht des unter sich zusammenhaltenden Judenthums belehrt worden sei und er wird eine fortlaufende Belehrung erfahren, je mehr er sich in die Judenfrage, welche ihn malgré lui nicht mehr verlassen wird, vertieft. Er erkennt jetzt in Bezug auf die Religion schon an, daß das Gefühl lebendiger Einheit, wie es das Nationalitätsbewußtsein erfordert, unvereinbar sei mit einem Widerspruch in den heiligsten Fragen des Gemüthes und er wird bei weiterem Eingehen in die Sache auch einräumen, daß dieser gemüthliche Gegensatz ein Gegensatz der natürlichen Anlage sei, also nicht – wie es nach seiner Darstellung scheinen möchte – durch die Taufe, welche ohne die Anlage doch immer nur etwas Aeußerliches bleiben müßte, aufgehoben werden könne. Die gemüthliche und selbst die körperliche Verschiedenheit von Deutschen und Juden wird immer das Gefühl »lebendiger Einheit« stören, wie denn eine kleine Abweichung in der Bildung der Ohrmuschel hingereicht hat, die Cagot's Jahrhunderte lang zu isoliren.

Aus diesem Grunde haben wir es auch nicht der Mühe werth gehalten, der Theorie des Herrn Professor Lazarus, welcher die Nationalität auf gleichen Wohnort und gleiche Sprache – bei den Juden nicht einmal ihre Muttersprache – zurückführen will, mit einem Worte zu erwähnen.

Er hätte schon bei Hegel (Philosophie der Geschichte) lernen können: »die Religion steht im engsten Zusammenhang mit dem Staatsprincip; *die Vorstellung von Gott macht die allgemeine Grundlage eines Volkes aus.«* Er hätte dies auch aus dem staatlichen Verfall der Europäischen Türkei lernen können, wo eine dieselbe Sprache redende Bevölkerung nicht mit einander leben kann, weil die Einen Muhamedaner und die Andern Christen sind, – aber das Alles scheinen auch viele Andere nicht lernen zu können.

Aber dem industriösen Vater des Nickel, Herrn Ludwig Bamberger, dürfen wir nicht vorbeigehen. Er hat in »Unserer Zeit« siebenzehn Seiten »Deutschthum und Judenthum« geschrieben, auf welchen siebenzehn Seiten er zwar nichts Neues sagt, aber das Alte in einer Weise vorbringt, welche bei jedem Anderen durch ihre Dreistigkeit Staunen erregen würde. Lazarus will die nationale Identität von Deutschen und Juden beweisen, Bamberger behandelt sie als unzweifelhafte Thatsache und nennt den deutschen Judenhaß eine »Selbstzerfleischung der Deutschen unter sich«, »den Fluch der deutschen Nation, sich nach allen Seiten hin gegenseitig zu scheiden und zu peinigen.« »Die jüdischen Deutschen hindern nicht das Gedeihen der christlichen Deutschen« – und was der geistreichen Bescheidenheiten mehr sind: aber mit solchen Taschenspielerkunststücken wird er Niemand mehr einfangen.

»Eine Unterscheidung nach Race und Religion – er sagt immer ›Confession‹ – sei undurchführbar, übrigens seien die Juden den Deutschen am Nächsten verwandt, da sie sich in Deutschland so gern aufhielten.« Jetzt scheinen sie in den Rumänen Vettern entdeckt zu haben und die Heuschrecken sind vielleicht auch nahe Verwandte der Kosacken, weil sie sich gern am Don aufhalten.

»Den Juden gehe leider das Talent des Trinkens ab und das sei ein gesellschaftliches Hinderniß« – aber ein wirksameres Hinderniß ist es wohl, daß sie am anderen Morgen im Börsen-Courier damit prahlen, wenn sie von Mitgliedern der höheren Gesellschaft zu einem interessanten Souper zugelassen worden sind und dadurch ihren Genossen ernstliche Verdrießlichkeiten zuziehen. Verdrießlichkeiten übrigens, welche wir Cavalieren, die in dieser Weise mit Juden frère et cochon sind, von Herzen gönnen.

»Noch haben die deutschen Staatsregierungen sich ganz correct gehalten« – indem sie nämlich zusehen, wie die Deutschen von den Juden verzehrt werden. Er hält es für undenkbar, daß die Letzteren darin wieder gestört werden könnten – aber es scheint Vieles undenkbar, was doch wirklich wird. Vor zwanzig Jahren wäre auch die Gesetzgebung, welche die Deutschen seitdem erlitten haben und die heutige Judenherrschaft undenkbar gewesen, – aber »ce qui est bon à prendre, est bon à rendre«.

In einem Punkte jedoch finden wir uns. Er sagt, in Deutschland scheine es jetzt fast zu heißen: »je mehr Judenhaß, desto mehr Tugend.« Darin hat er Recht und der Satz an sich ist in gewissem Sinne auch richtig. Der Judenhaß ist eine Reaction auch des sittlichen Gefühls und was wir an den Juden hassen, ist das gerade Gegentheil von dem, was wir Tugend nennen. Haß des Lasters aber ist, wenn noch nicht selbst Tugend, so doch die Voraussetzung derselben. Wer mit den Juden verkehrt ohne ihr Wesen zu erkennen, den beneiden wir nicht um seinen Verstand, wer aber das jüdische Wesen erkannt hat, ohne es zu hassen, dessen Charakter ist uns ernstlich verdächtig.

Bamberger flüchtet sich schließlich zu Herrn Professor Paulus Cassel, welcher Alles auf Lager hat – also auch ein Wort für sein Volk mit »jüdischem Christenthum« und »Heil von den Juden!«

Erklärung
(November 1880)

Kommentar: *Die »Erklärung« wurde kurz vor dem Jahrestag des Treitschke-Essays am 12. November 1880 in mehreren Zeitungen publiziert, zu den Unterzeichnern gehörten Regierungs- und Kommerzienräte, Stadträte und Parlamentsabgeordnete, Verbandsvorsitzende, Gerichts- und Schuldirektoren, auch Mitglieder der Akademie der Wissenschaften, Professoren, Lehrer, Anwälte und Vertreter von Kaufmannschaften und Handelsorganisationen, Bankdirektoren, Buchhändler, außerdem der Direktor der Sternwarte und nicht zuletzt eine Reihe von Kirchenvertretern. Sie reagierte auf die Unterschriftenaktion der sogenannten »Antisemiten-Petition«, in der von der »Berliner Bewegung« (die Brüder Förster, Henrici, Liebermann von Sonnenberg, Zöllner u. a.) an Bismarck appelliert wurde, die Rechtsgleichstellung der Juden zurückzunehmen. Dem trat die »Erklärung«, die von einem Geist des liberalen Bürgertums Berlins getragen wurde, mit großer Geste entgegen. Berthold Auerbach, der sie am Folgetag in einem Brief an seinen Freund und Vetter Jakob Auerbach ausführlich kommentierte, nannte sie enthusiastisch »die große Erklärung der besten hiesigen Männer« und empfand den Beistand von christlicher Seite als »Gewitterbefreiung«: »die elektrische, drückende Spannung hat sich gelöst und man athmet frei!« (Brief vom 14. November 1880, 438) Der Text der »Erklärung« ist deutlich weniger prätentiös als die Selbst- und Funktionsbezeichnungen der Unterzeichner, die sie ihm durch die Aufzählung ihrer Titel, Berufe und ihres gesellschaftlichen Rangs mitgaben. In ihm ist die Rede von der »Seuche« (365) des Antisemitismus, von der »Wiederbelebung eines alten Wahnes« (365) und vom »Fanatismus des Mittelalters« (364). Neben dem Bürgermeister von Berlin, Max Forckenbeck, und einer Mehrzahl heute nicht mehr geläufiger Namen enthält das Manifest auch die Unterschriften des Germanisten Wilhelm Scherer und der Historiker*

Johann Gustav Droysen und Theodor Mommsen; Letzterer sollte wenige Wochen später seine Gegenschrift »Auch ein Wort über unser Judenthum« vorlegen (sie erschien am 10. Dezember 1880, s. u.); die Unterschrift von Max Weber ist nicht vom jungen Soziologen, seinerzeit noch ein Jugendlicher von 16 Jahren, sondern von seinem Vater, dem Juristen und Reichstagsabgeordneten Max Weber sen. Unter diese Erklärung trugen sich nach den 75 Erstunterzeichnern später noch weitere Unterstützer ein.

Im »Manifest der Berliner Notabeln gegen den Antisemitismus«, wie ihr ursprünglicher Titel lautete, wurde aufschlussreicherweise an zentraler Stelle in einer Art von Selbstansprache der aufgeklärten Kulturnation Deutschland an das »Vermächtniß Lessings« (365) erinnert, dessen 150. Geburtstag im Januar 1879 begangen worden war. Das war mehr als die rhetorische Verneigung vor einer hehren Tradition in Philosophie und Dichtung: Der Text der »Erklärung« verweigerte tatsächlich im Geiste Lessings bereits in seiner Wortwahl, der aktuellen antisemitischen Agitation Zugeständnisse zu machen und an der von Treitschke und seinen Anhängern intendierten Spaltung in »Deutsche« und »Juden« mitzuwirken. Stattdessen forderte er im Sinne der Aufklärung und der Toleranz (365) ganz schlicht »gleiche Anerkennung tüchtigen Strebens für Christen und Juden«. (365)

Gotthold E. Lessing war schon durch seine Freundschaft mit dem im selben Jahr geborenen Aufklärer und Philosophen Moses Mendelssohn und natürlich durch das 1779 entstandene Drama »Nathan der Weise« in der jüdischen Erinnerung ein hell strahlender Symbolname, der in den ersten Gegenreden der Kritiker Treitschkes als Autorität, ja, als Schutzpatron für das deutsch-jüdische Verhältnis angerufen wurde, so schon von Manuel Joël (79 u. 80), Heinrich Graetz (123), Moritz Lazarus (160, 187) und auch Hermann Cohen (283). Der Kairos dieses Gedenkjahres ist für die jüdische Gedächtnisgeschichte von größter Relevanz: 1879 ist aus dieser Perspektive eigentlich ein glücksverheißendes Lessing-, Mendelssohn- und »Nathan«-Jahr, dessen Entstehung einhundert Jahre zuvor in vielen jüdischen Zeitschriften gefeiert wird. (Fauser 2015) Antisemiten wie Treitschke (116), Stoecker, Marr und Hector de Grousillier oder auch Eugen Dühring verhöhnten häufig diese jüdischen Gedenkfeierlichkeiten (Steer 2019, 171-173), und tatsächlich schien nun, mit den Ereignissen im Herbst 1879, der feierliche Ton des die Emanzipation preisenden Erinnerungsdiskurses hinfällig geworden; aus dem Mendelssohn- und Lessing- war nun ein Stoecker-, Marr- und Treitschke-Jahr geworden. Schon Manuel Joël hatte in seinem offenen Brief an Treitschke die Frage gestellt, wie er »bei der Losung: Hie Lessing! Hie Marr! sich für Marr entscheiden« könne. (79) Mit besonderer Intensität reflektierte auch Berthold Auerbach in seinen in dieser Edition ebenfalls aufgenommenen Briefen (die bereits 1884 veröffentlicht wurden) die pantheistisch-spinozistische Tradition, der sich Lessing, Herder und auch der junge Goethe nahe fühlten und in die sich auch Auerbach stellte; auch er stellte hier die Tradition Lessings den zerstörerischen Folgen der aktuellen Hetze gegen die Juden gegenüber, die ihm als Bruch mit dem Erbe des eigentlichen, des weltbürgerlichen Deutschlands erscheint. (Zu Auerbachs Lessing- und Selbstbild siehe unten, 432, 435f.; 441-443, v. a. sein Brief vom 23. Februar 1877, 423-426.)

Zur Quelle: Nicht mit abgedruckt hatte Boehlich (wie auch Pulzer 1966 [2004], 341f.) die Namen der 75 Unterzeichner; diese werden hier – so wie bereits 1967 bei Liebeschütz (dort 341f.) – nachgetragen; und wie bei Liebeschütz sind auch hier die Berufe der Unterzeichner mit angegeben, die sie mit ihren Namen unter den Aufruf setzten, um das politische Gewicht der Stellungnahme zu einer gesellschaftlichen Aussage zu vermehren. Die Edition des Zentrums für Antisemitismusforschung (*BAS* [Dok. 64], 551-554) übernimmt Namen und Berufsbezeichnungen ebenfalls, sie legt als Quelle den Vorabdruck im *Berliner Börsen-Courier* zugrunde, dessen Kommentierung »im Namen des Freisinns, der Vorurtheilslosigkeit, der liberalen Gesinnung« (Der B. B. C. über die Berliner Notabelnerklärung, in: *BAS* [Dok. 67], 570-572, hier 570) den allgemeinen Charakter unterstreicht, den dieser Aufruf verteidigte: Es galt inzwischen, nach einem Jahr, auch das Ansehen Deutschlands zu retten, und die »Erklärung« fand in der Tat auch im Ausland breite Resonanz. Liebeschütz deutete die Namen der Berliner Honoratioren nicht nur als sprechendes Dokument der Geschichte des damaligen Berliner Bürgertums im Speziellen, sondern auch als eine singuläre Quelle für das Verhältnis zwischen dem deutschen nichtjüdischen Bürgertum und den deutschen Juden im Allgemeinen, denn niemals später mehr – auch nicht in den

Jahren der Weimarer Republik – sei es nochmals vorgekommen, dass sich Spitzenvertreter aus Politik, Wissenschaft, Verwaltung, Wirtschaft, Handel und Kultur öffentlich in einer vergleichbaren Geschlossenheit gegen antijüdische Agitationen stellten.

Lit.: Goetschel, Lessing, Mendelssohn, Nathan. German-Jewish Myth-Building as an Act of Emancipation (2000), 341-360; Horch, Art. »Auerbach, Berthold«, in: *Lexikon deutsch-jüdischer Autoren* (2000), 19-23; Niefanger / Och / Siwczyk (Hgg.), *Lessing und das Judentum. Lektüren, Dialoge, Kontroversen im 19. und 20. Jahrhundert* (2015), hierin v.a.: von Glasenapp, »Vom edlen Freunde«. Lessing in der jüdischen Historiographie (2015), 163-181; Fauser, Deutsch-jüdische Gedächtniskultur – das Jubiläumsjahr 1879 (2015), 183-204; zur völkischen Lessing-Kritik, die auch im Berliner Antisemitismusstreit artikuliert wurde: Theisohn, Lessing: Ein Kapitel zur paranoischen Literaturgeschichtsschreibung (2015), 225-239; die häufige innerjüdische Parallel-Erinnerung an Mendelssohn und Lessing betont: Steer, *Moses Mendelssohn und seine Nachwelt. Eine Kulturgeschichte der jüdischen Erinnerung* (2019).

Heiße Kämpfe haben unser Vaterland geeint zu einem mächtig aufstrebenden Reiche. Diese Einheit ist errungen worden dadurch, daß im Volksbewußtsein der Deutschen das Gefühl der nothwendigen Zusammengehörigkeit den Sieg über die Stammes- und Glaubensgegensätze davontrug, die unsere Nation wie keine andere zerklüftet hatten. Solche Unterschiede den einzelnen Mitgliedern entgelten zu lassen, ist ungerecht und unedel und trifft vor Allem diejenigen, welche ehrlich und ernstlich bemüht sind, in treuem Zusammengehen mit der Nation die Sonderart abzuwerfen. Von ihnen wird es als ein Treubruch derer empfunden, mit denen sie nach gleichen Zwecken zu streben bewußt sind, und es wird dadurch verhindert, was das gemeinsame Ziel ist und bleibt: die Ausgleichung aller innerhalb der deutschen Nation noch von früher nachwirkenden Gegensätze.

In unerwarteter und tief beschämender Weise wird jetzt an verschiedenen Orten, zumal den größten Städten des Reichs, der Racenhaß und der Fanatismus des Mittelalters wieder ins Leben gerufen und gegen unsere jüdischen Mitbürger gerichtet. Vergessen wird, wie viele derselben durch Fleiß und Begabung in Gewerbe und Handel, in Kunst und Wissenschaften dem Vaterlande Nutzen und Ehre gebracht haben. Gebrochen wird die Vorschrift des Gesetzes wie die Vorschrift der Ehre, daß alle Deutschen in Rechten und Pflichten gleich sind. Die Durchführung dieser Gleichheit steht nicht allein bei den Tribunalen, sondern bei dem Gewissen jedes einzelnen Bürgers.

Wie eine ansteckende Seuche droht die Wiederbelebung eines alten Wahnes die Verhältnisse zu vergiften, die in Staat und Gemeinde, in Gesellschaft und Familie Christen und Juden auf dem Boden der Toleranz verbunden haben. Wenn jetzt von den Führern dieser Bewegung der Neid und die Mißgunst nur abstrakt gepredigt werden, so wird die Masse nicht säumen, aus jenem Gerede die praktischen Konsequenzen zu ziehen. An dem Vermächtniß Lessings rütteln Männer, die auf der Kanzel und dem Katheder verkünden sollten, daß unsere Kultur die Isolierung desjenigen Stammes überwunden hat, welcher einst der Welt die Verehrung des einigen Gottes gab. Schon hört man den Ruf nach Ausnahmegesetzen und Ausschließung der Juden von diesem oder jenem Beruf und Erwerb, von Auszeichnungen und Vertrauensstellungen. Wie lange wird es währen, bis der Haufen auch in diesen einstimmt?

Noch ist es Zeit, der Verwirrung entgegenzutreten und nationale Schmach abzuwenden; noch kann die künstlich angefachte Leidenschaft der Menge gebrochen werden durch den Widerstand besonnener Männer. Unser Ruf geht an die Christen aller Parteien, denen die Religion die frohe Botschaft vom Frieden ist; unser Ruf ergeht an alle Deutschen, welchen das ideale Erbe ihrer großen Fürsten, Denker und Dichter am Herzen liegt. Vertheidiget in öffentlicher Erklärung und ruhiger Belehrung den Boden unseres gemeinsamen Lebens: Achtung jedes Bekenntnisses, gleiches Recht, gleiche Sonne im Wettkampf, gleiche Anerkennung tüchtigen Strebens für Christen und Juden.

Berlin, den 12. November 1880

Unterzeichner: Professor Dr. med. Albrecht; – Professor Dr. Arndt; – C. F. Arndt, Ältester der Berliner Kaufmannschaft; – Professor A. Auwers; – Realschuldirektor Dr. Bach; – Beisert, Abgeordneter und Syndikus der Berliner Kaufmannschaft; – Stadtschulrat Professor Dr. Bertram; – Professor Bruns, Doktor der Rechte; – Dr. Cauer, Stadtschulrat; – Ed. Conrad, Präsident der Ältesten der Berlin Kaufmannschaft; – Contenius, Rechtsanwalt; – A. Delbrück, Ältester der Berliner Kaufmannschaft; – G. Dietrich, Vizepräsident der Ältesten der Berliner Kaufmannschaft; – Professor Dr. Droysen; – Geh. Regierungsrat Bürgermeister Duncker; – Kommerzienrat Eger; – Dr. Engel, Geh. Oberregierungsrat; – Ad. Enslin, Verlagsbuchhändler; – Professor Dr. Förster, Direktor der Sternwarte; – Oberbürgermeister Dr. von Forckenbeck; – A. Frenzel, Ältester der Berliner Kaufmannschaft; – Dr. Gallenkamp, Gewerbeschuldirektor; – Geheimer Kommerzienrat Fr. Gelpcke; – Stadtältester Gesenius; – Professor Dr. Gneist; – Kommerzienrat E. Hergersberg; – Hermes, Stadtrat; – Professor Dr. Hofmann, z. Z. Rektor der Universität; – Professor Dr. Hofmann, Gymnasialdirektor; – Dr. Friedrich Kapp; – Karsten, Rechtsanwalt; – Jul. Kauffmann, Ältester der Berliner Kaufmannschaft; – G. Keibel, Ältester der Berliner Kaufmannschaft; – Professor Kirchhoff, Mitglied der Akademie der Wissenschaften; – Dr. Koerte, Geh. Sanitätsrat; – H. Kochhann, Ältester der Berliner Kaufmannschaft; – Geh. Oberregierungsrat a. D. Kieschke, Abgeordneter; – Koffka, Rechtsanwalt; – Landgerichtsdirektor Kowalzig; – Krebs, Rechtsanwalt; – Dr. Kürten, Stadtverordneter; – Laue, Rechtsanwalt; – Lesse, Rechtsanwalt; – Landgerichtsdirektor Lessing; – Dr. Lisco, Prediger; – Professor Dr. Th. Mommsen; – Noeldechen, Stadtrat; – P. Parey, Verlagsbuchhändler; – Hans Reimer, Buchhändler; – Geh. Medizinalrat Reichert, Mitglied der Akademie der Wissenschaften; – Rickert, Abgeordneter; – Runge, Stadtrat; – Sarre, Stadtrat; – Professor Dr. Scherer; – Dr. Schroeder, Professor der Medizin; – Schmeidler, Prediger; – Schrader, Eisenbahndirektor; – Schroeder, Kammergerichtsrat; – Professor Dr. Schwalbe, Realschuldirektor; – Dr. Werner Siemens, Mitglied der Akademie der Wissenschaften; – Dr. Georg Siemens, Direktor der Deutschen Bank; – E. Stephan, Geh. Kommerzienrat; – Stephan, Regierungs- und Landesökonomierat a. D.; – Struve, Abgeordneter; – Stubenrauch, Rechtsanwalt; – Dr. Thomas, Prediger; – Ulfort, Geh. Justizrat; – Professor Dr. Virchow; – Vollgold, Kommerzienrat; Professor Dr. Wattenbach; – Professor Dr. Weber, Mitglied der Akademie der Wissenschaften; – Dr. Max Weber, Stadtrat und Abgeordneter; – Dr. Wegschneider, Geh. Sanitätsrat; – v. Wilmowski, Rechtsanwalt; – Zelle, Stadtsyndikus.

Heinrich von Treitschke
Zuschrift an die Post
(November 1880)

Kommentar: *Der Berliner Antisemitismusstreit wurde immer wieder – besonders in den Forschungen von Uffa Jensen – als ein in zwei Phasen verlaufendes Ereignis wahrgenommen, was sich auch in den unterschiedlichen Benennungen der Ereignisse niederschlug: Schon Simon Dubnow nannte den Streit in seinen Lebenserinnerungen »den Vorfall Graetz – Treitschke« (Dubnow 2005, Bd. 3, 82), während der 1902 in Oberschlesien geborene Rabbiner Joachim Prinz 1934 vom »berühmten Streit Mommsen – Treitschke« (Prinz 1934, 34) sprach. (Zimmermann/Berg 2011, 279) Sie stellten einen je anderen Teil der Debatte in das Zentrum ihrer Berichte, Dubnow die deutsch-jüdische oder christlich-jüdische Frühphase, also die Einsprüche und Gegenschriften, die in der unmittelbaren Folge von Treitschkes Angriff auf Heinrich Graetz seit Mitte November 1879 von Manuel Joël, Harry Bresslau, Moritz Lazarus, Ludwig Bamberger, Hermann Cohen und anderen Gelehrten, Rabbinern und Publizisten (etwa Heinrich Bernhard Oppenheim, Ludwig Philippson, Seligmann Meyer, Jecheskel Caro u. a.) innerhalb von nur zehn bis zwölf Wochen erschienen. Prinz blickte demgegenüber auf die Auseinandersetzung, die nach mehreren ruhigen Monaten erst wieder im Herbst 1880 einsetzte, als die von Bernhard und Paul Förster, Ernst Henrici und Max Liebermann von Sonnenberg initiierte »Antisemiten-Petition« an Reichskanzler Bismarck die Rücknahme der jüdischen Gleichberechtigung forderte (Juden in Berlin, 140-142). Dagegen war die aufsehenerregende Notabeln-Erklärung (361-367) veröffentlicht worden und im Gefolge dieser stehen die folgenden drei von Boehlich dokumentierten Leserbriefe von Treitschke und Mommsen sowie die Ansprache Treitschkes vor seinen Studenten.*
Das Besondere an den Zuschriften von Treitschke an »Die Post« (17. November 1880), Mommsens an »Die Nationalzeitung« (19. November 1880) und

von Treitschkes »Erwiderung« (19. November 1880) sowie seiner Stegreifrede besteht in zwei Punkten. Einmal wird hier öffentlich vollzogen, was bis dahin noch ausgeblieben war: Die beiden Berliner Historikerkollegen und politischen Antipoden erklären einander ihre Gegnerschaft. Dass er selbst mit der »Erklärung«, die zwar keine Namen genannt, aber mit der Wendung »auf der Kanzel und dem Katheder« (365) deutlich genug auf Stoecker und ihn Bezug genommen hatte, gemeint sei, so Treitschke, sei ihm erst später »von verschiedenen Seiten« (371) deutlich gemacht worden. Er selbst habe sich zunächst nicht angesprochen gefühlt, habe sich dann aber direkt an drei der Unterzeichner gewandt und drei verschiedene Antworten erhalten, von denen einer ihm bestätigt habe, dass die »Erklärung« ihn gemeint habe. Dieses Öffentlichwerden der Kritik an Treitschke durch Personen des öffentlichen Lebens und der Berliner Universität vollzieht sich in den kurzen Leserbriefen. Der zweite Punkt ist damit eng verbunden: In den Leserbriefen Treitschkes wird deutlich, dass nun »Öffentlichkeit« für ihn einen anderen Wert hatte als im Winter 1879/80: Nun rückten seine »Stellung als akademischer Lehrer« und die Verteidigung der eigenen »akademischen Ehre« (371) ins Zentrum des Streits, die Treitschke angegriffen sah und die er zu verteidigen suchte, indem er einforderte, dass seine Artikel in den Preußischen Jahrbüchern und die Schrift »Ein Wort über unser Judenthum« von der eigenen »Lehrthätigkeit« (371) getrennt betrachtet werden müssten, weil er sie nicht als Universitätsangehöriger, sondern »als Publizist« (371) geschrieben habe. Nun ist es aufschlussreicherweise Treitschke, der die »Beruhigung der aufgeregten öffentlichen Meinung« und Behutsamkeit »beim Gebrauch schwungvoller Worte« (380) anmahnt. Aber Mommsen ging auf dieses Manöver Treitschkes nicht ein; zwar sei für alle Unterzeichner, für ihn auf jeden Fall, der Text der »Erklärung« auf Treitschke gemünzt gewesen, aber niemandem sei es um die Frage gegangen, ob er mit seinen Angriffen auf die deutschen Juden seine formalen Pflichten als Universitätslehrer verletzt habe; der Vorwurf der »Erklärung« habe, so Mommsen dem Sinn nach, auch nicht gelautet, dass er sich dienstrechtlich falsch verhalten habe, der Vorwurf bestehe schlicht und einfach darin, dass er das »Evangelium der Intoleranz« (378) gepredigt und damit die Tradition Lessings beschädigt habe.

Dieses öffentliche Ringen um »Ehre« und »Recht«, »Stellung« und »Status«, das in der Anbahnung des Treitschke-Mommsen-Konflikts mit seiner ganz eigenen Dynamik einsetzte, markierte nun eine andere Streitfront, als es die zwischen Treitschke und den jüdischen Kritikern seiner Schmähschriften gewesen war, denn deren Interventionen hatte Treitschke nicht als Infragestellung seines öffentlichen Rufs betrachtet. Nun, mit dem Auftreten der Notabeln, unter ihnen Mommsen, fast ein Jahr nach dem Beginn des Streits, war neben dem Ton also auch das Regelwerk des Streits ein anderes geworden. (Jensen 2004; Jensen 2005). Treitschkes Ausfälle gegen die Juden wurden nun – zeitlich verschoben – noch einmal kritisiert, nun aber in einem anderen Diskurs-Rahmen, und das heißt auch: von anderen Persönlichkeiten und damit vor einer anderen Öffentlichkeit. Wenn Treitschke in seiner ersten Antwort auf Mommsen schreibt, er »bestreite ihnen [der Kritiker-Gruppe der Notabeln] das Recht, mir ohne Angabe von Gründen wegen des ›Vermächtnisses Lessings‹ einen öffentlichen Verweis zu ertheilen« (380), so wird deutlich, dass nun Sprechregeln und -rechte verhandelt wurden, nicht mehr nur Inhalte allein. Mit der nun einsetzenden Auseinandersetzung zwischen Treitschke und Mommsen war aus einem Streit mit den Juden ein Streit über die Juden geworden, ein innerprotestantischer und inneruniversitärer Streit, der anderen Regeln folgte und an dem Juden folgerichtig auch nicht mehr öffentlich teilnahmen.

Quelle: Zuerst in: *Die Post*, 17. November 1880; wieder in: Heinrich von Treitschke, *Deutsche Kämpfe. Neue Folge*, Leipzig 1896, 116-118; *BAS* [Dok. 74], 598f.

Lit.: Jensen, Getrennt streiten – getrennt leben? Der doppelte Streit um Heinrich von Treitschkes Antisemitismus (2004), 5-27; ders., Protestanten gegen Protestanten: Der zweite Streit über Antisemitismus in der bürgerlichen Bildungskultur, in: ders., *Gebildete Doppelgänger* (2005), 269-324.

In der Erklärung der Herren v. Forckenbeck und Genossen vom 12. November stehen die Worte: »An dem Vermächtniß Lessings rütteln Männer, die auf der Kanzel und dem Katheder verkündigen sollten, daß unsere Kultur die Isolirung desjenigen Stammes überwunden hat, welcher einst der Welt die Verehrung des einigen Gottes gab.«

Ich ahnte beim ersten Lesen nicht, daß dieser Satz in irgend einer Beziehung zu meiner Person stehen könnte; denn wird er auf mich bezogen, so muß er, mindestens von allen Unkundigen, als eine öffentliche Anklage gegen meine Wirksamkeit auf dem Katheder gedeutet werden. Ich hielt für undenkbar, daß ehrenwerthe Männer, und nun gar meine Kollegen, die meine Lehrthätigkeit näher kennen, durch unbedachte Worte den Anlaß zu grundlosen Verdächtigungen nach oben und nach unten bieten sollten.

Inzwischen erfuhr ich von verschiedenen Seiten, daß man im Publikum allgemein jenen Satz als gegen mich und meine akademische Thätigkeit gerichtet betrachte. Obgleich ich gewohnt bin, mit offenem Visier zu streiten und alle versteckten Insinuationen mit Stillschweigen zu übergehen, so gebot mir doch meine Stellung als akademischer Lehrer, dieser Sache auf den Grund zu sehen.

Ich richtete daher gleichzeitig briefliche Anfragen an drei der Unterzeichner dieser »Erklärung«. Der eine der Befragten erwiderte, er habe das ganze Aktenstück nur flüchtig gelesen und jenen Satz gar nicht bemerkt. Der zweite betheuerte, Niemand habe auch nur im Entferntesten an mich gedacht. Der dritte aber (ich verschweige vorläufig die Namen) erklärte freimüthig: *allerdings sei dieser Satz auch gegen mich gerichtet.*

Nach diesem Eingeständniß erachte ich es als meine Pflicht, um meiner Zuhörer und meiner akademischen Ehre willen, alle die Verleumdungen meiner Lehrthätigkeit, welche aus jenen Worten bereits abgeleitet worden sind und noch fernerhin abgeleitet werden können, hiermit öffentlich zurückzuweisen. Was ich als Publizist vor Jahresfrist über die gegenwärtige Stellung des deutschen Judenthums geschrieben habe, halte ich aufrecht, bis man mich durch Gründe eines Bessern belehrt haben wird. Volltönende Worte pathetischer Entrüstung betrachte ich nicht als eine Widerlegung.

Berlin, 17. November 1880

Heinrich von Treitschke
Antwort auf eine studentische Huldigung
(November 1880)

Kommentar: *Im Sinne der angegriffenen und zu verteidigenden Ehre waren es die Studenten, die nun aus Zuhörern zum Adressaten des Streits wurden. Vor ihnen und in ihrem Namen (376) sprach Treitschke in seiner kurzen Ansprache, denn mit der »Erklärung« waren sie aus einem Publikum zu Akteuren und zu einem eigenen Faktor, zu antisemitischen Antreibern geworden: Treitschke sprach sie hier direkt an, dankte ihnen »von ganzem Herzen« (375), versicherte ihnen, dass er zeit seines Lehramts »im Einverständnis« mit der deutschen Jugend (375) gestanden habe, erläuterte seinen gerade publizierten offenen Brief (376), wiederholte seine Verbindung zum Lehramt (»heilige Wissenschaft«) und seine eigene Haltung, die ein »ehrliches Urtheil den jüdischen Geschichtsgrößen gegenüber« (376) nötig mache, und er hielt hier auch nicht mit seiner Sympathie für den Aktivismus der Jugend hinterm Berg, den er sich selbst als Universitätslehrer nicht leisten konnte (»ich war das auch Ihnen schuldig«, 376). Denn inzwischen hatte sich eine Delegation von Studenten direkt an ihn gewendet, um ihn als Unterstützer der »Antisemiten-Petition« zu gewinnen, ein Ansinnen, dem er nicht folgte, das er aber öffentlich auch keineswegs verurteilte. In gewisser Weise sah sich Treitschke nun wie Goethes Hexenmeister einer Reaktion gegenüber, der der »neuen Studentenbewegung« (Massimo Ferrari Zumbini) nicht mehr Herr zu werden vermochte, wenn er sie hier nun inständig bat: »Meine Herren, halten Sie sich von allen Demonstrationen völlig fern. […] Es wird ja auch für Sie die Zeit kommen, wo Sie ins Leben hinaustreten, und wo Sie nicht nur das Recht, sondern auch die Pflicht haben, Ihre Ansichten zu verfechten.« (377) Mit seinen Angriffen auf die Juden war er von den Studenten aber zur »Leitfigur« erkoren worden (Jensen 2005, 292), nun taten sie, was er predigte, auf radikale Weise, etwa bei der*

Hetze an der Universität in Köln gegen den Juristen Hans Kelsen oder bei der Agitation in München gegen die Professoren Alfred Pringsheim und Hermann Heller. (Hammerstein 1995, 95)

In der Forschung wurde Treitschkes besonderer Einfluss auf die akademische Jugend häufig zum Thema; am ausführlichsten hat ihn Norbert Kampe untersucht (Kampe 1987; Kampe 1988; Kampe 2003) und dabei gezeigt, wie sie die Haltung Treitschkes und die Inhalte seiner antisemitischen Erziehung übernommen und gesteigert hat. Bereits die Studie von Andreas Dorpalen hat 1957 darauf hingewiesen, dass der Judenhass des Lehrers im Milieu der Studenten nicht nur rhetorisch übernommen wurde, sondern eine entscheidende Veränderung erfuhr, eine Radikalisierung oder Brutalisierung, die darin bestand, dass die junge Generation die Botschaft der Worte nun in Taten übersetzen wollte, die Rücknahme der rechtlichen Gleichstellung für Juden verlangte, ihren Ausschluss in vielen Bereichen der Gesellschaft einforderte und damit auch selbst begann. Von den 265000 Unterschriften der »Antisemiten-Petition« im Sommer 1880 waren rund 4000 von Studenten, »was fast einem Fünftel der deutschen Studentenschaft entsprach«. (Pulzer 1996, 203) Man wollte die vom Lehrer dankbar übernommenen Parolen nicht nur wiederholen, sondern nun wollte man auch in seinem Namen handeln. (Dorpalen 1957, 244 u. 245) Wie Pulzer, Kampe und viele andere hat jüngst auch Mathias Berek betont, wie besonders radikal der Antisemitismus in der Wilhelminischen Zeit im Milieu von Vereinen und Verbindungen der Studenten war: »Hier wurden die Begriffe ›antisemitisch‹ und ›national‹ zu Synonymen.« (Berek 2019, 392) In den 1890er Jahren, zehn Jahre nach dem Berliner Antisemitismusstreit, wurde dann mit Berufung auf Heinrich von Treitschke der sogenannte »Arier-Paragraph« zuerst durch die Studentenvereine und studentischen Korporationen eingeführt, vier Jahrzehnte vor Hitler.

Auch im Rückblick der Erinnerungen und Memoiren enthalten viele Selbstaussagen von Schülern und Studenten Treitschkes Aussagen über die starke Wirkung seiner Vorlesungen und politischen Schriften. Friedrich Meinecke, der bei ihm habilitiert worden war, reklamierte in seinen Erinnerungen an den Lehrer und späteren Kollegen in der Redaktion der Historischen Zeitschrift, er sei von ihm und seiner »dumpf dröhnenden Stimme« zwar »nicht überwältigt« worden, aber er bewunderte ihn trotzdem, bezeugte seine »große Macht über Menschen« und nannte ihn sogar »einen der mächtigsten Menschen, die Deutschland hervorgebracht hat«. (Meinecke 1942, 90f., 198f.) Treitschke, so auch die Einschätzung von Hans Liebeschütz, war »als Schriftsteller der mächtigste unter den deutschen Historikern des neunzehnten Jahrhunderts« (Liebeschütz 1967, 190); für seine Wirkung war es Liebeschütz zufolge vor allem »wesentlich«, »daß der Verein Deutscher Studenten, der für den aktiven Antisemitismus in der Studentenschaft ein dauerndes und um 1930 sehr wichtiges Zentrum geschaffen hat, mit vollem Recht auf Treitschkes Hörsaal als seinem Ursprungsplatz zurückblickte«. (190f.) So hielt etwa Hellmut von Gerlach aus der Sicht der damaligen Studentenbewegung fest: »Hofprediger Stoecker und Professor von Treitschke waren die beiden Götter des V.d.St. [Verein deutscher Studenten]« (von Gerlach 1937, 110); es war der von ihm geführte Verein, der 1896 die Praxis einführte, jüdische Mitglieder aus Burschenschaften und Studentenvereinen auszuschließen. Dieselbe Studentengeneration organisierte sich später im antisemitischen Alldeutschen Verband (z. B. Heinrich Claß, Carl Peters, Friedrich von Bernhardi, vgl. Iggers 1971, 78). Heinrich Claß, der Führer der Alldeutschen, der ebenfalls Vorlesungen Treitschkes besucht hatte, schrieb etwa: »Da ich meine Seele ihm ganz anvertraute, nahm sie auch mit voller Überzeugung das Neue auf, das er ihr bot: die entschiedenste Ablehnung des Judentums … Sein Wort ›Die Juden sind unser Unglück‹ ging mir mit meinen zwanzig Jahren in Fleisch und Blut über; es hat einen wesentlichen Teil meiner späteren politischen Arbeit bestimmt.« (Claß 1932, 16). Der Historiker und Treitschke-Schüler Dietrich Schäfer schrieb 1909 als Gutachter in einem Berufungsverfahren für die Universität Heidelberg, das den Soziologen Georg Simmel zu verhindern half, er wisse nicht, ob dieser getauft sei, aber auch wenn, würde das nichts daran ändern, dass er »Israelit durch und durch« sei, »in seiner äußeren Erscheinung, in seinem Auftreten und seiner Geistesart«. (zit. nach: Gay 1989, 141f.; vgl. auch: Hammerstein 1995, 54f.) Auch jüdische Studenten hatten bei Treitschke Vorlesungen gehört. Gustav Mayer berichtet, dass er ihn als einen »Vul-

kan« erlebt habe, »der mit Getöse Dampf, Geröll und Feuer ausströmte«, als einen »Meister des Worts, des feinen wie des dröhnenden. Einseitig oft bis zur Karikatur, aber stets stark und überzeugt. Ein Herold seiner Ideen. Mein Eindruck war schon damals, daß ein Historiker von Rang sich jungen Studenten gegenüber von seiner Subjektivität nicht so weit hinreißen lassen dürfte.« (Mayer 1948, 22f.)

Quelle: Abdruck posthum in: Heinrich von Treitschke, *Deutsche Kämpfe. Neue Folge*, Leipzig 1896, 119-122; Ludwig Quidde, 1881 Student an der Universität in Göttingen, verfasste als junger Mann eine kritische Denkschrift mit dem Titel »Die Antisemitenagitation und die deutsche Studentenschaft« (vgl.: *BAS*, II [Dok. 118], 829-847).

Lit.: Dorpalen, *Heinrich von Treitschke* (1957), 240-248; Kampe, Jews and Antisemitism at Universities in Imperial Germany (II) (1987), 43-101; Kampe, *Studenten und Judenfrage im Kaiserreich* (1988); Pulzer, Die Wiederkehr des alten Hasses (1997), 201-206; Zumbini, *Die Wurzeln des Bösen* (2003), 200-206; Kampe, Die Entstehung des bildungsbürgerlichen Antisemitismus im deutschen Kaiserreich. Zur Wirkungsgeschichte der Vereine Deutscher Studenten (2003), 57-104; Gerhards, Treitschke in Erinnerungen von Freunden, Schülern und Kollegen, in: ders., *Treitschke. Wirkung und Wahrnehmung* (2013), 92-111.

19. November 1880, Barackenauditorium

Meine Herren! Sie überraschen mich durch diesen Empfang. Ich weiß natürlich, was Sie damit sagen wollen, und danke Ihnen von ganzem Herzen. Nöthig war dies Zeichen der Zustimmung von Ihrer Seite nicht; denn ich habe stets, so lange ich auf dem Katheder stehe, das Gefühl gehabt, daß ich mit der deutschen Jugend im Einverständnis bin; und so lange ich diese Empfindung habe, werde ich auf dem Katheder bleiben. Sobald ich aber fühle, daß ich zu alt geworden bin, um die Jugend zu verstehen, würde ich es für meine Pflicht halten, den Lehrstuhl zu verlassen.

Da Sie mich nun zu einer Erklärung herausfordern, so sage ich Ihnen: es hat mir selten etwas so weh gethan, wie der Schritt, den ich vor einigen Tagen thun mußte. Männer, die ich liebe und verehre, haben durch die unklare Fassung und unglückliche Stilisirung einer öffentlichen Erklärung dazu Anlaß gegeben, dem Publikum meine akademische Thätigkeit in einem zweifelhaften Lichte erscheinen zu lassen. Ich konnte um Ihret- und um meiner akademischen Ehre willen nicht anders als dies in gemäßigter Weise zurückweisen – denn ich war dies auch *Ihnen* schuldig –, um so auch nicht einen scheinbaren Verdacht bestehen zu lassen, als ob auf unsern Lehrstühlen etwas anderes getrieben würde als die heilige Wissenschaft. Ob ich je etwas anderes getrieben habe wissen Sie ja. Das aber muß ich von vornherein bemerken: wenn die Natur meines Lehrstoffes es mit sich bringt, zu reden über Dinge, welche heute die Leidenschaften aufregen, so werde ich ebenso gut meine Meinung sagen wie sonst. Wenn ich in meinen Vorlesungen über deutsche Geschichte über das Haus Rothschild, über Heine und Börne und den Einfluß ihrer Werke werde reden müssen, so werde ich genau ebenso freimüthig meine Ansicht, wie ich sie mir in ehrlichem Studium erworben habe, äußern, wie alle andern Deutschen. Eine Ausnahmestellung kann ich den Israeliten in dieser Beziehung nicht zugestehen. Es wäre ein Schimpf, wenn wir Deutsche verzichteten auf ein ehrliches Urtheil den jüdischen Geschichtsgrößen gegenüber. Und wenn ich in meinem Kolleg über Politik auf die Judenemancipation komme, so werde ich nach meiner Lehrerpflicht meine Ansicht entwickeln, daß sie allerdings begründet war in der Natur des modernen Staates, daß aber mit der formellen Gleichberechtigung der schwierige Proceß noch nicht beendigt ist, sondern daß es namentlich darauf ankommt, daß die Juden auch innerlich Deutsche werden. Bringt mich mein Lehrstoff auf diese Dinge, so werde ich mich nicht scheuen, meine akademische Lehrpflicht zu thun, gleichviel was draußen geredet oder getadelt werden wird.

An Sie, meine Herren, will ich aber noch eine dringende Bitte richten. Lassen Sie uns die Ehre unserer Hauptstadt hoch und unverletzt erhalten. Wenn Zeiten kommen, wo Männer reden wie die

Kinder, dann ist es kein Wunder, wenn Kinder reden wie die Männer. Wenn Obersecundaner ihrem Lehrer öffentlich Vertrauens- und Mißtrauensvoten ertheilen, so ist das ein höchst bedauerliches Zeichen unserer Zeit und ein Beweis für die Altklugheit unserer Jugend. Meine Herren, das ist fast so lächerlich, als wenn ich mir in der Zeitung würde beglaubigen lassen von meinen Kindern, daß sie das Vertrauen zu mir, ihrem Vater, noch nicht verloren hätten. Auf diesen abschüssigen Weg sind wir gerathen hier in Berlin. Meine Herren, halten Sie sich von allen Demonstrationen völlig fern. Freuen Sie sich Ihrer Wissenschaft und des Genusses Ihrer akademischen Freiheit. Freuen Sie sich, daß Sie noch nicht nöthig haben, mitten innen zu stehen in dem Kampfe des politischen Lebens. Denn dazu ist nicht bloß Ehrlichkeit und warme Begeisterung nöthig, die ein wackerer junger Mann ja schon hat, sondern auch ein innerer Gleichmuth, wie er nur in schweren Erfahrungen erworben wird. Deshalb ist es der Jugend nicht heilsam, sich in die Kämpfe des politischen Lebens zu mischen. Es wird ja auch für Sie die Zeit kommen, wo Sie ins Leben hinaustreten, und wo Sie nicht nur das Recht, sondern auch die Pflicht haben, Ihre Ansichten zu verfechten.

Daß der Gegensatz, der heute so viele trennt, sich in dem geselligen Verkehr der akademischen Jugend nicht zeigen wird, und daß Sie mit Ihren Commilitonen nach wie vor freundschaftlich verkehren, setze ich voraus. Ich bitte Sie aber dringend, öffentliche Demonstrationen jeder Art zu unterlassen. Die Luft ist heute wie von Fieberdünsten geschwängert, und man muß alles vermeiden, was diese auf beiden Seiten künstlich genährte Aufregung noch fördern könnte. Damit will ich diese Worte des aufrichtigen Dankes schließen und wir wollen nun übergehen zu unserm Tagewerk.

Theodor Mommsen
Brief an die Nationalzeitung
(November 1880)

Quelle: *Nationalzeitung*, Nr. 545 vom 20. November 1880 (Morgenausgabe); wieder: *BAS* [Dok. 79], 614f.

Geehrter Herr!

Ich sehe aus Ihrem heutigen Morgenblatt, daß Herr Professor v. Treitschke mehreren seiner Collegen, welche die in Ihrem Sonntagsblatt veröffentlichte Erklärung unterzeichnet haben, die Frage vorgelegt hat, ob die Worte derselben:

»An dem Vermächtniß Lessings rütteln Männer …«

mit gegen ihn gerichtet seien, und daß nur einer der drei Gefragten diese Frage bejaht hat. Ich bin nicht unter den Befragten, aber wohl unter den Unterzeichnern, und halte es angemessen, diese Auslegung meinerseits zu bestätigen. Die Fassung der Worte rührt nicht von mir her, wie wohl behauptet worden ist; aber ich wenigstens habe sie unterzeichnet in dem vollen Bewußtsein, daß dieser Tadel sich in erster Linie auf Herrn v. Treitschke bezieht.

Allerdings die Auslegung, die Herr v. Treitschke diesen Worten giebt, gehört ihm. Weder mir noch irgend einem der sonst Unterzeichneten wird er zutrauen, daß wir über die Stellung, die er in seinen Lehrvorträgen zu politischen Tagesfragen nimmt, Informationen einziehen oder, wenn uns ja zufällig darüber Mittheilungen zukommen sollten, davon in dieser Weise Gebrauch machen könnten. Wir beschuldigen Herrn v. Treitschke, daß er an dem Vermächtniß Lessings rüttelt. Wir bedauern, daß er auf dem Katheder das Evangelium der Toleranz nicht predigt, welches Lessing gepredigt hat; denn wir nehmen an, daß er als Lehrer nicht gegen diejenigen Sätze sprechen wird, die er als Publicist vertritt. Daß er das Evangelium der Intoleranz, wie er es in den »Preußischen Jahrbüchern« gepredigt hat und zu dem er auch heute noch sich bekennt, auch auf das Katheder bringt, ist mit keinem Worte gesagt und sicherlich auch nicht gemeint. Wer zugleich akademischer Lehrer und Publicist ist, thut nicht wohl daran, einen Angriff, der gegen den Publicisten sich richtet, auf das erstere Gebiet hinüberzuspielen, das mit Recht innerhalb gewisser Grenzen als sacrosankt gilt.

Charlottenburg, 19. November 1880

Heinrich von Treitschke
Eine Erwiderung
(November 1880)

Quelle: Heinrich von Treitschke, *Deutsche Kämpfe. Neue Folge. Schriften zur Tagespolitik*, Leipzig 1896, 123-125; wieder in: *BAS* [Dok. 80], 616f.

Ich nehme gern Akt von der Versicherung des Herrn Prof. Mommsen, daß die Unterzeichner der »Erklärung« meine akademische Lehrthätigkeit nicht haben antasten wollen, kann aber den Wunsch nicht unterdrücken: die Unterzeichner möchten in Zukunft beim Gebrauch schwungvoller Worte etwas behutsamer verfahren. Wenn Herr Mommsen zu dem »Wahn«, der »Seuche« und den anderen Kraftwörtern der Erklärung jetzt noch das »Evangelium der Toleranz« hinzufügt, so wird er dadurch vielleicht einige schwache Gemüther einschüchtern, doch zur Beruhigung der aufgeregten öffentlichen Meinung sicherlich nichts beitragen.

Ich habe in mehreren meiner Schriften dem Danke, welchen die humane Bildung der Nation den Manen Lessings schuldet, einen vielleicht mangelhaften, aber unzweideutigen Ausdruck gegeben; und obwohl ich gern glaube, daß die Unterzeichner der Erklärung allesammt weit tiefer als ich in den Geist Lessings eingedrungen sind, so hat doch bisher Keiner derselben seine bessere Erkenntniß der Welt mitgetheilt. Ich bestreite ihnen daher das Recht, mir ohne Angabe von Gründen wegen des »Vermächtnisses Lessings« einen öffentlichen Verweis zu ertheilen.

Der Kern meiner Betrachtungen über die Judenfrage lag in dem Satze: »was wir von unseren jüdischen Mitbürgern zu verlangen haben, ist einfach: sie sollen Deutsche werden, sich schlicht und recht als Deutsche fühlen.« Ich theile nicht die pessimistische Ansicht meines Kollegen Mommsen, daß überall in der Welt »das

Judenthum ein wirksames Ferment des Kosmopolitismus und der nationalen Decomposition« bilde (Römische Geschichte III. 550), sondern ich lebe der Hoffnung, es werde der vollzogenen Emancipation im Laufe der Jahre auch die innere Verschmelzung und Versöhnung folgen. Als ich in diesem Sinne schrieb, glaubte ich allerdings dem »Vermächtniß Lessings« treu zu bleiben – treuer zum mindesten, als die Unterzeichner der Erklärung, die zwar den Christen mit zornigen Worten Toleranz predigen, aber für die Verhöhnung des Christenthums durch die jüdische Presse kein Wort der Warnung übrig haben.

Berlin, 19. November 1880

Theodor Mommsen
Auch ein Wort über unser Judenthum
(Dezember 1880)

Kommentar: *In drei Anläufen und Formen hat Theodor Mommsen öffentlich das Wort gegen Heinrich von Treitschke ergriffen (daneben mehrfach im privaten Umfeld, vgl.: BAS [Dok. 13a], 137f.): Erstens mündlich im Frühjahr 1880 im Rahmen einer Feier der Akademie der Wissenschaften anlässlich des Kaisergeburtstages im Kreise von Kollegen und Freunden. Schon hier prangerte er die Haltung an, »die Humanität als einen überwundenen Standpunkt« zu betrachten und auch hier beklagte er bereits einen »Kampf des Neides und der Mißgunst«, allerdings noch ohne den Namen von Treitschke zu erwähnen. (Mommsen 1905, 89-91; BAS [Dok. 55], 445f.) Berthold Auerbach nannte bereits diese frühe Rede Mommsens begeistert die »schöne That Mommsens« (Brief vom 21. März 1880, 434); zweitens als prominenter Unterzeichner der »Erklärung« gegen den Antisemitismus Mitte November 1880, als er von vielen Zeitgenossen sogar für den Verfasser des Textes gehalten wurde (Malitz 2005, 148; Schäfer 2020, 213), was Mommsen (von dem einige markante Formulierungen stammen) jedoch nicht für sich in Anspruch nahm. Im Nachgang dieser »Erklärung« entwickelte sich dann der Leserbrief-Disput mit Treitschke, den Mommsen im Dezember 1880 mit »Auch ein Wort über unser Judenthum« auf eine grundsätzliche Ebene hob. Hier nun, in einer längeren Entgegnung auf Treitschkes Broschüre von Januar 1880, nahm Mommsen in der souveränen Rolle des Citoyens zum dritten Mal gegen den »Vater des modernen Antisemitismus« Stellung, wie er Treitschke in einem Brief an Heinrich von Sybel vom 7. Mai 1895 nannte (Hoffmann 2005, 82; Malitz 2005, 157).*

Auch dieser Text ist ein in Ich-Form geschriebenes Bekenntnis, das der Historiker dem allgemeinen Berliner Publikum regelrecht zuruft. Mommsen hoffte, »aus der Verwirrung und der Spaltung« (398) herausführen und ein »Wort der Verständigung« (390) beisteuern zu können, aber er trat hier nicht als Diplomat oder Vermittler auf, im Gegenteil: das »Unwesen« der »neu-germanischen Orthodoxen« (402) und die »Agitation« (390) des neuen »Feldzug[s] der Antisemiten« (391) verurteilte er ohne Wenn und Aber. Und er begann in der Art, wie Historiker beginnen: mit einem Rückblick auf die Vorgeschichte der Gegenwart und dem Vergleich zwischen »alter« und »neuer« Zeit. (393) So rief er die noch nicht lange zurückliegende Ära des »werdenden Deutschlands« (391) in Erinnerung, in der stets nach den gesellschaftlichen Gemeinsamkeiten und weniger nach den Unterschieden gefragt worden sei. Nun, »im gewordenen Deutschland«, so Mommsens erste Kritik, scheine »ein Krieg aller gegen alle« (391) ausgebrochen zu sein, um Geld, Macht und Religion: Konfession gegen Konfession, Stadt gegen Land, Industrielle gegen Kaufleute. Dabei werde immer häufiger die Legitimität der Zugehörigkeit zu Deutschland infrage gestellt. Als »vollberechtigter Bürger« werde offensichtlich nur der anerkannt, so Mommsen mit einer ironischen Volte gegen die Stoecker-Partei und die völkische Bewegung, der genealogisch »die germanische Ahnenprobe« (392) bestehe, die Heilige Schrift wie der Pastor auf der Kanzel auswendig gelernt habe und zusätzlich noch »Pflügen und Säen« (391) könne. Dieser Ideologie und dem »selbstmörderischen Treiben des Nationalgefühls« (392) erteilte Mommsen mit Aplomb eine Absage, deren zentrale Maximen »Zusammengehörigkeit« (392), »Einigkeit« (396) und – als Begriff von Moritz Lazarus übernommen – »Mannichfaltigkeit« (392) lauteten.

Den neuen Antisemitismus nennt Mommsen hier schlicht einen »Wahn« (394), einen »Fanatismus« (396, 398, 402) und eine »Mißgeburt des nationalen Gefühls«. (391) Treitschke sei ein »rechter Prophet« (394) dieser »Hetze des Tages« (400), die er mit seinen Artikeln »anständig gemacht« (399) habe; seine Insinuationen über jüdische Einwanderung und die »Macht« der Juden seien »reine Erfindung«. (393) Mommsen verurteilte hier mit aller Klarheit »das arge Unrecht und [den] unermeßliche[n] Schaden, den Herr v. Treitschke mit seinen Judenartikeln angerichtet hat«. (398f.) Er prangerte ihn an, mit »ziellosen großen Worten« den Eindruck befördert zu haben, die Juden seien »Mitbürger zweiter Klasse«. (400) Das aber nannte Mommsen »den Bürgerkrieg« (400) predigen. Diese Intervention wandte sich gegen die Grundannahmen des antisemitischen Verdachts, wenn es heißt: »So wenig wie die Nachkommen der französischen Colonie in Berlin in Deutschland geborene Franzosen sind, so wenig sind ihre jüdischen Mitbürger etwas anderes als Deutsche.« (393) Und über Treitschkes Tabubruch schreibt Mommsen den berühmten Satz: »Was heißt das, wenn er von unsern israelitischen Mitbürgern fordert, sie sollen Deutsche werden? Sie sind es ja, so gut wie er und ich.« (394) Mit dem »Judenkrieg« (395), so Mommsen, betrete Deutschland »eine gefährliche Bahn« in ein Gemeinwesen, dessen Bürger sich einem »Blutmischungsregulativ« (395) zu stellen hätten. So aber könne kein Frieden gedeihen, sondern nur auf alle Unendlichkeit hin Unfrieden gesät werden, dem heute die Juden, morgen die Berliner und übermorgen eine dritte Gruppe ausgesetzt seien. In dieser Argumentation Mommsens wird der Einspruch gegen den Antisemitismus zwar mit Verve, aber nicht mehr in erster Linie wegen der Sorge und Not der Juden vorgebracht, sondern um den »nationale[n] Frieden« zu wahren. (Hoffmann 2005, 82; Longerich 2021, 96f.) Viele Forscher haben bei aller Bewunderung für Mommsen hier eine Einschränkung ihres positiven Bildes des Historikers formuliert, denn diese Begründung bewegte sich in ihrem zentralen Argument ebenfalls im »Zwangsrahmen der ›Einheit der Nation‹«. (Claussen 1987, 133) Mommsen sei es im Ganzen eher um eine »Temperierung« (Borries 1971, 73) der aufgeheizten politischen Situation zu tun als um eine Ächtung der Judenhetze um ihrer selbst willen. Sein Veto war hier in der Tat zu einer Art allgemeinem »Anti-Antiliberalismus« geworden, der eine Teilberechtigung hat, weil im Eintreten gegen den Antisemitismus ja auch dessen antiliberale Wertezerstörung bekämpft wird. Genau diesen Punkt hob seinerzeit Mommsen (und später Boehlich) besonders hervor.

So hat der Einspruch Mommsens, dessen intellektueller Glanz nach wie vor zu verspüren ist, manche der Lobpreisungen verdient, die ihm seit damals zukamen, aber nicht alle und nicht jede zur Gänze. Vielen Zeitgenossen und späteren Kommentatoren galt der »noble Mommsen« (Boehlich 1965, 247, hier 468) »als prominentester Anwalt der Juden«. (Brenner 1993, 178f.) Das war er auch, aber in einer auf das Ganze gesehen sehr viel ambivalenteren Art und Weise, als es Walter Boehlich in seiner Edition betont hat, denn Mommsens Text »war kein Manifest für die vorbehaltlose Akzeptanz der jüdischen Bürger«. (Rebenich 2015, 275) Boehlich aber hob Mommsens Flugschrift in seinem Nachwort 1965 und 1988 aus allen Reaktionen, die Treitschke erhielt, so stark hervor (immer wieder heißt es: »Mommsen, den ich sehr hoch schätze«, oder »der große Mommsen« u. a., etwa in: Briefe, 101 u. 240), als bündele sich gerade in dessen Haltung die Kraft des ideellen Widerstands gegen den Antisemitismus und gegen den Verfall der liberalen Werte. Er sah in Mommsen (wie dieser selbst es ebenfalls tat) eine Instanz der Überparteilichkeit wirken und wertete diese vermeintliche Neutralität als Auszeichnung pro Mommsen; er betrachtete dessen Flugschrift so, als handele es sich dabei um einen Schieds- oder Richterspruch, als spräche hier die liberale Demokratie selbst, wenn er schreibt: »Nicht Lazarus und Bresslau, nicht Bamberger und Oppenheim, nicht die sechs Rabbiner oder Graetz haben den Ausgang des Antisemitismusstreites bestimmt, sondern eben Mommsen.« (Boehlich 1965, 261; hier 481) Weil für Boehlich die Persönlichkeit Treitschkes exemplarisch für die Herrscher- und Staatsvergötzung des Kaiserreichs stand, für Bismarckverehrung, »gouvernementales« Denken und »Subalternität des Stils« (ebd.), sah er in Mommsen typologisch das genaue Gegenteil: den Verteidiger gesellschaftlicher und liberal-demokratischer Werte, den Bismarckkritiker, dem »die Verspießerung des politischen Denkens zur Qual« wurde, und den »glänzenden Stilisten« (ebd., 482 u. 483). Diese Gegenüberstellung war nicht völlig falsch, aber sie war zur idealtypischen Antinomie überspitzt worden, die anderes außer Acht ließ, wenn Boehlich etwa das Ende des Antisemitismusstreits als eine Art »Sieg« für die Sache Mommsens interpretierte (Boehlich 1965, 263, hier 484), wenn auch nur als einen Sieg »für den Augenblick« (ebd.).

Im Hinblick auf den Antisemitismus warf eine solche Sicht der Dinge eigene Fragen auf, so wie schon der Text von Mommsen selbst nicht nur Fragen beantwortet hatte, die sich in Deutschland und Berlin zwischen Herbst 1879 und Dezember 1880 aufgehäuft hatten, sondern auch als Teil des Problems zu werten ist, das aus der spezifischen Logik des politischen Liberalismus herrührt. Schon die Tatsache, dass Mommsen erst ein Jahr nach dem Angriff Treitschkes an eine größere Öffentlichkeit ging, ist ja keineswegs selbsterklärend; auch die Haltung, einen ganz neuen Diskurs zu beginnen, ist fragwürdig, immerhin hatten vor ihm viele andere, auch enge Freunde Mommsens (wie Ludwig Bamberger), das Wort gegen Treitschke ergriffen. Mommsen aber erwähnte weder diesen noch Bresslau, weder Cohen noch Oppenheim. Diese Haltung, kein Bündnis mit den angegriffenen Juden zu suchen oder zu wollen, irritiert im Rückblick auf die Ereignisse von 1879/80 stärker, als dies Walter Boehlich 1965/1988 in seiner Edition darlegte. Christhardt Hoffmann sprach im Widerspruch zu Boehlich deshalb auch von einem »Scheitern« Mommsens (Hoffmann 2005, 83), das darin begründet liege, dass der politische Liberalismus »keine Theorie seiner eigenen Krise« formulieren und somit schon strukturell den Antisemitismus nicht angemessen wahrnehmen und erklären könne. In der Tat hat der Liberalismus den Antisemitismus mitunter mehr als einen Angriff auf sich selbst als auf die Juden wahrgenommen – und sein Verhältnis zu Juden und Judentum wurde dadurch ambivalent. Das hat auch Hannah Arendt in ihrem Hauptwerk »Elemente und Ursprünge totaler Herrschaft« so gesehen, wenn sie das Dilemma des liberalen Anerkennungsdiskurses für Juden als einen Double-Bind charakterisierte: Immer, so Arendt, »mußte jeder einzelne beweisen, daß er, obwohl Jude, doch kein – Jude war« (Arendt 1996, 155). Diesen Gedanken, dass Juden sich kollektiv »innerhalb der europäischen säkularisierten Welt« gezwungen sahen, sich dieser »irgendwie anzupassen«, übernahm die Autorin aus ihrem bereits 1932 entstandenen Aufsatz »Aufklärung und Judenfrage«, und sie wiederholte ihn 1946, als sie über die paradoxen Forderungen des Liberalismus schrieb: »Es war gar nicht so einfach, sich so zu benehmen, dass man dem Bild, das die Gesellschaft vom ›Juden überhaupt‹ hatte, nicht entsprach, und dennoch ein Jude zu bleiben.« (Arendt 1946/2019, 124)

Eine Begründung für die offenkundigen Grenzen, die Mommsens idealtypischer Liberalismus in Bezug auf die judenfeindlichen Ausfälle Treitschkes aufweist, lässt sich auch im »farbenblinden« Verhältnis Mommsens zu Religion und Religiosität (Jensen 2005, 65; Rebenich 2015, 274) und im »fehlenden Gespür« für die Realität jüdischen Lebens in Deutschland finden. (Malitz 2005, 144, 153f. u. 157) Er betrachtete sich selbst als modernen Agnostiker, der jenseits aller Konfessionen stand und dem katholischen Fundamentalismus eines Hermann Ahlwardt mit derselben Antipathie gegenüberstand wie den eifernden protestantischen Predigten Stoeckers. Doch diese agnostische Haltung enthielt natürlich eine Überheblichkeit, die ihn auch kein Verständnis für die Religiosität der jüdischen Minderheit aufbringen ließ. Hier hat der Einspruch Mommsens seinen diskursiven blinden Fleck, weil er das Wort »Christenheit« mit der »internationalen Civilisation« (403) gleichsetzte, an die sich in der Moderne alle kulturell anzupassen hätten. In jüdischen Vereinen sah der Historiker die Fortsetzung der alten jüdischen »Sonderexistenz« (404), sie seien ein »Uebel« (404) und dringend zu überwinden. »Wem sein Gewissen, sei es positiv oder negativ, es verbietet, dem Judentum abzusagen oder sich zum Christentum zu bekennen, der wird dementsprechend handeln«, so Mommsen am Ende seiner Ausführungen, aber »soweit die Juden es können, ist es ihre Pflicht, die Sonderart nach bestem Vermögen von sich zu tun und alle Schranken zwischen sich und den übrigen deutschen Mitbürgern mit entschlossener Hand niederzuwerfen.« (404)

Dies aber war ein etwas hilfloses Bündnis mit der Macht des Faktischen, das als Argument fragwürdig war und bleibt. Mehrere jüdische Historiker haben das nach der Lektüre von »Auch ein Wort über unser Judenthum« sofort bemerkt und auch die Folgen benannt, etwa Ludwig Philippson, der Herausgeber der Allgemeinen Zeitung des Judentums, der diesen Einspruch gegen Treitschke zwar »mit wärmster Dankbarkeit« in der AZJ kommentiert, aber im selben Artikel auch »die sonderbarste Idee« kritisiert, die Juden mögen aufhören, Juden zu sein. (BAS [Dok. 112], 788-793, 789 u. 792) In einem langen Brief von Mitte Dezember 1880 schrieb außerdem der 1846 in Magdeburg geborene, seit 1878 in Brüssel lehrende Martin Philippson an Mommsen: »Wäre die Christenheit wirklich nichts, als der Inbegriff der heutigen, internationalen Civilisation, nun, so sind Hunderttausende von Juden von ganzem Herzen Christen. Ich und unendlich viele meiner Stammesgenossen fühlen sich Eins mit allen Errungenschaften moderner Bildung, humanitären Strebens, politischer Freiheit, sozialer Verbesserung. […] Aber zum Christentum, wie es uns heute entgegentritt, vermögen wir uns nicht zu bekennen. Heute mehr als seit langer Zeit ist das Christentum ein bestimmtes System von Dogmen, welches nicht allein der orthodoxe Jude auf der einen, der Materialist auf der anderen Seite, sondern auch der rationalistisch denkende Gottgläubige nie annehmen kann. Wer als Christ geboren wird, dem bleibt es unbenommen, zu denken und zu glauben, wie er will. Wer aber aus einer fremden Gemeinschaft zum Christentum übertritt, der muß vor Gott und Menschen sich zu dessen gesamten dogmatischen Inhalt bekennen, und das wäre für die gebildeten Juden eine feierliche Lüge, ein Betrug, deren wir uns nicht schuldig machen wollen, die uns um so widerwärtiger sind, als sie zu materiellen Vortheilen führen möchten, oder doch als dazu beabsichtigt von der öffentlichen Wahrnehmung aufgefaßt werden können.« (zit. nach Hoffmann 2005, 87) Genau darin bestand die Paradoxie des Übertritts aus Sicht der Juden: Der Assimilierte konnte – getauft oder ungetauft – zwar in der Zielgruppe ankommen, aber er konnte seine Vergangenheit nicht abstreifen, »der Begriff der Assimilation bewahrt das Vorher im Nachher«. (Weissberg 2015, 117f.) So wurde von den Juden, auch von Mommsen, ein säkularer Übertritt zur christlichen Allgemeinheit erwartet, der aber, wenn er erfolgte, seine Motive mit öffentlichem Verdacht belegt fand, denn in der Wahrnehmung der Umwelt wurden Juden, die konvertierten, nicht zu Christen, sondern zu »getauften Juden«, wie dies auch schon Treitschke in »Unsere Aussichten« (70) formuliert hatte.

Ein weiterer Historiker, der diesen Zusammenhang benannte, war niemand anderes als Heinrich Graetz, der als Geschichtsschreiber bei Mommsen ebenfalls kein Verständnis erwarten konnte. Auch Graetz hat beim Lesen von Mommsens Broschüre gesehen, dass die von diesem formulierte Assimilationsvorleistung für die Juden eine Zumutung war. Wie vor ihm andere Kritiker Treitschkes hat Mommsen mit einer abwertenden Geste die »talmudistische Geschichtsschreiberei« (394) von Graetz kaum besser als Treitschke zum Zerrbild zerredet; darauf aber ging Graetz in einem Brief an seinen Freund Jacob Bernays gar nicht ein, als er ihm Mitte Dezember 1880 schrieb: »Mommsens Broschüre werden Sie wohl ebenfalls vollständig gelesen haben. Er behandelt uns Juden darin sehr gnädig, aber um welchen Preis!« (Graetz, Brief an Jacob Bernays, in: Fraenkel 1934, 366) Dieser »Preis« eben wurde von Mommsen gar nicht bedacht oder aber er wurde von ihm für geschichtsnotwendig erachtet. In dieser sozusagen schulterzuckenden Haltung Mommsens, die Religiosität der Juden wie ein »historisches Relikt« (Borries 1971, 77) zu betrachten, oder – wie Graetz es ausdrückte – »das Judenthum zu den Todten« (Fraenkel 1934, 366) zu werfen, liegt die entscheidende Blindstelle von »Auch ein Wort über unser Judenthum«. An Bernays, der mit Mommsen gut bekannt war (Jensen 2005, 64-67), lautete die Aufforderung von Graetz deshalb: »Es ist Ihre Pflicht, Ihrem Freunde klar zu machen, daß man eine vieltausendjährige Religion nicht so cavalièrement abthut.« (Fraenkel 1934, 366) Das aber, diese Einsicht in Mommsen zu bewirken, gelang weder Philippson oder Bernays noch anderen Kritikern; und es gelang auch dem politischen Liberalismus in Deutschland selbst nicht, der noch in seiner schärfsten Ablehnung des Antisemitismus dessen eigentliche Motive (Hass auf Juden) und schlimmsten Folgen (diejenigen, die er für Juden hatte) für die Begründung seiner Ablehnung gar nicht heranzog, stattdessen den Juden anempfahl, auf eigene Vereine und Gesellschaften zu verzichten und zu Zivilisationschristen zu werden.

Quellen: Theodor Mommsen, *Auch ein Wort über unser Judenthum*, Berlin: Verlag Weidmannsche Buchhandlung 1880; Wiederabdrucke: ders., *Reden und Aufsätze*, Berlin 1912, 410-426; außerdem: Claussen, *Vom Judenhaß zum Antisemitismus. Materialien einer verleugneten Geschichte* (1987), 117-129; *BAS* [Dok. 91], 695-709; das Orig. des Briefs von Martin Philippson liegt im NL Theodor Mommsens in der Staatsbibliothek Preußischer Kulturbesitz, Berlin; er ist abgedruckt in: Hoffmann, Die Verteidigung der liberalen Nation. Mommsen gegen Treitschke (2005), 62-88, hier 87; der Brief von Heinrich Graetz an Jacob Bernays (den Boehlich im Nachwort erwähnt, vgl.: Boehlich 1965, 253; hier 474) liegt gedruckt vor in: Fraenkel, Heinrich Graetz und Theodor Mommsen (1934), 365f.; wieder in: Kobel, *Jüdische Geschichte in Briefen aus Ost und West* (1938), 432f.; Borries 1971, 76; Michael (Hg.), *Heinrich Graetz. Tagebuch und Briefe* (1977), 367f.; *BAS* [Dok. 103], 754f.

Lit.: Arendt, Aufklärung und Judenfrage (1932), 65-77 [wieder: Arendt, *Wir Juden* (2019), 11-30]; Arendt, Privilegierte Juden (1946), in: dies., *Wir Juden*

(2019), 87-125; Melvin J. Lasky, Warum schrieb Mommsen nicht weiter? (1950), 62-67; Liebeschütz, Das Streitgespräch um Treitschke, in: ders., *Das Judentum im deutschen Geschichtsbild* (1967), 192-219; Borries, *Deutschtum und Judentum* (1971), 71-78; Zucker, Theodor Mommsen and Antisemitism (1972), 237-241; Claussen, *Vom Judenhaß zum Antisemitismus* (1987), 130-136; Hoffmann, Das Dilemma des Liberalismus: Theodor Mommsen, in: ders., *Juden und Judentum im Werk deutscher Althistoriker* (1988), 87-132; Brenner, »Gott schütze uns vor unseren Freunden«. Zur Ambivalenz des Philosemitismus im deutschen Kaiserreich (1993), 174-199; Malitz, Mommsen, Caesar und die Juden (1996), 371-387; Rebenich, *Theodor Mommsen* (2002), 165-173; Hoffmann, Die Verteidigung der liberalen Nation. Mommsen gegen Treitschke im »Berliner Antisemitismusstreit« 1879 / 80 (2005), 62-88; Malitz, »Auch ein Wort über unser Judenthum«. Theodor Mommsen und der Berliner Antisemitismusstreit (2005), 137-164; Jensen, *Gebildete Doppelgänger* (2005), 269-324; Hübinger, *Gelehrte, Politik und Öffentlichkeit. Eine Intellektuellengeschichte* (2006), 88-91; Rebenich, Eine Entzweiung (2015), 262-285; Weissberg, Der Jude als Paria. Stationen einer Idee im Diskurs der Assimilation (2015), 117-133; Kloft, Theodor Mommsen und der Berliner Antisemitismusstreit (2015), 113-120; Warland, Der deutsch-jüdische Historiker Martin Philippson (2016), 56-67.

In dem Charivari, welches jetzt zum Befremden der übrigen gebildeten Welt in Deutschland über die Judenfrage sich erhoben hat und zu dessen Mißklängen der Pöbel auf beiden Seiten nach Vermögen beisteuert, wird es kaum möglich sein, daß eine einzelne Stimme sich Gehör verschafft; die Aussicht das Unwesen auch nur zu mindern erscheint selbst dann gering, wenn man es über sich gewinnt zu glauben, daß die Agitation nicht zugleich eine Machination ist. Ich bin es zufrieden, wenn die wenigen Worte, die ich zu sagen beabsichtige, denjenigen Antwort geben, die es etwa interessiren mag zu erfahren, wie ich über diese Angelegenheit urtheile. Sie scheidet viele sonst gut und lange Verbündete, und Scheiden thut weh. Vielleicht gelangt das Wort der Verständigung, welches als allgemeines verhallen wird, doch als persönliches hier und da an das Ziel.

Unserer Generation ist es beschieden gewesen, was die Geschichte nur von wenigen zu sagen vermag, daß die großen Ziele, die wir, als wir zu denken begannen, vor uns fanden, jetzt von unserer Nation erreicht sind. Wer noch die Zeit gekannt hat der Ständeversammlungen mit berathender Stimme und des Deutschlands, das höchstens auf der Landkarte einerlei Farbe hatte, dem wird unser Reichstag und unsere Reichsfahne um keinen Preis zu theuer sein, mag immer kommen was da will, und es kann noch vieles kommen. Aber es gehört fester Muth und weiter Blick dazu, um dieses Glückes froh zu werden. Die nächsten Folgen erinnern allerdings an den Spruch, daß das Schicksal die Menschen straft durch die Erfüllung ihrer Wünsche. In dem werdenden Deutschland fragte man, wie es gemeinsam Fechtenden geziemt, nicht nach confessionellen und Stammesverschiedenheiten, nicht nach dem Interessengegensatz des Landmanns und des Städters, des Kaufmanns und des Industriellen; in dem gewordenen tobt ein Krieg aller gegen alle und werden wir bald so weit sein, daß als vollberechtigter Bürger nur derjenige gilt, der erstens seine Herstammung zurückzuführen vermag auf einen der drei Söhne des Mannus, zweitens das Evangelium so bekennt, wie der pastor collocutus es auslegt, und drittens sich ausweist als erfahren im Pflügen und Säen. Neben dem längst ausgebrochenen confessionellen Krieg, dem sogenannten Culturkampf, und dem neuerdings entfachten Bürgerkrieg des Geldbeutels, tritt nun als drittes ins Leben die Mißgeburt des nationalen Gefühls, der Feldzug der Antisemiten.

Wir älteren Männer, deren ganzes Wollen und Hoffen eben in dem nationalen Gedanken aufgegangen ist, stehen diesem Treiben gegenüber vor allen Dingen mit der doppelten Empfindung, theils, daß wieder einmal Saturnus seine Kinder frißt, theils daß diese Evolution, wie alle rückläufigen Bewegungen der Dinge, eines der retardirenden Momente ist, in denen die Geschichte gerade ebenso sich bewegt wie der Roman, und die schließlich an den Dingen nichts ändern. Das hindert aber nicht, daß sie an Personen und Interessen schweren Schaden stiften, und giebt uns nicht das Recht diesem selbstmörderischen Treiben des Nationalgefühls schweigend zuzuschauen.

Die deutsche Nation ruht, darüber sind wir wohl alle einig, auf dem Zusammenhalten und in gewissem Sinn dem Verschmelzen der verschiedenen deutschen Stämme. Eben darum sind wir Deutsche, weil der Sachse oder der Schwabe auch den Rheinländer und den Pommern als seines Gleichen gelten läßt, das heißt als vollständig gleich, nicht bloß in bürgerlichen Rechten und Pflichten, sondern auch im persönlichen und geselligen Verkehr. Wir mögen den sogenannten engeren Landsleuten noch eine nähere Sympathie entgegentragen, manche Erinnerung und manches Gefühl mit ihnen theilen, das außerhalb dieses Kreises keinen Wiederhall findet; die Empfindung der großen Zusammengehörigkeit hat die Nation geschaffen und es würde aus mit ihr sein, wenn die verschiedenen Stämme je anfangen sollten sich gegen einander als Fremde zu fühlen. Wir verhehlen uns die Verschiedenheit nicht; aber wer recht fühlt, der erfreut sich derselben, weil die vielfachen Ziele und Verhältnisse des Großstaates den Menschen in seiner ganzen Mannichfaltigkeit fordern und die Fülle der in unser großes und schicksalvolles Volk gelegten Gaben und der ihm aufgelegten Verpflichtungen von keinem einzelnen Stamm ganz entwickelt und ganz gelöst werden kann.

In wie fern stehen nun die deutschen Juden anders innerhalb unseres Volkes als die Sachsen oder die Pommern? Es ist richtig, daß sie Nachkommen weder von Istaevo sind noch von Hermino und Ingaevo; und die gemeinschaftliche Abstammung von Vater Noah genügt freilich nicht, wenn die germanische Ahnenprobe den Deutschen macht. Allerdings wird von der deutschen Nation noch allerlei mehr abfallen als die Kinder Israels, wenn ihr heutiger Bestand nach Tacitus Germania durchcorrigirt wird. Herr Quatrefages hat vor Jahren nachgewiesen, daß nur die Mittelstaaten wirklich germanisch seien und la race prussienne eine Masse, zu der verkommene Slaven und allerlei anderer Abfall der Menschheit sich vereinigt habe; als späterhin la race germanique und la race

prussienne in den Fall kamen der großen Nation gemeinschaftlich den Marsch zu machen, ist im Laufen vor beiden kein Unterschied wahrgenommen worden. Wer die Geschichte wirklich kennt, der weiß es, daß die Umwandlung der Nationalität in stufenweisem Fortschreiten und mit zahlreichen und mannichfaltigen Uebergängen oft genug vorkommt. Historisch wie praktisch hat eben überall nur der Lebende Recht; so wenig, wie die Nachkommen der französischen Colonie in Berlin in Deutschland geborene Franzosen sind, so wenig sind ihre jüdischen Mitbürger etwas anderes als Deutsche. Daß die jüdische Masseneinwanderung über die Ostgrenze, welche Hr. v. Treitschke an die Spitze seiner Judenartikel gestellt hat, eine reine Erfindung ist, hat Hr. Neumann bekanntlich an der Hand der Statistik in schlagender Weise dargethan, und, wenn Hr. v. Treitschke, wie ebenfalls bekannt, »von dem, was er gesagt hat, kein Wort zurücknimmt«, so hat dafür Hr. Adolf Wagner, auch ein entschiedener Antisemit, der dieselbe Meinung ausgesprochen hatte, unumwunden zugestanden, daß er sich hierin geirrt habe.
In diesem Moment liegt der wesentliche Gegensatz der Stellung des Judenthums in alter und in neuer Zeit. Die alte Welt kennt das nicht, was wir heute den nationalen Staat nennen. Ihre Staatenbildung bleibt entweder hinter demselben weit zurück, wie die Stadtrepubliken Griechenlands und Roms, oder greift weit darüber hinaus, wie die Monarchien Alexanders und Caesars; auch in den letzteren und überhaupt im Alterthum dachte man gar nicht an dasjenige homogene und ungefähr mit dem Sprachgebiet zusammenfallende Staatsbürgerthum, welches heute den Grund jeder politischen Gestaltung bildet. Deßhalb blieb den Juden hier, auch nach dem Untergang ihres Staats, eine gewisse nationale Geschlossenheit, die namentlich ihren Ausdruck findet in der ihnen eigenthümlichen Litteratur. Allerdings haben sie bald als Schriftsteller statt ihrer eigenen sich der damaligen Weltsprache zu bedienen angefangen und stellen sich auch ihrerseits auf den damals allgemein gültigen Standpunkt der griechischen Bildung; aber

ihre hervorragendsten Schriftsteller, der Historiker Josephus, der Philosoph Philon sind ganz und voll Juden und bewußte Vertreter des Judenthums. Eine solche Litteratur giebt es heutzutage nicht mehr. Wenn Hr. v. Treitschke an die talmudistische Geschichtschreiberei von Grätz erinnert, so vergißt er, daß in solchen Fragen die litterarischen Winkel außer Betracht bleiben – oder wird er die deutsche Historiographie etwa für Hurter und Genossen verantwortlich machen? Die jüdisch-alexandrinische Litteratur ist ein wichtiger Factor in der Geschichte des späteren Alterthums; wo giebt es heutzutage dafür eine Analogie? Alle hervorragenden Arbeiten, die von Juden der Neuzeit herrühren, stehen innerhalb der Litteraturkreise derjenigen Nation, welcher eben dieser Jude angehört. Es tritt dies weniger hervor in den philosophischen und den abstracten Wissenschaften, bei welchen überhaupt die Nationalität, namentlich auf den höchsten Spitzen, oft fast unfühlbar wird, als in der Poesie. Ich will keine Namen nennen; aber man vergegenwärtige sich jeden jüdischen Dichter und Romanschreiber von einigem Belang oder auch nur von einigem Erfolg; man wird wohl die Spuren ihrer Herkunft erkennen, wie denn kein Poet seinen Ursprung verleugnen kann und Goethe immer auch ein Frankfurter Kind bleibt; aber wie sie sind, trefflich, mittelmäßig, widerwärtig, sie haben keine Fühlung unter sich und der deutsche Israelit steht ebenso mitten im deutschen litterarischen Leben wie der englische mitten im englischen.

Das ist der eigentliche Sitz des Wahnes, der jetzt die Massen erfaßt hat und sein rechter Prophet ist Hr. v. Treitschke. Was heißt das, wenn er von unsern israelitischen Mitbürgern fordert, sie sollen Deutsche werden? Sie sind es ja, so gut wie er und ich. Er mag tugendhafter sein als sie; aber machen die Tugenden den Deutschen? Wer giebt uns das Recht unsere Mitbürger dieser oder jener Kategorie wegen der Fehler, welche im Allgemeinen dieser Kategorie, es sei auch mit Recht, zur Last gelegt werden, aus der Reihe der Deutschen zu streichen? Wie scharf man die Fehler dieser Mitbürger empfinden, wie schroff man über alle Milderungsgründe sich hinwegsetzen mag, immer wird man logisch wie praktisch höchstens dahin kommen die Juden für Deutsche zu erklären, welche im Punkte der Erbsünde doppelt bedacht worden sind. Ernsthafte Männer, wenn sie sich dies deutlich gemacht haben, werden darüber nicht im Zweifel sein, daß es ebenso dringend geboten ist den schädlichen Wirkungen dieser Fehler durch prävenirende Gesetzgebung wie im Strafweg nach Vermögen zu steuern, als unmöglich nach dem supponirten Quantum der Erbsünde die Stellung des deutschen Bürgers zu regeln.

Aber mit dieser Einsicht ist nicht genug gethan. Es muß in die Auffassung der Ungleichheit, welche zwischen den deutschen Occidentalen und dem semitischen Blut allerdings besteht, größere Klarheit und größere Milde kommen. Wir, die eben erst geeinigte Nation, betreten mit dem Judenkrieg eine gefährliche Bahn. Unsere Stämme sind recht sehr ungleich. Es ist keiner darunter, dem nicht specifische Fehler anhafteten, und unsere gegenseitige Liebe ist nicht so alt, daß sie nicht rosten könnte. Heute gilt es den Juden – ob blos den ungetauften oder auch den getauften und in diesem Fall bis zu welchem Gliede, unterlassen die Herren zu untersuchen, da das herzliche Einverständniß der pastoralen und der germanischen Orthodoxie dabei in die Brüche gehen müßte und das künftige Blutmischungsregulativ von Haus aus in die Domaine des Herrn Ernst Dohm gehört. Morgen wird vielleicht bewiesen, daß genau genommen jeder Berliner nicht besser sei, als ein Semit. Noch etwas weiterhin, und der Pommer fordert die Erstreckung der Statistik auf die Windbeutelei und hofft durch Zahlen zu beweisen, daß dann in den westlichen Provinzen ein doppelter Procentsatz sich herausstellen werde. Es wäre das nicht der ungeschickteste Weg um die Einheit unserer Nation zu untergraben. Wir verdanken sie mehr dem Haß unserer Feinde als unserem eigenen Verdienst; was der Krieg verbunden hat, kann der Friede, namentlich ein Friede, wie er jetzt in der Presse und auf den Tribünen schaltet, wiederum lockern. Allerdings wird das Weitergehen auf diesem Wege etwas mehr Umstände machen als der Gesammtangriff, den die große deutsche Nation jetzt sich anzuschicken scheint gegen den Mühlendamm zu unternehmen, welcher keinen Judas Maccabäus besitzt. Aber der Fanatismus ist leider nicht immer inconsequent; und der Hader unter West und Ost, unter Norden und Süden der Nation kann ebenso von den Todten wieder auferstehen, wie andere längst für gestorben und begraben gehaltene Ungeheuerlichkeiten. Uns allen klingt Moltkes Wort im Gedächtniß nach, daß was ein Feldzug gewonnen hat, dreißig Jahre der Vertheidigung fordert. Vertheidigung aber heißt nicht blos Einheit, sondern auch Einigkeit.

Es soll ganz und gar nicht in Abrede gestellt werden, daß die Sondereigenschaften der unter uns lebenden Personen jüdischer Abstammung weit schärfer empfunden werden als diejenigen anderer Stämme und selbst anderer Nationen. Sie sind von Haus aus bestimmter ausgeprägt und durch die beiden Theilen gleich verderbliche tausendjährige Unterdrückung der deutschen Semiten durch die deutschen Christen in künstlicher und zum Theil grauenvoller Weise gesteigert. Unsere politische wie unsere literarische Entwickelung trägt die Spuren davon und kein Historiker kann sie überschweigen. Die Geschichte des Hauses Rothschild ist für die Weltgeschichte von größerer Bedeutung als die innere Geschichte des Staates Sachsen; und ist es gleichgültig, daß dies die Geschichte eines deutschen Juden ist? Unser Jahrhundert hat vielleicht kein größeres Dichtertalent gesehen als Heine; und wer kann dieses Spielen des Verstandes mit dem eigenen Herzblut, dieses im Wollüstigen und Phantastischen gewaltige, der Charaktertragik Shakespeares schlechthin baare Gestaltungstalent anders begreifen, als wenn man sich seines Ursprungs erinnert? Gewiß, die Unterschiede sind da; und sie sind so beschaffen, daß der Judencultus einer gewissen Epoche oder – in welcher Form er heutzutage aufzutreten pflegt – die Judenfurcht wohl zu den einfältigsten Verwirrungen gehören, deren zu bedienen unsere Nation sich beliebt hat und noch beliebt. Aber diesen Schranken und Mängeln stehen wieder Fähigkeiten und Vorzüge gegenüber, deren Besitz nicht zum letzten Theil diese Agitation mit veranlaßt hat. Daß der reinste und idealste aller Philosophen als Jude gelebt und gelitten hat, ist auch kein Zufall; und an der jüdischen Wohlthätigkeit, auch gegen Christen, könnten diese sich ein Beispiel nehmen. Es ist eben wie überall. Licht und Schatten sind gemischt; ob mehr oder minder ungleich, wird niemand zu entscheiden wagen, der nicht Hofprediger ist. Ohne Zweifel sind die Juden, wie einst im römischen Staat ein Element der nationalen Decomposition*, so in Deutschland ein Element der Decomposition der Stämme, und darauf beruht es auch, daß in der deutschen Hauptstadt, wo diese Stämme factisch sich stärker mischen als irgendwo sonst, die Juden eine Stellung einnehmen, die man anderswo ihnen beneidet. Decompositionsprozesse sind oftmals nothwendig, aber nie erfreulich und haben unvermeidlich eine lange Reihe von Uebelständen im Gefolge; der unsrige weniger als der römische, weil die deutsche Nation keineswegs ein so blasser Schemen ist wie die caesarische Reichsangehörigkeit; aber so sehr bin ich meiner Heimath nicht entfremdet, daß nicht auch ich oft schmerzlich empfände, was ich gehabt habe und was meinen Kindern fehlen wird. Aber Kinderglück und Männerstolz sind nun einmal unvereinbar. Ein gewisses Abschleifen der Stämme an einander, die Herstellung einer deutschen Nationalität, welche keiner bestimmten Landsmannschaft

* Ich habe in diese ernste Frage nicht die andere recht gleichgültige hineinziehen wollen, ob ein deutscher Schriftsteller sich einmal mehr oder weniger widersprochen hat, und habe darum nicht erwiedert auf die litterarischen Streifzüge gewisser Parlamentsredner, deren Vorträge besser Leitartikel der entsprechenden Presse geblieben wären. Indeß da ich einmal hier das Wort nehme, glaube ich hinzufügen zu sollen, daß meine Meinung über die Judenfrage vor dreißig Jahren ebenso dieselbe war, wie meine Stimmung gegen diesen Theil meiner Mitbürger. Wer sich von dem letzteren überzeugen will, worauf mehr ankommt, der lese zum Beispiel was ich über das Verhalten der Juden bei Caesars Tod gesagt habe. Wer mein Buch kennt, wird es bestätigen, daß dasselbe den Anspruch erhebt den Judenschmeichlern ebenso zu mißfallen wie den Judenhassern.

entspricht, ist durch die Verhältnisse unbedingt geboten und die großen Städte, Berlin voran, deren natürliche Träger. Daß die Juden in dieser Richtung seit Generationen wirksam eingreifen, halte ich keineswegs für ein Unglück, und bin überhaupt der Ansicht, daß die Vorsehung weit besser als Herr Stöcker begriffen hat, warum dem germanischen Metall für seine Ausgestaltung einige Procent Israel beizusetzen waren.

Dies sind Ansichten über historische Vorgänge, die Andern zum Theil anders erscheinen werden; wenn der Fanatismus noch ein neutrales Gebiet anerkennt, sollten Meinungsverschiedenheiten über das Mehr oder Minder des Thatsächlichen nicht die Gemüther zerrütten und die Herzen entzweien. Worauf es ankommt, ist aus der Verwirrung und der Spaltung heraus zu sicheren Grundsätzen des praktischen Handelns zu kommen; und ich will aussprechen, was mir in dieser Hinsicht als Pflicht der Deutschen erscheint. Die Regierung kann hier wenig thun, auch wenn sie es will; es liegt jedem Einzelnen ob zu beweisen, daß wir ein freies Volk sind, fähig, sich selbst und seine Stimmungen zu beherrschen und begangene Fehler zu verbessern.

Die gute Sitte und noch eine höhere Pflicht gebieten, die Besonderheiten der einzelnen Nationen und Stämme mit Maß und Schonung zu discutiren. Je namhafter ein Schriftsteller ist, desto mehr ist er verpflichtet, in dieser Hinsicht diejenigen Schranken einzuhalten, welche der internationale und der nationale Friede erfordert. Eine Charakteristik der Engländer und der Italiener von einem Deutschen, der Pommern und der Rheinländer von einem Schwaben ist ein gefährliches Unternehmen: bei aller Wahrhaftigkeit und allem Wohlwollen hört der Besprochene doch von allem nur den Tadel. Das unvermeidliche und unvermeidlich ungerechte Generalisiren wirkt verstimmend und erbitternd, während es selbstverständlich eine Lächerlichkeit sein würde von solchen Schilderungen eine Besserung der bezeichneten Schäden zu erwarten. Darin vor allem liegt das arge Unrecht und der unermeßliche Schaden, den Herr v. Treitschke mit seinen Judenartikeln angerichtet hat. Jene Worte von den hosenverkaufenden Jünglingen und den Männern aus den Kreisen der höchsten Bildung, aus deren Munde der Ruf ertönt »die Juden sind unser Unglück« – ja es ist eingetroffen, was Herr v. Treitschke voraussah, daß diese »versöhnenden Worte« mißverstanden worden sind. Gewiß waren sie sehr wohlgemeint; gewiß liegt den einzelnen Klagen, die dort erhoben werden, vielfach Wahres zu Grunde; gewiß sind härtere Anklagen gegen die Juden tausendmal ungehört verhallt. Aber wenn die Empfindung der Verschiedenheit dieses Theils der deutschen Bürgerschaft von der großen Majorität bis dahin niedergehalten worden war durch das starke Pflichtgefühl des bessern Theils der Nation, welche es nicht bloß wußte, daß gleiche Pflicht auch gleiches Recht fordert, sondern auch davon die thatsächlichen Consequenzen zog, so sah sich diese Empfindung nun durch Herrn v. Treitschke proclamirt als die »natürliche Reaction des germanischen Volksgefühls gegen ein fremdes Element«, als »der Ausbruch eines tiefen lang verhaltenen Zornes.« Das sprach Herr v. Treitschke aus, der Mann, dem unter allen ihren Schriftstellern die deutsche Nation in ihren letzten großen Krisen den meisten Dank schuldet, dessen Feder eines der besten Schwerter war und ist in dem gewendeten, aber nicht beendeten Kampfe gegen den alten Erbfeind der Nation, den Particularismus. Was er sagte, war damit anständig gemacht. Daher die Bombenwirkung jener Artikel, die wir alle mit Augen gesehen haben. Der Kappzaum der Scham war dieser »tiefen und starken Bewegung« abgenommen; und jetzt schlagen die Wogen und spritzt der Schaum.

Ohne Zweifel hat Herr v. Treitschke diese Wogen und diesen Schaum nicht gewollt, und es fällt mir nicht ein, ihn für die einzelnen Folgen seines Auftretens verantwortlich zu machen. Aber die Frage ist doch unerläßlich: was hat er gewollt? Jene »tiefe und starke Bewegung« hatte doch wohl irgend einen Zweck? Herr v. Treitschke ist ein redegewaltiger Mann; aber er selbst hat doch wohl kaum geglaubt, daß auf seine Allocution hin die Juden nun, wie er es ausdrückt, sämmtlich deutsch werden würden. Und wenn nicht, was dann? ein kleines klares Wort darüber wäre nützlicher gewesen als all die ziellosen großen. Nur so viel ist klar: jeder Jude deutscher Nationalität hat den Artikel in dem Sinne aufgefaßt und auffassen müssen, daß er sie als Mitbürger zweiter Klasse betrachtet, gleichsam als eine allenfalls besserungsfähige Strafcompagnie. Das heißt den Bürgerkrieg predigen. Der Ausnahme einzelner Personen und der persönlichen Bekannten, die nach Herrn v. Treitschkes Vorgang jetzt bei den Antisemiten landläufig geworden ist, hätten er und seine Nachfolger besser sich enthalten. Wenn ein Italiener ein Pasquill auf die deutsche Nation schriebe und Herrn v. Treitschke persönlich ausnähme, würde ihm nicht für die doppelte Beleidigung eine doppelte Abfertigung zu Theil werden? Mit vollem Recht haben diejenigen Juden, denen er nicht den Rücken dreht, ihn ihm gewiesen. Sicherlich hat er nur einen platonischen Bürgerkrieg im Sinne gehabt; aber dieser hat, wie billig, geendigt, wie die platonische Liebe zu endigen pflegt. Die schlechten Juden bleiben, was sie waren; die guten wenden von den Christen sich ab; und von den Christen selbst stürzt der Pöbel aller Klassen sich begierig auf das wehrlose Wild und die Besseren selber sind zum Theil im Innern unsicher und schwankend. Herr v. Treitschke hat mit gutem Recht einen politischen und moralischen Einfluß auf seine Nation wie heute kein zweiter Publicist; er wird, wie es üblich ist, für seine hohe Stellung bestraft durch die Wirkung seiner Fehler.

Diese Hetze des Tages, wie sie in den Judenspiegeln und wie sie weiter heißen jetzt ihren Lauf hat, kann das Publikum nicht bannen, aber ächten. Dies wird hoffentlich nicht ausbleiben, und die entwichene Toleranz zurückkehren, – nicht diejenige, die sich von selbst versteht, gegen die Synagoge, sondern die wesentlichere Toleranz gegen die jüdische von ihren Trägern nicht verschuldete, ihnen als Schicksal auf die Welt mitgegebene Eigenartigkeit. Was über die Sonderstellung des deutschen Judenthums im Guten wie im Bösen zu sagen ist – der Geschichtschreiber wie der Litterarhistoriker unserer Zeit kann den Gegensatz nicht unerörtert lassen – dafür werden die Schriftsteller, welche in Betracht kommen, sehr wohl eine Form zu finden wissen, die der verständige Jude hinnehmen kann. Auch das Niederhalten des schlimmen Treibens gewisser jüdischer Elemente verträgt sich vollständig mit der Schonung und der Rücksicht, auf welche der unbescholtene jüdische Mitbürger genau so viel Anrecht hat wie der christliche. Der jüdische Wucher ist keine Fabel; und hoffentlich wird das neue Wuchergesetz ihm soweit steuern, als überhaupt den verbrecherischen oder auch nur gemeingefährlichen Handlungen von Staatswegen gesteuert werden kann. Wenn der Jude wie der Judenfreund dies lebhaft wünschen, so wird hoffentlich auch der eifrige Antisemit nichts dagegen haben, wenn bei dieser Gelegenheit es auch einem christlichen Blutsauger schlecht geht. Ferner wird es gut sein, sich zu erinnern, daß im Land Aegypten der Wucher keineswegs aufhörte, als König Pharao die Judenfrage in radicaler Weise gelöst hatte.

»Von einer Zurücknahme oder auch nur einer Schmälerung der vollzogenen Emancipation kann unter Verständigen gar nicht die Rede sein«, sagt Herr v. Treitschke; »sie wäre ein offenbares Unrecht«. Schlimm genug, daß man dergleichen schon sagen muß! Aber was die sog. Antisemitenpetition der Herren Zöllner und Genossen erbittet, ist schlimmer, als ein offenbares Unrecht; es ist ein heimliches und tückisch verdecktes. Die Juden sollen, wenn Fürst Bismarck nach Herrn Zöllners unmaßgeblicher Ansicht die Nation reformirt, von allen obrigkeitlichen (autoritativen) Stellungen ausgeschlossen werden und ihre Verwendung im Justizdienst, namentlich als Einzelrichter, eine »angemessene Beschränkung« erfahren; und das Begleitschreiben macht den Fürsten darauf aufmerksam, daß die Staatsregierung im Stande sei, diese Bitte lediglich auf dem Wege der Verwaltung ohne jede Zuziehung der gesetzgebenden Factoren zu gewähren. Also hiernach steht es den Juden auch ferner frei, die Rechte zu studiren und die Prüfungen zu absolviren, nur angestellt können sie nicht werden. Eine Rechtsschmälerung ist es freilich nicht, wenn das Recht bleibt wie es ist – nur daß davon kein Gebrauch gemacht werden kann; ein guter Beitrag zu der römischen Lehre vom nudum jus und zu der culturhistorisch interessanten Untersuchung über die Gewissensweite der neu-germanischen Orthodoxen. Sind die preußischen Universitäten, die den Namen unserer Könige tragen, gegründet als Schlingen zum Heranlocken an Stellungen, in die der Einlaß versagt wird? Ich kann es verstehen, daß ein richtiger verbissener Antisemit die gute alte Zeit zurückwünscht, in welcher der Jude nur durch das Taufbecken fähig wurde sich zur Uebernahme einer obrigkeitlichen Stellung vorzubereiten. Aber die Forderung dieser Petenten bestätigt leider den alten Satz, daß der Fanatismus ein Krebsschaden ist, welcher schließlich auch das Gefühl der Ehre und der Ehrenhaftigkeit angreift.

Die Petition kommt zur rechten Zeit. Sie öffnet jedem die Augen, wie weit wir schon sind, und wohin wir kommen müssen und kommen werden, wenn diese Fluth weiter braust. Sie ist an unserer Universität in diesen Tagen zur Unterzeichnung herumgeboten worden mit einer salvatorischen Clausel in Bezug auf »die bürgerliche Stellung und den Standpunkt« der Studenten, welche den Inhalt der Petition nicht berührt. In Bezug auf dieselbe heißt es in einem mir gedruckt, aber nicht unterzeichnet, vorliegenden Begleitbrief an die Commilitonen:

»Gegen alle Schwierigkeiten, Einwendungen und Bedenklichkeiten, die uns von irgend einer Seite erhoben werden könnten, sichert uns der unsre Stellung so bescheiden abgrenzende Zusatz. So wenigstens meint einer unsrer Herren Professoren in Berlin, der in seiner Eigenschaft als akademischer Lehrer, Staatsmann und Volksvertreter sicher in dieser Frage Autorität besitzt wie kein Zweiter. Ihn hatten wir Studenten, die wir in Berlin während der Ferien zuerst an die Angelegenheit heran traten, um Rath gefragt, sowohl über die Opportunität einer derartigen Klausel im Speciellen, wie unseres Vorgehens im Allgemeinen, und der überaus freundliche und detaillirte Bescheid, der uns von dieser Seite wurde, schloß mit den Worten: ›Ich sehe nicht nur keinen Grund Ihnen abzurathen, sondern ich wünsche Ihnen vielmehr alles Glück dazu.‹«

Es ist mir nicht wahrscheinlich, daß Herr v. Treitschke seinen Namen denen des Herrn Zöllner und seiner Genossen beigesellt hat, und noch weniger kann ich es für möglich halten, daß er der hier bezeichnete Berather ist. Aber er wird als solcher genannt, und eine Erklärung, daß er diesen Rath so nicht gegeben hat, erscheint mir dringend geboten, eben weil wir stolz darauf sind einen solchen Lehrer und einen solchen Mann den unsern zu nennen. Ueber den Vorgang selbst, so weit er die Universität betrifft, finde ich keine Veranlassung in diesem Zusammenhang mich zu äußern, zumal da dies eine Frage ist, bei der noch ganz andere Momente als pro- und antisemitische Stimmungen in Betracht kommen.

Schließlich ein Wort über die Stellung der Juden selbst zu dieser leidigen Bewegung. Selbstverständlich ist unsere Nation durch Recht und Ehre verpflichtet sie in ihrer Rechtsgleichheit zu schützen, sowohl vor offenem Rechtsbruch wie vor administrativer Prellerei; und diese unsere Pflicht, die wir vor allem uns selbst schulden, hängt keineswegs ab von dem Wohlverhalten der Juden. Aber wovor nicht wir sie schützen können, das ist das Gefühl der Fremdheit und Ungleichheit, mit welchem auch heute noch der christliche Deutsche dem jüdischen vielfach gegenüber steht und das, wie der gegenwärtige Augenblick einmal wieder zeigt, allerdings eine Gefahr in sich trägt für sie wie für uns – der Bürgerkrieg einer Majorität gegen eine Minorität, auch nur als Möglichkeit, ist eine nationale Calamität. Die Schuld davon liegt allerdings zum Theil bei den Juden. Was das Wort »Christenheit« einstmals bedeutete, bedeutet es heute nicht mehr voll; aber es ist immer noch das einzige Wort, welches den Charakter der heutigen internationalen Civilisation zusammenfaßt und in dem Millionen und Millionen sich empfinden als Zusammenstehende auf dem völkerreichen Erdball. Außerhalb dieser Schranken zu bleiben und innerhalb der Nation zu stehen ist möglich, aber schwer und gefahrvoll. Wem sein Gewissen, sei es positiv oder negativ, es verbietet dem Judenthum abzusagen und sich zum Christenthum zu bekennen, der wird dem entsprechend handeln und die Folgen auf sich nehmen; Betrachtungen dieser Art gehören in das Kämmerlein, nicht in die öffentliche Discussion. Aber es ist eine notorische Thatsache, daß eine große Anzahl von Juden nicht durch Gewissensbedenken vom Uebertritt abgehalten wird, sondern lediglich durch ganz andere Gefühle, die ich begreifen, aber nicht billigen kann. – Auch die zahlreichen specifisch jüdischen Vereine, wie sie zum Beispiel hier in Berlin bestehen, erscheinen mir, so weit nicht eben die jeder Discussion sich entziehende Glaubensfrage auch hier eingreift, entschieden vom Uebel. Ich würde keinem Wohlthätigkeitsverein beitreten, dessen Statuten ihn verpflichteten nur Holsteinern Hülfe zu gewähren; und bei aller Achtung vor dem Streben und dem Leisten dieser Vereine kann ich in ihrer Sonderexistenz nur eine Nachwirkung der Schutzjudenzeit erkennen. Wenn diese Nachwirkungen auf der einen Seite hin verschwinden sollen, so müssen sie es nach der andern auch; und auf beiden Seiten ist noch viel zu thun. Der Eintritt in eine große Nation kostet seinen Preis; die Hannoveraner und die Hessen und wir Schleswig-Holsteiner sind daran ihn zu bezahlen, und wir fühlen es wohl, daß wir damit von unserem Eigensten ein Stück hingeben. Aber wir geben es dem gemeinsamen Vaterland. Auch die Juden führt kein Moses wieder in das gelobte Land; mögen sie Hosen verkaufen oder Bücher schreiben, es ist ihre Pflicht, so weit sie es können ohne gegen ihr Gewissen zu handeln, auch ihrerseits die Sonderart nach bestem Vermögen von sich zu thun und alle Schranken zwischen sich und den übrigen deutschen Mitbürgern mit entschlossener Hand niederzuwerfen.

Heinrich von Treitschke
Zur inneren Lage am Jahresschlusse (Dezember 1880)

Quelle: *Preußische Jahrbücher* 46 (1980), H. 6, 639-645; Boehlich hatte diesen Text, der nun einen drohenden, die Juden in Deutschland regelrecht warnenden Ton annahm, stark gekürzt; eine längere Fassung in: *BAS* [Dok. 93], 711-715.

Neben solchen großen Problemen deutscher Zukunftspolitik erscheint der neu auflodernde Judenstreit nur als das traurige Vermächtniß einer langen Epoche erschlafften Nationalstolzes und unsicherer religiöser Empfindung. Es ist unsere Schuld, daß das Judenthum in Deutschland sein Stammesbewußtsein so herausfordernd zur Schau trägt wie in keinem anderen großen Staate. Was wir über den leidigen Streit zu sagen wußten ist in diesen Blättern schon vor einem Jahre ausgesprochen worden. Heute genügt es die Thatsache zu constatiren, daß die »Judenfrage« in der That vorhanden ist. Eine so leidenschaftliche Aufregung, wie sie in den jüngsten Wochen die deutsche Hauptstadt durchzitterte, kann kein Agitator künstlich hervorrufen. Die zweitägige Debatte des Abgeordnetenhauses, welche der blinde philosemitische Eifer der Fortschrittspartei veranlaßte, hat die gegenseitige Erbitterung nur gesteigert; die beiden gemäßigten Mittelparteien bewahrten dabei ein beredtes Stillschweigen, weil sie kein Oel in's Feuer gießen wollten und doch fühlten, daß viele der Anklagen gegen die anmaßende Haltung des deutschen Judenthums wohlbegründet sind. Die Regierung hat sich bisher weder mittelbar noch unmittelbar über diese Bewegung ausgesprochen; an den Irrfahrten jenes Kometen, der in den Grenzboten zuweilen von der geraden Straße des einfachen Menschenverstandes abzuschweifen liebt, ist der

Reichskanzler gänzlich unschuldig, wie jeder halbwegs Kundige weiß. Der Minister des Innern begnügte sich mit der selbstverständlichen Versicherung, daß die Regierung nicht beabsichtige die bestehenden staatsbürgerlichen Rechte aufzuheben; und er that recht daran, denn die Staatsgewalt soll nur reden wenn die Zeit des Handelns gekommen ist, und noch ist nicht abzusehen, wie der Staat irgend etwas zur Ausgleichung der unverkennbar vorhandenen Mißstände thun soll. An die Zurücknahme der Emancipation denkt, wie die Landtagsverhandlung gezeigt hat, kein irgend einflußreicher Politiker. Die Beschränkung der jüdischen Einwanderung wäre nur ein wenig wirksames Palliativ. Noch unglücklicher erscheint der Vorschlag, den Gerichten, wie den Offizierscorps, das Recht der Cooptation zu verleihen, damit die Ueberzahl der jüdischen Referendare vermindert werde. Unseren Gerichten fehlt die strenge militärische Mannszucht und Verschwiegenheit; auch ist das Cooptationsrecht für Behörden, welche eine obrigkeitliche Gewalt ausüben, aus naheliegenden politischen Gründen hochbedenklich.

Es liegt allein in den Händen der bürgerlichen Gesellschaft, und namentlich der Juden selbst, die vorhandene, nicht mehr abzuleugnende Verstimmung allmählich zu beseitigen. Die Erlebnisse der jüngsten Monate berechtigen aber leider keineswegs zu der Vermuthung, daß die deutschen Juden bereit seien sich mit ihren christlichen Mitbürgern ehrlich zu versöhnen. Viele von ihnen haben jedes noch so maßvolle, mahnende Wort, das ihnen zugerufen ward, mit wüthenden Schmähreden beantwortet; sie haben das Judenthum der ausländischen Presse gegen ihre deutschen Landsleute in's Feld gerufen; sie haben offenbaren Terrorismus geübt – denn wie anders sollen wir es nennen, wenn man versuchte, einen ehrenwerthen Breslauer Gymnasiallehrer seines Amtes zu entsetzen, lediglich weil er eine den Juden unbequeme, aber durchaus gesetzliche Petition unterschrieben hatte? Sie haben sogar in mehreren Städten, in Breslau, Halle, Eisenach sich gradezu verschworen zur Schädigung christlicher Mitbürger, die ihnen mißliebig

waren. Und eben jetzt veröffentlicht ein deutscher Jude, der offenbar zu den sogenannten Gebildeten gehört, die nichtswürdige Schrift Ben Sirah Militans, ein Machwerk, das von gemeinen Lästerungen gegen die »drei Götter« des Christenthums trieft! Oder ist es in der Ordnung, wenn das Vaterland Luthers und Goethes von jüdischen Journalisten als »die Heimath Rodenbergs und Auerbachs« angeredet wird?! Sieht man denn nicht, daß man auf diesem abschüssigen Wege endlich dahin gelangen muß, die längst vollzogene Emancipation wieder in Frage zu stellen? Das stärkste Argument der Gegner der Emancipation war doch immer dieses: »die Juden sind und bleiben eine Nation für sich; gewähren wir ihnen alle staatsbürgerlichen Rechte, so werden sie einen Staat im Staate bilden«. Schreitet das Judenthum weiter auf der neuerdings betretenen Bahn, dann werden wir diesen jüdischen Staat im Staate noch erleben, und dann müßte sich unter den Christen unfehlbar der Ruf erheben: hinweg mit der Emancipation! Wer unter unseren jüdischen Mitbürgern sich schlechtweg als ein guter Deutscher fühlt, sollte heute allen seinen Einfluß aufbieten um seine Glaubensgenossen vor einer gefährlichen Ueberhebung und Absonderung zu warnen. Sonst kann unser Boden vielleicht noch rohe Ausbrüche unheimlichen Hasses sehen, die den Deutschen, den Christen wie den Juden, nicht zur Ehre gereichen würden. –
10. December 1880

Heinrich von Treitschke
Erwiderung an Herrn Th. Mommsen
(Dezember 1880)

Quelle: *Preußische Jahrbücher* 46 (1980), H. 6, 661-663; wieder: *BAS* [Dok. 100], 744-749 (zum Hintergrund und zu der Rolle des »mir bisher unbekannten Leipziger Studenten« vgl.: Kampe, *Studenten und Judenfrage im Kaiserreich* (1988); vgl. auch den Kommentar 372-375).

In dem Augenblicke, da dies Heft bereits geschlossen ist, erhalte ich die Schrift von Th. Mommsen »Auch ein Wort über unser Judenthum«.

Es gereicht mir zur Freude, daß ein Mann wie Mommsen sich nicht dabei beruhigt hat, eine »Erklärung« zu unterzeichnen, deren hohle Schlagwörter an die schlimmsten Tage des Jahres 1848 erinnerten, sondern nunmehr endlich seine Ansicht mit Gründen vertheidigt. Ich erkenne auch dankbar an, daß er heute nicht mehr, wie in jener »Erklärung«, alle Schuld allein auf Seiten der Christen sucht, sondern auch für die Fehler der Juden einige Worte wohlberechtigten Tadels findet.

Gleichwohl bleibt eine starke Meinungsverschiedenheit zwischen ihm und mir bestehen. Ich fasse sie kurz in folgenden fünf Punkten zusammen.

Mommsen glaubt, das Judenthum bilde in Deutschland »ein Element der Decomposition der deutschen Stämme« und sei darum in der deutschen Hauptstadt so mächtig geworden. Ich bin der entgegengesetzten Ansicht. Blätter wie der Börsencourier, die Frankfurter Zeitung u.s.w. befördern durchaus nicht die Versöhnung zwischen den Sachsen, den Schwaben, den Franken, sondern lediglich ein heimathloses Weltbürgerthum; sie thuen was in ihren Kräften steht um unserem Volke den nationalen Stolz, die Freude

am Vaterlande zu zerstören. Diese Elemente des Judenthums sind allem deutschen Wesen feindlich.
Mommsen geht mit einigen gleichgiltigen Worten über den religiösen Gegensatz hinweg. Ich stehe anders als er zu dem positiven Christenthum. Ich glaube, daß unser tief religiöses Volk durch die reifende Cultur zu einem reineren und kräftigeren kirchlichen Leben zurückgeführt werden wird, und kann daher die Schmähungen der jüdischen Presse gegen das Christenthum nicht mit Stillschweigen übergehen, sondern ich betrachte sie als Angriffe auf die Grundlagen unserer Gesittung, als Störungen des Landfriedens.
Mommsen tadelt den unedlen Kampf der Mehrheit gegen die schwache Minderheit. Ich meine, daß dieser Tadel einer Begriffsverwirrung entspringt. Die schwache Minderheit beherrscht mittelbar oder unmittelbar weitaus die meisten Organe der öffentlichen Meinung. Wer heute in der Presse die Ueberhebung des Judenthums bekämpft, der mißbraucht nicht die Macht des Stärkeren, sondern er steht Einer gegen Hundert.
Ich habe anerkannt, daß viele unserer jüdischen Mitbürger längst zu guten Deutschen geworden sind, und nur bedauert, daß andere sich unserem nationalen Leben grundsätzlich fern halten. Mommsen erwidert mir: »die Juden sind Deutsche so gut wie er und ich«; nachher führt er jedoch sehr nachdrücklich aus, daß ein Theil dieser »Deutschen« sich in einem national-jüdischen Sonderleben wohl gefalle. Er sagt also mit anderen Worten genau dasselbe wie ich. Ich glaube aber, meine Ausdrucksweise war die correctere.
Mommsen findet endlich mein Auftreten in der Judenfrage inopportun; und hierin liegt, wie mir scheint, der Kern seiner Ausführungen. Ich frage dawider: ist es patriotischer, einen vorhandenen, von aller Welt empfundenen socialen Uebelstand in der Stille fortwuchern zu lassen, oder ihn nach der Weise freier Völker offen zur Sprache zu bringen? Ich habe das Letztere für richtiger gehalten. Meine ausgesprochene Absicht war, die gut deutschgesinnten Juden daran zu erinnern, daß die Haltung eines Theiles ihrer

Glaubensgenossen den Anforderungen nicht entspricht, welche jede große Nation an ihre Bürger stellen muß. –

Dieser sachlichen Erörterung muß ich, ungern genug, zwei persönliche Bemerkungen folgen lassen.

Herr Mommsen wirft mir vor, daß ich meine Behauptungen über die jüdische Einwanderung nicht zurückgenommen habe. Ich erwidere einfach, daß ich das von ihm empfohlene Neumann'sche Buch nicht kenne. Da er die Schrift empfiehlt, so werde ich sie lesen; und sollte ich ihre Beweisführung stichhaltig finden, so werden diese Jahrbücher nicht anstehen, eine Behauptung, die mit dem Kerne der Streitfrage wenig zu thun hat, zu berichtigen.

Herr Mommsen fordert ferner meine Erklärung über einen Satz eines vertraulichen akademischen Circularschreibens, der möglicherweise so gedeutet werden kann, als ob ich der moralische Urheber der Antisemiten-Petition der Leipziger Studenten wäre. Der Sachverhalt ist für meine Collegen durchaus kein Geheimniß. Hätte Herr Mommsen mich selbst oder unseren Rector oder viele andere Collegen einer vertraulichen Frage gewürdigt, so würde er wissen, daß ich die von ihm gewünschte Erklärung schon längst gehörigen Orts abgegeben habe; er würde ferner wissen, daß der mit meinem Namen getriebene Mißbrauch schon längst zurückgenommen worden ist. Da er jedoch eine öffentliche Anfrage für collegialisch hält, so stehe hier meine Antwort.

Elf Monate lang hatte ich mit Studenten niemals über die Judenfrage gesprochen; ich wußte auch gar nicht, daß sich die akademische Jugend mit der Angelegenheit beschäftigte. Da empfing ich am 22. October von einem mir bisher unbekannten Leipziger Studenten, der sich damals hier aufhielt, einen Brief des Inhalts: er und seine Freunde beabsichtigten sich der Försterschen Petition anzuschließen; sie bäten mich um Rath. Als der Briefsteller bald nachher persönlich bei mir erschien, sagte ich ihm etwa Folgendes: 1. ich sei, wie er aus meinen Jahrbücher-Artikeln wissen müsse, mit der Petition nicht einverstanden und hätte daher trotz wiederholter Aufforderung mich geweigert, dieselbe zu unterzeichnen;

2. ich sei akademischer Lehrer und könne daher an keiner Kundgebung der Studirenden mich irgendwie betheiligen;
3. wenn er und seine Freunde ihre Sympathie für die Petition äußern wollten, so könnte ich ihm selbstverständlich nicht abrathen, da ich kein Recht hätte Anderen meine Gesinnung aufzuerlegen; doch hielte ich mich verpflichtet ihn auf zwei Bedenken aufmerksam zu machen. Ein Versuch der Studenten, auf die Beschlüsse der gesetzgebenden Gewalt einzuwirken, sei m. E. ganz ungehörig; sie müßten also ihrer Kundgebung mindestens eine andere angemessenere Form geben; sie müßten ferner darauf halten, daß der akademische Friede ungestört bliebe.

Nach dieser Unterredung hörte ich wochenlang nichts mehr von der Sache, bis ich plötzlich zu meinem äußersten Erstaunen, in Folge einer Zeitungsnotiz jenen Satz des Leipziger Studenten-Circulars kennen lernte. Ich schrieb sogleich an jenen Studenten, erinnerte ihn an den wirklichen Inhalt unseres Gesprächs und verlangte, daß jene Stelle sofort gestrichen würde. Er antwortete mir sehr reumüthig, bat mich um Verzeihung, betheuerte, er habe sich während der Unterredung in großer Aufregung befunden und mich daher gänzlich mißverstanden; er versprach sodann jene Stelle sogleich streichen zu lassen, was in der That geschehen ist.

Nachher habe ich einem Mitgliede unseres Academischen Senats den Hergang brieflich dargestellt, mit der Bitte um weitere Mittheilung an den Rector und die Senatoren. Das Ende war, daß der Herr Rector mir unaufgefordert erklärte: er sei jetzt vollkommen zufriedengestellt und die ganze Angelegenheit abgethan.

Zu einer öffentlichen Berichtigung konnte ich mich nicht entschließen. Alle meine Freunde stimmten mit mir darin überein, daß es mir nicht gezieme, auf Zeitungsredereien dieses Schlages zu antworten. Wenn aber der kleine Klatsch unter der glänzenden Flagge Theodor Mommsens dahinsegelt, dann freilich muß ich reden.

Theodor Mommsen
Nachwort zur dritten Auflage
(Dezember 1880)

Aus Herrn v. Treitschkes Erwiederung auf meine Schrift im neuesten Heft der Preußischen Jahrbücher ersehe ich, daß die ihm in dem gedruckten Brief der antisemitischen Studenten beigelegte Mittheilung auf Mißverständniß und Mißbrauch seines Namens beruht, wie ich das in dieser Schrift bereits vorausgesetzt hatte. Auf diese Bestätigung kam es mir an; die Form, in der sie abgegeben worden ist, kann mir gleichgültig sein.

Jener Brief ist mir aus studentischen Kreisen zugekommen und ich habe zu erkennen Gelegenheit gehabt, welchen Schaden er gestiftet hat und stiften mußte. Ich habe, als ich von ihm Kenntniß erhielt, sofort, eben durch die von Herrn v. Treitschke gewünschte Vermittelung, ihm von der Existenz sowie von den Wirkungen dieser Erklärung Nachricht zukommen lassen. Als ich einige Zeit darauf nach seiner Antwort fragte, wurde mir erwiedert, daß diese noch ausstehe. Daß sie seitdem erfolgt ist, versichert Herr v. Treitschke*; mir war dies nicht bekannt und hatte ich keine Veranlassung mich darnach weiter umzuhören. Denn was mir, und nicht mir allein, schlechterdings nothwendig erschien und weßhalb ich jene Schritte gethan hatte: die öffentliche und ausdrückliche Berichtigung dieser Angabe durch Herrn v. Treitschke, die ich mit voller Sicherheit erwartete, blieb aus. Da ich diese auf dem collegialischen Wege nicht erreichte, habe ich sie direct provocirt, und ich freue mich sie erreicht zu haben. Daß Herr v. Treitschke

* Es hat sich seitdem herausgestellt, daß diese Anfrage später, als wir es erwarten durften, an Herrn v. Treitschke gelangt ist und er seinerseits sie sofort beantwortet hat. – 23.12.80.

die Zöllnersche Petition selbst nicht unterzeichnen konnte, war für jeden klar; nicht so klar, daß er es auch mißbilligte, wenn Andere sie unterschrieben, und diese Mißbilligung war in hohem Grade wünschenswerth. Die pro- wie antisemitischen Agitationen, die Demonstrationen gegen einzelne akademische Lehrer und die andern dargebrachten Ovationen dieser Art sollen und müssen ein Ende haben; die bösartige Bewegung hat Unheil genug an unserer Universität angerichtet und die jetzt vorliegende Erklärung wird dafür wesentlich ins Gewicht fallen. Daß sie Herrn v. Treitschke abgezwungen werden mußte, nimmt ihrem Werthe gewiß nichts. Ueber die Sache selbst finde ich mich nicht veranlaßt etwas hinzuzufügen. Neu ist in seiner Erwiederung nur der Vorwurf, daß ich nicht collegialisch verfahren bin; oder auch nicht neu. Denn dieser mächtige und erfahrene Publicist von Profession, der eine politische Monatsschrift herausgiebt und verschiedene andere Preßstimmen beherrscht, hat ja schon einmal, als die Erklärung der Siebzig ihm deutlich gemacht worden war, sich unter den Schutz der Lehrfreiheit geflüchtet. Jetzt ruft er den Schirm der Collegialität an. Also das steckt hinter all den tönenden Worten?

Ich bin stolz darauf Professor zu sein an der Universität Berlin, stolz auf die Anstalt, stolz auf meine Collegen, und ich war es bisher insbesondere auch auf diesen. Aber wenn ein Theil meiner Mitbürger von einem Berliner Universitätslehrer, der zugleich noch manches andere thut als dociren, gemißhandelt wird, dann stecke ich den Professor in die Tasche, und ich rathe Herrn v. Treitschke das Gleiche zu thun.

Berlin, den 15. 12. 1880

Heinrich von Treitschke
Die jüdische Einwanderung in Deutschland
(Januar 1881)

Quelle: Erstdruck: *Preußische Jahrbücher* 47 (1881), H. 1, 109-110; wieder: Treitschke, *Deutsche Kämpfe. Neue Folge* (1896); wieder: *BAS* [Dok. 114], 800-802; dieser Nachtrag, der in den *Preußischen Jahrbüchern* unter der Überschrift »Notizen« geführt wird, war nicht der Einzige, mit dem Treitschke bei der Bewertung der jüdischen Einwanderungsfrage Recht behalten wollte; er schrieb später noch »Die jüdische Einwanderung in Preußen« (in: *Preußische Jahrbücher* 52 (1883), H. 6, 534-538; wieder in: Treitschke, *Deutsche Kämpfe. Neue Folge* (1896), 295-302); die Hinweise nach: Rolker, Heinrich von Treitschke, 12.

Das Vorhandensein einer regelmäßigen jüdischen Einwanderung von Osten her wurde bis vor Kurzem fast allgemein als unzweifelhaft betrachtet. Nicht blos J. G. Hoffmann theilte diese Ansicht. Auch der amtliche »Rückblick auf die Bewegung der Bevölkerung im preußischen Staate von 1816 bis 1874« sagt noch: »Die jüdische Bevölkerung im preußischen Staate vermehrt sich großentheils durch Einwanderung, und zwar aus dem russischen Reiche und der österreichisch-ungarischen Monarchie.« Selbst in jüdischen Kreisen wurde die Thatsache kaum bestritten. Der streng-jüdische Verfasser des Sendschreibens »Das Judenthum und seine Aufgaben im neuen Deutschen Reich« (Leipzig 1871) forderte (S. 20) »Beseitigung des jüdischen Proletariats auf der ganze Erde, insbesondere aber in den mit ihrem Schnorrerthum jetzt Deutschland überschwemmenden osteuropäischen Ländern der Halbcultur«. Neuerdings hat eine Schrift von Dr. S. Neumann, unter dem zuversichtlichen Titel »die Fabel von der jüdischen Masseneinwanderung« (Berlin 1880), diese Ansicht zu widerlegen versucht. Der Verfasser giebt zu, daß in Preußens alten Landestheilen im Jahre 1871 unter je 100,000 Einwohnern etwa hundert Juden mehr wohnten als im Jahre 1822; er weist sodann nach, daß diese starke Vermehrung noch zurückbleibt hinter dem Ueberschusse der jüdischen Geburten, und schließt daraus, daß der jüdischen Einwanderung in Preußen eine noch stärkere jüdische Auswanderung gegenüberstehen müsse. Nach seinen Tabellen sind in den Jahren 1843-71 aus Preußen 36,702 Juden mehr ausgewandert als eingewandert; der Ueberschuß der Auswanderung betrug also im Jahre etwa 1265 Köpfe. Bis hierhin ist dem Verfasser sein Beweis gelungen. Wie groß war aber die absolute Zahl der jüdischen Ein- und Auswanderer? Auf diese Frage weiß Herr Neumann nur durch Vermuthungen zu antworten, da die amtliche Statistik das Glaubensbekenntnis der Ein- und Auswanderer nicht mehr angiebt. Und doch kommt auf diese Frage schlechthin Alles an; denn die socialen Wirkungen einer starken fremdländischen Einwanderung werden durch das Wiederabströmen der Zugezogenen nicht aufgehoben; es liegt vielmehr auf flacher Hand, daß diejenigen Elemente des Judenthums, welche Deutschland nach Verlauf einiger Jahre wieder verlassen, am wenigsten geneigt sein werden sich zu germanisiren. – Meines Wissens hat bisher nur eine deutsche Stadt, Leipzig, diese verwickelten socialen Verhältnisse einer genauen statistischen Beobachtung gewürdigt: und hier ergeben sich Zahlen, welche keineswegs geeignet sind, die Annahme einer regelmäßigen jüdischen Einwanderung aus Osteuropa als eine »Fabel« erscheinen zu lassen. Im Jahre 1875 lebten in Leipzig 2551 Juden. Von diesen waren nur 527 = 20,5 % in Leipzig geboren (außerdem noch 27 in anderen Theilen des Kgr. Sachsen); dagegen 160 in Schlesien, 201 in Posen, endlich 704 in Rußland, Oesterreich-Ungarn und anderen Ländern Osteuropas (241 in Galizien, 237 in Rußland u.s.f.). Also mehr als ein Viertel (an 28 %) der jüdischen Bevölkerung Leipzigs ist aus Osteuropa eingewandert. Und der weitaus größte Theil dieser Einwanderer muß erst während der jüngsten Jahre zugezogen sein; denn die Leipziger jüdische Gemeinde zählte im Jahre 1847 erst 33 selbständige Mitglieder, im Jahre 1877 aber 310. (Mittheilungen des statistischen Bureaus der Stadt Leipzig XI, 40. Hasse, die Stadt Leipzig 1878, S. 149.) Die Dinge liegen durchaus nicht so einfach wie Herr Neumann und seine liberalen Bewunderer glauben. Wir bedürfen noch umfassender statistischer Erhebungen, bevor die Angelegenheit spruchreif werden kann. Januar 1881

Berthold Auerbach
Briefe an seinen Freund Jakob Auerbach
(Auszüge, 1875-1881)

Kommentar: *Der im Nordschwarzwald (Neustetten bei Horb) geborene Schriftsteller, Spinoza-Übersetzer und Goethe-Verehrer Berthold Auerbach (1812-1882) setzte sich, in den Worten Samuel Meisels, »nicht aus zwei Hälften zusammen, sondern aus zwei Ganzen: ein Deutscher, ein Jude, Judentum und Deutschtum ruhten in ihm wie zwei Gedanken friedlich nebeneinander. Sie verursachten bei ihm keine Grenzverschiebungen.« (Meisel 1926, 134) Aber Auerbach stand – obwohl zu seiner Zeit weithin bekannt und in viele Sprachen übersetzt – in der historischen Forschung lange nicht im Zentrum der Aufmerksamkeit. In den 1930er Jahren haben jüdische Autoren seine Bedeutung für das 19. Jahrhundert mit derjenigen von Moses Mendelssohn für den Beginn der Emanzipation verglichen. (Eloesser 1936, 262) Nach dem Holocaust war Auerbach lange vergessen und erst anlässlich seines 200. Geburtstages wurde er als Autor, Literaturtheoretiker und Vordenker der Kulturwissenschaften in Deutschland wiederentdeckt. Der Literaturwissenschaftler Hermann Kinder beschrieb ihn als »einen der klügsten, intensivsten Beobachter des deutschen 19. Jahrhunderts« und bezog das nicht nur auf die Werke, sondern auch auf seine Briefe, die durchgehend zwischen den 1830er und 1880er Jahren überliefert sind. Kinder nannte Auerbachs Briefe zu Recht »exemplarisch für die Hoffnungen und Niederlagen dieses Jahrhunderts«. (Kinder 2011, 255f.; zit. auch im Vorwort von Horch 2015, Bd. II, 3) Sie spiegelten, so auch andere Auerbach-Forscher, »mit besonderer Unmittelbarkeit den jähen Wechsel von Erwartung und Enttäuschung, von Zuversicht und Bestürzung« (Borries 1971, 104). Hoffnungen und Zuversicht – das waren für Auerbach der politische Liberalismus und der deutsche Idealismus, vor allem die Weltsicht der klassischen Literatur, die Schriften Goethes, Lessings und Schillers sowie zeitgenössischer Schriftsteller, mit denen er*

befreundet war (etwa Friedrich Spielhagen, Ludwig Uhland, Karl Gutzkow u. a.); Enttäuschung und Bestürzung – das wurde durch die neue »Judenhetze« bewirkt, wie Auerbach den Antisemitismus stets nannte.
Was diese Briefe, die kurz nach seinem Tod in zwei Bänden erschienen, vor allem auszeichnet, ist die gleichzeitige Zeit- und Selbstbeobachtung, die er in seinen Tagesprotokollen immer im Zusammenhang festhält: Geselligkeit und Bücherwelt, Zeitungsartikel und Reden im Parlament, Theaterbesuche und Lektüren, Reflexionen über Dichtung, Gesellschaft und Politik, Gespräche unter vier Augen und in großen Runden, Reiseschilderungen aus Holland, Leipzig, aus Marienbad und der Schweiz – und dies alles immer auch im Lichte eigener Gedanken und Empfindungen. Die ideale Welt von Auerbach war dem aufklärerischen Geist des Fortschritts verpflichtet; nun drängte überall das Gift der Judenfeindschaft hinein und Auerbach wurde der Protokollant der Verwerfungen zwischen Ideal und Wirklichkeit, wenn er die Judenfeindschaft nicht nur als »Frevel an der Bildung und der Humanität« (Auerbach 1881, 268) beschrieb, sondern als eine »Epidemie« (444) oder auch als »Gespenst« (436), das immer wiederkehre. Als Volksschriftsteller, so ein anderes seiner Bilder, versuche er »ethische Gedanken in die Massen hineinzubringen«, aber es sei wie bei einem Gärtner, der »mit aller Emsigkeit einzelne Pflanzen« hegt und pflegt, mit der Judenfeindschaft aber reiße »ein Gewittersturm und Windbruch […] unsere Wälder zusammen!«. (437)
Auerbachs Briefe, viele im heiteren Ton des Goethezeitalters verfasst, wirken seit Ende der 1860er Jahre – er lebte seit 1859 in Berlin und kannte sowohl Treitschke als auch Mommsen persönlich, hatte gesellschaftlichen Umgang mit beiden – mehr und mehr der »fassungslosen Verzweiflung« (Adler 1960, 102) abgerungen, weil sie in immer dichteren Abständen die existenzbedrohenden Agitationen und Schmähreden festhalten, die er erlebt oder von denen er hört und liest. Hans-Joachim von Borries hat die biographische Seite dieser Bedrängnis Auerbachs wie in einer Sentenz erfasst, als er schrieb, dieser habe sich – wie viele Juden seiner Generation – »nicht einfach im äußerlichen und formellen, sondern […] in einem geistig-substantiellen Sinne« als Deutschen betrachtet. (Borries 1971, 104) Gerade das sprach ihnen der Antisemitismus ab; plötzlich begann

man über die deutschen Juden zu schreiben, als seien sie nur Gäste oder gar Fremde. Dass es gerade Heinrich von Treitschke war, der die Zweifel an der jüdischen Zugehörigkeit zur Nation erneuerte, erschütterte Auerbach auch persönlich, denn er kannte ihn seit vielen Jahren gut und hätte alles erwartet, nur nicht, dass dieser Angriff gerade aus der Welt der Gebildeten kam. Wie die allermeisten Juden im späten 19. Jahrhundert hielt auch Auerbach den Antisemitismus für ein rückwärtsgewandtes Zeichen der Unkultur und der fehlenden Bildung. Die vormalige Gewissheit aber, ihm durch Aufklärung und Bildung den Grund zu nehmen, war nun durch Treitschke widerlegt worden. So war es für Auerbach ein Schock, »Unsere Aussichten« zu lesen (432) und die öffentliche Wirkung des Textes zu verfolgen. Den regelmäßigen Jour fixe im Kreis von Freunden und Kollegen (dem »Donnerstagsclub« oder der »Freitagskneipe«) beendete Auerbach sofort. Dass er den Parlamentsredner Treitschke und dessen »historische[s] Pathos« noch Anfang der 1870er Jahre bewundert hatte (Brief vom 21. Mai 1871, in: Auerbach, Briefe, *Bd. 1 (2005, 63), erschien nun, weniger als zehn Jahre später, wie ein Anachronismus. Doch benötigte Auerbach nicht erst »Unsere Aussichten«, um Treitschkes scharfe Kehre zu bemerken. Bereits im Dezember 1875, also vier Jahre vor dessen öffentlichem Angriff gegen die Juden, beobachtet er an ihm einen »unerklärliche[n] germanistische[n] Zug der Antipathie« (Brief vom 15. Dezember 1875, 421) – und die weiter eskalierende Entwicklung der Dinge konnte sein Urteil über die »Möglichkeit und Thatsächlichkeit der Judenhetze«, die Auerbach immer als einen »Abfall und eine Verunreinigung des deutschen Geistes« beschrieb (Brief vom 2. Januar 1880, 432), nicht mehr widerlegen.*

Quelle: Berthold Auerbach, *Briefe an seinen Freund Jacob Auerbach. Ein biographisches Denkmal*, hrsg. von Jacob Auerbach, mit Vorbemerkungen von Friedrich Spielhagen und dem Herausgeber, 2 Bde., Frankfurt a. M. 1884; Auszüge hieraus in: Franz Kobler (Hg.), *Juden und Judentum in deutschen Briefen aus drei Jahrhunderten*, Wien 1935, 265-272; als Textvorlage der vorliegenden Sammlung diente die kommentierte Neuedition der Briefe: Berthold Auerbach, *Briefe an seinen Freund Jakob Auerbach. Neuedition der Ausgabe von 1884 mit Kommentaren und Indices*, 3 Bde., hrsg. von Hans Otto Horch, Bd. 1: Briefe 1830-1869; Bd. 2: Briefe 1870-1882; Bd. 3: Kommentare und Indices, Berlin, München, Boston, Mass. 2015 (Band- und Seitenangaben der Auszüge direkt im Text); die Edition von Karsten Krieger dokumentiert nur den bekanntesten der nachfolgenden Briefe (23. November 1880), den Auerbach direkt unter dem »zermalmende[n] Eindruck« der Debatte im Preußischen Abgeordnetenhaus am 20. und 22. November 1880 verfasste und der mit dem Ausruf »Vergebens gelebt und gearbeitet!« einsetzt. (439) (*BAS* [Dok. 85a], 643f.) Die von Auerbach früh erkannte Vorläuferrolle Richard Wagners für den modernen Antisemitismus (Briefe vom 12. und 21. März 1869, in: Auerbach, *Briefe*, Bd. 1, 392 u. 394; auch in: Kobler 1935, 330f., vgl. Kulka 1961), die er Anfang Dezember 1880 nochmals mit Erbitterung zum Ausdruck brachte (440), war für ihn eine parallele Erfahrung, die der mit Treitschke glich, denn mit Wagner war Auerbach früher ebenfalls befreundet gewesen. Dessen Rolle hat er dann Anfang Mai 1881 in einer hellsichtigen Diagnose mit dem Titel »Richard Wagner und die Selbstachtung der Juden« reflektiert, in der er das antisemitische Bekenntnis des Komponisten in »Das Judentum und die Musik« (1850/1869) als denjenigen Text wertet, der anderen zum Vorbild wurde, »die sittliche Scham« abzulegen und »sich offen zu Vorurteil, zu Haß und Verfolgung zu bekennen«. Das Fragment gebliebene Manuskript wird im DLA aufbewahrt; abgedruckt in: Rose, One of Wagner's Jewish Friends. Berthold Auerbach and his Unpublished Reply to Richard Wagner's Antisemitism (1991), 219-228, hier 227f.; wieder in: Fischer (Hg.), *Richard Wagners »Das Judentum in der Musik«. Eine kritische Dokumentation als Beitrag zur Geschichte des Antisemitismus* (2000), 268-270.

Lit.: Bettelheim, *Berthold Auerbach* (1907); Kulka, Richard Wagner und die Anfänge des modernen Antisemitismus (1961), 281-300; Borries, *Deutschtum und Judentum* (1971), 104-107; Katz, Berthold Auerbach's Anticipation of the German-Jewish Tragedy (1982), 215-240; Art. »Auerbach, Berthold«, in: *Lexikon deutsch-jüdischer Autoren*, Bd. 1: (A – Benc) (1992), 231-245; Schneider, Spinozismus als Pantheismus. Anmerkungen zum Streitwert Spinozas im 19. Jahrhundert (1994), 163-177; Glasenapp, Spielarten jüdischer Identität. Berthold Auerbachs Spinoza-Roman (1994), 289-304; Horch, Enthusiasmus und Resignation. Berthold Auerbach und die Reichsgründung 1871 (1996),

127-152; Skolnik, Writing Jewish History between Gutzkow and Goethe (1999), 101-126; Schlüter, *Berthold Auerbach. Ein Volksaufklärer im 19. Jahrhundert* (2010); Kinder, Nachwort, in: Berthold Auerbach, *»... einst fast eine Weltberühmtheit«* (2011), 251-278; Oesterle, »Vergebens gelebt und gearbeitet!« Wie Berthold Auerbach am Antisemitismus seines Ex-Freundes Richard Wagner zerbrach (2012), 401-420; Regenbogen, *Kulturkampf und Antisemitismus* (2012), 421-442; Horch, Berthold Auerbach als deutsch-jüdischer Schriftsteller (2013), 27-42; Twellmann, Nachwort, in: Auerbach, *Schriften zur Literatur* (2014), 267-304; (Twellmann, *Dorfgeschichten* (2019).

Berlin, 4. November 1875
Es ist vielleicht gerade jetzt gut, daß ich das aufnehme [eine jüdische Dorfgeschichte], denn ein neuer Judenhaß ist *in flagranti* und wird von allen Seiten geschürt. Da liest man Dinge, die man nicht mehr für möglich gehalten hätte. Wenn rohe Völker Fanatismus haben, so ist das eben Naturwildheit, aber ich glaube, [dass] das Christenthum alle Religionen an geschriebener Verfolgungssucht übertrifft oder doch die Christen, die schreiben können. Vor mir liegt eine [anonyme] Broschüre »[Die Sittenlehre des Talmud und] Der zerstörende Einfluß des Judenthums im deutschen Reich.« [Berlin: Verlag Niendorf 1875] Die Verfasser wissen, daß sie lügen und thun's doch! Da muß man sich wieder zu seinen Stammesgenossen stellen. (II, 263f.)

Berlin, 15. Dezember 1875
Ich bin mit [dem Mediziner Theodor] Billroth wohl befreundet gewesen. Wir haben während des Krieges in Cannstatt viel zusammen gelebt, und noch jüngst im September waren wir in Aussee einen halben Tag sehr gut beisammen, und damals hatte der Mann doch bereits die giftige Stimmung gegen Juden in der Seele. Man könnte ganz irre an den Menschen werden.
In Zeiten der Reaction letzten [im Sinne von »labten«] sich Viele am Judenhaß, und jetzt in der Zeit der Erfüllung tritt ein unerklärlicher germanistischer Zug der Antipathie heraus. So z.B. auch bei

Treitschke in einem unbewachten Momente jüngst in einem von Umstehenden vernommenen Zwiegespräch im Parlament. Wo soll das hinaus und was sollen wir da thun? (II, 266f.)

Berlin, 1. Januar 1876
An dich, lieber Jakob, schreibe ich zum erstenmal diese Jahreszahl, und ich wünsche nur, daß wir am Ende derselben uns so frisch wissen wie heute.
Ich mußte heute nochmals den Billroth-Artikel durchgehen, und es ist mir, als hätte ich das neue Jahr mit einem frommen Werke begonnen. Räthselhaft ist mir der neuerwachte furor teutonicus gegen die Juden. Ich möchte die Grundzelle finden. Besteht sie vielleicht darin, daß das Selbstgefühl der Deutschen jetzt erwacht ist? Aber der Judenhaß war ja auch in Zeiten der Unterdrückung und besonders stark in den 18 Jahren der Reaction von 1812-1830. Wo steckt es also? (II, 269)

Berlin, 5. Januar 1876
Wie wenig Menschen sind vollkommen frei in Bezug auf Juden, so daß bei keiner Gelegenheit ein Gegensatz oder Widerspruch auf den Juden geladen wird. (II, 270)

Berlin, 5. März 1876
Ein Stadtgerichtsrath hier hat eine Broschüre herausgegeben: »Die goldene Internationale« [gemeint ist die Schrift von C. Wilmanns, *Die goldene Internationale und die Nothwendigkeit einer sozialen Reformpartei*, 2. Aufl., Berlin 1876], in der Alles zusammengeschaufelt sein soll, was sich jetzt im ökonomischen Katzenjammer [des sogen. »Gründerkrachs«] gegen die Juden aufthut, und alle Lügenwaffen etc. sollen sich da aus Talmud etc. finden. Es herrscht hier darob große Aufregung. Ein Kreisrichter Dr. Kolkmann in Löbau schrieb eine Broschüre für die Juden und schickte mir sie. Ist es nicht entsetzlich, daß das alles nochmals sein muß? Vor nun 50 Jahren hat Hofacker in Stuttgart und dann Rotteck in Karls-

ruhe gegen die Juden gegeifert, und das immer wieder. Es läßt mir keine Ruhe. Ich meine, ich muß jetzt nicht dichterisch, sondern didaktisch fachlich jenes Buch schreiben, daß ich ›Wir Juden‹ betiteln wollte. Ich habe die Stellung, daß man mich hört und liest, und das ist das Wichtigste, aber ich bin leider von Persönlichem so in Anspruch genommen, daß ich nicht kann; die Bitterkeit in mir könnte ich schon niederkämpfen, aber die Lahmheit der Menschen (der Betroffenen) macht auch mich lahm, und dazu will mich meine Erzählung nicht loslassen. (II, 274)

Berlin, 21. October 1876
Ich war gestern Abend in unserer Freitagskneipe, wo Julian Schmidt, die Professoren Treitschke, Scherer, H[ermann]. Grimm, der Oberbürgermeister Hobrecht und viele Andere waren. Es ging hoch her in der Diskussion über die Wahlen am Tage und über den Türkenkrieg [gegen Serbien], der, wie sich immer mehr herausstellt, eigentlich die Existenz Oesterreichs fraglich macht. In Bezug auf die Parteiempfindungen hier sehe ich doch, daß ich viele Monate abwesend war. Ich hörte nur zu, und es zeigt sich, daß die nationalliberale Partei sich nach rechts und links auflösen wird. (II, 292f.)

Berlin, 23. Februar 1877
Ich bin also vorgestern Mittag um 2 Uhr, nachdem ich noch bis gegen 1 Uhr gearbeitet hatte, von hier [Berlin] abgereist. Um 5¼ war ich in Leipzig, wo mich die Studentendeputation am Bahnhof empfing, und wir fuhren nach dem Gasthof in der Stadt. Ich machte mir es behaglich, und um 8 Uhr wurde ich wieder abgeholt und fuhr nach der Centralhalle, wo in dem Kaisersaal die Festlichkeit [zu Ehren von Spinoza, anlässlich des 200. Todestages] stattfinden sollte. Ich traf hier sofort viele gute Bekannte: Professor Marbach, Professor Biedermann, den Privatdozenten Dr. Avenarius und natürlich auch den Festredner Professor Max Heinze. Heinze hielt einen vortrefflichen Vortrag, sachlich und klar, ohne rhetorischen Aufputz, aber namentlich da, wo er das Verhältniß

von Kirche und Staat betonte und nachwies, wie Spinoza das bereits für die heutigen Kämpfe vorgezeichnet, von großer Eindringlichkeit. Es waren wohl ein paar hundert Studenten da, und man setzte sich zu Tische, wo ich bei dem Präsidenten Professor Heinze saß. Nun hielt Dr. Avenarius eine längere wohlgesetzte Rede, in der er die Schwierigkeiten, Spinoza populär eindringlich zu machen, besonders betonte und zuletzt auf mich und mein Wirken mit großer Liebenswürdigkeit hinwies. Der Jubel war groß, und ich antwortete sofort.

Ich nahm Bezug auf die Rede des Professor Heinze und auf seine Bemerkung, daß der Sachse Dr. Tschirnhaus in seinen Werken Spinoza, mit dem er doch persönlich nahe befreundet war, nicht erwähnte, weil es eben damals gefährlich war. Ich führte nun aus, daß noch ein anderer Sachse, der einzige ebenbürtige Zeitgenosse Spinozas, sich fremd zu ihm hielt. Leibniz hat Spinoza ein Jahr vor seinem Tode besucht und spricht sehr kühl von ihm, indem er ihn *le fameux juif Spinoza* nennt. [Man kann] von Spinoza, ähnlich wie Goethe von Schiller, sagen: Welch ein weltbewegendes Großes ist von ihm ausgegangen! Es ist von Leibniz nicht ausgesprochen, aber es ist doch geworden, namentlich im deutschen Geiste. Ich sehe ab von der Philosophie, von der Wirkung auf Schelling und Hegel. Ich beschränke mich auf das Gebiet der Poesie. Und da ist es wunderbar, wie groß und tief die Wirkung. Abgesehen von Friedrich Heinrich Jacobi, steht zuerst Lessing vor uns. Es mag wohl wahr sein, daß Moses Mendelssohn das Modell zum Nathan war; aber jenes Austräumen und Ausdichten eines auf die Erde verpflanzten himmlischen Jerusalems, worin die Religion nur als verschiedene Farbe, Unterscheidungsform des Urgedankens erscheint, jene Denksphäre ist aus dem Geiste Spinozas. Und dann Herder. Er sprach nicht nur seine Bewunderung für Spinoza aus. Man kann sagen, die Thatsache, daß Herder die Stimmen der Völker als Einzelinstrumente, als Einzelklänge der großen Symphonie der Weltseele betrachtete und erkennen ließ, das ist eine Auswirkung Spinozas. Und nachdem Spinoza die biblische Kritik festgestellt hatte, konnte Herder weiter gehen und die des transzendentalen Nimbus entkleideten Schriften in der neuen Glorie der dichterischen Auffassung erscheinen lassen. Und über Alles dann Goethe. Goethe selber ist die concrete Menschwerdung des von Spinoza abstract aufgestellten *homo liber*. Wenn Goethe das wunderbare Wort sagte: ich lernte mich selber als Natur achten, so ist das wie von Spinoza selber gesprochen. Denn das ist das Große und Neubelebende in der Lehre Spinozas, daß der Mensch mitten hinein gestellt ist in die Gesammtheit der Natur. Das erniedrigt den Menschen nicht, sondern ein Großer eben wie Goethe kann sagen: ich lernte mich als Natur achten, und wir Kleinen sollen ihm nachstreben, daß wir das auch von uns sagen können, indem wir die höchste von Spinoza gelehrte Seligkeit empfinden, die adäquaten Ideen der Dinge zu denken und so in der Harmonie der Seligkeit des Alls zu stehen.

Und schließlich sagte ich: Ich habe hier Euch vor mir, die Ihr nach uns die Welt der Wahrheit und der Schönheit aufbauen und fortbauen sollt, zunächst im Vaterlande. Ihr habt nun das, wonach wir Alten so lange und schmerzlich gerungen und gehofft. Es ist eine Verdrossenheit, eine pessimistische Lässigkeit über die Welt gekommen, die die Jugend vor Allem vergiften und lähmen kann. Es gilt aber, zu wirken für das Einzelne im Bewußtsein des Ganzen, zu wirken für die Zeit im Bewußtsein für die Ewigkeit. Und das hat Spinoza ausgedrückt in jenen Urworten: *omnia specie aeterni!* Ich bringe mein Hoch der Jugend, der studirenden Jugend, die da wirkt für die Zeit, für das Vaterland, für die Menschheit, in der Gegenwart *sub specie aeterni!*

Der Jubel war groß. Und noch wiederholt wurden mir in allen Formen, auch von einem Landsmanne, dem Sohn des Professors Holtzmann in Heidelberg, Hochs ausgebracht und Salamander gerieben [Ritual in Studentenverbindungen]. Ich hätte wohl noch zu antworten gehabt, aber ich blieb dabei, nicht zweimal zu sprechen. Wahrhaft ergreifend war es, als ein junger brauner Hindu, der in Leipzig studirt, mit großem vielseitigen Wissen die Grundeinheit

von Spinoza und Buddha darlegte. Es geht ein Zug durch den Kosmos, der wahrhaft erhebend ist.
Erst nach Mitternacht kehrte ich heim. Am Morgen hatte ich viele Besuche. Ich ging dann zu Ernst Keil [in der heutigen Goldschmidtstraße] und brachte mit ihm Alles wieder in gutes Geleise. Ich suchte noch andere Freunde auf, traf aber nur wenige, und das war mir schon genug.
Ich kam wohlbehalten hier an [zurück in Berlin] und habe heute schon an meiner Erzählung weiter diktirt. Das ist dir der beste Beweis, daß ich frischauf bin und in meinem nächsten Berufe stehe. Und so soll's hoffentlich bleiben. (II, 301-303)

Berlin, 22. März 1878
Muß man in stolzer Souveränität die Menschen verachten, um ein großer Mann zu sein? Oder umgekehrt, ist der ein großer Mann, der die Menschen in seiner Selbstherrlichkeit gering hält, nur die vorgesetzten Ziele verfolgt und rücksichtslos die Menschen verbraucht? Das fragt sich mir jetzt oft in vielem Denken und Sprechen.
Die ehrlichen Freunde der Humanität und des Vaterlandes sagen, wir kommen jetzt in einen Sumpf. Dagegen wendet sich auch oder offenbar sich erst eine Opposition gegen [Eduard] Lasker [wichtiger Vertreter der Nationalliberalen Partei, der für die Erweiterung der parlamentarischen Rechte im Bismarckreich eintrat und zu dieser Zeit eine politische Niederlage erlitt], denn der unschuldig Gekränkte, Beleidigte findet bald auch seine Tadler und Spötter; es ist fast so wie die Menschen lachend vorbeigehen, wenn einer auf dem Eise gefallen ist und sich müheselig aufrappelt. Der Unmuth, daß die Reaction sich jetzt aufthun kann, wendet sich auch leicht gegen den, der in erster Reihe als Führer dagegen ankämpfte, er erscheint in der Situation des Gefallenen. – Es gibt Niemand, der nicht den Edelsinn Laskers anerkennte, aber Jeder will wissen, wie es gescheiter, behutsamer zu machen gewesen wäre.
Die Psychologie der politischen und ethischen Krisen hat wunderbare Probleme. Wenn ich noch die Kraft und Freiheit hätte, möchte

ich Derartiges gern einmal dichterisch ausgestalten, aber ich komme nicht dazu und ich muß mir genügen[,] Kleinleben zu zeichnen und zu colorieren. Der Dichter, der einst und gewiß kommen wird, muß ganz andere Dinge packen, die neues Lebenselement werden. Ich bin jetzt auch so weit, daß ich Zuschauer des Lebens bin, aber nicht wie Goethe ein ruhiger, sondern ein aufgeregter Zuschauer. (II, 337)

Berlin, 16. Mai 1878
Du hast dich auch gewiß herzlich mit mir gefreut, wie tapfer und taktvoll sich Lasker im Reichstag bei der Debatte über den rumänischen Handelsvertrag wieder bewährt hat; es ist eine Freude, wie er immer in reinem Aether steht, und andererseits, daß auch ein Mann wie [Wilhelm von] Kardorff sich der Sache annahm und annehmen mußte. Wenn eine Universalmonarchie ein Unglück für die Welt wäre, so wäre es, wie ich glaube, eine Universalreligion noch weit mehr. Die Verschiedenheit der Confessionen und ihre Verträglichkeit constitutirt die Freiheit. Jeder Baum erwächst in seiner eigenen Natur, und jeder Vogel singt seine eigene Weise. (II, 341)

Berlin, 19. Juni 1878
Ich sehe den Gedanken und die Bethätigung der Humanität in brennender Gefahr. Die Wirkungen von den Folgen der Aufklärung erschrecken die Gemüther, der Mißbrauch macht Viele abtrünnig. Als ob nicht zu allen Zeiten jedes Gute und Schöne mißbraucht worden wäre und doch schön und gut blieb! Und freilich ein grauenvolles Stück des Chaos zeigt sich, aber naturnothwendig. (II, 346f.)

Berlin, 21. Juni 1878
[…] Am Abend ging ich in unsere Donnerstagsgesellschaft, die mir immer einer der Lichtpunkte im hiesigen Leben ist. Es scheint aber jetzt verfinstert zu werden, denn ein konservativer *furor* will nach dem Vorgang Treitschkes sich der Menschen bemächtigen,

und aus unserer schönen Gesellschaft scheint ein politisch-fanatischer Klub werden zu wollen, was sie ganz verderben wird. Die Meisten wollen eine Art liberaler Reichspartei bilden, im Gegensatz zu den Nationalliberalen, denen sie es nun so sehr verübeln, daß sie sich mit dem Fortschritt vertragen wollen. [...] (II, 347)

Berlin, 17. Dezember 1878
Also Gutzkow todt! Wieder einer aus der Reihe der Lebensgenossen; und da steht nun in den Zeitungen ein vorläufiger Nekrolog und daneben gleich Anderes, das Orchester spielt weiter, wenn auch ein tonreiches Instrument zerschmettert ist. Sein Leben war in letzter Zeit ein bitteres Ringen, wie sein ganzes Dasein überhaupt ein bitterer Kampf war, der freilich, solange die Jugendkraft vorhielt, sich schöner darstellte und ihn persönlich weniger niederdrückte.
Ich habe viel mit Gutzkow gelebt, aber es war immer etwas, was eine Scheidewand, eine ganz dünne, zwischen uns bildete, ein Hauptgrund war, daß Gutzkow ein intimer Judenfeind war. In dieser Beziehung war er eines jener vielleicht nur in Deutschland möglichen Phänomene, daß man kirchlich und politisch radikal frei sein und wirken kann und einen Widerspruch gegen die Juden behält. Bei Gutzkow kam noch hinzu, daß er in der ganzen Welt immer Cliquenwesen und Kameraderien argwöhnte, und ganz ähnlich wie Richard Wagner, glaubte er von den Juden nicht gefördert, ja sogar behindert zu sein, und schon 1834 zeigte sich dieser Widerwille, und er blieb immer, wie er ja auch einmal offen in seiner Schrift bekannte, daß er erschrocken sei, als er gehört habe, daß Ludwig Börne ein Jude sei.
War ich auch mit Gutzkow nie ganz und voll befreundet, so hatte ich doch immer eine Sympathie für ihn, die er freilich nicht gelten lassen wollte, weil sie nur eine bedingte war; denn ich schätzte in ihm den muthigen und rastlosen Kämpfer, aber er fühlte, daß ich ihn für Eines nicht hielt, was er am liebsten sein wollte, für einen Dichter. Er hat nach meiner Ueberzeugung nie eine reine Empfin-

dung zu einem Naturlaut gebracht, der uns elektrisch durchfährt und um jenen Schauer mittheilt, der bei einer Offenbarung eines bisher halb oder ganz Verhüllten in unserem Seelenleben uns anfaßt.

Ich könnte bogenlang schreiben über das Viele, das wir miteinander erlebt haben, in Heidelberg, in Mannheim, in Frankfurt und zehn Jahre lang in Dresden; vielleicht komme ich noch einmal dazu. Er erkannte vollkommen, was das Höchste in der Dichtkunst zu sein hat, und strebte lebenslang danach, und doch war er kein Dichter, er hatte nie die eigentliche Freude an der Gestaltung, an der Farbengebung, an der Auslösung eines tiefen Seelengehaltes, es war nicht das Dichterische, was ihn zu seinen Produktionen bewegte, sondern das, was man kurzweg Tendenz nennt, was aber einen sehr weiten Umfang hat und dem Dichterischen doch wieder nahe kommt. Er war eigentlich zum politischen Kämpfer, vielleicht zum Staatsmann prädestinirt, und seine Jugend fiel in die lahme und innerlich revolutionirende Zeit Friedrich Wilhelms III., und die dichterische Form war die erlaubte und bequemere, und dazu hatte er Anschauung und Farben genug, um die abstracten Ideen zu illustriren und coloriren. (II, 385f.)

Berlin, 26. März 1879

Ich wollte heute arbeiten. Da lese ich in der Zeitung – das steht so unter »Verschiedenes« – daß eben in diesen Tagen in Rußland ein Prozeß vor Gericht verhandelt wird gegen sieben Juden, die ein Christenmädchen getödtet und ihm für Ostern das Blut abgezapft haben sollen. Das steht so da, und da soll ich nun eine Dichtung zu Papier bringen, um ein vereinzeltes ethisches Motiv zum Austrag zu bringen?

Ich bin so außer mir und weiß doch nicht wo hinaus. Ich habe eine in allen Zeitungen zu veröffentlichende Erklärung abgefaßt, ich werde damit heut Mittag zu Professor [Heymann] Steinthal gehen, ich will nichts thun, ohne den besonnenen und warmherzigen Mann berathen zu haben. Ja, da gehe ich im Zorn, Erbitterung und Wehmuth ruhelos in meinem Zimmer umher, und es steigert mir das Entsetzliche noch, daß ich voraussehe, wie Hunderte und Tausende die Zeitungsnotiz bei Seite legen. Es geht sie ja nicht unmittelbar an, wer wird sich von draußen Geschäft und Vergnügen stören lassen? Ich weiß, wie ich damals [1840]bei der Damaskus-Geschichte wochenlang nicht schlafen konnte, ich werde jetzt schlafen, aber eine tiefe Lebensverachtung, eine Verzweiflung an aller Geistesarbeit und Zorn über den Mangel an Solidarität läßt mich kaum die Feder führen. (II, 395f.)

Berlin, 2. Mai 1879
Ich habe Wolfgang Menzels Lebensgeschichte in diesen Tagen ganz durchgelesen, es ist nichts in ihm fest als das Turnermotto, er will dabei tief mystisch sein und ist nur trivial. Mir ist von besonderem Interesse, wie zu meiner Gymnasialzeit die Männer in Stuttgart lebten und Politik trieben. Es ist auch lehrreich, einmal so einen eingefleischten Judenfeind sich auslassen zu sehen. Immer Jud und Jud, auch die Märzrevolution in Berlin haben die Juden gemacht. Die Flachköpfigkeit Menzels tritt ganz zu Tage, und erstaunlich ist nur, daß solch ein Mensch so lang und so weit wirken konnte. (II, 397)

Karlsruhe, 6. October 1879
Heute Mittag waren * und * bei mir. Sie sind beide außer sich über die Reaction und über die Judenhetzen der Hofprediger. Es ist ein Jammer, in welches Elend und in welchen Kampf wir wieder versetzt sind. Es ist so weit gekommen, daß ganz unabhängige patriotische Männer sagen: zur Zeit des Partikularismus und des Bundestages waren wir schlimm dran, aber wir waren reiner. Jetzt hetzt man die Egoismen und die materiellen Interessen auf einander und macht alles Ideale zum Kinderspott. (II, 409)

Karlsruhe, 10. October 1879
Ich habe gestern Abend nach langer Zeit wieder Goethes Faust aufführen sehen. Anno 33 schrieb ich schon über die erste Aufführung in Stuttgart. Man kennt doch jedes Wort des Gedichtes und ist immer voll neuer Bewunderung. (II, 409)

Karlsruhe, 3. November 1879
[…] Ich ging dann lang allein im schönen herbstlichen Wald spazieren, und ich muß sagen, ich vergaß alles Andere und war seelenvergnügt, ich habe es doch zu was gebracht in der Welt, die tüchtigsten Menschen sind mir gut und ich fühle, daß ich noch Manches zu thun habe und daß mir wohl noch Einiges gelingt. Nur der erneuerte Judenhaß, den ich dann im Lesezimmer in verschiedenen Zeitungen fand, machte mir einen bittern Mund. Woher das wieder und so von allen Seiten, von Orthodoxen und Atheisten? (II, 412)

Karlsruhe, 8. November 1879
Seit vorgestern ist [Friedrich] Spielhagen mit seiner Frau bei mir im Gasthofe. Er war drei Wochen in Baden zur Erholung, hat aber nicht viel gewonnen. Wir waren gestern mit einander bei [Gustav zu] Putlitz.
Lasker ist nun in Breslau nicht einmal als Kandidat aufgestellt worden. Da spielt auch wieder die Judenhetze mit. Gestern stand im hiesigen Beobachter aus einer Breslauer Zeitung, daß die Juden in Häusern wohnen, die sie nicht selbst gebaut haben etc. Das ist Anreizung zu Mord und Raub, und das müssen wir noch miterleben! (II, 412)

Karlsruhe, 10. November 1879
[…] Als ich mich müde zur Ruhe legte, konnte ich lange nicht einschlafen denn mir bildete sich die Episode einer Jüdin in meiner Erzählung, die sich ganz von selbst einfügt und ich kann auch nicht anders, ich muß jetzt ein Wort dreinreden, oder vielmehr ein Bild geben gegen die infame Judenhetze von heute. Wenn wir uns

zurückhalten, das eigentliche Pathos, das uns im tiefsten bewegt, kund zu geben, was sollen wir denn?
Ich habe heute schon die ganze Episode geschrieben, anlehnend an ein wirkliches Ereigniß, aber das sollen und müssen wir ja auch. Ich hoffe, ich mache etwas, was nicht fehlt, und bin also in mir ganz froh und frisch. (II, 413f.)

Karlsruhe, 29. November 1879
[…] Diese infame Judenhetze! Hast du Treitschke in den Preußischen Jahrbüchern gelesen? (II, 417)

Stuttgart, 28. Dezember 1879
Ich kann dir nicht sagen, wie wohl mir die acht Tage bei dir gethan haben. Auf der Reise hierher habe ich viel über das Allgemeine denken müssen, und das machte mich nicht froh, sondern tief traurig. Das Jahrzehnt geht zu Ende, das so groß [mit der politischen Einigung Deutschlands] begann, unsere höchsten Wünsche für das Vaterland erfüllte, und nun? Die gemeinen Interessen sind auf einander gehetzt und eine Judenhetze ist oben drauf. (II, 421)

Stuttgart, 2. Januar 1880
Ich hörte gestern Abend, ich weiß nicht zum wievielten Male, die Zauberflöte. So wenig den Gläubigen ein formulirtes Gebet langweilig und inhaltsleer wird, so wenig mir diese Musik. Und ist das nicht in der That unser Cultus? Ich wenigstens fühle mich dadurch von aller Belastung der Sorgen und Grübeleien und allem Individualleben befreit und schwimme und schwebe im Unendlichen.
Ich habe schon lang im Sinn, zu zeigen, wie drei Werke so absolut deutsch, daß sie aus keiner andern Nation hervorgebracht werden konnten: Lessings Nathan, Goethes Faust und Mozarts Zauberflöte. Aber man schämt sich jetzt und man hat sich zu schämen, von absolut Deutschem zu sprechen, denn die Möglichkeit und Thatsächlichkeit der Judenhetze ist ein Abfall und eine Verunreinigung des deutschen Geistes. Ist das noch das Volk der Humanität?

[…] Ich sehe eben, daß ich in meinen Darlegungen auch nicht weiter kann, da hört eben die Wortfassung auf. Ich wollte dir nur noch sagen, wie wohl mir der Nachklang aus der Zauberflöte thut, ich vergesse darüber alle Beschwerniß; dieses Kunstwerk ist eben das ewig Versöhnende und Ausglättende, und ich möchte es als einen guten Jahresanfang halten, daß ich mich durch dasselbe weihen durfte. (II, 422f.)

Berlin, 17. Februar 1880
[…] In Bezug auf die Judenhetze bin ich auch etwas ruhiger. Bald zwei Jahrzehnte stehen wir im Sinken der idealen Werthe, die Thatsachenanbetung ist auch bei den sogenannten Frommen, die gegen den Materialismus kämpfen. Traurig bleibt's, wie ein Mann wie Treitschke sich so unter den Pöbel begeben konnte. Ich kann nicht mehr in unsere Donnerstags-Gesellschaft gehen, weil ich ihm nicht dort begegnen und ihn begrüßen mag. (II, 425)

Berlin, 19. März 1880
[…] Es ist zum Verzweifeln. In den Freiesten steckt ein Hochmuth und Widerwille gegen die Juden, der nur auf Gelegenheit wartet, um zu Tag zu kommen. Und was soll denn das, daß die Juden sich gut bewähren sollen? Ist das nicht eine Art Inquisition? Und man zähle nach, ob die deutschen Juden nicht die bürgerlichen Tugenden haben, so gut als die Christgeborenen. Was sie von Fehlern an sich haben, ist eine interne Frage. (II, 427)

Berlin, 21. März 1880
Ich war gestern in der Singakademie bei der Vorlesung des Professors Erich Schmidt aus Straßburg über Klopstocks Messias. Schmidt ist eine frische moderne Kraft, und seine Vorlesung zeigte ihn als trefflichen Schüler [Wilhelm] Scherers, der die Literaturgeschichte nicht bloß philologisch oder auch wie Gervinus abstract logisch, sondern vornehmlich auch ästhetisch und im großen Culturzusammenhange faßt.

Ich ging und fuhr dann mit Scherer und hatte meine große Freude an seinem warmherzigen Gegenkampf gegen die Judenhetze, wie er ja auch in einem trefflichen Aufsatze zeigt. Natürlich sprachen wir auch von der schönen That Mommsens. Die Zeitungen haben nur mangelhaften Bericht gebracht, wie Mommsen bei der Festfeier in der Akademie stark betonte, daß es traurig sei, daß die Inhumanität bereits in die Kreise der Wissenschaft eingedrungen sei. Ich bin begierig, die Rede zu lesen, denn Mommsen ging geradezu auf Treitschke los. Schon Tage vorher hatte er ihm auf einem Zettel geschrieben: Ich bin an Ihnen irre geworden. Scherer ist ein feinsinniger und echt freier Mensch. Er erzählte mir auch, daß er sich mit einem langjährigen Freunde wegen der Widersacherei gegen die Juden entzweit habe. Es thut wohl, daß diese Sache doch auch von Christgeborenen mit dem warmen Pathos erfaßt wird und nicht wir selber immer dafür einzutreten haben. (II, 427f.)

Berlin, 27. April 1880
[...] Ich wanderte gen Charlottenburg, ich hatte mir schon lang vorgenommen, Mommsen dort zu besuchen. Mommsen wohnt im eigenen Hause, das schon von der Flur an mit manchen römischen Antiken geschmückt ist. Ein schlankes Töchterchen rief den Vater, und wir saßen dann behaglich in der ebenerdigen Stube. Ich sagte Mommsen, daß ich ihm eigentlich meine Herzensfreude ausdrücken wollte über seine Rede in der Akademie. Er gab mir zum Abschied seine Rede. Ich sagte ihm, daß ich ihm »Brigitta« schicken werde und sein ausführliches Urtheil erwarte. Er sagte: Ich lese Alles von Ihnen gern, und Sie haben Ihre Fehler wie ich auch, und wir werden sie beide nicht mehr ändern. (II, 430)

Berlin, 31. Mai 1880
Das Wetter ist hier sehr rauh, ich durfte seit Tagen nicht ausgehen, hoffe aber übermorgen zur Enthüllung des Goethe-Denkmals [von Fritz Schaper] doch dabei sein zu können.

Jetzt bei der Goethefeier muß man sich doch wieder der Culturbedeutung der hiesigen Juden erinnern. Die Rahel [Varnhagen], die [Henriette] Herz und Eduard Gans u. A., die waren's, die die große Bedeutung Goethes zuerst erkannten und die Weltstellung des Dichters propagirten. Und doch ist Goethe eine von Frankfurt mitgebrachte Widersacherei gegen die Juden nie los geworden. Er stand den Menschen naturforschend gegenüber mit der nöthigen *aequitas animi* [Ausgeglichenheit der Seele], den Juden aber nicht, und so oft er auch Spinoza erwähnte, niemals deutet er auf den Juden hin, während er doch sonst gern bei Cartesius u. A. die Besonderheit von Geburt und Lebensstellung in die Charakteristik einbezieht. Der *homo liber* ist eben doch nur ein philosophisches Ideal.
Von allen persönlichen Eigenschaften ändert sich der persönliche Geschmack am wenigsten. Stehe ich mit meinem Geschmack nun doch in der bereits ausklingenden Goetheschen Zeit? Ich kann's nicht glauben. (II, 431f.)

Berlin, 9. September 1880
[...] Ich war gestern Abend mit Eugen im Theater und sah den zweiten Theil von Faust (den ersten sah ich vor vielen Tagen); ich war von der wunderbaren kosmischen Dichtung so über Alles hinausgehoben und so tief ergriffen, daß ich, so schwer es mir auch wurde, nach dem dritten Akt (nach dem Tode Euphorions) das Theater verlassen mußte, ich zitterte und alles Blut drang mir ins Hirn und mir schwindelte. Das Schweben über Allem und die berauschende Pracht der Darstellung war zu gewaltig, und es war als wäre man bei der Weltschöpfung. Ich bin eben in den Nerven zu hoch gespannt und halte solche Erschütterungen kaum mehr aus. [...] (II, 437f.)

Berlin, 2. November 1880
Gestern Abend hatten wir nun die erste Sitzung des Comités für das Lessing-Denkmal, 42 Personen stark, im Rathause.
[Der Berliner] Oberbürgermeister [Max] von Forckenbeck wurde

zum Präsidenten und Landgerichtsrat [Carl Robert] Lessing [ein Großneffe des Philosophen und Dichters] zum Vizepräsidenten gewählt. In das ausführende Comité wurde ich als Delegierter des großen Comités gewählt. Ich widme mich der Sache natürlich von Herzen und jetzt doppelt gern, ich komme aus meiner einsamen Vergrübelung heraus [...]
Große Aufregung war, da an den Säulen mit Riesenlettern angeschlagen war, man solle keinen Juden in die Stadtvertretung wählen, besonders nicht den Stadtverordneten-Vorsteher Dr. [Ferdinand] Straßmann, der eben im Comité neben mir saß. (II, 438)

Berlin, 11. November 1880
Ich habe die ganze Nacht kaum eine Stunde geschlafen. Das gestrige Abendblatt der National-Zeitung enthält den Text der Petition an Bismarck gegen die Juden. Das also müssen wir noch erleben! Ich sah es kommen, ich habe mehrfach gewarnt und gemahnt. Ich wollte, als ich im Januar hierher zurückkehrte, eine große Versammlung veranstalten, zu welcher durch Karten und durch persönliche Anforderung die angesehendsten Männer aus der Wissenschaft, aus der Bürgerschaft und soweit es ging aus dem Beamtenthum, eingeladen werden sollten, um die neu aufgeworfene sogenannte Judenfrage auf einmal energisch abzuthun, bevor das Uebel weiter fraß und bevor diese Aufwiegelungen in die niederen Kreise, in die Bierstuben hinabträufelten, von wo sie schwer mehr herauszuholen sind. Ich wurde theils ausgelacht, theils als Schwärmer und Phantast angesehen. Die Einen sagten mir, das geht bald wieder vorüber; die Anderen entgegneten, von unseren Rechten können sie uns nichts nehmen; die Dritten behaupteten mit Lustigkeit, diese ganze Sache müsse mit Witz und Spott behandelt werden, jede andere Waffe sei zu gut und unwirksam zugleich. Ich habe endlich davon abgelassen, denn ich habe ja noch Anderes zu thun; aber mitten in meine Arbeiten hinein, namentlich in die für die Volksbücher, spukte es wie ein Gespenst: da suchst du nun ethische Gedanken in die Massen hineinzubringen, da hegst du

nun mit aller Emsigkeit einzelne Pflanzen, und ein Gewittersturm und Windbruch reißt unsere Wälder zusammen! Und wenn nun Bismarck auch darauf antwortet, daß er mit den Postulaten und ihren Begründungen nicht einverstanden sei – da kann selbst der Gewaltige nicht helfen; die tiefe Verhetzung, die Aufreizung zur Empörung, den scheelen Blick, der auf jeden Juden fällt, das alles kann er nicht aus den Gemüthern herausreißen, und ich kenne die Welt genugsam, ich weiß, wie im Casino zu Rastatt und in der Weinstube in Bingen und im Bierkeller in München das alles mit Jubel aufgenommen wird. Was ist da zu thun? Müssen wir in unserem Alter unthätig und stillduldend zusehen, wie das Unheil immer größer wird und was die Kinder in den Schulen leiden von Lehrern und Mitschülern? Ich sehe in die trübste Zukunft hinein. Es ist Hoffnung, daß eine Reihe angesehener Christgeborener, die noch wissen, was Menschenthum ist, gegen die Petition und die ganze Infamie auftreten werden. Aber das ist zu spät. Es ist ja in der Welt so, die Anklage behalten die Menschen in Erinnerung, die Vertheidigung, die Widerlegung, die Abklärung lesen sie kaum oder vergessen sie bald wieder, und da die Anklage immer schärfer und piquanter ist als die Vertheidigung, haftet sie auch mehr in der Erinnerung. (II, 438f.; auch in: *Juden in Berlin* (1988), 143f.)

Berlin, 12. November 1880

Was thut man in solcher Gemüthsverfassung? Ich sehe andere Menschen ihre Thätigkeit oder ihr Nichtsthun in der alten Weise fortsetzen, die da sagen: es ist schrecklich! und doch bei solcher Zerwühlung alles Gerechten und Menschlichen schnell wie bei einem Preßhaften vorübereilen, um nur den Anblick schnell aus den Augen zu haben. Ich aber kann an gar nichts Anderes denken, wenigstens konnte ich es gestern noch gar nicht, und heute sage ich mir freilich auch, man kann die träge Masse und auch die Höheren, die sich satt und ruhig fühlen, nicht aufrütteln, daß sofort und energisch etwas geschehe und gar nichts Anderes dem vorangehe.

Wann werde ich auch einmal alt und ruhig werden? Ich bin es heute auch schon etwas mehr, aber nur aus Resignation. Ich ging gestern hin und her, und was mußte ich hören! Einige sagten sogar, es ist traurig, daß die Blätter Alles so verbreiten. Als ob sich Derartiges durch Verschweigen todt machen ließe! Es ist die alte Geschichte: »Vater, der Gaul ist krank.« – »Sei still, Junge, sonst merkt er's.« Ich suchte mich zu beruhigen, indem ich die Ausstellung der Bilder und Studien des vor kurzem verstorbenen Malers [Carl Friedrich] Lessing, die in der Nationalgalerie gesammelt ausgestellt sind – du weißt, er hat auch mich porträtirt und das Bild ist auch aufgehangen – genau durchstudirte. Es half mir ein wenig. (II, 439f.)

Berlin, 14. November 1880

Wie eine Gewitterbefreiung empfinde ich's, die elektrische, drückende Spannung hat sich gelöst, und man athmet frei!

Die gestrige Sitzung der Stadtverordnetenversammlung, in der die Infamie der Antisemiten gebrandmarkt wurde, und zwar durch einstimmigen Beschluß, hat schon gut gethan, und nun heute die große Erklärung der besten hiesigen Männer, die von Forckenbeck und Mommsen angeregt und durchgeführt wurde. Da lebt man wieder freudig auf, da sieht man, die Sache der Juden ist nicht ihre eigene Sache, sondern zugleich die der Freiheit und Menschlichkeit, und was wir lange und immer wünschten und immer hofften, daß nicht wir Juden uns zu wehren haben, sondern daß Christen die Initiative nehmen, das ist geschehen und in der besten Weise. Man kann nun wieder ruhig arbeiten und weiter leben, man weiß, man lebt unter treuen Volksgenossen und arbeitet für sie.

Der erste Entwurf zu dieser Erklärung ist vom Stadtschulrath Bertram verfaßt, die Einleitung, die so volltönend und gewaltig ist, stammt aus der Feder von Mommsen, wie auch der Zusatz, daß die Agitation gegen die Juden ein Treubruch ist und ein Ehrenbruch. Damit ist Alles gesagt, und ich kann dir nicht sagen, wie froh ich bei dem gestrigen milden Wetter den Spaziergang machte und wie die vielen Begegnenden, Christen und Juden, still hielten und man sich gegenseitig Glück wünschte. Es kann sein, daß sich die alte Geschichte von Bileam wiederholt; er wurde berufen, um zu fluchen, und mußte segnen. Die Agitation gegen die Juden kann ein Segen sein. Der gemeine Bodensatz ist aufgerührt und wird nun ausgeworfen. Ich bin wieder tief froh und ich meine, Jeder muß es als Glück empfinden, das ihm zutheil geworden. (II, 440)

Berlin, 20. November 1880
[…] Ich sitze hier in meiner Stube, während im Landtag die Debatte über die Juden geführt wird. Ich war gestern bei [dem Juristen und Berliner Stadtverordneten] Fritz [Friedrich] Kapp [den Auerbach schon aus seiner Heidelberger Studienzeit kannte], er ist einer der wenigen Christen unter den Tausenden, die ich kenne, die in einem Conflictsfalle nicht sagen würden: da ist der Jud! Als ich ihm das sagte, bestätigte er, daß Amerikaner, mit denen man ganz nahe stand, auch leicht bei Streit etc. Dutchman schimpfen. Kapp meint, daß der Rummel gegen die Juden in drei Monaten vorbei und vergessen sei. Ich glaube das nicht, das brennt fort und es ist jetzt wieder so weit, daß man fast Jedem dankbar sein muß, der zu erkennen gibt, daß er kein Vorurteil gegen Juden habe. Als ich Kapp sagte, daß ein Christ das gegenwärtige Elend nicht so empfinde, wie ein unmittelbar davon betroffener Jude, bestritt er das, er empfindet auch in Schmerz und Bitterkeit die Verrohung, die da über das deutsche Volk gekommen ist. (II, 441)

Berlin, 23. November 1880
Vergebens gelebt und gearbeitet! Das ist der zermalmende Eindruck, den ich von dieser zweitägigen Debatte im Abgeordnetenhaus habe. Und wenn ich mir auch wieder sage, es ist vielleicht nicht ganz so arg, so bleibt doch die entsetzliche Thatsache, daß solche Rohheit, solche Verlogenheit und solcher Haß noch möglich ist. Und da soll man wieder Tag und Nacht darauf sinnen, ein Reines und Schönes zu gestalten und mit ganzer Seele bei der

Arbeit sein, und Abscheu, Ekel erfüllt die Seele. Wie überwindet, wie tilgt man sie? Man muß die Schande des Vaterlandes mittragen und ausharren.

Es sind allerdings auch wahrhaft herrliche, reine und tapfere Menschen aufgetreten, und mit Bewunderung und Dank erfüllt ihr treues Ausharren. Aber haftet die niedrige Aufreizung nicht weit mehr in der Masse?

Ich war gestern doch noch im Abgeordnetenhause, erst Nachmittags, die Sitzung dauerte bereits von 11 Uhr an und schloß erst gegen 6 Uhr. Ich kam in die bereits hochgradig erhitzte Atmosphäre der Gemüther. Es war ein Ringkampf in erbittertem Zähneknirschen. Und was hört man immer wieder? Den Börsen-Courier. Sind denn wir andern seit Moses Mendelssohn nicht auch da?

Wie hatte ich mich gefreut, daß nun die Volksbücher fertig sind, durch die ich manche guten Gedanken in die Seelen der Mitmenschen stoßen kann. Und nun? Was ist das gegenüber der großen Seelenverwüstung? Ich tröste mich freilich auch damit, daß nach Monaten das wieder zugeheilt sein wird, aber das Bewußtsein, was noch in deutschen Menschen gehegt wird und was unversehens explodiren kann, das ist untilgbar. (II, 442)

Berlin, 6. Dezember 1880

[...] Schopenhauer hat den jugendlichen Gemüthern alle Idealität exstirpirt [herausgerissen] ... Dann lernte die Jugend: alle Idealität, Humanität und Menschenachtung ist Humbug. In derart vorbereitete Gemüther konnte nun die Gemeinheit eindringen, und den Stundenten ist die Judenhetze ein lustiger Sport. – Nicht ohne Wirkung war auch Richard Wagner, der zuerst sich als Judenhasser bekannt und Judenhaß als etwas mit der Bildung Verträgliches proklamirte. So strömt Vielerlei zusammen und dazu der Aerger der Beamtensöhne, daß auch Juden in die ihnen gehörende Beamtencarriere eintreten.

Wie du siehst, fange ich endlich an, dem Entsetzlichen psychologisch nachzugehen, und das gibt mir doch bereits etwas Ruhe. Die

Dinge erkennen, lehrt Spinoza, heißt sie überwinden. Ich hoffe, dazu zu kommen. (II, 443)

Berlin, 1. Januar 1881
Mein erster Federzug ist wieder zu dir. Draußen ist es sonnig hell, und wir haben das neue Jahr in Heiterkeit begonnen.
Ich hoffe doch wieder zu Arbeit und Daseinslust zu kommen, ich will mir durch nichts, auch nicht durch die Judenhetze, mein Leben abkränken lassen. Den Spruch Spinozas: *principium omnium rerum est suum esse conservare* sagte ich mir in aller Frühe vor. Es hilft einem Niemand und schließlich kann man sich nur selber helfen, sein Dasein zu bewahren.
Ich will also vor Allem mich zu der neuen Arbeit halten. [...] (II, 445)

Berlin, 14. Januar 1881
[...] Ich bin ganz neu belebt von den Verhandlungen und Erklärungen der hiesigen Wahlmänner-Versammlung mit den Reden von [Rudolf] Virchow und Eugen Richter gegen die Judenhetze. Das ist wahrhaft erlösend, und ich habe [Moritz] Lazarus geschrieben, daß die ganze Verhandlung *in extenso* als Flugblatt vertheilt werden müsse. (II, 446)

Berlin, 17. Januar 1881
Ich schicke dir hier die National-Zeitung, die die neue Kundgebung des Kronprinzen gegen die Judenhetze enthält, sie wird hoffentlich läuternd wirken, jedenfalls gibt sie gute Zuversicht für die Zukunft. (II, 447)

Berlin, 22. Januar 1881
Heute, an Lessings Geburtstag muß ich doch dir schreiben. Was wurde Kaiser Joseph gefeiert, mit Recht, aber welch ein Mehrer des Geistesreiches ist Lessing! Der hundertjährige Todestag wird, wie es scheint, die guten Geister aller Orten bewegen. Ich habe auf

Andrängen der »Presse« in Wien versprochen, zu diesem Tage Betrachtungen zu liefern; ich habe so viele, die sich nicht zusammenschließen lassen, daß ich wahrscheinlich wieder die lockere Form von Aphorismen wähle. Ich muß mich dafür freilich aus meiner Arbeit herausreißen, aber ich meine, ich darf mich nicht entziehen, zumal auch da ich noch so zum Worte gefordert wurde.
Ich habe heute zweimal zum Gedenken an Lessing zu wirken. Vorerst ist Sitzung des engeren Denkmals-Comités im Rathhause bei Forckenbeck, wo mein Entwurf zum Aufrufe zur Annahme kommen soll. Dann habe ich beim Bankett des Vereins für jüdische Studirende, wo ich im Vorstande bin, zu sprechen. Ich werde mich bemühen, positiv Aufrichtendes zu geben und die Bitterniß nicht Herr werden zu lassen, daß wir wiederum eine Judenhetze erleben müssen, daß unsere Kinder, die wir zu freien Menschen und Patrioten erzogen haben, nun solches Elend auch noch einmal erleben müssen. (II, 447)

Berlin, 1. Februar 1881
Die Arbeit über Lessing, zu der ich mich aus der Erzählung herausreißen mußte, hat mir gut gethan, ich verspürte den Hauch von Lessings Geist, und der wirkt kräftigend und erhellend.
Heute steht nun auch mein vielfach amendirter [vorgelegter] Aufruf, der aber im Tenor blieb, in den Zeitungen. Du wirst dich auch mit der stattlichen Reihe der Namen freuen. Der hundertjährige Todestag Lessings scheint sich zu einer großen allgemeinen Feier zu gestalten, und wieder wird Lessing helfen, die Rohheit der Judenhetze in den Hintergrund zu drängen. (II, 448)

Berlin, 15. Februar 1881
Heute beim Erwachen war mir's, als müßte ich mit dir sprechen, mit dir eine stille Gedenkfeier halten an den Hohen [Lessing], der heute vor 100 Jahren aus dem leibhaftigen Dasein schied.
Gerade die niedrige Hetze, die sich aufgethan hat, macht den Tag um so größer und allgemeiner. Du wirst nun heute meine Schrift

[*Die Genesis des Nathan. Gedenkworte zu Lessing's 100jährigem Todestag*, Berlin 1881] lesen, und ich kann dir sagen, ich empfinde ein Wohlgefühl, daß ich doch noch zu einer Aussprache kam. (II, 449)

Berlin, 16. Februar 1881
Ich war gestern Abend im Theater. Das ist der angemessenste Ort, wo Lessing gefeiert werden soll. In ganz Deutschland (Wien ausgenommen) wird aber Emilia Galotti gegeben und nicht der Nathan, der leider heute wieder actuell ist, und man fürchtet das. (II, 449)

Berlin, 18. Februar 1881
Ich war also gestern Abend wieder auf dem Hofball und kam erst um 2 Uhr nach Hause. Ich war lange mit [Karl Richard] Lepsius und Forckenbeck, am längsten aber mit Mommsen, der mir auch erzählte, welche schmähliche anonyme Briefe er bekomme. (II, 449)

Berlin, 26. März 1881
[...] Ich sagte [im Gespräch mit dem Großherzog von Baden], daß die Art, wie die Judenhetze fort und fort insceniert wird, auch ein Werfen mit Dynamitbomben ist. Aber der Großherzog hofft, daß das bald wieder vorüber sei, obgleich er die tiefe Schädigung, die das Volk damit erleidet, vollkommen erkenne. (II, 451)
[...] Ich legte nun [im Gespräch mit der Kaiserin und der Großherzogin] dar, wie tief ich im Gemüth gestört sei durch die Judenhetze; es ist kein Geringes, daß man sich sagen lassen muß, man gehöre nicht zu den Deutschen und sei ohne Vaterland. Das muß ich noch miterleben, der ich bereits sechsundvierzig Jahre nach bester Kraft für das deutsche Volk arbeite und im Patriotismus Niemand nachstehe. – Das wurde mir bestätigt, und die Großherzogin sagte: »Glauben Sie mir, diese häßliche Sache ist nur in Berlin.« »Und auch hier ist sie nur vorübergehend.« fiel die Kaiserin ein. »Berlin treibt nur über Nacht, man weiß nicht woher, eine Pflanze auf, am andern Tag ist sie wieder vergangen und sie hat keine Wurzel. Und Sie sehen ja, die Sache ist eigentlich schon

vorüber, aber ganz gewiß im Verschwinden.« Ich mußte das bestreiten und wiederholte, daß man am Hofe wahrscheinlich von dieser Verwüstung der Gemüther und der Verkehrung alles graden Sinnes nicht genugsam unterrichtet sei. [...] Die Kaiserin wiederholte, wie unablässig wohlthätig die Juden sich bewähren, und wie sie selber vor kurzem das jüdische Alterversorgungshaus besucht habe, wie sie nächstens das jüdische Krankenhaus besuchen wolle, und so solle ich nur ruhig sein, es wird sich Alles wieder schön ausgleichen. (II, 452f.)

Berlin, 15. Mai 1881
[...] Die Gemeinheit, die sich bei uns in Deutschland breit macht, zeigt sich in Rußland gleich brutal in Raub und Mord. Und wenn ich daran denke, wie viel hundert Juden jetzt dort gemartert und zerschlagen sind, so blutet mir das Herz und es erscheint mir wie eine Hartherzigkeit, daß wir da draußen uns vergnügen und vergessen, Kunstgenüsse und Alles haben, und dort ist Jammer und Wehgeschrei. [...] Ich muß mich von diesen Gedanken abwenden. (II, 456)

Berlin, 19. Mai 1881
Ich kann Dir nicht sagen, wie verzweifelt mich die Judenhetze in Rußland macht und diese beständige Drohung überall. Wie ein grausames Räthsel stellt sich die Erneuerung der greulichen Gemeinheit dar. Ich meine, daß eine solche Epidemie, solche Seelenvergiftung noch nie in der Welt war, und dagegen soll man schreiben, mit Zeitungsartikeln ein Pflaster auflegen. Der Verstand steht einem still, aber das Herz will nicht still stehen. Man tröstet einander, es wird wieder besser und es wird wieder anders; aber diese Aussaat von Gemeinheit und Ruchlosigkeit, die verschwindet nicht so bald wieder aus den Gemüthern, und Tausende gehen in den Straßen umher und müssen jedem Begegnenden dankbar sein, daß er sie nicht beschimpft oder gar attaquiert, weil sie Juden sind. (II, 458)

Berlin, 8. Juni 1881
[Eine Broschüre gegen [Adolf] Stoecker], eine Beweisaufnahme – daß ich das schreiben muß, will mir nicht aus dem Sinn. Ich habe das Glück, daß ich gehört werde und darum die Pflicht, zu reden. Ich bin nur tief ärgerlich auf mich, daß ich noch zögere und allerlei Bedenken mir wie Haare in die Feder kommen wollen. Soll ich denn in diesem Elend immer nur Vorsätze haben und mich ohne rechten Muth in Unentschlossenheit und Bedenken vergrämen? Es wäre gut, wenn mich Stöcker dann bei Gericht belangte, die Sache käme zum Austrag. (II, 561)

Berlin, 18. Juni 1881
[I]ch bin froh, daß ich aus alledem endlich herauskommen soll, und ich möchte während meiner ganzen Reise keine Zeitung lesen, man erfährt ja täglich Bitternisse, auch abgesehen von der antisemitischen Bewegung. (II, 462).

Tarasp [Engadin, Schweiz], 18. Juli 1881
[…] Was du meinst, daß die Verwüstung alles humanen Sinns zum neuen Aufbau führen könne, so bin ich nicht deiner Ansicht. Solche radikale Verkehrung des neuen heiligen Geistes schwemmt auf lange Zeit allen Humus für gedeihliche Anpflanzung weg. Lies nur, wie die Studenten zu einer Versammlung am Kyffhäuser aufrufen gegen den freien Gedanken und gegen die Juden. Nur das ist mir fast tröstlich, daß die Juden als erstes greifbares und angriffreizendes Object sind im Sturm gegen den aus der Humanität stammenden Liberalismus. Das ist wieder ein Stück Mission der Geschichte. … »Herders Leben« von [Rudolf] Haym zu lesen – mir kommt jetzt alles das so entsetzlich abseits liegend vor, wie eine auf der Alpe blühende Pflanzung, und doch ist es vielleicht wieder so, daß man den Grundbestand der Cultur nicht auflösen kann. (II, 466)

Tarasp, 27. Juli 1881
Du wirst die heutige Allgemeine Zeitung lesen, darin ist der Auszug der akademischen Rede [des katholischen Theologen Ignaz von] Döllingers über die Juden. Sie ist brav und grad, bringt aber keinerlei ursprünglich Neues, aber es ist schon erfreulich, wie es jetzt einmal ist, daß ein Mann von solcher Bedeutung sich gegen die Infamie stemmt. Ich begreife nicht, warum die Christen nicht dem großen Problem nachgehen, das in der Erhaltung der Juden und der sich immer neu aufputzenden Verfolgung liegt. (II, 467)

Cannes [Südfrankreich], 17. Dezember 1881
Ich hatte gehofft, daß ich heute ausgehen dürfte, aber noch soll ich nicht, ich soll jede Erschütterung vermeiden. So sitze ich also still und lese mit ständigem lebhaftem Interesse wiederum »Goethes Leben« [engl. Orig. in 2 Bänden, 1855; dt. Übersetzung von Julius Frese, Berlin 1857] von [Georg Henry] Lewes. Goethe macht mich immer alles Leid vergessen und ruft mir die höhere Natur zurück, die auch in mir war, bevor ich die Zerrüttung so über mich Herr werden ließ. Ich lebe, weil ich leben muß, der Tod wäre mir willkommen, ich habe nichts Rechtes mehr zu thun und nichts mehr zu hoffen, aber langsam hinsiechen, das wäre entsetzlich, ich wünsche mir einen raschen frischen Tod, ich warte aber geduldig. Ich kann dir nicht sagen, wie viel ich denke. – – (II, 476f.)

Levin Goldschmidt
Brief an Heinrich von Treitschke
(Mai 1881)

Kommentar: *Levin Goldschmidt, geboren 1829 in Danzig, verstorben 1897 in Berlin, galt bereits zu seinen Lebzeiten als der herausragende Repräsentant der Weltgeltung deutscher Rechtswissenschaft. Im frühen 20. Jahrhundert und dann vor allem in der Nazizeit wurde sein wissenschaftlicher Ruhm von antisemitischen Fachvertretern und politischen Ideologen willentlich zerstört. Lediglich jüdische Gelehrte erinnerten an ihn. Hugo Sinzheimer widmete ihm ein Kapitel in seiner 1938 im holländischen Exil verfassten programmatischen Schrift »Jüdische Klassiker der deutschen Rechtswissenschaft« und schrieb dort, Goldschmidt habe die Juristen auf dem Gebiet des Handelsrechts gelehrt, »nicht nur in die Vergangenheit und Gegenwart, sondern auch in die Zukunft zu schauen«. (Sinzheimer 1953, 52) Auch Franz Kobler nannte ihn 1938 in seiner Anthologie den »Meister des Handelsrechts« (Kobler 1938, 248); Berthold Auerbach pries ihn als den »Schöpfer des deutschen Handelsgesetzbuches«. (Briefe, II, 331) Doch Goldschmidts Handelsrechtswissenschaft war nach dem Holocaust in Deutschland vergessen und musste in der Wissenschaftsgeschichte und in Übersichtsdarstellungen des Faches – etwa durch die Arbeiten von Lothar Weyhe und Karl Otto Scherner zwischen den 1970er und 1990er Jahren – erst mühsam wiedergewonnen werden. Erst 1996 widmete der Rechtshistoriker Lothar Weyhe Goldschmidts Leben und juristischem Werk eine umfangreiche Monographie. Heute hat Goldschmidt seinen zeitgenössischen Ruf wiedererlangt und die Tatsache, dass es Goldschmidt gewesen war, der »die Fundamente des Handelsrechts im 20. Jahrhundert« gelegt, ja, geradezu »entdeckt« habe (Benöhr 2001, 294 u. 301), ist wieder Konsens im Fach.*

Auch für Goldschmidt gilt, wie etwa für Bresslau: Seinem Selbstbild zufolge war er nicht gläubig, aber er war dennoch im deutsch-israelitischen

Gemeindebund und im Hilfsverein für jüdische Studenten tätig. (Benöhr 2001, 297) Und noch ein weiterer Punkt ist mit Harry Bresslau vergleichbar: Wie dieser kannte auch Goldschmidt Treitschke persönlich, er war seit den gemeinsamen Studienjahren in Heidelberg ihm und seiner Familie freundschaftlich verbunden. Bresslau und Goldschmidt standen beide in ihren patriotischen und nationalen Grundüberzeugungen dem frühen Treitschke nahe; so rühmte Goldschmidt in den Jahren vor der Reichseinigung Preußens »politische Geschicklichkeit« und »Energie« (zit. nach: Wyrwa 2020, 187) in Worten, die denen Treitschkes vergleichbar waren. Im Jahr 1869 wurde Goldschmidt in das Reichsoberhandelsgericht in Leipzig berufen. Zuvor war er als Privatdozent und bis 1870 als ordentlicher Professor für Handelsrecht an der Universität Heidelberg tätig und arbeitete seit 1874 in der Fünferkommission mit, die beim Bundesrat über die Ausgestaltung des Bürgerlichen Gesetzbuchs in Deutschland beriet. Seit 1872 lehrte Goldschmidt – als erster Ordinarius für Handelsrecht in Deutschland überhaupt – an der Berliner Universität. Goldschmidt war einer der akademischen Lehrer Max Webers und er war der Begründer »der noch heute florierenden« (Benöhr 2001, 293) Zeitschrift für das gesamte Handelsrecht. Dem kurz nach der Reichseinigung sich politisch neu formierenden Antisemitismus trat Goldschmidt mit seiner ganzen akademischen Reputation entgegen. So wandte er sich nach der Veröffentlichung der Antisemiten-Petition direkt an Bismarck, um diesen dazu zu bewegen, der Agitation gegen die Juden ein Ende zu bereiten. (Benöhr 2001, 297) Den hier wiedergegebenen Brief an Treitschke verfasste er, wie Harry Bresslau und Theodor Mommsen, als Kollege derselben Institution; Goldschmidt jedoch adressierte ihn – anders als diese – nicht als offenen Brief und somit nicht als öffentliche Intervention, sondern als ein privates Dokument des Abschieds. Er legte seinem Kollegen in kühlen Worten abschließend dar, »wie tief ich mich in der angegriffenen Genossenschaft verletzt gefühlt habe, auch als ›Ausnahme‹«. (454) Dass Treitschke Goldschmidt von allem ausgenommen sehen wollte, was er in »Unsere Aussichten« über die Juden und das Judentum in Deutschland geschrieben hatte, genügte diesem nicht: Wie Moritz Lazarus wollte auch Goldschmidt nicht zu den als »›Ausnahme‹ Begnadigten« (190) – so die Wendung von Laza-

rus – gehören und kündigte ihm die Freundschaft auf. Der Brief Goldschmidts an Treitschke verweist noch auf einen zweiten Punkt, der im Mai 1881 ganz offensichtlich geworden war: Mit Treitschkes Auftreten seit »Unsere Aussichten« habe dieser auch judenfeindliche Angriffe anderer ermutigt, »unter Anrufung Ihrer Autorität« eigene Pamphlete von »nahezu unglaublicher Bestialität, Verlogenheit und Unwissenheit in der sogenannten Judenfrage« in die Öffentlichkeit zu bringen. (451) Treitschkes Entgegnung vom 4. Juni 1881 (sie wurde nicht in die dreibändige Briefedition Treitschkes aufgenommen) beantwortete Goldschmidt nicht mehr. In seiner privaten Antwort hatte Treitschke den folgenden Satz geschrieben: »Verletzen wollte ich Sie nicht, und eine Verständigung ist vorläufig doch unmöglich.« (zit. nach: Kobler 1938, 431) Insgesamt wird die von Goldschmidt geprägte desillusionierte Formel über das Verhältnis der Juden zu Deutschland und Deutschlands zu den Juden für viele deutsche Juden jener Jahre Geltung gehabt haben: Er fühle sich, so schrieb Goldschmidt einmal an anderer Stelle, als »dankbarer Sohn des undankbaren Vaterlandes«. (zit. nach: Benöhr 2001, 297)

Quelle: Goldschmidts Brief erschien posthum 1898 in dem Band *Levin Goldschmidt, Ein Lebensbild in Briefen* (Berlin 1898, 432-434); er wurde mehrfach wiederabgedruckt, etwa (leicht gekürzt) in Franz Koblers *Jüdische Geschichte in Briefen aus Ost und West* (Wien 1938, 430f.) oder in der Promotionsschrift von Hans-Joachim von Borries, *Deutschtum und Judentum* (1971), 102f.; am bekanntesten wurde der ungekürzte Wiederabdruck im Goldschmidt gewidmeten Kapitel in Hugo Sinzheimers 1953 erschienenem Werk *Jüdische Klassiker der deutschen Rechtswissenschaft* (dort 69-72; hiernach erfolgt auch der Abdruck), ein Buch, das Ende der 1930er Jahre im holländischen Exil als Gegenschrift zur berüchtigten antisemitischen Tagung »Das Judentum in der Rechtswissenschaft« entstanden war. Diese Zusammenkunft juristischer und staatswissenschaftlicher Nazi-Prominenz am 3./4. Oktober 1936 in Berlin wurde von Carl Schmitt und Hans Frank eingeleitet; beide sprachen sich mit der größten nur denkbaren Brutalität für die »Ausschaltung fremdrassischen Geistes auf dem Gebiete der Rechtswissenschaft« aus (so die Formulierung Franks); Walter Boehlich hatte Levin Goldschmidt und den Brief zwar zweimal in seinem Nachwort erwähnt (Boehlich 1965, 246, hier 466 u. 468f.), aber er nahm ihn weder 1965 in die Originalsammlung noch in die überarbeitete Taschenbuchauflage von 1988 mit auf (enthalten ist er aber in: *BAS* [Dok. 120], 849-853).

Lit.: Kobler, *Jüdische Geschichte in Briefen aus Ost und West* (1938), 430f.; Sinzheimer, *Jüdische Klassiker der deutschen Rechtswissenschaft* (1953), 51-72; Borries, *Deutschtum und Judentum* (1971), 102f.; Benöhr, Jüdische Rechtsgelehrte in der deutschen Rechtswissenschaft (1991), 280-308; Weyhe, *Levin Goldschmidt. Ein Gelehrtenleben in Deutschland* (1996); Scherner, *Handel, Wirtschaft und Recht in Europa. Abhandlungen zum Handels- und Wirtschaftsrecht in Deutschland und Europa* (1999); Krieger, in: *BAS* (2003), 849; Pawliczek, *Akademischer Alltag zwischen Ausgrenzung und Erfolg* (2011), 337-341; Wyrwa, Die Konstruktion der deutschen Nation mit den Juden (2020), 179-191.

Angesichts der Freundschaft, welche uns und unsere Familien so lange Jahre verbunden hat, deren Lockerung zu den schmerzlichsten Erfahrungen meines Lebens gehört, ist es mir unabweisliche Pflicht, über meine Auffassung unseres gegenwärtigen Verhältnisses Ihnen keinen Zweifel zu lassen. …
Als vor etwa 1 1/4 Jahren Ihre erste und umfassendste Äußerung seither in zahlreichen Auflagen mit Nachträgen als Flugblatt in den weitesten Kreisen verbreitet – in der sog. Judenfrage erschien, konnte nur die beherrschende Empfindung einer alten Freundschaft mich abhalten, mit einer Erwiderung an die Öffentlichkeit zu treten. Ob dieses Bedenken gerechtfertigt war, und ob nicht gerade die Ausnahmestellung, welche Sie die Güte hatten, für mich wie für einige andere Ihrer Freunde vorzubehalten, nicht minder vielleicht eine vieljährige, nur der Wissenschaft und dem öffentlichen Wohl mindestens nach bestem Wissen gewidmete Tätigkeit mich zu solcher öffentlichen Entsagung verpflichtet hatten, darf ich jetzt dahin gestellt sein lassen. Daß Sie aber durchaus irren, wenn Sie meine Zustimmung erwarteten, daß ich im Gegenteil Ihr Auftreten für ebenso ungerecht wie nachteilig erachtete, habe ich Ihnen persönlich mit aller Bestimmtheit erklärt, als Sie mich

in dieser Angelegenheit besuchten. Aber so selbstverständlich Sie nicht werden vertreten wollen, was seither unter Anrufung Ihrer Autorität an nahezu unglaublicher Bestialität, Verlogenheit und Unwissenheit in der sogenannten Judenfrage geleistet worden ist, so wenig habe ich mit den Angriffen zu schaffen, welche Sie durch Ihr Auftreten hervorgerufen haben, deren volle oder teilweise Berechtigung ich daher auch nicht zu prüfen brauche. Nur eines muß ich hervorheben. Sie glauben augenscheinlich, daß nur übergroße Empfindlichkeit oder Schwäche oder ein ähnliches Gefühl Ihre als Ausnahmen bezeichneten jüdischen Freunde abgehalten hat oder abhält, Ihnen im Wesentlichen zuzustimmen. Ob Sie von irgend einem dieser Freunde eine Zustimmung erhalten haben, weiß ich nicht; ob Männer nicht allein der »höchsten Bildung«, sondern zugleich von echter Humanität oder auch nur von politischer Einsicht Ihnen Beifall gezollt haben, ist mir unbekannt; an die Öffentlichkeit ist wohl niemand darunter getreten. Aber was mich persönlich anlangt, so weiß ich mich von jener vermuteten Empfindlichkeit oder Schwäche durchaus frei. Die Schäden nicht des Judentums, sondern der jüdischen Bevölkerung, empfinde ich vielleicht lebhafter als irgend jemand, aber, obwohl nicht Historiker, glaube ich, daß gerade der Geschichtsforscher, welcher Wesentliches und Zufälliges zu scheiden versteht, welcher den Ursachen des komplizierten Werdeprozesses mit Unbefangenheit und Ruhe unter voller Beherrschung des Materials nachforscht, zu völlig anderen Ergebnissen gelangen muß, als den von Ihnen gewonnenen.

Nur auf zwei Wegen kommt man, meines Erachtens, darüber hinweg: entweder indem man die Quellen des Übels in der Unvollkommenheit, ja vielleicht der Verkehrtheit der religiösen Anschauung der Juden findet, sie somit als Mitglieder einer schlechten Religionsgemeinschaft für unverbesserlich erklärt – oder indem man dieses Quelle in der Rasse, der ursprünglichen Nationalität, erblickt.

Sie scheinen wesentlich die zweite Anschauung zu vertreten, nur daß Sie eine mehr oder minder große Anzahl von Ausnahmen zugeben. Demgegenüber betone ich als völlig unannehmbar, daß jedes Mitglied der an sich schlechten Rasse oder Religionsgenossenschaft sich als einen ausnahmsweise ordentlichen Menschen legitimieren müßte. Ich finde in dieser Unterstellung den denkbar schwersten Angriff gegen die rechtliche wie gesellschaftliche Gleichstellung der Staatsbürger –, noch schlimmer, weil die Vorwürfe, die Sie erheben, wesentlich dem Sittlichkeitsgebiet angehören. In den »Cant« werden Sie ja wohl nicht einstimmen. Aber Sie verwechseln mancherlei unliebsame und unbequeme Eigenschaften von Empörkömmlingen, – zu denen zur Zeit noch eine große Zahl von Juden gehört –, mit Eigenschaften der Rasse oder mit Ausflüssen der Religionslehre; ganz dieselben Erscheinungen können Sie bei den Schweineschlächtern von Chikago oder bei den reich gewordenen Fleischern und Grundbesitzern Berlins wahrnehmen. Hätten Sie jemals eine größere Zahl jüdischer Häuser kennengelernt, in welchen durch einige Generationen hindurch ein behäbiger Wohlstand und damit mehr oder minder umfassende Bildungserlebnisse sich angesammelt hatten, so würden Sie ein ganz verschiedenes Bild gewinnen und es brauchte die beste christlich-germanische Familie sich dieses Zustandes nicht zu schämen. Daß den Juden, weil sie großen Teils zum Handel genöigt worden sind, viele unliebsame Eigenschaften anzuhaften pflegen, versteht sich, aber betrachten Sie doch die rein oder wesentlich christliche Börse von London oder New York, oder die Kaufmannschaft Griechenlands oder Neapels, ob der Durchschnitt der dortigen angesehenen wie gewöhnlichen Händlern an Moralität die deutschen jüdischen Kaufleute überragt.

Der in Ihrem Sinne augenscheinlich schwerste Vorwurf ist der des mangelhaft entwickelten Staatsgefühls und Patriotismus. Zum Teil hängt ein gewisser Mangel der Art mit dem überwiegenden Kaufmannstum zusammen, zum Teil erklärt er sich sehr genügend aus der ursprünglichen Rechtslosigkeit, dann Zurücksetzung. Die holländischen, französischen, italienischen Juden sind selbstverständlich von einer älteren und intensiveren Liebe für ihren Staat erfüllt, weil er ihnen schon seit Menschenaltern ein menschenwürdiges Dasein und volle Entwicklungsfreiheit garantiert. Daß in Deutschland der Patriotismus sich schwer entwickeln konnte, daß eine Neigung zum Kosmopolitismus Platz ergriff, wenn draußen die Freiheit, drinnen nur Knechtschaft oder Zurücksetzung zu finden war, ist begreiflich genug. Und dennoch hat in der kurzen Spanne Zeit, in welcher die staatsbürgerlichen Rechte der Juden anerkannt sind, ihre Vaterlandsliebe so mächtige Fortschritte gemacht, daß nur durch eine rückläufige Strömung auch hierin eine Abschwächung eintreten konnte.

Nur durch volle rückhaltlose Gleichberechtigung, welche wir übrigens keineswegs, wie Sie meinen, als Geschenk oder als Wohltat entgegen nehmen, sondern auf welche wir sittlichen, wie rechtlichen Anspruch haben –, können sich die Schäden, welche Jahrtausende voll Druck und Schmach einer ganz edlen Rasse eingeprägt haben, ausgleichen. Indem Sie dahin wirken, daß die noch keineswegs geschlossene Kluft erheblich erweitert wird, indem Sie, ohne die rechtliche Gleichstellung anzutasten, doch deren tatsächliche Durchführung erschweren, die gesetzliche Assimilierung verhindern, laden Sie nach meiner Überzeugung einen schweren Vorwurf auf sich. Sie verhindern, was Sie wollen: die Entwicklung eines tüchtigen, patriotischen Bürgertums. Sie drängen die von ehrenvoller Stellung zurückgeschobenen Juden auf die traurige Bahn des ausschließlichen Gelderwerbs.

Sie können und wollen ja die Juden nicht vertreiben, wollen Sie auch die Zwangstaufe nicht erdulden lassen. Und als Politiker werden Sie sich zu gut halten, Moralprediger zu sein, ohne die Grundlage der Schäden beseitigen zu wollen.

Ich akzeptiere nicht Ihren christlich-germanischen Staat, da wir kein rein germanisches Volk sind und das Christentum nicht Staatsreligion sein kann. Die sittliche Seite der Jüdischen Religion haben Sie nicht angegriffen und werden es auch schwerlich können – über Dogmen möchte ich mit Ihnen, wie überhaupt nicht, streiten.

Vielleicht begreifen Sie nun, wie schwer ich Ihr Auftreten genommen habe und habe müssen, wie tief ich mich in der angegriffenen Genossenschaft verletzt gefühlt habe, auch als »Ausnahme«.
Ihr Goldschmidt

III. Nachwort

Walter Boehlich
Der Berliner Antisemitismusstreit (1965 / 1988)

Der Judenhaß ist einer der pontinischen Sümpfe, welche das schöne Frühlingsland unsrer Freiheit verpesten.

Ludwig Börne (1821)

Am 16. September 1879 brach Heinrich von Treitschke zu einer sechswöchigen Reise nach Italien auf, die ihn bis nach Pästum führte. Drei Tage später hielt der Hofprediger Adolf Stoecker in Berlin seine erste Judenrede – »Unsere Forderungen an das moderne Judenthum« –, die der Propaganda für die christlich-soziale Arbeiterpartei dienen sollte. Man weiß gut, daß Stoecker an Antisemitismus zunächst nicht gedacht hatte, daß seine Absicht vielmehr war, die durch Bismarcks Sozialistengesetz politisch entmachteten Arbeiter ins christliche, ins nationale Lager zu locken. Erst als sich zeigte, daß ihm da so gut wie jeder Erfolg versagt blieb, erst als andere gezeigt hatten, daß zwar nicht die Arbeiter, wohl aber das Kleinbürgertum mit antisemitischer Demagogik zu gewinnen war, bediente auch er sich dieses Vehikels – und hatte von da an einen gewissen Erfolg, wenngleich sich freilich schon bei ihm wie bei allen Späteren zeigte, daß Sozialismus und Antisemitismus sich nicht reimen.

Stoeckers öffentliches Auftreten zeigt einen Klimawandel an. Bis dahin hatte der politische Antisemitismus, von dessen Entstehen und Ausbreitung die Rede noch wird sein müssen, in den Händen mehr oder minder obskurer Journalisten gelegen, ob diese nun Wilhelm Marr, Otto Glagau, Joachim Gehlsen oder wie immer hießen. Stoecker dagegen schaffte ihm Einlaß in die Wahlversammlungen, er deckte ihn mit der Achtung, die einem Hofprediger durchaus entgegengebracht wurde, er machte ihn hoffähig. Aber hoffähig, das war auch 1879 nicht genug. Sollte das Bildungsbürgertum für ihn gewonnen werden, dann konnte das nicht im Namen der Religion oder eines auch noch so verwaschenen Pseudo-Sozialismus geschehen; dann mußte der Antisemitismus nicht von der Kanzel, sondern vom Katheder verkündet werden. Diesen historischen Part hat Heinrich von Treitschke übernommen.

Gewiß, Stoecker hat seinen Antisemitismus als Wahlredner formuliert und Treitschke den seinen als Publizist in den *Preußischen Jahrbüchern*, und ihre Augenblickswirkung verdankten beide dem, was man damals für politische Beredsamkeit hielt, aber in der Vorstellung der Menge blieb der eine so gut Prediger wie der andere Professor. Sie sind einander näher gewesen, als dem Berliner Ordinarius lieb sein konnte, näher auch als seinen heutigen Verteidigern lieb ist, und zwar in einem Punkte, der ihren Antisemitismus von dem der Nationalsozialisten zu unterscheiden scheint. Im Gegensatz zu Wilhelm Marr kennen sie beide einen Unterschied zwischen guten Juden und schlechten, zwischen deutschen und nichtdeutschen. In ihren Prämissen kennen sie Ausnahmen, in ihren Schlüssen verallgemeinern sie. Gerade das war es, wessen das Bürgertum bedurfte, offensichtlich nur das konnte dem nichttotalitären Bürgertum den Antisemitismus annehmbar machen. Beide, Stoecker und Treitschke, haben einen Antisemitismus großgemacht, der jederzeit unter dem Deckmantel des Scheins behaupten konnte – und behauptet hat – gar nicht antisemitisch zu sein. Sie lieferten das Alibi gleich mit.

»Die Judenfrage, sagte Stoecker, ist schon lange eine brennende Frage; seit einigen Monaten steht sie bei uns in hellen Flammen.«

»Unterdessen, schrieb wenig später Treitschke, arbeitet in den Tiefen unseres Volkslebens eine wunderbare, mächtige Erregung. Es ist als ob die Nation sich auf sich selbst besänne … Vor wenigen Monaten herrschte in Deutschland noch das berufene ›umgekehrte Hep Hep Geschrei‹. … Heute sind wir bereits so weit, daß die Mehrheit der Breslauer Wähler … sich verschwor unter keinen Umständen einen Juden in den Landtag zu wählen … es

ist keine leere Redensart, wenn man heute von einer deutschen Judenfrage spricht.«
Er distanzierte sich wohl von Schmutz und Roheit, aber auch Stoecker sorgte sich, daß aus Gegnerschaft kein Haß würde. Was mehr wußte der Hofprediger vorzubringen? Die jüdisch-liberalen Blätter hätten den Mut nicht, auf die Klagen und Anklagen ihrer Angreifer zu antworten und suchten die Judenfrage totzuschweigen. Das moderne Judentum erscheine ihm als große Gefahr für das deutsche Volksleben. In der Judenpresse atme ein Haß gegen das Christliche, der den tiefsten Abscheu verdiene. Die Juden seien und blieben ein Volk im Volke, ein Staat im Staate, in ihrem Besitz seien die Geldadern, Bank und Handel, in ihren Händen die Presse, und sie drängten sich unverhältnismäßig zu den höheren Bildungsanstalten. Er stellte drei Forderungen auf: 1. »ein klein wenig bescheidener«, 2. »ein klein wenig toleranter«, 3. »Bitte, etwas mehr Gleichheit«. Er sagte auch, daß das deutsche Volk wieder ein christliches Volk werden müsse (in seiner zweiten Rede: »Nothwehr gegen das moderne Judenthum«) und verlangte »Wiedereinführung der confessionellen Statistik, damit das Mißverhältniß zwischen jüdischem Vermögen und christlicher Arbeit festgestellt werden kann; Einschränkung der Anstellung jüdischer Richter auf die Verhältnißzahl der Bevölkerung; Entfernung der jüdischen Lehrer aus unseren Volksschulen, zu dem Allen Kräftigung des christlich-germanischen Geistes«. Alle diese Behauptungen und Forderungen werden sich im Lauf der Diskussion wiederholen. Daß sie von Stoecker nicht erfunden sind, braucht man kaum zu betonen. Aber man sollte hervorheben, daß der Antisemitismus sich militant gibt, aus Angst, daß er offensiv ist und defensiv zu sein vorgibt, daß dem Verlauf dieses »Bürgerkrieges« dieselbe Mechanik zugrunde liegt wie den drei Kriegen zwischen 1870 und 1945.
Während Adolf Stoecker in Berlin seine Reden hielt, reiste Treitschke in Italien und schrieb seinem »liebsten Weib«, was er erlebte. Die »tiefe Nothwendigkeit des Christenthums« wurde ihm dort vor Au-

gen geführt, und in Rom, »unter dem echten Lateinerblute« wurde er, zu seiner Beruhigung offensichtlich, stets für einen Deutschen gehalten und nicht länger für einen Italiener: »Der entscheidende Unterschied liegt in den Augen … und in den Hüften; die bleiben das Vorrecht der germanischen Völker, Slaven und Romanen haben keine.« Am 27. Oktober trat er seine Rückreise an und begann pünktlich am 30. Oktober seine Kollegs. Gleichzeitig schrieb er für die *Preußischen Jahrbücher* einen außenpolitischen Artikel, »Unsere Aussichten«, über den er seinem Verleger andeutete: »Einige Aenderungen werden wohl nötig werden, denn in dieser heillosen Judensache muß man jedes Wort wägen. Ich will nicht reizen, sondern versöhnen … Und doch muß man den Kerlen auch sagen, daß nicht wir, sondern sie selber an der jetzt losbrechenden furia tedesca schuld sind.«

Der Artikel erschien im Novemberheft und hatte Folgen, die Treitschke aufs äußerste überraschten. Er mag gedacht haben, daß man ihn hinnehmen würde, und er muß geglaubt haben, daß Recht und Wahrheit auf seiner Seite seien. Alle seine subjektiven Äußerungen in dem nun beginnenden Streite beweisen das. Für einen Antisemiten hat er selbst sich keinesfalls gehalten, aber seine Gegner hielten ihn ebenso dafür wie seine Verteidiger. Er war ja doch nur seiner Überzeugung gefolgt, auf deren leitmotivischen Charakter im gesamten Schaffen Treitschkes Walter Bußmann aufmerksam gemacht hat.* Aber gerade »Überzeugung« mußte ihn, wo Analyse vonnöten gewesen wäre, notwendig dem Vorurteil verfallen lassen.

Von Außenpolitik ist in dem Artikel viele Seiten lang die Rede. Die Aussichten schienen Treitschke, der nach 1871 immer wieder mit einem neuen Kriege rechnete, ziemlich düster. Seine Prognose brachte ihn auf seine Lieblingsidee, daß Deutschland in solcher Lage vor allem eine starke Regierung und »treue Eintracht zwischen der Krone und dem Volke« brauche. Die Nation habe das

* Walter Bußmann, *Treitschke. Sein Welt- und Geschichtsbild*, Göttingen 1952.

erkannt und in den letzten Wahlen bewiesen. Sie sei des Gezänks im Parlament überdrüssig, Fortschrittspartei und Nationalliberale hätten das spüren müssen. Damit ist die Brücke von der Gefahr von außen zu der Gefahr von innen gebaut. Die Deutschen sind dabei, sich auf sich selbst zu besinnen, die Reichsgewalt zu stärken, Bismarck also zu folgen, den Freihändlern und Befürwortern des Parlamentarismus abzusagen und auch endlich den inneren Feind zu bekämpfen, der all das nicht will, was das Volk will: den inneren Feind, das heißt Sozialisten und Juden.

Wir begegnen Stoeckers Gespenstern wieder. Die Presse, sagt Treitschke, sei selten so wenig ein treues Spiegelbild der öffentlichen Meinung gewesen, sie nehme keine Notiz von dem Erwachen des Volksgewissens. Ein gefährlicher Geist der Überhebung sei in jüdischen Kreisen erwacht, die Einwirkung des Judentums auf das nationale Leben sei schädlich, das Übergewicht des Judentums in der Tagespresse unbillig, die Juden sollten tolerant werden und die Deutschen seien ein christliches Volk, aber jüdische Journalisten schmähten und lästerten das Christentum. Eigenes kommt hinzu, so vor allem die Aufforderung, die jüdischen Mitbürger müßten sich rückhaltlos entschließen, Deutsche zu werden, und der berüchtigte Satz »Die Juden sind unser Unglück«. Daß daneben noch die Rede war von der Schar strebsamer hosenverkaufender Jünglinge aus der unerschöpflichen polnischen Wiege und von Juden, die nichts seien als deutsch redende Orientalen, konnte Treitschke weder als Vermittler noch als Versöhner empfehlen. Mochte er sich auch deutlich oder undeutlich von den Weisheitssprüchen christlich-sozialer Stumpredner distanzieren, seine Sprache und sein Denken distanzierten ihn nicht. Treitschke beschränkte sich auf Behauptungen, für die er keinen einzigen Beweis erbrachte, er ließ das Gefühl sprechen und zog sich auf völkische Phrasen zurück. Wie ernst wollte ein Historiker und Politiker genommen werden, der von der »stürmischen deutschen Welt« sprach, vom »Erwachen des Volksgewissens«, von den »Jahrtausenden germanischer Gesittung«, auf die kein »Zeitalter deutschjüdischer Mischcultur« folgen dürfe, vom »germanischen Wesen« und der »alten gemüthlichen Arbeitsfreudigkeit« seines Volkes, von der »natürlichen Reaction des germanischen Volksgefühls«, der schlicht postulierte »wir sind nun einmal das leidenschaftlichste aller Völker«?

Treitschke war nicht als Außenseiter in diese Diskussion hineingeschlittert, die nationale Ideologie, die sich nach der Reichsgründung entwickelte, war ganz und gar die seine, er hatte sie vorgeformt und hat sie weiterentwickelt, er hatte den Einheitsstaat gewollt, die preußische Hegemonie gefordert und ist unter den ersten gewesen, die den unitarischen Liberalismus, der dieses Deutsche Reich ermöglicht hat, es aber parlamentarisch gebändigt sehen wollte, verrieten, um sich dem antiparlamentarischen Konservatismus in die Arme zu werfen und Schritt für Schritt nur noch zu wollen, was der Zerstörer des Liberalismus und Parlamentarismus, was Bismarck wollte. Es hatte eine Zeit gegeben, da er dem Volke mehr vertraute als der Krone, aber 1866 wird seine Wendung zum Konservatismus deutlich. Damals beschloß er eine Schrift über den Liberalismus zu veröffentlichen, die später unter dem Titel *Das constitutionelle Königthum in Deutschland* erschienen ist. In ihr finden wir seine ersten wirklich dezidiert antisemitischen Äußerungen, über den »tiefen Gegensatz zwischen dem schwerfälligen und doch so wunderbar tiefen und schöpferischen germanischen Wesen und diesem beweglichen und doch so unfruchtbaren Semitentum, das die Dummheit unter sich gar nicht aufkommen läßt«, verbunden mit antikapitalistischen und antisozialistischen Gedanken. Nur waren damals, gleich nach der Reichsgründung, die Gewichte noch ein wenig gerechter verteilt.

Es ist unschwer zu erkennen, daß in dieser »verspäteten Nation« die Tendenz immer stärker werden konnte, dem gerade erst entstandenen Einheitsstaate eine jahrtausendealte Tradition einzureden, die dann natürlich germanisch orientiert war und den Deutschen die Möglichkeit gab, sich als Germanen nicht nur zu fühlen, wozu sie wenig Grund hatten, sondern auch als Germanen sich von anderen abzugrenzen und sich ihnen überlegen zu fühlen: Romanen, Slawen, Juden etwa. Die Einheit, diese höchst prekäre, höchst labile Einheit wurde künstlich stabilisiert durch Völkerhaß und Rassenhaß. Es kam ein zweites hinzu. Der Nationalstaat der Gebildeten, der Professoren, war 1848 gescheitert. Geschaffen hat ihn dann Bismarck als einen Obrigkeitsstaat gegen den Liberalismus. Die Gebildeten waren da schon deklassiert durch die neue kapitalistische und industrielle Schicht, aber sie konnten diesen Tatbestand verdrängen, wenn sie den Obrigkeitsstaat als den ihren akzeptierten und durch kollektiven Nationalstolz kompensierten. Genau das scheint für Treitschke zuzutreffen, in dem präzisen Sinne, in dem Hans Paul Bahrdt ideologischen Antisemitismus eine Spielart des spekulativen Nationalismus nennt.*

Treitschkes Antisemitismus ist nicht ein isoliertes, erschreckendes Phänomen innerhalb einer sonst gesunden Gedankenwelt. Er ist eng verschwistert mit einer ganzen Fülle anderer Anti-Gefühle, von denen viele, allzu viele, auf den wenigen Seiten seines ersten Pamphlets zum Vorschein kommen. Es geht dort ja nicht nur gegen die Juden, sondern deutlich auch gegen den Liberalismus, gegen die Bildung, gegen den Sozialismus, gegen die Aufklärung, gegen den Unglauben, gegen die Strafrechtsreform, gegen den Materialismus, gegen die Emanzipation.

Das Erschrecken der Öffentlichkeit war groß, ein Tabu schien verletzt, oder, mit Mommsen, »der Kappzaum der Scham war dieser ›tiefen und starken Bewegung‹ abgenommen«. Es ging nicht darum, daß auf einmal ein Antisemit mehr da war – das spielte damals schon kaum noch eine Rolle –, sondern darum, daß der Antisemitismus mit Treitschke die Berliner Universität erobert hatte, das »geistige Leibregiment des Hauses Hohenzollern, dem

* Hans Paul Bahrdt, Soziologische Reflexionen über die gesellschaftlichen Voraussetzungen des Antisemitismus in Deutschland, in: Mosse (Hg.), *Entscheidungsjahr 1932* (1965), 135-155.

Palais des Königs gegenüber einquartiert«, wie Dubois-Reymond einmal in seiner chauvinistischen Festrede vom 3. August 1870 gesagt hat. Keine andere antisemitische Schrift hat darum solche publizistischen Folgen gehabt, keine andere vergleichbare zu so vielen aufgekündigten Freundschaften geführt, keine andere so viele Träger bedeutender und berühmter Namen zur Stellungnahme herausgefordert. Eines dabei ist freilich auffällig: Die Auseinandersetzung hat sich fast ausschließlich zwischen Treitschke und Juden, getauften und ungetauften, abgespielt. Für die Beschimpften ist kein Christ außer Theodor Mommsen und dem wackeren Frankfurter Gymnasialprofessor Karl Fischer (geb. 1840) eingetreten, wenn man von nahezu gleichgültigen Beiträgen im *Merkur* und den Königsberger *Reformblättern* absehen will. Dagegen waren sechs der Beteiligten Rabbiner: Caro (1844-1915) aus Erfurt, Freund aus Görlitz, Glück aus Oldenburg, Joël aus Breslau, Meyer (1853-1925) aus Berlin, Radin (1848-1909) aus Löbau, zwei waren Politiker, beide nationalliberale Abgeordnete – wie Treitschke –: Ludwig Bamberger und Heinrich Bernhard Oppenheim, einer war protestantischer Pfarrer und als getaufter Jude in der Judenmission tätig: Paulus Cassel (1821-1892), alle anderen waren Professoren: Heinrich Graetz in Breslau, Hermann Cohen in Marburg, Harry Bresslau und Moritz Lazarus in Berlin. Von den beiden Verteidigern Treitschkes ist der eine unbekannt: Wilhelm Endner, während der andere sich auch sonst einen Namen als Antisemit gemacht hat: H. Naudh.

Von der Heftigkeit der Diskussion kann man sich einen Eindruck machen, wenn man Zeitungen und Zeitschriften des Jahres 1880 durchblättert. Die Extreme sind angedeutet durch die *Grenzboten* und *Im neuen Reich* einerseits, die *Israelitische Wochenschrift* und Ludwig Philippsons (1811-1889) *Allgemeine Zeitung des Judenthums* anderseits. Die Erregung setzte sich bis in Privatkorrespondenzen fort. Berthold Auerbachs Briefe an Jakob Auerbach kennen vom November 1879 an fast nur noch ein Thema, Treitschkes »infame Judenhetze« und was auf sie folgte. Ein später Nachklang ist Ignaz Döllingers Münchener Akademierede *Die Juden in Europa*.

Was geschah aber in Berlin selbst, an der Universität, zu deren berühmtesten Lehrern Treitschke zählte? Wie hat diese Körperschaft sich verhalten? Besser und entschlossener als je wieder eine deutsche Universität, wenn es um die Abwehr des Antisemitismus ging. Sie hat Treitschke moralisch isoliert. Ganze drei Professoren standen vorbehaltlos auf seiner Seite: der Jurist Heinrich Brunner, der Historiker Karl Wilhelm Nitzsch und, dreifach beschämend, Herman Grimm. Wir besitzen einen Brief von Nitzsch an Maurenbrecher (vom 19. Dez. 1879)*, in dem es heißt, Treitschkes »Erklärungen über die Juden haben hier, wie Sie wissen, unendlichen Lärm erregt … Unsere jüdischen Kollegen … fühlen sich, meiner Ansicht nach ohne jeden Grund, tief verletzt, Mommsen erklärt die Artikel für das ›Entsetzlichste‹ oder ›Scheußlichste‹ (ich weiß nicht genau), ›was je geschrieben ward‹, und der gute Droysen findet ihn, in sittlicher Entrüstung, ›höchst unpassend‹ … Ich denke, dieser Sturm von Indignation zeigt bis zur Evidenz, wie sehr der Aufsatz ins Schwarze getroffen und wie zeitgemäß er war.« Nitzsch bereitete eine Schrift zur Verteidigung Treitschkes vor, starb aber über ihrer Abfassung. Als im November 1880, im Zusammenhange mit der Zöllnerschen Antisemitenpetition, die Erklärung der 75 veröffentlicht wurde, gehörten außer dem Rektor der Universität Virchow und Gneist, aber auch Treitschkes engere Kollegen Scherer, Droysen, Wattenbach und Mommsen zu ihren Unterzeichnern. Mommsen bestätigte ausdrücklich, daß diese Erklärung sich gegen Treitschke richtete. Er hat auch sonst nicht gezögert, seine Meinung zu sagen. Das merkwürdigste Beispiel ist

* Abgedruckt in: *Archiv für Kulturgeschichte* 8 (1910), 460f. Ein weiterer Brief, an W. Schrader, wo von 12 Mitgliedern der Universität, die zu Treitschke hielten, die Rede ist (ebd. 10 (1912), 106). Nitzsch wäre der ›junge‹ Dilthey zuzugesellen, der am 13. Januar 1881 an Treitschke schrieb: ›Mommsen's Broschüre hat mich tief geschmerzt.‹ Vgl. *Der junge Dilthey. Ein Lebensbild in Briefen und Tagebüchern* (1960), 316f.

seine Festrede in der Akademie zur Vorfeier des Geburtstages des Kaisers vom 18. März 1880 (Mommsen 1905, 89-91): »Ist das Reich Kaiser Wilhelms wirklich noch das Land Friedrichs des Großen, das Land der Aufklärung und der Toleranz, das Land, in dem nach Charakter und Geist, und nicht nach Konfession und Nationalität gefragt wird? ... Der Kampf des Neides und der Mißgunst ist nach allen Seiten hin entbrannt. Wirft man uns doch die Fackel in unsere eigenen Kreise, und der Spalt klafft bereits in dem wissenschaftlichen Adel der Nation.« Das dürften ungewöhnliche Worte bei ungewöhnlicher Gelegenheit an ungewöhnlichem Ort gewesen sein.

Wir wissen mehr, wir kennen Levin Goldschmidts Brief vom 4. Mai 1881 an Treitschke (Goldschmidt 1898, 432-434), in dem er die Gründe seines Bruchs mit dem Freund aus Heidelberger Zeiten darlegt. Wir kennen Franz Overbecks Brief an den Freund aus Leipziger Zeiten (vom 19. Dez. 1880), der ein unverstelltes, wenn auch »herzliches *dissentio*« als Antwort auf die Zusendung von Treitschkes antisemitischen Schriften erteilt (Bernoulli 1908, Bd. 1, 364-366). Aber was dachten die anderen? Es ist ein Tagebuchdiktat Rankes erhalten (vom 1. Jan. 1881), der zwar in dem »Zwist« lediglich eine legislative, durch das Emanzipationsgesetz von 1869 bedingte Frage sah, ihn aber ebenso wie den »offenen Gladiatorenkampf« »zwei der bedeutendsten Talente der Universität« bedauerte (HZ 151 (1935), 332-334). Doch nur einer von den Berühmten scheint noch direkt in den Streit eingegriffen zu haben, wenn auch auf seine Weise: Wilhelm Scherer. Er veröffentlichte ein Feuilleton über »Kreuzzüge und Toleranz«*, in dessen letztem

* Neue Freie Presse, Wien, 20. Januar 1880. Es handelt sich dabei um einen Vorabdruck aus der Literaturgeschichte, dem eigens die auf die Gegenwart zielenden Passagen angehängt sind. Vgl. *Geschichte der deutschen Litteratur*, Berlin 1883, 87-99. Ein zweites Mal nahm Scherer gegen Treitschkes Antisemitismus Stellung, als er die zweite Auflage von dessen *Zehn Jahre deutscher Kämpfe* besprach, vgl. Scherer, *Kleine Schriften*, Bd. 2, Berlin 1893, 287.

Absatz er, ohne einen Namen zu nennen, das Mittelalter verläßt und auf Treitschke zu sprechen kommt: »In diesem ekelhaften Judenstreite, der in Deutschland Dimensionen angenommen hat, von denen man in Oesterreich vielleicht nichts ahnt, werden nicht nur muthwillig neue Standes- und Classenkämpfe geschürt, als ob wir an dem Jammer der Social-Demokratie nicht genug hätten; es wird von treuen patriotischen Männern im besten Glauben eine unreine Sache verfochten, welche ursprünglich von der reichsfeindlichen Presse, von Ultramontanen, Reactionären und Particularisten zur Verdächtigung der maßgeblichen Reichspolitik in Bewegung gesetzt war; es wird den schlechten Instincten der Masse geschmeichelt ...«

Treitschke hat all diese Reaktionen nicht verstanden. Es ging ihm wie schon einmal zuvor, als er sich in einem Aufsatz über den »Socialismus und seine Gönner«, einer Fundgrube reaktionären Denkens, mit den Kathedersozialisten angelegt hatte. »Daß Sie sich durch meinen Ton verletzt fühlen, schrieb er an Gustav Schmoller (7. August 1874), hat mich aufrichtig verwundert ... Was mich leitete, war die Sorge um die idealen Güter unserer Cultur, welche heut von einer bestialischen Pöbelbewegung bedroht werden; und diese Sorge wird nahezu von der gesammten geistigen Aristokratie Deutschlands getheilt ...«

Auch damals hat Treitschke sich in der Öffentlichkeit unschuldiger gegeben, als er war. Während er in einem Briefe an seinen Mitredakteur Wehrenpfennig, dessen Antisemitismus aktenkundig ist, zugab, daß er im zweiten Teil seiner Abhandlung sanfter werden wolle, heißt es dreiviertel Jahr später im »Offenen Brief an Gustav Schmoller«: »Wenn Sie in dem zweiten Aufsatze eine veränderte Stimmung oder gar einen versteckten Rückzug wahrnehmen wollen, so erwidere ich einfach: nicht meine Stimmung beim Schreiben, sondern Ihre Stimmung beim Lesen der beiden Aufsätze hatte sich verändert.« Treitschke gehört zu den Überzeugungstätern, die um jeden Preis Recht behalten wollen und um keinen Preis etwas zurücknehmen mögen, so sehr die Zeugnisse auch gegen sie sprechen. Über den noblen Mommsen hat er später in gekränkter Unschuld geklagt »Warum muß er sich ohne jeden Grund vordrängen, warum mich öffentlich wie einen Schulbuben mit Verweisen überhäufen? Ich mußte mich doch meiner Haut wehren« (24. November 1880, an Hirzel).

Daß Heinrich von Treitschkes judenfeindliche Schriften in den Zusammenhang des Universitäts-Antisemitismus gehören*, ist unleugbar, aber man darf dabei nicht übersehen, daß sie nicht rassisch, sondern national determiniert waren. Es lag nicht in seiner Absicht, den akademischen Frieden zu stören oder gar Stimmung gegen seine jüdischen Kollegen zu machen. In ihnen sah er tüchtige Gelehrte, die teilnahmen an einer gemeinsamen, deutschen Aufgabe; er verkehrte mit ihnen genauso unbefangen wie mit allen anderen. Von dem, was er schrieb, war nichts direkt gegen sie gewandt. In keinem Falle wollte er Männer wie Moritz Lazarus, Harry Bresslau oder Levin Goldschmidt treffen. Vielmehr meinte er, gerade diese müßten auf seiner Seite stehen, ihm Recht geben. Darin täuschte er sich. Sie setzten sich zur Wehr, nicht für sich, sondern für die deutschen Juden überhaupt, denn nicht sie waren persönlich angegriffen, sondern diese pauschal. Treitschke begriff das nicht und sah in den Zurückweisungen nur wieder einen Beweis dafür, daß die Judenfrage in der Tat vorhanden sei, einen Beweis für die übertriebene Empfindlichkeit der deutschen Juden. Da er ausdrücklich betont hatte, daß die Emanzipation nicht rückgängig gemacht und die verfassungsmäßigen Rechte der Juden nicht wieder eingeschränkt werden könnten, glaubte er sich auf dem Boden des Rechtes und der Verfassung. Offensichtlich war er nicht in der Lage zu beurteilen, worin sich zehn Jahre nach Verkündung des Emanzipationsgesetzes die formulierte Verfassung und die Verfassungswirklichkeit unterschieden und daß das Papier Papier zu bleiben drohte. Es ist dabei kennzeichnend, daß die den

* Vgl. Arthur Rosenberg, Treitschke und die Juden. Zur Soziologie der deutschen akademischen Reaktion, in: *Die Gesellschaft* 7 (1930), H. 2, 78-83.

Juden gewährte vollkommene Parität in seinen Augen kein einklagbarer Rechtstitel war; es erregte ihn, daß die Juden auf ihrem »Schein« bestanden, ohne ihn sich verdienen zu wollen. Verdienen konnten sie sich ihn seiner Meinung nach durch Teilnahme am nationalen Leben und durch nationale Gesinnung, durch Reichstreue, durch Konservatismus, Eigenschaften, die ein großer Teil der deutschen Juden allerdings in der Folgezeit erwarb. Es ging ihm nicht anders als Bismarck, der in der Kabinettssitzung vom 14. November 1881 erklärte, er sei »nur gegen die fortschrittlichen, nicht gegen die konservativen Juden«. Seine Kollegen nahmen, sofern sie sich ihrer wissenschaftlichen Arbeit widmeten, an dem teil, was er als nationales Leben verstand, aber sie alle mußten sich der Diskriminierungen erinnern, denen sie selbst an einer Institution, in deren Absicht angeblich nur die freie Entfaltung von Wissenschaft und Forschung lag, ausgesetzt waren. Levin Goldschmidt hat einmal bei späterer Gelegenheit davon erzählt*, und aus dem engeren Fache Treitschkes sind die Fälle von Philipp Jaffé** und Jacob Caro*** nur zu bekannt. Es gab 1879 noch viele Bereiche des öffentlichen Lebens, die den Juden verschlossen waren. Sie mußten fürchten, daß auch die Universitäten sich ihnen wieder verschließen würden, wenn selbst Treitschke Forderungen an sie stellte, die sich lediglich an sie, und an sie als Juden, richteten. Sie wünschten, in einem Staat zu leben, der in den Fragen der Religion, der Abstammung und der Herkunft sich neutral verhielt. Nur in einem solchen Staat hätten sie als gleichberechtigte Bürger überhaupt ungestört leben können. Daher polemisierten sie so heftig gegen Treitschkes germanischen und christlichen Staat, in dem sie Fremdlinge bleiben mußten.

* Levin Goldschmidt, *Zur Reichstagswahl vom 21. Februar und 2. März 1887*, Berlin 1887, 53ff.

** Alfred Dove, *Ausgewählte Schriftchen vornehmlich historischen Inhalts*, Leipzig 1898, 353ff.

*** Jacob Caro, *Vorträge und Essays*, Gotha 1906, 6ff.

Sie sahen zwischen Stoecker und Marr einerseits und Treitschke anderseits keinen Unterschied, es war mit Manuel Joëls Worten für sie einerlei, ob sie »statt im Rothwälsch der Pöbelsprache, in elegantem Professorendeutsch abgethan« wurden. Seligmann Meyer, der Redakteur der »Jüdischen Presse« ereiferte sich: »Haß gegen Juden und Judenthum, Befangensein in Vorurtheilen bleibt daher als einziges Motiv Ihres Vorgehens übrig. Und so haben Sie es denn erreicht, daß in der Aera der Judenhetze des Jahres 1879 neben dem Namen eines Exjournalisten und ehemaligen Sclavenhandels-Verfechters, eines Hetzcaplans und Schneidergesellen auch der Name Heinrich von Treitschke für alle Zeiten genannt wird.«
Nicht anders äußerte sich Harry Bresslau, und bei Mommsen heißt es: »Was er sagte, war damit anständig gemacht. Daher die Bombenwirkung jener Artikel, die wir alle mit Augen gesehen haben.« Treitschke hatte den Ton angegeben. Viele seiner Gegner stimmten sich auf ihn ein. Er hatte den Juden vorgeworfen, keine Deutschen zu sein, und nun warfen sie ihm vor, daß es mit seinem Deutschtum und seiner Gesinnung für den Staat, in dem er geboren sei, Sachsen nämlich, auch nicht weit her sein könne. Sie lebten seit 2000 Jahren in Deutschland, aber wie sei das mit Treitschkes Vorfahren? »Auf deutscher Erde, schreibt der Rabbiner Glück, stand unsere und unserer Väter Wiege, deutsch ist unsere Sprache, deutsch sind unsere Sitten, dem deutschen Vaterlande weihen wir unser Herzblut«, und Hermann Cohen, in dessen Broschüre alle rechtlichen, sozialen und politischen Probleme im abstrakten Ideenhimmel des Neukantianismus aufgelöst werden: »Wir lieben alle unser Vaterland, weil es unser Mutterboden ist, weil wir unsre Heimath lieben, ... weil im Vaterland unsre Muttersprache, die deutsche Zunge klingt: erster Laut, den ich gelallet, süßes, erstes Mutterwort!« Und nun wieder Glück: »Wie wollen Sie mit Sicherheit darthun, daß Ihre Urahnen von wirklich germanischem Geblüt ... seien«, oder heftiger Manuel Joël: »Kann denn Herr von Treitschke angeben, wo seine Väter vor 1800 Jahren waren? Wollen Sie, Herr Professor, einen körperlichen Eid leisten, daß Sie

ein wirklicher Nachkomme der Germanen sind, die einst in den deutschen Eichenwäldern gelebt?«*

Die Ereignisse von 1870/71 waren auch an den deutschen Juden nicht spurlos vorübergegangen. Sie reagierten darauf in ihrer Mehrheit nicht anders als die Mehrheit der deutschen Christen; darin mindestens waren sie tatsächlich assimiliert. Wenn Heinrich Graetz vom »Heldenvolk«, seinen »Heroen« und seinen »glorreichen Siegen« spricht, dann klingt das wie ein Zitat aus Heinrich von Treitschke, und Hermann Cohen geht in der Staatsvergottung eher noch weiter als dieser, wenn er sagt »seinem Staate dienen zu können, muß als heilig gelten, wie Gottesdienst«.

Daß der aufflackernde Antisemitismus der siebziger Jahre eine Frucht mißgeleiteten Nationalgefühls war und in unmittelbarem Zusammenhang mit der Reichsgründung stand, ist schon damals deutlich erkannt worden, und zwar von vielen Seiten. Paulus Cassel, der sah, daß die Freiheit in Deutschland jedem immer nur passe, solange sie ihm selber passe, sprach von einem Überschwang nationaler Reizung, Mommsen von dem selbstmörderischen Treiben des Nationalgefühls und wandte sich dagegen, daß die germanische Ahnenprobe den Deutschen machen solle; wie er fragte, ob denn die Tugenden den Deutschen machten, so stellte Ludwig Bamberger die Formel auf »Je mehr Haß, desto mehr Tugend«. »Gerade der Cultus der Nationalität trägt diese Versuchung mehr als jeder andere in sich und artet leicht dahin aus, den Haß gegen andere Nationen zum Kennzeichen echter Gesinnung zu machen« heißt es bei ihm. Dieser Kult germanischer Tugendhaftigkeit geht

* Noch einen, törichten, Schritt weiter ging Isidor Singer, der in einer wirren Broschüre die Vermutung äußerte, daß auch Treitschke in Wahrheit jüdischer Abstammung sei (*Sollen die Juden Christen werden?*, 2. Aufl., Wien 1884, 87). Singer hat dem politischen Antisemitismus wiederholt seine publizistische Aufmerksamkeit geschenkt und dabei Bismarck so wenig geschont wie Treitschke, den er bald den ›geistigen Vater des deutschen Antisemitismus‹ nennt (ebd., 66), bald den ›antisemitischen Papst‹ (*Berlin, Wien und der Antisemitismus*, Wien 1882, 16).

bis in die Zeit der Romantik und Vorromantik zurück und wurde nach 1870/71 aus tiefenpsychologisch einsichtigen Motiven ungemessen wiederbelebt. Den Juden fiel dabei die Rolle des »Gegenbildes«* zu. »Wozu, sagte schon Joël, ist denn das Judenthum da, wenn nicht, um als Folie zu dienen?« Es wäre allerdings falsch, anzunehmen, daß die Fronten in dieser Frage sich klar geschieden hätten. Auch unter den Gegnern des Antisemitismus waren viele, die die These vom germanischen Deutschen teilweise akzeptierten. Sie waren, wie nur natürlich ist, auch untereinander nicht einig. Abgesehen davon, daß sie fast alle einige von Treitschkes Anti-Gefühlen teilten und das Neuheidentum oder den Materialismus, den Sozialismus oder das Reformjudentum verurteilten, neigten sie dazu, sich von Heinrich Graetz zu distanzieren. Kaum ist Graetzens wissenschaftliche Leistung die Ursache davon gewesen, eher seine Kritik an deutschen Zuständen, die nicht nur von Treitschke als Kritik am deutschen Geiste mißverstanden wurde, mit dem sich zu identifizieren er und die deutschen Juden gleichermaßen bereit waren. Ob allerdings Ludwig Bamberger einen Grund hatte, von Stellen zu sprechen, »als hätte sie ein Stöcker der Synagoge geschrieben«, mag fraglich bleiben, so unduldsam Graetz auch scheinen mochte. Graetz war der einzige, den Treitschke namentlich angegriffen hatte. Seiner *Geschichte der Juden* warf er fanatische Wut gegen das Christentum und »Todhaß grade wider die reinsten und mächtigsten Vertreter germanischen Wesens« vor. Das war sachlich unberechtigt, aber wie kam Treitschke gerade auf Graetz? Er hatte in den Sommerferien 1879, mit den Vorarbeiten zum zweiten Bande seiner *Deutschen Geschichte* beschäftigt, Graetzens elften Band gelesen und »kaum Worte gefunden, um seinen Ekel auszusprechen«. Allzu befangen in den eigenen Plänen hatte er nicht

* Iring Fetscher, Zur Entstehung des politischen Antisemitismus in Deutschland, in: Hermann Huss, Andreas Schröder (Hgg.), *Antisemitismus. Zur Pathologie der bürgerlichen Gesellschaft*, Frankfurt a. M. 1965, 9-33. – Zum Begriff des »Gegenbildes« vgl.: Eric Voegelin, *Rasse und Staat*, Tübingen 1933.

sehen können, daß Graetz im Gegensatz zu ihm keine Deutsche Geschichte, sondern eine Geschichte der Juden geschrieben hatte und daß alles, was er sagte, die Stellung der Juden in Deutschland und das Verhältnis der Deutschen zu ihnen illustrieren sollte. Da freilich mußte Graetz nur allzu oft zum Ankläger werden, und es ließ sich nicht vermeiden, daß er auch Klage gegen Luther oder Goethe oder Fichte führte. Ihn interessierte weniger Luthers oder Goethes oder Fichtes »Größe« als vielmehr, was sie über die Juden geschrieben hatten. Daran übte er Kritik. Er hatte etwas zu verteidigen, was angegriffen war. Das tat er eifervoll, nicht anders als Treitschke auch und gar nicht so verschieden von ihm. Wer die zahllosen Passagen in Treitschkes *Deutscher Geschichte* über die Juden mit Passagen aus Graetzens *Geschichte der Juden* über Deutsche vergleicht, wird manche Übereinstimmung im Tone finden, wenngleich Treitschke zu noch gröberen Verzerrungen neigt. Er tat Graetz Unrecht, hat ihm im Verlaufe des Streites ununterbrochen Unrecht getan. Ein paar Seiten aus dem elften Band waren keine rechte Grundlage, Graetz zu beurteilen. Sieht man sich die Zitate, die Treitschke in seinem zweiten Artikel bemängelt, genauer an, so erkennt man fast allemal, daß Treitschke offensichtlich etwas hat mißverstehen wollen, so wie er auch absichtsvoll die bekannten Schlußsätze des elften Bandes mißverstand. Er beraubte, was er zitierte, seines Zusammenhanges, so daß seine Leser nicht mehr sehen konnten, wogegen sich Graetzens Eifer in Wirklichkeit richtete. Er empört sich, daß Graetz von getauften Juden sagte: »sie verlassen die Quelle lebendigen Wassers, um sich Labung aus übertünchten Gruben zu holen« und hält das für eine Schmährede. Kannte er die Bibel, aus der Graetz zitierte, so schlecht? Hatte ihm Graetz nicht mit seinem Zusatz »wie in der alten biblischen Zeit« einen Hinweis auf das Gemeinte gegeben? Er war verblendet und machte Graetz zu seinem Prügelknaben, zum Beispiel eines Juden, der für keinen Deutschen gelten könne, eines Orientalen, »der unser Volk weder versteht noch verstehen will«. Kein bedeutender Mann ist Graetz zu Hilfe gekommen; sein eigener Schüler

Hermann Cohen distanzierte sich von ihm, Ludwig Philippson verglich ihn als »Parteigänger und Romantiker« mit Treitschke selbst*, und Mommsen sprach von seiner »talmudistischen Geschichtschreiberei«. Graetz suchte Jacob Bernays dafür zu gewinnen, Mommsen zu antworten, aber dazu kam es nicht**.

Wie berechtigt die Proteste gegen Treitschkes gemäßigt klingende antisemitische Parolen waren, zeigte sich, als es nicht mehr darum ging, mit Treitschke darüber zu handeln, was den Deutschen ausmache und was nicht, welchen Wert man Rasse, Staat oder Nation geben wollte, ob Presse und Börse verjudet seien oder nicht, ob den Juden die Bürgerrechte geschenkt seien und sie sie sich verdienen müßten oder nicht, ob es eine deutsche Religion gebe oder das Judentum genauso deutsch sei wie das Christentum oder nicht, ob eine Mischkultur segensreich sei oder nicht, das zeigte sich, als professionelle Antisemiten Treitschkes Partei ergriffen. Was vorauszusehen war, geschah: sie beriefen sich auf Treitschke, sie forderten, auf ihn, Stoecker, Glagau und Marr sich gründend, was er zu fordern abgelehnt hatte.

Treitschke hatte bei den Juden nur Talente dritten Ranges gefunden, aber er tadelte ihr Drängen nach Bildung und fürchtete für die gutmütigen Deutschen ihrer Sorglosigkeit und Schwerfälligkeit wegen. Was ihm Gefährdung scheint, wird bei Endner zu Gefahr. Darin folgte er Marr. Treitschke glaubte an die Assimilierbarkeit der Juden, obwohl er sie einschränkte, Endner hielt sie alle für unassimilierbar. Er verlangte wie Stoecker, sie sollten endlich körperlich arbeiten, und wie dieser forderte er, sie sollten ihre Feiertage und ihre Speiseregeln aufgeben und von der Beschneidung lassen. Verständigung war da nicht mehr möglich.

Auch bei Naudh nicht. Der sah im Judentum die Religion des Manchestertums, der Christus den transzendentalen Kommunis-

* *Allgemeine Zeitung des Judenthums*, 1880, 21.

** Reuwen Michael, Graetz contra Treitschke, in: *Bulletin des Leo Baeck Instituts* 4 (1961), 301-322.

mus entgegengesetzt habe, sah im Christentum den Ausdruck arischen Gewissens und nannte die Juden »Parasiten«*. Sie seien den Deutschen allerdings ihrer Reinblütigkeit wegen unendlich überlegen. Diese Gedanken haben weitergewirkt; sie sind schon hier mit Sozial- und Sexualneid verknüpft und mit Antiliberalismus und einem fatalen Pseudo-Sozialismus verschwistert. Selbst die antikapitalistische Sehnsucht der Nationalsozialisten findet sich bei ihm. Mehr als das, er verlangt, daß den Juden das aktive und passive Wahlrecht entzogen würde, daß sie von Staats- und Kommunalämtern auszuschließen und gleichmäßig auf Deutschland zu verteilen seien – und zwar nicht nur sie, sondern auch ihre Mischlinge bis zur dritten Generation.

Treitschke hielt es für unter seiner Würde, darauf zu reagieren. Als wäre er ganz und gar unschuldig daran gewesen. Aber es kam schlimmer. In ganz Deutschland wurden Unterschriften für eine von dem Leipziger Professor Friedrich Zöllner und Nietzsches Schwager Bernhard Förster ausgehende Antisemiten-Petition gesammelt, in der gefordert wurde, was auch Stoecker und Naudh gefordert hatten: Einschränkung oder Verhinderung der jüdischen Einwanderung, Ausschließung der Juden von allen obrigkeitlichen Stellungen, und manches mehr. Mit dieser Petition wurde Treitschke bald in Verbindung gebracht, durch eigene und durch Schuld eines Leipziger Studenten.** Mommsen hat ihm die Erklärung, daß er sich damit nicht identifiziere, förmlich abringen müssen. Immerhin stellte sich bei dieser Gelegenheit heraus, daß Treitschke dem Studenten zwar nicht zugeraten, aber auch keineswegs abgeraten hatte. Kein Ruhmesblatt für ihn. Der Antisemitismus, dessen politische Implikationen noch zur Sprache kommen sollen, war damit vor das Forum der Politik selbst gebracht.

* Vgl. Alex Bein, »Der jüdische Parasit«. Bemerkungen zur Semantik der Judenfrage, in: *VfZG* 13 (1965), 121-149.

** Vgl. zur Rolle der Studentenschaft [Ludwig Quidde], *Die Antisemitenagitation und die deutsche Studentenschaft*, Göttingen 1881.

Die Fortschrittler brachten den Inhalt der Petition in einer Interpellation vor das Preußische Abgeordnetenhaus, in dem zwei Tage darüber gestritten wurde. Uns interessiert hier nur ein Satz, den der Abgeordnete Eugen Richter als Führer der Fortschrittspartei gegen den Abgeordneten Adolf Stoecker richtete und in dem er sagte: »das ist gerade das besonders Perfide an der ganzen Bewegung, daß während die Socialisten sich bloß kehren gegen die wirthschaftlich Besitzenden, hier der Racenhaß genährt wird, also etwas, was der einzelne nicht ändern kann und was nur damit beendigt werden kann, daß er entweder todtgeschlagen oder über die Grenze geschafft wird.*« Diese Konsequenzen hat man 1880 schon gekannt; was nach 1933 geschah, war nicht überraschend, nicht der plötzliche Ausbruch eines unerwartbaren Fiebers. Aber 1880 ist im Parlament und an den Universitäten dagegen gekämpft worden, konnte dagegen gekämpft werden, weil beide Institutionen noch intakt waren, weil sich weder Bismarck noch die Obrigkeitsideologie bis dahin völlig hatten durchsetzen können.

Im Preußischen Abgeordnetenhause kämpften die Abgeordneten der Fortschrittspartei fast allein gegen Zentrum und Konservative. Die Sozialisten hatte Bismarck sich schon vom Halse geschafft; auch gegen Treitschke haben sie ihre Stimme nicht erhoben. Sie sind stumm geblieben und haben den Linksliberalen das Feld überlassen, die die Sache der Juden zu der ihren gemacht hatten. Was sich da als Judenhetze gab, war in ihren Augen, auch bei Treitschke, Anti-Liberalismus. Die beiden Abgeordneten unter Treitschkes Gegnern stimmten darin vollkommen überein. Oppenheim sah in der Judenfrage nur ein Prätext, Bamberger verbarg nicht, daß der Aufsatz, an dessen Schluß die Judenfrage behandelt werde, seine Spitze gegen den Liberalismus richte und daß »der Angriff gegen die Juden nur eine Diversion im heutigen großen Feldzuge gegen den Liberalismus« sei. Mommsen ist auf diese Zusammenhänge

* *Die Judenfrage im preußischen Abgeordnetenhause*, Breslau 1880, 106.

nicht eingegangen, weil er als Professor sprechen wollte, nicht als Politiker. Seinen Liberalismus verraten hat er darum nicht.

Wie eng bei Treitschke Anti-Liberalismus und Antisemitismus zusammengehören, kann man seinem Werk und seinen Briefen ablesen. Obwohl er mit dem Kanzler einen infamen Haß auf den Abgeordneten Lasker, den Laskerleben zu nennen er sich nicht scheut, teilte, sind seine Absichten 1879 kaum unmittelbar politische gewesen, aber der Augenblick, den er für seine Artikel wählte, war ein politischer. Er verstrickte sich in diesem Falle vielleicht unwillentlich in die Innenpolitik und diente auch damit Bismarcks Zielen.

Treitschke hatte von »wenigen Monaten« gesprochen, seit denen das Volk sich auf sich selbst besönne und der Christenhetze der Juden Einhalt gebiete. Er konnte damit nur auf Stoecker anspielen, aber Bresslau wies ihn darauf hin, daß der Antisemitismus bereits seit 1875 in Blüte stand. Der Gründerkrach von 1873 hatte der krassesten Prosperität ein Ende bereitet, Tausende hatten ihr Geld verloren. Sie suchten nach Schuldigen und fanden sie schnell in den Juden. Otto Glagau machte in der *Gartenlaube* den Anfang. Für ihn war die soziale Frage die Gründerfrage und die Judenfrage, alles andere schien ihm Schwindel. Es folgte die agrarische *Deutsche Landeszeitung*, die *Kreuzzeitung* mit ihren »Ära-Artikeln«, die zwar Stimmung gegen die Juden machen, in Wirklichkeit aber Bismarck treffen wollte*. Seine Politik sei Judenpolitik, der »regierende Bankier« Bleichröder sei Jude, die Führer der Nationalliberalen Partei, auf die Bismarck sich stützte, Lasker und Bamberger, seien ebenfalls Juden. Die *Deutsche Eisenbahnzeitung* und die katholische *Germania* folgten ebenfalls. Zentrum und Konservative,

* Vgl. dazu Kurt Wawrzinek, *Die Entstehung der deutschen Antisemitenparteien (1873-1890)*, Berlin 1927; und Paul W. Massing, *Vorgeschichte des politischen Antisemitismus*, Frankfurt 1959. Auf die wirtschaftlichen Grundlagen des Antisemitismus in allen seinen Spielarten geht ein: Hans Rosenberg, *Große Depression und Bismarckzeit*, Berlin 1967, bes. 88ff.

Kleinbürger und Großagrarier waren einander näher gekommen; es war an Bismarck, sie sich nutzbar zu machen.
Zögernd geht er in ihr Lager über. Die Liberalen hatten sich seinen Zollreformplänen widersetzt und seine verfassungsfeindlichen Ausnahmegesetze gegen die Sozialisten verhindert. Der Streit um die Militärvorlage kam hinzu. Eine allgemeine Wirtschaftskrise legte Bismarck nahe, mit den Freihändlern zu brechen und durch Schutzzölle die einheimische Industrie und Landwirtschaft zu fördern. Dazu freilich mußte er sich der Liberalen entledigen, was ihm auf dem Wege über den Antisemitismus gelang. Es scheint, daß er einen Teil der in jenen Jahren aus dem Boden sprießenden antisemitischen Blätter aus dem Welfenfonds unterstützt hat. Er war weder pro- noch antisemitisch, sondern auch in dieser Frage nichts als amoralisch. Wenn die Fortschrittler als Judenpartei diffamiert werden konnten, warum sollte ihn das stören? Wenn den jüdischen Liberalen der Kulturkampf in die Schuhe geschoben werden konnte, als er nicht mehr zu gewinnen war, warum nicht? Sein »Preßlakai« Moritz Busch, ein notorischer Antisemit, besorgte ihm diese Arbeit, und als ihm schließlich noch das Nobilingsche Attentat zu Hilfe kam, war sein Spiel gewonnen.* Das Parlament wurde aufgelöst, die Liberalen unterlagen, die Sozialisten wurden ausgeschaltet, der Pakt zwischen Großgrundbesitz und Großindustrie kam zustande. Der Antisemitismus konnte blühen. Er blühte. Auch Treitschke machte ihn blühen, zum Entsetzen aller aufgeklärten und fortschrittlichen Deutschen.
Die Frage, ob Treitschke überhaupt ein Antisemit war, ist in der letzten Zeit wiederholt gestellt und unterschiedlich beantwortet worden. Sigurd Pfeil hat sie mit oberflächlichen Kenntnissen und mangelhafter Logik verneint,** aber auch Hans Liebeschütz

* Er erwähnt Bismarcks Freude über Treitschkes »geistreiche Judenartikel« in seinen *Tagebuchblättern*, Bd. 2 (1899), 579.

** Sigurd Pfeil, Heinrich von Treitschke und das Judentum, in: *Die Welt als Geschichte. Eine Zeitschrift für Universalgeschichte* 21 (1961), 49-61.

ist vor einer klaren Entscheidung zurückgeschreckt*. Wir haben gesehen, daß Treitschkes Schriften zur Judenfrage aus dem größeren Zusammenhange des deutschen Antisemitismus seit 1875 und der »Berliner Bewegung« nicht gelöst werden können und warum der Moment, den er für sie gewählt hat, für ihn und die betroffenen Juden so unglücklich war. Aber warum hat er gerade ihn und gerade er ihn gewählt? Seit den antisemitischen Äußerungen der Schrift über das konstitutionelle Königtum waren acht Jahre verstrichen, ohne daß Treitschke sich geregt hatte. Er hätte viele Gelegenheiten finden können, aber er nutzte keine. Stoecker allein hätte das nicht vermocht. Ist also 1879 irgend etwas geschehen, was den Impuls auslöste? Vielleicht. Wir müssen uns dazu

* Heinrich Liebeschütz, Treitschke and Mommsen on Jewry and Judaism, in: *LBIYB* 7 (1962), 153-182. Eine ausführliche Analyse von Treitschkes Antisemitismus enthält dagegen Hans Liebeschütz, *Das Judentum im deutschen Geschichtsbild von Hegel bis Max Weber*, Tübingen 1967, 157ff. – Was unter Hitler aus dem Antisemitismus geworden ist, scheint gerade in der Bundesrepublik forschenden Historikern den Blick dafür zu trüben, was Antisemitismus ohne seine letzte Konsequenz gewesen ist. Das Hangen an überlieferter Lehre und eine gewisse Scheu vor Ideologiekritik mögen dabei eine Rolle spielen. Andreas Dorpalen (*Heinrich von Treitschke*, New Haven/London 1957, 241ff.) läßt keinen Zweifel daran aufkommen, daß er Treitschke für einen militanten Antisemiten hält, aber Martin Broszat (*Die antisemitische Bewegung im wilhelminischen Deutschland*, Diss. Köln 1952, 42) findet bei ihm nur ein »Minimum an Antisemitismus«, und Walter Bußmann, der in seiner Treitschke-Monographie auf dieses Problem überhaupt nicht eingegangen war, sagt bei anderer Gelegenheit (*Die großen Deutschen*, Bd. 5, Berlin 1957, 377): »Das in der publizistischen Erregung gefallene Wort ›Die Juden sind unser Unglück‹ wirft einen dunklen Schatten auf sein Bild und läßt ihn einem Antisemitismus zugehörig erscheinen, mit dem er seinen Motiven nach nichts zu tun hat, aber mit dem er durch seine Schuld identifiziert werden konnte.« Ganz für den Antisemitismus hat Ernst Leipprand aus Sympathiegründen Treitschke ›gerettet‹. (*Heinrich von Treitschke im deutschen Geistesleben des 19. Jahrhunderts*, Stuttgart 1935, 178ff. – Eine extrem heftige Kritik an der westdeutschen Treitschke-Forschung findet man in einer äußerst kenntnisreichen, wenn auch oft dogmatischen Schrift von Hans Schleier, *Sybel und Treitschke*, Berlin 1965.

erinnern, daß die schärfsten Angriffe in Treitschkes erstem Artikel Graetz und der jüdischen Presse galten. Auf Graetz war er bei den Vorarbeiten zum zweiten Bande seiner *Deutschen Geschichte* gestoßen, auf die jüdische Presse beim Studium der Rezensionen des ersten Bandes, der Anfang 1879 erschienen war.

Auf keines seiner Werke ist er so stolz gewesen wie auf dieses, bei keinem anderen hat er so gereizt auf jede Kritik reagiert wie bei diesem. Mit ihm hatte er als Historiker Bismarcks Reichsgründung aus dem Reiche des Zufalls in das Reich der Notwendigkeit erhoben. Damit haben sich seine Kritiker nicht abgefunden. Der erste Band ist noch nicht lange erschienen, da mehren sich in seinen Briefen die Ausfälle gegen die »Judenpresse« und gegen »semitische Schamlosigkeit«. Nur in der Presse herrsche »orientalische Unzucht«, alle schöpferischen Köpfe seien auch heute noch Germanen. Auf viele Besprechungen reagierte er fast neurotisch, am härtesten traf ihn jedoch die Kritik in der *Neuen Freien Presse.* Er tat sie ab als die »Kothspritzerei des Wiener Juden Richter & Co«. Die Presse hatte ihn verkannt, die Presse war jüdisch. In den Semesterferien reiste er, wie gesagt, nach Italien. Gleich nach seiner Rückkehr schrieb er »Unsere Aussichten«.

Einen ersten bedeutungsvollen Hinweis auf Treitschkes Stellung zu den Juden finden wir in seiner Habilitationsschrift von 1858. Dort heißt es »auch die Juden … kann die Politik da nicht mit Stillschweigen übergehen, wo sie mächtig sind«. Das könnte ein Schlüsselwort sein. Alle seine späteren Äußerungen hängen an irgendeiner Stelle mit dem Problem jüdischer Macht zusammen, soweit sie nicht lediglich affektiver Natur sind. Er schreibt 1871 an seine Frau, mit Bezug auf die Schrift über das konstitutionelle Königtum: »Der Groll über die colossale Macht der Juden nimmt hier in allen Ständen so furchtbar zu, daß ich fast fürchte, es werde in 10, 20 Jahren einmal zu einem Rückschlage, einer Pöbelbewegung gegen die Juden kommen.« In dem Aufsatz gegen den Sozialismus und seine Gönner (1874) findet sich ein Passus über einen Teil der Presse, in dem »die feile Habgier dieser Kreise, der Shylockscharakter der schlechteren Elemente unseres Judenthums oft in häßlicher Gemeinheit« auftrete. Nach 1878 mehren sich die Klagen über die Judenpresse, die Juden im Parlament, den »Einbruch des Judenthums in das deutsche Leben«. Die *Deutsche Geschichte* enthält in jedem ihrer Bände Ausfälle von so schroffer Tonart und Unwahrhaftigkeit gegen die Juden, daß Alexander Bein mit Recht sagen konnte, sie habe mehr zur Verbreitung des Antisemitismus beigetragen als die radikal-antisemitische Literatur selbst.* Auch seine Vorlesungen über *Politik* sind nicht frei davon geblieben. Auf Mommsen, den er nicht verstehen wollte, anspielend, sagte er: »Immer waren die Juden ›ein Element der nationalen Dekomposition‹, auf ehrlich Deutsch: der nationalen Zersetzung.« Für ihren Kosmopolitismus sei kein Raum mehr, worüber man offen reden müsse, unbekümmert darum, daß die jüdische Presse beschmutze, was lautere historische Wahrheit sei. Auch dort blieb er formal auf dem Boden der Verfassung und erwähnte, was für edle Juden er selbst gekannt habe. Das schafft seine maßlosen Ausfälle nicht aus der Welt, so wenig wie ein freundlicher Satz über Heines »schlichtweg deutsch empfundene Gedichte«.

Theodor Mommsen hat das klar erkannt und Treitschke entgegengehalten, er predige den Bürgerkrieg einer Majorität gegen eine Minorität. Für ihn bestand kein Bruch zwischen beschworener Verfassung und Lebenswirklichkeit. Seine Gefühle den Juden gegenüber sind so neutral wie nur möglich, er behandelt sie nicht anders als jeden der deutschen Stämme, denen er sie in ihrer Bedeutung zuordnet. Er behandelt sie vor allem als Deutsche, so gut wie Treitschke und er einer seien. Nicht Lazarus und Bresslau, nicht Bamberger und Oppenheim, nicht die sechs Rabbiner oder Graetz haben den Ausgang des Antisemitismusstreites bestimmt, sondern eben Mommsen. Er und Treitschke, beide saßen damals auf den Bänken der Nationalliberalen, aber Mommsen kehrte zur

* Alexander Bein, Der moderne Antisemitismus und seine Bedeutung für die Judenfrage, in: *VjfZG* 6 (1958), 340-360.

Fortschritts-Partei zurück, während Treitschke sich dem rechten Flügel der Nationalliberalen gesellte. Für ihn war es von Beginn an nur darum gegangen, »welche Partei bereit ist, den deutschen Staat sans phrase zu gründen«, für Mommsen nicht nur darum, sondern auch um eine liberale Demokratie. Für Treitschke blieb Bismarck der Reichsgründer, für Mommsen hatte er »der Nation das Rückgrat gebrochen«. Treitschke bejahte je länger je lieber Bismarcks Tathandlungen, Mommsen schauderte je länger je mehr vor ihnen. Mit ihren politischen Vorstellungen hing auch ihre Beurteilung der »Judenfrage« zusammen. In Mommsens Meinung war der Antisemitismus im vulgärsten Sinne ein Massenwahn, und daß Treitschke sich zu dessen »rechtem Propheten« machte, empörte ihn. Er sah in Treitschkes »Judenartikeln« einen Bruch des internationalen und des nationalen Friedens, wie er denn überhaupt, im Gegensatz zu Treitschke, unter der als Folge des Krieges von 1870/71 eintretenden Störung der allgemeinen Kommunikation litt. Treitschke fürchtete nur einen neuen Krieg, Mommsen sah das schwer Erreichte durch inneren Unfrieden gefährdet. Während Treitschke gouvernemental dachte und die Subalternität des politischen Stils prägen half, wurde Mommsen die Verspießerung des politischen Denkens zur Qual.* Von 1879 an etwa änderte sich die Atmosphäre an den preußischen Universitäten. Die Professoren waren in Deutschland Staatsbeamte, und sie wurden wie alle Beamten von Bismarck einer Art heimlicher »Gleichschaltung« unterworfen**. In diese Entwicklung fügte sich Treitschkes antisemitische Agitation. Auch das mag zu den Gründen für Mommsens scharfe Zurückweisung seines Kollegen und Freundes gehört haben. Als die Stimmenzahl der Antisemiten in der Wahl von 1893 sich von 48 000 auf eine Viertelmillion erhöhte, hat Mommsen noch einmal das Wort ergriffen und Hermann Ahlwardt nicht schonsamer behandelt als dreizehn Jahre zuvor Heinrich von

* Alfred Heuss, *Theodor Mommsen und das 19. Jahrhundert*, Kiel 1956, 203.

** Vgl. dazu: Erich Eyck, *Bismarck*, Bd. 3, Erlenbach-Zürich 1944, 278ff.

Treitschke*. Wenig später soll er auf die Nachricht hin, daß Meinecke Treitschke bewogen hatte, nach Sybels Tode die *Historische Zeitschrift* zu übernehmen, gesagt haben: »Nun schreibe ich keine Zeile mehr für die Historische Zeitschrift.«** Er widersetzte sich vergeblich Treitschkes Wahl in die Akademie: »neben dem kann ich nicht bleiben« schrieb er an seine Frau (15. Mai 1895)***. Die Auseinandersetzung zwischen Mommsen und Treitschke verschärfte sich von Schritt zu Schritt; sie wurde persönlicher und eindeutiger, woran die Tatsache, daß Treitschke »von dem, was er gesagt hat, kein Wort zurücknimmt«, ihren Anteil gehabt haben mag. Er flüchtete sich von Ausrede zu Ausrede, so daß Mommsen schließlich »den Professor in die Tasche steckte«. Auch das half nichts, Treitschke blieb unbelehrbar durch Fakten und Argumente. Man hat diese seine Neigung, ich weiß nicht, mit wieviel Recht, auf seine Schwerhörigkeit zurückführen wollen; jedenfalls behauptete sein ehemaliger Gegner Gustav Schmoller, daß er seines Leidens wegen »nicht mehr in Rede und Gegenrede seine Urteile habe abschleifen und modifizieren können«****. Die Schwerhörigkeit wird die Ursache seiner Obstinatheit nicht gewesen sein, aber sie mag diese befördert haben. Wie auch immer, die Entwicklung folgte Treitschke, aber sie gab Mommsen Recht. Es waren in diesen Männern die beiden an der Berliner Universität denkbaren Extreme aneinandergeraten: ein verstockter Konservativer und ein unbestechlicher Liberaler, ein Empfinder und ein Denker, ein verschwommener Phrasendrescher und ein glänzender Stilist, ein Moralredner und ein Moralist. Der Liberale, der Denker, der Sti-

* Hermann Bahr, *Der Antisemitismus*, Berlin 1894, 28ff.

** Friedrich Meinecke, *Erlebtes 1862-1919*, Stuttgart 1964, 132.

*** Albert Wucher, *Theodor Mommsen*, Bd. 1, Göttingen 1956, 195.

**** Gustav Schmoller, *Charakterbilder*, München 1913, 202; Bußmann, *Treitschke. Sein Welt- und Geschichtsbild* (1952), 3ff. – Daß weniger Treitschkes Schwerhörigkeit als vielmehr seine feste Überzeugung, die Volksseele voll und ganz zu verstehen, Ursache seiner Halsstarrigkeit gewesen sei, meint Andreas Dorpalen, *Heinrich von Treitschke* (1957), 78.

list, der Moralist hat für den Augenblick den Sieg davongetragen, aber nur für den Augenblick.

Dank und Nachbemerkungen

Ich habe der Stadt- und Universitätsbibliothek in Frankfurt, der Deutschen Bücherei in Leipzig und der Biblioteka Universytecka in Wroclaw für ihre über das Maß des Üblichen hinausgehende Hilfe zu danken. Ohne ihre Großzügigkeit und Bereitwilligkeit wäre es mir nicht möglich gewesen, die Unterlagen für diesen Band zu sammeln.

Das Wort »Stump-Redner« (73) ist nicht immer verstanden worden. Es ist offensichtlich nicht von dt. »Stümper«, sondern von engl. *»stump«*, im Sinne von »Rednertribüne« abgeleitet. Der »Stumpredner« wäre dann ein »Propagandaredner«.

Auch Droysen hat Treitschke – auf dessen Anfrage hin – mitgeteilt, daß sich die »Erklärung« vom 12. Nov. 1880 gegen ihn richte und daß er, was die »Judenfrage« angehe, Treitschkes Richtung entgegen sei. Vgl. Johann Gustav Droysen, *Briefwechsel*, Bd. 2, Berlin und Leipzig 1929, Seite 937f.

IV. Quellen und ausgewählte Forschungsliteratur

Abkürzungsverzeichnis

ABJ	*Archiv Bibliographica Judaica. Lexikon deutsch-jüdischer Autoren.* Redaktionelle Leitung Renate Heuer. Unter Mitarbeit von Andrea Boelke, Rainer Brändle, Alois Hofman, Judith Lorenz, Siegbert Wolf u. a., Bd. 1: A – Benc, München, London, New York, Paris 1992; bis Bd. 21: Nachträge und Gesamtregister, Berlin, Boston 2013.
ADB	Allgemeine Deutsche Biographie
Aschkenas	*Aschkenas. Zeitschrift für Geschichte und Kultur der Juden*
AZJ	Allgemeine Zeitung des Judentums
BAS	*Der »Berliner Antisemitismusstreit« 1879-1881. Eine Kontroverse um die Zugehörigkeit der deutschen Juden zur Nation.* Kommentierte Quellenedition, im Auftrag des Zentrums für Antisemitismusforschung bearb. von Karsten Krieger, 2 Bde., München 2003.
Boehlich 1965	*Der Berliner Antisemitismusstreit*, hrsg. von Walter Boehlich, Frankfurt a. M. 1965 (*sammlung insel*, Bd. 6).
Boehlich 1988	*Der Berliner Antisemitismusstreit*, hrsg. von Walter Boehlich, Frankfurt a. M. 1988; 2. Aufl. 2016 (*insel taschenbuch* 1098).
Briefe	Walter Boehlich, *»Ich habe meine Skepsis, meine Kenntnisse und mein Gewissen.« Briefe 1944 bis 2000*, hrsg. von Christoph Kapp und Wolfgang Schopf, Frankfurt a. M. 2021.
DLA	Deutsches Literaturarchiv, Marbach am Neckar
DNB	Deutsche Nationalbibliothek, Leipzig
Dok.	Dokument

EJGK	*Enzyklopädie Jüdischer Geschichte und Kultur*, 7 Bde., im Auftrag der Sächsischen Akademie der Wissenschaften hrsg. von Dan Diner, Stuttgart 2011 (Bd. 1) - 2017 (Bd. 7).
FS	Festschrift
GWU	Geschichte in Wissenschaft und Unterricht
HdA	*Handbuch des Antisemitismus. Judenfeindschaft in Geschichte und Gegenwart*, hrsg. von Wolfgang Benz, 8 Bde., Berlin, Boston 2011-2015.
HZ	Historische Zeitschrift
JfA	Jahrbuch für Antisemitismusforschung
LBIYB	Leo Baeck Institute Yearbook
MGWJ	Monatsschrift zur Geschichte und Wissenschaft des Judentums
NDB	Neue Deutsche Biographie
NWB / UAF	Nachlass Walter Boehlich, Universitätsarchiv Frankfurt am Main / Literaturarchiv der Goethe-Universität
NZZ	Neue Zürcher Zeitung
Sig.	Signatur
SUA	Siegfried Unseld Archiv / DLA
UAF	Universitätsarchiv Frankfurt am Main
VfZG	Vierteljahrshefte für Zeitgeschichte
ZfG	Zeitschrift für Geschichtsforschung
ZGJD	Zeitschrift für Geschichte der Juden in Deutschland

Quellen, Quellensammlungen und Texte vor 1945

Arendt, Hannah: Aufklärung und Judenfrage, in: *ZGJD* 2 (1932), 65-77 [wieder in: dies., *Wir Juden. Schriften 1932 bis 1966*, zusammengestellt und hrsg. von Marie Luise Knott u. Ursula Ludz, München 2019, 11-30].

Auerbach, Berthold: *Schriften zur Literatur*, hrsg. und mit einem Nachwort versehen von Marcus Twellmann, Göttingen 2014.

Auerbach, Berthold: *Briefe an seinen Freund Jakob Auerbach*. Neuedition der Ausgabe von 1884 mit Kommentaren und Indices, 3 Bde., hrsg. von Hans Otto Horch, Bd. 1: Briefe 1830-1869; Bd. 2: Briefe 1870-1882; Bd. 3: Kommentare und Indices, Berlin, München, Boston, Mass. 2015.

Auerbach, Berthold: *Die Genesis des Nathan. Gedenkworte zu Lessing's 100jährigem Todestag*, Berlin 1881.

Auerbach, Berthold: Richard Wagner und die Selbstachtung der Juden (1881), in: Jens Malte Fischer (Hg.), *Richard Wagners »Das Judentum in der Musik«. Eine kritische Dokumentation als Beitrag zur Geschichte des Antisemitismus*, Frankfurt a. M. 2000, 353-356.

Auerbach, Leopold: *Das Judenthum und seine Bekenner in Preußen und in den anderen deutschen Bundesstaaten*, Berlin 1890.

Bab, Julius: *Leben und Tod des deutschen Judentums*, hrsg. von Klaus Siebenhaar, Berlin 1988.

Bamberger, Ludwig: *Erinnerungen*, hrsg. von Paul Nathan, Berlin 1899.

Baron, Salo: Graetzens Geschichtsschreibung. Eine methodologische Untersuchung, in: *MGWJ* 62 (1919), H. 1, 5-15.

Der »Berliner Antisemitismusstreit« 1879-1881. Eine Kontroverse um die Zugehörigkeit der deutschen Juden zur Nation. Kommentierte Quellenedition, im Auftrag des Zentrums für Antisemitismusforschung bearb. von Karsten Krieger, 2 Bde., München 2003.

[Bernoulli, Carl Albrecht:] *Franz Overbeck und Friedrich Nietzsche. Eine Freundschaft*, nach ungedruckten Dokumenten und im Zusammenhang mit der bisherigen Forschung dargestellt von Carl Albrecht Bernoulli, 2 Bde., Jena 1908.

Bettelheim, Anton: *Berthold Auerbach*, Stuttgart 1907.

Beyerhaus, Gisbert: Das Recht des nationalen Historikers. Heinrich von Treitschke zum Gedächtnis, in: *Deutsche Vierteljahrsschrift für Literaturwissenschaft und Geistesgeschichte* 12 (1935), 207-227.

Boom, Willem ten: *Die Entstehung des modernen Rassen-Antisemitismus (besonders in Deutschland).* Inaug.-Diss. zur Erlangung der Doktorwürde, Universität Leipzig, Leipzig 1928. (DNB, Sign.: A 400 Boom)

Breßlau, Harry: [Selbstdarstellung], in: Sigfried Steinberg (Hg.), *Die Geschichtswissenschaft in Selbstdarstellungen*, Bd. 2, Leipzig 1926, 29-83.

Breslauer, Bernhard: *Die Zurücksetzung der Juden an den Universitäten Deutschlands. Denkschrift im Auftrage des Verbandes der Deutschen Juden*, Berlin 1911.

Busch, Moritz: Die deutschen Juden der Gegenwart, und was nun?, in: *Die Grenzboten* 39 (1880), 177-194 [wieder in: *BAS* [Dok. 58], 458-482].

Claß, Heinrich (Pseud. Daniel Frymann): *Wenn ich der Kaiser wär'. Politische Wahrheiten und Notwendigkeiten*, 4. Aufl., Leipzig 1913 [zuerst: 1912].

Claß, Heinrich: *Wider den Strom. Vom Werden und Wachsen der nationalen Opposition im alten Reich*, Leipzig 1932.

Cohen, Hermann: Zwei Briefe an Treitschke, hrsg. von Helmut Holzhey, in: *Bulletin des Leo Baeck Instituts* 12 (1969), 183-204.

Cohen, Hermann: *Religion der Vernunft aus den Quellen des Judentums*. Nach dem Manuskript des Verfassers neu durchgearb. und mit einem Nachwort versehen von Bruno Strauß, Wiesbaden 1988 (Nachdruck der 2. Aufl., Frankfurt a. M. 1929).

Cohen, Hermann: *Über das Eigenthümliche des deutschen Geistes*, Berlin 1914.

Cohen, Hermann: *Briefe*. Ausgewählt und hrsg. von Bertha und Bruno Strauß, Berlin 1939.

Cohen, Hermann: *Jüdische Schriften*, 3 Bde., Bd. 1: Ethische und religiöse Grundfragen; Bd. 2: Zur jüdischen Zeitgeschichte; Bd. 3: Zur jüdischen Religionsphilosophie und ihrer Geschichte, hrsg. von Bruno Strauß, Berlin 1924.

Cohen, Hermann: *Deutschtum und Judentum mit grundlegenden Betrachtungen über Staat und Internationalismus*. Durchges., erg. und mit einem kritischen Nachwort versehene 3. Aufl., Gießen 1916 [zuerst: Gießen 1915].

Craemer, Rudolf: Über die völkische Haltung Treitschkes, in: *HZ* 158 (1938), 77-112.

Deutschtum und Judentum. Ein Disput unter Juden in Deutschland, hrsg. von Christoph Schulte, Stuttgart 1993.

Dubnow, Simon: *Buch des Lebens. Erinnerungen und Gedanken. Materialien zur Geschichte meiner Zeit*, 3 Bde., Göttingen 2004-2005.

Dubnow, Simon: *Weltgeschichte des jüdischen Volkes,* Bd. 10: Die neueste Geschichte des jüdischen Volkes (1880-1928), Berlin 1929.

Elbogen, Ismar: *Ein Jahrhundert jüdischen Lebens. Die Geschichte des neuzeitlichen Judentums*, hrsg. von Ellen Littmann, Frankfurt a. M. 1967 [zuerst u. d. T. *A Century of Jewish Life*, 1944].

Elbogen, Ismar: *Geschichte der Juden in Deutschland*, Berlin 1935.

Eloesser, Arthur: *Vom Ghetto nach Europa. Das Judentum im geistigen Leben des 19. Jahrhunderts*, Berlin 1936.

Erdle, Birgit / Werner Konitzer (Hgg.): *Theorien über Judenhass – Eine Denkgeschichte. Kommentierte Quellenedition (1781-1931)*, Frankfurt a. M., New York 2015.

Fraenkel, Michael: Heinrich Graetz und Theodor Mommsen, in: *Der Morgen* 11 (1935), Nr. 8, 365 f.

Frank, Walter: *Kämpfende Wissenschaft*. Mit einer Vor-Rede des Reichsjugendführers Baldur von Schirach, Hamburg 1934.

Gerlach, Hellmuth von: *Von Rechts nach Links*, hrsg. von Emil Ludwig, Zürich 1937.

Goldschmidt, Levin: *Ein Lebensbild in Briefen*, Berlin 1898.

Graetz, Heinrich: *Tagebuch und Briefe*, hrsg. u. mit Anmerkungen versehen von Reuwen Michael, Tübingen 1977 (Schriftenreihe wissenschaftlicher Abhandlungen des Leo Baeck Instituts, Bd. 34).

Graetz, Heinrich: *Die Konstruktion der jüdischen Geschichte*. Neudruck, hrsg. u. mit Anmerkungen versehen von Ludwig Feuchtwanger, Berlin 1936 (Schockenbibliothek, 59).

Graetz, Heinrich: *Geschichte der Juden. Von den ältesten Zeiten bis auf die Gegenwart*, 11 Bde., Leipzig 1908.

Güdemann, Moritz: Heinrich Graetz, in: *MGWJ* 61 (1917), H. 4, 347-351.

Guttmann, Julius: *Die Philosophie des Judentums*, München 1933.

Heyderhoff, Julius: Heinrich von Treitschke 1834-1896, in: Andreas Willy / Wilhelm von Scholz (Hgg.), *Die Großen Deutschen. Neue Deutsche Biographien*, Bd. 3, Berlin 1936, 636-648.

Hildesheimer, Wolfgang: *»Alles andere steht in meinem Roman.« Zwölf Briefwechsel*, hrsg. von Stephan Braese, gemeinsam mit Olga Blank und Thomas Wild, Berlin 2019.

Juden in Berlin 1671-1945. Ein Lesebuch. Mit Beiträgen von Annegret Ehmann, Rachel Livné-Freudenthal, Monika Richarz, Julius H. Schoeps, Raymond Wolff, Berlin 1988.

Jüdische Memoiren aus drei Jahrhunderten. Ausgewählt und herausgegeben von Hans Bach, Berlin 1936.

Jüdische Geschichte lesen. Texte jüdischer Geschichtsschreibung im 19. und 20. Jahrhundert, hrsg. von Michael Brenner, Anthony Kauders, Gideon Reuveni, Nils Römer, München 2003.

Kobler, Franz: *Jüdische Geschichte in Briefen aus Ost und West. Das Zeitalter der Emanzipation*, Wien 1938.

Kobler, Franz (Hg.): *Juden und Judentum in deutschen Briefen aus drei Jahrhunderten*, Wien 1936.

Kohn, Hans: Treitschke. National Prophet, in: *The Review of Politics* 7 (1945), 418-440.

Kohn, Hans: *Propheten ihrer Völker*, Bern 1948.

Kretzschmar, Hellmut: *Heinrich von Treitschke*, Dresden 1938.

Lagarde, Paul: *Deutsche Schriften*, Göttingen 1886 [hierin: ders., Programm für die konservative Partei Preußens (1884); Die Stellung der Religionsgemeinschaften im Staate (1881)].

Lazarus, Moritz: *Was heißt ›National‹? Ein Vortrag, gehalten am 2. Dezember 1879*, Berlin 1880 [wieder in: ders., *Treu und Frei* (1887), 53-113].

Lazarus, Moritz: *Unser Standpunkt. Zwei Reden an seine Religionsgenossen am 1. und 16. Dezember 1880*, Berlin 1881.

Lazarus, Moritz: *Treu und Frei. Gesammelte Reden und Vorträge über Juden und Judentum*, Leipzig 1887.

Lazarus, Moritz / Heymann Steinthal, *Die Begründer der Völkerpsychologie in ihren Briefen*, hrsg. von Ingrid Belke, 2 Bde. (in 3 Teilbänden), Tübingen 1971 (Bd. I), 1983 (Bd. II / 1) u. 1985 (Bd. II / 2).

Leipprand, Ernst: *Heinrich von Treitschke im deutschen Geistesleben des 19. Jahrhunderts*, Stuttgart 1935.

Levy, Isidor: Vorwort zur neuen Auflage, in: Moritz Lazarus, *Was heißt ›National‹? Ein Vortrag*. Mit einem Vorwort von Isidor Levy, Berlin 1925, 3-14.

Liebermann von Sonnenberg, Max: *Beiträge zur Geschichte der antisemitischen Bewegung vom Jahre 1880-1885*, Berlin 1885.

Malbeck, Gerhard: *Der Einfluß des Judentums auf die Berliner Presse von 1800-1879. Ein Nachweis der Berechtigung des Auftretens Adolf Stoeckers gegen die Verjudung der Berliner Presse*, Dresden 1935.

Marr, Wilhelm: *Der Sieg des Judentums über das Germanentum. Vom nicht confessionellen Standpunct aus betrachtet*, Bern 1879.

Mayer, Gustav: *Erinnerungen. Vom Journalisten zum Historiker der deutschen Arbeiterbewegung*. Mit Erläuterungen und Ergänzungen, einem Nachwort und einem Personenregister von Gottfried Niedhart, Hildesheim, Zürich, New York 1993 [zuerst: Zürich, München 1949].

Meinecke, Friedrich: *Erlebtes 1862-1901*, Leipzig 1941.

Meisels, Samuel: *Judenköpfe*, Wien 1926.

Meisl, Josef: *Heinrich Graetz. Eine Würdigung des Historikers und Juden zu seinem 100. Geburtstag*, Berlin 1917.

Mommsen, Theodor: *Reden und Aufsätze*, Berlin 1905.

Mühsam, Paul: *Ich bin ein Mensch gewesen. Lebenserinnerungen*, hrsg. und mit einem Nachwort von Ernst Kretzschmar, Berlin 1989.

Müller, Karl Alexander von: Treitschke als Journalist, in: *HZ* 135 (1927), 390-396.

Naudh, H. (d.i. H.G. Nordmann): *Die Juden und der Deutsche Staat*, 3., rev. und verm. Aufl., Berlin, Posen 1861.

Naudh, H. (d.i. H.G. Nordmann): *Israel im Heere*, Berlin 1879 [Separatdruck aus der *Deutschen Wacht*].

Neumann, Salomon: *Die Fabel von der jüdischen Masseneinwanderung. Ein Kapitel aus der preußischen Statistik*, Berlin 1880 [wieder in: *BAS* [Dok. 60], 486-532].

Padover, Saul K.: Treitschke: Forerunner of Hitlerism, in: *Pacific Historical Review* 4 (1935), 161-170.

Petersdorff, Hermann von: Heinrich von Treitschke, in: *ADB*, Bd. 55, Leipzig 1910, 263-326.

Prinz, Joachim: *Wir Juden*, Berlin 1934.

Quidde, Ludwig: *Die Antisemitenagitation und die deutsche Studentenschaft*, Göttingen 1881.

Renan, Ernest: *Was ist eine Nation? Und andere politische Schriften*, hrsg. von Walter Euchner, Wien 1995 [gehalten als Vortrag in Paris am 1. März 1882].

Richarz, Monika (Hg.): *Bürger auf Widerruf. Lebenszeugnisse deutscher Juden 1780-1945*, München 1989.

Rosenberg, Arthur: Treitschke und die Juden. Zur Soziologie der deutschen akademischen Reaktion, in: *Die Gesellschaft* 7 (1930), 78-83 [wieder in: ders., *Demokratie und Klassenkampf. Ausgewählte Studien*, hrsg. von Hans-Ulrich Wehler, Frankfurt a.M. 1974, 186-192].

Schreiber, Emanuel: *Die Selbstkritik der Juden*, Leipzig o.J. [1880].

Selbstzeugnisse des deutschen Judentums 1870-1945, hrsg. von Achim von Borries. Mit einem Geleitwort von Helmut Gollwitzer, Frankfurt a.M. 1962 [überarb. u. erw. Neuausgabe 1988].

Siedel, Otto: *Heinrich von Treitschke als deutscher Charakter*, Leipzig 1915.

Singer, Isidor: *Briefe berühmter Zeitgenossen über die Judenfrage*, Wien 1885.

Sinzheimer, Hugo: *Jüdische Klassiker der deutschen Rechtswissenschaft*, Amsterdam 1938.

Stöcker, Adolf: *Christlich-Sozial. Reden und Aufsätze*, Bielefeld, Leipzig 1885.

Stöcker, Adolf: *Das moderne Judenthum in Deutschland, besonders in Berlin. Zwei Reden in der christlich-socialen Arbeiterpartei*, Berlin 1880.

Treitschke, Heinrich von: *Ein Wort über unser Judenthum*, Berlin (Reimer) 1880 [3 Aufl.]; 4., erweiterte Aufl. ebd. 1881.

Treitschke, Heinrich von: *Fichte und die nationale Idee*, München 1928 [zuerst: 1862].

Treitschke, Heinrich von: *Briefe*, hrsg. von Max Cornicelius, 3 Bde., Leipzig 1920.

Treitschke, Heinrich von: *Deutsche Kämpfe. Neue Folge. Schriften zur Tagespolitik*, Leipzig 1896.

Weil, Hans: *Die Entstehung des deutschen Bildungsprinzips*, Bonn 1929.

Zierke, Fritz: *Heinrich von Treitschke. Ein Vorkämpfer für Deutschlands Einheit und Größe*, Leipzig, Berlin 1939; 2. Aufl. 1945.

Zweig, Arnold: *Bilanz der deutschen Judenheit 1933. Ein Versuch*, hrsg. von Thomas Taterka, Berlin 1998 (Berliner Ausgabe, hrsg. von der Humboldt-Universität zu Berlin und der Akademie der Künste, Bd. 3 / 2).

Lexika und Nachschlagewerke

Archiv Bibliographica Judaica. Lexikon deutsch-jüdischer Autoren, 21 Bde. Redaktionelle Leitung Renate Heuer. Unter Mitarbeit von Andrea Boelke, Rainer Brändle, Alois Hofman, Judith Lorenz, Siegbert Wolf u. a., Bd. 1 (A – Benc), München, London, New York, Paris 1992; Bd. 21: Nachträge und Gesamtregister, Berlin, Boston 2013.

Encyclopaedia Judaica, 16 Bde., Jerusalem 1971.

Enzyklopädie jüdischer Geschichte und Kultur. Im Auftrag der Sächsischen Akademie der Wissenschaften hrsg. von Dan Diner, 7 Bde., Stuttgart, Weimar 2011-2017.

Handbuch des Antisemitismus. Judenfeindschaft in Geschichte und Gegenwart, hrsg. von Wolfgang Benz, 8 Bde., Berlin, Boston: Bd. 1: Länder und Regionen (2008); Bd. 2/1: Personen (A–K) (2009); Bd. 2/2: Personen (L–Z) (2009); Bd. 3: Begriffe, Theorien, Ideologien (2010); Bd. 4: Ereignisse, Dekrete, Kontroversen (2011); Bd. 5: Organisationen, Institutionen, Bewegungen (2012); Bd. 6: Publikationen (2013); Bd. 7: Film, Theater, Literatur und Kunst (2015); Bd. 8: Nachträge und Register (2015).

Juden im deutschen Kulturbereich. Ein Sammelwerk, hrsg. von Siegmund Kaznelson, 2. Aufl., Berlin 1959 [zuerst: 1935].

Metzler Lexikon der deutsch-jüdischen Literatur. Jüdische Autorinnen und Autoren deutscher Sprache von der Aufklärung bis zur Gegenwart, hrsg. von Andreas B. Kilcher, Stuttgart, Weimar 2000.

Philo-Lexikon. Handbuch des jüdischen Wissens, Berlin 1936.

Überblicksdarstellungen und Forschungsliteratur (ab 1945)

Adelmann, Dieter: Einheit des Bewußtseins als Grundproblem der Philosophie Hermann Cohens, in: Helmut Holzhey (Hg.), *Hermann Cohen*, Frankfurt a. M. u. a. 1994, 269-292.

Adler, H. G.: *Die Juden in Deutschland. Von der Aufklärung bis zum Nationalsozialismus*, München 1960.

Adorno, Theodor W. / Max Horkheimer: *Dialektik der Aufklärung. Philosophische Fragmente*, in: *Gesammelte Schriften, Bd. 3*, hrsg. von Rolf Tiedemann / Gretel Adorno, Frankfurt a. M. 1997, 7-335.

Allal, Marina: »Der Feind im Landesinnern«? Zur Verbindung von Antisemitismus und nationalen Stereotypen in Frankreich und Deutschland des 19. Jahrhunderts, in: Joseph Jurt u. a. (Hgg.), *Konstrukte nationaler Identität. Deutschland, Frankreich und Großbritannien (19. und 20. Jahrhundert)*, Würzburg 2002, 75-97.

Alter, Peter / Claus-Ekkehard Bärsch / Peter Berghoff (Hgg.): *Die Konstruktion der Nation gegen die Juden*, München 1999.

Aly, Götz: *Europa gegen die Juden 1880-1945*, Frankfurt a. M. 2017.

Aly, Götz: *Warum die Deutschen? Warum die Juden? Gleichheit, Neid und Rassenhass, 1800-1933*, Frankfurt a. M. 2012.

Arendt, Hannah: *Elemente und Ursprünge totaler Herrschaft*, München, Zürich 1996.

Arendt, Hannah: Privilegierte Juden [1946], in: dies., *Wir Juden. Schriften 1932 bis 1966*, zusammengestellt u. hrsg. von Marie Luise Knott u. Ursula Ludz, München 2019, 87-125.

Assel, Heinrich / Hartwig Wiedebach (Hgg.): *Cohen im Kontext. Beiträge anlässlich seines hundertsten Todestages*, Tübingen 2021.

Awerbuch, Marianne: Heinrich von Treitschke, in: Michael Erbe (Hg.), *Berlinische Lebensbilder, Bd. 4: Geisteswissenschaftler*, Berlin 1989, 209-230.

Bahrdt, Hans Paul: Soziologische Reflexionen über die gesellschaftlichen Voraussetzungen des Antisemitismus in Deutschland, in: Werner E. Mosse (Hg.), *Entscheidungsjahr 1932. Zur Judenfrage in der Endphase der Weimarer Republik. Ein Sammelband*, Tübingen 1965 (Schriftenreihe wissenschaftlicher Abhandlungen des Leo Baeck Instituts, Bd. 13), 135-155.

Bannasch, Bettina: Der Traum vom Glauben ohne Aberglauben. Jüdische Perspektiven auf die Gründung des Neuen deutschen Reichs 1870/71, in: Michael Fischer/Christian Senkel/Klaus Tanner (Hgg.), *Reichsgründung 1871. Ereignis – Beschreibung – Inszenierung*, Münster u.a. 2010, 59–79.

Barkai, Avraham: *Hoffnung und Untergang. Studien zur deutsch-jüdischen Geschichte des 19. und 20. Jahrhunderts.* Mit einer Einführung von Ursula Büttner, Hamburg 1998.

Barner, Wilfried/Christoph König (Hgg.) *Jüdische Intellektuelle und die Philologien in Deutschland 1871-1933*, Göttingen 2001.

Beer, Susanne: »Noch ist es Zeit der Verwirrung entgegenzutreten …« Die Abwehr des Antisemitismus im Kaiserreich und der Weimarer Republik, in: *SozialGeschichte*, Heft 22 (2018), 11-42.

Bein, Alex: Der moderne Antisemitismus und seine Bedeutung für die Judenfrage, in: *VfZG* 6 (1958), 340-360.

Bein, Alex: »Der jüdische Parasit«. Bemerkungen zur Semantik der Judenfrage, in: *VfZG* 13 (1965), 121-149.

Belke, Ingrid: Liberal Voices on Antisemitism in the 1880s. Letters to Moritz Lazarus 1880-1883, in: *LBIYB* 23 (1978), 61-87.

Belke, Ingrid: Einleitung, in: *Moritz Lazarus und Heymann Steinthal. Die Begründer der Völkerpsychologie in ihren Briefen*, hrsg. von Ingrid Belke, 2 Bde., Tübingen 1971, Bd. 1, XIII–CXLII.

Beller, Steven: *Antisemitismus*, Stuttgart 2009.

Benöhr, Hans-Peter: Jüdische Rechtsgelehrte in der deutschen Rechtswissenschaft, in: Karl E. Grözinger (Hg.), *Judentum im deutschen Sprachraum*, Frankfurt a.M. 1991, 280-308.

Benz, Wolfgang: Vorwort, in: *BAS*, München 2003, Bd. 1, VII–IX.

Berbig, Roland: Widmungen und Anstreichungen. Exemplarische Stichproben in Boehlichs Bibliothek, in: Peitsch/Thein (Hgg.), *Walter Boehlich. Kritiker* (2011), 3-15.

Berding, Helmut: *Moderner Antisemitismus in Deutschland*, Frankfurt a.M. 1988.

Berding, Helmut: Antisemitismus in der modernen Gesellschaft: Kontinuität und Diskontinuität, in: Hettling/Nolte (Hgg.), *Nation und Gesellschaft in Deutschland. Historische Essays* (1996), 193-207.

Berek, Mathias: *Moritz Lazarus. Deutsch-jüdischer Idealismus im 19. Jahrhundert*, Göttingen 2019.

Berek, Mathias: Neglected German-Jewish Visions for a Pluralistic Society. Moritz Lazarus, in: *LBIYB* 60 (2015), 1-15.

Berek, Mathias: Schnittpunkt sozialer Kreise statt völkischer Verwurzelung – Die Entstehung der modernen Sozialtheorie aus der deutsch-jüdischen Lebenswelt des 19. Jahrhunderts am Beispiel von Moritz Lazarus, in: *Medaon. Magazin für Jüdisches Leben in Forschung und Bildung* 5 (2009), 1-14.

Berg, Nicolas: Kulturwirtschaftslehren gegen den Antisemitismus der Zeit: Die jüdischen Nationalökonomen Richard Ehrenberg, Hermann Levy und Julius Hirsch, in: König / Schulz (Hgg.), *Antisemitismus im 19. Jahrhundert in internationaler Perspektive* / (2019), 59-82.

Berg, Nicolas: Art. »Völkerpsychologie«, in: *EJGK*, Bd. 6 (2015), 291-296.

Berg, Nicolas: Jean Améry und Hans Egon Holthusen. Eine Merkur-Debatte in den 1960er Jahren, in: Ulrich Bielefeld / Yfaat Weiss (Hgg.), *Jean Améry, »... als Gelegenheitsgast, ohne jedes Engagement«*, München 2014, 119-135.

Berg, Nicolas: »Weg vom Kaufmannsstande! Zurück zur Urproduktion!« Produktivitätsforderungen an Juden im 19. und frühen 20. Jahrhundert, in: Nicole Colin / Franziska Schößler (Hgg.), *Das nennen Sie Arbeit? Der Produktivitätsdiskurs und seine Ausschlüsse*, Heidelberg 2013, 29-51.

Berg, Nicolas: Völkische Wissenschaft und Antisemitismus. Was bedeutet die Formel »Jüdischer Geist« um 1900?, in: Ingo Haar / Michael Fahlbusch (Hgg.), *Völkische Wissenschaften im 20. Jahrhundert. Expertise und »Neuordnung« Europas*, Paderborn, München, Wien, Zürich 2010, 39-61.

Berg, Nicolas / Dieter Burdorf (Hgg.): *Textgelehrte. Literaturwissenschaft und literarisches Wissen im Umkreis der Kritischen Theorie*, Göttingen 2014.

Bergmann, Werner: Antisemitismus im heutigen Europa. Die Erscheinungsformen, die Konflikte, in: *JfA* 23 (2014), 13-21.

Bergmann, Werner: *Geschichte des Antisemitismus*, 3., durchges. Aufl., München 2006 [zuerst: 2002].

Bergmann, Werner: Völkischer Antisemitismus im Kaiserreich, in: Uwe Puschner / Walter Schmitz / Justus H. Ulbricht (Hgg.), *Handbuch zur Völkischen Bewegung 1871-1918*, München u. a. 1996, 449-463.

Bergmann, Werner / Mona Körte (Hgg.): *Antisemitismusforschung in den Wissenschaften*, Berlin 2004.

Bergmann, Werner / Ulrich Sieg (Hgg.): *Antisemitische Geschichtsbilder*, Essen 2009.

Bering, Dietz: Etappen der Antisemitismusforschung in der Sprachwissenschaft. Vom kleinen Teil zum großen Ganzen, in: Bergmann / Körte (Hgg.), *Antisemitismusforschung in den Wissenschaften* (2004), 375-398.

Bering, Dietz: Sprache und Antisemitismus im 19. Jahrhundert, in: Rainer

Wimmer (Hg.), *Das 19. Jahrhundert. Sprachgeschichtliche Wurzeln des heutigen Deutsch*, Berlin, New York 1991 (Jahrbuch 1990 des Instituts für deutsche Sprache), 325-354.

Bering, Dietz: *Der Name als Stigma. Antisemitismus im deutschen Alltag 1812-1933*, Stuttgart 1987.

Bernhard, H.-M.: »Die Juden sind unser Unglück!« Strukturen eines Feindbildes im deutschen Kaiserreich, in: Christoph Jahr (Hg.), *Feindbilder in der deutschen Geschichte. Studien zur Vorurteilsgeschichte im 19. und 20. Jahrhundert*, Berlin 1994, 25-54.

Berning, Cornelia: *Vom Abstammungsnachweis zum Zuchtwart*, Berlin 1965 [Neuaufl. u. d. T. *Vokabular des Nationalsozialismus*, Berlin, New York 1998; 2., durchges. u. überarb. Aufl., Berlin, New York 2007].

Biefang, Andreas: Der Streit um Treitschkes »Deutsche Geschichte« 1882/83: Zur Spaltung des Nationalliberalismus und der Etablierung eines nationalkonservativen Geschichtsbildes, in: *HZ* 262 (1996), H. 1, 391-422.

Blaschke, Olaf: *Katholizismus und Antisemitismus im Deutschen Kaiserreich*, Göttingen 1997.

Boehlich, Walter: *Kein Grund zur Selbstreinigung. Die Titanic-Kolumnen*, hrsg. von Christoph Kapp und Helen Thein. Mit einem Nachwort von Stefan Gärtner, Frankfurt a. M. 2019.

Boehlich, Walter: *Die Antwort ist das Unglück der Frage. Ausgewählte Schriften*, hrsg. von Helmut Peitsch und Helen Thein. Mit einem Vorwort von Klaus Reichert, Frankfurt a. M. 2011.

Boehlich, Walter: Kritik und Selbstkritik, in: Gert Kalow (Hg.), *Sind wir noch das Volk der Dichter und Denker? 14 Antworten*, Reinbek bei Hamburg 1964, 39-49 [wieder in: ders., *Ausgewählte Schriften* (2011), 42-55].

Boehlich, Walter: Brief an Wolfgang Hildesheimer, 15. August 1966, in: Wolfgang Hildesheimer, *»Alles andere steht in meinem Roman.« Zwölf Briefwechsel*, hrsg. von Stephan Braese, gemeinsam mit Olga Blank und Thomas Wild, Berlin 2019, 475-480.

Boehlich, Walter: Der Berliner Antisemitismus-Streit, in: *Der Monat* 17 (1965), H. 204 (September 1965), 40-54.

Boehlich, Walter: Über die Sprache, in: *Merkur* 9 (1955), H. 91, 889-894.

Böning, Holger/Susanne Marten-Finnes (Hgg.), *Aufklärung, Mahnen und Erzählen. Studien zur deutsch-jüdischen Publizistik, zum Kampf gegen den Antisemitismus und zur subversiven Kraft des Erzählens. FS für Michael Nagel*, Bremen 2015.

Böning, Holger: Berthold Auerbach: ein deutsch-jüdischer Dichter und Publizist in der Tradition von Aufklärung und Volksaufklärung, in: Jesko Reiling

(Hg.), *Berthold Auerbach (1812-1882). Werk und Wirkung*, Heidelberg 2012, 41-74.

Borries, Hans-Joachim von: *Deutschtum und Judentum. Studien zum Selbstverständnis des deutschen Judentums 1879/1880*, Diss. phil., Zürich 1971.

Botstein, Leon: *Judentum und Modernität. Essays zur Rolle der Juden in der deutschen und österreichischen Kultur 1848 bis 1938*, Wien, Köln 1991.

Braese, Stephan: *Eine europäische Sprache. Deutsche Sprachkultur von Juden 1760-1930*, Göttingen 2010.

Braun, Christina von: Und der Feind ist Fleisch geworden. Der rassistische Antisemitismus, in: dies./Ludger Heid (Hgg.), *Der ewige Judenhass. Christlicher Antijudaismus, Deutschnationale Judenfeindlichkeit, Rassistischer Antisemitismus*. 2., verbesserte Aufl., Berlin, Wien 2000, 149-164.

Brenner, Michael: Art. »Historiographie«, in: *EJGK*, Bd. 3 (2021), 60-69.

Brenner, Michael: *Propheten des Vergangenen. Jüdische Geschichtsschreibung im 19. und 20. Jahrhundert*, München 2006.

Brenner, Michael: Religion, Nation oder Stamm. Zum Wandel der Selbstdefinition unter deutschen Juden, in: Heinz-Gerhard Haupt/Dieter Langewiesche (Hgg.), *Nation und Religion in der deutschen Geschichte*, Frankfurt a. M., New York 2001, 587-601.

Brenner, Michael: Jüdische Geschichte an deutschen Universitäten. Bilanz und Perspektiven, in: *HZ* 266 (1998), 1-21.

Brenner, Michael: Sie sind unser Unglück. Der neue alte Antisemitismusstreit, in: *Süddeutsche Zeitung*, 21. Dezember 1998.

Brenner, Michael: »Gott schütze uns vor unseren Freunden«. Zur Ambivalenz des Philosemitismus im Kaiserreich, in: *JfA* 2 (1993), 174-199.

Brenner, Michael/David N. Myers (Hgg.): *Jüdische Geschichtsschreibung heute. Themen, Positionen, Kontroversen*, München 2002.

Breuer, Stefan: Von der antisemitischen zur völkischen Bewegung, in: *Aschkenas* 15 (2005), 499-534.

Broszat, Martin: *Die antisemitische Bewegung im wilhelminischen Deutschland*, Inaug.-Diss., Universität Köln 1952 (DNB, Sig.: DI 1954 B 3704).

Brumlik, Micha: *Deutscher Geist und Judenhass. Das Verhältnis des philosophischen Idealismus zum Judentum*, 3., vollständig überarb. Aufl., Hamburg 2022 [zuerst: München 2000].

Brumlik, Micha: Art. »Gottesidee«, in: *EJGK*, Bd. 2 (2012), 474-478.

Brumlik, Micha: Zur Zweideutigkeit deutsch-jüdischen Geistes: Hermann Cohen, in: Karl E. Grözinger (Hg.), *Judentum im deutschen Sprachraum*, Frankfurt a. M. 1991, 371-381.

Bußmann, Walter: Heinrich von Treitschke 1834-1896, in: *Die Großen Deut-*

schen. Deutsche Biographie, hrsg. von Hermann Heimpel, Theodor Heuss, Benno Reifenberg, Bd. 5, Berlin, Frankfurt a. M., Wien 1960, 368-379.

Bußmann, Walter: *Treitschke. Sein Welt- und Geschichtsbild*, 2., unveränderte Auflage, Göttingen, Zürich 1981 [zuerst 1952].

Bußmann, Walter: Zwischen Revolution und Reichsgründung. Die politische Vorstellungswelt von Ludwig Bamberger, in: Werner Plös (Hg.), *Wandel und Kontinuität in Politik und Geschichte. Ausgewählte Aufsätze zum 60. Geburtstag*, Boppard a. Rh. 1973, 53-81.

Claussen, Detlev: Der Berliner Antisemitismusstreit – Auch ein Historikerstreit, in: ders., *Vom Judenhaß zum Antisemitismus. Materialien einer verleugneten Geschichte*, Darmstadt, Neuwied 1987 (Sammlung Luchterhand 677), 110-136.

Claussen, Detlev: *Grenzen der Aufklärung. Die gesellschaftliche Genese des modernen Antisemitismus*, Frankfurt a. M. 1994 [zuerst u. d. T. *Grenzen der Aufklärung. Zur gesellschaftlichen Geschichte des modernen Antisemitismus*, Frankfurt a. M. 1987].

Cobet, Christoph: *Der Wortschatz des Antisemitismus in der Bismarckzeit*, München 1973.

Cohn, Ernst J.: Heinrich Graetz, in: Guido Kisch (Hg.), Das *Breslauer Seminar. Jüdisch-theologische Seminar (Fraenckelscher Stiftung) in Breslau 1854-1938. Gedächtnisschrift*, Tübingen 1963, 187-203.

Confino, Alon: Die Nation als lokale Metapher: Heimat, nationale Zugehörigkeit und das Deutsche Reich, 1871-1918, in: *ZfG* 44 (1996), H. 5, 421-435.

Diner, Dan: Art. »Verschwörung«, in: *EJGK*, Bd. 6 (2016), 272-277.

Diner, Dan: Geschichte der Juden – Paradigma einer europäischen Geschichtsschreibung, in: ders., *Gedächtniszeiten. Über jüdische und andere Geschichten*, München 2003, 246-262 u. 284-287.

Diner, Dan / Moshe Zimmermann (Hgg.): *Disseminating German Tradition. The Thyssen Lectures*, Leipzig 2009.

Dorpalen, Andreas: *Heinrich von Treitschke*, New Haven 1957.

Ebach, Jürgen: Anmerkungen zur Lektüre von Heinrich von Treitschkes Artikel »Unsere Aussichten«, in: Dirk Bockermann (Hg.), *Freiheit gestalten. Zum Demokratieverständnis des deutschen Protestantismus. Kommentierte Quellentexte 1789-1989. FS für Günter Brakelmann zum 65. Geburtstag*, Göttingen 1996, 164-175.

Ebach, Jürgen: Art. »Antisemitismus«, in: *HRWG*, hrsg. von Hubert Cancik u. a., Bd. 1, Stuttgart 1988, 495-504.

Ebbinghaus, Julius: Deutschtum und Judentum bei Hermann Cohen, in: ders., *Interpretation und Kritik. Schriften zur theoretischen Philosophie und*

Philosophiegeschichte, 1924-1972, Bonn 1990 (Aachener Abhandlungen zur Philosophie, 7), 439-451 [zuerst: *Kant-Studien* 60 (1969), 84-96].

Ehrenfreund, Jacques: Erinnerungspolitik und historisches Gedächtnis: Zur Entstehung einer deutsch-jüdischen Wissenschaft im Kaiserreich (1870-1914), in: Ulrich Wyrwa (Hg.), *Judentum und Historismus. Zur Entstehung der jüdischen Geschichtswissenschaft in Europa*, Frankfurt a. M., New York 2003, 39-61.

Elias, Norbert: *Studien über die Deutschen. Machtkämpfe und Habitusentwicklung im 19. und 20. Jahrhundert*, hrsg. von Michael Schröter, Frankfurt a. M. 1989.

Elon, Amos: *Zu einer anderen Zeit. Porträt der deutsch-jüdischen Epoche, 1743-1933*. Aus dem Amerik. von Matthias Fienbork, München 2003 [engl. Orig.: *The pity of it all. A History of the Jews in Germany*, New York 2002].

Erb, Rainer / Werner Bergmann: *Die Nachtseite der Judenemanzipation. Der Widerstand gegen die Integration der Juden in Deutschland 1780-1860*, Berlin 1989.

Ernst, Petra: *Schtetl, Stadt, Staat. Raum und Identität in deutschsprachig-jüdischer Erzählliteratur des 19. und frühen 20. Jahrhunderts*, hrsg. von Gerd Kühr, Gerald Lambrecht und Olaf Terpitz. Mit einem Vorwort von Jay Winter, Wien, Köln, Weimar 2017.

Faber, Richard: Walter Boehlichs sammlung insel der 60er Jahre. Wiederaufnahme eines Walter Benjaminschen Projekts der 30er Jahre, in: Peitsch / Thein (Hgg.), *Walter Boehlich. Kritiker* (2011), 181-212.

Fauser, Markus: Deutsch-jüdische Gedächtniskultur – das Jubiläumsjahr 1879, in: Dirk Niefanger / Gunnar Och / Birka Siwczyk (Hgg.), *Lessing und das Judentum. Lektüren, Dialoge, Kontroversen im 19. und 20. Jahrhundert*, Hildesheim, Zürich, New York 2015, 183-204.

Felden, Klemens: *Die Übernahme des antisemitischen Stereotyps als soziale Norm durch die bürgerliche Gesellschaft Deutschlands (1875-1900)*, Inaug.-Diss., Ruprecht-Karls-Universität zu Heidelberg 1963.

Fetscher, Iring: Zur Entstehung des politischen Antisemitismus in Deutschland, in: Hermann Huss / Andreas Schröder (Hgg.), *Antisemitismus. Zur Pathologie der bürgerlichen Gesellschaft*, Frankfurt a. M. 1965, 9-33.

Fiorato, Pierfrancesco: »Es ist also doch wieder dahin gekommen, daß wir bekennen müssen«. Terminologische Randglossen zu Hermann Cohens »Ein Bekenntniß in der Judenfrage«, in: Goodman-Thau / Kohler (Hgg.), *Nationalismus und Religion. Hermann Cohen zum 100. Todestag*, Heidelberg 2019, 83-96.

Fuhrmann, Horst: *»Sind eben alles Menschen gewesen«. Gelehrtenleben im 19.*

und 20. Jahrhundert. Dargestellt an der Monumenta Germaniae Historica und ihren Mitarbeitern, München 1996.

Gay, Peter: Begegnung mit der Moderne. Die deutschen Juden in der Wilhelmischen Kultur, in: ders., *Juden und andere Deutsche. Herren und Opfer in der modernen Kultur*. Aus dem Amerik. von Karl Berisch, München 1989, 115-188 [zuerst in: Werner E. Mosse / Arnold Paucker (Hgg.), *Juden im Wilhelminischen Deutschland 1890-1914*, Tübingen 1976, 241-312].

Geismann, Georg: Der Berliner Antisemitismusstreit und die Abdankung der rechtlich-praktischen Vernunft, in: *Kant-Studien* 84 (1993), H. 3, 369-380.

Gerhards, Thomas: *Heinrich von Treitschke. Wirkung und Wahrnehmung eines Historikers im 19. und 20. Jahrhundert*, Paderborn u. a. 2013.

Geschichte des Suhrkamp Verlages, 1. Juli 1950 bis 30. Juni 2000, Frankfurt a. M. 2000.

Geulen, Christian: *Wahlverwandte. Rassendiskurs und Nationalismus im späten 19. Jahrhundert*, Hamburg 2004.

Geulen, Christian: *Geschichte des Rassismus*, 2., durchges. Aufl., München 2014 [zuerst 2007].

Glasenapp, Gabriele von: Spielarten jüdischer Identitätsbestimmung im frühen 19. Jahrhundert. Berthold Auerbachs Spinoza-Roman, in: Hanna Delf / Julius H. Schoeps / Manfred Walther (Hgg.), *Spinoza in der europäischen Geistesgeschichte*, Berlin 1994, 289-304.

Glasenapp, Gabriele von: »Vom edlen Freunde«. Lessing in der jüdischen Historiographie, in: Dirk Niefanger / Gunnar Och / Birka Siwczyk (Hgg.), *Lessing und das Judentum. Lektüren, Dialoge, Kontroversen im 19. und 20. Jahrhundert*, Hildesheim, Zürich, New York 2015, 163-181.

Goetschel, Wilfried: Lessing, Mendelssohn, Nathan. German-Jewish Myth-Building as an Act of Emancipation, in: *Lessing Yearbook* 32 (2000), 341-360.

Göttert, Karl-Heinz: Die Nationalisierung der Sprache. Der »Allgemeine deutsche Sprachverein« 1885-1933, in: *Einsicht. Bulletin des Fritz Bauer Instituts* (2020), 46-55.

Göttert, Karl-Heinz: *Die Sprachreiniger. Der Kampf gegen Fremdwörter und der deutsche Nationalismus*, Berlin 2019.

Goodman-Thau, Eveline / George Y. Kohler (Hgg.): *Nationalismus und Religion. Hermann Cohen zum 100. Todestag*, Heidelberg 2019.

Gosewinkel, Dieter: »Unerwünschte Elemente«. Einwanderung und Einbürgerung der Juden in Deutschland 1848-1933, in: *Tel Aviver Jahrbuch für deutsche Geschichte* 27 (1998), 71-106.

Gotzmann, Andreas / Rainer Liedtke / Till van Rahden (Hgg.): *Juden, Bürger, Deutsche. Zur Geschichte von Vielfalt und Differenz 1800-1933*, Tübingen 2001.

Gotzmann, Andreas: Zwischen Nation und Religion. Die deutschen Juden auf der Suche nach einer bürgerlichen Konfessionalität, in: ders. / Liedtke / van Rahden (Hgg.), *Juden, Bürger, Deutsche* (2001), 241-262.

Graevenitz, Gerhard von: »Verdichtung«. Das Kulturmodell der »Zeitschrift für Völkerpsychologie und Sprachwissenschaft«, in: Aleida Assmann (Hg.), *Positionen der Kulturanthropologie*, Frankfurt a. M. 1994, 148-172.

Greive, Hermann: *Geschichte des modernen Antisemitismus in Deutschland*, Darmstadt 1983.

Greschat, Martin: Protestantischer Antisemitismus in Wilhelminischer Zeit. Das Beispiel des Hofpredigers Adolf Stoecker, in: Günter Brakelmann / Martin Rosowski (Hgg.), *Antisemitismus. Von religiöser Judenfeindschaft zur Rassenideologie*, Göttingen 1989, 27-51.

Grözinger, Karl E. (Hg.): *Judentum im deutschen Sprachraum*, Frankfurt a. M. 1991.

Grunewald, Michel: Krise und Umbruch im wilhelminischen Deutschland aus der Sicht der »Preußischen Jahrbücher« (1890-1914), in: ders. / Uwe Puschner (Hgg.), *Krisenwahrnehmungen in Deutschland um 1900. Zeitschriften als Foren der Umbruchszeit im wilhelminischen Reich*, Bern u. a. 2010 (Convergence, Bd. 55), 215-239.

Güntner, Joachim: Lob des Schulmeisters. Zum Tod des Publizisten Walter Boehlich, in: *NZZ*, Nr. 83, 8. / 9. April 2006, 48.

Gurian, Waldemar: Antisemitism in Modern Germany, in: Koppel S. Pinson (Hg.), *Essays on Antisemitism*. With a Foreword by Salo W. Baron, 2nd ed., New York 1945, 218-265.

Haar, Ingo: *Jüdische Migration und Diversität in Wien und Berlin 1667 / 71-1918. Von der Vertreibung der Juden Wiens und ihrer Wiederansiedelung in Berlin bis zum Zionismus*, Göttingen 2022, 321-335.

Hackeschmidt, Jörg: Die hebräischen Propheten und die Ethik Kants. Hermann Cohen in kultur- und sozialhistorischer Perspektive, in: *Aschkenas* 5 (1995), 121-129.

Hahn, Hans-Joachim: Die geteilten Gefühle des Antisemitismus. Prolegomena zu einer Reflexionsgeschichte antijüdischer Emotionen, in: Schüler-Springorum/Süselbeck (Hgg.), *Emotionen und Antisemitismus* (2021), 87-106.

Hahn, Hans-Joachim: Sprache und Nation. Deutschsprachig-jüdische Reflexionen zwischen Mehrsprachigkeit, Sprachwechsel und Zukünftigkeit, in: Carmen Reichert / Bettina Bannasch / Alfred Wildfeuer (Hgg.), *Zukunft der Sprache – Zukunft der Nation? Verhandlungen des Jiddischen und Jüdischen im Kontext der Czernowitzer Sprachenkonferenz*, Boston, Berlin 2022, 155-175.

Hahn, Hans-Joachim / Olaf Kistenmacher (Hgg.): *Beschreibungsversuche der*

Judenfeindschaft. Zur Geschichte der Antisemitismusforschung vor 1944, Berlin, Boston 2014 (Europäisch-jüdische Studien. Beiträge, Bd. 20).

Haltern, Utz: Geschichte und Bürgertum. Droysen – Sybel – Treitschke, in: *HZ* 259 (1994), 59-107.

Hamburger, Ernest: *Juden im öffentlichen Leben Deutschlands. Regierungsmitglieder, Beamte und Parlamentarier in der monarchischen Zeit 1848-1918*, Tübingen 1968.

Hammerstein, Notker: *Antisemitismus und deutsche Universitäten 1871-1933*, Frankfurt a. M., New York 1995.

Hartung, Gerald: Art. »Sprachkritik«, in: *EJGK*, Bd. 5 (2014), 560-565.

Hartung, Gerald: *Sprach-Kritik. Sprach- und kulturtheoretische Reflexionen im deutsch-jüdischen Kontext*, Weilerswist 2012.

Hasselhoff, Görge K. (Hg.): *Über den jüdischen Hintergrund der Philosophie von Hermann Cohen*, Würzburg 2010.

Haupt, Heinz-Gerhard / Dieter Langewiesche (Hgg.): *Nation und Religion in der deutschen Geschichte*, Frankfurt a. M., New York 2001.

Heid, Ludger: Die Juden sind unser Unglück! Der moderne Antisemitismus in Kaiserreich und Weimarer Republik, in: Christina von Braun / Ludger Heid (Hgg.), *Der ewige Judenhass. Christlicher Antijudaismus, Deutschnationale Judenfeindlichkeit, Rassistischer Antisemitismus*, 2., verbesserte Aufl., Berlin, Wien 2000, 110-130.

Hering, Rainer: *Konstruierte Nation. Der alldeutsche Verband 1890 bis 1939*, Hamburg 2003.

Herz, Sophony: Treitschkes kritische Haltung gegenüber Berthold Auerbach, Rahel Varnhagen und Fanny Lewald, in: *Jahrbuch des Instituts für Deutsche Geschichte* 1 (1972), 119-144.

Herzig, Arno: Zur Problematik deutsch-jüdischer Geschichtsschreibung, in: *Menora. Jahrbuch für deutsch-jüdische Geschichte* 1 (1990), 209-234.

Hettling, Manfred / Paul Nolte (Hgg.): *Nation und Gesellschaft in Deutschland. Historische Essays*, München 1996.

Heuss, Alfred: *Theodor Mommsen und das 19. Jahrhundert*, Kiel 1956 [wieder: Stuttgart 1996].

Hoffmann, Christhard: *Juden und Judentum im Werk deutscher Althistoriker des 19. und 20. Jahrhunderts*, Münster 2007 [zuerst: Leiden 1988].

Hoffmann, Christhard: Die Verteidigung der liberalen Nation. Mommsen gegen Treitschke im »Berliner Antisemitismusstreit« 1879 / 80, in: Alexander Demandt / Andreas Goltz / Heinrich Schlange-Schöningen (Hgg.), *Theodor Mommsen. Wissenschaft und Politik im 19. Jahrhundert*, Berlin, New York 2005, 62-88.

Hoffmann, Christhard: Geschichte und Ideologie. Der Berliner Antisemitismusstreit 1879/1881, in: Wolfgang Benz/Werner Bergmann (Hgg.), *Vorurteil und Völkermord. Entwicklungslinien des Antisemitismus*, Bonn 1997, 219-251.

Hoffmann, Christhard: Geschichte und Ideologie. Der Berliner Antisemitismusstreit 1879/81, in: *GWU* 46 (1995), 167-178.

Hoffmann, Christhard: Politische Kultur und Gewalt gegen Minderheiten. Die antisemitischen Ausschreitungen in Pommern und Westpreußen, in: *JfA* 3 (1994), 93-120.

Hohendahl, Peter Uwe: Walter Boehlich als Kritiker der Germanistik, in: Peitsch/Thein (Hgg.), *Walter Boehlich. Kritiker* (2011), 101-113.

Holz, Klaus: *Nationaler Antisemitismus. Wissenssoziologie einer Weltanschauung*, Hamburg 2010 [zuerst: Hamburg 2001].

Horch, Hans Otto: Berthold Auerbach als deutsch-jüdischer Schriftsteller, in: Christof Hamann, Michael Scheffel (Hgg.), *Berthold Auerbach. Ein Autor im Kontext des 19. Jahrhunderts*, Trier 2013, 27-42.

Horch, Hans Otto: Enthusiasmus und Resignation. Berthold Auerbach und die Reichsgründung 1871, in: Klaus Amann/Karl Wagner (Hgg.), *Die Gründung des Deutschen Reichs 1871 in der deutschsprachigen Literatur*, Wien, Köln, Weimar 1996, 127-152.

Hortzitz, Nicoline: *»Früh-Antisemitismus« in Deutschland (1789-1871/72). Strukturelle Untersuchungen zu Wortschatz, Text und Argumentation*, Tübingen 1988.

Hübinger, Gangolf: *Gelehrte, Politik und Öffentlichkeit. Eine Intellektuellengeschichte*, Göttingen 2006.

Iggers, Georg G.: Heinrich von Treitschke, in: Hans-Ulrich Wehler (Hg.), *Deutsche Historiker*, Bd. 2, Göttingen 1971, 66-80.

Iggers, Georg G.: *Deutsche Geschichtswissenschaft. Eine Kritik der traditionellen Geschichtsauffassung von Herder bis zur Gegenwart*. Übersetzt von Christian M. Barth, München 1971 [dass., vom Autor durchgesehene und erweiterte Neuausgabe, Wien, Köln, Weimar 1997; Orig.: *The German Conception of History. The National Tradition of Historical Thought from Herder to the Present*, Middletown, Conn. 1968].

Jensen, Bernhard: *Die Emanzipation vollenden. Der Deutsch-Israelitische Gemeindebund*, Göttingen 2022.

Jensen, Uffa: *Gebildete Doppelgänger. Bürgerliche Juden und Protestanten im 19. Jahrhundert*, Göttingen 2005 (Kritische Studien zur Geschichtswissenschaft, Bd. 167).

Jensen, Uffa: Getrennt streiten – getrennt leben? Der doppelte Streit um Heinrich von Treitschkes Antisemitismus unter gebildeten Bürgern (1879-1881), in: *WerkstattGeschichte* 38 (2004), 5-27.

Jochmann, Werner: Struktur und Funktion des deutschen Antisemitismus 1878-1914, in: Wolfgang Benz/Werner Bergmann (Hgg.), *Vorurteil und Völkermord. Entwicklungslinien des Antisemitismus*, Bonn 1997, 177-218.

Kalmar, Ivan: Volkerpsychologie of Lazarus and Steinthal and the Modern Concept of Culture, in: *Journal of the History of Ideas* 48 (1987), 671-690.

Kampe, Norbert: Die Entstehung des bildungsbürgerlichen Antisemitismus im deutschen Kaiserreich. Zur Wirkungsgeschichte der Vereine Deutscher Studenten, in: Wolfgang Michalka/Martin Vogt (Hgg.), *Judenemanzipation und Antisemitismus in Deutschland im 19. und 20. Jahrhundert. Ein Tagungsband*, Eggingen 2003, 57-104.

Kampe, Norbert: *Studenten und »Judenfrage« im Deutschen Kaiserreich. Die Entstehung einer akademischen Trägerschicht des Antisemitismus*, Göttingen 1988.

Kampe, Norbert: Jüdische Professoren im Deutschen Kaiserreich. Zu einer vergessenen Enquete Bernhard Breslauers, in: Rainer Erb/Michael Schmidt (Hgg.), *Antisemitismus und jüdische Geschichte. Studien zu Ehren von Herbert A. Strauss*, Berlin 1987, 185-211.

Kampe, Norbert: Jews and Antisemitism at Universities in Imperial Germany (II), The Friedrich-Wilhelm-Universität of Berlin: A Case Study of the Student's »Jewish Question«; in: *LBIYB* 32 (1987), 43-101.

Kampe, Norbert: Von der »Gründerkrise« bis zum »Berliner Antisemitismusstreit«: Die Entstehung des modernen Antisemitismus in Berlin, in: Reinhard Rürup (Hg.), *Jüdische Geschichte in Berlin. Essays und Studien*, Berlin 1995, 85-100.

Kapp, Christoph: »Eine ganze Wohnung für mich …« Fundstücke aus der Walter-Boehlich-Bibliothek, in: Irene A. Diekmann u. a. (Hgg.), *»… und handle mit Vernunft«. Beiträge zur europäisch-jüdischen Beziehungsgeschichte*, Hildesheim 2012, 622-629.

Kapp, Christoph: »… und die Toren entthronte ich mit den Jahren.« Walter Boehlichs frühe Jahre – eine biografische Skizze, in: Peitsch/Thein (Hgg.), *Walter Boehlich. Kritiker* (2011), 17-40.

Kapp, Christoph: »Kritik ist eine moralische Aufgabe«. Leben und Werk Walter Boehlichs, in: *Dialog* 4 (2010), H. 49, 3.

Kapp, Christoph: Doktor Faustus und Dr. h. c. Thomas Mann. Walter Boehlich über den Schriftsteller und die Politik, in: Helmut Peitsch u. a. (Hgg.), *Nachkriegsliteratur als öffentliche Erinnerung. Deutsche Vergangenheit im europäischen Kontext*, Berlin, Boston 2019, 119-146.

Katz, Jacob: *Vom Vorurteil bis zur Vernichtung. Der Antisemitismus 1700-1933*. Aus dem Englischen von Ulrike Berger, München 1989 [engl. Orig.: *From Prejudice to Destruction. Anti-Semitism, 1700-1933*, Cambridge, Mass. 1980].

Katz, Jacob: A State Within a State. The History of an Anti-Semitic Slogan, in: ders., *Zur Assimilation und Emanzipation der Juden*, Darmstadt 1982, 124-153.

Katz, Jacob: Berthold Auerbach's Anticipation of the German-Jewish Tragedy, in: *Hebrew Union College Annual* 53 (1982), 215-240.

Kersting, Wolfgang: Die Wahrnehmung des Anderen« aus philosophischer Sicht, in: Birgit Aschmann / Michael Salewski (Hgg.), *Das Bild »des Anderen«. Politische Wahrnehmung im 19. und 20. Jahrhundert*, Stuttgart 2000, 21-35.

Kinder, Hermann: Nachwort, in: Berthold Auerbach, *»... einst fast eine Weltberühmtheit«. Eine Collage*, Tübingen 2011, 251-278.

Kisch, Guido (Hg.): *Das Breslauer Seminar. Jüdisch-theologisches Seminar (Fraenckelscher Stiftung) in Breslau 1854-1938. Gedächtnisschrift*, Tübingen 1963.

Klautke, Egbert: *The Mind of the Nation. Völkerpsychologie in Germany 1851-1955*, New York, Oxford 2013.

Klee, Ernst: *Das Kulturlexikon zum Dritten Reich. Wer war was vor und nach 1945*. Überarbeitete Ausg., Frankfurt a. M. 2009 [zuerst: 2007].

Kloft, Hans: Theodor Mommsen und der Berliner Antisemitismusstreit, in: Böning / Marten-Finnis (Hgg.), *Aufklären, Mahnen und Erzählen* (2015), 113-120.

Koebner, Thomas: »Feindliche Brüder«. Stereotypen der Abgrenzung jüdischen und deutschen Wesens, in: *Archiv Bibliographia Judaica – Jahrbuch* 1 (1985), 29-55.

Koehler, Benedikt: *Ludwig Bamberger: Revolutionär und Bankier*, Stuttgart 1999.

Köhnke, Klaus: Der Kulturbegriff von Moritz Lazarus – oder: die wissenschaftliche Aneignung des Alltäglichen, in: Andreas Hoeschen / Lothar Schneider (Hgg.), *Herbarts Kultursystem. Perspektiven der Transdisziplinarität im 19. Jahrhundert*, Würzburg 2001, 39-50.

König, Mareike / Oliver Schulz (Hgg.): *Antisemitismus im 19. Jahrhundert in internationaler Perspektive / Nineteenth-Century Anti-Semitism in International Perspective*, Göttingen 2019 (Schriften aus der Max Weber Stiftung, hrsg. von der MaxWeber Stiftung – Deutsche Geisteswissenschaftliche Institute im Ausland, Bd. 1).

Kohler, George Y.: German Spirit and Holy Ghost – Treitschke's Call for Conversion of German Jewry: The Debate revisited, in: *Modern Judaism* 30 (2010), No. 2, 172-195.

Kratz-Ritter, Bettina: Konversion als Antwort auf den Berliner Antisemitismusstreit?, in: *Zeitschrift für Religions- und Geistesgeschichte* 46 (1994), Nr. 1, 15-30.

Krieger, Karsten: Einleitung, in: *Der Berliner Antisemitismusstreit 1879-1881. Eine Kontroverse um die Zugehörigkeit der deutschen Juden zur Nation.* Kommentierte Quellenedition. Im Auftrag des Zentrums für Antisemitismusforschung bearb. von Karsten Krieger, 2 Teile, München 2003, Teil 1, X–XXXI.

Krieger, Karsten: »Unsere Aussichten« (Heinrich von Treitschke, 1879), in: *Handbuch des Antisemitismus*, hrsg. von Wolfgang Benz, Bd. 6: Publikationen, Berlin, Boston 2013, 714-716.

Kulka, Otto Dov: Richard Wagner und die Anfänge des modernen Antisemitismus, in: *Bulletin des Leo Baeck Instituts* 4 (1961), 281-300.

Lässig, Simone: *Jüdische Wege ins Bürgertum. Kulturelles Kapital und sozialer Aufstieg im 19. Jahrhundert*, Göttingen 2004.

Lange, Matthew: *Antisemitic elements in the critique of capitalism in German culture, 1850-1933*, Oxford, Bern, Berlin u. a. 2007.

Langer, Ulrich: *Heinrich von Treitschke. Politische Biographie eines deutschen Nationalisten*, Düsseldorf 1998.

Langewiesche, Dieter: Liberalismus und Judenemanzipation im 19. Jahrhundert, in: Peter Freimark u.a. (Hg.), *Juden in Deutschland. Emanzipation, Integration, Verfolgung und Vernichtung. 25 Jahre Institut für die Geschichte der deutschen Juden Hamburg*, Hamburg 1991, 148-163.

Langewiesche, Dieter: Was verstanden liberale deutsche Juden um 1900 unter Emanzipation? Wie bewerteten sie Erfolge und Defizite?, in: Till van Rahden / Michael Stolleis (Hgg.), *Emanzipation und Recht. Zur Geschichte der Rechtswissenschaft und der jüdischen Gleichberechtigung*, Frankfurt a. M. 2021, 33-56.

Lapidot, Elad: *Anti-Anti-Semitismus. Eine philosophische Kritik.* Aus dem Englischen von Jan Eike Dunkhase, Berlin 2021.

Lasky, Melvin J.: Warum schrieb Mommsen nicht weiter?, in: *Der Monat* 3 (1950), Nr. 19, 62-67.

Laube, Stefan: Konfessionelle Brüche in der nationalen Heldengalerie – Protestantische, katholische und jüdische Erinnerungsgemeinschaften im deutschen Kaiserreich (1871-1918), in: Heinz-Gerhard Haupt / Dieter Langewiesche (Hgg.), *Nation und Religion in der deutschen Geschichte*, Frankfurt a. M., New York 2001, 293-332.

Launay, Marc B. de: La controverse sur l'antisémitisme: Cohen – Treitschke, in: *Revue de l'histoire des religions* 221 (2004), No. 4, 445-458.

Leicht, Johannes: *Heinrich Claß (1868-1953). Die politische Biographie eines Alldeutschen*, Paderborn 2012.

Lenk, Kurt: Der Antisemitismusstreit oder: Antisemitismus der »gebildeten Leute«, in: Hans Otto Horch (Hg.), *Juden, Antisemitismus und europäische Kultur*, Tübingen 1988, 23-34.

Leo, Per: *Der Wille zum Wesen. Weltanschuungskultur, charakterologisches Denken und Judenfeindschaft in Deutschland 1890-1940*, Berlin 2013.

Leschnitzer, Adolf: *Saul und David. Die Problematik der deutsch-jüdischen Lebensgemeinschaft*, Heidelberg 1954.

Levenson, Alan T.: *Between Philosemitism and Antisemitism. Defenses of Judaism in Germany, 1871-1932*, Lincoln, UP 2004.

Lichtblau, Albert: *Antisemitismus und soziale Spannung in Berlin und Wien 1867-1914*, Berlin 1994.

Liebeschütz, Hans / Arnold Paucker (Hgg.): *Das Judentum in der Deutschen Umwelt 1800-1850. Studien zur Frühgeschichte der Emanzipation*, Tübingen 1977.

Liebeschütz, Hans: *Das Judentum im deutschen Geschichtsbild von Hegel bis Max Weber*, Tübingen 1967.

Liebeschütz, Hans: Treitschke and Mommsen on Jewry and Judaism, in: *LBIYB* 7 (1962), 153-182.

Longerich, Peter: *Antisemitismus. Eine deutsche Geschichte. Von der Aufklärung bis heute*, München 2021.

Luks, Leonid: Die Sehnsucht nach der »organischen nationalen Einheit« und die »jüdische Frage« im publizistischen Werk Fedor Dostoevskijs und Heinrich von Treitschkes, in: Florian Anton / Leonid Luks (Hgg.), *Deutschland, Russland und das Baltikum. Beiträge zu einer Geschichte wechselvoller Beziehungen. FS zum 85. Geburtstag von Peter Krupnikow*, Köln, Weimar, Wien 2005, 155-186.

Malitz, Jürgen: »Auch ein Wort über unser Judenthum«. Theodor Mommsen und der Berliner Antisemitismusstreit, in: Josef Wiesehöfer / Henning Börm (Hgg.), *Theodor Mommsen. Gelehrter, Politiker und Literat*, Stuttgart 2005, 137-164.

Malitz, Jürgen: Mommsen, Caesar und die Juden, in: Hubert Cancik u.a. (Hgg.), *Geschichte – Tradition – Reflexion. FS für Martin Hengel zum 70. Geburtstag*, Bd. 2, Tübingen 1996, 371-387.

Massing, Paul W.: *Vorgeschichte des politischen Antisemitismus*, Frankfurt a. M. 1959 [engl. Orig.: *Rehearsal for Destruction*, New York 1949].

Mattenklott, Gert: *Über Juden in Deutschland*, 2. Aufl., Frankfurt a. M. 1993 [zuerst: 1992; veränd. und erw. Neuausgabe von: ders., *Jüdische Intelligenz in deutschen Briefen, 1619-1988*, Frankfurt a. M. 1988].

Mayer, Hans: Von guten und schlechten Traditionen deutscher Sprache und Literatur, in: Gert Kalow (Hg.), *Sind wir noch das Volk der Dichter und Denker? 14 Antworten*, Reinbek bei Hamburg 1964, 7-15.

Mendes-Flohr, Paul: *German Jews: A Dual Identity*, New Haven 1999.

Meyer, Michael A.: Great Debate on Antisemitism. Jewish Reactions to New Hostility in Germany 1879-1881, in: *LBIYB* 11 (1961), 137-170.

Meyer, Michael A.: Heinrich Graetz and Heinrich von Treitschke: A Comparison of Their Images of the Modern Jew, in: *Modern Judaism* 6 (1986), No. 1, 1-11.

Meyer, Thomas: Zur Kampfgemeinschaft Hermann Cohen und Ernst Cassirer, in: Goodman-Thau / Kohler (Hgg.), *Nationalismus und Religion. Hermann Cohen zum 100. Todestag* (2019), 175-193.

Michael, Reuwen: Graetz contra Treitschke, in: *Bulletin des Leo Baeck Instituts* 4 (1961), 301-322.

Miething, Christoph: Hermann Cohen – Kantische Vernunft und jüdisches Selbstverständnis, in: Hans Otto Horch / Charlotte Wardi (Hgg.), *Jüdische Selbstwahrnehmung = La prise de conscience de l'identité juive*, Tübingen 1997, 217-230.

Morris-Reich, Amos: Art. »Assimilation«, in: *EJGK*, Bd. 1 (2011), 171-176.

Mosse, George L.: The Meaning of ›Bildung‹ – A Concept in Universality, in: Diner / Zimmermann (Hgg.), *Dissemination German Tradition* (2009), 15-27.

Mosse, George L.: *Jüdische Intellektuelle in Deutschland. Zwischen Religion und Nationalismus*. Mit einer Einleitung von Aleida Assmann. Aus dem Engl. von Christiane Spelsberg, Frankfurt a. M. 1992 [engl. Orig.: *German Jews beyond Judaism*, Bloomington, Ind. 1985].

Mosse, George L.: *The Crisis of German Ideology. Intellectual Origins of the 3. Reich*, New York 1964.

Müller, Jan-Werner: *Was ist Populismus? Ein Essay*, Berlin 2016.

Myers, David N.: *Resisting History. Historicism and Its Discontents in German-Jewish Thought*, Princeton, N. J., Oxford 2003.

Neubach, Helmut: *Die Ausweisungen von Polen und Juden aus Preußen 1885/86. Ein Beitrag zu Bismarcks Polenpolitik und zur Geschichte des deutsch-polnischen Verhältnisses*, Wiesbaden 1967.

Niedhart, Gottfried: Einsam als Jude und Deutscher: Gustav Mayer 1871-1948, in: Gustav Mayer, *Als deutsch-jüdischer Historiker in Krieg und Revolution*

1914-1920. Tagebücher, Aufzeichnungen, Briefe, hrsg. u. eingeleitet von Gottfried Niedhart, München 2009, 17-82.

Niewyk, Donald: Solving the »Jewish Problem«: Continuity and Change in German Antisemitism 1871-1945, in: *LBIYB* 35 (1990), 335-370.

Nipperdey, Thomas: *Deutsche Geschichte 1866-1918, Bd. 2: Machtstaat vor der Demokratie*, München 1992.

Oesterle, Kurt: »Vergebens gelebt und gearbeitet!« Wie Berthold Auerbach am Antisemitismus seines Ex-Freundes Richard Wagner zerbrach, in: Jesko Reiling (Hg.): *Berthold Auerbach (1812-1882). Werk und Wirkung*, Heidelberg 2012, 401-420.

Opitz, Gottfried: Art. »Harry Bresslau«, in *NDB*, Bd. 2, Berlin 1955, 600f.

Papen, Patricia von: *»Scholarly« Antisemitism during the Third Reich. The Reichsinstitut's research on the »Jewish Question«*, Ann Arbor, MI 1999.

Pawliczek, Aleksandra: *Akademischer Alltag zwischen Ausgrenzung und Erfolg. Jüdische Dozenten an der Berliner Universität 1871-1933*, Stuttgart 2011.

Pawliczek, Aleksandra: Zwischen Anerkennung und Ressentiment. Der jüdische Mediävist Harry Bresslau (1848-1926), in: *Jahrbuch des Dubnow-Instituts/Simon Dubnow Institute Yearbook* 6 (2007), 389-409.

Peitsch, Helmut/Helen Thein (Hgg.): *Walter Boehlich. Kritiker*, Berlin 2011.

Peitsch, Helmut: Boehlichs »Beitrag zur Geschichte der deutschen Literaturwissenschaft«, in: ders./Thein (Hgg.), *Walter Boehlich. Kritiker* (2011), 85-98.

Peitsch, Helmut/Helen Thein: »Wer nicht las, galt nicht«. Walter Boehlich (1921-2006), in: Ines Sonder/Karin Bürger/Ursula Wallmeier (Hgg.), *»Wie würde ich ohne Bücher leben und arbeiten können?« Privatbibliotheken jüdischer Intellektueller im 20. Jahrhundert*, Berlin 2008, 83-112.

Pfahl-Traughber, Armin: *Antisemitismus in der deutschen Geschichte*, Opladen 2002.

Pfeil, Sigurd Graf: Heinrich von Treitschke und das Judentum, in: *Die Welt als Geschichte. Eine Zeitschrift für Universalgeschichte* 21 (1961), 49-61.

Poliakov, Léon: *Geschichte des Antisemitismus, Bd. VII: Zwischen Assimilation und »Jüdischer Weltverschwörung«*, Frankfurt a.M. 1988.

Pulzer, Peter: *Die Entstehung des politischen Antisemitismus in Deutschland und Österreich 1867 bis 1914*. Neuausgabe, mit einem Forschungsbericht des Autors, Göttingen 2004 [zuerst: Gütersloh 1966; engl. Orig.: *The rise of political anti-Semitism in Germany and Austria*, New York 1964].

Pulzer, Peter: Die Wiederkehr des alten Hasses, in: *Deutsch-jüdische Geschichte in der Neuzeit*, 4 Bde., hrsg. im Auftrag des Leo Baeck Instituts von Michael Meyer, Bd. 3: Umstrittene Integration 1871-1918, München 1997, 193-248.

Pulzer, Peter: *Jews and the German State. The Political History of a Minority, 1848-1933*, Oxford 1992.

Puschner, Marco: *Antisemitismus im Kontext der politischen Romantik. Konstruktionen des »Deutschen« und des »Jüdischen« bei Arnim, Brentano und Saul Ascher*, Tübingen 2008.

Puschner, Uwe: Die Germanen im völkischen Weltanschauungskosmos, in: Martin Langebach (Hg.), *Germanenideologie. Einer völkischen Weltanschauung auf der Spur*, Bonn 2020, 70-100.

Puschner, Uwe: Antisemiten, Alldeutsche, Völkische und der Zionismus. Radikale Diskurse in der langen Jahrhundertwende, in: Sara Han / Anja Middelbeck-Varwick / Markus Thurau (Hgg.), *Bibel – Israel – Kirche. Studien zur jüdisch-christlichen Begegnung. FS für Rainer Kampling*, Münster 2018, 223-238.

Puschner, Uwe: »Völkisch« – vom Ersatzwort zum Weltanschauungscode, in: ders., *Die völkische Bewegung im wilhelminischen Kaiserreich: Sprache – Rasse – Religion*, Darmstadt 2001, 27-47.

Puschner, Uwe / Walter Schmitz / Justus H. Ulbricht (Hgg.): *Handbuch zur Völkischen Bewegung 1871-1918*, München u. a. 1996.

Pyka, Marcus: *Jüdische Identität bei Heinrich Graetz*, Göttingen 2009.

Raabe, Bettina: Harry Bresslau (1848-1926) – Wegbereiter der Historischen Hilfswissenschaften in Berlin und Straßburg, in: *Herold-Jahrbuch* NF 1 (1996), 49-83.

Rabinovici, Doron / Ulrich Speck / Nathan Sznaider (Hgg.): *Neuer Antisemitismus? Eine globale Debatte*, 2., erweiterte Aufl., Berlin 2019 [zuerst: Frankfurt a. M. 2005].

Rahden, Till van: *Vielheit. Jüdische Geschichte und die Ambivalenzen des Universalismus*, Hamburg 2022.

Rahden, Till van: *Juden und andere Breslauer. Die Beziehungen zwischen Juden, Protestanten und Katholiken in einer deutschen Großstadt von 1860 bis 1925*, Göttingen 2000.

Rahden, Till van: Weder Milieu noch Konfession. Die situative Ethnizität der deutschen Juden im Kaiserreich in vergleichender Perspektive, in: Olaf Blaschke / Frank-Michael Kuhlemann (Hgg.), *Religion im Kaiserreich: Milieus – Mentalitäten – Krisen*, Gütersloh 1996, 409-434.

Rebenich, Stefan: Eine Entzweiung. Theodor Mommsen und Heinrich von Treitschke, in: Stephan Leibfried / Christoph Markschies / Ernst Osterkamp / Günter Stock (Hgg.), *Berlins wilde Energien. Porträts aus der Geschichte der Leibnizschen Wissenschaftsakademien*, Berlin, Boston 2015, 262-285 u. 491-493.

Rebenich, Stefan: Viel Feind, viel Ehr? Bismarck, Treitschke und die Antisemiten, in: ders., *Theodor Mommsen. Eine Biographie*, München 2007 [zuerst: 2002], 165-173.

Regneri, Günter: Salomon Neumann's Statistical Challenge to Treitschke. The Forgotten Episode that Marked the End of the Berliner Antisemitismusstreit, in: *LBIYB* 43 (1998), 129-153.

Reichert, Klaus: Über Walter Boehlich. Ein kleines Porträt, in: Peitsch/Thein (Hgg.), *Walter Boehlich. Kritiker* (2011), 11-16 [u. d. T. Leidenschaft und Zorn der Vernunft. Walter Boehlich zum 70. Geburtstag, in: *Frankfurter Rundschau*, Nr. 215, 16. September 1991, 14].

Reichmann, Eva G.: *Die Flucht in den Hass. Die Ursachen der deutschen Judenkatastrophe*, hrsg. und mit einem Nachwort von Kirsten Heinsohn, Hamburg 2021 [zuerst: Frankfurt a. M. 1956; engl. Orig.: *Hostages of Civilisation. The Social sources of national socialist anti-semitism*, London 1950].

Reiling, Jesko (Hg.): *Berthold Auerbach (1812-1882). Werk und Wirkung*, Heidelberg 2012.

Reinke, Andreas: Der deutsche Liberalismus und die »Judenfrage«, in: Manfred Hettling / Michael G. Müller / Guido Hausmann (Hgg.), *Die »Judenfrage« – ein europäisches Phänomen?*, Berlin 2013 (Studien zum Antisemitismus in Europa, 5), 54-81.

Reuwen, Michael: Graetz contra Treitschke, in: *Bulletin des Leo Baeck Instituts* 4 (1961), 301-322.

Rohrbacher, Stefan / Michael Schmidt: *Judenbilder. Kulturgeschichte antijüdischer Mythen und antisemitischer Vorurteile*, Reinbek bei Hamburg 1991.

Rolker, Christof: *Heinrich von Treitschke: Werke und Ausgaben*, Bibliothek der Universität Konstanz, Online-Ressource [28 S.] (https://kops.uni-konstanz.de/handle/123456789/11667).

Roos, Daniel: *Julius Streicher und »Der Stürmer«, 1923-1945*, Paderborn 2014.

Rose, Paul Lawrence: One of Wagner's Jewish Friends. Berthold Auerbach and his Unpublished Reply to Richard Wagner's Antisemitism (1881), in: *LBIYB* 36 (1991), 219-228.

Rürup, Reinhard: *Emanzipation und Antisemitismus. Studien zur »Judenfrage« der bürgerlichen Gesellschaft*, Frankfurt a. M. 1987 [zuerst: 1975].

Rürup, Reinhard / Thomas Nipperdey: Art. »Antisemitismus«, in: *Geschichtliche Grundbegriffe. Historisches Lexikon zur politisch-sozialen Sprache*, Bd. 1, Stuttgart 1972, 129-153.

Rupnow, Dirk: *Judenforschung im Dritten Reich. Wissenschaft zwischen Politik, Propaganda und Ideologie*, Baden-Baden 2011.

Salzborn, Samuel: *Antisemitismus als negative Leitidee der Moderne. Sozialwissenschaftliche Theorien im Vergleich*, Frankfurt a. M. 2010.

Sauerland, Karol: Im Namen einer deutsch-jüdischen Symbiose: Hermann Cohen, in: Barner / König (Hgg.), *Jüdische Intellektuelle und die Philologien in Deutschland* (2001), 153-162.

Sauter, Inka: *Offenbarungsphilosophie und Geschichte. Über die jüdische Krise des Historismus*, Göttingen 2022.

Schäfer, Peter: *Kurze Geschichte des Antisemitismus*, München 2020.

Scherner, Karl Otto: *Handel, Wirtschaft und Recht in Europa. Abhandlungen zum Handels- und Wirtschaftsrecht in Deutschland und Europa des 16. bis 19. Jahrhunderts*, Goldbach 1999.

Schleier, Hans: *Sybel und Treitschke. Antidemokratismus und Militarismus im historisch-politischen Denken großbourgeoiser Geschichtsideologie*, Berlin (Ost) 1965.

Schlotzhauer, Inge: *Ideologie und Organisation des politischen Antisemitismus in Frankfurt am Main 1880-1914*, Frankfurt a. M. 1989.

Schlüter, Petra: *Berthold Auerbach. Ein Volksaufklärer im 19. Jahrhundert*, Würzburg 2010.

Schneider, Ulrich Johannes: Spinozismus als Pantheismus. Anmerkungen zum Streitwert Spinozas im 19. Jahrhundert, in: Volker Caysa / Klaus-Dieter Eichler (Hgg.), *Praxis, Vernunft, Gemeinschaft. FS Helmut Seidel zum 65. Geburtstag*, Weinheim 1994, 163-177.

Schönwälder, Karen: Akademischer Antisemitismus. Die deutschen Historiker in der NS-Zeit, in: *JfA* 2 (1993), 200-229.

Schoeps, Julius H.: »Nicht rassistisch, sondern eher national«. Walter Boehlich und der Berliner Antisemitismusstreit, in: Peitsch / Thein (Hgg.), *Walter Boehlich. Kritiker* (2011), 57-67.

Schorsch, Ismar: *Jewish Reactions to German Anti-Semitism 1870-1914*, New York, London 1972.

Schüler-Springorum, Stefanie: Unser Standpunkt. Jüdische Reaktionen auf den Berliner Antisemitismusstreit, in: Andreas Brämer (Hg.), *Aus den Quellen. Beiträge zur deutsch-jüdischen Geschichte. FS für Ina Lorenz zum 65. Geburtstag*, München, Hamburg 2005, 276-283.

Schüler-Springorum, Stefanie / Jan Süselbeck (Hgg.): *Emotionen und Antisemitismus. Geschichte – Literatur – Theorie*, Göttingen 2021.

Schulin, Ernst: Nationalismus und jüdische Geschichtsschreibung, in: Wolfgang Küttler / Jörn Rüsen / Ernst Schulin (Hgg.), *Geschichtsdiskurs, 5 Bde., Bd. 3: Die Epoche der Historisierung*, Frankfurt a. M. 1998, 198-217.

Schulin, Ernst: »Das geschichtlichste Volk!« Die Historisierung des Judentums in der deutschen Geschichtswissenschaft des 19. Jahrhunderts, in: ders., *Arbeit an der Geschichte. Etappen der Historisierung auf dem Weg zur Moderne*, Frankfurt a. M., New York 1997, 114-163.

Schulte, Christoph: Nicht nur zur Einleitung: Deutschtum und Judentum. Ein Disput unter Juden aus Deutschland, in: *Deutschtum und Judentum. Ein Disput unter Juden in Deutschland*, hrsg. von Christoph Schulte, Stuttgart 1993, 5-27.

Schulz, Gerhard: Der späte Nationalismus im deutschen politischen Denken des neunzehnten Jahrhunderts, in: Liebeschütz / Paucker (Hgg.), *Das Judentum in der Deutschen Umwelt 1800-1850* (1977), 95-137.

Schwartz, Daniel R.: From Feuding Medievalists to the Berlin Antisemitismusstreit of 1879-1881, in: *JfA* 21 (2012), 239-267.

Seubert, Harald: Das Konzept von Vernunftreligion als Dekonstruktion nationalistischer Unkultur. Cohens kritischer Meta-Kantianismus und seine Aktualität im 21. Jahrhundert, in: Goodman-Thau / Kohler (Hgg.), *Nationalismus und Religion. Hermann Cohen zum 100. Todestag* (2019), 195-209.

Sieg, Ulrich: *Vom Ressentiment zum Fanatismus. Zur Ideengeschichte des modernen Antisemitismus*, Hamburg 2022.

Sieg, Ulrich: *Paul de Lagarde. Deutschlands Prophet. Paul de Lagarde und die Ursprünge des modernen Antisemitismus*, München 2007.

Sieg, Ulrich: Der frühe Hermann Cohen und die Völkerpsychologie, in: *Aschkenas* 12 (2003), 461-483.

Sieg, Ulrich: Der Preis des Bildungsstrebens: Jüdische Geisteswissenschaftler im Kaiserreich, in: Gotzmann / Liedtke / van Rahden (Hgg.), *Juden, Bürger, Deutsche* (2001), 67-95 [wieder in: ders., *Vom Ressentiment zum Fanatismus*, 55-82].

Sieg, Ulrich: Bekenntnis zu nationalen und universalen Werten. Jüdische Philosophen im Deutschen Kaiserreich, in: *HZ* 263 (1996), 609-639 [wieder in: ders., *Vom Ressentiment zum Fanatismus*, 31-54].

Sieg, Ulrich: *Aufstieg und Niedergang des Marburger Neukantianismus. Die Geschichte einer philosophischen Schulgemeinschaft*, Würzburg 1994.

Sieg, Ulrich: »Der Wissenschaft und dem Leben tut dasselbe not: Ehrfurcht vor der Wahrheit.« Hermann Cohens Gutachten im Marburger Antisemitenprozeß 1888, in: Reinhard Brand / Franz Orlik (Hgg.), *Philosophisches Denken – Politisches Wirken. Hermann-Cohen-Kolloquium Marburg 1992*, Hildesheim, Zürich, New York 1993, 222-249.

Simon, Ernst: Das geistige Erbe des deutschen Judentums (1955), in: ders., *Brücken. Gesammelte Aufsätze*, Heidelberg 1965, 47-58.

Sinzheimer, Hugo: Levin Goldschmidt, in: ders., *Jüdische Klassiker der deutschen Rechtswissenschaft*, Frankfurt a. M. 1953 (Frankfurter wissenschaftliche Beiträge: Rechts- und wirtschaftswissenschaftliche Reihe, Bd. 7) [zuerst: Amsterdam 1938], 51-72.

Skolnik, Jonathan: Writing Jewish History between Gutzkow and Goethe. Auerbachs »Spinoza« and the Birth of Modern Jewish Historical Fiction, in: *Prooftexts. A Journal of Jewish Literary History* 19 (1999), No. 2, 101-126.

Sparr, Thomas: Dreyfus in Deutschland. Zur Rezeption der Dreyfus-Affäre, in: Hans Otto Horch / Charlotte Wardi (Hgg.), *Jüdische Selbstwahrnehmung = La prise de conscience de l'identité juive*, Tübingen 1997, 169-180.

Steer, Martina: *Moses Mendelssohn und seine Nachwelt. Eine Kulturgeschichte der jüdischen Erinnerung*, Göttingen 2019.

Stegmann, Andreas: Der Berliner Antisemitismusstreit 1879 / 80, in: Dorothea Wendebourg / Andreas Stegmann / Martin Ohst (Hgg.), *Protestantismus, Antijudaismus, Antisemitismus. Konvergenzen und Konfrontationen in ihren Kontexten*, Tübingen 2017, 239-274.

Sterling, Eleonore: *Er ist wie Du. Zur Frühgeschichte des Antisemitismus in Deutschland (1815-1850)*, München 1956 [überarb. u. erw. Neuaufl. u. d. T. *Judenhaß. Die Anfänge des politischen Antisemitismus in Deutschland (1815-1850)*, Frankfurt a. M. 1969].

Stern, Fritz: *Kulturpessimismus als politische Gefahr. Eine Analyse nationaler Ideologie in Deutschland.* Übersetzung aus dem Amerik. von Alfred P. Zeller. Mit einem Vorwort von Norbert Frei, 3. Aufl., Stuttgart 2018 [die Neuausgabe zuerst: 2005; die dt. Erstübersetzung.: Bern, Stuttgart, Wien 1963; das engl. Orig.: *The Politics of Cultural Despair*, New York 1962].

Stillschweig, Kurt: Die deutschen Juden als nationale Minderheit, in: *Judaica* 3 (1947), 1-24.

Stoetzler, Marcel: Moritz Lazarus und die liberale Kritik an Heinrich von Treitschkes liberalem Antisemitismus, in: Hahn / Kistenmacher (Hgg.), *Beschreibungsversuche der Judenfeindschaft. Zur Geschichte der Antisemitismusforschung vor 1944* (2014), 98-120.

Stoetzler, Marcel: *The State, the Nation, and the Jews. Liberalism and the Antisemitism Dispute in Bismarck's Germany*, Lincoln / Nebraska, London 2008.

Strauss, Herbert A. / Norbert Kampe (Hgg.): *Antisemitismus. Von der Judenfeindschaft zum Holocaust*, Frankfurt a. M., New York 1985.

Thein, Helen: Walter Boehlich-Bibliographie, in: Peitsch / Thein (Hgg.), *Walter Boehlich. Kritiker* (2011), 307-391.

Theisohn, Philipp: Lessing: Ein Kapitel zur paranoischen Literaturgeschichtsschreibung, in: Dirk Niefanger / Gunnar Och / Birka Siwczyk (Hgg.), *Lessing und das Judentum. Lektüren, Dialoge, Kontroversen im 19. und 20. Jahrhundert*, Hildesheim, Zürich, New York 2015, 225-239.

Thulin, Mirjam: *Kaufmanns Nachrichtendienst. Ein jüdisches Gelehrtennetzwerk im 19. Jahrhundert*, Göttingen 2012.

Toury, Jacob: Die Bangen Jahre (1887-1891). Juden in Deutschland zwischen Integrationshoffnung und Isolationsfurcht, in: Peter Freimark u. a. (Hg.), *Juden in Deutschland. Emanzipation, Integration, Verfolgung und Vernichtung. 25 Jahre Institut für die Geschichte der deutschen Juden Hamburg*, Hamburg 1991, 164-185.

Toury, Jacob: *Soziale und politische Geschichte der Juden in Deutschland 1847-1871*, Düsseldorf 1977.

Treß, Werner: Deutscher Nationalismus und Judenfeindschaft im Zeitumbruch der Jahre 1814 bis 1819. Die Beispiele Friedrich Rühs und Jakob Friedrich Fries, in: David Bordiehn / Christian Köhler / Stefan Noak / Susanne Wein (Hgg.), *Ausgrenzende politische Ideologien. Akteure, Organisationen und Programmatiken. FS zu Ehren von Uwe Puschner*, Berlin, Bern u. a. 2020, 159-177.

Treß, Werner: Jüdisches Gesetz und Staatsbürgerrecht im Übergang zur Moderne, in: Christina von Braun / Micha Brumlik (Hgg.), *Handbuch Jüdische Studien*, Köln u. a. 2018, 335-350.

Twellmann, Markus: Nachwort, in: Berthold Auerbach, *Schriften zur Literatur*, hrsg. und mit einem Nachwort versehen von Marcus Twellmann, Göttingen 2014, 267-304.

Ulbrich, Bernd G.: *Moses Mendelssohn und seine Wirkungsgeschichte in Dessau.* Katalog zur Ausstellung im Moses Mendelssohn-Zentrum, Dessau-Roßlau 2021.

Urban, Peter: Der Übersetzer Walter Boehlich, in: Peitsch / Thein (Hgg.), *Walter Boehlich. Kritiker* (2011), 273-284.

Vogt, Bernhard: Antisemitismus und Justiz im Kaiserreich: Der Synagogenbrand in Neustettin, in: Margret Heitmann / Julius H. Schoeps (Hgg.), *Geschichte und Kultur der Juden in Pommern. Ein Sammelband*, Hildesheim, Zürich, New York 1995, 379-399.

Voigt, Sebastian: Erforderliche Reaktionen. Moritz Lazarus' Erwiderung auf Heinrich von Treitschkes »Unsere Aussichten« (1879) und Bernard Lazares Auseinandersetzung mit Édouard Drumonts »La France Juive« (1886), in: König / Schulz (Hgg.), *Antisemitismus im 19. Jahrhundert in internationaler Perspektive* (2019), 335-354.

Volkov, Shulamit: *Deutschland aus jüdischer Sicht. Eine andere Geschichte vom 18. Jahrhundert bis zur Gegenwart.* Aus dem Englischen von Ulla Höber, München 2022.

Volkov, Shulamit: Sprache als Ort der Auseinandersetzung mit Juden und Judentum in Deutschland, 1780-1933, in: Barner / König (Hgg.), *Jüdische Intellektuelle und die Philologien in Deutschland* (2001), 223-238.

Volkov, Shulamit: *Die Juden in Deutschland 1780-1918*, 2. Aufl., München 2000 (Enzyklopädie deutscher Geschichte, Bd. 16).

Volkov, Shulamit: Antisemitismus als kultureller Code, in: dies., *Antisemitismus als kultureller Code. Zehn Essays*, 2., durch ein Reg. erweiterte Aufl., München 2000 [zuerst u. d. T.: *Jüdisches Leben und Antisemitismus im 19. und 20. Jahrhundert*, München 1990], 13-36.

Volkov, Shulamit: Nationalismus, Antisemitismus und die deutsche Geschichtsschreibung, in: Manfred Hettling / Paul Nolte (Hgg.), *Nation und Gesellschaft in Deutschland. Historische Essays*, München 1996, 208-219.

Volkov, Shulamit: Das geschriebene und das gesprochene Wort. Über Kontinuität und Diskontinuität im deutschen Antisemitismus, in: dies., *Antisemitismus als kultureller Code. Zehn Essays*, 2., durch ein Reg. erweiterte Aufl., München 2000 [zuerst u. d. T.: *Jüdisches Leben und Antisemitismus im 19. und 20. Jahrhundert*, München 1990], 54-75.

Warland, Geneviève: Der deutsch-jüdische Historiker Martin Philippson (1846 bis 1916). Wissenschaftsvermittler zwischen Deutschland und Belgien, in: Sebastian Bischoff / Christoph Jahr / Jens Thiel u. a. (Hgg.), *Belgica – terra incognita? Resultate und Perspektiven der Historischen Belgienforschung*, Münster 2016, 56-67.

Wawrzinek, Kurt: *Die Entstehung der Antisemitenparteien (1873-1890)*, Berlin 1927.

Weber, Marie-Lise: *Ludwig Bamberger. Ideologie statt Realpolitik*, Stuttgart 1987 (Frankfurter Historische Abhandlungen, 28).

Weidner, Daniel: »Man muss über die Juden reden«. Walter Boehlich und »unser Verhältnis zu den Juden«, in: Peitsch / Thein (Hgg.), *Walter Boehlich. Kritiker* (2011), 43-54.

Weiland, Daniela: *Otto Glagau und »Der Kulturkämpfer«. Zur Entstehung des modernen Antisemitismus im frühen Kaiserreich*, Berlin 2004.

Weinberg, Sonja: Die ›Allgemeine Zeitung des Judentums (AZJ)‹ und der gewalttätige Antisemitismus in Deutschland und Russland 1881-1882, in: Eleonore Lappin / Michael Nagel (Hgg.), *Deutsch-jüdische Presse und jüdische Geschichte. Dokumente, Darstellungen, Wechselbeziehungen*, Bd. 2, Bremen 2008, 89-102.

Weissberg, Liliane: Der Jude als Paria. Stationen der Geschichte einer Idee im Diskurs der Assimilation, in: Christina von Braun (Hg.), *Was war deutsches Judentum? 1870-1933*, Berlin, München, Boston 2015, 117-133.

Weyand, Jan: *Historische Wissenssoziologie des modernen Antisemitismus. Genese und Typologie einer Wissensformation am Beispiel des deutschsprachigen Diskurses*, Göttingen 2016.

Weyhe, Lothar: *Levin Goldschmidt. Ein Gelehrtenleben in Deutschland. Grundfragen des Handelsrechts und der Zivilrechtswissenschaft in der zweiten Hälfte des 19. Jahrhunderts*, Berlin 1996 (Hamburger Rechtsstudien, Bd. 88).

Wickert, Lothar: Theodor Mommsen und Jacob Bernays. Ein Beitrag zur Geschichte des deutschen Judentums, in: *HZ* 205 (1967), 265-294.

Wickert, Lothar: *Theodor Mommsen. Eine Biographie*, 4 Bde., Frankfurt a. M. 1959-1980.

Wiedebach, Hartwig: Herders »Humanität« in Hermann Cohens Ästhetik und im Begriff der Nationalität, in: Christoph Schulte (Hg.), *Hebräische Poesie und jüdischer Volksgeist. Die Wirkungsgeschichte von Johann Gottfried Herder im Judentum Mittel- und Osteuropas*, Hildesheim, Zürich, New York 2003, 193-210.

Wiedebach, Hartwig: Das Problem eines einheitlichen Kulturbewußtseins. Zur Person des jüdisch-deutschen Philosophen Hermann Cohen, in: *Aschkenas* 10 (2000), 417-441.

Wiedebach, Hartwig: *Die Bedeutung der Nationalität für Hermann Cohen*, Hildesheim 1997.

Wiese, Christian: »Auch uns sei sein Andenken heilig!« Symbolisierung, Idealisierung und Kritik in der jüdischen Lutherrezeption des 19. und 20. Jahrhunderts, in: Hans Medick / Peer Schmidt (Hgg.), *Luther zwischen den Kulturen. Zeitgenossenschaft – Weltwirkung*, Göttingen 2004, 214-259.

Wiese, Christian: *Wissenschaft des Judentums und protestantische Theologie im wilhelminischen Deutschland*, Tübingen 1999.

Wiese, Christian: Vom »jüdischen Geist«. Isaak Heinemanns Auseinandersetzung mit dem akademischen Antisemitismus innerhalb der protestantischen Theologie in der Weimarer Republik, in: *Zeitschrift für Religions- und Geistesgeschichte* 46 (1994), 211-234.

Wyrwa, Ulrich: Die Konstruktion der deutschen Nation mit den Juden. Deutsche Juden als Akteure auf dem nationalen Feld (1858-1878), in: David Bordiehn / Christian Köhler / Stefan Noak / Susanne Wein (Hgg.), *Ausgrenzende politische Ideologien. Akteure, Organisationen und Programmatiken. FS zu Ehren von Uwe Puschner*, Berlin, Bern u. a. 2020, 179-191.

Wyrwa, Ulrich: Zur Entstehung des Antisemitismus im Europa des 19. Jahrhunderts. Ursachen und Erscheinungsformen einer wahnhaften Weltanschauung, in: König / Schulz (Hgg.), *Antisemitismus im 19. Jahrhundert in internationaler Perspektive* (2019), 13-38.

Wyrwa, Ulrich: *Gesellschaftliche Konfliktfelder und die Entstehung des Antisemitismus: das Deutsche Kaiserreich und das liberale Italien im Vergleich*, Berlin 2015 (Studien zum Antisemitismus in Europa, Bd. 9).

Wyrwa, Ulrich: Art. »Moderner Antisemitismus«, in: *HdA*, Bd. 3, Berlin 2010, 209-214.

Wyrwa, Ulrich: Genese und Entfaltung antisemitischer Motive in Heinrich von Treitschkes »Deutscher Geschichte im 19. Jahrhundert«, in: Werner Bergmann / Ulrich Sieg (Hgg.), *Antisemitische Geschichtsbilder*, Essen 2009, 83-101.

Wyrwa, Ulrich: Die Reaktion des deutschen Judentums auf den Antisemitismus im Deutschen Kaiserreich: Eine Rekapitulation, in: ders. (Hg.), *Einspruch und Abwehr. Die Reaktion des europäischen Judentums auf die Entstehung des Antisemitismus (1879-1914)*, Frankfurt a. M., New York 2009, 25-42.

Wyrwa, Ulrich: Heinrich von Treitschke. Geschichtsschreibung und öffentliche Meinung im Deutschland des 19. Jahrhunderts, in: *ZfG* 51 (2003), 781-792.

Zechner, Johannes: Ein Mann von hoher sittlicher Gesinnung, echter Kultur und menschlicher Untadeligkeit? Heinrich von Treitschkes Antisemitismus und die deutsche Geschichtswissenschaft, in: Heinrich-Böll-Stiftung (Hg.), *Gedächtnispolitik. Eine kritische Zwischenbilanz*, Berlin 2003, 94-113.

Ziege, Eva-Maria: Elemente des Antisemitismus, in: Gunnar Hindrichs (Hg.), *Max Horkheimer / Theodor W. Adorno: Dialektik zur Aufklärung*, Berlin, Boston 2017, 81-95.

Ziemann, Benjamin: »Linguistische Wende« und »kultureller Code« in der Geschichtsschreibung zum modernen Antisemitismus, in: *JfA* 14 (2005), 301-322.

Zimmermann, Moshe: *Vom Rhein an den Jordan. Die deutschen Quellen Israels*, Göttingen 2016.

Zimmermann, Moshe: *Deutsch-jüdische Vergangenheit. Der Judenhass als Herausforderung*, Paderborn, München, Wien, Zürich 2005.

Zimmermann, Moshe: Aufkommen und Diskreditierung des Begriffs »Antisemitismus«, in: ders., *Deutsch-jüdische Vergangenheit. Der Judenhass als Herausforderung* (2005), 25-39.

Zimmermann, Moshe: Antisemitismus im Kaiserreich zwischen Modernität und Antimodernismus im Urteil der Renegaten, in: Peter Freimark (Hg.), *Juden in Deutschland. Emanzipation, Integration, Verfolgung und Vernichtung. 25 Jahre Institut für die Geschichte der deutschen Juden Hamburg*, Hamburg 1991, 196-206.

Zimmermann, Moshe: *Wilhelm Marr. The Patriarch of Anti-Semitism*, Oxford 1986.

Zimmermann, Moshe / Nicolas Berg: Art. »Berliner Antisemitismusstreit«, in: *EJGK*, Bd. 1 (2011), 277-282.

Zmarzlik, Hans-Günter: Antisemitismus im Deutschen Kaiserreich 1871-1918, in: Bernd Martin / Ernst Schulin (Hgg.), *Die Juden als Minderheit in der Geschichte*, München 1981, 249-270.

Zucker, Stanley: Ludwig Bamberger and the Rise of Anti-Semitism in Germany, 1848-1893, in: *Central European History* 3 (1970), No. 4, 332-352.

Zucker, Stanley: Theodor Mommsen and Antisemitism, in: *LBIYB* 17 (1972), 237-241.

Zucker, Stanley: *Ludwig Bamberger. German liberal politician and social critic, 1823-1899*, Pittsburgh 1975.

Zumbini, Massimo Ferrari: *»Die Wurzeln des Bösen«. Gründerjahre des Antisemitismus. Von der Bismarckzeit zu Hitler*, Frankfurt a. M. 2003.

Anmerkungen

Der Berliner Antisemitismusstreit – Eine Neubetrachtung

1 *Der Berliner Antisemitismusstreit*, hrsg. von Walter Boehlich, Frankfurt a. M. 1965 (*sammlung insel*, Bd. 6) [weiter zit.: Boehlich 1965]; für die Taschenbuchausgabe von 1988 wurde das Nachwort leicht erweitert und überarbeitet: *Der Berliner Antisemitismusstreit*, hrsg. von Walter Boehlich, Frankfurt a. M. 1988; 2. Aufl. 2016 (*insel taschenbuch* 1098) [weiter zit.: Boehlich 1988].

2 Als Standardwerk bezeichnet sie etwa der Historiker Wolfgang Benz im Vorwort zu *BAS*, VII–IX, das Zitat VII; Hans Liebeschütz nannte den Band eine »sehr nützliche Neuausgabe der oft schwer erreichbaren Streitschriften und Zeitungsartikel«, vgl.: Liebeschütz, *Das Judentum im deutschen Geschichtsbild* (1967), 182; Ulrich Sieg bezeichnete die Edition »als Dokumentensammlung anregend«, bemängelte aber, dass eine »präzise Angabe der bibliographischen Belege« fehle, vgl.: Sieg, *Aufstieg und Niedergang des Marburger Neukantianismus* (1994), 148; Julius H. Schoeps betrachtete den Titel als »allgemein akzeptiert«, er gebe auch »den Sachverhalt durchaus treffend« wieder, im Nachwort aber seien die Wertungen »widersprüchlich« geblieben, bei der Einschätzung Theodor Mommsens auch überzogen positiv; insgesamt, so Schoeps, sei der Streit in den 1960er Jahren nicht primär aus einer jüdischen Perspektive rekonstruiert und analysiert worden, sondern »aus dem Blickwinkel eines deutschen Linken«, vgl.: Schoeps, Walter Boehlich und der Berliner Antisemitismusstreit (2011), 59, 61, 63 u. 64; Thomas Gerhards stellte mit Blick auf den Band fest, er habe »endgültig den Weg zu einem neuen [Treitschke-]Bild [gewiesen]: Sein Antisemitismus wurde nun ein zentraler Aspekt der Treitschke-Forschung im Westen.« Vgl.: Gerhards, *Treitschke. Wirkung und Wahrnehmung eines Historikers* (2013), 284; zur Kritik am Titel des Bandes vgl. auch Anm. 31.

3 »Treitschkes Judenfrage« ist eine Wendung von Hermann Cohen (277), mit der er versuchte, Treitschkes Wortprägung »deutsche Judenfrage« (69,

105 u. ö.) den Anschein von Objektivität zu nehmen; auch der pejorative Ausdruck »Treitschkiade« (eine polemische Parallelbildung zur »Harlekinade«) wurde zeitgenössisch verwendet, z. B. in der *Allgemeinen Zeitung des Judentums*, Nr. 6, 10. Februar 1880 (vgl.: *BAS* [Dok. 42], 400).

4 Der österreichische Literaturhistoriker und Goetheforscher Wilhelm Scherer, der seit 1877 ebenfalls an der Berliner Universität lehrte, sprach im Januar 1880 vom »ekelhaften Judenstreite« in Deutschland, vgl.: Wilhelm Scherer, Kreuzzüge und Toleranz, in: *Neue Freie Presse*, 20. Januar 1880 (zit. bei: Boehlich 1965, 246, in dieser Ausgabe 466 f.).

5 Als »Judenhetze der Gegenwart« bezeichnete der von Treitschke angegriffene Historiker Heinrich Graetz die Ereignisse, vgl. Graetz, *Tagebuch und Briefe* (1977), 368; auch Harry Bresslau nannte sie »agitatorische Judenhetze« (132 und 152); Berthold Auerbach verwendet diesen Begriff durchgehend, vgl.: Auerbach, *Briefe an seinen Freund Jakob Auerbach. Neuedition der Ausgabe von 1884 mit Kommentaren und Indices*, 3 Bde., hrsg. von Hans Otto Horch, Bd. 2: Briefe 1870-1882, Berlin, München, Boston, Mass. 2015, 417, 421, 422, 425, 446, 447, 448, 458, 460 u. ö. Boehlich hat in seinem Nachwort beide Ausdrücke verwendet, »Judenhetze« und »antisemitische Agitation« (Boehlich 1965, 256 u. 262, hier 464 u. 482); »Judenhetze« war auch der Terminus, den der *Berliner Börsen-Courier* für seinen Kommentar über Treitschkes Essay wählte: »Die Judenhetze hat einen Bundesgenossen gewonnen, der uns gefährlicher erscheint, als die Stoecker und Marr, als die ›Germania‹ und die ›Kreuzzeitung‹, als die Antisemitenliga und was drum und dran hängt.« (*BAS* [Dok. 3], 21).

6 In der damaligen Zeit wurde der Ausdruck »Antisemitismusstreit« zwar schon verwendet, aber er diente noch nicht als allgemeiner Name der Debatte; Mathias Berek verweist auf die selten zitierte Schrift des Bonner Rabbiners Emanuel Schreiber, in der sich der Terminus 1880 findet, vgl.: Emanuel Schreiber, *Die Selbstkritik der Juden*, Leipzig o. J. [1880], X; zit. nach: Berek, *Moritz Lazarus* (2019), 426.

7 Heinrich von Treitschke, *Ein Wort über unser Judenthum*, 2., unveränd. Aufl., Berlin 1880; die Broschüre wurde beispielsweise ins Russische übertragen, vgl. Malitz, »Auch ein Wort über unser Judenthum«. Theodor Mommsen und der Berliner Antisemitismusstreit (2005), 143.

8 Volkov, *Deutschland aus jüdischer Sicht* (2022), 153.

9 Auerbach, Brief vom 11. November 1880, in: *Briefe an Jakob Auerbach* (Anm. 5), 438, in dieser Ausgabe 436; oder: »[D]aß unsere Kinder [...] nun solches Elend auch noch einmal erleben müssen.« (Brief vom 22. Januar 1881, in: ebd., 447, in dieser Ausgabe 442); schon Mitte der 1870er Jahre

hatte Auerbach über die zunehmende Flut an judenfeindlichen Pamphleten geschrieben: »Da liest man Dinge, die man nicht mehr für möglich gehalten hätte.« Dieser Satz galt dem Titel *Die Sittenlehre des Talmud und der zerstörende Einfluss des Judenthums im Deutschen Reich* (Berlin 1876). Er nannte die anonyme kirchliche Schrift »geschriebene Verfolgungssucht« und fügte hinzu: »Die Verfasser wissen, daß sie lügen und thun's doch!« (Brief vom 4. November 1875, in: ebd., 264, in dieser Ausgabe 421).

10 Hermann Cohen, Ein Bekenntnis in der Judenfrage (zit. nach: Boehlich 1965, 124; 276); zu Cohen vgl.: Brumlik, Zur Zweideutigkeit deutsch-jüdischen Geistes: Hermann Cohen (1991), 371-381; Miething, Hermann Cohen – Kantische Vernunft und jüdisches Selbstbewußtsein (1997), 217-229; Fiorato, Terminologische Randglossen zu Hermann Cohens »Ein Bekenntniß in der Judenfrage« (2019), 83-96; auch christliche Beobachter äußerten sich verständnislos; im Dezember 1879 schrieb ein anonymer protestantischer Verfasser in der Vossischen Zeitung nach der Lektüre einer Predigt Adolf Stoeckers: »Ich muß gestehen, daß ich es kaum für möglich gehalten hätte, daß man solche Betrachtungen vor dem Publikum der intelligenten Residenz Berlin aussprechen, geschweige denn sie hinterher drucken lassen kann.« (*BAS* [Dok. 17], 149-162, hier 149).

11 Mayer, *Erinnerungen* (1949), 36; zu Mayer vgl.: Niethard, Einsam als Jude und Deutscher: Gustav Mayer 1871-1948 (2009), 17-82; Pawliczek, *Akademischer Alltag zwischen Ausgrenzung und Erfolg* (2011), 455-460; dass Judenfeindschaft im fortschrittsfreudigen 19. Jahrhundert häufig mit dem Blick auf die Vergangenheit als »Überbleibsel« von etwas »eigentlich« Überwundenem kommentiert wurde, in den seltensten Fällen aber als Vorbote einer Gefahr, die in Zukunft noch anwachsen würde, diese Haltung findet sich bei vielen Zeitgenossen, vgl. Borries, *Deutschtum und Judentum* (1971), 47.

12 Eva Reichmann hat 1950 in einem englischsprachigen Buch, das 1956 u. d. T. *Flucht in den Hass* in deutscher Übersetzung erschien und 2021 noch einmal neu aufgelegt wurde, argumentiert, dass der »intellektuelle Antisemitismus« der völkischen und nationalistischen Rechten (vor allem in der Alldeutschen Bewegung) im Antisemitismus eine Kompensation der »Unsicherheit des deutschen Nationalbewußtseins«, »einen Ausgleich seiner Schwächen« gesucht habe, vgl.: Reichmann, *Flucht in den Hass* (1956), 178 u. 179; dies betonen auch Nipperdey / Rürup, Antisemitismus. Entstehung, Funktion und Geschichte eines Begriffs, in: Rürup, *Emanzipation und Antisemitismus* (1987), 120-144, v. a. 134-136; es gehört zum Thema dazu, dass die Wendung »intellektueller« oder auch »gelehrter« Antisemitismus zeitübergreifend als *contradictio in adjectu* empfunden wurde und wird, so dass die

meisten Historikerinnen und Historiker die Begriffe dadurch zu schützen versuchen, dass sie sie distanzierend in Anführungen setzen und vom »›intellektuellen‹ Antisemitismus« oder von einem »›scholarly‹ Antisemitism« sprechen, etwa Gay, *Freud, Juden und andere Deutsche* (1987), 116; im Titel auch: von Papen, *»Scholarly« Antisemitism during the Third Reich* (1999).

13 Rosenberg, Treitschke und die Juden. Zur Soziologie der deutschen akademischen Reaktion (1930/1974), 186-192, 186; die häufig analog gebrauchten Begriffe »gebildeter« oder »akademischer« Antisemitismus finden sich bereits in der zeitgenössischen Publizistik, aber erst Rosenberg hat den Begriff »Universitätsantisemitismus« für einen kategorialen Beschreibungsversuch gewählt, um das Neue von Treitschke »und seine[r] Schule der Geschichtsauffassung« (Rosenberg (1930/1974), 186) zu charakterisieren; Boehlich verwendet den Ausdruck in der Erstausgabe ebenfalls (Boehlich 1965, 247); in der Taschenbuchausgabe setzt er an dieser Stelle dann eine Anmerkung und verweist auf Rosenbergs Artikel (Boehlich 1988, 250, hier 468).

14 Auerbach, *Briefe an Jakob Auerbach* (Anm. 5), 426 (Brief vom 18. Februar 1880).

15 Treitschke, Unsere Aussichten, in: Boehlich 1965, 7 (hier 69); dieser »Instinkt«, so hat es Elad Lapidot jüngst betont, sei eine von Antisemiten eingeführte, gegen Presse, Literatur und öffentlichen Diskurs gerichtete Wertsetzung der Mehrheit, auf die sie sich berufen, wenn sie »ein unmittelbares Wissen vom jüdischen Rassesein« für sich reklamieren. Bei Treitschke, Wilhelm Marr und Eugen Dühring – und schon bei Richard Wagner – ähneln sich die Beschwörungen der »natürlichen Instincte« im Volk teils wortwörtlich. Vgl.: Lapidot, *Anti-Anti-Semitismus. Eine philosophische Kritik* (2021), 268f.

16 Treitschke, Unsere Aussichten, in: Boehlich 1965, 5 (hier 68).

17 Treitschke, Unsere Aussichten, in: Boehlich 1965, 7 (hier 69).

18 Treitschke, Unsere Aussichten, in: Boehlich 1965, 8 (hier 70 u. 71).

19 Treitschke, Unsere Aussichten, in: Boehlich 1965, 9 (hier 71).

20 Die Definition, dass der moderne Antisemitismus – bei Treitschke ebenso wie bei Wilhelm Marr, der den Begriff »Antisemitismus« im Jahr des Berliner Antisemitismusstreit populär gemacht hatte – eine »säkular gewordene Verhaltensform der Judenfeindschaft und ihrer Ideologie« darstellt, findet sich bei Reinhard Rürup/Thomas Nipperdey, Art. »Antisemitismus«, in: *Geschichtliche Grundbegriffe*, Bd. 1, Stuttgart 1972, 129-153, hier 141; zu Marr vgl.: Zimmermann, *Marr. The Patriarch of Anti-Semitism* (1986).

21 Dies betonen auch Diner, Art. »Verschwörung«, 273; Jensen, *Gebildete*

Doppelgänger, 221; viele Forscher – in jüngerer Zeit vor allem Rainer Erb, Werner Bergmann, Marco Puschner, Werner Treß und Peter Longerich (siehe Anm. 28) – haben zentrale Spezifika der modernen Judenfeindschaft schon mehrere Jahrzehnte vor dem Berliner Antisemitismusstreit, in der Ära der Gleichstellung der Juden im frühen 19. Jahrhundert, erkannt; hier bereits war Berlin das Zentrum der Anfeindungen und hier taten sich ebenfalls Universitätsprofessoren (allen voran Historiker) hervor; im antifranzösischen und antisemitischen Aufklärungskritiker Friedrich Rühs (1781-1820) sah zum Beispiel Werner Treß den direkten »Vorläufer Heinrich von Treitschkes«, es gebe »frappierende Ähnlichkeiten« des jeweiligen Streits um Rühs und um Treitschke, vgl.: Treß, Deutscher Nationalismus und Judenfeindschaft im Zeitumbruch der Jahre 1814 bis 1819 (2020), 159-177, das Zitat 163; Gangolf Hübinger hat argumentiert, dass es gerade die Besonderheit von Treitschkes Tabubruch ausmache, dass er Altes und Neues miteinander verbinde und somit – je nach Perspektive – das Eine wie das Andere betont werden könne; unstrittig aber sei, dass er eben diese Brücke aus der Vergangenheit in die Zukunft schuf, dass also »Treitschke mit seiner Professoren-Autorität die staatsbürgerlich uninnige Unterscheidung in ›Juden‹ und ›Deutsche‹ in den akademischen Bildungsschichten gesellschaftsfähig gemacht« hat, vgl.: Hübinger, *Gelehrte, Politik und Öffentlichkeit. Eine Intellektuellengeschichte* (2006), v. a. 88-91, das Zitat 88.

22 Berding, Antisemitismus in der modernen Gesellschaft: Kontinuität und Diskontinuität (1996), 193-207, das Zitat 200.

23 Treitschke schrieb in »Unsere Aussichten«: »Es ist keine leere Redensart, wenn man heute von einer deutschen Judenfrage spricht.« (Boehlich 1965, 7, hier: 69); in »Noch einige Bemerkungen zur Judenfrage« wiederholte er den Ausdruck, hier heißt es ganz am Ende: »Die deutsche Judenfrage wird nicht eher ganz zur Ruhe kommen […], als bis unsere israelitischen Mitbürger durch unsere Haltung die Überzeugung gewinnen, daß wir ein christliches Volk sind und bleiben wollen.« (Boehlich 1965, 90, hier 230); auf diesen Begriff Treitschkes kamen seine Kritiker mehrfach zurück, etwa Hermann Cohen und Ludwig Bamberger (277 u. 312f.).

24 Treitschke, Unsere Aussichten (Boehlich 1965, 9 u. 12, hier 71 und 74); Treitschke bezeichnete die vermeintliche Antinomie von nichtjüdischen und jüdischen Deutschen als absolut, er sprach von einem »nationalen Gegensatz« (ebd., 11, hier 73); schon die hier verwendete Entgegensetzung von »Deutschen« und »Juden« oder »Israeliten« trennte Mehrheit und Minderheit nicht entlang religiöser Überzeugungen, sondern auf eine künstliche Weise in der Terminologie von Nation, Kultur oder Mentali-

tät; von Entitäten zu sprechen und zwischen deutschen Juden und nichtjüdischen Deutschen kategorisch zu unterscheiden ist Teil der propagandistischen Intention, denn natürlich waren die deutschen Juden ebenfalls Deutsche; aber in Treitschkes Text wurden sie als »Orientalen« (ebd., 12, hier 74) oder als »Fremde« (»fremdes Volksthum« oder »fremdes Element«, ebd., 7 u. 11, hier 70 u. 73) bezeichnet und in eine Gruppe verwandelt, die sich eben nicht nur dem Glauben nach von den meisten anderen Deutschen unterschied, sondern deren »Wesen« (ebd., 12, hier 72 u. 74) oder »Sitten« (ebd., 12, hier 73 f.) nicht mit Deutschland kompatibel sei; an anderer Stelle sprach Treitschke auch vom »uralten Gegensatz arischer und semitischer Empfindung«, vgl. Iggers, Heinrich von Treitschke (1972), 76; zum Gesamtthema auch: Volkov, Nationalismus, Antisemitismus und die deutsche Geschichtsschreibung (1996), 208-219; Alter / Bärsch / Berghoff (Hgg.), *Die Konstruktion der Nation gegen die Juden* (1999); Holz, *Nationaler Antisemitismus* (2001).

25 Bereits Klemens Felden schrieb in seiner Heidelberger Promotionsschrift Anfang der 1960er Jahre, dass die »Feindseligkeit gegen das jüdische Volk« im modernen Antisemitismus »dem Antisemiten auch als Rückgrat seines Selbstwertgefühls« diene, »ihm die Welt verständlich« mache und »seinen Platz in ihr« begründe; die moderne Form der Judenfeindschaft gleiche einem »Weltbild, dessen Kern die Gleichsetzung des eigenen Wesens mit dem Guten, die des Judentums mit dem Bösen schlechthin bildete«. Vgl.: Felden, *Die Übernahme des antisemitischen Stereotyps als soziale Norm* (1963), 5.

26 Elias, Die Dualität des nationalstaatlichen Normenkanons, in: ders., *Studien über die Deutschen* (1989), 200-222.

27 Treitschke, Brief an seine Frau, 1871 (zit. im Nachwort von: Boehlich 1965, 260, hier 480).

28 Treitschke, Brief an Emil Hermann, 25. August 1879, in: *BAS* [Dok. 1], 3-5, hier 3; die Darstellung des Antisemitismus bei Peter Longerich betont mit guten Gründen den Rückgriff des modernen Antisemitismus auf die anti-emanzipatorischen Schriften der Judenfeinschaft aus dem frühen 19. Jahrhundert, wie sie in der deutschen Nationalbewegung entstanden; hier bereits entstand die Entgegensetzung »deutsch – jüdisch« mit »ihrer starken Betonung von Sprache, Kultur und Abstammung«; neu dagegen wurde in den 1870er und 1880er Jahren die Beschwörung der »jüdischen Dominanz«, die nicht mehr nur drohte (wie seinerzeit prophezeit worden war), sondern die nun eingetreten und von der Deutschland zu befreien war, vgl.: Longerich, *Antisemitismus. Eine deutsche Geschichte* (2021), 87 f.

29 Ebd.; die Betonung gleichzeitiger jüdischer Herrschaft und Fremdheit zieht sich durch alle Texte Treitschkes im Berliner Antisemitismustreit; die Konstruktion des vermeintlichen Gegensatzes zwischen Deutschtum und Judentum setzte den Widerstand gegen die jüdische Emanzipation auf eine radikalisiertere Weise fort, vgl. in dieser Ausgabe 70 (2×), 73 (2×), 113, 115, 224, 226 u.ö.

30 Adorno / Horkheimer, *Dialektik der Aufklärung*, 226.

31 Regneri, Salomon Neumann's Statistical Challenge to Treitschke. The Forgotten Episode that Marked the End of the Berliner Antisemitismusstreit (1998), 129-153; Stoetzler, *The State, the Nation, and the Jews. Liberalism and the Antisemitism Dispute in Bismarck's Germany* (2008); im Aufsatz Michael Meyers war Anfang der 1960er Jahre noch die Rede von der »großen Debatte über den Antisemitimus«, vgl.: Michael Meyer, Great Debate on Antisemitism. Jewish Reactions to New Hostility in Germany 1879-1881 (1961), 137-170. In der Forschung wurde die Titelwahl Boehlichs nicht durchgehend als gelungen erachtet; Uffa Jensen verwies wiederholt auf die beiden voneinander strikt getrennten Streitphasen, eine erste, in der ausschließlich jüdische Gelehrte auf Treitschke antworteten, und eine darauf folgende zweite, in der sich die beiden protestantischen Historiker Treitschke und Mommsen stritten; deswegen formulierte er den Einwand, der Titel »Berliner Antisemitismusstreit« vereinheitliche diese Phasenverschiebung und Sphärentrennung und verfehle so »den Kern der Sache«, vgl.: Jensen, Getrennt streiten – getrennt leben? (2004), 7; ders., *Gebildete Doppelgänger* (2005), 200f. (»Es gab keinen ›Berliner Antisemitismusstreit‹«); Christhard Hoffmann nannte die Boehlich'sche Begriffsprägung »eingängig«, auch wenn sie seiner Meinung nach nicht ganz passte, »denn weder ging es in der Kontroverse nur um den Antisemitismus«, so sein Einwand, »noch war sie auf Berlin beschränkt«. Vgl.: Hoffmann, Die Verteidigung der liberalen Nation. Mommsen gegen Treitschke (2005), 62-88, das Zitat 63 (ähnlich auch Fiorato, »Es ist also doch wieder dahin gekommen, daß wir bekennen müssen« (2019), 83; Petra Ernst nannte den Band von Boehlich »verdienstvoll«, kritisierte aber ebenfalls den Titel »aufgrund der einschränkenden lokalen Attributierung«, denn auf diese Weise werde »der historische Wirkungsradius dieser im negativen Sinne bedeutsamen Auseinandersetzung relativiert«. Vgl. Ernst, *Schtetl, Stadt, Staat. Raum und Identität in deutschsprachig-jüdischer Erzählliteratur* (2017), 204; so auch schon van Rahden, *Juden und andere Breslauer* (2000), 277.

32 Die Herausgeber argumentierten, der Titel lasse sich mit dem »Bekanntheitsgrad« der Formel und durch die Tatsache begründen, dass er »in der

Fachliteratur eingeführt« sei, vgl.: Benz, Vorwort, in: *BAS*, VII; für die Spezialforschung hat diese Edition den Band von 1965/1988 inzwischen abgelöst.

33 Grundlegend zum Thema bleiben: Pulzer, *Die Entstehung des politischen Antisemitismus* (2004, zuerst 1966; engl. Orig. 1964); ders., Die Wiederkehr des alten Hasses, in: *Deutsch-jüdische Geschichte in der Neuzeit* (1997), 193-248; Nipperdey/Rürup, Antisemitismus – Entstehung, Funktion und Geschichte des Begriffs (1972); wiederabgedruckt in: Rürup, *Emanzipation und Antisemitismus* (1987), 120-144 u. 224-233; Berding, *Moderner Antisemitismus in Deutschland* (1988); Volkov, Antisemitismus als kultureller Code (2000; zuerst 1990), 13-36; Hoffmann, Geschichte und Ideologie. Der Berliner Antisemitismusstreit 1879/1881 (1997), 219-251 [gekürzt in: *GWU* 46 (1995), 167-178]; alle diese Werke – mit Ausnahme der englischsprachigen Dissertation von Pulzer, die im Jahr vor Boehlichs Band erschien – zitieren die einschlägigen Quellen aus seiner Edition; aus der Forschung zu Treitschke seit dem Ende der 1990er Jahre sind v.a. folgende Titel zu nennen: Langer, *Heinrich von Treitschke* (1998); Holz, *Nationaler Antisemitismus* (2001); Jensen, *Gebildete Doppelgänger* (2005); Stoetzler, *The State, the Nation, and the Jews* (2008); Wyrwa, Genese und Entfaltung antisemitischer Motive in Heinrich von Treitschkes »Deutscher Geschichte« (2009), 83-101; Gerhards, *Treitschke. Wirkung und Wahrnehmung* (2013); Weyand, *Historische Wissenssoziologie des modernen Antisemitismus* (2016); grundlegend innovativ sind auch die Arbeiten zur deutsch-jüdischen Geschichte und zum Antisemitismus, die Moshe Zimmermann vorgelegt hat, exemplarisch genannt seien seine erste Monographie und ein 2005 erschienener Sammelband, der viele seiner Aufsätze versammelt, auch Beiträge, die aus dem Hebräischen übertragen wurden: Zimmermann, *Wilhelm Marr. The Patriarch of Anti-Semitism* (1986); ders., *Deutsch-jüdische Vergangenheit* (2005); eine Bibliographie seiner Forschungen in: ders., *Vom Rhein an den Jordan* (2016), 175-183.

34 Diese Wendung hat Klaus Reichert geprägt, der Freund und Lektoratskollege Walter Boehlichs im Suhrkamp-Verlag, der die Reihe zusammen mit ihm begründet hatte, zit. nach: Peitsch/Thein, »Wer nicht las, galt nicht«. Walter Boehlich (1921-2006) (2008), 83-112, das Zitat 85.

35 Vgl. zur Entstehung der »sammlung insel«: Faber, Walter Boehlichs *sammlung insel* der 60er Jahre (2011), 181-212.

36 »Vorschläge für ›sammlung insel‹ (datiert: Frankfurt a.M. 25. August 1965)«, in: DLA, Marbach, SUA: Suhrkamp/03 Lektorate/Insel-Verlag, Materialsammlung (Konvolut »Sammlung Insel« (1 Mappe).

37 Walter Jens, Brief an den Suhrkamp Verlag vom 9. September 1964 (Abschrift); Hermann Schweppenhäuser, Brief vom 14. August 1965 (Abschrift), beide in: ebd. (Anm. 36).

38 Vorschläge für die »sammlung insel« (3. Liste, kompiliert mit der 4. Liste, mit dem Datum vom 22. Oktober 1965, in: ebd. (Anm. 36).

39 Heinrich Vormweg, Blick auf Taschenbücher: Die *sammlung insel*, Westdeutscher Rundfunk, 3. Programm, Sendung vom 8. Oktober 1968 (4 Seiten, das Zitat Seite 1), in: DLA, Marbach.

40 Sieg, Bekenntnis zu nationalen und universalen Werten. Jüdische Philosophen im Deutschen Kaiserreich (1996), 609-639.

41 Sein Freund und Kollege Klaus Reichert schrieb anlässlich des 70. Geburtstags von Boehlich, er lasse sich »nirgends einordnen. Kritiker, Herausgeber, Übersetzer, politischer Kommentator, Privatgelehrter? Von jedem etwas und alles ganz.« Vgl.: Klaus Reichert, Leidenschaft und Zorn der Vernunft. Walter Boehlich zum 70. Geburtstag, in: *Frankfurter Rundschau*, Nr. 215, 16. September 1991, 14; einführend zur Biographie Boehlichs: Peitsch / Thein, »Wer nicht las, galt nicht«. Walter Boehlich (1921-2006), in: Sonder / Bürger / Wallmeier (Hgg.), *Privatbibliotheken jüdischer Intellektueller im 20. Jahrhundert* (2008), 83-112; Kapp, »Kritik ist eine moralische Aufgabe«. Leben und Werk Walter Boehlichs (2010); Peitsch, Der Angestellte und freie Mitarbeiter als Intellektueller. Walter Boehlich (2016), 109-130.

42 Rainer Stephan, Der Republikkritiker, in: *Süddeutsche Zeitung*, Nr. 214, 16. September 1991, 32.

43 Joachim Güntner, Lob des Schulmeisters. Zum Tod des Publizisten Walter Boehlich, in: *NZZ*, 8. / 9. April 2006, 26.

44 Martin Lüdke, Der große Unerbittliche. Zum Tode Walter Boehlichs, in: *Frankfurter Rundschau*, 7. April 2006; Marius Meller, Der Polemiker. Zum Tod des großen Literaten Walter Boehlich, in: *Der Tagesspiegel*, 9. April 2006, 26.

45 Lothar Müller, Der Aufständische. Zum Tod des großen Polemikers Walter Boehlich, in: *Süddeutsche Zeitung*, Nr. 83, 8. / 9. April 2006, 17.

46 Lene Zade, Walter Boehlichs Bücher. Die Bibliothek des Übersetzers, Lektors und Essayisten findet eine neue Heimat, in: *Jüdische Zeitung*, Nr. 2, Februar 2008, 28.

47 Zu den Verzeichnungen gehört, dass Walter Boehlich 1990 in der Verlagschronik *Geschichte des Suhrkamp Verlages, 1. Juli 1950 bis 30. Juni 2000* nicht angemessen erwähnt wird. Auch die Charakterisierung Boehlichs als »Journalist«, die 2003 von Wolfgang Benz gewählt wurde, ist ein Beispiel für seine Verkennung, vgl.: Benz, Vorwort (Anm. 2), VII.

48 Boehlich, *Die Antwort ist das Unglück der Frage. Ausgewählte Schriften*, hrsg. von Helmut Peitsch und Helen Thein, Frankfurt a. M. 2011; weiter zit.: *Ausgewählte Schriften*.

49 Walter Boehlich, Brief an Wolf Jobst Siedler, 29. Januar 1962, in: Boehlich, *Briefe* (2021), 155f.

50 Die Tagung war eine Kooperation des Instituts für Germanistik der Universität Potsdam und des Moses Mendelssohn Zentrums Potsdam, vgl.: Christoph Kapp, Tagungsbericht: Walter Boehlich. Kritiker, in: H-Soz-Kult, 14. Januar 2010, <www.hsozkult.de/conferencereport/id//fdkn-121587>.

51 Vgl.: Berbig, Widmungen und Anstreichungen. Exemplarische Stichproben in Boehlichs Bibliothek (2011), 3-15; Weidner, Walter Boehlich und »unser Verhältnis zu den Juden« (2011), 43-54; Peitsch, Boehlichs »Beitrag zur Geschichte der deutschen Literaturwissenschaft« (2011), 85-98; Hohendahl, Walter Boehlich als Kritiker der Germanistik (2011), 101-113; Urban, Der Übersetzer Walter Boehlich (2011), 273-284.

52 Der Band von Helmut Peitsch und Helen Thein widerlegt auch die wiederholt geäußerte Sicht, Boehlich sei ein »Autor ohne Werk« gewesen; die hier erstmals zusammengestellte Bibliographie – auch Interviews und Radiobeiträge – umfasst eine Liste von über achtzig Seiten, vgl.: Thein, Walter Boehlich – Bibliographie (2011), 307-392; »Publizist ohne Werk« nannte ihn etwa Joachim Güntner in seinem zitierten Nachruf (Anm. 43).

53 Boehlich, Windfahnenliteratur (1952), in: ders., *Ausgewählte Schriften* (2011), 205-209; diese Polemik richtete sich u. a. gegen den Stuttgarter Germanisten Fritz Martini; ders., Die fehlende Generation (1954), in: ebd., 210-226, das Zitat 210 (»pseudophilosophische Verschwommenheit«); ders., Der neue Bonner Rektor (1964), in: ebd., 232-235, das Zitat 234 (»seine Sprache verrät ihn«); zum Fall Moser schrieb Boehlich in einem Privatbrief noch, dass dieser ihn nicht deshalb zur Kritik veranlasst habe, weil er ein Verbrecher gewesen sei, denn das war er nicht, aber er war ein »unangenehmer Anpasser« und Hitlers Herrschaft habe nur durch diese Mitmacher und Anpasser funktioniert: »Ich hätte ihn in Ruhe gelassen, wenn er nicht ausgerechnet zum Rektor gewählt worden wäre und wenn ich nicht, was er seitdem veröffentlicht hat, ebenso unappetitlich fände.« (Boehlich, Brief an Ilse Curtius, 1. Februar 1965, in: *Briefe* (2021), 228-232, das Zitat 228).

54 Boehlich, *Die Titanic-Kolumnen* (2019).

55 Boehlich, *Briefe* (2021); die Herausgeber beziffern den Gesamtumfang der Briefe Boehlichs auf etwa 8700 Briefe; der Band vereinigt somit ungefähr 2,5 Prozent des überlieferten Bestandes.

56 Etwa: Kapp, »Kritik ist eine moralische Aufgabe«. Leben und Werk Walter Boehlichs (2010); ders., »... und die Toren entthronte ich mit den Jahren.« Walter Boehlichs frühe Jahre – eine biografische Skizze (2011), 17-40; ders., »Eine ganze Wohnung für mich ...« Fundstücke aus der Walter-Boehlich-Bibliothek (2012), 622-629; ders., Doktor Faustus und Dr. h. c. Thomas Mann (2019), 119-146.

57 Boehlich, Brief an Helmut Heißenbüttel, 27. September 1981, in: *Briefe*, 412f., das Zitat 413.

58 Walter Boehlich, Brief an Paul Egon Hübinger, 20. Dezember 1965, UAF/LGU_Boehlich_Korr.Hübinger.

59 Boehlich, Brief an Michael Nerlich, 20. Februar 1975, in: *Briefe*, 375-377, das Zitat 377.

60 Boehlich, Brief an Max Rychner, 30. Juli 1959, in: *Briefe*, 94-96, das Zitat 95.

61 Walter Boehlich, Kritik als Beruf. Zu Max Rychners literarischen Aufsätzen, in: *Ausgewählte Schriften*, 19-28, das Zitat 21; auf seinem »Recht, ein Individuum zu sein« und keiner Gruppe zugeordnet zu werden, beharrt Boehlich in einem Brief an den Germanisten Jakob Hessing (Brief vom 9. Juni 1992, in: *Briefe*, 467f., das Zitat 468).

62 Als ein »halb und halb Aussenstehender« bezeichnet sich Boehlich in demselben Brief an Hessing (*Briefe*, 467). Sein von ihm »emotional« genanntes (ebd.), persönlich-familäres und historisch-erfahrungsbasiertes (aber nicht religiöses) Verhältnis zum Judentum diskutieren auf sehr unterschiedliche Weise: Weidner, »Man muss über die Juden reden«. Walter Boehlich und »unser Verhältnis zu den Juden« (2011), 43-54; Schoeps, »Nicht rassistisch, sondern eher national«. Walter Boehlich und der Berliner Antisemitismusstreit (2011), 57-67; weil es nur wenige Selbstaussagen Boehlichs gibt, sind für das Thema ein Gespräch mit Gert Mattenklott und der zitierte Brief an Hessing, der anlässlich seiner Besprechung der Mattenklott-Publikation Boehlichs Haltung, sich von seinem Judentum zu distanzieren, kritisiert hatte, besonders wichtig, vgl.: Mattenklott, *Über Juden in Deutschland* (Neuauflage 1992; zuerst 1988), 163-175.

63 So Walter Boehlich in seiner Selbstvorstellung als neues Mitglied der Akademie für Sprache und Dichtung, in: ders., *Ausgewählte Schriften*, 64-65, das Zitat 65.

64 Richard Alewyn, Brief an Walter Boehlich, 1. Januar 1957, in: DLA Marbach. Der Brief ist auch ein Dokument für die disziplinäre Breite, die schon der junge Boehlich sich erworben hatte, denn Alewyn überlässt es ihm hier, ob er für die Promotion »die Germanistik oder die Romanistik wählen« würde.

65 Walter Boehlich, Kritik und Selbstkritik (1964), 39-49, das Zitat 39; die Bedeutung der Kritik als einen der ganz wenigen emphatischen Identifikationsbegriffe betonen auch: Kapp, »Kritik ist eine moralische Aufgabe«. Leben und Werk Walter Boehlichs (2010); sowie: Peitsch/Thein (Hgg.), *Walter Boehlich. Kritiker* (2011), hier etwa: Peter Jehle, Philologie und Emanzipation. Zum Verhältnis von Walter Boehlich zu Ernst Robert Curtius (85-98); Peter Uwe Hohendahl, Walter Boehlich als Kritiker der Germanistik (101-113); Manuela Böhm, »Ein Pyrrhussieg der Germanistik«. Walter Boehlichs Kritik an der Grimmschen Philologie (115-129); Thomas Wegmann, Zwischen Soziologie und Ästhetik oder Der Kritiker, der seine Position bestimmt: Die fehlende Generation. Literaturgeschichte und -kritik (133-141).

66 Walter Boehlich, Brief an Peter Szondi, 5. Juli 1965, DLA, Marbach, SUA: Suhrkamp / 03 Lektorate.

67 Haben Sie schon mal etwas von Adorno gehört? Minima Memorabilia: Vom Nachleben des Unvergesslichen in der Anekdote, in: *Süddeutsche Zeitung*, Nr. 209, 11. September 2003, 18; zu den engeren und weiteren Kreisen von Intellektuellen, die an der Arbeit des Frankfurter Instituts für Sozialforschung mitwirkten, teilhatten oder zu denen eine persönlich-intellektuelle oder zeitweise institutionelle Nähe bestand, vgl. die Beiträge in: Berg / Burdorf (Hgg.), *Textgelehrte* (2014).

68 Walter Boehlich, Brief an Richard Alewyn, 5. November 1968, in: DLA, Marbach, A. Alewyn, Briefe an ihn von Boehlich, Walter (1962-1968).

69 Walter Boehlich, Brief an Gershom Scholem, 7. April 1965, in: *Briefe*, 240.

70 Walter Boehlich, Brief an Gershom Scholem, 7. April 1965, in: *Briefe*, 240.

71 Walter Boehlich, Brief an Gershom Scholem, 7. April 1965, in: *Briefe*, 240.

72 Boehlich 1965, 256, hier 476.

73 Zierke, *Treitschke. Ein Vorkämpfer für Deutschlands Einheit und Größe* (1945), 3, 5, 6, 38.

74 Ebd., 32.

75 Ebd., 33; im Anschluss paraphrasiert Zierke Treitschkes Artikel »Unsere Aussichten«, wenn er fortfährt, Treitschke habe seinerzeit seine »nationale Pflicht« erfüllt, als »im Jahrzehnt nach der Reichsgründung aus den Tiefen des Volkes die Kräfte einer gesunden Abwehr gegen das fremde Parasitentum hervorbrachen […]«.

76 »[V]on Treitschke«, so Boehlich in einem Leserbrief an die Wochenzeitung *Die Zeit*, »führt der Weg zu Hitler.« Walter Boehlich, Mommsen kein Antisemit, in: *Die Zeit*, Nr. 23, 4. Juni 1965, 28.

77 Boehlich 1965, 239, hier 459.

78 Walter Boehlich, Brief an Karl Vossler, 2. September 1965, DLA, Marbach, SUA: Suhrkamp / 03 Lektorate.

79 Walter Boehlich, Brief an Karl Vossler, 2. September 1965, DLA, Marbach, SUA: Suhrkamp / 03 Lektorate; ähnlich: Boehlich, Brief an Richard Alewyn, 27. Oktober 1966, in: DLA, Marbach, A:Alewyn, Briefe an ihn von Boehlich, Walter (1962-1968); hier heißt es, am schlimmsten sei in Deutschland »die panische Angst vor allem, was Politik geheißen wird. Als ob es, seit es diese Wissenschaft gibt, je einen politiklosen Zustand gegeben hätte [...], als ob, wenn man bloß von Politik nicht spricht, diese von der Bildfläche verschwände, wo sie doch dann gerade in ihrer gefährlichsten Form einzieht.« Und weiter: »Da gibt es so eine Meinung, daß, was aus einem Text gemacht wird, mit diesem Texte nichts zu tun zu haben brauche. Als müsse nicht etwas in ihm sein, was Mißverständnisse oder Verfälschung ermöglicht. Verfälschung hat es Hugo Kuhn genannt. Das Heilmittel ist dann bald die reine Methode (was ist das eigentlich?), bald die alte Objektivität (als hätte es die je gegeben), bald die Menschlichkeit, die offensichtlich in diesem Lande auch ein Ding an sich ist.«

80 Boehlich 1988, 261; in der Neuauflage 1988 bescheinigte Boehlich der historischen Zunft kollektiv »eine gewisse Scheu vor Ideologiekritik« (ebd., hier 479).

81 Walter Boehlich, Brief an Albert Wucher, 27. August 1965, DLA, Marbach, SUA: Suhrkamp / 03 Lektorate.

82 Walter Boehlich, Wie die Deutschen mit ihrer Geschichte umgehen (1987), in: *Schriften* (2011), 564.

83 Walter Boehlich, Briefe an Hans Rosenberg, 31. August und 21. September 1966, DLA, Marbach, SUA: Suhrkamp / 03 Lektorate.

84 Padover, Treitschke. Forerunner of Hitlerism (1935), 161-170; die zeitgenössische Kritik an diesem Text wird – mit wenigen Konzessionen – bei Gerhards erneuert, vgl.: Gerhards, *Treitschke. Wirkung und Wahrnehmung* (2013), 247f.

85 Zu den Bemühungen, in den 1990er Jahren eine Umbenennung der Straße zu erwirken, vgl.: ebd., 387f.

86 Bußmann, *Treitschke. Sein Welt- und Geschichtsbild* (1952); auf dieses Buch verwies schon Boehlich in der Ausgabe von 1988 (Boehlich 1988, 261); die Studie wurde 1981 in unveränderter Fassung neu aufgelegt.

87 Bußmann, Heinrich von Treitschke 1834-1896, in: *Die Großen Deutschen. Deutsche Biographie* (1960), 368-379; hierzu: Gerhards, 1945-1960: Ein »Großer Deutscher auf Widerruf«, in: ders., *Treitschke. Wirkung und Wahrnehmung* (2013), 255-284, das Zitat 268.

88 Broszat, *Die antisemitische Bewegung im Wilhelminischen Deutschland* (1952); zit. wird das Exemplar in der DNB Leipzig: Di 1954 B 3706. Betreuer der Arbeit waren Theodor Schieder und Peter Rassow (Boehlich 1988, 261).

89 Broszat, *Die antisemitische Bewegung* (1952), 43.

90 Broszat, *Die antisemitische Bewegung* (1952), 40.

91 Broszat, *Die antisemitische Bewegung* (1952), 43.

92 Broszat, *Die antisemitische Bewegung* (1952), 42; diese Stelle zitiert auch Boehlich 1988, 262, hier 479.

93 Felden, *Die Übernahme des antisemitischen Stereotyps als soziale Norm* (1963), 6 und 39; Betreuer von Feldens Qualifikationsschrift waren Werner Conze und Walter Peter Fuchs.

94 Broszat, *Die antisemitische Bewegung* (1952), 40.

95 Boehlich, Brief an Erich Fried, 6. April 1965, in: ders., *Briefe*, 237f., das Zitat 237.

96 Boehlich 1965, 243, 251, 253, 254 und 158; die Studien, auf die sich Boehlich in der ersten Ausgabe der Edition bezieht, sind: Fetscher, Zur Entstehung des politischen Antisemitismus in Deutschland (1965), 9-33; Bahrdt, Soziologische Reflexionen über die gesellschaftlichen Voraussetzungen des Antisemitismus in Deutschland (1965), 136-156; Reuwen, Graetz contra Treitschke (1961), 301-322; Liebeschütz, Treitschke and Mommsen on Jewry and Judaism (1962), 153-182; Bein, »Der jüdische Parasit«. Bemerkungen zur Semantik der Judenfrage (1965), 121-149.

97 Karl Dietrich Bracher, Akademische Vorboten der Barbarei. »Der Berliner Antisemitismusstreit« – Eine Dokumentation von Walter Boehlich, in: *Frankfurter Allgemeine Zeitung*, 23. Oktober 1965 (auch in: *Handelsblatt* (Düsseldorf), 25. Oktober 1965). Bracher verwies in seiner Rezension auf die kurz zuvor erschienenen Studien von Stern, *Kulturpessimismus als politische Gefahr* (1963); Pulzer, *The rise of political anti-Semitism in Germany and Austria* (1964) und George L. Mosse, *The Crisis of German Ideology* (1964).

98 Iggers, *The German Conception of History. The National Tradition of Historical Thought from Herder to the Present* (1968); das Buch erschien 1971 in deutscher Übersetzung und 1997 in einer vom Autor überarbeiteten und erweiterten Neuausgabe.

99 Bracher, Akademische Vorboten der Barbarei (Anm. 97).

100 Walter Boehlich, in: Mattenklott, *Über Juden in Deutschland* (1993), 171f.; zur besonderen – weil kaum gesellschaftspolitischen, dagegen vorwiegend literarisch-poetischen – Rezeption der Dreyfus-Affäre in Deutschland vgl.:

Sparr, Dreyfus in Deutschland. Zur Rezeption der Dreyfus-Affäre (1997), 169-180.

101 Dies betont auch schon: Hoffmann, Die Verteidigung der liberalen Nation. Mommsen gegen Treitschke (2005), 62-88, hier 62f.

102 Boehlich, Der deutsche Germanistentag in München (1966), in: ders., *Ausgewählte Schriften* (2011), 241-249, hier 242.

103 Volkov, Antisemitismus als kultureller Code (2000), 31.

104 Zum »Historikerstreit« äußerte sich Walter Boehlich auch direkt, vgl.: ders., Wie die Deutschen mit ihrer Geschichte umgehen, in: Hilmar Hoffmann (Hg.), *Gegen den Versuch, Vergangenheit zu verbiegen. Eine Diskussion um Politische Kultur in der Bundesrepublik aus Anlaß der Frankfurter Römerberggespräche 1986*, Frankfurt a. M. 1987, 61-66 [wieder in: ders., *Schriften* (2011), 559-564].

105 Beispiele für die bis heute anhaltende Verwendung des »nach wie vor gültige[n] Werk[s] Boehlichs« (oder seine Berücksichtigung für die Deutung der Ereignisse): Pawliczek, Zwischen Anerkennung und Ressentiment. Der jüdische Mediävist Harry Bresslau (2007), 389-409, das Zitat 393; Voigt, Erforderliche Reaktionen: Moritz Lazarus und Bernhard Lazare (2019), 338; Schäfer, *Kurze Geschichte des Antisemitismus* (2020), 316; Longerich, *Antisemitismus. Eine deutsche Geschichte* (2021), 477; Volkov, *Deutschland aus jüdischer Sicht* (2022), 321.

106 Walter Boehlich, Brief an Richard Alewyn, 10. November 1964, in: DLA, Marbach.

107 Treitschke, Unsere Aussichten (zit. nach: Boehlich 1965, 7f., hier 69 u. 70).

108 Boehlich, Brief an Bryan Mark Rigg, 28. Januar 1997 (Zit. mit freundlicher Genehmigung von Bryan Mark Rigg); vgl. auch den Satz (in der von Boehlich seit den 1980er Jahren gepflegten Kleinschreibung): »im gegensatz zu anderen kann ich mit dem geteilten deutschland sehr gut leben, besser jedenfalls als mit einem vereinten, in dem die nicht mehr leben oder am leben sind, die die nazis vertrieben oder umgebracht haben.« (Brief an Hans Mayer, 2. Juni 1989, in: *Briefe*, 444).

109 Verlagsvertrag zwischen dem Insel-Verlag Anton Kippenberg, Frankfurt a. M. und Walter Boehlich, Frankfurt a. M. (5. August 1965), in: DLA, Marbach, SUA: Insel-Verlag / Autoren, Briefwechsel Boehlich, Walter – Insel-Verlag (1964-1965).

110 Die Auflage war mit 4500 Exemplaren vorsichtig angesetzt gewesen, doch nach wenigen Monaten war sie bereits verkauft; die zweite (unveränderte) Druckauflage brachte das 5.-9. Tausend in den Handel; der Ladenpreis lag bei DM 7.–; als Auslieferungstermin war der 26. August 1965 bestimmt

worden; der erste Verkaufstermin war der 1. September, vgl.: Aufstellung des Vertriebs (Roser) vom 30. November 1965 (Insel Verlag Frankfurt – Insel Verlag Leipzig, 08-12, 1965) (DLA, SUA, Insel-Verlag / Lektorat, Briefwechsel, Kasten 65, Mappe 6). Auch die Neuauflage von 1988 wurde noch einmal breit rezensiert.

111 Die dreizehnseitige Liste mit den Empfängern der Belegexemplare findet sich in: DLA Marbach, Insel-Verlag, Sammlung Insel, Vertrieb; vgl. auch: DLA, Marbach, SUA: Insel-Verlag / Vertrieb Insel-Verlag, Briefwechsel (1965-1969), Kasten 187 (Mappe 9 und 10); auch: Konvolut *sammlung insel*, Versandte Freiexemplare (si 1-si 15) mit Adresslisten (ca. 90 Bl., zweiseitig beschrieben).

112 Boehlich, Der Berliner Antisemitismus-Streit, in: *Der Monat* (1965), 40-56; erneut in: Boehlich, *Ausgewählte Schriften* (2011), 422-445.

113 Die zweite Auflage von Februar 1966 umfasste das 5. bis 9. Tausend.

114 »Die Judenfrage vor 100 Jahren. Ein Streit an der Berliner Universität«. Dokumentarisches Hörstück von Walter Boehlich, Westdeutscher Rundfunk, 3. Programm, 15. April 1982 (21-22 Uhr); Redaktion Brigitte Ganzow.

115 Walter Boehlich, Brief an Eleonore Sterling, 9. Dezember 1965, DLA, Marbach, SUA: Suhrkamp / 03 Lektorate; Sterling, *Er ist wie Du. Zur Frühgeschichte des Antisemitismus in Deutschland* (1956); erweiterte Neuaufl. u. d. T. *Judenhaß. Die Anfänge des politischen Antisemitismus in Deutschland* (1969); in der neuen Ausgabe zitierte Sterling in der Einleitung aus dem Boehlich-Band; Peter Szondi, Brief an Walter Boehlich, 30. Juni 1965; Walter Boehlich, Brief an Peter Szondi, 2. Juli 1965, DLA, Marbach, SUA: Suhrkamp / 03 Lektorate; in dieser Antwort an Szondi wird deutlich, dass sich Szondi Unseld gegenüber kritisch über den Prospekt geäußert hatte, mit dem der Verlag die Reihe – und den Band über Treitschke – angekündigt hatte; v. a. die Wendung, dass *Der Berliner Antisemitismusstreit* nicht nur Kritisches, sondern auch »Exemplarisches (wie Mommsens Haltung)« vermittele, erschien Szondi angesichts des Gesamtthemas offenkundig zu optimistisch formuliert.

116 Walter Boehlich, Brief an Hans Schleier, 29. März 1965; Hans Schleier, Brief an Walter Boehlich, 20. April 1965; Walter Boehlich, Brief an Hans Schleier, 28. April 1965, DLA, Marbach, SUA: Suhrkamp / 03 Lektorate. Die Studie von Schleier wird von Boehlich in seinem Nachwort der Ausgabe von 1988 erwähnt (Boehlich 1988, 262, hier 479).

117 Walter Boehlich, Brief an Hans Ulrich Wehler, 8. Dezember 1966; Hans Ulrich Wehler, Brief an Walter Boehlich, 28. Dezember 1966, DLA, Marbach, SUA: Suhrkamp / 03 Lektorate.

118 Monika Plessner, Brief an Walter Boehlich, 4. November 1966, DLA, Marbach, SUA: Suhrkamp / 03 Lektorate.

119 Walter Boehlich, Brief an Klaus Ehlert, 5. Juli 1965, DLA, Marbach, SUA: Suhrkamp / 03 Lektorate.

120 Walter Boehlich, Brief an Hein Hebers, 21. Februar 1966, DLA, Marbach, SUA: Suhrkamp / 03 Lektorate.

121 Anonym, o.T. [Rez. von Der Berliner Antisemitismusstreit, hrsg. von Walter Boehlich, Frankfurt a.M. 1965], in: *Welt der Bücher*, Nr. 5 (1966), in: DLA Marbach, SUA: Pressearchiv, Walter Boehlich (Hg.), Der Berliner Antisemitismusstreit, Insel 1965 (alle folgenden Besprechungen hieraus).

122 Dr. S., o.T. [Rez. Der Berliner Antisemitismusstreit, hrsg. von Walter Boehlich, Frankfurt a.M. 1965], in: *Tribüne*, Nr. 16 (1965).

123 Anonym, Heinrich von Treitschke – Wegbereiter von Auschwitz [Rez. Walter Boehlich (Hg.), Der Berliner Antisemitismusstreit, Insel-Verlag, Frankfurt am Main 1965], in: *Deutschlandberichte*, November 1966 (Abschrift, 2 Seiten, hier Seite 2).

124 Bracher, Akademische Vorboten der Barbarei (Anm. 97); Boehlich bedankte sich bei Bracher und bekannte freimütig, »wie wohl« ihm die Rezension getan habe, »ich hoffe, daß sie Ihnen nicht die Mißbilligung anderer Fakultätsmitglieder eingetragen hat«. (Boehlich, Brief an Karl Dietrich Bracher, 5. November 1965, in: ders., *Briefe*, 250f., das Zitat 250).

125 Literaturbericht, in: *Geschichte in Wissenschaft und Unterricht*, Nr. 5 (1966), 311.

126 Otto F. Best, Demagogen und Verblendete. Eine Dokumentation über den »Berliner Antisemitismusstreit«, in: *Die Welt*, 14. Oktober 1965.

127 Albert Wucher, Mißgeburt des nationalen Gefühls, in: *Süddeutsche Zeitung*, 6./7. November 1965.

128 Monika Baier, Der Judenhaß war unser Unglück. Dokumente zum Berliner Antisemitismusstreit 1879-1880, in: *Die ZEIT*, 8. Oktober 1965; W.E., o.T. [Rez. Walter Boehlich (Hg.), Der Berliner Antisemitismusstreit, Insel-Verlag, Frankfurt am Main 1965], in: *Freiburger Rundbrief* 18 / 1965, 121.

129 »Der Berliner Antisemitismusstreit«, in: *Der Spiegel*, Heft 1 vom 2. Januar 1966.

130 Lapidot, *Anti-Anti-Semitismus. Eine philosophische Kritik* (2021), 259.

131 Berning, *Vom Abstammungsnachweis zum Zuchtwart* (1965); zusammen mit Walter Boehlichs Inselband besprochen in: Anonym [Br.], Treitschke und die Folgen, in: *Die Gemeinde. Israelitische Kultusgemeinde*, Wien, 27. Januar 1966.

132 Lapidot, *Anti-Anti-Semitismus. Eine philosophische Kritik* (2021), 269.

133 Longerich, *Antisemitismus. Eine deutsche Geschichte* (2021), 95; ein Beispiel für die Wortprägungen Treitschkes sind die »hosenverkaufenden Jünglinge«, die sogar in jüdischen Autobiographien als feststehende Wendung zu finden sind, etwa in der 1956 entstandenen von Paul Mühsam, *Ich bin ein Mensch gewesen* (1989), 25.

134 Boehlich, Brief an Richard Alewyn, 9. Februar 1965, in: DLA, Marbach, A:Alewyn, Briefe an ihn von Boehlich, Walter (1962-1968).

135 Walter Boehlich, Brief an Wolfgang Hildesheimer, 15. August 1966, in: Hildesheimer, *»Alles andere steht in meinem Roman«. Zwölf Briefwechsel* (2019), 475-480, die Zitate 475 und 478; Siegfried Unseld konnte seinerzeit noch verhindern, dass Martini zum Laudator von Hildesheimer wurde, auf Wunsch von Hildesheimer sprach stattdessen Walter Jens, vgl.: Stephan Braese, *Jenseits der Pässe. Wolfgang Hildesheimer. Eine Biographie*, Göttingen 2016, 135f. Ein ähnlicher Fall, in dem sich Mitte der 1960er Jahre im Kulturbetrieb ein ehemaliger Nazi und ein Opfer ihrer Ideologie als Laudator und Geehrter gegenüberstanden, ist in der Debatte zwischen Jean Améry und Hans Egon Holthusen dokumentiert, vgl.: Berg, Jean Améry und Hans Egon Holthusen. Eine Merkur-Debatte in den 1960er Jahren (2014), 119-135.

136 Vgl.: Boehlich, Über die Sprache (1955), 889-894 (Rezension einer Textsammlung zur Sprachkritik von Kraus); einführend zur allgemeinen sprachkritischen Forschung über den Antisemitismus: Volkov, *Sprache als Ort der Auseinandersetzung mit Juden und Judentum* (2001), 223-238; Bering, Etappen der Antisemitismusforschung in der Sprachwissenschaft (2004), 375-398; ders., Sprache und Antisemitismus im 19. Jahrhundert (1991), 325-354; Botstein, Antisemitismus und Sprachkritik, in: ders., *Judentum und Modernität* (1991), 55-72; Volkov, Das geschriebene und das gesprochene Wort. Über Kontinuität und Diskontinuität im deutschen Antisemitismus (2000), 54-75; Cobet, *Der Wortschatz des Antisemitismus in der Bismarckzeit* (1973).

137 Botstein, Antisemitismus und Sprachkritik (1991), 55-72, das Zitat 55; zum Kontext: Hartung, Art. »Sprachkritik«, in: *EJGK*, Bd. 5 (2014), 560-565; ders., *Sprach-Kritik. Sprach- und kulturtheoretische Reflexionen im deutsch-jüdischen Kontext* (2012).

138 Boehlich im Gespräch mit Gert Mattenklott, in: ders., *Über Juden in Deutschland* (1993), 173; tatsächlich konnte sich Boehlich über politische Skandale in der frühen Bundesrepublik so echauffieren, dass er Briefpartnern gegenüber verlauten ließ, Deutschland am liebsten zu verlassen, anlässlich der »*Spiegel*-Affäre« schrieb Boehlich in einem Brief an Hilde

Domin, 20. November 1962 (DLA, Marbach): »Über den SPIEGEL, in Wirklichkeit also über Regierung und Justiz, haben wir uns alle aufgeregt. Ich fürchtete schon, dass es wieder einmal aufs Ende zuginge, machte Pläne, diesem Land den Rücken zu kehren.«

139 Exemplarisch für die Sprachcodierungen der Zeit sei Moritz Busch zitiert, ein Bismarck-Berater und Anhänger der Antisemitenbewegung jener Jahre, der 1880 selbst mit einer kurzen Agitationsschrift »Die deutschen Juden der Gegenwart« (zuerst in: *Die Grenzboten* 39 (1880), 177-194; wieder in: *BAS* [Dok. 58], 458-482) hervortrat, in der über den Begriff der Ehre wie folgt reflektiert wird: »Es kommt uns komisch vor, wenn ein gewöhnlicher Jude ›auf Ehre‹ sagt, wogegen wir es natürlich finden, wenn die Sprache – vielleicht mit Unrecht generalisierend – etwas Ehrloses als ›jüdisch‹ bezeichnet. Ehre ist nicht bei allen Juden, aber ohne Zweifel bei der großen Mehrzahl ihrer Geld- und Handelsleute [...] Geld- und Credithaben.« (ebd., 478).

140 Stöcker, Das Judentum im öffentlichen Leben eine Gefahr für das Deutsche Reich (1882), zit. nach: Weyand, *Historische Wissenssoziologie des modernen Antisemitismus* (2016), 301.

141 Sieg, *Deutschlands Prophet. Paul de Lagarde* (2007), 254; zu den polarisierenden und auch schon im frühen 19. Jahrhundert entmenschlichenden Metaphern in der Sprache der Judenfeindschaft vgl.: Erb / Bergmann, Die Sprache der Dehumanisierung, in: dies., *Die Nachtseite der Judenemanzipation* (1989), 195-215; eine der frühesten Studien zur Sprache des Antisemitismus ist von Alex Bein, »Der jüdische Parasit«. Bemerkungen zur Semantik der Judenfrage (1965), 121-149.

142 Walter Boehlich, Brief an Werner Spies, 23. Juli 1965, DLA, Marbach, SUA: Suhrkamp / 03 Lektorate.

143 Mit Jan-Werner Müller ist der politische Populismus der Gegenwart und derjenige Treitschkes in ihren antidemokratischen, antipluralistischen und »volks«-repräsentativen Intentionen vergleichbar; er ist aber in Bezug auf den scharf anti-elitären Affekt der meisten heutigen politisch-populistischen Bewegungen in einem wichtigen Punkt zu unterscheiden, vgl.: Müller, *Was ist Populismus?* (2016), v. a. 25-66.

144 Walter Boehlich, Brief an Wolfgang Hirsch, 29. Juni 1965, DLA, Marbach, SUA: Suhrkamp / 03 Lektorate.

145 Mayer, Von guten und schlechten Traditionen deutscher Sprache und Literatur (1964), 7-15.

146 Boehlich 1965, 252, hier 463.

147 Pulzer, *Die Entstehung des politischen Antisemitimus* (2004), 261.

148 Trotz des Bruchs zwischen Heinrich von Treitschke und Theodor Mommsen standen beide später noch einmal auf derselben Seite eines kulturpolitischen Aufrufs, dabei ging es interessanterweise um die Frage, welche Kritik an der deutschen Sprache zulässig ist und von wem diese in welcher Verbindlichkeit formuliert werden durfte. Im März 1889 lancierte Treitschke in seinen *Preußischen Jahrbüchern* einen offenen Brief unter dem Titel »Erklärung der 41«, in dem er und alle Unterzeichner sich öffentlich dagegen verwahrten, dass der wenige Jahre zuvor von Herman Riegel gegründete »Allgemeine deutsche Sprachverein« sich dafür ausgesprochen hatte, über Behörden und Schulaufsichten zur »Reinigung« der deutschen Sprache zu sorgen. Dieser kulturnationalistische Aufruf Riegels richtete sich seinerzeit vor allem gegen französische Lehn- und Fremdworte, die auch Treitschke nicht schätzte; noch weniger aber behagte ihm die »Bevormundung« eines selbsternannten Vereins, dem er »Sprachmengerei« vorwarf und eine autoritäre Aufsicht über die natürliche Entwicklung der deutschen Sprache nicht überlassen wissen wollte. Aufschlussreicherweise waren hier, in diesem Aufruf, Treitschke und Mommsen, die sich nur ein Jahrzehnt zuvor so heftig über die Sprache des Antisemitismus überworfen hatten, der gleichen Meinung und Mommsen zählte zu denjenigen, die den Aufruf Treitschkes gegen die selbsternannten »Reichssprachmeister« mit unterzeichneten. Vgl.: Göttert, Die Nationalisierung der Sprache (2020), 46-55, die Zitate 50; ders., *Die Sprachreiniger. Der Kampf gegen Fremdwörter und der deutsche Nationalismus*, 76-90.

149 Vgl.: Moritz Lazarus, Was heißt national? Ein Vortrag, in: *BAS* [Dok. 5], 37-89; dass Boehlich diese Rede ursprünglich in seine Edition aufnehmen wollte, wird auch durch den zitierten Brief an Gershom Scholem von Anfang April 1965 nahegelegt, in dem er Moritz Lazarus in einer Reihe mit den anderen – im Band dokumentierten – Autoren aufzählt, vgl.: Boehlich, Brief an Gershom Scholem, 7. April 1965, in: ders., *Briefe*, 240-242, das Zitat 240.

150 Für den Hinweis auf das Privatexemplar des Auerbach-Briefbandes in der Bibliothek von Walter Boehlich und auf die dort enthaltenen Anstreichungen und Seitenverweise danken Herausgeber und Verlag Christoph Kapp sehr herzlich.

151 Weil, *Die Entstehung des deutschen Bildungsprinzips* (1929); zum Bildungsbegriff im jüdischen Bürgertum vgl. die Arbeiten von George L. Mosse oder die Studien von Simone Lässig und Uffa Jensen: Mosse, *Jüdische Intellektuelle in Deutschland. Zwischen Religion und Nationalismus* (1992); ders., The Meaning of ›Bildung‹ – A Concept in Universality (2009), 15-27;

Lässig, *Jüdische Wege ins Bürgertum. Kulturelles Kapital und sozialer Aufstieg im 19. Jahrhundert* (2004), v. a. 183-242; Jensen, *Gebildete Doppelgänger. Bürgerliche Juden und Protestanten im 19. Jahrhundert* (2005), v. a. 43-106.

152 Berek, *Moritz Lazarus. Deutsch-jüdischer Idealismus im 19. Jahrhundert* (2020), 427.